现代综合体工程项目管理创新实践

沈笑非　陈兆建
邢卫东　陆总兵　编著

东南大学出版社
SOUTHEAST UNIVERSITY PRESS
·南京·

内 容 提 要

现代综合体工程项目施工管理是保证建筑产品质量的关键，项目经理是“现场第一责任人”，面临着极其严峻的工作任务，现代综合体工程项目管理创新实践一书为高效管理提供了指导，本书最大特点是融理论和实践一体。全书共分为9章：第1章是绪论；第2章为现代综合体工程的组织与施工准备；第3章介绍了现代综合体工程的安全、环境保护与绿色施工创新管理；第4章讲解了现代综合体工程的技术创新管理；第5章阐述了现代综合体工程的质量创新管理；第6章叙述了现代综合体工程的进度创新管理；第7章仔细讲解了现代综合体工程成本控制创新管理；第8章和第9章以两个实例来介绍管理创新实践在现代综合体工程项目中的运用。

本书可以作为现场管理人员及工程技术人员的参考书，也可以作为土木工程、工程管理等相关专业的专科生、本科生和研究生学习用书。

图书在版编目(CIP)数据

现代综合体工程项目管理创新实践/沈笑非等编著.
-南京：东南大学出版社，2014.12
ISBN 978-7-5641-5664-0

Ⅰ.①现…　Ⅱ.①沈…　Ⅲ.①工程项目管理
Ⅳ.①F284

中国版本图书馆CIP数据核字(2015)第084243号

现代综合体工程项目管理创新实践

出版发行　东南大学出版社
出 版 人　江建中
社　　址　南京市四牌楼2号
邮　　编　210096

经　　销　江苏省新华书店
印　　刷　南京玉河印刷厂
开　　本　787 mm×1092 mm　1/16
印　　张　26.5
字　　数　633千字
书　　号　ISBN 978-7-5641-5664-0
版　　次　2014年12月第1版
印　　次　2014年12月第1次印刷
定　　价　58.00元

序

改革开放三十多年来，我国各项事业发生了翻天覆地的变化，基础设施建设的速度可谓日新月异，新型城镇化进程不断提速，深刻体现传统文化和现代建筑风格特点的，且具备一定体量规模的大型乃至超大型现代建筑层出不穷，高品质的工程需要一流的技术，更需要一流的管理。现代工程规模大、周期长、交叉多、技术难度大，针对现代工程管理水平要求高的特点，创新现代工程综合管理模式，探索符合工程需要的成套管理体系不仅具有深刻的现实价值，更具有深远的历史意义。

项目综合管理（Project Integration Management），又叫项目集成管理或项目整体管理，是指为保证项目各组成部分恰当协调而必须进行的过程。项目综合管理就是在各个相互冲突的目标与方案之间权衡取舍，以达到或超过项目利益相关方的要求与期望。在综合体工程和BT项目增多的背景下，工程建设的形式出现多元化的趋势，项目普遍存在规模大、工期紧、任务重、投入多、风险高以及技术质量标准要求高等问题，这些问题都将给项目管理提出新挑战。管理模式必须从单一的专业管理向整合各阶段管理的全过程管理模式发展，从单项目发展向群管理的思路转变，并且需要综合考虑质量、成本、进度、安全等要素的优化配置和环境保护，这是实现综合管理和项目最佳效益最大限度上相统一的方式。

在当前施工企业重点关注的热点领域，沈笑非、陈兆建、邢卫东、陆总兵所著的《现代综合体工程项目管理创新实践》一书，以现代工程全过程管理中施工阶段的现场管理为对象，比较详细地阐述了现代工程管理中有关进度、成本、质量、安全管理和绿色施工的基本理论、综合评价体系和实用管理经验，在此基础上结合现代工程实践特点，将综合管理理论运用于具体的实际项目中，并对项目的实施全过程管理进行综合评价。全书既有翔实的理论，又具有实用的案例，深刻体现作者们的辛勤劳动和创造性实施的才智。

特别值得一提的是，以沈笑非、陈兆建、邢卫东、陆总兵为代表的南通四建集团有限公司和南通新华建筑集团有限公司两大“建筑铁军”的核心现场管理团队成员，均从事建筑业现场管理近三十余年，先后参与上百个建筑工程项目的施工管理，具有丰富的工程项目管理经验，曾一度被大家称为“实现南通地区鲁班奖创优工程的功臣”。同时，他们也是最早从事施工管理创新研究的杰出代表，先后参与并完成上级职能部门及企业下达施工管理创新等方面的多项科研项目与课题。该管理专著的编撰是该团队技术与管理成果的集成汇编与总结。该书的出版对推动工程项目综合管理的高效实施具有一定的指导作用和借鉴参考价值，值得一读。

最后需要指出的是，在经济发展“新常态”背景和国家实施创新驱动战略的总要求下，管理创新是能够深刻联系实际、促进建筑业企业转型升级的关键领域，特别是结合施工现场项目管理实际进行综合管理创新，必将进一步解放和发展“项目生产力”，有效地推动和促进建筑产业现代化进程，实现建筑业健康持续发展。

前　言

当前，中国经济社会发展进入“新常态”，创新驱动、智能升级、绿色发展成为发展的内在动力，建筑业作为国民经济中传统的支柱产业，深刻影响着人民群众的日常生活，建筑行业转型升级、可持续发展的任务极其繁重，作为施工企业，如何利用先进的科学技术和不断挖掘自身的管理潜能，创新施工项目管理模式，充分发挥项目经理及核心管理团队的作用，是当前施工管理企业所面临的一个非常重要的课题。

现代综合体工程施工现场管理是保证建筑产品质量的关键，项目经理承担着“第一责任人”的职责，面对施工现场管理过程中所遇到的质量、成本、进度的矛盾和资源配置及协调的艰巨任务，项目经理必须掌握熟练管理的技巧和经验，实现对工程项目的实时控制。尽管有关质量管理、进度管理、资源管理、成本管理的理论不断完善，但考虑到现代综合体工程的复杂性和多变性，传统的管理学理论必须与现场的实际工况和需求相结合才能从根本上提高管理水准，实现管理增效。因此，深化对施工现场管理创新重要性的认识，加速管理创新理念、策略、方法和措施的应用成为综合体工程项目管理的重点和方向。

本书主要面向施工现场的管理人员，特别是项目经理的管理团队，同时也可作为土木工程专业和工程管理专业的专科生、本科生，甚至是研究生学习施工项目管理及实践项目现场管理知识、了解现场管控示范案例的参考资料。编者结合自身多年参与各类房建工程项目，特别是大型综合体工程项目的施工管理和实施经验，完成本书的编写工作。本书的现代综合体工程创新管理与实践，分为如下组成部分，分别是：第 1 章绪论；第 2 章现代综合体工程的组织与施工准备；第 3 章现代综合体工程的安全、环境保护与绿色施工创新管理；第 4 章现代综合体工程的技术创新管理；第 5 章现代综合体工程的质量创新管理；第 6 章现代综合体工程的进度创新管理；第 7 章现代综合体工程成本控制创新管理。另补充了两个案例，分别是第 8 章南通某现代综合体工程项目管理与创新实践实例和第 9 章东北电网电力调度交易中心综合楼工程管理创新实例。本文理论简明完整，技巧性和实用性强，主要突出对施工现场热点问题的解决和实用实例的示范作用，对于增加广大读者对施工现场管理要点的理解和控制措施的创新应用具有极大的帮助和指导意义。

本书由南通四建集团有限公司的三位同志和南通新华建筑集团有限公司的一位同志所编写，他们分别是沈笑非、陈兆建、邢卫东和陆总兵(排名不分先后)。其中沈笑非编写第 1 章和第 8 章；陈兆建编写第 6 章和第 9 章；邢卫东编写第 3 章和第 7 章；陆总兵编写第 2 章、第 4 章和第 5 章。

本书的编写得到了中国安装协会、中国施工企业管理协会、中国建筑业协会的大力支持和帮助，同时还得到了南通四建集团有限公司、南通新华建筑集团有限公司领导的直接关怀和及时帮助。特别感谢中国建筑业协会副会长兼秘书长吴涛为本书作序。同时，也要感谢南通四建集团有限公司张灿华、何建，江苏一建建设工程有限公司朱永标以及浙江万达建设集团有限公司周伯成和黄月祥等各位同志提出的宝贵意见。

由于本书的编写时间较短，加之笔者水平有限，难免存在不足和不妥之处，热忱地希望各位读者和同行专家提出批评和指正，联系邮箱：zhangch@126.com。

编著者

2014 年 8 月 于江苏南通

目　录

第1章　绪　　论

1.1　现代综合体工程项目的概念

传统建设项目是以单一功能、单一用途为主导，辅以必要的辅助配套设施为项目总体构成的建设模式，其中，民用工程项目以居住工程为主，辅以必要的生活服务配套设施等，而工业项目以其生产性建设为主，辅以必要的生活服务、办公服务配套设施。而本世纪初所兴起的第四代现代综合体工程带来了全面的改变，其突破了传统建设项目的构建格局，可集商业现代综合体、5A级写字楼、超五星级酒店、高级住宅楼、回迁住宅楼、学校、幼儿园以及市政管网、绿化景观、广场道路等工程为一体，构成综合性开发项目，体现了建设项目的创新定义。现代综合体开发项目的建设理念，充分体现了现代城市高效率工作以及快节奏生活的要求，把城市功能的基本元素有机地融合于建设项目之中，体现了以人为本和城市让生活更美好的设计理念。

1.2　现代综合体工程项目的新特点

1.2.1　项目规模大

现代综合体工程一次性开工面积一般是在30万～50万m^2的群体工程，最大可达近200万m^2，其中单体塔楼数量为50栋左右，属于超大体量工程。有的独立基坑宽度在120～150 m、长度一般在300～500 m；大型商业体一般为地下2～3层、地上3～5层，单层面积在8万～10万m^2；大型商业体上部分布3～5栋25～50层的5A写字楼或超五星级酒店，而住宅沿街与商业两侧均为商铺；住宅车库顶为景观绿化；大商业、酒店装饰为大幕墙和石材，金街四周为石材铺装。国内部分较有代表性的城市现代综合体项目如下表1.1所示：

表1.1　我国部分较有代表性的城市综合体项目一览表

序号	项目名称	合同额（亿元）	规模（万m^2）	合同工期	目前进度
1	南通某广场	20	58.54	2013.06—2014.12	主体结构施工
2	徐州某广场	13	47.54	2012.02.10—2014.02.18	装饰装修施工
3	沈阳某广场	16.34	55.0	2011.09.20—2014.07.30	项目扫尾阶段
4	番禺某广场	14.0	45.8	2011.08.10—2013.12.01	项目扫尾阶段

续表

序号	项目名称	合同额（亿元）	规模（万 m^2）	合同工期	目前进度
5	天津某中心工程	9.5	35	2011.07.10—2013.10.30	交付使用阶段
6	抚顺某广场	23	91.3	2011.06.01—2013.09.30	交付使用阶段
7	芜湖某广场	7.8	31.35	2011.04.15—2012.11.05	交付使用阶段
8	成都某广场	21.32	110.23	2011.04.15—2012.11.05	交付使用阶段
9	武汉某综合体	13.0	50	2010.11.30—2012.12.01	交付使用阶段
10	青岛某广场	15.3	63	2010.10.20—2012.07.13	交付使用阶段
11	南京某商业广场综合体	8.71	40	2010.10.15—2012.10.15	交付使用阶段
12	泰州某综合体	10.0	42.7	2010.07.15—2011.10.10	交付使用阶段
13	沈阳某广场	7.1	30	2010.06.30—2012.08.31	交付使用阶段
14	长白山房建项目工程	0.6	4.5	2010.06.24—2011.06.30	竣工验收阶段
15	石家庄某广场	25.5	183	2010.03.28—2012.09.20	交付使用阶段
16	南京某公寓区	7.10	31	2009.12.31—2010.11.25	交付使用阶段
17	长白山市政及桥梁工程	2.57	16.3	2009.10.05—2012.08.31	投入运营阶段
18	济南某广场	7.5	37	2009.06.18—2011.06.15	交付使用阶段
19	三亚某大酒店	2.15	9.0	2009.08.01—2010.08.07	交付使用阶段
20	天津某广场	14	54.8	2009.05.01—2010.12.30	交付使用阶段
21	沈阳某广场	7.1	67	2008.08.23—2011.06.30	交付使用阶段
22	南京某广场	4.6	23	2008.04.27—2010.09.28	交付使用阶段

1.2.2 结构复杂多变

现代综合体工程结构的形式多为框架、框架—核心筒、框架—剪力墙结构，地下室为地下两层或三层，大部分存在人防结构。工程地基承载形式主要分为桩基础或自然承载两种形式，基础主要为筏板基础或独立承台基础，地下室及裙楼主要为框架结构，塔楼为框架—核心筒结构或框架—剪力墙结构，个别结构存在大跨度预应力梁或屋面网架，荷载传递路线极其复杂。地下室层高一般为 5～6.5 m，柱间距一般为 8～12 m，裙楼层高一般为 4.5～6.5 m，塔楼层高 3.3～3.9 mm，车库顶板多为覆土屋面，在结构体系方面较为复杂。

1.2.3 建设工期紧

现代综合体工程项目从交底开始到商业、酒店开业、住宅入住总工期一般为 20～24 个月，“工期至上”的理念要求一切服务于工期，已成为大多数类似项目的主要特征，业主为满足项目销售的时间节点要求，经常会提出变更合同工期要求，从而导致关键项目工期控制主线的变化，需要重新设置关键节点工期目标。初步统计结果表明现代综合体项目的综合工期比其他开发商同类工程的工期要缩短40%～50%，同时，由于工程大多地处城市中心区域，周围环境复杂，场地狭小，给施工增加难度。为了实现业主要求的工期目标，承包单位必须加大劳动力、设备及相关周转材料的投入来进行抢工期，经常出现"人海战术"和"非正常加班加点"的不经济施工方式，增加了总承包单位的运转负担和经济支出。

1.2.4　机电设备系统要求高

现代综合体工程内的安装工程有给水排水及智能化系统、消防箱系统、烟感报警系统、风系统、强弱电系统、消防喷淋系统等，而考虑南北区差异，北方安装工程有消防箱系统、供暖系统、强弱电系统、给排水系统等，南方无暖气系统，较为简单。机电设备的复杂性要求在施工中广泛使用BIM系列技术以解决机电设备系统复杂的问题，同时为保证其高效运行，还必须进行科学合理的调试和试运行。

1.2.5　分包机制更加灵活的应用

现代综合体项目中存在着大量的业主指定分包、业主独立发包和甲方指定材料供应的情况，项目分包和甲方独立发包数量甚至多达60～100家，在项目后期往往还会出现业主在临近开业日期时，将已经分包的工程又压给总承包单位施工的现象，造成很大的被动，因此需要加强对分包方的管理，更加灵活多变地处理分包过程中的问题，发挥分包机制的巨大作用，都有利于创造综合体工程的最佳效益。

1.3　现代综合体工程的项目管理

1.3.1　总承包方风险

由于业主一方面要求缩短项目开发周期，一方面又无法及时完成拆迁，致使大量工程存在不能及时开工及建设手续不完备的情况。由于设计变更量大，致使图纸供应来不及及时修改，造成"三边工程"，在施工中存在大量的方案变更、技术变更情况，给总承包方造成风险。

1.3.2　财务风险

现代综合体项目工程资金融资情况普遍额度较大，项目实施过程工程变更频繁，但业主通常对项目公司的财务控制要求严格，给予项目公司的权限较小，审批流程极为复杂。由于现代综合体项目按节点付款且付款比例较低，前期资金垫付总量大，造成贷款利息多，财务成本较高。虽然业主强调项目工期管理，但通常由于项目管理部受签证授权及流程的制约，绝大部分签证在未能确认的情况下，现场必须先行施工，造成极大的成本风险，而且业主将抢工措施费与工期节点挂钩，若没有达到业主压缩的合同工期要求，其抢工措施费很难予以确认，这给施工单位也造成了较大风险。由于在项目运行过程中工程管理部门与成本管理部门通常按照各自的流程操作，对于特定情况的流程要求不一致，致使施工期间形成的签证工程量在工程管理部门确认后成本部门不认可。特别是对于那些因抢工期需要，事前未能立即签证的费用，事后补签时成本部门往往不予认可。

1.3.3 合同风险

所有项目的总承包合同均采用公司制定的合同范本，在“合同工程范围”条款中都有“本项目范围内的工程，均包括在承包商的范围内，包括但不仅限于承包商施工的工程、总承包管理、暂定工程、指定分包、独立分包施工的工程等。承包商需对上述范围内的工程质量、进度、安全等方面承担全部责任”的规定。这种“承包＋业主项目管理”的业主掌控主动权，实际上是将质量、进度、安全的所有民事责任等绝大部分风险交由总承包企业承担，所以合同风险凸显，应该高度关注工程的合同风险。

1.3.4 管理风险

现代综合体项目的施工总承包合同，实际上构成“施工总承包＋业主项目管理”为合同标的的特殊总承包合同，合同的工程范围包括：总承包施工的工程、总承包管理、暂定工程，以及业主指定供应、指定分包、独立分包施工工程的照管等。总承包商需要对上述范围内的工程质量、进度、安全等方面承担全部责任，总承包单位要按照合同规定和业主要求，全面地组织与管理这些任务的实施，带有极大的挑战性和管理风险。

项目管理中总承包施工的工程包括：土方工程、基坑支护工程、降水工程、桩基工程、地下室结构工程、主体结构工程、室内装饰工程、外装饰工程、常规水电工程和红线范围内室外雨、污水工程。总承包管理包括：建造及提供公用的临时场地和设施给各指定分包、独立分包使用；管理、配合、协调指定分包、指定供应商、独立分包的工作，并负责办理竣工验收；总承包单位协助业主办理施工许可证、质检、安检、竣工备案以及与本项目有关的其他政府手续；指定分包施工的工程，包括钢结构制作及安装工程、室内精装饰工程、防水工程、弱电工程、消防工程、通风空调工程、幕墙工程、室外泛光照明工程。供货商供材料和设备包括：供材并负责安装部分铝合金门窗或塑钢门窗、防火门、防火卷帘、防盗卷帘、入户门、人防工程门及检修门、阳台栏杆、虹吸雨水、电梯、锅炉、LED显示屏、柴油发电机等。业主供材料和设备部分包括：外墙砖、外墙涂料、乳胶漆、空调主机、复合风管、空调末端、风机、冷却塔、水路主要阀门、卫生洁具、应急电源、动力及照明配电箱、消防报警设备、散热器、封闭母线、电缆、人造石、变压器、断路器等。甲定乙供材料、设备由承包商确定的部分，其中土建部分包括：楼梯防滑条、室外铸铁格栅盖板、屋面及外墙保温材料、防腐材料等；给水排水部分包括：管材及管件、保温材料等；电气部分：桥架、灯具、开关、插座、管材及管件、电视电话箱等。

1.3.5 对工期的影响

城市现代综合体项目承发包模式的特点，对承包方施工进度、安全生产、工程质量、成本效益都有很大的影响。对施工安全的影响由于工期紧，采用人海战术，进场劳务及专业队伍多，劳动力变动频繁，时常地会出现大量工序非常规交叉的施工现象，由此带来现场施工和一次性周转料具同步投入增加，使得施工过程安全防护的难度加大，工程存在安全隐患。由于开工时行政手续尚不完备，一旦在行政手续办出之前发生施工质量或安全事故，将对承包企业造成极大的被动和很坏的社会影响。

1.3.6　对工程质量的影响

由于施工图纸提交滞后，承包方审核时间短，方案论证技术准备时间仓促，现场施工管理人员对图纸的了解深度不够，存在技术质量隐患。频繁的赶工往往使工序之间合理的工艺间歇时间几乎为零，对保证工程质量产生不利的影响。施工后期进场装修队伍的素质良莠不齐，装修过程对先前施工成品的保护及装修施工质量方面都可能产生不利影响。

1.3.7　对工程成本的影响

现代综合体项目的大商业建筑多是3～5层，且单层面积大，一般4万～6万m^2，施工技术要求高，包括高支模、钢结构等，周转材料和施工模具的一次性投入数量大，分摊次数少，以及相应的倒运费及损耗增加导致施工成本增加。为保工期、抢工及交叉施工时材料浪费也较为严重。特别是为了实现工期目标而赶工，造成短期内要组织大量的操作工人进场突击，使赶工费用大大提高。在施工现场临时设施配置方面，总承包单位必须按照业主规定的质量要求配置，如满足对临建的防火、施工人员的住宿条件等要求，这也造成了总承包商相关投入的增加。

由于项目的特殊性，项目管理费用和临时设施费用分摊较低，特别是塔吊、外用电梯等设备租用期短，这都对项目成本产生影响。总承包管理费不足也是影响工程成本的主要因素之一。通常在现代综合体项目中，业主指定分包单位较多，队伍素质参差不齐。总承包单位有责无权，管理难度非常大，施工水电费、分包履约保证金等费用的收取十分困难。另外，根据合同约束，总承包服务费含于措施费中，属于包干价，无论实际分包价是多少，在今后的施工期间均不予变更，工程的实际分包金额往往会高于投标的金额，致使总承包管理的实际成本增加。

1.4　现代综合体工程项目实施的意义

现代综合体项目总承包的意义在于风险与机遇同在，这是当今企业生产经营的客观规律。现代综合体建设项目对于工程总承包企业而言，虽然极具挑战性、风险和压力大，但实践证明其对于大型建筑企业能够带来非常有利的发展机遇，也能充分发挥大型建筑企业的综合优势，具体体现在：

1.4.1　适应市场需求升级的挑战

建设单位是工程建设的原动力，现代综合体建设项目的出现反映了随着社会经济的发展、科学技术的进步、城市化的发展和人们需求观念的变化，现代建筑企业作为建筑产品的生产者与经营者，越来越面临着市场需求升级的巨大挑战。在剧烈竞争的市场环境中，建设单位和承包商在双向选择中，建设单位总是处于有利甚至强势的地位，而承包商只有不断提升自己的技术和管理实力才有可能在竞争中发展自己。在经济全球化、信息化和知识经济蓬勃发展的新历史发展时期，建筑施工企业从事的工程建设已不再是传统的、单一的建筑土木工程产品的生产，而是建筑产品和诸多新技术产品应用于工程实体中的现代建设工程的集成化大生产。

这种大生产模式的运行，同时又具备建筑产品生产的最基本特点，即在特定的空间位置和时间序列中进行生产流程设计、资源配置和系统的组织管理，这一任务只有具备承包能力的建筑企业才能胜任。

上述宏观要求及挑战将促使建筑企业全方位培育自己的总承包能力，主要体现在：建筑施工高新技术和机电设备安装施工能力；承担或参与设计优化以及对设计与施工的协调能力；建设项目管理全面组织、指挥与协调、沟通能力；项目资源优化配置与动态管理能力；项目群施工进度统筹规划与总工期控制能力；施工安全、质量控制与环境管理能力；项目经济运行、成本与效益管理能力；项目合同管理与风险管理能力和项目管理信息化、数据化能力等综合实力的较量。

1.4.2 搭建工程总承包的新平台

住房和城乡建设部在历经 20 多年建设管理体制改革，在全面推行建设项目业主责任制、工程招标承包制、建设工程项目管理和监理制的基础上，颁布了《关于培育和发展工程总承包企业的指导意见》。文中指出工程总承包是指总承包企业受业主委托，对建设工程实施的全过程或若干阶段的工作进行承包，并就工程质量、进度、安全等目标对业主全面负责。建设部的指导意见强调的是建筑企业生产经营的功能，由原先的工程施工承包，向两端延伸，包括工程勘察设计、采购、施工安装、试运行等全过程各个阶段，进行建筑产品产业链的集成或整合。实质上这种产业链的整合，只有在到达一定的深度和广度时，才会将企业的经营力提升到一个新的高度。包括国外的“设计—采购—施工”总承包(EPC)、“设计—建造”总承包(DB)模式，对于一般的规模小、技术含量不高的工程项目，许多建筑企业特别是大中型建筑企业，生产技术和管理经验积累到一定程度，都是有可能达到这种总承包能力的。

住房和城乡建设部指导意见的深层意义在于培育和发展具有与国际一流承包商在竞争能力上可以相抗衡的总承包企业，把我国整个建筑业做强做大。因此，一般的大中型建设工程能为建筑企业提供总承包能力培育和发展的平台，但毕竟是传统意义上的工程总承包，是一般生产价值链的整合与延伸。而这类现代综合体建设项目总承包是一种特大型建设项目施工总承包与业主方建设管理职能相叠加的总承包新模式，为建筑企业工程总承包能力的培育和提升，提供更广阔更有高度的实践平台，并且利用这一平台，还有利于大型建筑企业与具备强大资本运作能力的大发展商、大开发商之间，逐步建立起互信互利的联盟伙伴合作关系，甚至构建合伙走出国门到海外投资进行现代综合体建设的发展战略。

1.4.3 提升建筑产品管理的品牌效应

打造群体工程项目管理品牌，建设现代综合体项目是我国城市化过程，城市旧区改造和新城区建设发展的一条新路，它能满足现代城市生产生活需求。综合功能配套较为完善的群体建筑工程项目的整体总承包对建筑企业而言，固然能大幅度增加营业额，但在业主对工期要求和进度考核相当苛刻的情况下，要想获得项目成功，全面实现企业预期的工程质量、施工安全、成本效益目标，需要经过艰苦不懈的努力才能达到。在这个过程中承包企业将通过成功经验和挫折教训，使总承包项目管理水平提升到一个新的高度，打造出大型群体建筑工程总承包项目管理品牌，培育和锻炼出一支适应高难度项目管理的团队。这种品牌的项目管理团队将成为企业的无形资产，并且持续地发挥着企业在国内外建筑市场中的核心竞争力作用。

因此，现代综合体工程尽管有许多难点和风险，但只要勇于面对、用心经营、科学管理，最终获得项目成功仍然是可能的，且对企业、行业和社会作出贡献，具有现实而长远的意义。

第2章　现代综合体工程的组织与施工准备

2.1　现代综合体工程的项目组织

项目组织是现代综合体工程项目实施的前提，现代综合体项目具有群体多、工期紧、体量大、投入大等特点，必须建立总承包管理组织体系，由总承包项目部负责整个工程建设中总承包管理的组织与协调。

2.1.1　总承包部组织机构

根据现代综合体项目特点和管理要求，应在总承包合同签订20天内，由施工企业人力资源部参照总承包组织机构图组建总承包管理组织机构，设立总承包项目部负责整个工程的总体部署和总承包管理。总承包项目部一般设“八部一室”：工程管理部、技术质量部、安全环境部、机电安装部、商务合约部、物资设备部、深化设计部、综合办公室和总平面管理部，如下图2.1所示，各个业务部门由生产经理、项目总工、商务经理、安装经理分别管理并履行总承包管理职责。

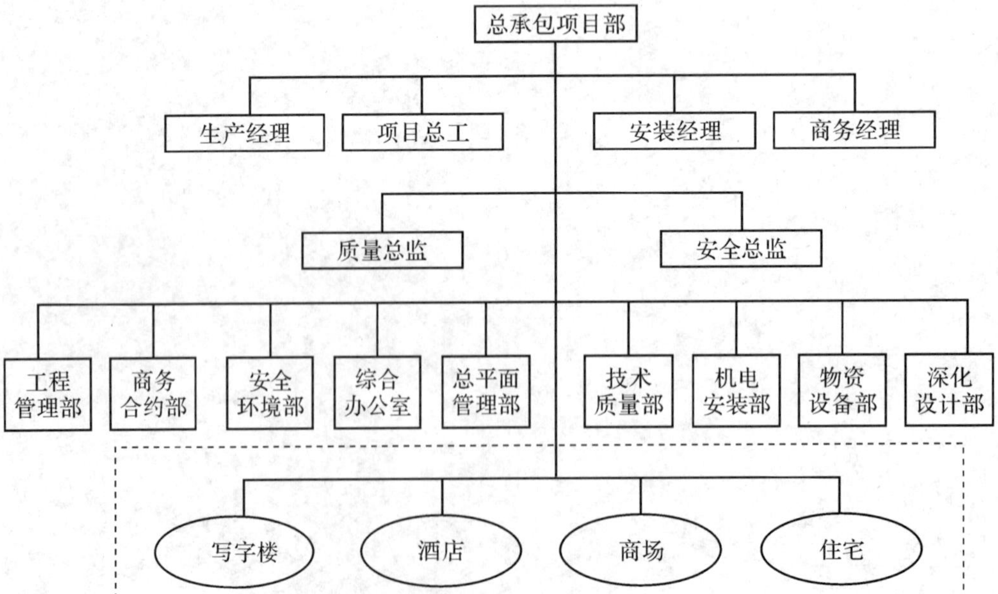

图2.1　现代综合体项目总承包管理组织体系

在这个组织架构中需要说明的是，机电安装部门和区段项目经理部（包括图2.1所示的写字楼、酒店、商场和住宅)，前者属于专业领域管理，即该部门负责整个城市现代综合体建设项目及其各子项目工程范围内所有上下水工程、强电弱电工程、通风空调工程等机电设备安装的施工与管理；后者是区段项目经理部承担子建设项目管理，属分块项目管理。两者共同形成在其他职能部门支撑下的条块结合、交叉衔接、以块为主、专业穿插的系统运作方式。

总承包部各部门的职能分工如下：(1) 工程管理部，包括总进度计划及各专业施工进度计划管理、现场生产管调等；(2) 合约预算部，包括商务合约、法务管理、工程计量和预结算管理；(3) 安全环境部，包括现场设备管理、安全管理、环境管理和绿色施工管理；(4) 综合办公室和总平面管理部，包括外部协调、对外事务、后勤管理、行政文件管理；(5) 技术质量部，包括技术管理、文档管理、质量管理等；(6) 机电安装部，包括通风空调、给水排水、电气设备及智能化等专业施工与管理；(7) 物资设备部，包括物资采购、设备租赁和材料采购；(8) 深化设计部，包括各专业深化设计管理、设计进度与施工及 BIM 管理等。

2.1.2　区段项目设置

在总承包项目下按照现代综合体开发项目的工程构成，按工程类型或区段划分设若干区段项目经理部。一般划分为大商业、写字楼、宾馆酒店、住宅等区段经理部，经理部成员由区段项目经理、副经理、项目总工等组成区段项目管理小班子，具体的管理业务由总承包部的各职能部门安排人员，实行区段项目矩阵式管理模式。

独立商业项目或独立住宅群体项目(30 万 m^2 左右项目)可以设置一名生产副经理负责土建和安装生产，根据区段划分设置若干区段长。30 万 m^2 以上的商业、酒店或写字楼的现代综合体，或商业和住宅同时开工的现代综合体项目宜设置两名生产副经理(土建和安装)及若干区段长。在总承包管理层下，根据工程规模大小设置若干独立区段，每个独立区段设区段项目经理，管理模式采用矩阵式管理。区段项目经理对整个区段的进度、质量、安全、现场文明施工管理负责，区段的管理人员同时对区段经理及总承包管理部各部门负责人负责。

2.1.3　分包及劳务组织模式

根据工程规模特征选择优质劳务队伍是特大型现代综合体项目工期管理重要因素，一般拟采用扩大劳务分包或包清工等形式，而不同施工部位的劳务队伍配置方式和数量应符合工程特点及实际施工条件，例如：基坑降水宜采用独立分包模式，且土方开挖单位不少于 2 家；桩基施工应采用包清工模式，施工面积不宜超过 1.5 万 m^2，浇筑混凝土的总量不宜超过 2 万 m^3；主体结构施工阶段，由于工程体量大，施工队伍的选择不宜少于 3 家且每个施工队伍的施工建筑面积不宜大于 10 万 m^2；二次结构施工要求每个施工单位的施工建筑面积不宜超过 5 万 m^2；住宅不超过 2 栋，且宜采取包清工的劳务分包模式。

优质分包及劳务选用标准，具体表现为：不熟悉的劳务分包队伍不予选用；没有实力的劳务分包不予选用；有不良记录的劳务分包不予选用；价格过低的劳务分包不予选用；没有单独参加过 2 万 m^2 以上施工的劳务分包不予选用；对工人和班组工程款支付不及时的劳务分包不予选用；组织架构不完整，且管理人员配备不齐全的劳务分包不予选用；在施工过程中有肆意闹事或配合不力的劳务分包应及时清场。

2.1.4 现代综合体工程项目的策划

现代综合体工程的项目策划是由公司层面组织编制，项目经理参与而进行的项目管理策划，公司层面主管部门组织，相关业务部门（包括工程部、技术质量部、成本部、安全部、劳务部、物资设备采购部、资金管理部等）参与编制，项目经理必须亲自参加以形成《项目管理策划书》，该《项目管理策划书》应由公司生产副总负责批准实施，作为现代综合体工程项目管理的纲领性文件发至各相关业务部门和项目部，使其成为公司支持、服务于项目，并确保项目充分进行生产资料配置的依据。

现代综合体工程项目策划分两级：一级策划公司是责任主体；二级策划项目实施计划，项目部是责任主体。项目策划要点包括：以工期为主线进行全寿命周期策划；项目计划开、竣工时间及目标总工期的确定，并进行前瞻性分析；项目施工区段的划分、工程组成及其计划开、竣工时间；项目施工程序、主要施工过程的流向；施工全过程的阶段划分以及各阶段工程形象进度的节点目标；施工优化设计、进度与施工总进度协调的要求和措施；总承包单位和各分包单位协同施工的程序、安排及协调方式；主体工程及二次结构工程，设备安装和装修工程等专业施工之间的交叉与衔接；施工主辅机械设备、设施及生产、生活大型临时设施的选型、配置、数量配置原则的确定；项目盈利点、亏损点、风险点分析；周转料具的投入方案；专业分包及劳务分包现场作业人员流量；现金流量计划；结合本项目特点需要策划的其他重要事项。

现代综合体工程项目策划的主要内容包括：项目的管理目标、经济指标、项目经理的授权、项目部组织模式、项目总进度计划、现金流计划、资金使用计划、分包管理、物资采购、主要技术（工程设计和各专项施工方案）、安全方案策划、劳动力的投入、周转料具的投入、大型机械设备的投入、深化施工图设计、责任成本税收、保险、保函、临时设施、项目总平面布置及施工部署等，并最终形成《项目管理策划书》。策划书经公司生产副总批准后，公司组织各部门向总承包项目部进行交底，并指导项目部编制二级策划《项目部实施计划书》。“公司服务于项目，项目服从于公司”，“两套班子一台戏，追求效益最大化”，这是现代综合体工程项目成功的保障。

2.1.5 现代综合体工程项目目标责任书

现代综合体工程项目管理目标责任书应在现代综合体工程项目实施之前，由法定代表人与项目经理协商制定。其所对应的编制依据，包括：(1) 项目的合同文件；(2) 组织的项目管理制度；(3) 项目管理规划大纲；(4) 组织的经营方针和目标。其所编制的内容包括：(1) 项目的进度、质量、成本、职业健康安全与环境目标；(2) 组织与项目经理部之间的责任、权限和利益分配；(3) 项目所需用资源的供应方式；(4) 法定代表人向项目经理委托的特殊事项；(5) 项目经理部应承担的风险；(6) 项目管理目标评价的原则、内容和方法；(7) 对现代综合体工程项目经理部进行奖惩的依据、标准和办法；(8) 项目经理解职和项目经理部解体的条件及办法。

施工企业管理层应对现代综合体工程项目管理目标责任书的完成情况进行考核，按照考核结果和项目管理目标责任书的奖惩规定提出奖惩意见，并对项目经理部进行奖励或处罚。其考核的实施应严格按以下程序进行：(1) 制定考核评价方案，经企业法定代表人审批后施行;(2) 听取项目经理部汇报后查看项目经理部的有关资料,对现代综合体工程施工项目管理层和作业层进行调整;(3) 考察已完工的现代综合体工程实体;(4) 对现代综合体工程项目管理的实际运作水平进行评价考核;(5) 考核完成后提出考核评价报告,同时向被考核评价的项目经理部公布评价意见,其中具体的考核指标包括:工程质量等级;工程成本降低率;工期及提前工期率;安全考核指标。而考核的定性指标包括:执行企业各项制度的情况;项目管理资料的收集、整理情况;思想工作方法与效果;发包人及用户的评价;在现代综合体工程项目管理中应用的新技术、新材料、新设备和新工艺;在现代综合体项目管理中采用的现代管理方法和手段;环境保护等。

在考核实施的过程中,现代综合体工程项目管理目标责任书考核评价的对象是项目经理部,其中,应突出对项目经理管理工作进行考核评价。项目经理部是企业内部相对独立的生产经营管理的实体,其工作的目标是确保经济效益和社会效益的提高,因此,考核内容主要围绕"两个效益",全面考核并与单位工资总额和个人收入挂钩,而工期、质量、安全等指标要单项考核,奖罚和单位工资总额挂钩浮动。在考核机构建设方面,施工企业应成立专门的考核领导小组,由主管生产经营的领导负责,各生产经营管理部门领导均参加,每月由经营管理部门按统计报表和文件规定进行政审性考核,季度内考核按纵横考评结果和经济效果综合考核,预算工资总额,并确定管理人员岗位效益工资档次,年末进行全面考核,最终进行工资总额结算和人员最终奖罚兑现。

2.1.6　现代综合体工程项目经理责任制及实施

项目经理责任制是以现代综合体工程施工项目为对象,以项目经理全面负责为前提,以项目目标责任书为依据,以创优质工程为目标,以求得项目成果的最佳经济效益为目的,实行一次性的全过程管理,也是以项目经理为责任主体的施工项目管理目标责任制度,用以确保项目履约以及确立项目经理部与企业、职工三者之间的责、权、利关系。在现代综合体工程实施过程中所承担的作用包括:明确项目经理与企业和职工三者之间的责、权、利、效关系;有利于运用经济手段强化对施工项目的法制管理;有利于项目规范化、科学化管理和提高产品质量;有利于促进和提高企业项目管理的经济效益和社会效益。

现代综合体工程项目经理责任制的实施需要具备以下条件:(1) 现代综合体工程项目任务落实和开工手续齐全,具有切实可行的项目管理规划大纲或施工组织总设计;(2) 组成了一个高效、精干的现代综合体工程项目管理班子;(3) 现代综合体工程施工所需的各种工程技术资料、施工图纸、劳动力配备、施工机械设备和各种主要材料等能按计划供应;(4) 建立了企业级业务工作系统化管理,使施工企业具有为项目经理部提供人力资源、材料、资金、设备及生活设施等各项服务的功能。

项目经理责任制实施重点及实施的要点主要包括:(1) 按照相关规定明确项目经理的管理权力,并在企业中进行具体落实形成制度以确保责权一致,实现项目经理的职责具体化、制度化;(2) 必须明确项目经理与企业法定代表人是代理与被代理的关系,项目经理必须在企业法定代表人授权范围、内容和时间内行使职权,不得越权。为确保项目管理目标的实现,项目经理应有权组织指挥本工程项目的生产经营活动,调配并管理进入工程项目的人力、资金、物质、设备等生产要素,有权决定项目内部的具体分配方案和分工形式，受企业法定代表人委托有权处理与本现代综合体工程项目有关的外部关系并签署有关合同；(3) 项目经理承包责任制是项目经理责任制的一种主要形式，它是指在工程项目建设过程中，用以确立项目承包者与企业、职工三者之间责、权、利关系的一种管理手段和方法，它以现代综合体工程项目的项目经理负责为前提，以施工图预算为依据，以创优质工程为目标，以承包合同为纽带，以求得最终产品的最佳经济效益为目的，是工程项目开工到竣工交付使用的一次性、全过程施工承包管理。

2.1.7 现代综合体工程项目经理部的建立与运行

2.1.7.1 项目经理部建立的原则

现代综合体工程的项目经理部是一个具有弹性的一次性施工生产组织，随工程任务的变化而进行调整，不应建设成为一级固定性的组织。在工程项目施工开始前建立，工程竣工交付使用后，项目经理部应解体。项目经理部不应有固定的作业队伍，而是根据施工的需要在企业内部或社会上吸收人员，进行优化组合和动态管理；项目经理部的人员配置应面向施工项目现场，满足现场的计划与调度、技术与质量、成本与核算、劳务与物资、安全与文明施工的需要，不应设置专管经营与咨询、研究与开展或人事等非生产性部门；根据工程项目的规模、复杂程度和专业特点设置项目经理部，如果现代综合体工程项目的专业性强，便可设置专业性强的职能部门；要根据设计的项目组织形式设置项目经理部，因为项目组织形式与企业对施工项目的管理方式有关，与企业对项目经理部的授权有关，不同的组织形式对项目经理部的管理力量和管理职责提出了不同要求，也提供了不同的管理环境。在项目管理机构建成以后，应建立有益于组织运转的工作制度。

2.1.7.2 项目经理部建立的步骤及协调

现代综合体工程项目经理部的设置步骤可以分解为：(1) 根据企业批准的项目管理规划大纲确定项目经理部的管理任务和组织形式；(2) 确定项目经理部的层次，设立职能部门和工作岗位；(3) 确定项目部的组成人员及其职责和权限；(4) 由项目经理根据项目管理目标责任书进行目标分解；(5) 组织有关人员制定规章制度和目标责任考核、奖惩制度。

项目经理部的运作是公司整体运行的一部分，它应处理好与业主、主管部门及外部其他各种关系，取得公司的支持和指导。项目经理部的运行只有得到公司强有力的支持和指导，才会高水平地发挥。两者的关系应秉承“大公司、小项目”的原则来建设，对大公司的要求是要把公司建设成管理中心、技术中心、信息中心、资金和资源供应及调配中心。公司有现代的管理理念、管理体系、管理办法和系统的管理制度，规范了项目经理部的管理行为和操作；公司拥有高水平的技术专业人才，掌握超前的施工技术，并形成公司的技术优势，对项目施工中遇到的技术难题能提供优选的施工方案并迅速地解决，使项目施工的技术水平有充分的保障；要求公司有多渠道的信息资源采集网络，有强大的信息管理体系，能及时为领导决策及项目施工服务；公司拥有强大的资金及资源的供应及调控能力，能保证项目的优化配置资源。因此，公司应是项目运行的强大后盾，由于公司的强大使项目运行不会因项目经理的水平稍低而降低减弱，从而保证公司各个项目都能代表公司的整体水平。

处理好项目部与外部的关系首先要求协调好总分包之间的关系，项目管理中总包单位与分包单位在施工配合中，处理经济利益关系的原则是严格按照国家有关政策和双方签订的总分包合同及企业的规章制度实事求是地办理。协调土建与安装分包的关系，本着“有主有次，确保重点”的原则，统一安排好土建、安装施工，服从总进度的需要，定期召开现场协调会，并及时解决施工中的交叉矛盾。重视公共关系，施工中要经常和建设单位、设计单位、监理单位以及政府主管行业部门取得联系，主动争取他们的支持和帮助，充分利用他们各自的优势为工程项目服务；协调处理好与劳务作业层之间的关系，项目经理部与作业层队伍或劳务公司是甲乙双方平等的劳务合同关系，劳务公司提供的劳务要符合项目经理部为完成施工需要而提出的要求，并接受项目经理部的监督与控制。同时，坚持相互尊重、支持、协商解决问题的原则，坚持为作业层创造条件，特别是不损害作业层的利益。处理好与企业及主管部门的关系，项目经理部与企业及其主管部门的关系是：一是在行政管理上二者是上下级行政关系，又是服从与服务、监督与执行的关系；二是在经济往来上，根据企业法人与项目经理签订的“项目管理目标责任状”，严格履约并以实计算，建立双方平等的经济责任关系；三是在业务管理上，项目经理部作为企业内部项目的管理层，接受企业职能部门的业务指导和服务。

2.1.7.3 现代综合体工程项目经理部运转

项目经理部运作的程序建设及有效的管理组织是项目经理的首要职责，它是一个持续过程。项目经理部的运作需要按照以下规则来进行：首先，成立项目经理部，它应结构健全，包容项目管理的所有工作，选择合适的成员且他们的能力和专业知识应是互补的，形成一个工作群体；项目经理部要保持最小规模，最大可能地使用现有部门中的人员。接着，项目成员进入项目部后，项目经理要介绍项目成员的组成，成员开始互相认识；项目经理的目标是要把人们的思想和力量集中，真正成为一个组织，使他们了解项目目标和项目组织规则，公布项目的范围、质量标准、预算及进度计划的标准和限制，然后明确和磋商经理部中的人员安排，宣布对成员的授权，指出权力使用的限制和注意问题，对每个成员的职责及相互间的活动进行明确定义和分工，使每个人知道各岗位有什么责任、该做什么、产生什么结果、需要什么，制定或宣布项目管理规范、各种管理活动的优级关系、沟通渠道。随着项目目标和工作逐步明确，成员们开始执行分配任务并开始缓慢推进工作，项目管理者应有有效的符合计划要求的、上层领导能积极支持的项目计划。由于任务比预计的更繁重、更难，成本或进度计划的限制可能比预计更紧张，因此会产生许多矛盾，要求项目经理与成员们一起参与解决问题，共同做出决策。项目经理应能接受和容忍成员的任何不满，积极解决矛盾，而决不能通过压制来使矛盾自行消失；应创造并保持一种上佳的工作环境，激励成员朝预定的目标共同努力，鼓励每个人都把工做得很出色。

随着现代综合体工程项目工作的深入，各方应互相信任，进行很好的沟通和交流，形成和谐的相互依赖关系，但项目经理部成员经常变化，过于频繁的流动不利于组织稳定、形成凝聚力，从而造成组织摩擦增大，将会导致效率低下，所以必须不断地积累项目工作经验，使项目管理工作专业化；项目组成员若为老搭档，彼此适应且协调方便，较容易形成良好的项目文化。为了确保项目管理的需求，对管理人员应有一整套招聘、安置、报酬、培训、提升、考评计划，应按照管理工作职责确定应做的工作内容，根据所需要的才能和背景知识，以此确定对人员的教育程度、知识和经验等方面的要求，若预计到拥有这种高能力要求的困难性，在招聘新人时则应给予充分的准备时间进行培训。

2.2 现代综合体工程项目的施工准备

2.2.1 施工部署

现代综合体工程项目应按照合同条件要求，在管理上兼有协调设计、照管业主、独立分包的义务，基于该特点总承包项目部必须兼顾业主项目管理的职能，其实质上是“施工总承包+业主的项目管理”，把业主指定分包、独立分包的施工内容全部纳入施工总体部署范畴，进行项目总体策划。总承包项目部的部署，应按照先策划、后计划、再部署的基本程序进行，并在总承包合同签订后10～15天内完成项目总体策划。

2.2.2 施工部署的实施(计划)

根据现代综合体工程的《项目管理策划书》与总承包项目经理签订《项目管理目标责任书》，项目经理部要站在总承包的高度和业主的角度统领全局、统筹部署、统一安排。根据《项目策划书》和《目标责任书》组织项目管理人员进一步深化和细化具体内容，编写完成《现代综合体工程项目部实施计划书》。在开工之前，项目部对项目管理进行周密的策划，包括施工组织设计、劳务队伍的选择、工期策划、项目现金流策划、方案的确定和机械设备的准备、大宗材料的招标、图纸、技术资料的准备以及现场平面布置等策划。实施计划书应由总承包项目经理主持，项目总工程师、土建施工经理、设备安装经理等项目主要管理人员共同编制《项目部实施计划书》，是作为公司内部实施的操作性文件。《项目部实施计划书》由总承包项目经理组织向所有管理人员进行全面交底，为项目全面有序的施工作业明确职责、任务和管理要求，进行总体部署、平面布置、垂直运输、群塔布置及施工准备工作。

2.2.2.1 施工区、段的部署

现代综合体工程的每个施工区建筑总面积不宜超过10万 m^2，每个施工区至少配置一个劳务队。施工区划分必须结合塔吊布置方案，每个施工区的每个区段面积不宜超过1 200 m^2，每个施工区内施工段不宜超过6个，且施工区划分时必须考虑二次分区的可能。

2.2.2.2 施工总平面的布置

现代综合体工程项目红线内场地十分有限，各工序根据现场情况穿插作业，并保持运输线路畅通，从而保证进出场材料流畅，满足各专业队伍正常施工，并且对现场平面管理进行动态控制。总平面布置一般可分为五个阶段，即土方施工阶段、基础工程施工阶段、主体结构施工阶段、安装与装饰施工阶段、室外整体施工阶段。工人生活区根据现场情况采用就近租赁成品楼房或租赁场地搭设临时设施的形式。现场搭设临时设施不能影响施工区域、加工场地以及主要道路。项目部办公区、生活区、施工区划分避免设置在结构施工范围内，尽可能布置在设计规划的室外广场区域，减少后期多次拆移。钢筋加工场地布置不能影响现场交通，根据施工现场情况可以采取钢筋全部外加工或部分外加工的形式。临时供电变压器位置要分散布置，尽可能采用箱式变压器、电容补偿柜等设备，这样可节省有功电流的损耗。高压进线一定要埋地，达到施工场地占用量最小化的目的。科学合理地设置现场出入口可以保证车流、物流、人流不交叉。尽可能地保证基坑周围形成环形道路，且与主要干道连接，至少要保证相邻出入口道路畅通，避免只留一条道

的情况。在项目周围租赁临时场地，可以作为材料备用场地和周转材料退场的中转场地。施工道路及水电管网的布置要求对现场的水源、电源及排水设施进行交接，并根据工程特点、现场实际情况和施工需要做好现场平面规划，按此进行现场临建的搭设和临时用水用电管线的布置。主体施工阶段地下室模板拆除、倒运或退料的同时要进行室外回填和地下室砌筑工程、机电安装工程、消防工程的施工，平面布置既要考虑施工的阶段性，也要考虑连续性。

2.2.2.3　垂直运输的设置

垂直运输部署的重点是群塔布置、人货电梯的设置，塔吊选型应尽可能一致，且性能良好，宜采用成品标准节进行顶升，坚决不选用散件拼装，以此保障主体施工期间的正常使用。塔吊布置要全面覆盖以减少盲区，现代综合体工程中写字楼区域必须独立配置 1 台，若采用钢模施工要求每栋 1 台，如果采用木模施工，则根据工期及单层建筑面积的情况可以 2 栋配置 1 台。材料运输应尽可能地避免二次倒运，如需周转时周转塔吊布置应避免使用塔楼的塔吊，基坑内塔吊基础应采用格构柱形式，保证土方开挖前塔吊能够投入使用，这样既保证土方开挖的连续性也能保证下道工序的施工功效。在施工电梯的布置、维修及使用方面，施工电梯必须在一层结构拆模后即开始安装，确保二层结构的施工。施工电梯最晚拆除时间应早于竣工前两个月，拆除后及时对电梯连接处进行修补。施工电梯拆除前应保证室内电梯至少有两部可以投入使用以确保物资的垂直运输。根据装饰工程量的大小及装饰时间的长短，可适当增加施工电梯的数量以保证装饰阶段的垂直运输。室内施工电梯必须由项目部安排专人进行管理，管理人员必须每天提前做计划表，合理分配电梯的使用时间，充分发挥电梯的垂运功效。各单位运输材料，特别是大批量材料必须提前向项目部垂直运输管理人员申请，管理人员根据工程总体计划予以安排。

2.2.2.4　施工用外吊篮的布置

现代综合体工程外用吊篮必须在屋面工程施工后才能将吊篮搭设到屋面位置，裙楼位置由于外装工期紧，屋面工程来不及施工，可以提前在屋面搭设吊篮位置处先施工部分吊篮支座基础，要求为高出屋面 200 mm 左右的混凝土基础以确保不影响屋面防水的施工。

2.2.3　研究调查准备

2.2.3.1　施工准备的指导思想

针对现代综合体项目中“三边”工程隐患，总承包项目部应以工期为主线，使资源配置投入到位，应有前瞻性和预见性地考虑施工过程中的诸多不确定性因素，做好全方位的施工准备工作，特别是对地质条件、工期安排、资金投入等因素进行前瞻性的分析与研究，施工中既要考虑施工的阶段性又要考虑施工过程的连续性，从而确保对资源配置进行合理的统筹安排。

2.2.3.2　施工条件的调查

现代综合体工程施工前必须熟练掌握现场条件，主要包括：进行项目策划和编制《项目部实施计划》；及时了解业主的管控计划从而确定该项目的工期管控要点，掌握工程各阶段的工期目标，并准备主要施工资源；了解和掌握本地区行业和地方政府相关政策、法律法规及标准要求；收集本工程勘测单位或设计院的地质勘查资料；收集周边同类工程的地质、水文等相关资料并进行分析；联合业主收集周围地质环境和本场区内的原始资料;熟悉本地区的人文环境、自然环境和市场环境。

2.2.3.3 施工定额值指标的参考

结合对现代综合体工程项目的调研和统计,总结主要施工的经验数据,作为施工定额的参考,以便施工现场管理人员安排施工任务,其结果如表2.1~表2.4所示;现代综合体项目资源配置平方米含量如表2.5所示。

表2.1 现代综合体工程地基与基础工程主要施工定额

序号	项 目	施工定额	
1	土方开挖(200机型)	1 000	m^3/(台·天)
2	土方开挖(320机型)	1 200	m^3/(台·天)
3	灌注桩(水钻)	2~3	根/(20~30 m·天)
4	灌注桩(冲击钻)	0.6	根/(18 m·天)
5	灌注桩(旋挖钻)	3	根/(20 m·天)
6	灌注桩(回转钻)	2~3	根/(20 m·天)
7	灌注桩(磨盘机)	1~2	根/(40~60 m·天)

表2.2 现代综合体工程主体结构主要施工定额

序号	项 目	施工定额	
1	钢筋	0.5~0.8	t/(人·天)
2	钢筋(基础底板—2 m)	0.85~1.2	t/(人·天)
3	钢筋(基础底板—3 m)	1.5~1.8	t/(人·天)
4	钢筋(标准层—梁)	0.5	t/(人·天)
5	钢筋(标准层—板)	0.3	t/(人·天)
6	模板	15~20	m^2/(人·天)
7	柱模板	18~20	m^2/(人·天)
8	墙模板	30~40	m^2/(人·天)
9	板模板	40~50	m^2/(人·天)

表2.3 现代综合体工程装饰装修主要施工定额

序号	项 目	施工定额	
1	砌体(居住部分)	2.5~3.0	m^3/(人·天)
2	砌体(商业部分)	3.0~3.5	m^3/(人·天)
3	抹灰(居住部分)	35~40	m^2/(人·天)
4	抹灰(商业部分)	40~50	m^2/(人·天)
5	抹灰(室内)	20~30	m^2/(人·天)
6	抹灰(外墙)	30~40	m^2/(人·天)
7	墙砖(卫生间)	15~18	m^2/(人·天)
8	地砖(大空间)	30~40	m^2/(人·天)
9	地砖(楼梯间)	15~20	m^2/(人·天)

续表

序号	项　目	施工定额	
10	地砖(卫生间)	15～20	m^2/(人·天)
11	吊顶板	145～155	m^2/(人·天)
12	吊顶的吊杆及龙骨	30～40	m^2/(人·天)
13	楼梯栏杆和扶手	90～130	m^2/(人·天)

表 2.4　现代综合体工程中专业工程主要施工定额

序号	项　目	施工定额	
1	玻璃幕墙	2～3	m^2/(人·天)
2	石材幕墙	8～12	m^2/(人·天)
3	幕墙电梯收口	40～50	m/(人·天)

表 2.5　现代综合体工程资源配置平方米含量一览表

序号	项目	主要材料/m^2 含量			地下结构阶段混凝土(m^3)	裙房机构阶段混凝土(m^3)	塔楼施工阶段每人浇筑 1 m^3 混凝土	
		钢材(kg)	混凝土(m^3)	模板(m^2)			竖向钢模(kg)	竖向木模(m^2)
1	住宅区	78.35	0.67	3.23	0.21	0.27	0.29	0.40
2	酒店区	96.78	0.55	2.22	0.20	0.47	—	0.38
3	大商业	81.20	0.54	2.21	0.17	0.27	0.23	0.28
4	写字楼	65.67	0.39	2.20	0.18	—	—	0.45

序号	项目	地下结构			裙房结构			塔楼		
		钢材(kg)	混凝土(m^3)	模板(m^2)	钢材(kg)	混凝土(m^3)	模板(m^2)	钢材(kg)	混凝土(m^3)	模板(m^2)
1	住宅区	156.00	1.20	2.27	78.60	0.75	3.55	54.50	0.45	3.50
2	酒店区	176.35	1.15	2.55	83.60	0.40	2.65	62.40	0.35	2.25
3	大商业	154.65	1.25	2.55	58.45	0.36	2.10	55.50	0.32	2.05
4	写字楼	151.90	1.25	2.70	51.30	0.35	2.15	59.50	0.35	2.05

2.2.4　人力资源准备

人力资源管理计划是工程项目施工期限得以实现的重要保证,对其进行编制时应有如下要求:准确计算工程量和施工期限。劳动力管理计划的编制质量,不仅与计算的工程量准确程度有关,而且与工程期计划得是否合理有着直接的关系,工程量计算越准确,工期越合理,劳动力使用计划才能越合理。根据工程的实物量和定额标准分析劳动需用总工日来确生产工人、工程技术人员、徒工的数量和比例以便对现有人员进整、组织、培训,来保证现场施工的人力资源。保持劳动力均衡使用,如果劳动力使用不均衡,不仅给劳力调配带来困难,还会出现用工需求高峰,同时也增加了劳动力的成本,还会带来了住宿、交通、饮食、工具等方面的问题。

人力资源配备计划阐述人力资源以何种方式加入和离开项目小组，人员计划可能是正式的，也可能是非正式的，可能是十分详细的，也可能是框架概括型的。在编制过程中应考虑外部获取时的招聘惯例、招聘原则和程序等制约因素，通过人力资源需求计划来确定现代综合体工程项目人力资源的需要量，是人力资源管理计划的重要组成部分，它不仅决定人力资源的招聘、培训计划，而且直接影响其他管理计划的编制。人力资源需求计划要紧紧围绕施工项目总进度计划的实施进行编制，因为总进度计划决定了现代综合体工程项目中各个单项(位)工程的施工顺序及延续时间和人数，它是经过组织流水作业，去掉劳动力高峰及低谷，反复进行综合平衡以后得出的劳动力需要量计划，反映了计划期应调入补充、调出的各种人员变化情况。确定劳动力的劳动效率是劳动力需求计划编制的重要前提，只有确定了劳动力的劳动效率，才能制订出科学合理的计划。工程施工中，劳动效率通常用“时间”或“消耗量/单位工作量”来表示。在一个工程中，分项工程量一般是确定的，它可以通过图纸和工程量清单的规范的计算得到，而劳动效率的确定却十分复杂。在建工程的劳动效率可以在《劳动定额》中直接查到，它代表社会平均先进的劳动效率。但在实际应用时，必须考虑到具体情况，如环境、气候、地形、地质、工程特点、实施方案的特点、现场平面布置、劳动组合等，应进行合理调整。

在编制劳动力需要量计划时，由于工程量、劳动力投入量、持续时间、班次、劳动效率、每班工作时间之间存在一定的变量关系，因此，计划中要注意它们之间的相互调节。在现代综合体工程项目施工中，经常安排混合班组承担一项分包工作任务时，不仅要考虑整体劳动效率，还要考虑到设备能力和材料供应能力的制约以及与其他班组工作的协调。

人力资源配置计划编制的内容包括：研究制定合理的工作制度与运营班次，根据类型和生产过程特点，提出工作时间、工作制度和工作班次方案；研究员工配置数量，根据精简、高效的原则和劳动定额确定出配备各岗位所需人员的数量，进行技术改造项目需优化人员配置；研究确定各类人员应具备的劳动技能和文化素质；研究测算职工工资和福利费用；研究测算劳动生产率；提出员工选聘方案，特别是高层次管理人员和技术人员的来源和选聘方案。

人力资源配置计划编制方法主要包括：按照组织机构职责范围、业务分工计算管理人员的人数；按劳动效率计算定员，根据生产任务、生产人员的劳动效率计算生产定员人数；按比例计算定员，按服务人数占职工总数或者生产数量的比例计算所需服务人员的数量；按岗位计算定员，根据设备操作岗位和每个岗位需要的工人数计算生产定员人数；按劳动定额定员，根据工作量或生产任务量，按劳动定额计算生产定员人数；按设备计算定员，即根据机器设备的数量、工人操作设备定额和生产班次等计算生产定员人数。

在决定人力资源配置时应考虑劳动生产率，而影响劳动生产率的因素有两种，即内部因素和外部因素。一般来说，外部因素是一个企业所无法控制的因素，如立法、税收、各种相关政策等，这些外部因素对不同的现代综合体工程项目施工来说其影响程度基本相同，是非主要考虑的方面。在制订劳动生产率计划时，对那些可以控制的内部因素应加以充分考虑，而影响劳动生产率的内部因素主要包括：劳动者水平，包括经营者的管理水平，操作者的技术水平，劳动者的觉悟水平即劳动态度等；施工企业的技术装备程度，如机械化施工水平，设备效率和利用程度等；劳动组织科学化、标准化、规范化程度；劳动的自然条件和企业的生产经营状况等。劳动生产率的提高，就是要求劳动者更合理更有效率地工作，尽可能少地消耗资源，尽可能多地提供产品和服务，提高劳动生产率最根本的是使劳动者具有高智慧、高技术和高技能。真正的劳动生产率提高，不是靠拼体力来增加劳动强度，这样做只能导致生产率的有限增长，而提高劳动生产率的主要途径包括：提高全体员工的业务技术水平和文化知识水平，充分地提高能力；加强思想政治工作，提高职工的道德水准，搞好企业文化建设，增加企业凝聚力；提高生产技术和装备水平，采用先进施工工艺和操作方法，提升施工机械化水平；不断改进生产劳动组织，实行先进合理的定员和劳动定额；改善劳动条件，加强劳动纪律以及有效地使用激励机制。

在编制劳动生产率计划时，应详细考虑近期劳动生产率实际达到的水平，同时分析劳动定额完成情况，在总结经验教训的基础上提出改革措施，科学地预计每年劳动生产率增长的速度，客观地编制劳动生产率计划，如表2.6所示：

表2.6 现代综合体工程项目某年度劳动生产率计划

项 目	计算单位	2013年 (上年度) 完成	2014年 (本年度) 计划完成	本年度计划预计完成(%)
一、×××单位工程劳动生产率				
二、×××单位工程劳动生产率 全员劳动生产率 单位工程工作量 生产工人劳动生产率				
三、现代综合体项目劳动生产率 建筑安装工作总量 全部职工平均人数 建筑工人平均人数 全员劳动生产率 建筑工人劳动生产率				
四、……				

劳动力优化配置的目的是保证生产计划或施工项目进度计划的实现，在考虑相关因素变化的基础上，合理配置劳动力资源，使劳动者之间、劳动者与生产资料和生产环境之间，达到最佳的组合，使人尽其才，物尽其用，时尽其效，不断地提高劳动生产率，降低工程成本。就企业本身来讲，人力资源配置的依据是人力资源需求计划，企业的人力资源需求计划是根据企业的生产任务与劳动生产率水平计算的，就现代综合体工程项目而言，人力资源的配置依据是施工进度计划，还要考虑相关因素的变化，即要考虑生产力的发展、技术进步、市场竞争、职工年龄结构、知识结构、技能结构等因素的变化。

对人力资源进行优化配置时应以高效、双向选择和竞争择优为原则，同时，还需满足以下要求：(1) 结构合理，所谓结构合理是指在劳动力组织中的知识结构、技术结构、年龄结构、体能结构、工种结构等方面，与所承担生产经营任务要相适应，能满足施工和管理的需求；(2) 数量合适，根据工程量的大小和合理的劳动定额并结合施工工作面的大小确定劳动者的数量，要做到在工作内能满荷工作，防止“三个人的活五个人干”的现象；(3) 素质匹配，主要是指劳动者的素质结构与物质形态的技术结构相匹配，劳动者的技能素质与所操作的设备、工艺技术的要求相适，劳动者的文化程度、业务知识、劳动技能、熟练程度和身体素质等能胜任所担负的生产和管理工作；(4) 协调一致，指管理者与被管理者、劳动者之间，相互支持、相互合作、相互尊重、相互学习，成为具有很强凝聚力的劳动群体；(5) 效益提高，这是衡量劳动力组织优化的最终目标，一个优化的劳动力组织不仅工作上实现满负荷、高效率，更重要的是要提高经济效益。

在人力资源优化配置中，应在人力资源需求计划的基础上再具体化，防止漏配，必要时根据实际情况对人力资源计划进行调整。如果现有的人力资源能满足要求，配置时应贯彻节约原则，如果现有劳动力不能满足要求，项目经理部应向企业申请加配，或在企业经理授权范围内进行招募，也可以把任务转包出去。如果在技术或其他素质上现有人员或新招收人员不能满足要求，应提前进行培训，再上岗作业。培训任务主要由企业劳务部门承担，项目经理部只能进行辅助培训，即临时性的操作训练或试验性操作，进行劳动纪律、工艺纪律及安全作业教育等。配置劳动力时应积极可靠，让工人有超额完成的可能以获得奖励，进而激发出工人的劳动热情，尽量使作业层正在使用的劳动力和劳动组织保持稳定以防止频繁调动。当在用劳动组织不适应任务要求时，应进行劳动组织调整，并应敢于打乱原建制进行优化组合。最后，为保证现代综合体工程作业的需要，工种组合、技术工人与壮工比例必须适当、配套，同时尽量使劳动力均衡配置以便于管理，使劳动资源强度适当以达到节约的目的。

2.2.5 材料资源准备

现代综合体工程的材料计划管理是指运用计划手段组织、指导、监督、调节材料的采购、供应、储备、使用等一系列工作的总称。项目经理部应及时向企业物资部门提供主要材料、大宗材料需用计划，由施工企业负责采购。现代综合体工程项目材料需用计划一般包括整个工程项目(或单位工程)和各计划期(年、季、月)的需用计划，需用计划应根据工程项目设计文件及施工组织设计编制，反映所需的各种材料的品种、规格、数量和时间要求，是编制其他各项计划的基础，而准确确定材料需要数量是编制材料计划的关键。

确定材料需用量是编制材料计划的重要环节，是搞好材料平衡、解决供求矛盾的关键。因此，在确定材料需用量时需要坚持实事求是的客观原则，力求全面正确地来进行采购。确定需用量要注意运用正确的方法。由于各项需求特点的不同，其确定需用量的方法也不同。根据各工程项目计算的需用量，进一步核算实际需用量。确定实际需用量，编制材料需用计划。核算的依据有以下方面：对于一些通用性材料，在工程进行初期考虑到可能出现的施工进度超期因素，一般都略加大储备，其实际需用量就略大于计划需用量；对于一些特殊进料，计划需用量只是一次购进，其实际需用量要大大增加；在工程竣工阶段，因考虑到完工要清理场地，防止工程竣工材料积压，一般是利用库存控制进料，这样实际需用量要略小于计划用量。

材料总需用量计划进行编制时，其主要依据是项目设计文件、项目投标书中的《材料汇总表》、项目施工组织计划、当期物资市场采购价格及有关材料消耗定额等。计划的编制步骤可分为四步，具体情况如下：(1) 计划编制人员与投标部门进行联系，了解工程投标书中该项目的《材料汇总表》；(2) 计划编制人员查看经主管领导审批的项目施工组织设计，了解工程工期安排和机械使用计划；(3) 根据企业资源和库存情况，对工程所需物资的供应进行策划，确定采购或租赁的范围，根据企业和地方主管部门的有关规定确定供应方式；(4) 了解当期市场价格情况，进行具体编制，其现代综合体工程材料总量供应计划表如表2.7所示：

表2.7　现代综合体工程材料总量供应计划表

序号	材料名称	规格	单位	数量	单价	总金额	供应方式	供应单位

指标时间：　　　　　　制表人：　　　　　　审核人：　　　　　　审批人：

对于材料计划期(季、月)需求计划的编制，按计划期的长短，工程项目材料需用计划可分为年度、季度计划，相应的计划期计划以季度、月度计划应用较为频繁，故一般多指季度或月度材料需用计划。计划期计划主要是用来组织本计划期(季、月)内材料的采购、订货和供应等，其编制依据主要是施工项目的材料计划、企业年度方针目标、项目施工组织设计和年度施工计划、企业现行材料消耗定额、计划期内的施工进度计划等。确定计划期(季、月)内材料的需用定额中各分部、分项工程量获取相应的材料消耗定额，求得各分部、分项的材料需用量，然后再汇总，求得计划期各种材料的总需用量。

编制步骤季度计划是年度计划的滚动计划和分解计划，编制好年度计划是编制好季度计划的基础，年度计划是物资部门根据企业年初制定的方针目标和项目年度施工计划，通过套用现行的消耗定额编制的年度物资供应计划，成为企业控制成本并编制资金计划和考核物资部门全年工作计划的依据。月度需求计划是由项目技术部门依据施工方案和项目月度计划编制的下月备料计划，也是本年、季度计划的滚动计划，多由项目技术部门编制，经项目总工审核后报项目物资管理部门。

现代综合体工程所用材料的备料计划编制步骤大致如下：(1) 了解企业年度方针目标和本项目全年计划目标；(2) 了解工程年度的施工计划；(3) 根据市场行情，套用企业现行定额，编制年度计划；(4) 根据物资备料表和特殊物质需要加工定制周期表编制材料备料计划，其表格如表2.8和表2.9所示，其所对应的材料供应计划如表2.10所示：

表2.8　现代综合体工程物资备料计划表

计划编号：　　　　　项目名称：　　　　　编制依据：　　　　　第　页共　页

序号	材料名称	型号	规格	单位	数量	质量标准	备注

表 2.9　现代综合体工程所用部分特殊物资订货周期表

序号	物资名称	加工周期(天)	备　注
1	国产石材	30～40	
2	进口石材	60	
3	瓷砖	25～40	
4	木质门窗	25	
5	铝合金、塑钢门窗	35～45	
6	铝木门窗	25	
7	防火门	30	
8	电梯	110	
9	其他必要材料及设备	20～40	

表 2.10　现代综合体工程材料供应计划表

编制单位：　　　　　　　　工程名称：　　　　　　　　编制日期：

材料名称	规格型号	计量单位	预计库存	计划需用量				期末库存量		计划供应量					供应时间
				合计	工程用料	周转材料	其他			合计	市场采购	挖掘代用	加工自制	其他	

材料进场验收是为了划清企业内部和外部经济责任，应防止进料中的差错事故和因供货单位、运输单位的责任事故造成企业不应有的损失。材料进场验收是材料由流通领域向消耗领域转移的中间环节，是保证进入现场的物资满足工程达到预定的质量标准，满足用户最终使用，确保用户生命安全的重要手段和保证。其具体要求包括：不使用国家明令淘汰的建筑材料，不使用没有出厂检验报告的建筑材料，应按规定对有关建筑材料有害物质含量指标进行复验。严禁使用有害物质含量不符合国家规定的建筑材料，严格检测报告，按规范应复验的必须复验，无检测报告或复验不合格的应予退货，材料验收必须做到认真、及时、准确、公正、合理，对于室内环境应当进行验收，如验收不合格，则该现代综合体工程不得竣工。

材料进场时应当予以验收，其验收主要依据是订货合同、采购计划及所约定的标准，或经有关单位和部门确认后封存的样品或样本，还有材质证明或合格证等，其常用的验收方法有：(1) 提料验收把关，总公司、分公司两级材料管理的业务人员到外单位及材料公司各仓库提送料，要认真检查验收提料的质量、索取产品合格证和材质证明书，送到现场或仓库后，应与现场仓库的收料员或保管员进行交接验收，收料员验收把关，对地材、建材及有包装的材料及产品应认真进行外观检验，查看规格、品种、型号是否与来料相符，宏观质量是否符合标准，包装、商标是否齐全完好；(2) 联合验收把关，即对直接送到现场的材料及构配件，收料人员可同现场的技术质量人员联合验收，进库物资由保管员和材料业务人员一起组织验收；(3) 双控把关，为确保进场材料合格，对预制构件、钢木门窗，制品及机电设备等大型产品，在组织送料前由两级材料管理部门业务人员会同技术质量人员先行看货验收。此外，在对材料进行验收前要保持进场道路畅通，以方便运输。应把计量器具准备齐全，然后针对物资的种类、性能、特点、数量确定物资的存放地点及必需的防护措施，进而确定材料验收方式；(4) 单据验收，单据验收主要查看材料是否有国家强制性产品认证书、材质证明、装箱单、发货单、合格证等，具体来说就是查看所到货物是否有合同采购计划，资质证明(合格证)是否齐全并随货行，是否有强制产品认证满足施工资料管理的需要；材质证明是否合格，能否满足施工资料管理的需要；查看材料的环保标准是否符合要求；(5) 数量验收，数量验收主要是核对进场材料的数量与单据量是否一致，材料的种类不同，点数或量方的方法也不相同。对计重材料的数量验证，原则上以进货方式进行验收，以磅单验收的材料应进行复磅或监磅，磅差范围不得超过国家规范，超过规范应按实际复磅重量验收，以理论重量换算交货的材料，应按照国家验收标准的检验尺计量换算验收，理论数量与实际数量的差超过国家标准的材料作为不合格材料处理。对不能换算或抽查的材料一律过磅计重，计件材料的数量验收应全部清点件数；(6) 质量验收，质量验收常包括内在质量和环境质量，材料质量验收就是保证物资的质量满足合同中约定的标准。

材料进场验收后，验收人员按规定填写各类材料的进场检验记录，如资料齐全可及时登入进料台账，发料使用。材料经验收合格后应及时办理入库手续，由负责采购供应的材料人员填写《验收单》，经验收人员签字后办理入库，并及时登账、立卡、标识。收单通常一式四份，计划员一份，采购员一份，保管员一份，财务报销一份。经验收不合格的，应将不合格的物资单独放置于不合格品区并进行标识，尽快退场以免耽搁工程。同时，做好不合格品记录和处理情况记录。对已进场的材料，若发现质量问题或技术资料不齐时，收料员应及时填报《材料质量验收报告单》并报上一级主管部门以便及时处理，暂不发料并原封妥善保管。

2.2.6　施工机具及技术准备

2.2.6.1　*施工机具准备*

现代综合体工程所需的施工机械设备的需求计划主要用于确定施工机具设备的类型、数量、进场时间，可据此落实施工机具设备来源并组织进场。将工程施工进度计划表中的每一个施工过程每天所需的机具设备类型、数量和施工日期进行汇总，即得出施工机具设备需要量计划，其施工机具设备需要量计划表如表 2.11 所示：

表 2.11　现代综合体工程所需施工机具需要量计划表

序号	施工机具名称	型号	规格	电功率(kV·A)	需要量(台)	使用时间	备注

现代综合体工程的项目经理部应根据工程需要编制机械设备使用计划，报组织领导或组织有关部门审批，其编制依据是根据工程施工组织设计。同样的工程采用不同的施工生产工艺及技术安全措施，选配的机械设备也不同，所以编制施工组织设计应考虑合理的施工方法、工艺和技术安全措施，同时还应考虑用什么设备去组织生产才能最合理、最有效地保证工期质量和降低生产成本。机械设备使用计划一般由项目经理部机械管理员或施工准备员负责编制，所用的中、小型设备一般由项目经理部主管经理审批，大型设备经主管项目经理审批后，报组织有关职能部门审批方可实施运送。

租赁大型起重机械设备，主要考虑机械设容配置的合理性，是否符合使用和安全要求，以及是否符合资质要求，包括租赁企业、安装设备组织的资质要求，设备本身在本地区的注册情况及年检情况、操作设备人员的资格情况等。为了细化管理和克服机械使用中的混乱状况，现代综合体工程项目部应根据施工的进展情况按月、季编制机械使用计划，其中，中标工程总体使用计划如表 2.12 所示，而季度机械使用计划如表 2.13 所示：

表 2.12　中标工程总体使用计划表

工程名称		所在省市		总工作量	
工期		主体工程内容			
序号	机械名称	规格	计划使用日期	来源	计划台数

表 2.13　季度机械使用计划表

序号	机械名称	规格	施工计划			需要数量（台）				调配（台）		
			作业名称	数量	计划台班	季度均需要量	月	月	月	现有	调入	调出

2.2.6.2　技术准备

根据现代综合体项目经常出现的项目图纸不到位或图纸变更量大、技术方案不及时、不合理，资源相对不足等特点，项目部技术管理人员要足额配置，项目总工程师要具备统筹全局的技术管理水平，独立配置土建、安装方案编制技术人员，专职技术管理人员应遵守每 10 万 m^2 配置 1 人的原则。

现代综合体工程技术管理的重点包括：参与各工序施工技术的设计优化及论证，确定合理工期方案；根据工程具体情况编制计划，包括：技术文件准备计划、深化图准备计划、施工试验、检验计划、技术复核或工程预检计划、工艺试验及现场检（试）验计划、关键部位控制及监测计划和工程技术资料收集计划等。

2.2.7　资金准备

项目资金策划在现代综合体项目中显得尤其重要，此类项目按合同签订条款为融资施工，因此，开工前项目部首先要组织编制项目资金流量计划表，找出资金最大需用量最大资金缺口，作为项目部管控节点。

资金准备也是公司对于项目支持的重点，如何运作整个项目资金，做到“开源、节流”，保证工程不受资金筹备问题的影响是项目部面临的难题，可采取现金支票与承兑汇票相结合的付款形式，同时申请办理保理业务，来寻求解决项目资金缺口的新途径。项目经理、分区经理应经常与业主进行沟通，尽可能地增加付款节点，提高付款比例，简化付款流程和加快付款速度。以节点付款为目标，有意识地安排现场施工生产，调整侧重方向，尽早实现每个施工节点工程款的回收。选择实力雄厚且有一定融资能力的、与企业长期合作的优良资源，主要涉及劳务分包商、物资供货商、大型机械设备租赁商。在项目资金运转困难的情况下，提前进行洽谈，获得分供方的理解与支持，转移风险并使风险因素降至最低程度。

2.3　现代综合体工程项目管理目标责任考核实例

2.3.1　基本情况简介

承接某城市重点现代综合体建设的特级施工建筑工程（集团）有限公司的某现代综合体工程项目管理责任目标考核实施办法。项目管理目标责任考核与奖罚是由季度考核、施工阶段考核、工程竣工考核与奖励等三部分组成，三部分考核指标具有相对的独立性和连贯性，该项工作由公司项目管理部牵头组织。

2.3.2　管理目标责任的季度考核

季度考核与奖励在考核期内，项目经理部全体管理人员的月度基本收入，按消费基金月度计划的 80％发放，其余的 20％作为考核奖励收入，其中，10％用于施工阶段考核奖励，而其余部分的 10％用于季度考核奖励，季度考核主要是为 10％的预留消费基金是否发放进行考核。在考核过程中，由公司项目管理理部牵头组织进行，项目经理部于考核的下一个季度第一个月的 10 日前，认真填写好“季度实际成本与资金回收考核评价表”和“季度工程质量考核评价表”，如下表 2.14 和表 2.15 所示。

表 2.14　×××季度实际成本与资金回收考核评价表

项目经理部：　　　　　实际上报日期：　　　　　实际考核日期：

考核项目	金额(单位)	项目经理部自检	专检	检查后的结论
季度项目实际成本发生费用(自年初累计)	元			
季度相对应的项目预算制造成本费用额(自年初累计)	元			
资金回收	%			

表 2.15　×××季度工程质量考核评价表

考核项目	计划指标	项目部上报实际完成指标(%)	项目部考核后认可完成指标(%)	考核后结论	说明
分项工程合格率(%)					
不合格点率(%)					
质量控制记录：					

填写完毕后分别上报公司相应主管部门，各部门主管考核的负责人按考核标准进行考评，将考评结果报项目管理部汇总，项目管理部将汇总结果报公司分管领导签署是否奖罚的意见，最后由财务部门根据公管领导签署的意见核发消费基金。

季度考核标准如下：(1) 季度质量目标：①分项工程合格率低于 85%的实行否决；②观感评分以总分 5 分为基准尺度，打分在 3 分以下的实行否决；③不合格点率超过 18%的实行否决；④如因质量问题导致业主严重投诉的实行否决。(2) 季度成本目标：自开工累计制造成本有节余为达标。(3) 季度资金回收率：90%(含 90%)为达标。

考核期内工程质量、资金、成本达到计划指标，则发放 10%预留消费基金，如在下一个季度考核期内，季度质量目标、季度总成本目标、季度资金回收率均达标，则可补发上季度尚未发放的 10%的预留消费基金；如上述三项指标仍有一项未完成，则仍不补发尚未发放的 10%每月预留消费基金，在以后的季度考核中按上述办法以此类推；而对项目跨年度尚未发放的 10%的预留消费基金，第二年则不再补发。

2.3.3　管理目标责任的施工阶段考核

施工阶段考核与奖励施工阶段考核主要是当期 10%预留消费基金是否发放和阶段成本状况的考核兑现，当项目的施工阶段完工后，业主、设计、监理、施工四方对已完工的阶段工程进行了验收，并出具有四方签字认可的完备验收资料；已完工阶段工程的工程款按合同约定回收到位，项目经理部向公司财务部提交了阶段成本分析报告。施工阶段考核由施工企业项目管理部牵头，组织相关部门共同进行；项目经理部认真负责地填写好“阶段工程实际成本与资金回收考核评价表”，如下表 2.16 所示：

表 2.16　×××阶段实际成本与资金回收考核评价表

项目经理部：　　　　　实际上报日期：　　　　　实际考核日期：

考核项目	单位	自检	专检	专检后结论	说明
1. 成本降低率	%				阶段实际成本与相应的预算制造成本之比
2. 项目经费总额	元				
其中：业务招待基金	元				
消费基金	元				
现场经费	元				
3. 资金回收率	%				

上述表格填写完毕后分别上报财务部、资金部、项目管理部和质量管理部门，项目经理部组织相关部门对照标准进行考评和审核，提出奖励方案，公司主管领导审批奖励方案并由财务部实施。

施工阶段考核兑现实行质量、成本、资金否决制度，其中有一项指标达不到要求即实行否决；如果上述指标都能达到，则奖励如下：可发放本施工阶段当期 10% 预留消费基金，可从制造成本节余费用金额中预提成作为奖励。需要酌情扣减的情况如下：成本与资金回收考核评价表中，项目经费总额栏中每超出一项核定额度费用扣减提成奖 10%；工程质量考核评价表中，如发生金额损失在 0.5 万～10 万元以内质量事故时，扣减提成奖的 10%；发生金额损失在 10 万元以上重大事故，则免发提成奖励。考核期内发生安全或中毒事故，无论指标归属，均按下述规定执行：每发生 1 人次因工死亡，项目除承担政府对事故处理罚款外，另扣减项目消费基金 2 万元；每发生 1 人次因工重伤事故，扣项目消费基金 1 万元；每发生 1 次急性中毒，项目除承担政府对事故处理罚款外，视其情节轻重程度，扣减项目消费基金中的 0.8 万～1.5 万元。

2.3.4　管理目标责任竣工收尾阶段考核

现代综合体工程竣工考核与奖励前提条件，包括：(1) 施工项目部必须完成全部合同任务及合约额；(2) 竣工决算完成，项目清算工作已完成，包含预提保修成本，全部债务结清和工程尾款回收完；(3) 同业主签订建设工程保修合同，经审效益完成“工程项目管理责任目标委托书”各指标；(4) 工程竣工档案在兑奖前已全部与业主及公司档案室交接完毕；(5) 竣工奖励的限制条件，如果项目成本出现亏损，则取消安全奖励、科技奖励、质量奖励的兑现；现代综合体工程项目成本在竣工决算后亏损，对已发的安全、科技、质量奖励从项目奖励金中扣除，取消上述全部奖励；项目所获的安全荣誉奖未能保持到竣工或发生消防、中毒事故，已发的安全奖励从项目奖金中扣除，取消其余未兑现奖励；获国家鲁班奖、国家优质奖的项目，项目制造成本在竣工决算后不出现亏损，则给予全额奖励，如果项目制造成本在竣工决算后出现亏损，发放原奖励额度的50%。

工程竣工奖励标准与内容，对于质量目标奖励应该按集团公司鼓励办法文件执行，对于制造成本降低奖励应该按照具体奖励办法的有关文件执行。在施工安全目标奖励方面，对获部级安全检查奖、获省（市）级文明安全称号以及获省级文明安全样板工地者按集团公司有关文件执行。科技目标奖励：包括科技成果奖和科技示范工程奖励，具体奖励办法按集团有关文件执行。其他特别奖励：除上述各种奖励外，根据具体情况，由项目经理提出报告，经公司总经理批准，对项目部1～3名贡献突出者进行特别奖励。

现代综合体工程项目竣工考核奖励程序执行过程中，对于工程竣工考核由项目管理部牵头，组织相关部门共同进行，根据现代综合体工程项目责任目标完成的情况和其他相关指标的完成情况进行综合考评并提出奖励方案，公司主管领导审核奖励方案，总经理批准奖励方案，最后财务部根据总经理批准的奖励方案并向项目经理部发放奖金。

第 3 章　现代综合体工程的安全、环境保护与绿色施工创新管理

3.1　现代综合体工程项目安全的创新管理

现代综合体项目工程施工面广、体量大、专业分包与劳务分包及施工作业人员多、资源投入与配置要求高，给施工现场的安全管理带来了巨大的难度与挑战，项目部要认真贯彻“安全第一、预防为主、综合治理”的方针，秉承“中国建筑，和谐环境为本；生命至上，安全运营第一”的安全理念，坚持“管生产必须管安全”的原则，落实“一岗双责”，全员安全管理和总分包联动，全面做到事事有策划、有资源保障、有检查、有验收和有应急预案，确保现代综合体项目施工生产的安全平稳运行，保持社会的稳定。

3.1.1　现代综合体工程项目安全管理体系

3.1.1.1　安全管理体系的作用

现代综合体项目的安全管理体系是对施工企业环境的安全状态规定了具体的要求和限定，通过科学管理使现场环境和工作环境符合安全标准的要求。安全管理体系的运行主要依赖于逐步提高和持续改进，其根本上是一个动态的、自我调整和完善的管理系统，同时，也是安全管理体系的基本思想。安全管理体系是项目管理体系中的一个子系统，其循环也是整个管理系统循环的一个子系统。施工现场安全状况是经济发展和社会文明程度的客观反映，使所有劳动者获得安全保证，是社会公正、安全、文明、健康发展的基本标志，也是保持社会经济可持续发的重要条件。

3.1.1.2　安全管理的目标

现代综合体工程项目实施施工总承包的，由总承包单位负责制定施工项目的安全管理目标并确保实现，主要体现在：(1) 项目经理为现代综合体工程施工项目的安全生产第一责任人，对安全生产应负全面的领导责任，实现重大伤亡事故为零的目标；(2) 有适合于工程项目规模、特点的应用安全技术；(3) 应符合国家安全生产法律、行政法规和建筑行业安全规章、规程及对业主和社会要求的承诺；(4) 形成全体员工所理解的文件并实施保持。

3.1.1.3　安全管理组织及管理职责

施工项目对从事与安全有关的管理、操作和检查人员，特别是需要独立行使管理权力开展工作的人员规定其职责、权限和相互关系，并形成相关管理文件，包括：编制安全

计划和决定资源配备；安全生产管理体系实施的监督、检查和评价；纠正和预防措施的验证等。同时，项目经理部应确定并提供充分的资源，以确保安全生产管理体系的有效运行和安全管理目标的实现，其所对应的资源包括：配备与施工安全相适应并经培训考核持证的管理人员、操作人员和检查员；施工安全技术及防护设施；用电和消防设施；施工机械安全装置；必要的安全检测工具和安全技术措施的经费。

3.1.2 现代综合体工程项目安全生产保证体系

建立健全安全管理制度、安全管理机构和安全生产责任制是安全管理的重要内容，更是实现安全生产目标管理的组织保证和支撑。

3.1.2.1 安全生产组织保证体系

根据工程施工特点和规模设置现代综合体工程项目安全生产委员会或安全生产领导小组，具体要求为：(1) 建筑面积在5万 m^2（含5万 m^2）以上或造价在3 000万元人民币（含3 000万元）以上的现代综合体工程项目，应设置安全生产委员会；(2) 建筑面积在5万 m^2 以下或造价在3 000万元人民币以下的工程项目应设置安全领导小组；(3) 安全生产委员会由工程项目经理、主管生产和技术的副经理、安全部负责人、分包单位负责人以及人事、财务、机械、工会等有关部门负责人组成，人员以5～7人为宜；(4) 安全生产领导小组由工程项目经理、主管生产和技术的副经理、专职安全管理人员、分包单位负责人以及人事、财务、机械、工会等负责人组成，人员3～5人为宜，同时，安全生产委员会或安全生产领导小组组长由工程部经理担任。

安全生产领导小组职责包括：(1) 安全生产领导小组是工程项目安全生产的最高权力机构，负责对工程项目安全生产的重大事项及时做出决策。(2) 认真贯彻执行国家有关安全生产和劳动保护的方针、政策、法令。(3) 负责制定工程项目安全生产规划和各项管理制度，及时解决实施过程中的难点和问题，每月对工程项目进行至少一次全面的安全生产大检查，并召开会议，分析安全生产形势，制定预防因工伤亡事故发生的措施和对策，协助上级有关部门进行因工伤亡事故的调查、分析和处理。(4) 大型现代综合体工程项目可在安全生产委员会下按片区设置安全生产领导小组。(5) 设置安全生产专职管理机构，并配备一定素质和数量的专职安全员。安全部门是现代综合体工程项目安全生产专职管理机构，其职责包括：协助工程项目经理开展各项安全生产业务工作；定时准确地向工程项目经理和安全生产委员会或领导小组汇报安全生产情况；组织和指导所属安全部门和分包单位的专职安全生产管理机构，开展各项有效的安全生产管理工作；行使安全生产监督检查职权。(6) 设置安全生产总监职位，其具体的职责包括：协助现代综合体工程项目经理开展安全生产工作，为项目经理进行安全生产决策提供依据；每月向项目安全生产小组汇报本月现代综合体工程项目安全生产状况；定期向公司安全生产管理部门汇报安全生产情况；对现代综合体工程项目安全生产工作开展情况进行监督；有权要求有关部门和分部分项工程负责人报告各自业务范围内的安全生产情况；有权建议处理不重视安全生产工作的部门负责人、工长、班组长及其他有关人员；组织并参加各类安全生产检查活动；监督现代综合体工程项目经理的安全生产行为；对安全生产领导小组做出的各项决议的实施情况进行监督和行使工程项目经理的相关职权。

现代综合体工程项目安全管理人员的配置要求：(1) 建筑面积为1万 m^2 及以下的现

代综合体施工项目设置1名专职安全管理人员；(2) 建筑面积为1万 m^2 以上3万 m^2 以下的现代综合体施工项目设置2名专职安全管理人员；(3) 建筑面积为3万 m^2 以上及5万 m^2 以下的现代综合体施工项目设置3名专职安全管理人员；(4) 施工项目在5万 m^2 以上按专业设置安全员并成立安全组。

现代综合体工程的分包队伍按规定建立安全组织保证体系，其管理机构以及人员纳入工程项目安全生产保证体系，接受工程项目安全部门的业务领导，参加工程项目统一组织的各项安全生产活动，并按周向项目安全部传递有关安全生产的信息。在安全管理组织建设方面，分包单位自身管理体系的建立：分包单位100人以下设兼职安全员；100～300人必须有专职安全员1名；300～500人必须有专职安全员，纳入总包安全部统一进行业务指导和管理。班组长、分包专业队长是兼职安全员，负责本班组工人的安全，负责消除作业区的安全隐患，对施工现场实行目标管理。

3.1.2.2 安全生产的责任保证体系

现代综合体工程项目是安全生产工作的载体，具体组织和实施项目安全生产工作的是施工企业安全生产的基层组织。现代综合体工程项目安全生产责任保证体系分为三个层次，即项目经理作为本现代综合体工程项目安全生产的第一负责人，由其组织和聘用工程项目的安全负责人、技术负责人、生产调度负责人、机械管理负责人、劳动管理负责人及其他相关部门负责人组成安全决策机构；分包队伍负责人作为本队伍安全生产第一责任人，组织本队伍执行总包单位安全管理规定和各项安全决策，组织专业分包工程的安全生产；作业班组负责人作为本班组或作业区域安全生产第一责任人，贯彻执行上级指令，保证本区域、本岗位安全生产。

现代综合体工程的施工项目应履行下列安全生产责任：(1) 贯彻落实各项安全生产的法律、法规、规章、制度，组织实施各项安全管理工作，完成上级下达的各项考核指标；(2) 建立并完善项目经理部安全生产责任制和各项安全管理规章制度，组织开展安全教育、安全检查，积极开展日常安全活动，监督、控制分包队伍执行安全规定，履行安全职责；(3) 建立安全生产组织机构，设置安全专职人员，保证安全技术措施经费的落实和投入；(4) 制定并落实现代综合体项目施工安全技术方案和安全防护技术措施，为工作人员提供安全的生产作业环境；(5) 发生伤亡事故及时上报并保护好事故现场，积极抢救伤员，认真配合事故调查组开展伤亡事故的调查和分析，按照“四不放过”原则，落实整改防范措施，对责任人员进行处理。

3.1.2.3 安全生产制度保障体系

现代综合体工程的项目应建立十项安全生产管理制度，具体包括：(1) 安全生产责任制度；(2) 安全生产检查制度；(3) 安全生产验收制度；(4) 安全生产教育培训制度；(5) 消防保卫管理制度；(6) 重要劳动防护用品定点使用管理制度；(7) 工人因工伤亡事故报告、统计制度；(8) 安全生产值班制度；(9) 安全生产奖罚制度；(10) 安全生产技术管理制度。上述基本制度构成保证现代综合体工程顺利进行的制度体系。

3.1.2.4 安全生产的资源保证体系

现代综合体工程项目的安全生产必须有充足的资源做保障，安全生产资源投入包括：人力资源、物资资源和资金的投入。安全人力资源投入，包括专职安全管理人员的设置和高素质技术人员、操作工人的配置以及安全教育培训投入；安全物资资源投入，包括进入现场材料的把关和料具的现场管理以及机电、起重设备、锅炉、压力容器及自制机械等资源的投入。其中，物资资源系统人员对机电、起重设备、锅炉、压力容器及自制机械的安全运行负责，按照安全技术规范进行经常性检查，并监督各种设备、设施的维修和保养；对大型设备设施、中小型机械操作人员定期进行培训、考核，持证上岗，负责起重设备、提升机具、成套设施的安全验收。

安全生产所需材料应加强供应过程中的质量管理，防止假冒伪劣产品进入施工现场，最大限度地减少工程建设伤亡事故的发生。首先要正确选择进货渠道和材料的质量把关，一般大型施工企业都有相对的定点采购单位，对生产厂家及供货单位要进行资格审查，检查内容包括：营业执照、生产许可证、生产产品允许等级标准，产品监察和产品获奖情况。应有完善的检测手段、手续和实验机构，可提供产品合格证和材质证明，应对其产品质量和生产历史情况进行调查和评估，了解其他用户使用情况与意见，生产厂方的经济实力、担保能力、包装储运能力等。质量把关由材料采购人员做好市场调查和预测工作，通过"比质量、比价格、比运距"的优化原则，验证产品合格证及有关检测实验等资料，批量采购并应签订合同。

安全材料质量的验收管理，在组织送料前由安全人员和材料员先行看货验收，进库时由保管员和安全人员一起组织验收方可入库，必须是验收质量合格，技术资料齐全的才能登记进料台账，发料使用。安全材料、设备的维修保养工作是施工项目资源保证的重要环节，保管人员应经常对所管物资进行检查，了解资源的特性以便及时采取行动对保管物资进行防护，从而保证设备出场的完好。如用电设备中的手动工具、照明设施必须在出库前由电工全面检测并做好记录，只有保证合格设备才能出库，避免工人有时盲目检修而形成的事故隐患。

安全投资包括主动投资和被动投资、预防投资与事后投资、安全措施费用、个人防护品费用、职业病诊治费用等。安全投资的政策应遵循"谁受益谁整改，谁危害谁负担，谁需要谁投资"的原则，安全投资应该达到现代综合体工程项目造价的0.8%～2.5%。每一个现代综合体工程项目，在资金投入方面都必须认真贯彻执行国家、地方政府的规定和防暑降温经费规定，做到职工个人防护用品费用等措施费用的及时提供，特别是部分工程具有自身特点，如现代综合体工程周边有高压线路或变压器需要采取防护，现代综合体工程临近高层建筑需要采取措施临边进行加固等，而安全投资所产生的效益可从事故损失测算和安全效益评价来估算。

安全事故损失的分类包括：直接损失与间接损失、有形损失与无形损失、经济损失与非经济损失等。安全生产资源保证体系中对安全技术措施费用的管理非常重要，具体要求：(1) 规范安全技术措施费用管理，保证安全生产资源基本投入，施工企业应在全面预算中专门立项，编制安全技术措施费用预算计划，纳入经营成本预算管理；(2) 安全部门负责编制安全技术措施项目表，作为公司安全生产管理标准执行；(3) 项目经理部按工程标的总额编制安全技术措施费用使用计划表，总额由经理部控制，但须按比例分解到劳务分包并监督使用；(4) 公司须建立专项费用用于抢险救灾和应急；(5) 加强安全技术措施费用管理，既要坚持科学、实用、低耗，又要保证执行合规、规范，确保措施的可靠性；(6) 编制的安全技术措施必须满足安全技术规范、标准，费用投入应保证安全技术措施的实现，要对预防和减少伤亡事故起到保证作用；(7) 安全技术措施的贯彻落实要由总包负责；(8) 用于安全防护的产品性能、质量达标并检测合格；(9) 编制安全技术措施费用项目目录表，包括基坑、沟槽防护、结构工程防护、临时用电、装修施工、集料平台及个人防护等子项内容。

3.1.3　现代综合体工程项目安全管理的要求

3.1.3.1　正确处理好各种关系

安全与生产的统一关系，生产是人类社会存在和发展的基础，如生产中的人、物、环境都处于危险状态，则生产无法顺利进行，因此，安全是生产的客观要求，当生产完全停止，安全也就失去意义。就生产目标来说，组织好安全生产就是对国家、人民和社会最大的负责。有了安全保障，生产才能持续、稳定、健康发展，若生产活动中事故不断发生，生产势必陷于混乱、甚至瘫痪，当生产与安全发生矛盾危及员工生命或资产时，停止生产经营活动进行整治、消除危险因素以后，生产经营形势会变得更好。

安全与速度互促关系，生产中违背客观规律，盲目蛮干、乱干，在侥幸中求得的进度，缺乏真实与可靠的安全支撑，往往容易酿成事故，不但无速度可言，反而会延误时间，影响生产，一味强调速度，置安全于不顾的做法是极其有害的，当速度与安全发生矛盾时暂时减缓速度，保证安全才是正确的选择。

安全与效益同在关系，安全技术措施的实施会不断改善劳动条件调动职工的积极性，提高工作效率，带来经济效益，从这个意义上说，安全与效益完全是一致的，安全促进了效益的增长。在实施安全措施中投入要精打细算、统筹安排，既要保证安全生产，还要考虑效益，为了省钱而忽视安全生产或追求资金盲目高投入都是不可取的。

安全与质量同步关系，质量和安全工作交互作用，互为因果。安全第一，质量第一，两个第一并不矛盾，安全第一是从保护生产经营因素的角度提出的，而质量第一则是从关心产品成果的角度而强调的，安全为质量服务，质量需要安全保证。生产过程安全和质量都不能丢掉，否则将陷于失控状态。

安全与危险的关系，安全与危险在同一事物的运动中是相互对立的，也是相互依赖而存在的，因为有危险，所以才进行安全生产过程控制以防止或减少危险。安全与危险并非是等量并存相处，随着事物的运动变化，安全与危险每时每刻都在起变化，彼此进行斗争，事物的发展将向斗争的胜方倾斜，因此在事物的运动中，都不会存在绝对的安全或危险，保持生产的安全状态必须采取多种措施以预防为主，危险因素是可以控制的，因为危险因素是客观的，存在于事物运动之中的是可知的，也是可控的。

3.1.3.2　安全管理中必须坚持的事项

坚持目标管理中安全管理的内容是对生产中的人、物、环境因素状态的管理，在于有效地控制人的不安全行为和物的不安全状态，消除或避免事故，达到保护劳动者的安全与健康的目标，没有明确目标的安全管理是一种盲目行为，而盲目的安全管理往往劳民伤财，危险因素依然存在。在一定意义上，盲目的安全管理只能纵容威胁人安全与健康的状态，向更为严重的方向发展或转化。

坚持生产、安全同时管，安全寓于生产之中，并对生产发挥促进与保证作用，因此，安全与生产虽有时会出现矛盾，但从安全、生产管理的目标着眼，安全管理与生产管理表现出高度的一致和统一。安全管理是生产管理的重要组成部分,安全与生产在实施过程中,两者存在着密切的联系,存在着进行共同管理的基础。管生产同时管安全,不仅是对各级领导人员明确安全管理责任,同时,也向一切与生产有关的机构、人员明确了业务范围内的安全管理责任。由此可见,一切与生产有关的机构、人员,都必须参与安全管理,并在管理中承担责任。认为安全管理只是安全部门的事的认识是一种片面的、错误的认识,各级人员安全生产责任制度的建立,管理责任的落实,均体现了管生产同时管安全原则。

坚持预防为主,安全生产的方针是"安全第一,预防为主,综合治理",安全第一是站在保护生产力的角度和高度,表明在生产范围内,安全与生产的关系,肯定安全在生产活动中的位置和重要性。进行安全管理不是处理事故,而是在生产经营活动中针对生产的特点,对生产要素采取管理措施,有效地控制不安全因素的发生与扩大,把可能发生的事故消灭在萌芽状态,以保证生产经营活动中人的安全与健康。预防为主,首先是端正对生产中不安全因素的认识和消除不安全因素的态度,选准消除不安全因素的时机。在安排与布置生产经营任务时候,针对施工生产中可能出现的危险因素,采取措施予以消除是最佳选择,在生产活动过程中经常检查并及时发现不安全因素,采取措施和明确责任,尽快和坚决地予以消除是安全管理应持有的态度。

坚持过程控制,通过识别和控制特殊关键过程,达到预防和消除事故,防止或消除事故伤害的目的。在现代综合体工程项目安全管理的主要内容中,虽然都是为了达到安全管理的目标,但是对生产过程的控制,与安全管理目标关系更直接,也显得更为突出。因此,对生产中人的不安全行为和物的不安全状态的控制,必须列入过程安全制定管理的节点。事故发生往往由于人的不安全行为运动轨迹与物的不安全状态运动轨迹的交叉所造成的,从事故发生的原因看,也说明了对生产过程的控制应该作为安全管理重点。

坚持全员管理,安全管理不是少数人和安全机构的事,而是一切与生产有关的机构、人员共同的事,缺乏全员的参与,安全管理不会有生气、不会出现好的管理效果。当然,这并非否定安全管理第一责任人和安全监督机构的作用,单位负责人在安全管理中的作用固然重要,但全员参与安全管理更加重要。安全管理涉及生产经营活动的领域较多,涉及从开工到竣工交付的全部过程、生产时间和生产要素。因此,生产经营活动中必须坚持全员、全方位的安全管理。

坚持持续改进,安全管理是在变化着的生产经营活动中的一种动态管理,其管理意味着是不断改进发展的、不断变化的,以适应变化的生产活动,消除新的危险因素,需要的是不间断的摸索新的规律,总结控制的办法与经验,指导新的变化后的管理,从而不断提高现代综合体工程项目的安全管理水平。

3.1.4 现代综合体工程项目部的安全生产职责

3.1.4.1 项目经理部机构的安全生产责任

项目经理部是安全生产工作的载体,具体组织和实施项目安全施工生产,对本项目工程的安全生产负全面责任,要贯彻落实各项安全生产的法律、法规、规章、制度,组织实施各项安全管理工作,完成各项考核指标,建立并完善项目部安全生产责任制和安全考核评价体系,积极开展各项安全活动,监督、控制分包队伍执行安全规定,履行安全职责。

若发生伤亡事故及时上报并保护好事故现场，积极抢救伤员，认真配合事故调查组开展伤亡事故的调查和分析，按照“四不放过”原则，落实整改防范措施，对责任人员进行处理。

3.1.4.2 项目经理的安全生产职责

现代综合体工程项目经理是该现代综合体工程安全生产的第一责任人，对工程经营生产全过程中的安全负全面领导责任。工程项目经理必须经过专门的安全培训考核，取得项目管理人员安全生产资格证书，方可上岗。贯彻落实各项安全生产规章制度，结合工程项目特点及施工性质，制定有针对性的安全生产管理办法和实施细则并落实实施。在组织项目施工、聘用业务人员时，要根据工程特点、施工人数、施工专业等情况，按规定配备一定数量和素质的专职安全员，确定安全管理体系。明确各级人员和分承包方的安全责任和考核指标，并制定考核办法。健全和完善用工管理手续，录用外协施工队必须及时向人事劳务部门、安全部门申报，必须事先审核注册、持证等情况，对工人进行三级安全教育后，方准入场上岗。负责施工组织设计、施工方案、安全技术措施的组织落实工作，组织并督促工程项目安全技术交底制度、设施设备验收制度的实施。

在现代综合体工程项目施工中，采用新设备、新技术、新工艺、新材料，必须编制科学的施工方案、配备安全可靠的劳动保护装置和劳动防护用品，否则不准施工。项目经理领导和组织施工现场每旬一次的定期安全生产检查，发现施工中的不安全问题或事故隐患，组织制定整改措施及时解决；对上级提出的安全生产与管理方面的问题，要在限期内定时、定人、定措施予以解决；接到政府部门安全监察指令书和重大安全隐患通知单，应立即停止施工并组织力量进行整改，隐患消除后必须报请上级部门验收合格，才能恢复施工。发生因工伤亡事故时，必须做好事故现场保护与伤员的抢救工作，按规定及时上报，不得隐瞒、虚报和故意拖延不报。积极组织配合事故的调查，认真制定并落实防范措施，吸取事故教训以防止发生重复事故。

3.1.4.3 项目部各职能部门的安全生产职责

安全部是项目安全生产的责任部门，代行使项目安全生产领导小组安全工作的监督检查职权，要求协助项目经理开展各项安全生产业务活动，监督项目安全生产保证体系的正常运转，定期向项目安全生产领导小组汇报安全情况并通报安全信息，及时传达项目安全决策并监督实施。组织和指导项目分包安全机构及安全人员开展各项业务工作，定期进行项目安全性测评。

对于工程管理部而言，在编制项目总工期控制进度计划和年、季、月计划时，必须树立“安全第一”的思想，综合平衡各生产要素，保证安全工程与生产任务协调一致。在检查生产计划实施情况的同时，检查安全措施项目的执行情况。对于改善劳动条件、预防伤亡事故项目，要视同生产项目优先安排，对于施工中重要的安全防护设施、设备的施工要纳入正式工序，予以时间保证。负责编制项目文明施工计划，并组织具体实施，负责现场环境保护工作的具体组织和落实，负责现代综合体工程项目所使用的大、中、小型机械设备的日常维护、保养和安全管理。

技术部负责编制项目施工组织设计中安全技术措施方案，编制特殊、专项安全技术方案。参加现代综合体工程项目所用的设备、设施的安全验收，从安全技术角度严格把关。检查施工组织设计和施工方案的实施情况的同时，检查安全措施的实施情况，对施工中涉及的安全技术问题，提出解决办法。对项目使用的新技术、新工艺、新材料、新设备制定相应的安全技术措施和安全操作规程，并负责对工人进行安全技术教育。

物资部要求严格执行重要劳动防护用品的采购和国家标准的有关规定，执行本系统重要劳动防护用品定点使用管理规定。同时，会同项目安全部门进行验收，加强对在用机具和防护用品的管理，对自有的机具和防护用品定期进行检验、鉴定，对不合格品及时报废、更新以确保使用安全，此外还负责施工现场材料堆放和物品储运的安全。

3.1.5 现代综合体工程项目的安全生产教育培训要求

3.1.5.1 安全生产教育的对象

现代综合体工程项目的生产经营单位应当对从业人员进行安全生产教育和培训，保证从业人员具备必要的安全生产知识，熟悉有关的安全生产规章制度和安全操作规程，掌握本岗位的安全操作技能。未经安全生产教育和培训不合格的从业人员，不得上岗作业。地方政府及行业管理部门对施工项目各级管理人员的安全教育培训做出了具体规定，要求施工项目安全教育培训率实现100%。

现代综合体工程项目安全教育培训的对象包括以下五类人员：(1) 工程项目经理、项目执行经理、项目技术负责人，工程项目主要管理人员必须经过当地政府或上级主管部门组织的安全生产专项培训，培训时间不得少于24小时，经考核合格后，持《安全生产资质证书》上岗；(2) 工程项目基层管理人员，施工项目基层管理人员每年必须接受公司安全生产年审，经考试合格后，持证上岗；(3) 特种作业人员，必须经过专门的安全理论培训和安全技术实际训练，经理论和实际操作的双项考核，合格者持《特种作业操作证》上岗作业；(4) 操作工人，必须经过三级安全教育，考试合格后持“上岗证”上岗作业；(5) 分包负责人和分包队伍管理人员，必须接受政府主管部门或总单位的安全培训，经考试合格后持证上岗。

3.1.5.2 安全生产教育的内容

安全是生产赖以正常进行的前提，安全教育又是安全管理工作的重要环节，是提高全员安全素质、安全管理水平和防止事故，从而实现安全生产的重要手段。面向现代综合体工程项目的安全生产教育，主要包括安全生产思想教育、劳动纪律教育、安全技能教育、安全知识教育和法制教育五个方面的内容。

(1) 安全生产思想教育

安全思想教育的目的是为安全生产奠定思想基础，从加强思想认识、方针政策和劳动纪律教育等方面进行思想认识和方针政策的教育，目的是提高各级管理人员和广大群众对安全生产重要意义的认识，从思想上、理论上认识在社会主义制度下搞好安全生产的重要意义，以增强关心人、保护人的责任感。树立牢固的群众观点，其目的还包括通过安全生产方针、政策教育提高各级技术、管理人员和广大职工的政策水平，使他们正确全面地理解党和国家的安全生产方针、政策，严肃认真地执行安全生产方针、政策和法规。

(2) 劳动纪律教育

劳动纪律教育的目的主要是使广大职工懂得严格执行劳动纪律对实现安全生产的重要性，施工企业的劳动纪律是劳动者进行劳动时必须遵守的法则和秩序，反对违章指挥，反对违章作业，严格执行安全操作规程。遵守劳动纪律是贯彻安全生产方针，减少伤害事故，实现安全生产的重要保证。

(3) 安全技能教育

安全技能教育就是结合本工种专业特点，实现安全防护所必须具备的基本技术知识要求，每个职工都要熟悉本工种、本岗位专业安全技术知识。安全技能知识是比较专门、细致和深入的知识，包括安全技术和安全操作规程，对于登高架设、起重、焊接、电气、爆破、压力容器、锅炉等特种作业人员必须进行专门的安全技术培训，宣传先进经验，这既是教育职工找差距的过程，又是学习并赶先进的过程。事故教育可以从事故教训中吸取有益的东西，防止今后类似事故的重复发生。

(4) 安全知识教育

施工企业所有职工必须具备安全基本知识，全体职工都必须接受安全知识教育，每年按规定学时进行安全培训。安全基本知识教育的主要内容是：企业的基本生产概况；施工流程、方法；企业施工生产危险区域及其安全防护的基本知识和注意事项；机械设备、厂(场)内运输的有关安全知识；有关电气设备或动力照明的基本知识；高处作业安全知识；生产中使用的有毒、有害物质的安全防护基本知识；消防制度及灭火器材应用的基本知识；个人防护用品的正确使用知识等教育内容。

(5) 法制教育

法制教育就是要采取各种有效形式，对全体职工进行安全生产法制教育，从而提高职工遵法、守法的自觉性以达到安全生产的目的。

3.1.5.3 安全生产教育的形式

(1) 新工人的“三级安全教育”

三级安全教育是企业必须坚持的安全生产基本教育制度，对新工人包括新招收的合同工、临时工、学徒工、农民工及实习和代培人员必须进行公司、项目、作业班组三级安全教育，时间不得少于40小时，三级安全教育由安全、教育和劳资等部门配合组织进行。经教育考试合格者才准许进入生产岗位，不合格者必须补课、补考。对新工人的三级安全教育情况要建立档案，新人工作一个阶段后还应进行重复性的安全再教育，不断加深安全意识。

三级安全教育的主要内容：①党和国家的安全生产方针、政策；②安全生产法规、标准和法制观念；③本施工单位施工过程及安全生产规章制度和安全纪律；④本单位安全生产形势、历史上发生的重大事故及应吸取的教训；⑤发生事故后如何抢救伤员、排险、保护现场和及时进行报告；⑥现代综合体工程项目进行现场规章制度和遵章守纪教育，主要内容包括：本单位所承接的现代综合体工程项目施工特点及施工知识；本单位中施工或生产场地的安全生产制度、规定及安全注意事项；本工种的安全技术操作规程；机械设备、电气安全及高处作业等安全基本知识；防火、防雷、防尘、防爆知识及紧急情况安全处置和安全疏散知识；防护用品发放标准及防护用具、用品使用的基本知识等。

班组安全生产教育由班组长主持进行，或由班组安全员及指定技术熟练、重视安全生产的有工作经验的工人讲解，进行本工种岗位安全操作及班组安全制度、纪律教育，主要内容包括：①本班组作业特点及安全操作规程；②班组安全活动制度及纪律；③爱护和正确使用安全防护装置设施及个人劳动防护用品；④本岗位易发生事故的不安全因素及其防范对策；⑤本岗位的作业环境及使用的机械设备、工具的安全措施及注意事项。

(2) 变换工种的安全教育

凡改变工种或调换工作岗位的工人必须进行变换工种的安全教育，变换工种安全教育的时间不得少于4小时，教育考核合格后方准上岗，其所对应的安全教育内容包括：①新工作岗位或生产班组安全生产概况、工作性质和职责；②新工作岗位、新工种的安全技术操作规程；③新工作岗位个人防护用品的使用和保管；④新工作岗位容易发生事故及有毒有害的地方；⑤新工作岗位必要的安全知识，主要包括各种机具设备及安全防护设施的性能和作用。

(3) 施工转场的安全教育

新转入施工现场的工人必须进行转场安全教育，教育时间不得少于8小时，教育内容包括：①本工程项目安全生产状况及施工条件；②施工现场中危险部位的防护措施及典型事故案例；③本现代综合体工程项目的安全管理体系、规定及制度。

(4) 特种作业的安全教育

从事特种作业的人员必须经过专门的安全技术培训，经考试合格取得操作证后方准独立作业，特种作业的类别及操作项目包括：①电工作业，主要包括用电安全技术、低压运行维修、高压运行维修、低压成套设备安装、电缆安装、高压值班、超高压值班、高压成套设备安装、高压电气试验以及继电保护及二次仪表整定；②金属焊接作业，主要包括手工电弧焊、气焊、气割、CO_2 气体保护焊、手工钨极氩弧焊、埋弧自动焊、电阻焊、钢材对焊(电渣焊)和锅炉压力容器焊接；③起重机械作业，主要包括塔式起重机操作、汽车式起重机驾驶、桥式起重机驾驶、挂钩作业、信号指挥、履带式起重机驾驶、垂直卷扬机操作、客运电梯驾驶、货运电梯驾驶和施工外用电梯驾驶；④登高架设作业，主要包括脚手架拆装、超高处作业、起重设备拆装；⑤厂内机动车辆驾驶，主要有叉车、铲车驾驶，电瓶犁驾驶，翻斗车驾驶，汽车驾驶，摩托车驾驶，拖拉机驾驶，机械施工用车驾驶和地铁机车驾驶等。

对特种作业人员的培训、取证及复审等工作严格执行国家、地方政府的有关规定，对从事特种作业的人员要进行经常性的安全教育，每月一次且每次教育不少于4小时，而教育内容包括：现代综合体工程项目所需特种作业人员所在岗位的工作特点，可能存在的危险、隐患和安全注意事项；特种作业岗位的安全技术要领及个人防护用品的正确使用方法；本岗位曾发生的事故案例及经验教训。

(5) 季节性施工安全教育

现代综合体工程进入雨期及冬期施工前，在施工现场项目经理的部署下，由各区域责任工程师负责组织本区域内施工的分包队伍管理人员及操作工人进行专门的季节性施工安全技术教育，时间不少于2小时，安全技术交底的内容是应该采取的专项措施及其应注意的问题，并明确应急响应预案。

(6) 节假日前后的安全教育

节假日前后应特别注意各级管理人员及操作者的思想动态，有意识有目的地进行教育、稳定他们的思想情绪，预防事故的发生，专门的人员对施工工人进行安全生产教育，时间不少于2小时。主要内容包括：因故改变安全操作规程；更新仪器、设备和工具，推广新工艺、新技术；发生的因工伤亡事故、机械损坏事故及重大未遂事故；实施重大和季节性安全技术措施；出现其他不安全因素时安全生产环境发生的变化。

3.1.5.4　安全生产教育活动及实施

班前安全活动交底作为施工队伍经常性安全教育活动之一，各作业班长于每班工作开始前必须对本班组全体人员进行不少于15分钟的班前安全活动交底。班组长要将安全活动交底内容记录在专用的记录本上，各成员在记录本上签名。班前安全活动交底的内容应包括：本班组安全生产须知；本班工作中的危险点和应采取的对策；上一班工作中存在的安全问题和应采取的对策；在特殊性、季节性和危险性较大的作业前，责任工长要参加班前全员讲话并对工作中应注意的安全事项进行重点交底。

周一安全活动作为施工项目经常性安全活动之一，每周一开始工前应对全体在岗工人开展至少1小时的安全生产及法制教育活动，活动可采取看录像、听报告、分析事故案例、图片展览、急救示范、智力竞赛、热点辩论等形式进行。工程项目主要负责人要进行安全讲话，主要内容包括：上周安全生产形势、存在问题及对策；最新安全生产信息；重大和季节性的安全技术措施；本周安全生产工作的重点、难点和危险点；本周安全生产工作目标和要求。

3.1.6　现代综合体工程项目的安全检查制度

3.1.6.1　安全检查制度

为了全面提高项目安全生产管理水平和及时消除安全隐患，落实各项安全生产制度和措施，在确保现代综合体工程安全的情况下正常地对施工项目实行逐级安全检查制度，包括：施工企业对现代综合体工程项目实施定期检查和重点作业部位巡检制度；项目经理部每月由现场经理组织和安全总监配合，对施工现场进行一次安全大检查；专业责任工程师或工长实行日巡检制度；区域责任工程师每半个月组织专业责任工程师或工长、分包商、行政、技术负责人、工长对所管辖的区域进行安全大检查；施工班组要做好班前、班中、班后和节假日前后的安全自检工作，尤其作业前必须对作业环境进行认真检查，做到身边无隐患，班组不违章；各级检查都必须有明确的目的，做到“四定”，即定整改责任人、定整改措施、定整改完成时间、定整改验收项目并做好检查记录；现代综合体工程项目分包单位必须建立各自的安全检查制度，除参加总包组的检查外必须坚持自检，及时发现、纠正、整改本责任区的违章、隐患，对危险和重点部位要跟踪检查，并做到预防为主；现代综合体工程项目的安全总监对上述人员的活动情况实施监督与检查。

3.1.6.2　安全检查的形式

现代综合体工程安全检查的形式多样，主要有上级检查、定期检查、专业性检查、经常性检查及自行检查等。上级检查是指建筑主管的各级部门对下属单位进行的安全检查，该检查能够发现建筑施工行业安全施工存在的共性和主要问题，具有针对性、调查性，也有批评性。同时，通过检查总结，扩大和积累施工现场的安全施工经验，对指导安全施工具有重要意义。定期检查，主要是指建筑施工企业内部必须建立定期的安全检查制度，企业级定期的安全检查可每季度组织一次，项目经理部可每月或每半月组织一次检查，施工队要每周检查一次，每次检查都要由主管安全的领导带队，会同企业工会、安全、动力设备、保卫等部门一起实施，及时的发现问题和解决问题。定期检查是全面性和考核性的检查，是按照事先计划的检查方式和内容进行的检查。专业性检查是指应由施工企业有关业务分管部门单独组织,有关人员针对安全工作存在的突出问题,对某项专业存在的普遍性安全问题进行单项检查,这类检查针对性强,能有地放矢,对帮助提高某项专业安全技术水平有很大作用,而针对性的专业工程包括施工机械、脚手架、电气、塔吊、锅炉和防尘防毒等。经常性检查主要是要提高大家的安全意识,督促员工时刻牢记安全要领,在施工中安全操作,及时发现安全隐患并加以消除,保证现代综合体工程施工的正常进行,而经常性安全检查包括:班组进行班前、班后岗位安全检查;各级安全员及安全值班人员日常巡回安全检查;各级管理人员在检查施工同时检查安全等。季节性检查,是针对冬季、风季、雨季等气候特点可能给施工安全和施工人员健康带来危害而组织的安全检查,主要是防止施工人员在这一段时间思想放松,纪律松懈而容易发生事故,检查应由单位领导组织有关部门人员进行。自行检查,即施工人员在施工过程中还要经常进行自检、互检和交接检查,自检是施工人员工作前、后对自身所处的环境和工作程序进行安全检查,目的是随时消除所发现的任何安全隐患。互检是指班组之间、员工之间开展的安全检查,以便互相帮助,共同防止事故。交接检查是指上道工序完毕,交给下道工序使用前,在工地负责人组织工长、安全员、班组及其他有关人员参加情况下,由上道工序施工人员进行安全交底并一起进行安全检查和验收,认为合格后才能交给下道工序使用。

3.1.6.3　安全检查的内容

各级管理人员负责安全施工规章制度的建立与落实。其规章制度的内容包括:安全施工责任制、岗位责任制、安全教育制度和安全检查制度。施工现场安全措施的落实和有关安全规定的执行情况,主要包括以下内容:安全技术措施,根据工程特点、施工方法、施工机械,编制完善的安全技术措施并在施工过程中得到贯彻情况;施工现场安全组织,主要是工地上是否有专、兼职安全员并组成安全活动小组和工作开展情况,完整的施工安全记录情况;安全技术交底和操作规章的学习贯彻情况;安全设防情况;个人防护情况;安全用电情况;施工现场防火设备情况和安全标志牌等。

3.1.6.4　用电设备的安全检查

对临时用电系统和设施的检查,包括是否采用了 TN-S 接零保护系统。TN-S 系统就是五线制,保护零线和工作零线分开,在一级配电设立两个端子板,即工作零线和保护零线端子板,此时入线是一根中性线,出线就是两根线,也就是工作零线和保护零线分别由各自端子板引出。现场塔吊等设备要求电源从一级配电柜直接引入,引到塔吊专用箱,不允许与其他设备共用,现场一级配电柜要做重复接地。施工中临时用电的负荷匹配和电箱合理配置、配设问题,其内容包括负荷匹配和电箱合理配置、配设是否能达到"三级配电、两级保护"要求,符合《施工现场临时用电安全技术规范》(JGJ46—2005)和《建筑施工安全检查标准》(JGJ 59—2011)等规范和标准。临电器材和用电设备要具备安全防护装置和有效安全措施。对室外及固定的配电箱要有防雨防砸棚、围栏,如果是金属的还要接保护零线、箱子下方砌台、箱门配锁、有警告标志和制度责任人等。木工机械的环境和防护设施齐全有效。手持电动工具达标,生活和施工照明的特殊要求,包括灯具(碘钨灯、镝灯、探照灯、手把灯)的高度、防护、接线、材料均符合规范要求,走线要符合规范和必要的保护措施,在需要使用安全电压场所要采用低压照明,低压变压器配置符合要求。消防泵、大型机械的特殊用电要求,对塔吊、消防泵、外用电梯等配置专用电箱做好防雷接地，对塔吊、外用电梯电缆要做合适处理等。雨期施工中应对绝缘和接地电阻进行及时摇测和记录情况。

3.1.6.5　施工准备阶段的安全检查

对现代综合体工程项目施工区域内的地下电缆、水管或防空洞等，要指令专人进行妥善处理。施工现场内或施工区域附近有高压架空线时，要在施工组织设计中采取相应的技术措施，确保施工安全。施工现场的周围若临近居民住宅或交通要道，要充分考虑施工扰民、妨碍交通、发生安全事故的各种可能因素，以确保人员安全。对有可能发生的危险隐患，要有相应的防护措施，如搭设过街、民房防护棚和施工中作业层的全封闭等。在现场内设金属加工、混凝土搅拌站时要尽量远离居民区及交通要道，以防止施工中的噪声干扰居民的正常生活。

3.1.6.6　基础施工阶段安全检查

现代综合体工程的土方施工前，应检查是否有针对性的安全技术交底并督促执行。在雨期或地下水位较高的区域施工时，要检查是否有排水、挡水和降水措施。检查根据组织设计放坡比例进行的放坡施工是否合理，有没有支护措施或打护坡桩。检查在深基础施工过程中，作业人员工作环境和通风是否良好以及工作位置距基础 2 m 以下是否有基础周边防护措施。

3.1.6.7　主体结构施工阶段安全检查

现代综合体工程主体结构的施工阶段应做好对外脚手架的安全检查与验收，预防高处坠落和防止物体打击，搭设材料和安全网合格，检测的对象包括：水平 6 m 支网和 3 m 挑网；出入口的护头棚；脚手架搭设基础、间距、拉结点、扣件连接；卸荷措施；结构施工层和距地 2 m 以上操作部位的外防护等；做好“三宝”等安全防护用品（安全帽、安全带、安全网、绝缘手套、防护鞋等）的使用检查与验收；做好孔、洞口（楼梯口、预留洞口、电梯井口、管道井口、首层出口）的安全检查与验收；做好阳台边、屋面周边、结构楼层周边、雨篷与挑檐边、水箱与水塔周边、斜道两侧边、卸料平台外侧边、梯段边等临边的安全检查与验收；做好机械设备人员教育和持证上岗的培训，对所有设备进行检查与验收；重点检查周转材料，特别是大模板存放和吊装使用；做好对施工人员上下通道的检查；最后，对现代综合体工程中一些特殊结构工程，如钢结构吊装、大型梁架吊装以及特殊危险作业要对施工方案和安全措施、技术交底进行检查与验收。

3.1.6.8　装修施工阶段的安全检查

对现代综合体工程的外装修脚手架、吊篮、桥式架子的保险装置、防护措施在投入使用前进行检查与验收，日常期间要进行安全检查，主要包括：室内管线洞口防护设施；室内使用的单梯、双梯、高凳等工具及使用人员的安全技术交底；内装修使用的架子搭设和防护；内装修作业所使用的各种染料、涂料和胶黏结剂是否挥发有毒气体和多工种的交叉作业。而竣工扫尾阶段的主要工作包括外装脚手架的拆除和现场清理工作。

3.1.7　现代综合体工程项目的安全评价

3.1.7.1　安全检查评价

为科学地评价现代综合体工程项目安全生产情况，提高安全生产工作的管理水平，预防伤亡事故的发生，确保职工及作业人员的安全，应采用工程安全系统原理并结合建筑施工中伤亡事故发生的规律，按照住房和城建设部《建筑施工安全检查标准》(JGJ 59—2011)，对建筑施工中容易发生伤亡施工的主要环节、部位和工艺等的完成情况进行安全检查的定性评价。采用检查评分表的的形式，分为安全管理、文明工地、脚手架、基坑工程、模板支架、高处作业、施工用电、物料提升机与施工升降机、塔式起重机与起重吊装、施工机具分项检查评分表和检查评分汇总表。汇总表对各分项内容检查结果进行汇总，利用汇总表所得分值，来确定和评价施工项目总体系统的安全生产工作，现代综合体工程的建筑施工安全检查评分汇总表如表 3.1 所示：

表 3.1　现代综合体工程施工安全检查评分汇总表

现代综合体工程名称	建筑面积(m^2)	结构类型	总计得分	被检查项目名称及总分值									
				安全管理10分	文明施工10分	脚手架10分	基坑工程10分	模板支架10分	施工用电10分	升降机10分	高处作业10分	施工机具10分	起重吊装10分
评语：													
检查单位		负责人		受检项目		项目经理							

3.1.7.2　安全检查评定等级

安全检查评定等级应按汇总表的总得分和分项检查评分表的得分，对现代综合体工程施工检查评定划分为优良、合格、不合格三个等级。现代综合体工程施工安全检查评定等级的划分应符合下列规定：(1) 优良，要求分项检查评分表无零分，汇总表得分值应在 80 分及以上；(2) 合格，要求分项检查评分表无零分，汇总表得分值应在 80 分以下 70 分及以上；(3) 不合格，即汇总表得分值不足 70 分或者有一分项检查评分表为零，当建筑施工安全检查评定的等级为不合格时必须限期整改、并最终达到合格标准。

3.1.7.3　安全管理检查评定

现代综合体工程的安全管理检查评定保证项目应包括：安全生产责任制、施工组织、设计及专项施工方案、安全技术交底、安全检查、安全教育、应急救援等子项，而一般项目包括：分包单位安全管理、持证上岗、生产安全事故处理、安全标志等子项。

(1) 安全管理保证项目

安全生产责任制，其主要是指现代综合体工程项目部各级管理人员，包括：项目经理、工长、安全员、生产、技术、机械、器材、后勤、分包单位负责人等管理人员，均应建立安全责任制。根据《建筑施工安全检查标准》(JGJ 59—2011)和项目制定的安全管理目标，进行责任目标分解，建立考核制度，定期(每月)考核。

施工组织设计及专项施工方案，现代综合体工程项目部在施工前应编制施工组织设计，施工组织设计应针对工程特点、施工工艺制定安全技术措施，安全技术措施应包括安全生产管理措施。危险性较大的分部分项工程应按规定编制安全专项施工方案，专项施工方案应有针对性，并按有关规定进行设计计算。超过一定规模危险性较大的分部分项工程，施工单位应组织专家对专项施工方案进行论证。经专家论证后提出修改完善意见的，施工单位应按论证报告进行修改，并经施工单位技术负责人、项目总监理工程师、建设单位项目负责人签字后，方可组织实施。专项方案经论证后需做重大修改的，应重新组织专家进行论证。施工组织设计、专项施工方案，应由有关部门审核，施工单位技术负责人、监理单位项目总监批准，此外，现代综合体工程项目部应按施工组织设计和专项施工方案组织实施。

安全技术交底主要包括三个方面：一是按工程部位分部分项进行交底；二是对施工作业相对固定，与工程施工部位有直接关系的工程，如起重机械、钢筋加工等，应单独进行交底；三是对工程项目的各级管理人员，应进行以安全施工方案为主要内容的交底。施工负责人在分派生产任务时，应对相关管理人员、施工作业人员进行书面安全技术交底。安全技术交底应按施工工序、施工部位、施工栋号分部分项进行。安全技术交底应结合施工作业场所状况、特点、工序，对危险因素、施工方案、规范标准、操作规程和应急措施进行交底。安全技术交底应由交底人、被交底人、专职安全员进行签字确认。

安全检查应包括定期安全检查和季节性安全检查，定期安全检查以每周一次为宜，季节性安全检查应在雨期、冬施工中分别进行。现代综合体工程项目部应建立安全检查制度，安全检查应由现代综合体工程的项目负责人组织，专职安全员及相关专业人员参与，定期进行并填写检查记录，对检查中发现的事故隐患应下达隐患整改通知单，定人、定时、定措施进行整改。重大事故隐患整改后，应由相关部门组织复查。对重大事故隐患的整改复查，应按照谁检查谁复查的原则进行。

现代综合体工程项目部应建立安全教育培训制度，当施工人员入场时，工程项目部应组织进行以国家安全法律法规、企业安全制度、施工现场安全管理规定及各工种安全技术操作规范，为主要内容的三级安全教育培训和考核，施工人员入场安全教育应按照先培训后上岗的原则进行，且培训教育应进行试卷考核；当施工人员变换工种或采用新技术、新工艺、新设备、新材料施工时，应进行安全教育培训，以保证施工人员熟悉作业环境，掌握相应安全知识技能；施工管理人员、专职安全员每年度均应进行安全教育培训和考核。

应急救援要求应针对现代综合体工程特点进行重大危险源的辨识，制定防触电、防坍塌、防高处坠落、防起重及机械伤害、防火灾、防物体打击等主要内容的专项应急救援预案，并对施工现场易发生重大安全事故的部位、环节进行监控。施工现场应建立应急救援组织，培训、配备应急救援人员，定期组织员工进行应急救援演练，对难以进行现场演练的预案，可按演练程序和内容采取室内模拟演练。按应急救援预案要求配备应急救援器材和设备，包括：急救箱、氧气袋、担架、应急照明灯具、消防器材、通信器材、机械、设备、材料、工具、车辆、备用电源等。

(2) 安全管理一般项目

分包单位安全管理，表现为总包单位应对承揽分包工程的分包单位进行资质、安全生产许可证和相关人员安全生产资格的审查。当总包单位与分包单位签订分包合同时，应签订安全生产协议书，明确双方的安全责任。分包单位应按规定建立安全机构，配备专职安全员。分包单位安全员的配备应按住建部的规定，专业分包至少1人；劳务分包的工程50人以下的至少1人；50～200人的至少2人；200人以上的至少3人。分包单位应根据每天工作任务的不同特点对施工作业人员进班前安全交底。

持证上岗，即要求从事建筑施工的项目经理、专职安全员和特种作业人员，须经行业主管部门培训考核合格，取得相应资格证书，方可上岗作业。项目经理、专职安全员和特种作业人员应持证上岗。

生产安全事故管理，现代综合体工程项目发生的各种安全事故应进行登记报告，并按规定进行调查、处理、制定预防措施，建立事故档案。重伤以上事故，需按国家有关调查处理规定进行登记建档。当施工现场发生生产安全事故时，施工单位应按规定及时报告。施工单位应按规定对生产安全事故进行调查分析，制定防范措施，应依法为施工作业人员办理保险。

安全标志，要求施工现场入口处及主要施工区域、危险部位应设置相应的安全警示标志牌。施工现场应绘制安全标志布置图。应根据工程部位和现场设施的变化，调整安全标志牌设置，包括基础施工、主体施工、装修施工三个阶段。对夜间施工或人员经常通行的危险区域、设施，应安装灯光警示标志。按照危险源辨识的情况，施工现场应设置重大危险源公示牌。

(3) 安全管理检查评分表

安全管理检查评分表的格式见表3.2和表3.3所示：

表3.2　保证项目安全管理检查评分表

序号	检查项目	扣分标准	应得分数	扣减分数	实际分数
1	安全生产责任制	未建立安全责任制，扣10分； 安全生产责任制未经责任人签字确认，扣3分； 未备有各工种安全技术操作规程，扣2～10分； 工程项目部承包合同中未明确安全生产考核指标，扣5分； 未制定安全生产资金保障制度，扣5分； 编制安全资金使用计划或未按计划实施，扣2～5分； 未制定伤亡控制、安全达标、文明施工等管理目标，扣5分； 未进行安全责任目标分解，扣5分； 未建立对安全生产责任制和责任目标的考核制度，扣5分； 未按考核制度对管理人员定期考核，扣2～5分	10分		

续表

序号	检查项目	扣分标准	应得分数	扣减分数	实际分数
2	施工组织设计及专项施工方案	施工组织设计中未制定安全技术措施，扣 10 分； 危险性较大的分部分项工程未编制安全专项施工方案，扣 10 分； 未按照规定对超过一定规模的危险性较大的分部分项工程专项方案进行专家论证，扣 10 分； 施工组织设计、专项施工方案未经过审批，扣 10 分； 安全技术措施、专项施工方案无针对性或缺少设计计算，扣 2～8 分； 未按照施工组织设计、专项施工方案组织实施，扣 2～10 分	10 分		
3	安全技术交底	进行书面安全技术交底，扣 10 分； 未按分部分项进行交底，扣 5 分； 交底内容不全面或针对性不强，扣 2～5 分； 交底未履行签字手续，扣 4 分	10 分		
4	安全检查	未建立安全检查制度，扣 10 分； 未有安全检查记录，扣 5 分； 事故隐患的整改未做到定人、定时间、定措施，扣 2～6 分； 对重大事故隐患整改通知书所列项目未按期整改和复查，扣 5～10 分	10 分		
5	安全教育与培训	未建立安全教育培训制度，扣 10 分； 施工人员入场未进行三级安全教育培训和考核，扣 5 分； 未明确具体安全教育培训内容，扣 2～8 分； 换工种或采用新技术、新工艺、新设备、新材料施工时未进行安全教育，扣 5 分； 施工管理人员、专职安全员未按规定进行年度教育培训和考核，每人扣 2 分	10 分		
6	应急救援	未制定安全生产应急救援预案，扣 10 分； 未建立应急救援组织或未按规定配备救援人员，扣 2～6 分； 未定期进行应急救援演练，扣 5 分； 未配置应急救援器材和设备，扣 5 分	10 分		
7	小计		60 分		

表 3.3　一般性项目安全管理检查评分表

序号	检查项目	扣分标准	应得分数	扣减分数	实际分数
1	分包单位安全管理	分包单位资质、资格、分包手续不全或失效，扣 10 分； 未签订安全生产协议书，扣 5 分； 分包合同、安全生产协议书，签字盖章手续不全，扣 2～6 分； 分包单位未按规定建立安全机构或未配备专职安全员，扣 2～6 分	10 分		

续表

序号	检查项目	扣分标准	应得分数	扣减分数	实际分数
2	持证上岗	未经培训从事施工、安全管理和特种作业,每人扣5分; 项目经理、专职安全员和特种作业人员未持证上岗,每人扣2分	10分		
3	生产安全事故处理	生产安全事故未按规定报告,扣10分; 生产安全事故未按规定进行调查分析、制定防范措施,扣10分; 未依法为施工作业人员办理保险,扣5分	10分		
4	安全标志	主要施工区域、危险部位未按规定悬挂安全标志,扣2～6分; 未绘制现场安全标志布置图,扣3分; 未按部位和现场设施的变化调整安全标志设置,扣2～6分; 未设置重大危险源公示牌,扣5分	10分		
5	小计		40分		

3.1.8 现代综合体工程施工现场防火与防暴要求

3.1.8.1 防火与防暴的基本要求

现代综合体工程现场施工应编制防火防爆技术措施并履行报批手续,一般工程在拟定施工组织设计的同时,要拟定现场防火和防爆措施,按规定施工现场配置消防器材、设施和用品,并建立消防组织。施工现场明确划定用火和禁火区域,并设置明显职业健康安全标志。现场动火作业必须履行审批制度,动火操作人员必须经考试合格持证上岗。施工现场应定期进行防火检查,及时消除火灾隐患。

3.1.8.2 防火与防暴安全管理制度

建立定期的消防技能培训制度,定期对职工进行消防技能培训,使所有施工人员都懂得基本防火防爆知识,掌握安全技术,能熟练使用工地上配备的防火防爆器具,能掌握正确的灭火方法。建立现场明火管理制度,施工现场未经主管领导批准,任何人不准擅自动用明火,从事电、气焊的作业人员要持证上岗,并在用火批准的范围内作业,要从技术上采取安全措施消除火源。建立防火防爆知识宣传教育制度,组织施工人员认真学习《中华人民共和国消防条例》和公安部《关于建筑工地防火的基本措施》,教育参加施工的全体职工认真贯彻执行消防法规,增强全员的法意识。存放易燃易爆材料的库房建立严格管理制度,现场的临建设施和仓库要严格管理,存放易燃液体和易燃易爆材料的库房,要设置专门的防火防爆设备,采取消除静电等防火防爆措施,防止火灾、爆炸等恶性事故的发生。建立消防检查制度,定期检查施工现场设置的消防器具、存放易燃易爆材料的库房、施工重点防火部位和重点工种的施工,对于不合格者责令整改,并及时消除火灾隐患。

3.1.8.3 现代综合体工程中防火防爆措施

现代综合体项目中的高层及超高层建筑施工必须从实际出发,始终贯彻"预防为主、防消结合"的消防工作方针，具体防火防爆措施主要体现在以下方面，即：(1) 施工总承包单位的各级领导要重视施工防火安全，要始终将防火工作放在首要位置，将防火工作列入高层施工生产的全过程，做到同计划、同布置、同检查、同总结、同评比，布置施工任务的同时要提防火要求，使防火工作做到经常化、制度化、群众化。(2) 高层施工工地要建立防火领导小组，多单位施工的工程要以甲方为主成立甲方、施工单位等参加的联合治安防火办公室，协调工地防火管理，领导小组或联合办公室要坚持每月召开防火会议和每月进行一次防火安全检查制度，认真分析研究施工过程中的薄弱环节和制定落实整改措施。(3) 要按照"谁主管，谁负责"的原则，从上到下建立多层次的防火管理网络，实行分工负责制，明确高层建筑工程施工防火的目标和任务，使高层施工现场防火安全得到组织保证。(4) 高层建筑施工必须制定施工现场的《消防管理制度》、《施工材料和化学危险品仓库管理制度》的规章制度，建立各工种的安全操作责任制，明确工程各个部位的动火等级，严格动火申请和审批手续、权限，强调电焊工等动火人员防火责任制，对无证人员、仓库保管员进行专业培训，做到持证上岗，进入内装饰阶段要明确规定吸烟点等。(5) 施工现场要成立义务消防队，每个班组都要有一名义务消防员为班组防火员，负责班组施工的防火，同时，要根据工程建筑面积、楼层的层数和防火重要程度配专职防火干部、专职消防员、专职动火监护员，对整个工程进行防火管理，检查督促、配置器材和巡逻监护。(6) 高层建筑工程施工材料多属高分子合成的易燃物品，防火管理部门应责成有关部门加强对原材料的管理，要做到专人、专库、专管，施工前向施工班组做好安全技术交底，并严格执行限额领料和余料回收制度。(7) 对参加高层建筑施工的外包队伍，要同每支队伍领队签订防火安全协议书，详细进行防火安全技术措施的交底。针对木工操作场所，明确人员对木屑刨花全面做到日做日清，对油漆等易燃物品要妥善保管，不允许在更衣室等场所乱堆乱放，并力求减少火险隐患。施工中要将易燃材料的施工区域划为禁火区域，安置醒目的警戒标志并加强专人巡逻监护。施工完毕，负责施工的班组要对易燃的包装材料、装饰材料进行清理，要求做到随时做，随时清，现场不留火险。(8) 按照规定配置消防器材，重点部位器材配置分布要合理，有针对性，各种器材性能要良好、安全，通讯联络工具要有效、齐全。对于20层及以上的高层建筑施工应设置专用的高压水泵，每个楼层应安装消火栓、配置消防水龙，配置数量应视楼面积大小而定，大楼底层应设蓄水池不小于20 m^3 以保证水源的供应。高层建筑层次高而水压不足的，在楼层中间应设接力泵。高压水泵、消防水管只限消防专用，要明确专人管理、使用和维修、保养以保证水泵完好和正常运转。所有高层建筑设置的消防泵、消火栓和其他消防器材的部位，都要有醒目的防火标志。高层建筑工程施工应按楼层面积一般每100 m^2 设置2个灭火器。施工现场灭火器材的配置，应灵活机动，即易燃物品多的场所，动用明火多的部位相应要多配一些。重点部位分布合理是指木工操作处不应与机修、电工操作紧邻，灭火器材配置要有针对性。

一般的高层建筑施工期间不得堆放易燃易爆危险物品，如确需存放应在堆放区域配置专用灭火器材和加强管理措施，工程技术的管理人员在制定施工组织设计时要考虑防火安全技术措施，要及时征求防火管理人员的意见。防火管理人员在审核现场布图时，要根据现场布置图到现场实地察看，了解工程四周状况，现场大型设施布置是否安全合理，有权提出修改施工组织设计中的问题。

对火灾危险性大的焊接和切割过程，应严格控制火源和执行动火过程中的安全技术措施，每项工程都要划分动火级别，一般的高层动火划为二、三级，在外墙、电梯井、洞孔等部位，垂直穿到底及登高焊割，均应划为二级动火，其余所有场所均为三级动火，严格按照动火级别进行动火申请和审批。二级动火应由施工管理人员在四天前提出申请并附上安全技术措施方案，报工地主管领导审批，批准动火期限一般为三天，对于复杂危险场所，审批人在审批前应到现场察看确无危险或措施落实才能批准，准许动火的动火证要同时交焊割工、监护人；三级动火由焊割班组长在动火前三天提出申请，报防火管理人员批准，动火期限一般为 7 天，而对于复杂的、危险性大的场所的焊接或气割，工程技术人员要按照规定制定专项安全技术措施方案，焊割工必须按方案程序进行动火操作。焊接和气割工要持操作证、动火证进行操作，并接受监护人的监护和配合，监护人要持动火证，在配有灭火器材情况下进行监护，监护时严格履行监护人的职责，同时，焊割工动火操作中要严格执行焊割操作规程。

3.2 现代综合体工程项目环境保护的创新管理

3.2.1 现代综合体工程项目的环境管理体系

3.2.1.1 环境管理体系的内容

环境方针的内容必须包括对遵守法律及其他要求、持续改进和污染预防的承诺，并作为制定与评审环境目标和指标的框架。环境因素，识别环境因素时要考虑到“三种状态”，即正常状态、异常状态和紧急状态，“三种时态”，即过去时、现在时和将来时，向大气排放，向水体排放，废弃物处理，土地污染，原材料和自然资源的利用以及其他当地环境问题，及时更新环境方面的信息，以确保环境因素识别的充分性和重要环境因素评价的科学性。对于法律和其他要求，现代综合体工程项目部应建立并保持程序以保证活动、产品或服务中环境因素遵守法律和其他要求，还应建立获得相关法律和其他要求的渠道，包括对变动信息的跟踪等。

在目标和指标方面，现代综合体工程项目部要求内部各管理层次、各有关部门和岗位在一定时期内均有相应的目标和指标，并用文本表示，在建立和评审目标时应考虑的因素包括环境影响因素、遵守法律法规和其他要求的承诺、相关方要求等。目标和指标应与环境方针中的承诺相呼应。对于环境管理方案应制定一个或多个环境管理方案，其作用是保证环境目标和指标的实现，方案的内容一般是组织的目标和指标的分解落实情况，使各相关层次与职能在环境管理方案中与其所承担的目标、指标相对应，并应规定实现目标、指标的职责、方法和时间表等。

环境管理体系的有效实施要靠组织的所有部门承担相关的环境职责，必须对每一层次的任务、职责、权限作出明确规定以形成文件并给予传达。最高管理者应指定管理者代表并明确其任务、职责、权限，应为环境管理体系的实施提供各种必要的资源。管理者代表应对环境管理体系建立、实施、保持负责，并向最高管理者报告环境管理体系运行情况。组织应明确培训要求和需要特殊培训的工作岗位和人员，建立培训程序，明确培训应达到的效果，并对可能产生重大影响的工作，要有必要的教育、培训、工作经验和能力方面的要求以保证他们能胜任所负担的工作。

在信息交流方面，项目部应建立对内对外双向信息交流的程序，能保证在组织的各层次和职能间交流有关环境因素和管理体系的信息，以及外部相关方信息的接收、成文、答复，特别注意涉及重要环境因素的外部信息的处理并记录其决定，而环境管理体系文件应充分描述环境管理体系的核心要素及其相互作用，应给出查询相关文件的途径，明确查找的方法，使相关人员易于获取有效版本。

在文件控制方面，项目部应建立并保持有效的控制程序，并保证所有文件的实施，载明日期，特别包括发布和修订日期，要求字迹清楚、标志明确，妥善保管并在规定期间予以保留等，还应及时从发放和使用场所收回失效文件以防止误用，建立并保持有关制定和修改各类文件的程序。环境管理体系重在运行和对环境因素的有效控制，应避免文件过于繁琐，以利于建立良好的控制系统。

在运行控制方面，项目部的方针、目标和指标及与重要环境因素有关的运行和活动，应确保它们在程序的控制下运行；当某些活动有关标准在第三层文件中已有具体规定时，程序可予以引用，而对缺乏程序指导可能偏离方针、目标、指标的运行应建立运行控制程序，但并不要求所有的活动和过程都建立相应的运行控制程序。此外，项目部应识别组织使用的产品或服务中的重要环境因素，并建立和保持相应的文件程序，将有关程序与要求通报供应方和承包方，以促使他们提供的产品或服务符合组织的要求。同时，项目部应建立并保持一套程序，使其能有效确定潜在的事故或紧急情况，并在其发生前予以预防，减少可能伴随的环境影响，一旦紧急情况发生时做出响应，尽可能地减少由此造成的环境影响。项目部还应考虑可能会有的潜在事故和紧急情况，采取预防和纠正措施。应针对潜在的和发生的原因，必要时特别是在事故或紧急情况发生后应对程序予以评审和修订，确保其切实可行，要求按程序有关规定定期进行实验或演练。

在监测和测量方面，对环境管理体系进行例行监测和测量，既是对体系运行状况的监督手段，又是发现问题及时采取纠正措施，实施有效运行控制的首要环节。监测的内容通常包括：组织的环境绩效、有关的运行控制和目标，其组织的环境绩效包括组织采取污染预防措施收到的效果，节省资源和能源的效果，对重大环境因素控制的结果等，而有关运行控制是指对运行加以控制，监测其执行程序及其运行结果是否偏离目标和指标。对于监测活动，应在程序中明确规定：如何进行例行监测，如何使用、维护、保管监测设备，如何记录和如何保管记录，如何参照标准进行评价，什么时候向谁报告监测结果和发现的问题等。

项目部应建立评价程序，定期检查有关法律法规的持续遵循情况，以判断环境方针有关承诺的符合性，其纠正与预防措施包括：建立并保持文件程序，用来规定有关的职责和权限，对不符合规定的进行处理与调查，采取措施以减少由此产生的影响，采取纠正与预防措施并予以完成；对于旨在消除已存在和潜在不符合的规定采取的纠正或预防措施，分析原因并与该问题的严重性和伴随的环境影响相适应；对于纠正与预防措施所引起的对程序文件的任何更改，组织均应遵守实施并予以记录。项目部应建立针对记录的管理程序，明确对环境管理的标识、保存、处置的要求，程序应规定记录的内容，对记录本身的质量要求是字迹清楚、标识清楚、可追溯。

在环境管理体系审核方面，项目部应制定和保持定期开展环境管理体系内部审核的程序及方案。审核程序和方案的目的，是判定其是否满足符合性和有效性的根本，向管理者报告管理结果。对审核方案的编制依据和内容要求，应立足于所涉及活动的环境的重要性和以前审核的结果，审核的具体内容应规定审核的范围、频次、方法和对审核组的要求，审核报告的要求等。对于管理评审，组织应按规定的时间间隔进行，评审过程要记录，结果要形成文件，评审的对象是环境管理体系，目的是保证环境管理体系的持续性、适用性、充分性、有效性。评审前要收集充分必要信息作为评审依据。环境管理体系的运行模式是环境管理体系建立在一个由“策划、实施、检查评审和改进”的动态循环程序之上的。

3.2.1.2 现代综合体项目环境管理的程序与工作

施工企业应根据批准的现代综合体工程建设项目的环境影响报告，通过对环境因素的识别和评估，确定管理目标标及主要指标并在各个阶段贯彻实施，项目的环境管理应遵循下列程序：(1) 确定项目环境管理目标；(2) 进行项目环境管理策划；(3) 验证并持续改进。

项目经理负责现代综合体工程现场环境管理的总体策划和部署，建立项目环境管理组织机构，制定相应制度和措施，组织培训使各级人员明确环境保护的意义和责任。项目经理部的工作应包括以下四方面：(1) 按照分区划块原则，搞好项目的环境管理并进行定期检查，加强协调并及时解决发现的问题，实施纠正和预防措施以保持现场良好的作业环境、卫生条件和工作秩序，做到对污染的预防；(2) 对环境因素进行控制，制定应急准备和相应措施，并保证信息通畅，预防可能出现的非预期的损害，在出现环境事故时应及时消除污染并应制定相应措施以防止环境二次污染；(3) 应保存有关环境管理的工作记录；(4) 进行现场节能管理，有条件时应规定能源使用指标。

3.2.2 现代综合体工程施工现场环境卫生管理

3.2.2.1 施工区的卫生管理

现代综合体工程的环境卫生管理责任区可为施工创造舒适的工作环境，养成良好的文明施工作风，保证职工身体健康。施工区域和生活区域应有明确划分，把施工区和生活区分成若干片，分片包干并建立责任区，从道路交通、消防器材、材料堆放到垃圾、厕所、厨房、宿舍、火炉、吸烟等都有专人负责，做到责任落实到人，使文明施工、环境卫生工作保持经常化和制度化。

3.2.2.2 环境卫生管理措施

办公室内做到天天打扫，保持整洁卫生，做到窗明地净，文具摆放整齐，达不到要求应对当天卫生值班员罚款；卫生区的平面图应按比例绘制，并注明责任区编号和负责人姓名；施工现场严禁大小便，发现有随地大小便现象要对责任区负责人进行处罚；施工区、生活区有明确划分，设置标志牌，标牌上注明责任人姓名和管理范围；施工现场零散材料和垃圾，要及时清理，垃圾临时堆放不得超过 3 天，违反规定要处罚工地负责人，天天打扫以保持整洁卫生；场地平整，道路应平坦畅通，无堆放物、无散落物，做到无积水、无黑臭，生活垃圾与建筑垃圾要分别定点堆放并严禁混放；职工宿舍铺上、铺下做到整洁有序，室内和宿舍四周保持干净，污物、生活垃圾集中堆放，及时外运，发现不符合此条要求，处罚当天卫生值班员；楼内清理出的垃圾要用容器或小推车，塔吊或提升设备运下，严禁高空抛撒；施工现场的厕所，做到有顶、门窗齐全并有纱，坚持天天打扫，撒白灰或打药 1～2 次，消灭蝇蛆，对便坑须加盖；施工现场的卫生要定期进行检查，发现问题并限期改正。

3.2.2.3　宿舍区的卫生管理措施

职工宿舍要有卫生管理制度，实行室长负责制，规定一周内每天卫生值日名单并张贴上墙，做到天天有人打扫，保持室内窗明地净，通风良好；宿舍内各类物品应堆放整齐，不到处乱放，做到整齐美观；宿舍内保持清洁卫生，清扫出的垃圾倒在指定的垃圾堆放站并及时清理；生活废水应有污水池供排放，二楼以上也要有水源及水池，做到卫生区内无污水、无污物，废水不得乱倒乱流；夏季宿舍应有消暑和防蚊虫叮咬措施，而冬季取暖炉的防煤气中毒设施必须齐全、有效，建立验收合格证制度，经验收合格发证后准许使用；未经许可一律禁止使用电炉及其他用电加热器具。

3.2.2.4　办公区域的卫生管理措施

办公室的卫生由办公室全体人员轮流值班，负责打扫和安排出值班表；冬季负责取暖炉的看火，落地炉灰要及时清扫，炉灰按指定地点堆放，定期清理外运以防止发生火灾，未经许可一律禁止使用电炉及其他电加热器具。值班人员负责打扫卫生、打水，做好来访记录，整理文具，此外还应做到窗明地净，无蝇、无鼠的基本要求。

3.2.2.5　施工现场食堂的卫生管理措施

为加强建筑工地食堂管理，严防肠道传染病的发生，杜绝食物中毒，把控病从口入关，各单位要加强对食堂的治理整顿。根据《食品安全法》规定，依照食堂规模的大小和用餐人数的多少，应当有相应的食品原料处理、加工、贮存等场所及必要的上、下水等卫生设施。

采购外地食品应向供货单位索取县以上食品卫生监督机构开具的检验合格证或检验单，必要时可请当地食品卫生监督机构进行复验。采购食品使用的车辆、容器要清洁卫生，做到生熟分开，防尘、防蝇、防雨、防晒，不得采购制售腐败变质、霉变、生虫、有异味或《食品卫生法》规定禁止生产经营的食品。在贮存和保管环节，应根据《食品安全法》的规定，食品不得接触有毒物、不洁物，建筑工程使用的防冻盐等有毒有害物质，各施工单位要设专人专库存放，严禁亚硝酸盐和食盐同仓共贮，要建立健全管理制度。贮存食品要隔墙、离地，注意做到通风、防潮、防虫、防鼠，食堂内必须设置合格的密封熟食间，有条件的单位应设冷藏设备，主副食品、原料、半成品、成品要分开存放。放酱油、盐等副食调料的容器要做到物见本色并加盖存放。

对于新建、改建、扩建的集体食堂，在选址和设计时应符合卫生要求，远离有毒有害场所，30 m 内不得有露天坑式厕所、暴露垃圾堆和粪堆畜圈等污染源。制作间应分为主食间、副食间、烧火间，有条件的可开设生间、摘菜间、炒菜间、冷荤间、面点间，做到生与熟，原料与成品、半成品、食品与杂物、毒物(亚硝酸盐、农药、化肥等)严格分开。需有与进餐人数相适应的餐厅、制作间和原料库等辅助用房，餐厅和制作间建筑面积比例一般应为 1∶2，其地面和墙裙的建筑材料要用具有防鼠、防潮和便于洗刷的水泥等。有条件的食堂，制作间灶台及其周围要镶嵌白瓷砖，炉灶应有通风排烟设备，主、副食应分开存放,易腐食品应有冷藏设备。食品加工机械、用具、炊具、容器应有防蝇、防尘设备,用具、容器和食用苫布要有生、熟及反、正面标记,防止食品污染,采购运输要有专用食品容器及专用车。集体食堂应有相应的更衣、消毒、盥洗、采光、照明、通风和防蝇、防尘设备,以及通畅的上下水管道。集体食堂的餐厅设有洗碗池、残渣桶和洗手设备,餐具应有专用洗刷、消毒和存放设备,食堂炊管人员必须按有关规定进行健康检查和卫生知识培训并取得健康合格证和培训证。具有健全的卫生管理制度,单位领导要负责食堂管理工作并将提高食品卫生质量、预防食物中毒,列入岗位责任制的考核评奖条件中。集体食堂的经常性食品卫生检查工作,各单位要根据《食品安全法》和《建筑施工现场环境与卫生标准》的建筑工地食堂卫生管理标准和要求进行管理检查。职工饮水卫生管理施工现场应供应开水,饮水器具要卫生,夏季要确保施工现场的凉开水或清凉饮料供应,暑伏天可增加绿豆汤,防止中暑脱水现象发生。

3.2.2.6　施工现场厕所的卫生管理措施

现代综合体工程项目的施工现场要按规定设置厕所,厕所的合理设置方案要求如下:厕所的设置位置要离食堂 30 m 以外;屋顶墙壁要严密,门窗齐全有效,便槽内必须铺设瓷砖;厕所定期清扫制度,厕所设专人天天冲洗打扫,做到无积垢、垃圾及明显臭味,并应有洗手水源,市区工地厕所要有水冲设施保持清洁卫生;厕所必须采取灭蝇蛆措施,按规定采取冲水或加盖措施,定期打药或撒白灰粉以消灭蝇蛆。

3.2.3　现代综合体工程施工现场的文明施工管理

现代综合体工程施工区的文明施工是指保持施工场地整洁、卫生,施工组织科学,施工程序合理的一种施工活动,实现文明施工不仅要着重做好现场的场容管理工作,而且还要相应做好现场材料、机械、安全、技术、保卫、消防和生活卫生等方面的管理工作,一个工地的文明施工水平是该工地乃至所在企业各项管理工作水平的体现。

3.2.3.1　施工现场文明施工的基本条件

现代综合体工程施工现场文明施工的基本条件包括:有整套的施工组织设计或施工方案;有健全的施工指挥系统和岗位责任制度;工序衔接交叉合理,交接责任明确;有严格的成品保护措施和制度;大小临时设施和各种材料、构件、半成品按平面布置堆放整齐;施工场地平整,道路畅通,排水设施得当,水电线路整齐;施工机具设备状况良好,施工作业符合消防和安全要求。

3.2.3.2　施工现场文明施工的基本要求

现代综合体工程的施工现场主要入口处要设置简朴规整的大门,门旁必须设立明显的标牌,标明工程名称,施工单位和工程负责人姓名等内容;施工现场建立文明施工责任制,划分区域,明确管理负责人,实行挂牌制,做到现场清洁整齐;施工现场场地平整,道路坚实畅通,有排水措施,基础、地下管道施工完后要及时回填平整并清除积土;施工现场施工临时水电要有专人管理,不得有“长流水”和“长明灯”;施工现场的临时设施,包括生产、办公、生活用房、仓库、料场、临时上下水管道以及照明、动力线路,要严格按施工组织设计确定的施工平面图布置、搭设或埋设整齐;工人操作地点和周围必须清洁整齐,做到活完脚下清,工完场地清;丢洒在楼梯、楼板上的砂浆混凝土要及时清除,落地灰要回收过筛后使用；砂浆、混凝土在搅拌、运输、使用过程中，要做到不洒、不漏和不剩，使用地点盛放砂浆、混凝土必须有容器或垫板并及时清理；要有严格的成品保护措施，严禁损坏污染成品，堵塞管道；高层建筑要设置临时便桶，且严禁在建筑物内大小便；建筑物内清除的垃圾渣土要通过临时搭设的竖井或利用电梯井或采取其他措施稳妥下卸，严禁从门窗口向外抛掷，施工现场不准乱堆垃圾及余物，应在适当地点设置临时堆放点并定期外运，清运渣土垃圾及流体物品要采取遮盖防漏措施，运送途中不得遗撒；根据工程性质和所在地区的不同情况，采取必要的围护和遮挡措施并保持外观整洁；针对施工现场情况设置宣传标语和黑板报，并适时更换，切实起到表扬先进、促进后进的作用；施工现场严禁居住家属，严禁居民、家属、小孩在施工现场穿梭玩耍；现场使用的机械设备，要按平面布置规划固定点存放，遵守机械安全规程，经常保持机身及周围环境的清洁，机械的标记、编号明显，安全装置可靠；在用的搅拌机、砂浆机旁必须设有沉淀池，不得将浆水直接排放下水道及河流等处，清洗机械排出的其他污水要有排放措施，不得随地流淌；塔吊轨道按规定铺设整齐稳固，塔边要封闭；道渣不外溢，且路基内外排水畅通；施工现场应建立不扰民措施，针对施工特点设置防尘和防噪声设施，夜间施工必须有当地主管部门的批准。

3.2.3.3　施工现场文明施工的检查与评定

现代综合体工程施工现场的文明施工检查评定保证项目包括：现场围挡、封闭管理、施工场料管理、现场办公与住宿、现场防火等基本构成项目；而一般项目应包括：综合治理、公示标牌、生活设施、社会服务的基本组成项目。

(1) 保证项目的内容及检查

现场围挡，现代综合体工程施工现场必须沿四周连续设置封闭围挡，围挡材料应用砌体、金属板材等硬性材料。市区主要路段的工地应设置高度不小于2.5 m的封闭围挡，一般路段的工地应设置高度不小于1.8 m的封闭围挡，围挡应坚固、稳定、整洁、美观。

封闭管理，施工现场进出口应设置大门，并应设置门卫值班室，应建立门卫值守管理制度，并应配备门卫值守人员，施工人员进入施工现场应佩戴工作卡，施工现场出入口应标有企业名称或标识，并应设置车辆冲洗设施。

施工场地，施工现场主要道路及材料加工区地面必须采用混凝土、碎石或其他硬质材料进行硬化处理，做到畅通、平整，其宽度应能满足施工及防护等要求；对现场易产生扬尘污染的路面、裸露地面及存放的土方等应采取合理、严密的防尘措施；施工现场应设置排水设施，且排水通畅无积水；施工现场应有防止泥浆、污水、废水污染环境的措施；施工现场应设置专门的吸烟处并严禁随意吸烟；温暖季节应有绿化布置。

材料管理，建筑材料、构件、料具应按总平面布局进行码放，材料应堆放整齐，并应标明名称、规格等，对于现场存放的钢筋及水泥等材料，为满足质量和环境保护的要求应有防雨水浸泡、防锈蚀和防止扬尘等措施。建筑物内施工垃圾的清运，应防止造成人员伤亡和环境污染，需要采用合理容器或管道运输，严禁凌空抛掷。现场易燃易爆物品必须严格管理，并分类储藏在专用仓库内，在使用和储藏过程中必须有防暴晒、防火等保护措施，并应保持间距合理和分类存放。

现场办公与住宿，为保证住宿人员的人身安全，在建现代综合体建筑物内、伙房、库房严禁兼做员工宿舍。施工现场应做到作业区、材料区与办公区、生活区进行明显划分，并应有隔离措施，若因现场狭小，不能达到安全距离的要求，必须对办公区、生活区采取可靠的防护措施。宿舍、办公用房的防火等级应符合规范要求，设置可开启式窗户，严禁使用通铺，床铺不得超过 2 层，通道宽度不应小于 0.9 m，宿舍内住宿人员人均面积不应小于 2.5 m^2，且每间不得超过 16 人。冬季宿舍内应有采暖和防一氧化碳中毒措施，而夏季宿舍内应有防暑降温和防蚊蝇措施，同时，生活用品应摆放整齐，环境卫生应良好。

现场防火，现代综合体工程的施工现场应建立消防安全管理制度，制定消防措施。现场临时用房和设施包括：办公用房、宿舍、厨房操作间、锅炉房、库房、变配电房、围挡、大门、材料堆场及其加工厂、固定动火作业场、作业棚、机具棚等设施，在防火设计上必须达到有关消防安全技术规范的要求。现场的木料、保温材料、安全网等易燃材料必须实行入库的合理存放，并配备相应、有效、足够的消防器材。施工现场应设置消防通道、消防水源应符合规范要求。对于明火作业应履行动火审批手续，并配备动火监护人员。

(2) 一般项目的内容及检查

综合治理，要求生活区内应设置供作业人员学习和娱乐的场所；施工现场应建立治安保卫制度，责任分解落实到人；施工现场应制定治安防范措施。

公示标牌，施工现场的大门口处应设置公示标牌，主要内容应包括：工程概况牌、消防保卫牌、文明施工牌、管理人员名单及监督电话牌、施工现场总平面图。标牌应规范、整齐和统一；施工现场应有安全标语、宣传栏、读报栏、黑板报等。

生活设施，应建立生产责任制度并落实到人，食堂及有毒有害场所的间距必须大于 15 m，并应设置在上述场合的上风侧。食堂必须经相关部门审批，颁发卫生许可证和炊事人员身体健康证。食堂使用的燃气罐应单独设置存放间，存放间应通风良好，并严禁存放其他物品。食堂的卫生环境应良好，且设专人进行管理和消毒，门扇下方设防鼠挡板，操作间设清洗池、消毒池、隔油池、排风、防蚊蝇等设施，储藏间应配有冰柜等冷藏设施以防止食物变质；厕所的蹲位和小便槽应满足现场人员数量的需求，现代综合体工作中作业面积大的场地应设置临时性厕所，并由专人及时进行清理，厕所必须符合卫生要求；施工现场应设置淋浴室，且应能满足作业人员的需求，淋浴室与人员的比例宜大于 1∶20；必须保证现场人员卫生饮水；施工现场应针对生活垃圾建立卫生责任制，使用合理、密封的容器，同时指定专人负责生活垃圾的清运工作。

社区服务，夜间施工前必须经批准后方可进行施工，为保护环境施工现场严禁焚烧各类废弃物，包括生活垃圾、废旧的建筑材料等，正确的做法是进行及时的清运。此外，施工现场应制定防粉尘、防噪声、防光污染等措施和施工不扰民的措施。

(3) 文明施工检查评分表

现代综合体工程施工现场文明施工的检查评分表如表 3.4 和表 3.5 所示：

表 3.4　现代综合体工程文明施工保证项目检查评分表

序号	检查项目	扣分标准	应得分数	扣减分数	实际分数
1	现场围挡	市区主要路段的工地未设置封闭围挡或围挡高度小于 2.5 m，扣 5～10 分； 一般路段的工地未设置封闭围挡或围挡高度小于 1.8 m，扣 5～10 分； 围挡未达到坚固、稳定、整洁、美观，扣 5～10 分	10 分		

续表

序号	检查项目	扣分标准	应得分数	扣减分数	实际分数
2	封闭管理	施工现场进出口未设置大门，扣 10 分； 未设置门卫室，扣 5 分； 未立门卫值守管理制度或未配备门卫值守人员，扣 2～6 分； 施工人员进入施工现场未佩戴工作卡，扣 2 分； 施工现场出入口未标有企业名称或标识，扣 2 分； 未设置车辆冲洗设施，扣 3 分	10 分		
3	施工现场	现场主要道路及材料加工区地面未进行硬化处理，扣 5 分； 施工现场道路不畅通、路面不平整坚实，扣 5 分； 施工现场未采取防尘措施，扣 5 分； 施工现场未设置排水设施或排水不通畅、有积水，扣 5 分； 缺少防止泥浆、污水、废水污染环境措施，扣 2 分； 未设置吸烟处、随意吸烟，扣 5 分； 温暖季节未进行绿化布置，扣 2 分	10 分		
4	材料管理	建筑材料、构件、料具未按总平面布局码放，扣 4 分； 材料码放不整齐，未标明名称、规格，扣 2 分； 燃易爆物品未分类储藏在专用库房、未采取防火措施，扣 5～10 分； 施工现场材料存放未采取防火、防锈蚀、防雨措施，扣 3～10 分； 建筑物内施工垃圾的清运未使用器具或管道运输，扣 5 分	10 分		
5	现场办公与住宿	施工作业区、材料存放区与办公、生活区未采取隔离措施扣 6 分； 宿舍、办公用房防火等级不符合有关消防安全技术要求，扣 10 分； 在施工程、伙房、库房兼作住宿，扣 10 分； 宿舍未设置可开启式窗户，扣 4 分； 宿舍未设置床铺、床铺超过 2 层或通道宽度小于 0.9 m，扣 2～6 分； 宿舍人均面积或人员数量不符合规范要求，扣 5 分； 夏季宿舍内未采取防暑降温和防蚊蝇措施，扣 5 分； 生活用品摆放混乱、环境卫生不符合要求，扣 3 分	10 分		
6	现场防火	施工现场未制定消防安全管理制度、消防措施，扣 10 分 施工现场的临时用房和作业场所的防火设计不符合规范要求，扣 10 分； 施工现场消防通道、消防水源的设置不符合规范要求，扣 5～10 分； 施工现场灭火器材布局、配置不合理或灭火器材失效，扣 5 分； 未办理动火审批手续或未指定动火监护人员，扣 5～10 分	10 分		
7	小计		60 分		

表 3.5　现代综合体工程文明施工一般项目检查评分表

序号	检查项目	扣分标准	应得分数	扣减分数	实际分数
1	综合治理	生活区未设置供作业人员学习和娱乐场所，扣 2 分； 施工现场未建立治安保卫制度或责任未分解到人，扣 3～5 分； 施工现场未制定治安防范措施，扣 5 分	10 分		
2	公示标牌	设置的公示标牌内容不齐全，扣 2～8 分； 标牌不规范、不整齐，扣 3 分； 未设置安全标语，扣 3 分； 未设置宣传栏、读报栏、黑板报，扣 2～4 分	10 分		
3	生活设施	未建立卫生责任制度，扣 5 分； 食堂与厕所、垃圾站、有毒有害场所的距离不符规范要求，扣 2～5 分； 食堂未办理卫生许可证或未办理炊事人员健康证，扣 2～5 分； 食堂未配备排风、冷藏、消毒、防鼠、防蚊蝇等设施，扣 1～4 分； 卫生未达到规定要求，扣 4 分； 不能保证现场人员卫生饮水，扣 5 分； 垃圾未装容器或未及时清理，扣 2～5 分	10 分		
4	社区服务	夜间未经许可施工，扣 8 分； 施工现场焚烧各类废弃物，扣 8 分； 施工现场未制定防粉尘、防噪声、防光污染等措施，扣 5 分； 未制定施工不扰民措施，扣 5 分	10 分		
5	小计		40 分		

3.3　现代综合体工程项目绿色施工的创新管理

现代综合体工程项目的绿色施工实施是一个复杂的系统工程，需要在管理层面充分发挥计划、组织、领导和控制职能，建立系统的管理体系，明确第一责任人，持续改进，合理协调，强化检察和监督等。

3.3.1　系统管理体系的建立

面对不同的施工对象，绿色施工管理体系可能会有所不同，但其实现绿色施工过程受控的主要目的是一致的，覆盖施工企业和工程项目绿色施工管理体系的政策和措施要求是不变的。因此，现代综合体工程项目绿色施工管理体系应成为企业和项目管理体系有机整体的重要组成部分，其包括制定、实施、评审和保障实现绿色施工目标所需的组织机构及职责分工、规划活动、相关制度、流程和资源分组等，主要由组织管理体系和监督控制体系构成。

3.3.2　组织管理体系的构建

在组织管理体系中，要确定绿色施工的相关组织机构和责任分工，明确项目经理为第一责任人，使绿色施工的各项工作任务有明确的部门和岗位来承担。如某城市广场购物中心工程项目为了更好地推进绿色施工，建立了一套完备的组织管理体系，成立由项目经理、项目副经理、项目总工为正副组长及各部门负责人构成的绿色施工领导小组。明确由组长(项目经理)作为第一责任人，全面统筹绿色施工的策划、实施、评价等工作；由副组长(项目副经理)挂帅进行绿色施工的推进，负责批次、阶段和单位工程评价组织等工作；另一副组长(项目总工)负责绿色施工组织设计、绿色施工方案或绿色施工专项方案的编制，指导绿色施工在工程中的实施；同时明确由质量与安全部负责项目部绿色施工日常监督工作，根据绿色施工涉及的技术、材料、能源、机械、行政、后勤、安全、环保及劳务等各个职能系统的特点，把绿色施工的相关责任落实到工程项目的每个部门和岗位，做到全体成员分工负责，齐抓共管，把绿色施工与全体成员的具体工作联系起来，系统考核，综合激励以取得良好效果。

3.3.3　监督控制体系的构建

绿色施工需要强化计划与监督控制，有力的监控体系是实现绿色施工的重要保障。在管理流程上，绿色施工必须经历策划、实施、检查与评价等环节。绿色施工要经过监控，测量实施效果，并提出改进意见。现代综合体工程的绿色施工是过程，过程设施完成后绿色施工的实施效果就难以准确测量。因此，现代综合体工程项目绿色施工需要强化过程监督与控制，建立监督控制体系，体系的构建应由建设、监理和施工等单位构成，共同参与绿色施工的批次、阶段和单位工程评价及施工过程的见证。在工程项目施工中，施工方、监理方要重视日常检查和监督，依据实际状况与评价指标的要求严格控制，通过 PDCA 循环，促进持续改进，提升绿色施工实施水平。监督控制体系要充分发挥其旁站监控职能，使绿色施工扎实进行，并确保相应目标的实现。

绿色施工需要明确第一责任人，以加强绿色施工管理。施工中存在的环保意识不强、绿色施工措施落实不到位等问题是制约绿色施工有效实施的关键问题，应明确工程项目经理为绿色施工的第一责任人，由项目经理全面负责绿色施工，承担工程项目绿色施工推进责任。这样工程项目绿色施工才能落到实处，才能调动和整合项目内外资源，在工程项目部形成全项目、全员推进绿色施工的良好氛围。

3.3.4　持续改进方法的建立和实施

现代综合体工程的绿色施工推进应遵循管理学中通用的 PDCA 原理，PDCA 原理，又名 PDCA 循环，也叫质量环，是管理学中的一个通用模型。PDCA 原理适用于一切管理活动，它是能使任何一项活动有效进行的一种合乎逻辑的工作程序，其中 P、D、C、A 四个英文字母所代表的意义如下：P(Plan)——计划，包括方针和目标的确定以及活动计划的制定；D(Do)——执行，执行就是具体运作，实现计划中的内容；C(Check)——检查，就是要总结执行计划的结果，分清哪些对了，哪些错了，明确效果，找出问题；A(Action)——处理，对检查的结果进行处理，认可或否定，成功的经验要加以肯定，或者模式化或者标准化加以适当推广；失败的教训要加以总结以免重现；这一轮未解决的问题放到下一个 PDCA 循环，而绿色施工持续改进(PDCA 循环)的基本阶段和步骤如下：

(1) 计划(P)阶段，即根据绿色施工的要求和组织方针，提出工程项目绿色施工的基本目标。步骤一：明确“四节一环保”的主题要求。绿色施工以施工过程有效实现“四节一环保”为前提，这也是绿色施工的导向和相关决策的依据。步骤二：设定绿色施工应达到的目标，也就是绿色施工所要做到的内容和达到的标准。目标可以是定性与定量化结合的，能够用数量来表示的指标要尽可能量化，不能用数量来表示的指标也要明确。目标是用来衡量实际效果的指标，所以设定应该有依据，要通过成分的现状调查和比较来获得。《建筑工程绿色施工评价标准》(GB/T 50640—2010)提供了绿色施工的衡量指标体系，工程项目要结合自身能力和项目总体要求，具体确定实现各个指标的程度与水平。步骤三：策划绿色施工有关的各种方案并确定最佳方案。针对现代综合体工程项目，绿色施工的可能方案有很多，然而现实条件中不可能把所有想到的方案都实施，所以提出各种方案后优选并确定出最佳的方案是较有效率的方法。步骤四：制定对策，细化分解策划方案。有了好的方案，其中的细节也不能忽视，计划的内容如何完成好，需要将方案步骤具体化，逐一制定对策，明确回答出方案中的“5W2H”即：为什么制定该措施(Why)？达到什么目标(What)？在何处执行(Where)？由谁负责完成(Who)？什么时间完成(When)？如何完成(How)？花费多少(How much)？

(2) 实施(D)阶段，即按照绿色施工的策划方案，在实施的基础上努力实现预期目标的过程，其所对应的步骤五：绿色施工实施过程的测量与监督，对策制定完成后就进入了具体实施阶段，在这一阶段除了按计划和方案实施外，还必须要对过程进行测量，确保工作能够按计划进度实施，同时建立数据采集，收集过程的原始记录和数据等项目文档。

(3) 检查效果(C)阶段，即确认绿色施工的实施是否达到了预订目标，其所对应的步骤六：绿色施工的效果检查。方案是否有效、目标是否完成，需要进行效果检查后才能得出结论，将采取的对策进行确认后，对采集到的证据进行总结分析，把完成情况同目标值进行比较，看是否达到了预订的目标。如果没有出现预期的结果，应该确认是否严格按照计划实施对策，如果是，则意味着对策失败，那就要重新进行最佳方案的确定。

(4) 处置(A)阶段，其所对应的步骤七：实现标准化。对已被证明的有成效的绿色施工措施，要通过标准化，制定成工作标准，以便在企业和以后执行和推广，并最终转化为施工企业的组织过程资产。步骤八：问题总结。对绿色施工方案中效果不显著的或实施过程中出现的问题进行总结，为开展新一轮的 PDCA 循环提供依据。

绿色施工通过实施 PDCA 管理循环，能实现自主性的工作改进，绿色施工起始的计划(P)实际应为工程项目绿色施工组织设计、施工方案或绿色专项施工方案，应通过实施(D)和检查(C)发现问题，制订改进方案，形成恰当处理意见(A)，指导新的 PDCA 循环，实现新的提升，如此循环，持续提高绿色施工的水平。

3.3.5 绿色施工的协调与调度

为保证现代综合体工程项目绿色施工目标的实现，在施工过程中要高度重视施工调度与协调管理，应对施工现场进行统一调度、统一安排与协调管理，严格按照策划方案，精心组织施工，确保有计划、有步骤地实现绿色施工的各项目标。绿色施工是工程施工的“升级版”，应该特别重视施工过程的协调和调度，建立起以项目经理为核心的调度体系，及时反馈上级及建设单位的意见，处理绿色施工中出现的问题，及时加以落实和执行，实现各种现场资源的高效利用。

现代综合体工程项目绿色施工总调度应由项目经理担任，负责绿色施工的总协调，确保施工过程达到绿色合格水平以上，施工现场总调度的职责包括：定期召开有建设单位、上级职能部门、设计单位、监理单位参与的协调会，解决绿色施工疑点和难点；监督、检查含绿色施工方案的执行情况，负责人力物力的综合平衡，促进生产活动的正常进行；定期组织召开各专业管理人员及作业班组长参加的会议，分析整个工程的进度、成本、计划、质量、安全、绿色施工的执行情况，使项目策划的内容准确落实到项目实施中；指派专人负责，协调各专业工长的工作，组织好各分部分项工程的施工衔接，协调穿插作业，保证施工的条理化和程序化；施工组织协调建立在计划和目标管理的基础之上，根据绿色施工策划文件与工程有关的经济技术文件进行，指挥调度必须准确、及时和果断；建立与建设单位、监理单位在计划管理、技术质量管理和资金管理等方面的协调配合措施。

现代综合体工程绿色施工过程中应注重检查和监测，包括日常、定期检查与监测，其目的是检查绿色施工的总体实施情况，测量绿色施工目标的完成情况和效果，为后续施工提供改进和提升的依据和方向，检查与监测的手段可以是定性的，也可以是定量的。现代综合体工程项目可以针对绿色施工制订季度检、月检、周检、日检等不同频率周期的检查制度，周检、日检要侧重于工长和班组长层面，月检、周检应侧重于项目部层面，季度检可侧重于企业或分公司层面。监测内容应在策划书中明确，应该针对不同监测项目建立监测制度，应采取措施保证监测数据准确，满足绿色施工的内外评价要求。

3.4　现代综合体工程项目绿色施工创新实例

3.4.1　工程概况

本工程位于上海市金山区工业园区内，占地面积 58 848 m^2，东、北两侧为农田，南侧为月工路，西侧为金流路。

表 3.6　上海某制药装备容器制造生产基地工程概况表

序号	名　称	基 本 情 况
1	工程名称	制药装备容器制造生产基地新建工程
2	工程地址	上海市金山区月工路、金流路路口
3	结构类型	框架结构，地上一层局部四层
4	基础类型	预应力混凝土方桩＋独立承台基础，承台底标高为－1.700 m
5	单体组成	厂房一、厂房二、厂房三、变电站、门卫，5 个单体；
6	建筑面积	23 464 m^2
7	预算造价	4 790 万元

本工程厂房局部楼层高 11.97 m，面积 10 752 m^2，采用高支模。高支模专项方案通过专家论证，对排架搭设的要求很高，增加了在实际施工中的难度。本工程楼层较高，砌体垂直运输距离最高达到 20 m，增加了在实际施工中的难度。本工程厂房结构楼层较高，对于钢结构吊装，起吊高度 18 m，起重量为 1.4 t，施工作业面大，增加了在实际施工中的难度。

3.4.2 目标、指标

3.4.2.1 总体目标

表 3.7 某综合体工程绿色施工总体目标

项　目	内　　容
质量管理目标	确保工程质量一次验收合格率达到 100%，力争区优质结构
安全管理目标	重大安全事故为 0，一般安全事故频率控制在 1.5‰以下
文明施工目标	争创上海市区文明工地
创节约型工地目标	创建上海市绿色施工(节约型工地)工程

3.4.2.2 节能降耗目标

(1) 公司下达至本项目的目标

①施工万元产值能耗为 0.025 t 标准煤/万元；

②施工万元产值耗水 4 t/万元；

③钢材、木材、商品混凝土、商品砂浆等主材的节约率不小于定额损耗率的 30%。

(2) 项目部分解指标

①施工万元产值总能耗为 0.023 3 t 标准煤/万元；

其中：

a. 施工万元产值耗电为 55 度/万元(0.022 22 t 标准煤/万元)；

b. 施工万元产值耗油为 0.001 064 t 标准煤/万元；其中：土方耗油：0.199 L/万元(0.000 249 t 标准煤/万元)；食堂用油：0.35 L/万元(0.000 439 t 标准煤/万元)；钢结构吊装耗油：0.3 L/万元(0.000 376 t 标准煤/万元)。

②施工万元产值耗水为 3.5 t/万元；

③钢材、木材、商品混凝土、商品砂浆等主材的节约率不小于定额损耗率的 30%。

(3) 环境保护

认真贯彻落实建质〔2007〕223 号文《关于印发〈绿色施工导则〉的通知》、沪建安质监〔2008〕第 093 号文《上海市关于贯彻〈绿色施工导则〉深化节约型工地创建工作的实施意见》和沪建安质监〔2009〕第 053 号《关于贯彻〈绿色施工导则〉深化节约型工地创建工作的补充意见(试行)》及 2010 年沪建安质监〔2010〕88 号文的文件精神；

①噪声测试。施工现场每月进行 1～2 次噪声测试，各施工阶段噪声限制如表 3.8 所示：

表 3.8　综合体工程各阶段噪声控制指标　单位:dB

施工阶段	主要噪声源	噪声限值	
		昼间	夜间
土方	推土机、挖掘机、装载机等	75	55
打桩	各种打桩机等	85	禁止施工
结构	混凝土搅拌机、振捣棒、电锯等	70	55
装修	吊车、升降机等	65	55

②污水排放测试。施工现场施工污水和生活污水每月进行 1～2 次测试,pH 值范围 6～9。

③扬尘控制。项目部对施工现场扬尘控制每月进行 2～3 次检查。

④每个环境保护工地(房屋建筑类工程)每万平方米的建筑垃圾不超过 200 t,各类建筑垃圾的再利用和回收率达到 30%以上。

⑤力争施工中非传统水源和循环水的再利用率大于 3%;节能和节水设施配置率大于 90%;工地用房、临时围挡材料的可重复使用率达到 80%。

3.4.3　节能降耗及环境保护实施措施

为了达到项目节能降耗的目的,本工程针对节能降耗管理机制、能源节约、资源节约、技术节约、工具化、定型化,环境保护等方面制定了详细的节约措施。

3.4.3.1　节能降耗措施

(1) 施工节电措施

①大型施工机械:选用 2 台塔吊,型号 QTZ40、ST5513,功率分别为 25 kW、30 kW,使用时间为 2011 年 3 月至 2011 年 10 月。吊运物件按类集中堆放,减少运能浪费,有效节约电能。因厂区跨度较大,ST5513 塔吊臂长 55 m,55 m 处的最大起吊量为 1.3 t,独立高度为 45 m,最大起吊量为 8 t,额定功率为 800 W。主厂房 A 轴墙体所需砌块用 ST5513 进行运输,E 轴砌块利用钢结构汽车吊进行运输。8 月 29 日已停用 ST5513 塔吊,节约用电。

②统计设备加工的工作量,合理配备机械设备,节能灯具配置率大于 90%。

③夜间施工确保施工段的照明,无关区域不开灯。

④编制设备保养计划,提高设备完好率(90%以上)、利用率(70%以上)。

⑤电焊机配备空载短路装置,降低功耗,配置率 100%。

⑥镝灯分区域控制,夜间施工时根据需要使用。

(2) 生活、办公区节电措施

①宿舍区每个宿舍"一户、一表、一闸、一限流",对宿舍用电进行控制、考核,落实奖惩措施,有效做到节电节能。

②宿舍使用节能灯具。

③建立激励和处罚机制,弘扬节约光荣,浪费可耻的风气。

④在宿舍招贴"人走灯灭"的友情提示。

⑤加强检查,杜绝宿舍自炊或使用电热器具。

⑥生活区安装太阳能热水器，节约电能。

⑦生活、办公区域张贴“节约用电、人走灯灭”等友情提示。

图 3.1　生活区办公区节电措施

(3) 柴油节约措施

①挖土采用一台 ZAXIS240LC 挖机，功率 120 kW。土方耗油重点控制基础阶段挖土机及运输车辆的施工台班油耗，采取降低机械耗油台班数，在满足总体进度计划的要求下，合理安排施工工序，将整个基础分部分为若干个区域进行流水作业；实施挖填土土方场内驳运，减少挖土、运输机械使用成本；合理布置机械、车辆行走路线，经常维护和调整各部机件，对损坏道路进行维修，保证良好的施工道路状况等措施，保证机械、车辆正常运转。

②食堂选用节能型柴油灶，保证充分燃烧，并加强柴油领料制度。

③钢结构吊装编制专项方案，主厂房分三个单体，A-D 轴长 168.4 m 跨度 16 m；E-G 轴长 168.4 m 跨度 47.2 m；H-J 轴长 168.4 m 跨度 16.4 m，混凝土柱距 8 m，标高 17 m；厂房高 20.1 m，共设有六台 5 t，六台 10 t 电动梁桥式起重机吊车，轨面标高 14 m 和 16 m，吊车梁跨度 23.6 m 和 16 m，钢梁整体安装，结构尺寸大，单件重量较重，单件重量 1.4 t；采用两台 QY50－50 T 汽车起重机，37 m 伸臂，12.2 m 副臂(30°)，起吊高度 18 m 时，额定起重量为 1.6 t。主厂房吊装 A-D 时，设置在 A 排内侧，沿 A 排移动；吊装 H-J 排时，设置在 J 排内侧沿 J 排移动，吊装 E-G 轴时，布置在 E-F、F-G 轴之间沿 F 轴移动，对吊车的行驶路线进行优化，提高吊车效率；对于钢屋架的吊装，现场拼装，采用立拼，屋架梁跨度较大，吊装采用单榀吊装，吊点采用四点绑扎，起吊时先将屋架吊离地面 50 cm，使屋架中心对准安装位置中心，然后徐徐上升，对吊装方法进行优化，提高吊车的效率；构件的卸车采用 25 t 汽车吊，同时吊装部分屋面及墙面构件。吊装路线场地硬化，减少耗油。

3.4.3.2　资源节约措施

节水措施主要有以下方面：

(1) 各分路(施工、生活办公区)安装水表，建立分区原始台账。

(2) 施工用水

①混凝土养护时，在四周设置临时围挡，保证养护水的有效使用；

②砌体、粉刷施工时，严格按照含水率要求湿润；

③施工车辆清洗采用泵抽三级沉淀池水源进行；

④地坪施工时，计划采用蓄水养护。

(3) 生活用水

①水龙头采用节水型产品，配置率达到 100%；

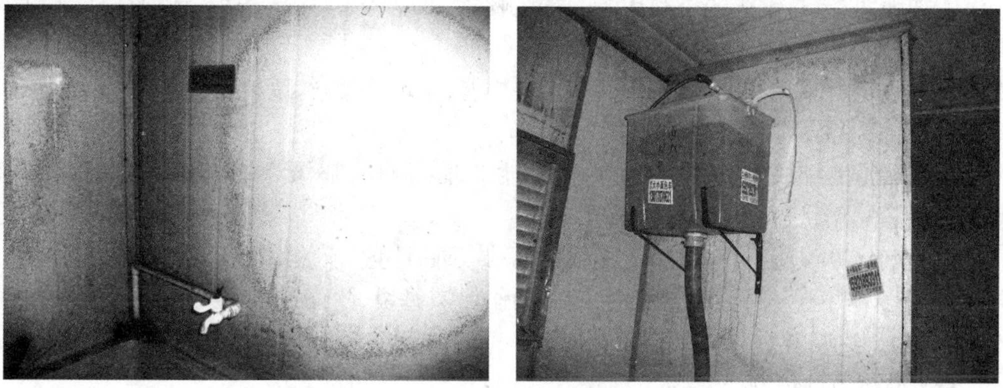

图 3.2　综合体工程节水措施

②厕所水箱采用手拉式水箱；

③浴室采用莲蓬头淋浴；

④厕所、浴室安排专人管理，控制水量；

⑤热水安排专人管理，实行定时供水，节约用电和用水；

⑥加强管理，杜绝跑冒滴漏，做到人走水关。

(4) 循环水再利用

施工场地四周设置排水沟统一排水，排水沟除需要进行机动车行走的，盖板一律使用钢筋废料制作，实行三级沉淀二级排放；在施工区大门口安装高位水箱，循环废水经沉淀，用 pH 试纸进行测试，pH 值在 6～9 范围内用水泵抽入高位水箱内，进行施工道路的冲洗控制扬尘，也达到了水循环利用的效果。

3.4.3.3　施工主材节约措施

(1) 钢材节约措施

①图纸要求钢筋规格大于 22 mm 的连接方式采用机械连接或电焊连接，本工程主要采用直螺纹连接，比绑扎连接节约了搭接长度，节约钢筋用量，零料断料采用闪光对焊；

图 3.3　综合体工程节约钢材措施

②现场钢筋全部采购定尺钢材，减少钢筋的损耗，大部分采购 12 m 钢筋减少接头，节约钢筋用量；

③采用三级钢代替二级钢，节约钢筋用量；

④加强短、废料钢筋的再利用，如通过制作钢筋马镫、排水沟盖板、预埋铁件、脚手架垫板凳等方式，节约钢材；

⑤加强钢材领料制度、强化钢筋工下料技能、实现下脚料、废料再利用。

(2) 混凝土节约措施

①永久道路和临时道路相结合，采用永久道路的路基作为施工临时道路，节约混凝土；

②精确计算混凝土使用量，送货数量机动，过磅计量，节约混凝土；

③加强混凝土余料合理再利用，用以制作保护垫块、门窗过梁、二次结构使用的混凝土砌块等，节约混凝土。

(3) 砂浆节约措施

①材料进场、领料的管理；

②施工过程的管理；

③严格按砌体砂浆的配合比控制砂浆用量；

④严格控制斗车容量；

⑤及时清理落地砂浆并用于墙上；

⑥严格控制墙体的平整度和垂直度；

⑦严格按定额的用量发放砂浆；

⑧积极使用预拌砂浆，砌筑和抹灰阶段砂浆采用干粉砂浆，降低材料消耗，减少环境污染。

(4) 木材节约措施

①基础部分使用旧模板 44.6 m^2，可节约新模板 44.6 m^2；

②拆模后，对木料分类清理、堆放，尽可能地保证后续模板工程施工配料时料尽其用，把浪费减少到最低；

③对拆除的模板及时清理保养，增加模板的周转次数，延长模板的使用寿命；

④加强对模板废料的再利用，如重新加工改制临边洞口的盖板、框架柱及楼梯踏步的护角、脚手架挡脚板、防滑条等；

⑤主体厂房二的第一层采用新模板，厂房二的第二层、厂房一和厂房三翻用旧模板至顶。

3.4.3.4　标准化、工具化、定型化设施利用

(1) 现场用电配电箱，采用新型安全配电箱，统一标准化配置；

(2) 吸烟茶水亭定型化，组装拆卸方便，可重复利用；

图 3.4　综合体工程项目标准化、工具化、定型化设施利用

(3) 现场氧气、乙炔存贮装置定型化,可整体移动;

(4) 施工区、生活区照明的路灯定型化;

(5) 大的临时设施采用彩钢板活动房,可反复利用;

(6) 厕所的隔断定型化;

(7) 宣传栏标准化;

(8) 洒水车、氧气、乙炔手推车工具化。

3.4.3.5　技术节约措施

“建筑业十项新技术”运用:

大力推广应用“建筑业十项新技术”是本工程的一大特色,本工程各项新技术的应用情况包括:

(1) 商品混凝土及泵送混凝土;

(2) 新型墙体材料应用技术及施工技术;

(3) 干粉砂浆技术;

(4) 施工放样技术;

(5) 施工过程测量技术;

(6) 管理信息化技术;

(7) 新型防水卷材应用技术;

(8) 高支模;

(9) 钢筋直螺纹接头连接技术等。

本工程直径大于 16 mm 规格的钢筋接头全部采用滚轧直螺纹套筒连接形式进行施工,既节约了钢筋,同时还避免焊接释放的废气体对环境的污染。

3.4.3.6　技术降低成本措施

(1) 本工程楼面施工时严格控制混凝土标高,节约混凝土用量;

(2) 顶棚、柱等严格控制平整度,减少二次装饰材料用量。

3.4.3.7　方案优化

(1) 选择合理的土方开挖方案,在对现场进行实测及土方量进行计算后采用基坑及条基开挖方式,且充分利用施工场地空地堆土,避免土方外运,极大地降低了土方开挖成本。

(2) 本工程临时施工道路，临时道路施工，均采取了以正式道路路基作为临时道路来使用的方案，节约混凝土量约 60.5 m^3。

(3) 原施工方案中几个大的单体，如厂房一、厂房三均设置井架各一台，现经过优化，取消了井架。施工中，斜料尽量使用斜料平台，并合理、充分地安排塔吊运转，到目前为止，垂直运输能力有效地保证着施工作业进度。

(4) 钢结构吊装的优化，厂房结构楼层较高，对于钢结构吊装，起吊高度 18 m，起重量 1.4 t，施工作业面大，对吊车的选择和行驶路线进行优化，提高吊车效率，对吊装路线场地硬化，减少耗油。

(5) 大型机械选择塔吊两台型号分别为 QTZ40 和 ST5513，功率分别为 25 kW 和 30 kW。使用时间均为 2011 年 3 月至 2011 年 10 月。因厂区跨度较大，A 轴墙体所需砌块用 ST5513 进行运输，E 轴砌块利用钢结构汽车吊进行运输。8 月 28 日停用 ST5513 塔吊，节约用电。

3.4.3.8 *环境保护实施措施*

以节约型工地为基础，开展环境保护工程建设，本项目与环境保护《绿色施工导则》明确的从施工管理、环境保护、节材与材料资源利用、节水与水资源利用、节能与能源利用、节地与施工用地保护等六个方面组成的总体框架指标基本相符，从增加环境保护、施工用地保护、不扰民措施三个方面着重展开工作。

(1) 环境保护

①场地内堆土采用密目式安全网进行覆盖，避免起灰起尘。

②场地安排专人进行清洁洒水，保持场地内清洁卫生。

③采用商品混凝土和商品砂浆，现场无自拌混凝土，无运输引起的起尘等现象。

④食堂废水设置隔油池。

⑤减少建筑垃圾产生。

⑥限制使用一次性饭盒、塑料袋。

图 3.5 建筑垃圾覆盖

⑦尽量避免或减少施工过程中的光污染，尽量减少加班，夜间加班照明灯加设灯罩，透光方向集中在施工范围；对易发强眩光的焊接作业，其作业点在围护遮挡设施内进行。

⑧选择噪声小的施工机械及设备，现场的四周采用彩钢板围墙全封闭围护，噪声大的木工加工间采取封闭隔音措施，降低噪声声级，每月每层定期进行噪声的监测。

(2) 土地资源保护

①按照现场总体平面布置要求，科学合理地进行布局和规划现场办公室、职工培训室、仓库、加工作业场、材料堆场等临时设施，最大限度节约、保护土地生态资源，对办公区的部分空地进行了绿化。

②内墙为干粉砂浆砌筑砌块墙体，墙面抹灰也采用干粉砂浆。

③砌筑的施工围墙为永久性围墙，减少砌体的使用和浪费。

(3) 噪声控制措施

合理安排上下班作息时间，夜间施工控制噪音。因本工程位于园区内，周围没有居民居住，但我们自觉控制噪音，白天施工区噪音不大于 70 分贝，夜间噪音不大于 55 分贝，并加强施工现场管理，严禁重物直接砸地，木工棚采用全封闭。

(4) 扬尘控制措施

①施工现场临时道路、加工区地面进行硬化处理，每天用洒水车进行洒水，进出口处设置洗车台，对出行车辆进行冲洗，确保车身和轮胎清洁干净，专人负责各区的现场清洁。

②使用商品混凝土和商品砂浆，严禁在现场露天直接搅拌混凝土和砂浆。

③工程渣土随挖随运，暂时不能运出工地的工程渣土、建筑垃圾，应集中堆放，设置围挡和密目网覆盖等。

④拆除施工作业前和进程中，采取洒水、喷淋等防尘措施(影响施工人员安全的除外)。

⑤施工现场采用相应的冲洗装置冲洗出行车辆。

⑥土方作业阶段采取洒水、覆盖等措施，达到作业区目测扬尘高度小于 1.5 m，不扩散到场区外。

⑦结构施工阶段作业区测得扬尘高度小于 0.5 m，脚手架及结构临边张挂密目网，施工道路每天洒水不少于 3 次，防止扬尘。

⑧本工程采用袋装干粉砂浆，故对搅拌区域进行封闭，防止扬尘。

(5) 污水排放控制措施

生活污水设置沉淀池和化粪池，生活区食堂洗碗池处设置隔油池，每天清扫、清洗，油污物随生活垃圾一同收入封闭生活垃圾桶，由专门养殖场收走。施工区污水经过三级沉淀后再用泵抽循环利用，每个月不定期检测 pH 值，达标后用于道路洒水扬尘控制、冲洗车辆等，大大节约水量。

①施工区可循环利用的明沟排水经过三级沉淀后，每月采用 pH 试纸测试 pH 值，pH 值 6～9 之间，均符合要求，再用泵抽循环利用。

②沉淀池内加过滤钢丝网片，定期清理杂物，保持循环水质。

(6) 建筑垃圾减量化措施

①施工现场对产生的建筑垃圾和生活垃圾进行计量。

②对垃圾进行分类，可以回收再利用的进行回收再利用，并对回收再利用的量进行计量。

③对外运垃圾进行计量，并登记造册。

④对于砌块，严格控制砌块必须龄期达到 28 天后进场，堆放场地进行合理设置减少砌块的坠落损坏，合理的布置场地减少二次搬运，对工人进行技术交底轻拿、轻放等，对施工工艺进行技术交底，对于墙体处需要切割的砌体，专门设有加工地点，安排专人进行切割，减少不必要的浪费。

⑤a. 对于砂浆严格按砌体砂浆的配合比控制砂浆用量；b. 严格控制斗车容量；c. 及

时清理落地砂浆并用于墙上；d. 严格控制墙体的平整度和垂直度；e. 严格按定额的用量发放砂浆。

⑥拆模后，对木料分类清理、堆放，尽可能地保证后续模板工程施工配料时料尽其用，把浪费减少到最低；加强对模板废料的再利用，如重新加工改制临边洞口的盖板、框架柱及楼梯踏步的护角、脚手架挡脚板、防滑条等。

⑦精确计算混凝土使用量，送货数量机动，过磅计量，节约混凝土；加强混凝土余料合理再利用，用以制作保护垫块、门窗过梁、二次结构使用的混凝土砌块等，节约混凝土。

3.4.4 措施实施效果

3.4.4.1 管理机制落实，提高节约意识

通过实施“制度在前，过程监控，奖惩在后，落实责任制全过程”的管理机制，激发了广大职工节能降耗的责任感和热情，促进了节约人人有责、人人参与，事事讲节约、处处要节约的气氛，施工人员节约意思大幅度提高，极少出现“跑、冒、滴、漏”现象。

3.4.4.2 能源节约措施实施效果

(1) 耗电指标完成情况

至 2011 年 9 月底，项目正在主体结构施工，墙体砌筑完成，各项指标均达到公司和项目部下达的目标要求，根据收集的数据统计如表 3.9 所示：

表 3.9 用电指标完成情况统计

项目指标（kW·h /万元产值）	已完成产值（万元）	目标用电量（kW·h）	实际用电量（kW·h）	万元产值耗电（kW·h/万元）	节约值（kW·h）	节约率（%）
55 度(0.022 2 t 标准煤/万元)	3 200	176 000	169 600	53 度(0.021 4 t 标准煤/万元)	6 400	3.6
阶段耗电：比项目指标节约 3.6%，达到公司和项目部下达的指标						

结论：阶段实际耗电量达到公司及项目指标。

(2) 耗油指标完成情况

①土方开挖耗油

表 3.10 土方耗油指标完成情况统计

<table>
<tr><th>项目</th><th>项目指标（L/万元产值）</th><th>已完产值（万元）</th><th>目标耗油量(L)</th><th>实际用油量(L)</th><th>万元产值耗油（L/万元）</th><th>节约值(L)</th><th>节约率（%）</th></tr>
<tr><td rowspan="2">土方</td><td rowspan="2">≤0.199 L (0.000 249 t 标准煤/万元)</td><td>3 200</td><td>636.8 (0.798 t 标准煤)</td><td>920 (1.153 t 标准煤)</td><td>0.287 5 (0.000 36 t 标准煤/万元)</td><td>−283.2 (−0.355 t 标准煤)</td><td>−44.47</td></tr>
<tr><td>4 790</td><td>953.21 (1.192 7 t 标准煤)</td><td>920 (1.153 t 标准煤)</td><td>0.192 (0.000 24 t 标准煤)</td><td>33.21 (0.042 t 标准煤)</td><td>3.48</td></tr>
<tr><td colspan="8">节约率为 3.48%，能够达到公司和项目部下达的目标</td></tr>
</table>

本工程至工程竣工目标耗油量为0.199×4 790=953.21 L，后续施工中土方耗油基本没有，至竣工实际耗油量也为920 L，预计至工程竣工可节约用油33.21 L，节约率为3.48%，能够达到公司和项目部下达的目标。

②食堂用油

表3.11　食堂用油指标完成情况统计

项目	项目指标（L/万元产值）	已完产值（万元）	目标用油量（L）	实际用油量（L）	万元产值用油（L/万元）	节约值（L）	节约率（%）
食堂用油	≤0.35 L（0.000 439 t标准煤/万元）	3 200	1 120（1.403 t标准煤）	1 068（1.338 t标准煤）	0.334（0.000 42 t标准煤/万元）	52	4.64
食堂用油：比项目指标节约4.64%，达到公司和项目部下达的指标							

结论：阶段实际用油量达到公司及项目指标。

③钢结构吊装用油

表3.12　钢结构吊装用油完成指标情况

项目	项目指标（L/万元产值）	已完产值（万元）	目标耗油量（L）	估计耗油/实际用油量（L）	万元产值耗油（L/万元）	节约值(L)	节约率（%）
钢结构吊装	≤0.3（0.000 376 t标准煤/万元）	3 200	960（1.203 t标准煤）	556（0.697 t标准煤）	0.17（0.000 213 t标准煤/万元）	404（0.506 t标准煤）	42.08
		4 790	1 437（1.800 t标准煤）	1 390（1.741 t标准煤）	0.29（0.000 363 t标准煤/万元）	47（0.059 t标准煤）	3.27
节约率为3.27%，达到公司和项目部下达的要求							

本工程至工程竣工目标耗油量为0.3×4 790=1 437 L，钢结构总造价160万元，至9月底钢结构产值为40万元，完成吊装工作量占总吊装量的40%，估计竣工实际耗油量为1 390 L，节约率为3.27%，达到公司和项目部下达的要求。

表3.13　总能耗目标完成情况统计

项目	项目指标（/万元产值）	2011年9月底完成产值3 200(万元) 耗能(t标准煤/万元)			节、超百分率（%）
		目标	实际	节、超值	
土方耗油	t标准煤	0.000 249	0.000 36	−0.000 111	−44.58
食堂耗油	t标准煤	0.000 439	0.000 42	0.000 019	4.33
钢结构耗油	t标准煤	0.000 376	0.000 213	0.000 163	43.35
总耗油	t标准煤	0.001 064	0.000 993	0.000 071	6.67
耗电	t标准煤	0.022 22	0.021 4	0.000 82	3.69
总能耗	t标准煤	0.023 284	0.022 393	0.000 891	3.82

结论：总能耗节约达到公司及项目指标。

3.4.4.3 资源节约措施实施效果

表 3.14 用水指标完成情况

项目指标（t/万元产值）	已完成产值（万元）	目标用水量(t)	实际用水量（t）	万元产值用水（t/万元）	节约值（t）	节约率（%）
3.5	3 200	11 200	9 564	2.989	1 636	14.6
阶段用水：比项目指标节约 14.6%，达到公司和项目部下达的指标						

3.4.4.4 综合材料节约措施实施效果

表 3.15 用钢指标完成情况

预算用量（t）	实际用量（t）	定额损耗量(t)	实际损耗量(t)	损耗率(%)			比定额损耗率下降（%）	
				定额	目标	实际	目标	实际
1 037	1 021.039	25.293	15.378	2.4	1.68	1.51	30	37.1

结论：钢材节约达到公司及项目指标。

表 3.16 用木材指标完成情况

预算用量（m^3）	实际用量（m^3）	定额损耗量(m^3)	实际损耗量(m^3)	损耗率(%)			比定额损耗率下降（%）	
				定额	目标	实际	目标	实际
270	264.04	12.86	6.9	4.8	3.36	2.61	30	45.6

结论：木材节约率达到公司及项目指标。

表 3.17 商品砂浆指标完成情况

预算用量（t）	实际用量（t）	定额损耗量(t)	实际损耗量(t)	损耗率(%)			比定额损耗率下降（%）	
				定额	目标	实际	目标	实际
895.5	888	17.6	10.1	2	1.4	1.14	30	42.5

结论：商品砂浆节约率达到公司及项目指标。

表 3.18 商品混凝土指标完成情况

预算用量（m^3）	实际用量（m^3）	定额损耗量(m^3)	实际损耗量(m^3)	损耗率(%)			比定额损耗率下降（%）	
				定额	目标	实际	目标	实际
7 400	7 355	109.359	64.359	1.5	1.05	0.88	30	41.3

结论：商品混凝土节约率达到公司及项目指标。

3.4.4.5 环境保护实施效果

(1) 噪声测试

本工程一共进行了24次噪声测试,包括桩基、土方、结构施工,检测结果均在噪声限制以内。

(2) 污水排放测试

施工区可循环利用的明沟排水经过三级沉淀后,每月采用pH试纸测试pH值,共测试12次,均符合要求,再用泵抽循环利用。

(3) 扬尘控制检查均符合要求,共检查了12次。本工程运送土方、垃圾、设备及建筑材料等,不污染场外道路。车辆出场对车身、轮胎进行清洗。土方作业阶段采取洒水、覆盖等措施,达到作业区目测扬尘高度小于1.5 m,不扩散到场区外。脚手架及结构临边张挂密目网。施工道路每天洒水不少于3次,防止扬尘。在场地四周设置彩钢板瓦隔挡,进行标准化、封闭化施工。

(4) 垃圾减量化

①本工程共产生167.38 t垃圾,分别为可回收再利用的66.73 t,其他垃圾100.65 t,回收再利用率为39.87%。建筑面积23 464 m^2,每万平方米产生建筑垃圾71.33吨。达到公司和项目部下达的目标。

②垃圾回收再利用明细表,具体详见附件。

③本工程设有三级沉淀池和高位水箱,将经三级沉淀的水抽至高位水箱,用来冲洗车辆、控制扬尘,共利用循环水约为326 t,利用率为3.3%。

综上所述,该项目各项节约目标均圆满完成。

3.4.5 检查分析及改进

3.4.5.1 不足与分析

(1) 项目管理部根据创建节约型工地要求,开展了有针对性的宣传教育活动,明确工作要求,员工的节能降耗、创建节约型工地的意识大大提高,确保了活动成效。但还是有一部分员工节约意识不强,尤其是新进场员工。

(2) 项目管理部对分包单位节能降耗工作的日常检查与跟踪还不够到位,节能降耗奖罚工作的有效实施和长效管理等还有待于进一步加强。

3.4.5.2 整改措施

进一步加强节能降耗,创建节约型工地宣传教育力度,强化员工节约意识。进一步完善对于各专业分包单位节约责任状,要求其针对各自专业具体情况制定相应的节约措施,并加强对其监督。

第 4 章 现代综合体工程的技术创新管理

4.1 技术管理的基本理论

4.1.1 技术的相关概念

传统技术指人们在日常生活和小量生产过程中为了解决实际问题而发明创造的工具、方法或者积累的经验、技巧等，这些传统技术不仅具有技术的基本特点，还具有随意性、普遍性、实用性等特点，相对应地传统技术的管理活动具有单一性、简单性和传承性，并且还会有一定程度的保密性。而现代技术是指在劳动生产过程中为了实现某一目标的经验和技能，然而，不同专业领域对技术的定义不同，不同角度对技术的理解也不同。

不同视角、不同理解下的技术定义：(1) 用来改变原有物质从投入到产出的流程；(2) 知识在执行工作中的应用；(3) 理论和实践知识、技能，以及所有能用来开发产品的事物；(4) 人们用以改善环境的方法；(5) 将科学用以工业或者商业的目的，以及用以实现这些目标的全部方法的体系和物料。综合以上观点，技术是指人们为了改善环境或者提高效率而使用的所有相关的知识的总和，具有技术的共性特点，如持续性和效率性等。

4.1.2 创新技术管理的相关概念

4.1.2.1 创新技术管理

根据创新技术产生的过程模型可知创新技术管理是综合性的管理活动，不仅包含对创新技术产生过程的管理，即技术创新阶段管理，还包含对创新成果，也就是所谓的创新技术管理。

4.1.2.2 技术创新阶段

技术创新管理是专门针对创新这一过程进行的管理活动，根据不同的创新过程模型，技术创新管理的方式也会有所不同，主要表现在：(1) 技术推动创新过程模型和市场拉动创新过程模型都是简单的线性序列过程，其中技术推动创新强调研究开发，市场是技术成果的被动接受者，因此，该模型下的技术创新管理侧重于创新成果出来后对技术的推广运用。(2) 然而市场拉动创新过程模型的出发点是市场应用，市场是指导研究开发活动的构思来源，开发只是作出被动反应，此时管理的重点是对技术创新过程中队伍的建设和资金的筹措，以及确保理论研究的安全可靠性和研发过程的保密性。(3) 当今世界逐渐地实现经济全球化和科技信息化，技术推动和市场拉动早已相互作用技术创新。技术和市场综合作用创新过程模型同样为序列式过程，但其综合考虑了市场和技术的共同要求，做出技术研发和市场定位的综合判断，这种创新过程模式在一定程度上降低了市场风险、缩短了工期，而管理的重点就在于研究开发成本的降低。对于必须招标的项目范围和规模标准的建设项目，施工总承包和分包单位需要依照招标文件要求通过投标，经过专家组评标后确定中标的情况下才能获得项目的承建权或者承包管理权。在评标过程中技术的先进性和投标报价是获得评标高分的根本。(4) 技术与市场交互作用创新过程模型类似于综合作用创新过程模型，但其反馈环节是一个动态的过程模型。

4.1.2.3　创新技术模型

创新过程模型反映了技术创新的构思来源，决定着创新技术的应用推广，技术创新的成败取决于创新过程中对新型技术理论、试验研究或者市场的有效管理，技术创新成果在使用过程中能否带来经济效益以及获得多少效益又取决于对创新技术管理。创新过程的价值不仅体现在技术创新中，更体现在创新技术的管理中。创新技术管理主要从技术保护、技术转移扩散以及标准化推广应用等方面来进行。

以某建筑企业联合科研单位共同研发了一项适用于现代综合体建筑施工的实用新型技术为例，根据协议享有独享权，那么该施工企业就可以通过多种层次对此项新型技术的运用过程进行管理。首先，出于对新型技术的保护，该施工企业可以申请该项技术的实用新型专利。然后，施工企业可以根据企业内部开展的工程项目对此项技术的需求进行技术扩散，在企业内部推广运用并形成企业标准，或者对此项新型技术进行行业内的技术转移或者扩散，在行业内形成标准并提高施工企业社会影响力。

4.1.2.4　基于技术管理的技术创新能力提升

通过对施工企业实施的技术管理在技术创新或者技术创新能力过程中调查发现，技术管理对技术创新起着根本性地作用，主要表现为：(1) 战略指导，即技术管理可以明确清晰地指引施工企业在技术创新的方向，设定技术发展的方向和路线，提前对所有资源进行合理配置。企业技术发展目标不明确时会导致技术创新活动的混乱，最终错过适合的发展机遇。在施工企业业务发展的初级阶段，一些规模较小的施工企业的首要任务是使其施工技术更加专业化而非业务拓展。假如此类建筑施工企业承接技术能力之外的工程项目，盲目地扩大其业务范围，就会导致其物质资源和人力资源的分散，无法成就自身所属领域的市场竞争优势。(2) 技术集成，即创新技术是科学理念和物资设备在社会生产中整合的动态产物，其本质就是各种知识、技能、设备等要素的整合，包括外部集成和内部集成，技术集成过程是建筑施工企业绩效竞争的关键。当前，建筑施工企业所面临的外部环境变化日益复杂，建筑行业的技术基础变化也非常地迅速。(3) 激励机制，即技术整合必须通过组织有机地集合起来，企业技术管理组织通过流程和制度来控制资源分配和员工管理，为技术创新提供平台并提高创新效率。建筑施工企业在组织管理过程中，最重要的是团队协作、精神物质相结合的物质激励、责任制度考核，随着企业规模不断扩大，资源不断增加，这时就需要更好地调动人对创新的积极性和主动性。

4.2　建筑施工企业的技术创新管理

建筑施工企业在生产活动中为了提高生产效率，从而改进生产工具、研制新型材料或者使用先进的生产工艺、工法等表现为建筑技术的创新，技术创新阶段管理根据创新方式的不同需要相应的适合施工企业的组织制度。

4.2.1 建筑施工技术的划分原则

建筑施工企业所涉及的研制新材料、改良设备或者改进工艺工法等技术创新，在不同的历史发展阶段，有不同的社会生产力与其相对应。历史的先进性表现出来就是社会生产力的先进性，即生产工具、生产技术的先进性，根据技术运用的先进性和新颖性将技术划分为传统技术、现有技术和创新技术。

4.2.1.1 传统技术

传统技术指的是在相关领域内比较成熟，已经被同行业广泛认知并能够熟练操作使用的技术。对于建筑施工企业来说，烧制砌体材料、全砌搭建等是最为传统的建筑技术。但是，随着世界工业化进程的加快和绿色建筑的大力提倡，这一传统技术由于材料占用太多的资源、施工工艺浪费太多的人力而逐渐被淘汰或者被改进和替换。我国建筑施工企业对传统技术的管理大都停留在制作和施工过程的控制上，很多传统的建筑材料、建筑设备和技术由于生产或使用过程中浪费自然资源和人力资源，将被替换或者已经被替换，但是其曾在社会发展过程中的作用还是不可忽视的。传统技术的保护意义已经不大，但是针对传统技术进行改造提炼和升华还是有很大地发展空间。

4.2.1.2 现有技术

现有技术是指该项技术基本成熟、正处于推广运用阶段，且被该行业的部分企业所掌握的技术。现有技术不同于传统技术，大多是为了解决现有施工难题而产生的，因此，具有一定的社会先进性，同时，现有技术来源于对技术开发成果的运用，所以相对于创新技术具有一定的可操作性和稳定性，但是，现有技术还未完全成熟，也就是说有的现有技术已有社会效益，但不一定具有可行的经济效益。只有当现有技术获得社会认可并在生产活动中对其管理运用才会产生经济效益，实现技术的真正价值。

4.2.1.3 创新技术

创新技术是指企业将新构想经过研究开发或者技术的组合，从而生产新型材料、改造新设备和改进新工艺工法以提高生产效率，并产生经济效益或者社会效益的新技术。相比现有技术，创新技术不仅具有一定的社会先进性，更有其技术的新颖性、独享性、操作的不可以随意性、应用的不稳定性和保密的复杂性，这些正是创新技术的发挥空间。

创新技术是为了解决某一施工难题或者为了开拓某一领域市场而进行的技术理论和实践论证，所以创新技术必须在技术先进的前提下，且具备新颖性。为了保证创新技术的新颖性，此项技术应当归研发单位所独有，同时，由于建筑技术使用条件的不确定性，创新技术只有随着不断的试验验证才能确定其在实际工程中的可操作性，也只有随着使用经验的不断积累才能确保其应用的稳定性。此外，由于建筑技术使用者的不确定性，现有技术在实践过程中的使用和保护往往难以控制，一项创新技术势必会在某一实际施工当中使用，那么就会涉及该项技术参与者施工人员能否按照技术交底进行操作并达到预期效果，也会涉及对该项创新技术的熟练掌握和参与者能否保证不会将技术泄露给第三方等保密问题。根据建筑施工行业的特殊性质，创新技术就有着不同于其他类别技术的特点，除了创新技术的新颖性、独享性等共性，还有其操作的不可随意性、应用的不稳定性以及保密过程的复杂性，上述内容都将作为建筑施工企业创新技术在管理过程中的重点内容。

4.2.2　建筑施工企业技术创新方式

技术创新学领域将创新模式分成三种：自主创新、合作创新和模仿创新，这也适用于区别建筑施工企业的技术创新方式。

4.2.2.1　模仿创新

模仿创新主要是指创新主体在已有技术的基础上对其消化吸收，进行适当的改进和创新，若想通过模仿创新达到国内外具有先进水平，那么被模仿的技术本身就需要具有先进或者新颖性。同时，先进技术大都是通过技术引进而获得，因此技术引进是模仿创新的基础。建筑施工企业在采用引进、消化吸收创新方式时的关键有三点，主要体现在：(1) 做出恰当的市场定位，恰当的市场定位是企业取得经济效益的前提。由于建筑施工地点的不确定性，建筑施工企业的工程项目不能只在一个地方或者一个区域内开展，假定建筑施工企业所在地的施工队伍或者施工项目即将饱和，该企业势必会考虑进军其他市场。根据对建筑相关领域或者外地建筑市场所进行的市场调查，作出恰当的市场定位是获得经济效益的前提，经济效益是企业的最终追求，所以说市场定位是引进技术和模仿创新的关键。(2) 及时有效地消化、吸收引进来的技术，由于建筑施工技术工序之间的复杂性，在操作时会有一定程度上的困难，这就需要对其进行反复的操作，不断地熟识、掌握以至精通，也就是对引进的技术有效地消化吸收。对引进的先进技术进行消化吸收是建筑施工企业掌握技术、获得经济效益的前提条件，也是建筑企业积累技术经验的必经途径。(3) 不断地改进和创新，只有不断地改进外来技术来适应此项技术的使用环境，才能获得经济效益，乃至增强市场竞争力。引进技术有一定的适用范围，不是在所有工程中都能使用，而是要根据当地施工条件，包括施工现场条件和施工技术条件做出合理的改进调整，使之能在特定施工条件下使用。

模仿创新的风险相对较小、周期相对较短，其投资相对较少。但是，通过引进技术而模仿创新的技术与先进技术之间有一定的差距，且处于技术被动地位。因此，对于一些自身资金力量不足、人才储备不完善的中小型建筑施工企业在进行现代综合体工程项目的施工中，可以在引进技术的基础上进行模仿创新，更新设备、采用新材料、改进工艺，进而在一定范围内快速、低成本、低风险地提高企业的经济效益和市场竞争力。

4.2.2.2　合作创新

合作创新是建筑施工企业与研究机构、高等院校之间，或者企业之间共同研究开发新产品或者新工艺工法的过程。合作创新是以合作伙伴的关系和共同利益为基础，超越自身局限，实现各企业间的资源和信息共享，优势互补，增强创新的能力。合作创新的各参与方要有明确的合作目标、合作期限和合作规则，各方要在技术创新的全过程或者某个创新环节共同投入、共同参与、共同担风险、共享成果。借助合作创新的组织机构，企业之间的技术、知识、信息、人才等能够快速地共享和传播，各企业之间就能建立长期、稳定的协作关系。合作创新具有两个基本条件：(1) 合作是基于共同的利益需求的，对于风险投资者与创新主体之间的关系不属于合作创新；(2) 合作主体之间的信息、知识流动是双向或者多向的，并非单项的，合作主体之间有权力和义务共享各自的专业知识。

产学研合作创新模式也有四种组合方式。首先,最为常见的是"产研"合作创新,创新技术的理论支持大都是由研究机构提供,而技术有无价值以及价值的大小则是通过企业渠道,投入到实际生产运作中验证。这种情况下,科研机构有很强的技术支撑和研发能力,建筑施工企业有一定的经济实力,合作创新由企业和机构共同主导实现,建筑施工企业得到技术支撑,而科研机构获得经济回馈。其次,"产学"和"学研"合作创新,在这种情况下,主导者是科研机构或者企业单位,他们为了满足技术研发运用需求,提供资金或者技术支撑,高等院校起着辅助创新的角色,他们用试验论证科研机构的理论技术,或者通过试验总结技术经验,综合解决实际工程中的技术问题,并培养和提高自身研究者的研究能力。最为复杂的是"产学研"合作创新模式,在这种情况下科研机构和高等院校都要参与到建筑施工企业技术创新过程中来,共同发挥各自领域特长,并反复试验和论证技术的可行性,获得技术上的突破创新。有时,建筑施工企业根据其自身对技术需求程度,利用高等院校的试验能力、科研机构的技术支撑来共同开发某项技术,但是获得技术的独享权的情况类似于自主创新模式。

一般情况下,合作创新由多方参与共同研发,建筑施工企业在创新过程中就可以减少研发投资、缩短研发周期、分散风险。共同承担也意味着任何一方都不能独自享有合作创新技术,甚至可能成为竞争关系。因此,对于建筑行业中涉及现代综合体工程建设的投资比较多、发包难度大、风险比较大的技术领域,合作条件好的企业适合选择合作创新的方式,共同研究开发适用于现代综合体工程施工的高端领域技术。与研究机构、高等院校合作创新是建筑施工企业占领市场份额和取得社会效益的重要创新方式。

4.2.2.3 自主创新

自主创新是指建筑企业仅仅依靠自身的能力和资源来进行创新实践,即企业根据市场或者生产需求,依靠自身力量完成设备、材料的开发研究或者实现工艺、工法的改进,是施工企业内部的技术创新。建筑施工企业所实现的关键技术、核心技术是否来自企业自身的技术积累和突破,是区分和界定自主创新和合作创新的标准。自主创新对建筑企业的资金、技术、人才等的综合要求比较高,且创新风险大。但是,自主创新获得成功会带来丰厚回报,它能使建筑施工企业在很长时间内掌握和控制某种设备、新材料或者工艺工法的核心技术,能在一定程度上控制技术的发展方向,甚至获得市场垄断地位,同时获得高额利润。因此,自主创新适合于技术开发能力强、经济实力雄厚,或已经掌握某种技术垄断权的施工企业。

产学研合作创新实质上是参与方把促进技术创新所需各种生产要素进行有效的组合,施工企业、科研单位和高等院校之间利益共享形式的合作创新。但是,在以企业为创新主导、创新成果归企业独有的前提下,这种创新模式就归类于自主创新模式。大多情况下,施工企业为了技术需求,以企业为主导与科研单位或者高等院校之间建立合作关系,充分利用外部机构的技术能力、人才或者设备等以实现技术创新。

4.2.3 技术创新管理的组织

4.2.3.1 技术创新管理组织制度建立的必要性

建筑施工企业根据性质不同可分为建设单位、咨询单位、勘察设计单位、施工单位、监理单位等，不同的建筑企业根据业务范围有着不同的组织机构。建筑施工企业技术创新不仅是一个公司、一个部门对技术的研究开发，还有包含许多个工程项目实施过程中对技术的创新。各种模式的技术创新都是以工程项目为中心，将社会资源、业主资金、技术力量有机地整合起来，有组织地开展技术创新活动，而组织制度是技术创新过程顺利执行的保障。

4.2.3.2　建筑施工企业内部组织制度建设

自主创新是建筑企业仅仅依靠自身的能力和资源来进行创新实践，即施工企业根据市场或者生产需求，依靠自身力量完成设备、材料的开发研究或者实现工艺、工法的改进，是企业内部的技术创新。根据创新活动的投资方、参与者的不同，可以将企业内部创新方式分为两大类：企业技术研发部门自主创新和子公司、项目技术创新。建筑施工企业内部组织制度建设过程中的技术中心，即技术支撑系统是技术创新交流的平台，也是信息共享的平台。

(1) 技术研发部门技术创新。对于一般建筑企业来说，技术研发部门整合人力和资金进行创新是企业创新技术的主要来源。技术研发部门根据技术发展和市场需求，通过企业获得技术人才和研发资金等自主研发新技术。同时，技术研发部门将创新成果上传企业的技术中心，通过技术中心对创新技术进行内部转移和扩散，从使用此项技术的项目上或者分公司处获得经济效益以维持部门的正常运转。

(2) 分公司或者项目部技术创新。鉴于现代综合体工程实施对象的特殊性，即项目的大件性和一次性，技术创新也可能是建筑施工企业或分公司在某一项目实施的操作过程中，为了解决某一施工难题而自发进行工艺工法的调整、改进，进而进行的技术创新。这时，分公司或者项目部可以根据创新成果的特点及适用性，整理上报企业的技术中心，从而在企业内部对此项技术创新活动进行技术分享并获得企业奖励。同时，分公司或者项目部也通过技术创新获得经济效益，用作留存的技术创新资金。

4.2.3.3　建筑施工企业的外部关系

建筑施工企业的技术创新不是单一的内部活动，在企业内部以及上下级之间进行技术开发研究的同时，企业会以合作等形式与外界共同研究，建筑企业在与外部合作创新的过程中，通过企业或者技术部门与合作单位进行行政或者技术上的沟通。建筑企业的技术创新需要政府税收方面的支持，得到政府部门的充分肯定。甚至，政府会针对建筑企业专项领域进行政府和企业之间的合作创新。另外，建筑企业在生产经营过程中还会与同行企业形成竞争，相互竞争推动技术的创新；面对同一领域的技术难题，建筑企业之间也可以共同研究建立合作创新关系。同时，建筑施工企业也会利用高等院校或者科研机构的理论知识和技术人才并与之进行合作。

4.2.4　现代综合体工程技术管理的作用

工程项目技术管理是对所承包的工程各项技术活动和构成施工的计划、组织、指挥、协调和控制的总称，施工技术管理须为企业经营管理服务，因此，施工技术管理的一切活动都要围绕于企业生产经营的总目标，而技术管理的作用主要体现在以下方面：

(1) 保证施工过程符合技术规范的要求，保证施工按正常秩序进行。

(2) 通过技术管理,不断提高技术管理水平和职工的技术素质,能见性地发现问题,最终达到高质量完成施工任务的目的。

(3) 发挥施工中人员及材料、设备的潜力,对工程特点和技术难题提出合理化建议、开展技术攻关活动,在保证工程质量和生产计划的前提下降低工程成本和提高经济效益。

(4) 通过技术管理积极开发与推广新技术、新工艺、新材料,促进工艺技术现代化和提高竞争能力。

(5) 有利于用新的科研成果对技术管理人员、施工作业人员进行教育培养,不断提高技术管理素质和技术能力。

4.3 现代综合体工程创新技术管理因素的分析

通过对建筑施工企业创新现状做的调查表明,在技术创新过程和技术管理过程两个层面上,影响技术创新过程成败在于企业内部和外部环境,而影响技术管理过程的因素主要在施工企业的管理层面上。

4.3.1 技术创新过程影响因素

根据大量的现场调查统计表明影响企业技术创新成功的外部因素和内部因素以及障碍因素主要可以归纳为市场、政府、技术支持、企业硬件配备和人才配备等,具体的影响程度如表 4.1、表 4.2 和表 4.3 所示:

表 4.1 施工企业技术创新的主要内部因素

序号	内部因素	位次
1	建筑施工企业内部高层领导集团对新技术的偏好程度和支持程度	一
2	企业相关技术带头人的领导	二
3	研发团队	三
4	研发部门与工程项目或生产部门合作	四
5	企业的体制环境	五

表 4.2 施工企业技术创新的主要外部因素

序号	外部因素	位次
1	建筑招标中业主的要求和建筑原材料供应的情况	一
2	与其他建筑企业就相关使用技术合作研究	二
3	与建筑行业研究机构就使用技术、方法研究合作	三
4	与高等院校之间就原理技术的合作	四
5	税收等政府政策的鼓励	五

表 4.3　施工企业技术创新的障碍因素

序号	障碍因素	位次
1	技术部门缺乏资金	一
2	缺乏专业技术人才	二
3	缺乏相关技术支撑	三
4	研究开发支出少,资金不到位	四
5	创新风险大,没有合理评估风险	五
6	新技术应用市场信息不准确	六
7	创新时机难以把握	七
8	产权不明确和奖励不合理	八
9	项目周期长、投资回收期太慢	九
10	创新网络不适应	十

上述各个因素之间并不是独立存在的,而是相互影响的,施工企业层面上的技术、资金、制度环境因素会间接地影响到部门之间的合作、技术带头人的领导和研发团队的合作,而技术层面上的研发绩效、回收期的长短等会影响企业领导对此项技术开发的认可,也会影响研发团队的士气。

4.3.2　技术管理的影响因素

这里的技术管理是广义的技术管理,针对创新技术进行的前期计划工作和创新技术研发后期管理工作,工作内容不仅包括技术和市场研究、获得知识产权保护、专利申请,还包括技术扩散、技术转移或者技术的标准化推广等,技术管理过程中的影响因素主要有企业层面上技术战略、领导决策、政策环境、市场因素等,具体影响如图 4.1 所示:

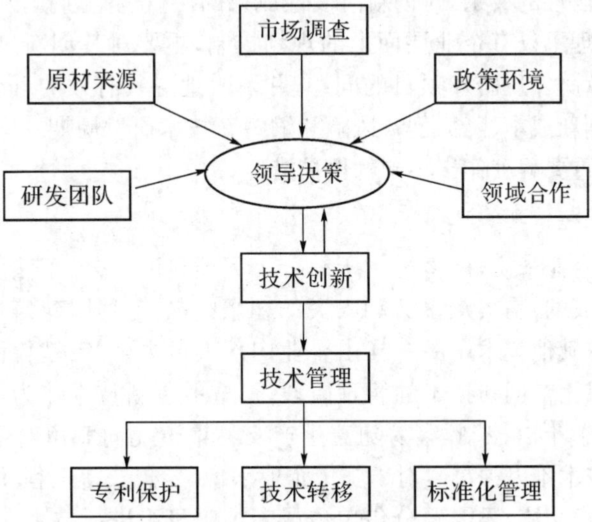

图 4.1　技术管理过程影响的主要因素

技术管理分为创新过程管理和获得技术后使用过程的管理,技术前期管理是创新过程的管理阶段。一般来说,施工企业都会通过市场环境调查和结合政策环境分析,审查新技术研究开发所需的技术支撑、供材来源。然后,根据企业发展确定创新内容和创新模式来组建人才队伍和确定资金来源,进而开展一系列的创新活动,并且对技术创新进行跟踪控制,利用动态分析研究创新过程,根据具体影响情况对技术创新进行及时调整。这时,建筑施工企业创新技术管理的主要影响因素是市场环境、政策环境、技术支撑环境、原材料供货方以及企业自身人才队伍建设等。

技术管理后期也就是创新成果的管理阶段,根据技术获得的目的不同,建筑施工企业往往需要采取不同的管理方式,不同管理方式的影响因素也不同。某建筑施工企业为了拓展市场或者仅为了获得技术而进行的技术创新,在创新技术使用过程中,得到反馈信息并随之不断改进创新技术以达到精益生产。前期对创新成果的管理重点在使用和保护,需要政策法律环境、企业和创新团队的保密意识,这些是创新技术管理成败的关键影响因素,而后期对创新成果的管理重在转移扩散,产生更好地经济效益。此时,建筑施工企业使用创新技术时,既要获得合作单位的技术认可,又要在施工过程中做好交底工作。所以,企业之间的合作关系、内部各部门之间技术信息系统、技术负责人与施工班组之间的交底都是技术使用过程中的主要影响因素。

4.3.3 创新成果管理的因素

生产经营规模是建筑施工企业发展阶段的体现,若想长期发展,采用新的绿色建筑材料、新生产设备、新工艺是企业技术进步的必然选择,所以建筑施工企业要创新。重视技术和加强技术管理已经成为当代经济社会发展的一大趋势,对于创新技术管理不仅包括对创新过程的管理,还包括对创新技术知识的储备和使用的影响因素管理。

4.3.3.1 阶段性成果保护

创新技术是在项目立项、研究开发、试验、使用等一系列活动中产生的成果,每一个阶段都会有一个阶段性的成果,对创新阶段性成果的保护也是创新技术成败的关键。施工企业对技术的管理不仅有企业层面上的规划控制,更要对其创新过程进行控制,利用相关管理学理论跟踪、发现研发项目的问题,并及时地寻找有效的解决方案和阶段性成果,尽可能地减少创新成本、降低创新风险和缩短新技术研发周期。同时,针对每一阶段的成果都要根据其重要程度作出不同的保护措施。

4.3.3.2 技术保护与信息管理

对于建筑施工企业来说,许多适用于综合工程项目的工艺、工法等都是在大量的生产活动当中积累形成的,是集众多劳动人民的智慧结晶。另外,建筑技术在投入生产使用的过程中,也不像其他技术产品一样由企业内部人员去生产、销售而是由许多不同的单位参与、共同完成。在创新技术的管理阶段,形成的创新技术作为一种信息在转向生产或者使用的过程中难以控制,容易随着生产交易渠道流向竞争对手或者流向使用群体,从而导致创新技术难以独享。对于施工企业来说,要想获得工程项目的建设权,就得与建设单位进行技术交流,还需跟分包单位或者施工班组进行技术交底。所以,建筑行业的新技术在使用过程中很难得到有效保护,即使某些施工企业有技术保护意识,也会因为参与人员多且复杂而增加管理成本。在现代综合体工程项目的技术创新阶段,技术创新的成败很大程度上取决于施工企业对相关技术专业信息的掌握和对信息的处理能力。创新风险，从本质上来说，就是信息获得的不充分风险和使用的不恰当风险，在技术保护的同时，建筑施工企业内部技术使用的流畅程度也取决于技术信息系统的管理。

4.3.3.3 专利保护与标准化

建筑施工企业在使用创新技术的过程中，常常无法完全控制而导致技术的无偿外泄。鉴于建筑创新技术的使用情况的复杂性和独特性，有时企业在创新开始就申请专利保护，或者以有偿转让的方式进行技术转移。专利保护使得建筑施工企业对技术具有独享权，可以获得经济效益。相反的，技术标准化推广具有普及性，使得企业具有新技术使用的能力，会给施工企业带来社会效益或者无形的经济效益，标准已成为专利技术追求的一种最高集成形式。所以，建筑施工企业在创新成果获得之后，要根据技术的适用性以及价值分析决定是否进行技术的标准化推广。

4.4 基于影响因素分析的施工企业创新技术管理

为适应经营环境的发展和变化，提高施工企业的竞争能力，企业技术系统需要有指导性的长远方针，这就构成企业的规划和技术发展战略。通过企业规划和技术战略的制定，建筑施工企业整合企业技术资源、资金和人才，最终增强企业的竞争能力和发展能力。

4.4.1 企业级的技术战略要点

企业的技术战略必须服从于企业的规划和总体战略的选择，现代中小型建筑企业的战略选择是突破单一的施工服务经营模式，积极探索建筑施工精密技术的使用，走提高工作效率、节约材料、绿色环保施工的道路，其技术发展战略也必须与之相适应。企业级的技术战略要点包括：(1) 采取各种方式，如引进先进设备、采用新型材料、更新陈旧技术，自主研发新技术或联合开发等，不断壮大企业自身技术实力；(2) 加大科技开发的投入，增加研发资金，加快技术、管理人才队伍建设，积极推进技术创新，通过技术创新构建企业技术竞争优势；(3) 大力推进企业技术制度体系建设和规范企业运转；(4) 强化技术同经济之间的联系，加强风险意识并提高技术风险评估能力；(5) 增强企业之间战略合作关系，增强与科研机构、高等院校之间的技术合作，提升自身的技术影响力，充分利用外界技术支撑体系。

4.4.2 企业级的技术战略的实施

建筑施工企业规划是根据企业发展规模和市场情况，制定中长期发展目标和未来几年的发展指标，但是中小型建筑企业技术战略实施较为困难。对于建筑施工企业来说，相对容易形成建设规模，但是建筑施工企业技术战略实施最主要的矛盾在于资金回收周期长、人员流动性比较大，在这种情况下，建筑施工企业就无法将既定的技术战略顺利实施，其战略实施的保证主要来自以下方面：

4.4.2.1 创新技术的资金保障

用于现代综合体工程项目技术创新开发的资金来源有三种途径：(1) 企业内部资金，

企业通过将生产运营获得资金进行分配利用，并拿出其中一部分作为科研经费，建筑施工企业生产运营主要依靠工程项目建设来获得。由于现代综合体工程项目的投资建设周期长，建筑施工企业面临着资金回收期长，经常出现研究经费短缺现象。这时，企业内部相关制度可以规范研究经费的定存数额或者比率，就能有效地确保公司对研发的资金提供。(2) 合作资金，企业进行技术创新往往开支很大，并不是所有资金都来源于企业内部，这就需要企业通过合作渠道获得资金支持。建筑施工企业可以通过以下途径建立合作关系并获得企业外资金：①与建设单位共同研发新材料建立合作关系，获得资金支持；②与当地政府合作，通过创新技术获得政府科技奖金以降低研发成本；③与其他建筑企业共同研发新技术；(3) 信贷融资是筹集资金的最快捷方式，以信贷融资为主的企业需要有一定的信誉度获得贷款资金，也要有债务偿还能力才能为技术创新提供良性循环。

4.4.2.2 专业技术人才队伍建设

现代综合体工程的技术创新依靠技术团队的集体智慧，技术管理的实施者是人，所以对一个企业来说技术人才队伍的建设极为重要。建筑施工企业涉及内容繁多复杂，现代综合体工程项目由于有地点的不固定性和人员流动性比较大的特征，需要企业有稳健的组织团队。团队中不仅要有相对稳定的生产经营者和日常管理者，还需要对专业技术人才队伍建设投入，技术人才队伍不仅包括具有试验能力、解决问题能力的人才，还需要有信息技术技能和管理能力的人才。

4.4.3 企业级的技术管理组织

4.4.3.1 建筑施工企业的特殊组织机构

技术创新管理需要组织来保证完成，创新技术管理也需要组织制度的保证实施。建筑施工企业不同于其他类型企业，不仅有企业生产经营的管理问题，还有针对不同项目的日常技术问题；不仅在企业层面上进行技术创新，还要在工程项目上对创新技术进行运用和改进，以形成内部统一的技术标准。

一般建筑企业都会在以董事会为中心的领导下，设总经理管理市场部、质量部、研发部和综合部等生产经营事项，设有总工程师处理安全、技术、工程等工程项目问题。在建筑施工企业组织机构中，董事会负责企业的重大决策工作；总经理主要负责管理企业的市场调查、质量监督、综合管理以及主管研发部门进行技术创新；总工程师主管过程上的安全管理、日常技术问题，以及涉及新技术运用当中的反馈信息。同时，董事会、执行董事、总经理和总工程师也可共同管理企业在现代综合体工程项目中的各项事务。

4.4.3.2 技术部门的特殊组织机构

建筑施工企业机构应该根据具体过程的特点、规模、专业内容、设计要求等进行动态的计划、组织、领导和控制，并分阶段配置人员设备。技术管理部门的设置则依据技术管理的内容和工程的特殊性质的不同而相应地增设部门，通用的技术管理职能体系如图 4.2 所示：

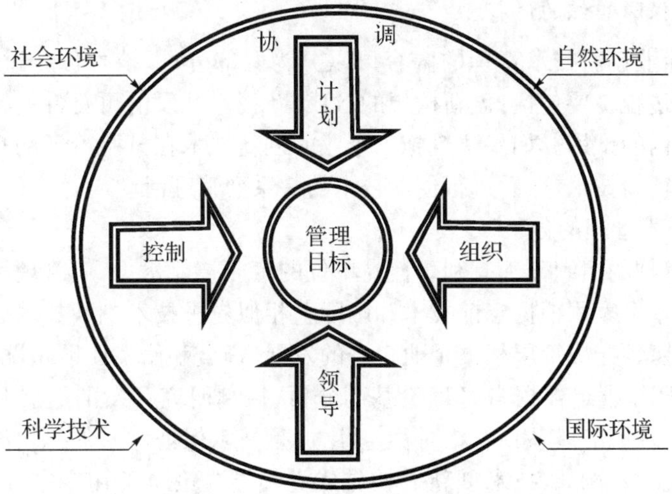

图 4.2　通用的技术管理职能体系

4.4.3.3　项目部的特殊组织机构

创新技术的管理不仅是依靠施工企业和技术部门的技术创新的实现，还需要现代综合体工程项目对创新技术的使用、改进，并在实践中形成标准并以推广应用。由于建筑施工企业管理具有综合性和职能性，项目管理有专业性、临时性等特点，比较成熟的现代综合体项目部技术管理会采用具有相对稳定性和专业性的矩阵式组织结构，其构成如图 4.3 所示：

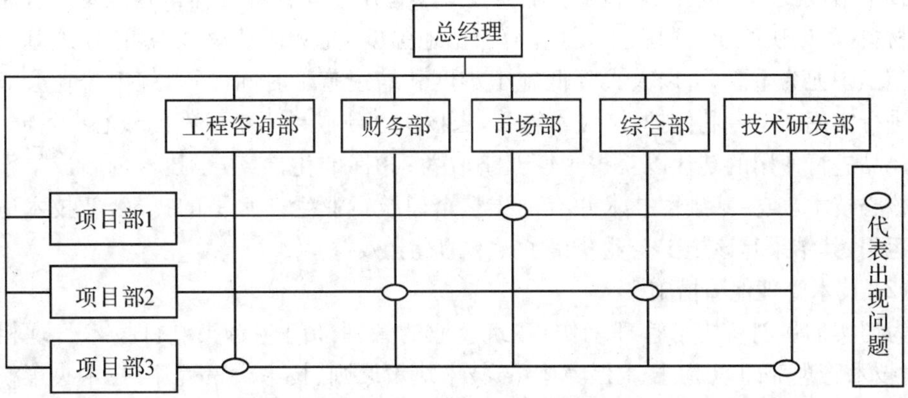

图 4.3　现代综合体工程项目部实施的矩阵式组织结构

在建筑施工对创新技术的实际管理过程中，以技术中心的形式向企业内部需要部门提供技术支撑，就是以企业的技术部为中心向企业内部各单位传递和共享技术信息。各子公司通过企业内部的技术转移和扩散获得新技术的使用，并通过自身实力进行一定的技术开发研究。项目部在生产活动中不仅需要企业的技术支持，反之还可能为企业提供生产当中积累的技术经验或者反馈调整技术中心提供的技术信息，以促进项目的顺利完成和推动企业的发展。

4.4.3.4 技术保障组织的运行

建筑施工企业创新技术管理的内容可以分为两部分，即技术创新过程和技术管理。首先，技术创新过程主要包括：创新构想的形成、新技术开发的可行性研究、技术创新、实验验证、小范围内的试用。如果建筑施工企业的创新技术在试验论证的小范围内试用后有成效，则算获得新技术，然后进行创新技术的一系列管理活动。

(1) 创新技术管理的分工

创新技术管理的组织分工有利于提高单位的专业技能水平，使管理活动更为精简和高效。例如，技术专家团根据当前技术和国际上相似先进技术判断技术创新的价值和研究开发的可行性；领导决策层根据企业自身的发展、资金和研发团队情况，决定是否研究开发新技术；TRIZ 小组根据自身理论基础分析，控制研究开发的进展并提出改进方案等。上述技术管理职能体系具有相对稳定性，但是技术保证体系的机构设置将随着技术创新进展逐步完善。例如，技术创新之初先成立领导决策小组和专家分析小组，根据市场需求和技术支撑系统供给情况，对技术创新进行可行性研究并论证其可行性；确定某技术研究开发后进行技术理论分析，建立理论分析模型，此时领导决策小组可以撤销。在研发试验进行过程中，专家分析小组根据试验的实际进展状况分析试验结果与理论研究之间的异同，及时对异常状况进行调整、改进。当建筑施工企业获得新技术之后，理论分析和试验小组、TRIZ 小组可以撤销，领导决策小组和专家分析小组又回到技术管理过程中，根据技术的市场和价值决定如何保护技术的使用。

技术管理后期对技术使用的方案有三种，即：①技术专利保护，创新技术在一定时限内仅企业内部使用以获得长期收益，这种情况针对专业领域内的创新技术，或是企业的核心技术组成技术。例如，某施工企业研发一项适用于现代综合体工程地基处理所使用的新材料，可以快速使普通软土硬化，增加土地强度、提升地基承载力，这在地基与基础工程施工中尤为重要，可以大大降低施工难度和缩短施工时间，所以施工企业会对这项技术进行实用新型专利保护；②技术转移，当技术创新成果不是研发的核心技术时，可以作为产品进行使用的转让以获得短期经济收益；③标准化推广，当技术创新成果不是企业的核心技术，成为基础性技术并有助于整个建筑行业生产水平的提高，新技术适宜被推广运用，其结果是该施工企业获得了无形的社会效益。

(2) 技术管理保障措施

为切实加强创新技术管理工作，建筑企业的管理部门应牵头制订技术管理相关规定，对技术管理部门职责、技术保障体系、技术决策原则、技术决策程序、技术决策权限以及技术创新制度、奖惩制度等均做出明确规定，这是技术管理的重要部分，是技术管理走向科学化、规范化的基础。

建筑施工企业技术支持和技术管理体系应具备下列基本特征：①有健全的技术管理机构和管理办法，并形成分阶段、分层次和分专业把关的技术管理体系；②充分调动社会各方技术力量，使之有机结合并形成整体，有利于全面、系统地解决问题；③重视科技和创新，并将成熟经验和科研成果及时用于实际生产；④动态性，即必须要符合市场竞争的经济发展规律，体现用户和顾客的愿望与要求，根据不同的现代综合体工程特点和同一现代综合体工程不同的建设阶段及时合理的调整技术支持体系和技术管理体系。

4.5　现代综合体工程的基本施工技术管理

4.5.1　施工技术管理的基本工作要求

4.5.1.1　施工技术组织机构和技术管理的岗位职责

现代综合体工程的施工组织机构随公司的组织形式而异，建立分级技术责任制，设置分级技术负责人，实行技术管理工作的统一领导、分级管理，针对项目的具体技术工作落实到人，明确职责。按照技术标准与技术规程工作的要求，执行技术标准与技术规程就要按照标准与规程开展技术工作，所以在项目进行过程中，首先应熟悉有哪些标准和规程，然后应组织相关人员学习，并在具体操作过程中严格遵照执行。以技术管理制度为依据，技术管理制度一般包括：施工图纸会检、施工组织设计管理制度、技术交底制度、施工材料和设备检验制度、工程质量检验验收制度、技术组织措施制度、工程施工技术资料管理制度等，是做好技术管理工作的依据；科学实验的要求，在项目实施中，材料、设备、工艺方案、一些技术参数的确定等问题，可能需要通过开展科学实验的方法辅助决策；技术培训工作要求，有计划地事先开展对技术人员和操作人员的技术培训，以满足项目施工技术的要求；“四新”工作要求，不断推广和应用新技术、新工艺、新材料和新机具，进而使施工水平不断提高；检查指导要求，项目部主管技术人员应经常深入施工现场检查施工技术情况，指导施工作业，严格照图施工执行技术方案，纠正违章作业和制止违反工艺纪律的行为，并及时处理出现的施工技术问题；存在问题处理的要求，对现代综合体工程施工中发现的设计问题或需要优化的设计问题，应及时提出技术核定并请设计单位确认，办理变更手续，针对施工环境或其他客观条件的变化应及时修改原有的施工技术方案。指导新技术、新产品、新工艺的应用和处理应用中技术问题，制定调试及试运行方案，做好调试运行的技术交底并落实安全技术措施。参加质量事故、安全事故的处理，分析事故原因，并提出技术改进和处理意见。

4.5.1.2　施工图纸会审的管理

施工图纸是施工和验收的主要依据，施工人员充分领会设计意图、熟悉图纸才能正确施工并确保施工质量。开工前施工图纸会审，使施工人员更深刻认知图纸，也可以发现施工图中的一些差错，便于及时更正以确保工程顺利进行。施工图纸会审应由项目技术负责人组织，一般按班组到项目部，各专业到综合的顺序进行。为使图纸会审有好的效果，会前应通知与会人员仔细阅图，核对数据和联系实际，做好参会准备。会后应对会议记录汇总，分送相关单位。

4.5.2　施工技术管理的组成内容

工程项目技术管理包括技术管理基础工作和技术管理基本工作两种。其中，技术管理基本工作包括施工技术准备工作、施工过程技术工作和技术开发工作等，其内容主要包括以下两个方面：(1) 经常性的技术管理工作，包括：对施工图样的熟悉、审查和会审；编制施工管理规划；组织技术交底；工程变更和变更洽谈；制定技术措施和技术标准；建立技术岗位责任制；进行技术检验、材料和半成品的试验与检测；贯彻技术规范和规程；

技术情报、技术交流、技术档案的管理工作;监督与控制技术措施的执行和处理技术问题等。(2) 开发性的技术管理工作,主要包括:组织各类技术培训工作;根据项目的需要制定新的技术措施和技术标准;进行技术改造和技术创新;开发新技术、新结构、新材料、新工艺等内容。

4.5.3 施工技术检验管理

技术检验是用科学方法对工程中的设备和使用的原材料、成品、半成品以及热工、电工测量元件等各类测量工具等进行检验、试验和监督,防止错用、乱用和降低标准,以保证工程质量的重要环节。检验的内容、方法和标准应按国家和行业颁发的有关技术规程、规定和标准以及制造厂技术说明书的要求执行。公司或项目部各类试验室的资质应符合国家或行业的规定和标准,并取得有关主管部门的认证。试验室应及时、准确、科学、公正地对检测对象的规定技术条件进行检验,并出具试试验报告,为施工提供科学依据。发现问题应立即向质量管理部门或委托单位报告并及时研究处理。计量管理机构的主要职责是贯彻国家和行业有关计量管理工作的法令、法规和标准,项目部和公司下属的生产单位都应设专职计量员,且计量员应持证上岗。

4.5.4 现代综合体工程中项目经理的主要职责

为保证现代综合体工程项目施工的顺利进行,杜绝技术问题和质量事故的发生,保证工程质量和提高经济效益,现代综合体工程的项目经理应处理好以下的技术工作:

(1) 组织审查图样,掌握工程特点与关键部位以便全面考虑施工部署与施工方案,还应着重找出在施工操作、特殊材料、设备能力,以及物资条件供应等方面有实际困难之处,及早与建设单位或设计单位研究解决。

(2) 贯彻各级技术责任制,明确各级人员组织和职责分工,决定本工程项目拟采用的新技术、新工艺、新材料和新设备。

(3) 经常深入现场,检查重点项目和关键部位,检查施工操作、原料使用、检验报告、工序搭接、施工质量和安全生产等方面的情况,对存在的问题、难点、薄弱环节,要及时提交给有关部门和人员研究处理,主持技术交流和组织全体技术管理人员对施工图和施工组织设计、重要施工方法和技术措施等进行全面深入的讨论。

(4) 进行专业人才培训,不断提高职工的技术素质和技术管理水平,一方面为提高业务能力组织专题或技术讲座,另一方面应结合生产需要组织学习规范规程、技术措施、施工组织设计以及与工程有关的技术等。

4.5.5 现代综合体工程中项目的技术管理计划

技术管理计划应包括技术开发计划、设计技术计划和工艺技术计划。其中技术开发的依据包括:(1) 国家的技术政策,包括科学技术的专利政策、技术成果有偿转让;(2) 产品生产发展的需要,是指未来对建筑产品的种类、规模、质量以及功能等需要;(3) 组织的实际情况,是指企业的人力、物力、财力以及外部协作条件等。设计技术计划主要是涉及技术方案的确立、设计的形成以及有关指导意见和措施的计划。工艺技术计划是指施工工艺上存在客观规律和相互制约关系，一般是不能违背的，例如基坑未挖完土方，后序工作垫层就不能施工，浇筑混凝土必须在模板安装和钢筋绑扎完成后才能施工。因此，要对现代综合体工程的施工工艺技术进行科学、周密的计划和安排。

4.5.6　现代综合体工程中项目的技术管理控制

4.5.6.1　技术开发管理

在现代综合体工程中的技术开发管理方面确立技术开发方式，根据企业自身特点和建筑技术发展趋势确定技术开发方向，走与科研机构、大专院校联合开发的道路，但从长远来看，企业应有自己的研发机构，强化自己的技术优势，在技术上形成一定的垄断，走技术密集型道路，其具体的措施体现在：

(1) 加大技术开发的投入，应制定短、中、长期的研究投入费用及其占营业额的比例，逐步提高科技投入量，监督实施并建立规范化的评价、审查和激励机制；加强研发力量，重视科研人才，增添先进的设备和设施，保证技术开发具有先进手段。

(2) 加大科技推广和转化力度，特别是增加技术装备的投入，唯有增大先进技术装备投入才能提高劳动生产率，考虑投入规模至少应当是承包商当年收益的 2%～3%，并且逐年增长。

(3) 提倡应用计算机和网络信息化技术，利用专业的软件进行招投标、工程设计和概预算工作，利用互联网收集施工技术等情报信息，通过电子商务采购降低采购成本。同时，加强科技开发信息的管理，建立强有力的情报信息中心以有利于快速决策。

(4) 加强新产品、新材料、新工艺的应用管理，应有权威的技术检验部门关于其技术性能的鉴定书，制定出质量标准以及操作规程后才能在工程上使用，同时需要加大推广力度。

4.5.6.2　施工组织设计管理

施工组织设计是施工企业实现科学管理、提高施工水平和保证工程质量的主要手段，也是贯穿设计、规范、规程等技术标准组织施工，纠正施工盲目性的有力措施。要进行充分的调查研究，广泛发动技术人员、管理人员制定措施，使施工组织设计符合实际，切实可行。

对于技术档案管理，是要求按照一定的原则、规范，经过移交、归档后整理和保管起来的技术文件材料。它既记录了各建筑物、构筑物的真实历史，更是技术人员、管理人员和操作人员智慧的结晶。材料实行统一领导、分专业管理。资料收集做到及时、准确、完整，分类正确，传递及时符合法规要求，无遗留问题。

对于测试仪器管理，要求组织建立计量、测量工作管理制度，由项目技术负责人明确责任，制定管理制度，经批准后实施。管理制度要明确职责范围，仪表、器具使用、运输保管有明确要求，建立台账定期检测，确保所有仪表、器具的精度、检测周期和使用状态符合要求，记录和成果符合规定，确保成果、记录、台账、设备的安全、有效、完整。

对于技术管理考核，其内容应包括对技术管理工作计划的执行，技术方案的实施，技术措施的实行，技术问题的处置，技术资料的收集、整理和归纳以及技术开发，新技术和新工艺应用等情况进行分析和评价等。

4.5.6.3 各专业主要施工方案

按现代综合体工程的总进度计划整理和编排总承包项目部所有的主要技术方案和施工组织设计，应确定施工方法、施工方案与专项施工方案，明确编制完成时间、编制人、上报时间和审批人。

危险性较大的分部、分项工程的主要方案，包括：基坑支护、降水工程；土方开挖工程；模板工程及支撑体系工程；起重吊装及安装拆卸工程；脚手架工程；拆除和爆破工程等。

(1) 基坑支护方案，其关键在于放坡土钉墙适用于有一定黏结性的杂填土、黏性土、粉土、黄土与弱胶结的砂土边坡和地下水位低于开挖层或经过降水使地下水位低于开挖标高的情况；钻孔灌注桩、旋喷桩加预应力锚索，适用于邻近有建筑物或地下管线而不允许有较大变形的基坑支护工程；钻孔柱桩、旋喷桩加内支撑，适用于深基坑及软土地基，支撑设计要考虑栈桥；连续墙、旋喷桩加内支撑，设计时应考虑施工道路等荷载，同样适用于深基坑及软土地基。

(2) 外脚手架方案，对于大型的现代综合体工程一定要采用E型悬架，外墙施工根据南北地区特点进行选择。北方外墙砌体量小，优先选用爬架，南方地区外墙砌体量大，优先选用悬挑架。

(3) 模板方案，尤其是高支模方案，必须经过专业技术人员验算复核，必须经过专家认证后方可实施。竖向模板选择必须结合实际工程进度而选用木模，特别重视以下情况的施工方案：①危险性较大的分部、分项工程；②重点、难点工程；③特殊过程和关键过程；④季节性工程施工；⑤容易发生安全事故的过程，如现场临时用电施工、群塔作业、现场防护、达到一定规模的现场消防专业施工等；⑥认为重要的分部分项工程等。

4.5.6.4 方案设计及施工优化的要点

(1) 基坑支护、桩基的优化。大型现代综合体项目基坑支护、桩基等方案的设计往往会发生滞后的现象，导致工期延长，而且整个工程的设计变更比较大，经常出现不按照准备图纸施工的情况。

(2) 后续设计补充造成的风险，如：环梁支撑，劲性混凝土、斜抛撑采用钢结构等方案，这些设计往往在投标时没有考虑，实际施工时会增加总承包单位的措施费和工期，此部分所产生的费用合同规定得调整，上述情况的产生管理者必须引起高度重视。

(3) 多数现代综合体项目业主出图纸晚，导致集中施工或抢工，这种现象无疑会增加总包对钢管、扣件、脚手架、模板等主要周转料具的投入量。因此，如何优化缩短工期显得尤其重要。

(4) 多数现代综合体工程对工期的管控是非常严格的，但由于现代综合体工程最大的特点是“三边”工程，因此，作为总包单位一定要注意以下两点：主动配合并参与业主进行设计变更；做好各种变更手续并留好第一手资料以备事后与业主交涉，积极组织施工，如果做到施工先行，就会终止很多因变更而导致的返工。

(5) 加快施工进度的方案优化。基坑支护阶段，主要通过增加早强剂缩短工序间歇，通过抗浮锚杆预留套管后施工法解决抗浮锚杆周期长与结构施工发生冲突的影响。现代综合体工程施工组织顺序中，结构施工阶段如何优化施工组织程序、缩短工期，不管是施工竖向结构还是整层施工或装饰阶段，主要涉及各工序最早插入点掌握和如何穿插影响最小。优化主体结构施工组织,尤其是标准层分段流水施工以减少垂直运输等方面的压力;顶板钢筋绑扎过程中提前施工上段竖向钢筋,可以为模板施工缩短技术间歇;后浇带模板单独支设,采取水平后浇带加固和竖向后浇带封堵的方法可以减少后浇带施工的影响;通过外脚手架方案优化使之加大与主体结构的间距,为石材幕墙在脚手手架内施工提供条件,缩短了外墙施工工期对整体整体工期影响。基槽回填优化,根据现场实际情况回填土可以优化为细砂、素混凝土等。现代综合体工程的墙体优化,包括厨房、卫生间、楼梯间、阳台的墙面和 100 mm 的砌体墙可优化为成品墙板,如 FS-LCM 板、ALC 板。为保证现代综合体工程主体结构的后期砌筑、安装及时穿插,后浇带部位可以采用混凝土防护柱等代替脚手架体系,保持楼层面水平运输通道和管线一次安装到位。

4.5.7　现代综合体工程中的设计变更管理

根据目前的市场环境和项目特点,大多数工程的规划、设计同步进行。设计时间短,造成设计人员对使用功能等考虑不全面,出图仓促,并且不按正常程序进行审图。另外,由于业主招商策略和计划等原因,许多商户在开业前 2～3 个月才进驻现场,之后才进行装修。按照进度要求,此时施工单位已将一、二次结构施工完成,为了满足业主正常营业的要求必须根据不同商户的需求,对已施工完成的结构局部进行拆改,很多部位需要结构加固。为了最大限度地减少工期损失,总承包项目部必须配置专职技术员对接业主设计部和设计院,尽量减少图纸变化对进度的影响,并对所有已变更图纸及变更资料做发文登记。

4.6　现代综合体工程框架结构内超桁架吊装技术实例

4.6.1　某现代综合体工程概况

某现代综合体工程的建筑物总体布局分为南北中三区,北区为 5 层弧形裙楼,主要功能为银行、市民中心、400 人报告厅、城市规划展示馆、企业文化展示馆、多功能厅及配套的餐厅和厨房;南区为 32 层主楼,主要功能为办公及会议中心;中区为一个 5 层通高的四季大厅,作为主楼和裙楼的共享大厅,其平面布局如图 4.4 所示:

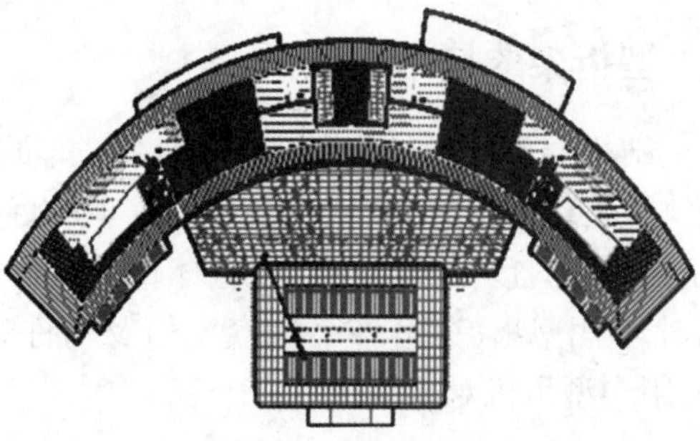

图 4.4　某现代综合体工程的平面布局图

本现代综合体工程项目钢结构桁架主要有三部分,位于 D 区 2-C～2-E 轴,横跨 2-19～2-22 轴,共 6 榀:HJ-1、HJ-2、HJ-3 位于三层,跨度 33.9 m,上下弦中心线高 2 m,

重 18.8 t；HJ-4，上穿四、五、六层楼面，跨度 32.9 m，上下弦中心线高 9.150 m，重75.5 t；HJ-5 位于六层，顶标高 23.400 m，桁架高 2.2 m 重 32 t。如图 4.5 和图 4.6 所示：

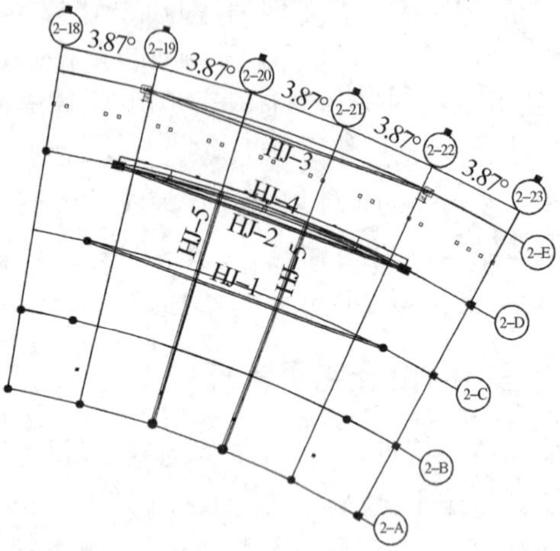

图 4.5　某现代综合体工程中钢结构桁架的平面图

图 4.6　某现代综合体工程工程中钢桁架现场图

4.6.2　框架结构超大型桁架的技术原理

在需要安装的混凝土结构上预留足够大的通道，轴线 2-F 的标高 9.65 m 的混凝土梁需待提升完成后再浇筑施工。钢桁架分段制作，通过汽车吊将构件吊运到混凝土结构楼面上，钢桁架通过自制提升架、提升牛腿，将桁架整体提升就位后与已经就位的钢桁架端部进行空中焊接。同时，用中型汽车吊将小型汽车吊及构件运送到混凝土结构楼面上，在混凝土结构楼面上用小型吊机对小构件进行安装。

4.6.3　框架结构超大型桁架的吊装的技术方案与管理

4.6.3.1　吊装的顺序

本现代综合体工程项目钢结构桁架共 6 榀，安装时高空作业多，施工有一定的难度，只有采取合理的安装方案，才能确保施工工期、安全、质量、和经济性。经分析讨论，钢桁架提升次序为：HJ-4 单榀提升→HJ-5 整体提升→提升梁顶标高 23.15 m 的钢梁→整体提升 HJ-1、HJ-2、HJ-3→提升梁顶标高 9.65 m 的钢梁。这样减少高空拼装和焊接工程量，减少了大量的支撑降低了成本，有效地提高了工作效率，并确保总工期的实现。

(1) HJ-4 的吊装

拼装完成后采用钢绞线进行提升，由于 HJ-4 为弧形桁架，跨中需增设吊点，使桁架侧向稳定，以两端柱子为主吊点，中间在 HJ-4 与 HJ-5 的节点附近各增设一个辅助吊点。桁架先吊装劲性钢柱，并预留牛腿，待劲性柱外包混凝土及周边混凝土梁施工养护后，开始吊装桁架，如图 4.7 所示：

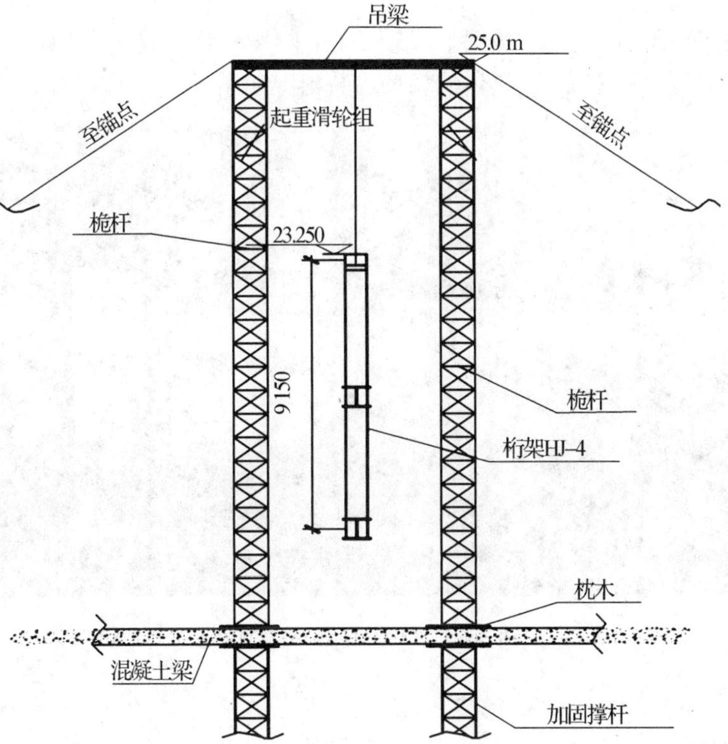

图 4.7　HJ-4 吊装示意图

HJ-4 提升就位后，辅助吊点不卸载，待 HJ-5 及次梁安装完毕后卸载。为更好的保证 HJ-4 的平面外稳定，将 HJ-4 下弦的北侧次梁全部安装，次梁采用汽车吊吊装，次梁的楼承板应同时铺设，即方便工人施工，又能保证安全。

(2) HJ-5 的吊装

HJ-5 连接在 HJ-4 和混凝土柱之间，在 HJ-4 上要设吊点，利用先前的辅助塔架作为支点，另一端支在混凝土柱上。考虑 HJ-5 的跨度大，侧向稳定性差，采用整体并行吊装的方案，即将两榀 HJ-5 用次梁连接，形成一个整体，双 HJ-5 的拼接胎架做成顺台阶坡度的斜面胎架。利用 HJ-4 的两个辅助塔架整体提升，如图 4.8 所示：

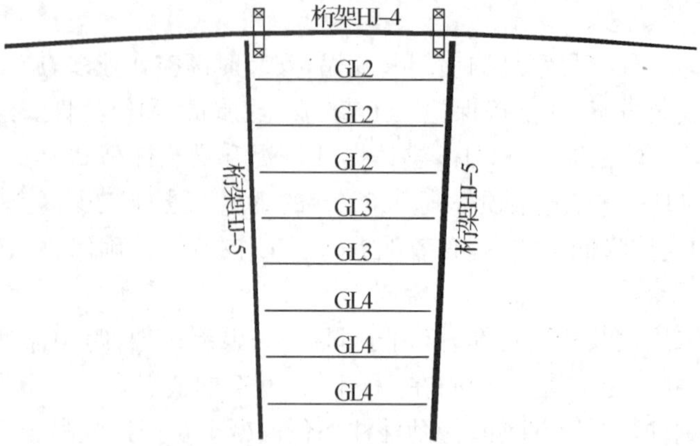

图 4.8　整体双 HJ-5 整体提升平面图

将两榀桁架用次梁组成整体吊装，既保证了桁架自身的稳定，又减少了高空焊接作业，做到了安全与质量双赢，其具体的现场吊装情况如图 4.9 所示：

图 4.9　现场 HJ4 和 HJ5 的照片

(3) HJ-1、HJ-2 和 HJ-3 的吊装

HJ-1、HJ-2、HJ-3 的跨度都较大，为保证各桁架吊装时的侧向稳定，将此三榀 HJ 用次梁连为整体进行整体提升。在各桁架的中间设置辅助吊点，HJ-1 的吊装以两端劲性柱为吊点，中间以两榀 HJ-5 作为辅助吊点，HJ-2 的吊装以 HJ-4 作为辅助吊点，HJ-3 靠汽车吊最近，以汽车吊作为辅助吊点，HJ-3 所在位置的二层楼面的板突出轴线，2 - 22 轴向 2 - 21 轴方向突出 2.3 m，2 - 19 轴向 2 - 20 轴方向突出 1.7 m，导致 HJ-3 在此位置无法通过，如图 4.10 所示：

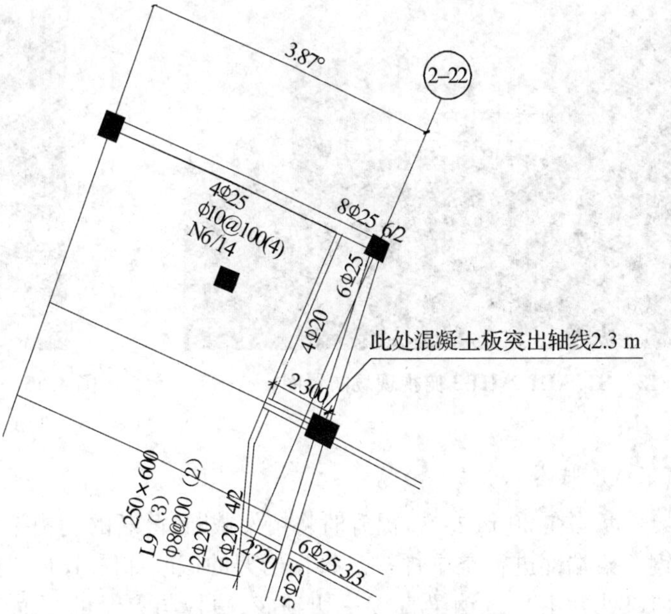

图 4.10　HJ-3 所在位置的二层平面图

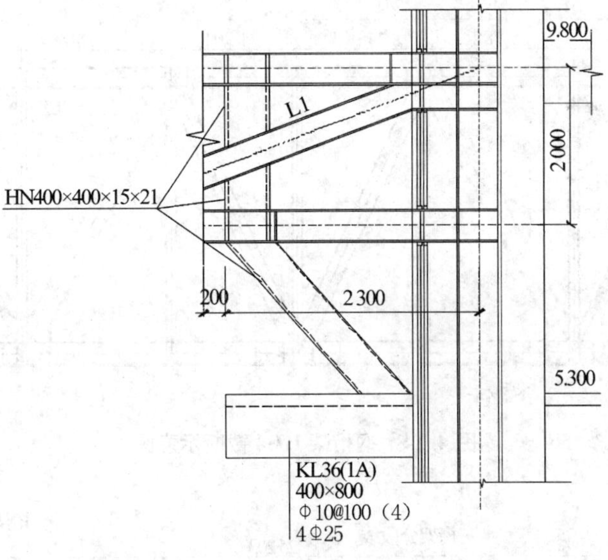

图 4.11　悬臂梁端部设置吊点的示意图

将无法通过的范围内的 HJ 截断，做悬臂梁，悬臂梁下用钢支撑支托，在悬臂梁端部设置吊点，如图 4.11 所示，其施工现场如图 4.12 和图 4.13 所示：

图 4.12　HJ-1\HJ-2\HJ-3 俯视现场布置图

图 4.13　HJ-1\HJ-2\HJ-3 仰视现场布置图

4.6.3.2　钢桁架截断技术

六榀钢桁架长度均在 30 m 左右，提升时将桁架截断，截断的钢桁架整体提升就位后与已经就位的钢桁架端部进行空中焊接。每榀桁架的截断如图 4.14～图 4.17 所示，需要注意的是在切口处并不是将钢梁直接一切到底，腹板与翼缘的断面不应在同一平面内，保证最后的焊缝不在同一垂直线上，并最终保证剪切承载力，合拢段固定在提升段上，待提升完毕后再焊接到位。

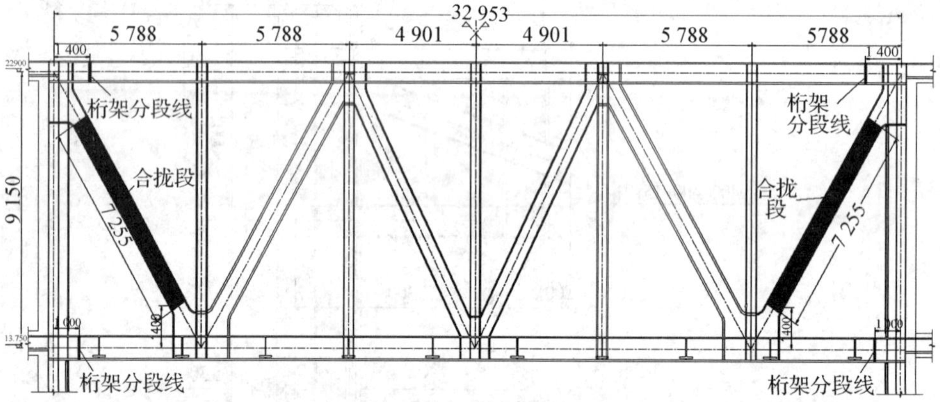

图 4.14　钢桁架 HJ-4 截断示意图

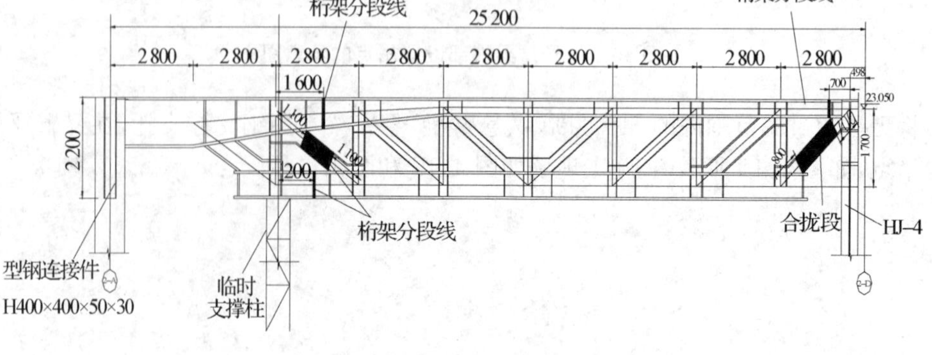

图 4.15　钢桁架 HJ-5 截断示意图

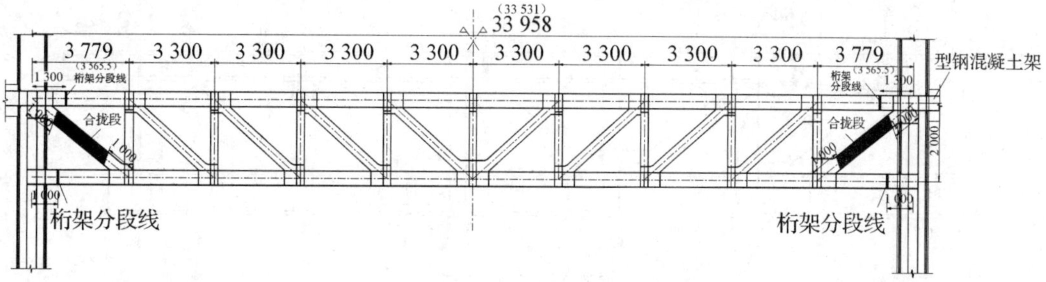

图 4.16　钢桁架 HJ-1、HJ-2 截断示意图

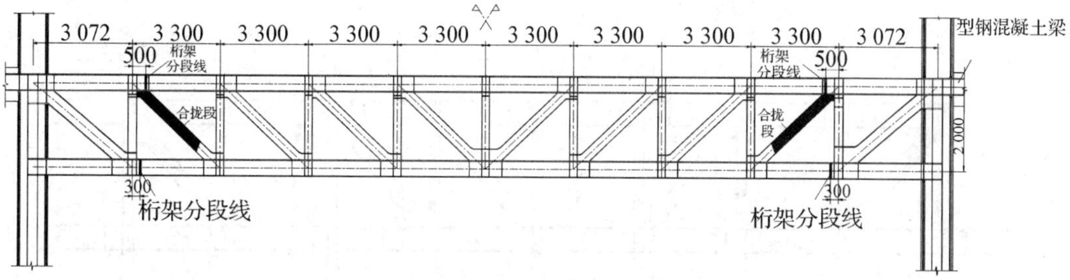

图 4.17　钢桁架 HJ-3 截断示意图

4.6.3.3　钢桁架的分段和拼接技术

(1) 钢桁架分段制作、运输与工地组拼

钢桁架构件截面为 H 型钢，由于构件长度较大，为保证现场组拼的精度，构件需要在加工厂进行预拼装，检查无误后运至施工现场。

每榀桁架的拼装顺序：下弦→腹杆→上弦。桁架上下弦分段之间用连接板拼接，桁架下弦设钢板凳支垫点。桁架上下弦分段及支垫按照桁架分段支点图施工，钢板凳尽量搁置在与柱顶对应的位置，对于非柱顶位置应进行地下室加固，使大部分荷载由柱直接传递到基础。

(2) 桁架分段图

主桁架散件运到现场，桁架上弦下弦的分段如下图 4.18、图 4.19、图 4.20 和图 4.21 所示：

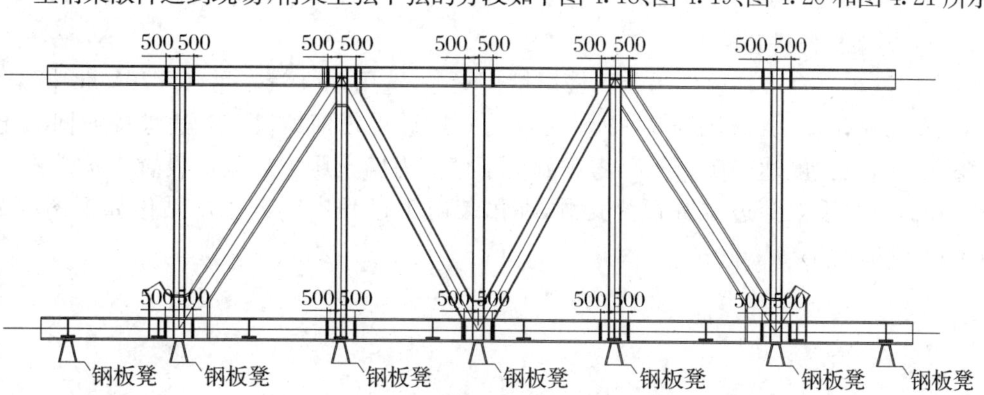

图 4.18　钢桁架 HJ-4 分段支点图

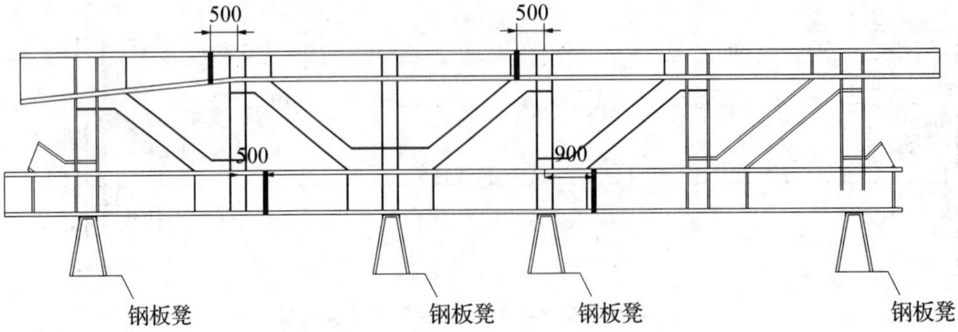

图 4.19　钢桁架 HJ-5 分段支点图

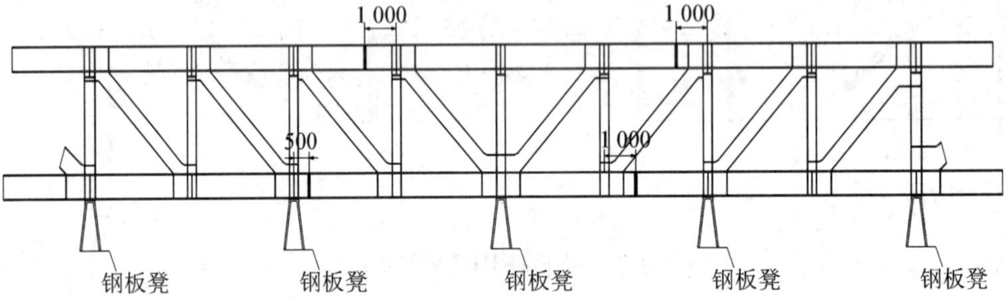

图 4.20　钢桁架 HJ-1、HJ-2 分段支点图

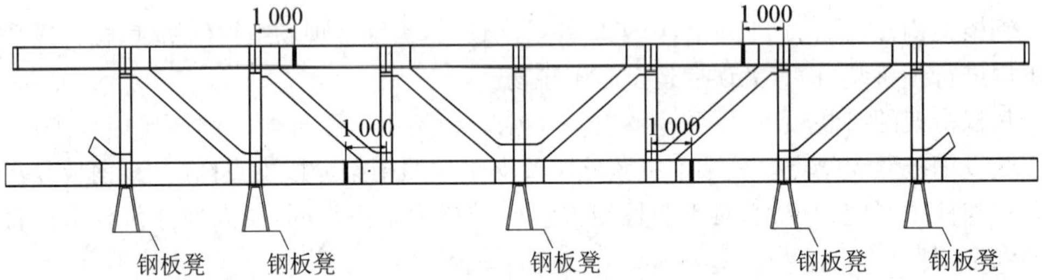

图 4.21　钢桁架 HJ-3 分段支点图

(3) 桁架杆件拼装

采用汽车吊直接将散件吊装到楼层钢板凳上，选用 70 t 汽车吊(QY70V)。桁架拼装，汽车吊站位在 2－E 轴与 2－F 轴之间。对边坡进行回填、压实，边坡碎石回填土，平整、夯实，其强度达到 10 t/m^2，考虑到地下室剪力墙土压力较大应设置支护结构，支护墙在满堂脚手架穿过位置预留孔洞，在吊装施工过程中其汽车吊站位如下图 4.22 所示：

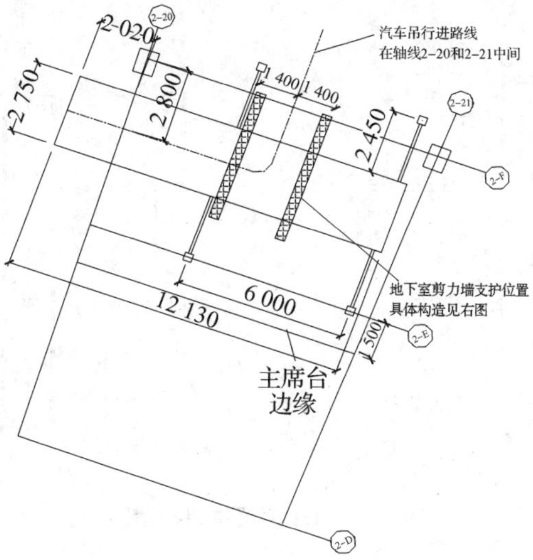

图 4.22　汽车吊装站位平面示意图

(4) 桁架杆件拼装时防倾倒支架

由于钢桁架 HJ-4 高度达到 9.9 m，因此拼接时为防止倾倒需要搭设防侧支架，其 HJ-4 防侧支架如图 4.23 所示：

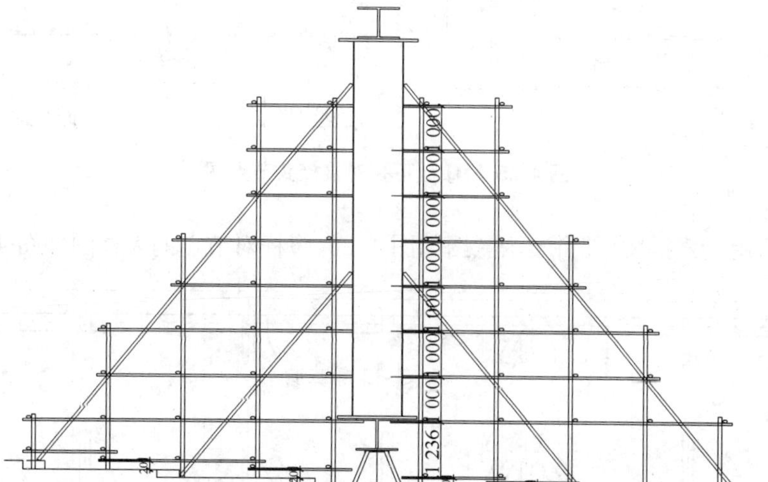

图 4.23　HJ-4 防侧支架示意图

由于支承桁架的柱是劲性柱，外包混凝土，桁架与钢柱相连，桁架的重量大，为保证钢柱的稳定，需先施工混凝土劲性柱及相连的混凝土梁，故桁架与劲性柱的节点部位应先挑出牛腿，如图 4.24 所示：

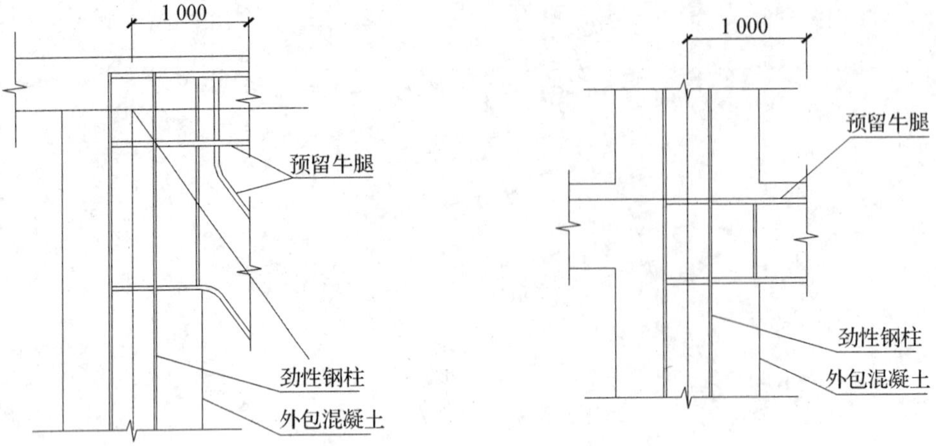

图 4.24　HJ 预留牛腿构造图

为保证结构稳定，钢桁架的吊装需等劲性柱的混凝土施工并达到 28 天后进行。此外，为了不影响汽车吊工作，报告厅 F 轴的混凝土梁暂不施工，但需预留钢筋。

(5) HJ-4 弧形桁架拼装

HJ-4 为弧形桁架，上下弦弧梁由车间制作好，由于现场起重限制，需预留分段接头，运至现场拼接，其接头节点如图 4.25 所示：

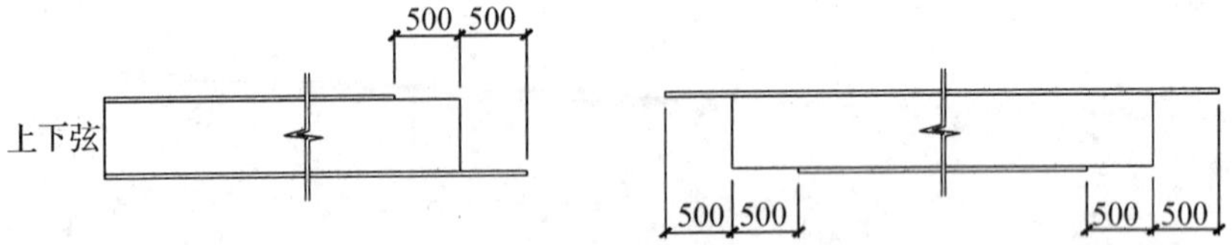

图 4.25　HJ 上下弦对接接头节点图

HJ-4 采用立式拼装，其拼装示意图如图 4.26，腹杆对节点的大样图如图 4.27 所示：

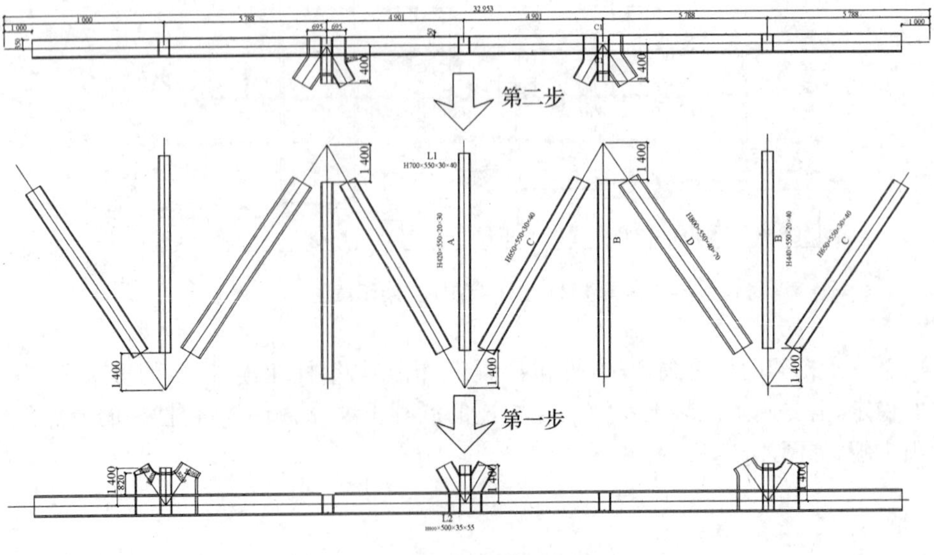

图 4.26　HJ-4 拼装示意图

如图 4.27 所示，HJ 下弦先按弧形轴线拼装定位，再将腹杆焊接固定，最后安装上弦。

4.6.3.4　提升牛腿及提升塔架

现代综合体工程钢桁架 HJ-4 设置 4 个提升点实施整体提升，其余桁架设置 2 个提升点，根据 Ansys 建立的模型可以得到每个提升点的反力，最大反力位于 HJ-4 中间的提升点，达到 42 t，实际设计时每个提升点布置 1 台 60 t 千斤顶。

HJ-4 中间提升点用钢塔架作为提升支架，其余提升点在原桁架的上弦钢梁上设置如图 4.28 所示的提升牛腿，提升支架构件规格，如表 4.4 所示，提升架相应位置搭设脚手架，进行地下室加固：采用⌀ 48×3 脚手钢管搭设，脚手立杆间距 0.5 m，梁下立杆间距 0.3 m，步距 1.5 m，顶部采用可调托，根据具体满堂脚手架相关要求进行搭设。

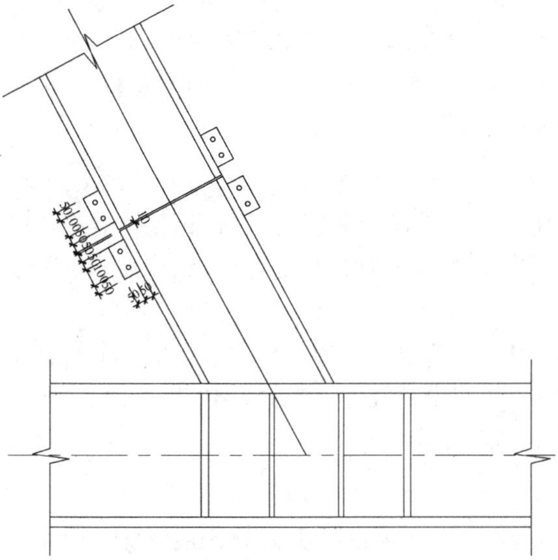

图 4.27　HJ 腹杆对接节点大样图

图 4.28　HJ-4 吊装格构架

表 4.4　提升支架的构件规格

格构支撑架				分配梁		
截面尺寸(m)	分肢(mm)	斜缀条(mm)	水平缀条(mm)	1(mm)	2(mm)	3(mm)
1.2×1.2	4 ∟80×6	∟45×5	∟45×5	200×150×8×10	300×200×10×20	400×300×10×20

4.6.4　吊装技术控制的注意事项

4.6.4.1　提升的注意事项

大型钢桁架提升前要进行全面细致地检查，保证钢桁架与安装胎架完全脱离。实施试提升，钢桁架脱离钢板凳 200 mm 后锁定，观察一整夜或 12 小时，测量钢桁架的变形。连续提升到位后，锁定千斤顶，然后进行水平方向的调整并加临时固定，合拢时要先外侧后内侧、先上弦后下弦。提升速度控制在小于 3.0 m/h。

4.6.4.2 整体提升的测量控制

在试提升时进行桁架变形的测量，钢桁架拼装、焊接完毕，经检验合格后进行试提升。桁架离开胎具 300 mm 后，锁定所有千斤顶，停留一夜或 12 小时，观察桁架的变形情况。根据规范要求和本工程的实际情况，测量桁架的位移和垂偏变化情况，并和试提升前的结果对比。

整体提升过程中各点的监控，试提升时要求采用逐渐上调油缸压力的方法进行分级加载，避免桁架产生过大的应力集中。在整体提升过程中，为防止发生意外，每个提升点位下安排一名人员监视该点的行走情况，发现有点位偏移、钢绞线切断、脱锚等现象时，及时通知操作人员发出指令停止提升，进行全面检查和维修后再继续提升。在提升过程中，配备经纬仪、水准仪、全站仪随时观测桁架的位移及标高情况以确保提升过程的安全。

整体提升到位后进行水平位移的调整，提升到位后在钢柱上焊接耳板，用 5 t 手拉葫芦拉桁架调整位移，使其符合设计状态，顺利与钢柱的牛腿合拢，合拢后测量整个桁架的标高和位移，记录桁架最后的安装值。

4.6.4.3 整体提升合拢

大型桁架提升到设计标高后，千斤顶的上、下锚盘全部锁定，进行桁架的合拢工作。为防止水平方向上由于风的影响可能会发生微小的摆动的发生，提升到位后，利用倒链固定桁架，然后进行合拢。

桁架合拢时，如果桁架偏移，利用千斤顶调整东西方向的位移，利用倒链调整南北方向的位移。合拢过程中可通过倒链调整各杆件的松紧程度，现场根据实际长度决定两端的焊缝间隙，桁架合拢后安装斜腹杆，拆除临时支撑。

4.6.4.4 同步提升控制

提升的同步性控制是提升法施工的关键，要求在钢绞线上做好刻度标记，每隔 1 m 做一标记，并在提升前记录下各个千斤顶上夹片到最近刻度的距离，作为同步性控制的基准。油泵控制人员采用对讲机，在统一的指挥下进行提升。提升时，每个千斤顶位置均有施工人员观测千斤顶上度量尺，油缸提升 200 mm 后及时通知油泵控制人员关闭油阀；夹具的回缩量因千斤顶而异，在提升一定数量的缸数后，也就是 1 m 刻度再次出现时，测量夹片到刻度的距离，依据提升前的记录分析各提升点的同步性，对存在偏差的提升点进行个别调整；采用一台油泵同时给 6 台千斤顶输油，另一台油泵同时出油，这样油泵的出油速度和油泵压力相同，6 台千斤顶的提升速度可以完全一致。

4.6.4.5 钢桁架的卸载

钢桁架卸荷的前提条件满足：(1) 钢桁架系统的焊接工作全部完成；(2) 各种施工资料齐备，经四方验收合格。卸荷过程中总的原则是要充分考虑到系统均匀受力，接近自由状态下增加荷载，要求对角线对称同时卸荷，卸荷分级卸载，每次卸荷 25%。提升桁架卸荷采取每提升单元统一卸荷一次，在钢桁架系统整体卸载前应先测量各支撑点的标高，卸荷顺序采取千斤顶同时卸荷。

卸荷过程中的注意事项，包括：在卸荷时桁架两边各架一台水平仪，随时对主桁架变形进行观测，若出现不正常，表现为主桁架标高偏差过大，要及时报告技术及生产主管领导，并停止作业，情况分析后报监理、设计及业主单位，在卸荷时业主将组织设计单位到现场，以便出现特殊情况能及时进行处理，确定方案后，保证继续进行施工；每提升单元卸载要在一天内完成，并于 12 小时后进行整体观测；钢桁架系统卸荷事关重大，施工前施工单位必须提前备好卸荷需使用的工具、材料，并对全体参与卸荷人员进行详细交底，施工人员严格按照方案执行，听从现场卸荷总指挥协调，保证卸荷过程安全有序地进行，确保成功完成卸荷工作。

第5章 现代综合体工程的质量创新管理

5.1 现代综合体工程质量管理的基本理论基础

5.1.1 质量和现代综合体工程质量的基本概念

质量是一组固有特性满足要求的程度，其主体是“实体”，它不仅指产品也可以是某项活动或过程、某项服务，还可以是质量管理体系及其运行情况，其特性可以是固有的或赋予的，也可以是定性的或定量的。特性的类型较多，一般包括：物质特性、感官特性、行为特性、人体工效特性和功能特性等。

质量特性是固有的特性，并通过产品、过程或体系设计的启发及其后之实现过程形成的属性，在某事或某物中本来就有的，特别是永久的特性。赋予的特性并非是产品、过程或体系的固有特性而是它们的质量特性。满足要求的通常不仅限于合同或者文件、材料等明确提出的要求，还包括隐藏的或者有义务执行的准则、条例等，而满足这个预设定的要求是衡量质量高低的重要标准之一。所谓的高质量应当是全面满足了多方面的需求，而这种需求应当不仅仅理解为顾客的要求，还有企业自身、原材料供给方、经销商等相关机构的利益追求，以及从宏观层面的全社会对资源充分利用、低碳环保、节能减排等的呼吁，只有将这些因素充分纳入考虑范围并且达到相应的要求才能称为高质量。需求方以及相关利益团体对产品、生产流程的质量要求并非一成不变的，而是随着时间、空间、外部环境的改变而改变，为了满足这些不断更新的质量要求，就需要对现有的质量要求定期进行评估并作出合理的完善，同时，利用先进的技术水平加快对新产品的研发和对旧产品的更替以及改善。

现代综合体工程质量可被解释为工程在满足业主需求、合同要求、国家相关规定、设计规范等综合方面的程度。现代综合体工程作为供货方和需求方交易的商品，具备一般产品的通用特征，如使用期限、功效性、价值等，此外还具有其独特的属性，即：(1) 安全性，即现代综合体工程竣工后正式投入使用时保持自身稳定性，避免人身遭到损害的性能，在大火、洪水、地震、病毒、辐射等灾难方面的防御能力都可以作为衡量安全性的标准。此外，基本功能构件如电梯设备、地板、扶手等的设计也必须考虑到使用者的安全，最大程度地减少安全隐患，保障居民不受不利外部环境的冲击。(2) 适用性，即现代综合体工程实现特定要求的各种功效和性能，如隔绝外部冷热、隔音等物理特性，耐化学试剂侵蚀、抗氧化等化学特性，还有结构性能、使用性能和外观性能等。结构性能指工程结构设计必须足够稳固以满足对承载性、持久性、稳定性的要求；使用性能则因现代综合体工程的具体性质不同而异，其所包含的住宅的使用性能通常指工程提供舒适住宿的功效，办公区域则指其使工作流程顺利进行的用途，交通道路工程则要求达到提供交通便利的标准；外观性能主要指现代综合体工程的美学价值，既包括外部造型如色彩、结构设计、形状等，更包括室内的布局、装潢、摆设等。(3) 经济性，即整个现代综合体工程从规划到耐用期限已满这整个过程中的花费和消耗，它主要包括三个阶段的成本：设计阶段、施工阶段和投入使用阶段，具体包括从选址、调研、设计、采购、正式动工到设备的更新、维修、能源的损耗等全部过程中发生的费用支出，通过比较现代综合体工程的售价与所发生的成本能够判断项目是否为企业创造了价值。(4) 耐久性，即现代综合体工程竣工后在正常情况的前提下实现特定功效的使用寿命。考虑不同建筑物设计原则、搭建方法、用途和质量的要求各异，以建筑物为例，我国的建筑物耐用年限尚未出台具体统一的标准，仅仅对小部分建筑物做了明确的规定，例如将住宅建筑的使用寿命以最低 15 年为标准分为四个等级，道路工程的设计年限通常情况下定位在 10～15 年，具体因使用材料不同而异，而对构成建筑物的重要部件如管道、防水台等的使用寿命则因工程的耐用年限和具体的产品性能等多方面的因素不同做出了不同的规定。(5) 与环境的协调性，即工程与可持续发展方针匹配的程度，是否以牺牲生态环境为代价，使用的材料是否环保，建造过程中是否产生了污染环境的物质等。

以上五大质量特性虽然看似独立，实则紧密联系，而且在实际应用中必不可少，均是建筑工程不得不考虑的因素，虽然对于不同类别、不同用途的建筑而言侧重点各异，如住宅建筑的侧重点应放在安全性上以保障使用者的安居乐业为主，功能区的重心可能放在适用性上以保证工作流程的顺利进行，然而所有的现代综合体建筑都必须满足上述五点要求。

5.1.2　现代综合体建筑的标准化

现代综合体建筑的标准化指的是在进行现代综合体工程建设时制定和执行特定的标准、条例或准则，其目的在于提高资源利用率、加强构件之间的互相替代性以达到降低原材料支出增加利润的经济目的。现代综合体建筑标准化的核心工作之一是建立相关的标准，可以细分到技术、经济和管理三个层面，其中应用最为广泛的是技术标准，对生产流程中的方法、最终产品以及卫生程度都做了统一的规定。

现代综合体建筑标准化就是要构建一个标准化的技术标准体系以达到各个机构所生产的产品能够互相替代的目的，其本质上要求建筑构件、使用生产设备甚至细微到原材料均符合一致标准，这种标准化的工作并不与多样化所矛盾，它同样需要不断丰富和完善其标准化体系以实现更多的功能，与时俱进地满足不断进步的人类文明和社会发展的要求。伴随工程技术水平的日益提高以及建筑工业化的推广程度日益加深，现代综合体建筑标准化扮演着越来越重要的角色，牵涉的面也越来越广。根据系统工程方法建立的服务于整个生产流程的技术标准已经被越来越多的国家所采用，同时，其发展过程中也出现了许多以预测技术为依托的领先标准，开创了现代综合体建筑标准化的新时代。

5.1.3　质量控制的基本工具及应用

在确定现代综合体工程质量时要严格按照工程质量验收标准来实施判断，并按照规定的程序完成质量判断。在进行质量判断的过程中要从客观条件出发，以数据为判断依据，对现代综合体工程进行全面的检查，从而科学准确地判定工程的质量。通过这种方法来对现代综合体工程质量进行控制是我国当前质量控制的主要方法，现代综合体工程质量管理通常采用五种管理工具，具体如下所示：

(1) 因果分析图法

因果分析图法又叫做“鱼刺”图法，是现代综合体工程质量控制中最常采用的方法，主要是通过提出问题，然后针对提出的问题进行集体的商议和讨论找出解决问题的办法。在因果分析法中一般针对“4M1E”进行分析，但是在具体的操作过程中不一定要对这些因素进行一一分析，有时要根据具体的情况适当地进行增减，再对影响质量的因素进行由表及里、由浅入深地分析。

(2) 排列图法

排列图是为寻找主要问题或影响现代综合体质量的主要原因所使用的图，它是由两个纵坐标、一个横坐标、几个按高低顺序依次排列的长方形和一条累计百分比折线所组成的图。排列图又称柏拉图，最早是由意大利经济学家柏拉提出，并用来分析社会财富的分布状况。现代综合体质量控制的排列图法主要作用是分清影响现代综合体工程质量的主次因素并对这些因素进行统计，排列图法表达的方式比较直观，它通过横纵坐标，将由高到低排列的矩形图和频率曲线进行组合形成一个直观的排列图形。运用排列图法作为质量管理的工具能够将影响现代综合体质量问题的主次因素以及质量改进的机会清晰地反映出来。

(3) 直方图法

直方图法又叫做质量分布图或频数分布直方图，直方图法将产品的质量频数图形化处理，根据矩形的分布情况来分析质量分布的规律。通过这种方法可以实现质量标准的制定、明确公差的范围并对施工的管理情况进行评价，从而判断质量的分布状况。通过直方图法可以观察到现代综合体工程质量的变化情况以及获取工程质量状况信息，从而对质量形成的过程进行及时的掌握，并准确地找出工程质量需要改进的部位。

(4) 综合分层法

综合分层法实现对现代综合体工程质量的控制主要是通过对工程质量控制过程中所获得的相关信息进行整合，并将所收集的数据按照一定的目的进行整理和分类处理，然后对这些信息所反映出来的质量特征进行分析。运用这种方法可以将质量控制过程中出现的问题进行及时的反馈，并根据问题的原因采取相应的补救措施，从而达到保证现代综合体工程质量的目的。

(5) 调查表法

调查表法又称作调查分析法，它是以表格的形式对所收集的数据进行统计和分析的方法，调查表法可以根据不同的项目质量需要选择不同的形式，并根据选择的形式采用相应的表格或者可以根据自己的需要进行自制表格。

5.1.4 现代综合体工程质量控制内容与阶段

现代综合体工程质量控制的内容因主体的不同而有不同的控制重点，政府作为主体时通常是在设计、动工许可和验收方面着重控制；监理单位则全面掌控工程质量的所有环节；施工单位和设计勘察单位则侧重于其自己的阶段。

按照质量控制主体的不同工程质量可以划分为自控主体以及监控主体两个方面，自控主体主要指直接承担质量责任的主体，而监控主体则代指监控自身以外机构其质量责任履行程度的主体，通常从四个方面加以区分质量控制的主体，即：(1) 政府的工程质量控制，监控主体为政府，它通常以国家法律和相关准则规定为基础，通过对工程项目申请的审批、设计图纸的核查、项目动工的许可、完工的验收等过程实现质量控制的目的；(2) 工程监理单位的质量控制，监控主体为工程监理单位，其通常是依照建设单位的委托，作为其代理人对整个施工过程从规划、选址、勘察、设计到正式施工、竣工实施质量监督，帮助委托人所负责的工程项目达到其期望的质量标准；(3) 勘察设计单位的质量控制，监控主体为勘察设计单位作为自控主体，其通常以国家法律、相关准则要求、双方签订的合同为基础，对勘察设计的过程实施质量监督，具体包括工作流程、完工进度、所花开支以及协议中明确具备的功效和用途等方面，以帮助建造企业在勘察设计方面达到期望的质量标准；(4) 施工单位的质量控制，监控主体为施工单位，作为自控主体，通常是以设计图纸和技术标准为基础，对具体施工过程，包括准备、执行到竣工阶段的质量实行监督以帮助其达到协议文件中明确提出的质量标准。

质量控制的阶段性应考虑现代综合体工程项目的质量会受到建造过程中各个环节的综合影响，因此，要对整体项目的质量把控按照各个阶段的实施顺序来区分，即：(1) 项目决策阶段的质量控制，该阶段包括对工程项目实施地点的选择，其质量控制必须使得项目既要满足业主的要求，与其长远的投资计划相匹配，又要与外部的自然环境以及社会环境相适应，为项目今后的顺利开展打下坚实的基础并提供有利的条件；(2) 项目勘察设计阶段的质量控制，该阶段包括对合作的勘察设计单位的选择，该阶段的质量控制必须使得设计结果与上一阶段的质量标准和要求相一致，同时要在符合相关准则规定和技术要求的前提下，确保以设计图纸为核心展开的施工进程的合理有效性，以及工程竣工时能够达到业主的要求；(3) 工程施工阶段的质量控制，这一阶段的重点一方面体现在如何选择优秀的施工单位以确保质量，另一方面体现在对施工单位的监督上，保证其工程的进行以图纸为总指导，不偏离协议文件中对质量的要求。例如某现代综合体工程在建设过程中，楼板的施工净高设计标准为 160 mm，但施工过程中由于偷工减料，实际施工厚度只有 120 mm，最终在验收时经检测人员发现不合格，只能重新推倒重建，因此造成了巨大的经济损失和时间浪费。

对整个现代综合体工程质量控制阶段而言，勘察设计阶段的控制极为重要，勘察为设计提供了极为重要的基础，勘察设计的结果构成施工的指导，使得衡量工程项目质量高低的过程变得明确具体。因此，勘察设计质量的好坏对工程项目的实施、用途及其潜在的经济价值有着直接的影响，同时与国家和人民的财产和生命息息相关。通常所说的设计的质量可以从两个方面来分析，首先设计必须满足业主的要求，无论是用途、价值还是投资目的，而这反过来又受到外部条件如技术发展水平、宏观经济环境、资源稀缺程度等的制约，进而影响到项目的质量高低；另一方面设计必须与当前社会对安全、环境、长期发展方面的要求相协调，否则项目的质量也就无从谈起，而勘察工作意在为设计工作奠定基础、提供依据，因此，需要用科学严谨的态度保证勘察报告的合理、真实、有效性。

统计数据结果表明不符合相关技术标准和规范制约的勘察设计工作不仅无法建造出具备正常用途的最终产品，而且还可能引爆质量隐患，最终为相关利益部门带来巨大的损失。例如江苏省南通市供电局投资1000多万元兴建的综合楼，未经招投标且委托原通州区规划建筑设计院设计。原通州区规划建筑设计院资质等级为丙级，无注册建筑师、注册结构工程师及与其从事的建筑活动有相适应的具有法定执业资格的专业技术人员，且未根据设计规范和勘察成果文件进行工程设计，应该设计人工挖孔桩护壁的地方并没有设计护壁，之后建设单位明示或者暗示设计单位违反工程建设安全强制性标准，降低现代综合体工程质量。原南通市第一建筑安装工程公司中标后，违法分包，并将其人工挖孔桩工程分包给无相应资质的如皋市某岩土工程技术开发公司施工，因提供的设计有缺陷，以及水泥不符合国家规定的强制性标准，造成质量缺陷并引起工程经济纠纷。上述案例表明勘察设计质量可以理解为在遵守相关法律法规和技术标准的前提下对工程拟选址处进行真实、合理的评估以便施工过程顺利展开，最终生产产品符合客户需求，投资价值得以实现。

5.2 现代综合体工程领域分包质量控制的问题

现代综合体工程领域分包工程的问题可以分为分包前工程的质量问题、已分包的工程质量问题、竣工验收后的工程质量问题和由于分包而产生的新的问题。不论是分包前、分包中还是竣工验收都属于工程分包的一般性问题，而由于工程分包而产生的新问题，是指在工程没有分包的情况下不常出现的问题。

5.2.1 分包工程前的质量控制问题

分包前大多数企业对现代综合体工程的质量控制水平较低，且均进行粗放型的经营，与此同时，在投标竞争过程中企业为了取得头筹，还会将投资预算中相关的数据做到最低，而这就直接导致了其本身所拥有的利益空间非常小，其分包前的现代综合体工程质量就得不到保证，尤其在质量控制的各个方面存在着问题，具体体现在：

(1) 企业职工队伍多为民工，队伍的构成水平参差不齐，使得现场呈现粗放的控制，机械设备使用效率非常低且材料也不能物尽其用，而施工的技术含量更是无法保证，这些因素都导致了企业质量的整体控制水平非常低下，甚至一些建筑施工企业还无法与时俱进，仍然套用计划经济时期的质量控制观念，也还使用传统的施工方法，且其施工的技术含量非常低，施工质量层面没有控制与技术等方面的投入，与此同时更谈不上创新，使得生产率低下，同时质量安全事故也较易诱发。

(2) 施工队伍素质整体较低，建筑行业具有劳动密集型的特点，生产环境因为露天及高空作业等因素而变得较差，同时还具有较高的危险性，但是对于技术的要求却不高，因此原始资本积累的成本实现较易，而行业的准入门槛则是更低，这个行业内有大量的剩余劳动力进入，所以建筑行业所具有的本身特点客观导致了施工企业整体队伍素质较低，虽然也有一些具有较高素质的质量控制人员进入到企业之中，但因为整体队伍的素质较低使得现代综合体工程质量无法得到保证。

(3) 忽略了网络技术在施工进度规划中的重要作用，在施工项目开始执行后不少从业人员包括小部分管理层都对网络技术在规划进度中的应用有一定的误解，对其可靠性和有效性持怀疑态度。当前，我国的施工企业中只有极少一部分借助计算机来安排施工进度，很大部分的企业仍然采用传统的主要依赖经验的人工编绘横道图的方式，其根本在于一方面是由于对网络技术在规划施工进度中的重要作用及其隐藏的潜在经济利益缺乏认知，另一方面是由于缺乏在施工过程正式开始后对项目执行情况的实时追踪和及时调整，这往往导致了横道图从施工前就一成不变，无法达到控制现代综合体工程施工进度的目的，无异于虚有其表，华而不实的摆设。

(4) 施工企业单位及项目部关注的重心往往放在外露的质量问题，较隐秘的方面则常被忽略，通常在衡量现代综合体工程质量时较隐蔽的方面，如：混凝土除试块试压外真正的结实度、焊接方面除试件试拉外真正的牢固程度、设备方面真正的使用寿命和安全系数、钢筋的使用数目等都容易被忽略和遗漏，这就会导致部分表面质量看似较高的工程实际存在很多安全隐患，表现为混凝土不够牢固、钢筋质量残次、连接件质量不过关、部分区域内出现渗水或提前风化等情况。

(5) 部分施工企业的规模有限，信用级别较低且贷款能力有限，资金周转缓慢，资本创造能力较低，投资回报率高的项目较少，特别是某些中小型的企业，因为其前期项目投入资金不足，盈利能力也不强，最终创造的利润自然不甚乐观。另一方面，由于信誉度不高，企业很难竞得优质的工程项目，所接项目通常规模有限、投资回报率不高，其后果不利于施工企业建立起优质的影响力，而这是当前经济社会中极其重要的生产原动力之一。树立良好口碑的施工企业往往拥有更多的客户资源和资金支持来源，从而更易获得发展壮大，相反口碑较差的企业却难以持续经营。

(6) 施工企业的施工能力不高。施工能力是指为完成施工项目所采取的各种直接活动的能力，由于施工企业人员的综合素质不高，施工组织设计力量较低，施工经验不够丰富，因此，施工企业的施工能力较低。大部分施工企业没有设置专门的信息中心，没有普及应用计算机控制和工程施工过程中的有关信息收集等，最终影响了工作效率和工作质量。

(7) 现代综合体工程的项目部关注的侧重点往往放在土地建设的质量，而配套设备的质量往往被忽略，在评估工程质量时工程质量问题的考察通常集中在土地建筑等要素上，而缺乏对具体防水、防火、防震、抵御辐射病毒等功效实现情况的核查，其后果是容易导致配套设备和很多设计的质量问题在真正使用后才开始暴露。例如潜水泵功能异常出现的高层用水断断续续，电压供应不稳定，供暖时好时坏等情况，这些问题在工程竣工验收时很容易被忽略。

(8) 现代综合体工程的项目部关注的侧重点体现在个体而忽略了整体，部分工程的施工安排由于资源调配或其他方面引发冲突导致整体项目迟迟不得完工，例如某现代综合体工程项目虽然结构工程提前保质保量地完成任务，但是由于室内专修的设计方案迟迟未定，总工程仍然未能按期竣工。这种各大工程计划前后衔接不上，断差较大的情况就会影响项目整体的效率。因此，在规划施工进程时必须将各个工程环节妥善合理安排，无论时间、空间还是资源方面都要相互配合协调，才能保障整体项目的顺畅完工。

(9) 现代综合体工程项目部关注的侧重点还体现在施工进程开始后对施工现场的质量要求上，施工前期的准备阶段往往被忽略。这就要求在施工规划阶段就对整个施工过程包括准备阶段可能出现的质量问题进行全面综合考虑并做好防范措施，同时对质量问题实行定期抽查模式，一旦有威胁质量的安全隐患出现必须及时采取应对办法，以实现竣工验收时达到高效优质的标准。在实际施工过程中，由于某些项目的人力资源不足，施工前期准备工作完成的并不充分，如原材料的供应暂时不足或未及时补给，使用设备未提前试运行、检验结果未按期出具等都可能导致施工过程中问题重重，甚至导致重大安全问题的发生。因此，提升现代综合体工程质量的必备条件之一是保障前期的准备工作充分顺利地展开。

5.2.2 现代综合体工程专业分包中的质量控制问题

5.2.2.1 分包工程中的质量控制问题

施工过程体现在一系列的作业活动中，作业活动的效果将直接影响到施工过程的施工质量。当前，总包单位对于分包企业在施工过程中的质量控制却不严格，总包单位对于施工过程中的作业活动没有全方位的监督与检查，使得施工质量无法保证。在分包工程施工过程中，施工准备工作在正式开展作业技术活动前，不能严格按预先计划的安排落实到位，包括配置的人员、材料、机具、场所环境、通风、照明、安全设施等，这使得作业技术准备状况的检查不到位，不利于实际施工条件的落实，更多的情况是让实际与计划脱离无法真正地将施工计划落到实处。总包单位、分包单位做好技术交底工作是取得好的施工质量的条件之一，为此，每一分项工程开始实施前均要进行交底。作业技术交底是对施工组织设计或施工方案的具体化，是更细致、更明确、更加具体的技术实施方案，是工序施工或分项工程施工的具体指导文件。为做好技术交底，项目经理部必须由主管技术人员编制技术交底书，并经项目总工程师批准。技术交底的内容包括施工方法、质量要求和验收标准、施工过程中需注意的问题和可能出现意外的措施及应急方案。技术交底要紧紧围绕和具体施工有关的操作者、机械设备、使用的材料、构配件、工艺、方法、施工环境、具体管理措施等方面进行。交底中要明确做什么、谁来做、如何做、作业标准和要求、什么时间完成等内容，但是在现实的分包情况之下，总包单位往往对于上述的问题不予以重视，所有的环节只是停留在表面层次，这导致了分包工程中的质量得不到严格的控制，使得整体的施工质量最终不能被保障。

进场材料构配件没有严格的质量控制，一般程序下承包单位应按有关规定对主要原材料进行复试，填写《工程材料/构配件/设备报审表》报项目经理部签认，同时应附数量清单、出厂质量证明文件和自检结果作为附件，对新材料、新产品要核查鉴定证明和确认文件。经监理工程师审查并确认其质量合格后方准进场。凡是没有产品出厂合格证明及检验不合格者，不得进场。如果监理工程师认为承包单位提交的有关产品合格证明的文件以及施工承包单位提交的检验与试验报告，仍不足以证明到场产品的质量符合要求时，监理工程师可以再组织复验或见证取样试验，确认其质量合格后方允许进场。但是在当前的现代综合体工程施工过程中，对于这些环节却并不重视，总承包单位对此检查不严格，而分包企业为了能够尽早施工，对于这些程序更是能简化尽量简化，对于所施用产品为了提升利润空间，则更是只要价格低就完全对质量没有要求，其后果导致一大批的不合格产品进入到施工现场，而总承包单位对其却没有严格的监控，使得在这个环节存在严重的质量隐患。

具有影响的较为典型案例，例如：2010 年 11 月 15 日中午 13 时，上海市静安区胶州路 728 号教师公寓综合楼正在进行节能改造工程，工人在北侧外立面进行电焊作业，下午的 14 时 15 分，金属熔融物溅落在大楼电梯前室北窗 9 楼平台，引起堆积在外墙的聚氨酯保温材料碎屑的燃烧，火势迅速蔓延，因烟囱效应引发大面积立体火灾，最终造成 58 人死亡、71 人受伤的严重后果，建筑物过火面积 1.2 万 m^2，直接经济损失 1.58 亿元。事故原因分析的结论包括：(1) 直接原因：①焊接工人无证上岗且违规操作，同时未采取有效的防护措施，导致焊接熔融物溅到楼下聚氨酯保温材料上着火；②工程中采用的聚氨酯保温材料不合格，硬泡聚氨酯是新一代的建筑节能保温材料，导热系数是目前建筑保温材料中最低的，是实现节能环保的理想材料，其燃烧性能要求不低于 B2 级，而 B2 级的含义也就是不能被引燃，但该被引燃的材料在燃烧性能上达不到标准要求。(2) 间接原因：①装修工程违法违纪违规，层层多次分包，导致安全责任落实不到位，工程从上海静安区建设总公司总承包，全部转包给上海佳艺建筑装饰工程公司，再分包一部分给上海迪姆物业管理有限公司施工；②施工作业现场管理混乱，存在明显抢工期、抢进度和突击施工的行为；③事故的安全措施不到位，违规使用了大量的尼龙网、毛竹片等易燃材料，导致大火迅速蔓延；④监理单位、施工单位、建设单位存在隶属和利害关系；⑤有关监督部门的监管不力，多次分包多家作业、现场管理混乱、事故现场违规选用材料、建设主体单位之间存在利害关系，最终调查报告显示这是一起典型的工程分包中监控缺失、管理混乱和无序施工引发的血案，既体现了现代综合体工程事前分包工程存在不合法的现象，又体现了工程施工作业中的各种不规范行为。

5.2.2.2　开工后的质量检验问题

自建筑工程项目管理体制改革推行以来，国内的现代综合体项目工程施工形成了以施工总承包为龙头、以专业施工企业为骨干、以劳务作业为依托的企业组织结构形式。不过，这样的设想并没有在现代综合体工程实际施工中取得预想的成效。现代综合体工程的大部分施工作业还是由建筑总承包的工程公司自行完成，仅有很少部分的施工任务是由专业施工分包企业来完成，然而这样的管理模式已经远远不能满足当前建筑工程施工的需求，特别随着国外建筑企业的加入，国内建筑行业的竞争将会日趋激烈，这就需要不断地完善建筑工程项目分包管理以适应当今建筑行业的发展，在激烈的竞争中立于不败之地。

现代综合体工程竣工验收中可能存在较多的问题，例如：互相“提携”、“护短”来确保工程竣工验收顺利过关，“工程要顺畅，攻关紧跟上，舍得去投入，各种手段上，确保都满意，成功就有望”，对于这句话在当前的建筑市场中反映着很多现实的情况，而作为参与现代综合体工程建设的各方单位，要想顺利地参与其中，既会有一些合理合法的做法，也会使用一些不正当的手段，否则可能会在工程施工中步履艰难，因为从工程投资立项到招投标、从施工到结算，每一个环节就如同一道关卡，即便是在现代综合体工程竣工验收时也不例外。有权负责现代综合体工程竣工验收的部门和人员能够凭借手中的权力左右工程竣工验收的结果，无权的单位和个人想让工程顺利通过验收并达到合同约定的质量标准和要求，有时候会不择手段地用金钱等违纪违法手段来进行“投资”，打通“关节”并把和自己一同参加施工、设计、监理的单位联合起来，在工程竣工资料上互相“帮助”，甚至在发包方、参加工程验收的建设管理部门等的共同参与下，互相“提醒”、互相“护短”，共同心照不宣地按照要求让工程竣工验收顺利过关，即便是发现一些问题，也是大而化小，或是作为遗留问题善后处理，不影响到验收的通过。这种私下的“权”和“钱”的交易行为就容易滋生竣工验收中的腐败和不正之风。

工程竣工验收被作为工程项目建设中的最后一道关卡，会被用于最后的权力寻租。工程竣工验收这个环节一通过，一项工程基本上就可交付使用，参与工程项目建设的各方就基本上完成了使命，因而工程竣工验收既可以看作是对工程质量检测、把关的最后一道“门槛”，也可能被一些人利用来作为权力寻租的最后一次机会。工程设计、施工过程中如果留下质量隐患，或者变更设计、追加投资没有充分理由，或者为了提高工程质量评定等级，设计、施工单位、建设单位或者相关人员就会在竣工验收阶段想方设法弄虚作假，主要的手法就是贿赂验收人员或者通过各种渠道给验收人员施加压力或影响。一是建设、设计、施工单位行贿质监机构的管理人员或者通过更高层单位和领导对他们施加影响，使其对工程质量不认真查验，让质量不合格的工程通过验收；二是参与验收工作的有关人员明知工程质量不合格，按规定应令有关单位返工后再次验收，但由于收受贿赂或者受到更高层单位和领导的压力与影响，而故意隐瞒事实真相或者“忽略、淡化掉”一些问题，使不合格的设备通过验收；三是参与验收的人员明知设备不符合国家或者行业技术标准，但因收受贿赂或者受到更高层单位和领导的压力与影响，故意隐瞒事实真相或者“忽略、淡化掉”一些问题，使不合格的设备通过验收；四是参与验收的人员收受贿赂或者受到更高层单位和领导的压力与影响后故意或者不得不提高工程验收等级。

追求经济效益或工期速度的工程“特事特办”，主要体现在盲目追求经济建设速度过程中，一些有影响力的现代综合体工程大干快上，一些“献礼工程”不讲科学或者无视科学，大大压缩工期并放松质量要求，导致设计、施工、监理、检测等各个环节赶进度、挤时间，最后工程质量难以保证，工程竣工验收根本不做或者仅仅是走个过场，出现问题互相推诿责任或者难以分清责任。例如在南京城市建设档案馆内查到了当年体博馆的施工建设档案，发现老体博馆的质量问题属于“先天不足”，档案中的竣工总结报告这样写道：“由于开工较晚，设计也仓促，开工后问题较多，给施工带来了许多困难，所以在施工过程中不断出现修改，因而设计变更洽商较多。在使用功能方面也存在着较多的不能令人满意的地方，有些属于考虑问题不周全，有些属于个别专业不熟悉，有些属于漏洞忽视，有些属于各专业衔接不够。”由此可见，在工程竣工验收之前，很多问题都已经出现或者被发现了，但在特定的情况和背景下，可能就被逐一忽略、淡化掉，在出现问题时责任也就难以追查和分清。

5.2.2.3 工程分包中产生的新问题

多产生一次权力寻租的威胁。现代综合体工程项目建设中，多一次分包就多一次权钱交易的可能性，多一次权力寻租的潜在威胁。以货币为目的腐败更贪婪，何止是贪婪，甚至是达到了疯狂的程度。分包导致管理多层次复杂化，分包工作因其复杂性，若只设立了机构而无健全的规章制度，还谈不上是管理。分包合同作为建设工程合同的一个特例，其履约期限较长，而且经济关系也错综复杂。除了分包方按合同要求完成一定的工程项目，收取相应的工程款外，为了整个工程考虑，发包方可能还会在主材、风、水、电、油料等辅材及动力、机械的零时租用等方面为分包方提供有偿的协助。劳务分包其本质是认为将施工这一整体行为区分出单独的劳务部分，本身并无科学依据支撑，是通过劳务分包企业相关制度的建设保护劳务工的合法权益，实质上是帮助施工企业摆脱劳动用工的风险，损害了劳务工的实际利益，将风险由处于关系链条最低端的劳务企业承担，最终也就是由劳务工承担。因此，劳务分包这一形式并没有解决建筑市场中劳动用工的乱象，反而将其中的法律关系复杂化。

分包作业的不规范。在分包过程中，分包商的施工质量不佳，材料质量方面以次充好、鱼目混珠，导致整个分包工程的质量下降、不符合技术要求、技术规范以及设计要求的事件屡屡发生。还有的情况是：分包商的现场管理人员和技术工人的素质不高；分包商工期拖延；分包商只顾自身工程的管理，并且总是内敛的管理自身，忽略项目整体的系统性。由于建筑行业内部的分包管理体系不健全，缺少一套严格的分包管理的制度，这样就造成一部分信誉不好的分包单位，没有经过严格要求就进入到招标程序承包工程，更有甚者是“先进场，后买票”。还有一些分包企业由于这种制度的不严密性，都造成整个工程的质量不合格。

5.2.3 现代综合体工程专业分包中的质量控制特点及机制

现代综合体工程项目分包在宏观上可分为分包前、中、后三种情况，分包商在分包体制下的质量行为和内部控制机制则是微观因数。如何探究现代综合体工程中分包工程的质量控制，必须从这些微观因数出发才能研讨出工程分包之后分包工程的管理者和实施者之间角色的微妙转变，这种转变是影响工程质量的重要因素。

5.2.3.1 分包工程的特点和非分包工程的特点

总分包是指业主将现代综合体工程整体发包给总承包单位，总承包是指总承包单位竞争接到业主发包的总体工程。这是一个概念的两个面，即看相对于谁而言，相对业主而言，分包工程分为平行分包模式和总分包模式。例如，平行分包就是建设单位的行为，由其将建设工程分解发包给若干个资质单位，而对于总分包模式，业主将工程整体发包给总承包单位，其中部分专业的工程，总承包单位可以将其发包给专业的施工单位和劳务公司。非分包工程不是一个绝对的概念，总承包单位可以将其发包给专业的施工单位和劳务公司，其总承包主体工程必须由总承包单位实施操作完成，因此非分包工程是整个总承包工程的核心。

平行分包是指业主将建设工程的设计、施工以及材料设备采购的任务经过分解，分别发包给若干个设计单位、施工单位和材料设备供应单位，并分别与各方签订合同。分解任务与确定合同数量、内容时应考虑工程情况、市场情况、贷款协议要求等因素，其优点体现在：①有利于缩短工期，设计阶段与施工阶段形成搭接关系；②有利于质量控制，合同约束与相互制约使每一部分能够较好地实现质量要求；③有利于业主选择承建单位，合同内容比较单一、合同价值小、风险小，无论大型承建单位还是中小型承建单位都有机会竞争；其缺点则是：①合同关系复杂，组织协调工作量大；②投资控制难度大，总合同价不易确定；③工程招标任务量大，施工过程中设计变更和修改较多。

总分包模式是将工程项目全过程或其中某个阶段的全部工作发包给一家符合要求的承包单位，由该承包单位再将若干专业性较强的部分工程任务发包给不同的专业承包单位去完成，并统一协调和监督各分包单位的工作。这样，业主只与总承包单位签订合同，而不与各专业分包单位签订合同，并易于发挥总包单位的管理优势，有利于降低造价。采用总分包模式的特点包括：①有利于项目的组织管理，由于业主只与总承包商签订合同,合同结构简单,同时,由于合同数量少,使得业主的组织管理和协调工作量小,可发挥总承包商多层次协调的积极性;②有利于控制工程造价,由于总包合同价格可以较早确定,业主可以承担较少风险;③有利于控制工程质量,由于总承包商与分包商之间通过分包合同建立了责、权、利关系,在承包商内部工程质量既有分包商的自控,又有总承包商的监督管理,从而增加了工程质量监控环节;④有利于缩短建设工期,总承包商具有控制的积极性,分包商之间也有相互制约作用。此外,在工程设计与施工总承包的情况下,由于设计与施工由一个单位统筹安排,使两个阶段能够有机地融合,一般均能做到设计阶段与施工阶段的相互搭接;⑤对业主而言,选择总承包商的范围小,一般合同金额较高;⑥对总承包商而言,责任重、风险大,需要具有较高的管理水平和丰富的实践经验。当然,获得高额利润的潜力也比较大。

非分包工程的特点在建筑工程领域较为鲜明,主体工程主要是指基于地基基础之上,接受、承担和传递建设工程所有上部荷载,维持结构整体性、稳定性和安全性的承重结构体系,其组成部分包括混凝土工程、砌体工程、钢结构工程等,这些工程都是建筑工程质量控制的主要、重要部分。在总承包模式下,主体核心工程必须由总承包单位实施操作完成,这种工程具有以下特点:

(1) 资质等级要求高。现代综合体工程的资质要求对应于总承包单位的资质等级,只能有过之而不能无不及,总承包单位必须要有大于等于工程资质要求的资质等级,方能承揽该项工程。

(2) 单向管理。分包工程一般都要接受自身和总承包商的双重管理;而非分包工程都有总承包自行完成,其管理都是单向自我管理。同样,由于管理方面的便捷性和指令传达路径不长,不易存在管理松散和指令滞后的现象。

5.2.3.2 分包体制下的分包商的质量行为分析

所有现代综合体工程项目的承包商都是由一个或者多个分包商构成的,对于工程质量来说,总承包商和分包商的行为对工程质量会产生直接的影响。分包模式推行以来,分包商对于自身的责任和义务定位发生了一定的改变,在分包体制下总承包商的首要任务是将工程实行分包,选择合适的分包商来实施分包工程的设计、施工并对分包行为进行监控,这既是分包商的权利也是分包商的职责和义务。因此,对于总承包商来说,在进行企业自身管理的同时还要对其所选择的分包商的具体的行为实施管理和监督。分包商在其具体的工程实施过程中要接受总承包商的监督和管理,对于总承包商来说,他们的承包工程中包含了众多的分承包商,所以对于工程质量来说,主要是受不同分包商质量控制行为的影响。因此,现代综合体工程质量控制行为是多方面共同作用的结果,要想保证工程的质量必须全面协调好各方面的质量控制行为。

从以上的分析中可以得知,传统工程承包模式下的质量控制行为和现行的分包模式下的工程质量行为的本质是相同的,其主要的目的都是为了保证工程质量的实现,但是从承包商具体的质量控制的范围以及其组织控制质量行为控制的形式和手段发生了很大的变化,如表 5.1 所示:

表 5.1　传统承包和总承包体制下承包商质量行为的对比

	传统承包体制下的承包商	总承包体制下的承包商	
		总承包商	分包商
质量行为的具体表现	承包企业的自身行为	总承包企业的自身行为、总承包商与各个分包商的互动行为	分包企业的自身行为 分包商与分包商的互动行为 承包商与各个分包商的互动行为
质量行为的实施范围	各承包商企业内部	总承包商企业内部、总承包商各个分包商之间	各个分包商企业内部 总承包商和各个分包商之间 分包商与分包商之间

分包商的质量控制行为发生了较大的变化，与传统模式下相比分包商的地位没有发生任何改变，但是从其质量责任方面看明显提高，分包商对于分包商要负责。那么，对于分包商来说分包商在实行质量控制行为的情况下，还要实施对分包商的质量行为进行管理，这一特点是在传统模式下所不具备的。从分包商对分包商质量管理的过程中可以看出，分包商对分包商质量管理活动的主要表现在以下三个方面：(1) 审查分包商的工程设计方案、施工技术并对其工程的进度和质量进行严格控制，设立明确的资金使用机制；(2) 对分包商进行工程建设过程中出现的一些问题以及困难进行及时的帮助和支持，保证分包工程的正常进行；(3) 严格执行分包合同，对于分包商出现的违约行为进行严厉地惩罚。

分包商地位引起的行为变化，在分包体制下分包商的地位发生了很大的变化，但是分包商和传统承包模式下的承包商还有着较为紧密地联系，现行的分包商大多数都是由以前的承包体制下的工程建设和设计单位转变而来的。传统模式下的工程设计、施工单位和建设单位之间直接签订工程设计和施工合同，他们的行为对建设单位负责；而在现行的分包体制下，设计和施工单位转变为了分包商的角色，因此他们的行为受到分包商的管理和约束，对分包商负责。从上面的分析中可以看出，在分包体制实行以后，分包工程建设和设计的主体没有发生根本的改变，但是其地位却发生了很大的改变，其参与工程建设的权利和义务以及责任和传统承包体制下的行为发生了根本的变化。

5.2.3.3　分包商质量行为影响因素分析

影响分包商现代综合体工程质量主要有两个方面的因素即内因和外因，分包商都有相同的内在因素，就是工程项目所需要的成本、企业的内部劳动规则完善程度、工程完成的工期与工程造价的合理性，其都与分包商质量行为有直接关系。

主要外部影响因素体现在：(1) 一项普通工程的分包商从几家到几十家、几百家都有，而项目较大的工程有成千上万个分包商也屡见不鲜。因此，每个分包商不可能都具有很高的专业素养、操作技能以及职业道德。一些分包商会暗中投机谋取暴利，也会在所有的分包商中起消极带头作用影响整个工程的质量，而如果分包商都具有良好的职业操守，发现不符合规范的分包商就进行制止，就会从源头上解决分包商不符合规范的行为。(2) 分包商质量行为的规范程度。分包商相当于工程项目的第二个负责人，所承包的工程多数是由分包商实施竣工，分包工程质量达不到标准，将直接阻碍工程的整体质量达标，分包商要承担相应责任并无法向建设单位交代。因此，总承包商对分包商进行监工，时刻提醒分包商要保证完工质量。分包商对于质量监督的执行力度充分的反映出其对工程的总体质量重视程度,如果分包商具有很强的专业素养和职业道德,那么分包商的施工质量就毋庸置疑了。反之,分包商不把施工的质量放在首位,而暗中降低产品质量,或者与分包商暗中勾搭进行削减工料,降低用料质量谋取暴利。分包商操控着整个工程的质量,其具体操作规范对所承包工程的质量有一定的影响。(3) 二级市场的完善程度低,所谓二级市场是工程的总承包把专业性强的工程分给有资质的分包人和将所承包工程中的施工劳务承包给有资质条件的劳务分包人完成的市场统称。例如,分包的主体鱼龙混杂、素质不高,根本不能保证所承包工程的质量以及不具备相应的专业素养等问题屡见不鲜。分包主体使用有资质企业名义对外承接工程,为分包商提供不符合规范操作平台的都要受到不同程度的处罚。

5.2.3.4　分包商行为的内部控制结构设置机制

进行分包业务的承包商与承包商之间的掌控,大部分是根据该企业内部结构的上级与下级之间的指导关系,也可以把这一行为视作承包商的内部调控,是承包商进行综合掌控和经营管理的基础。把内部控制作为一个实施过程,而不是一成不变的规章制度,能够及时对整个过程进行操控。内部控制主要是对组织成员、绩效、组织成员的行为三个方面进行控制,简单地说就是控制组织成员的行为能力。施工企业领导者的经营运作风格对内部控制的形成有一定的影响。根据经营管理的整个过程对内部控制结构进行调整,详细地概括为:(1) 掌控所处环境,环境各方面的因素是企业进步的动力。所处环境的控制主要是指对诚实守信的做事做人准则与社会普遍的公德观、职工的专业素养与办事能力、股东会与董事会设立的审计委员会、管理理念和企业的个性经营特征、组织与机构、承担的责任和赋予的权力、人力资源的管理概况和实际事务等全面进行操控。(2) 风险鉴定,主要包含风险的辨析与发现风险存在的原因。风险的辨析主要从科学技术突飞猛进的发展、客户的需要、与既定目标发生变化、同行竞争、国家颁布的新规定、自然灾难、经济环境的变化等方面进行全面地看待,而对于风险存在的原因以及降低风险带来损失的措施主要从预计风险带来的损失多少、风险发生的概率、平时需要注意的事项等方面进行考虑。(3) 信息和沟通,信息和沟通紧紧环绕着控制活动,通过这些系统的运用能够实现职工获得在执行、管理以及控制过程中需要的相关信息,并实现及时的信息交换。(4) 监督是运用检查控制活动完成对控制系统的监督,第一是分工比较明确,把每个职员的具体职责都分配到位,不仅是董事会、领导阶层、机构中的任何一个人都对内部控制负有不可推脱的责任,所有的工作人员都齐心协力,积极做好企业的内部控制,而不是消极被动的遵照实行;第二是把内部控制和企业的运行管理过程紧密联系在一起,内部控制可以有效地辅助企业管理,但不能取而代之;第三是内部控制作为一个动态管理的过程,它是在企业的管理中遇到问题、处理问题、遇到新问题、处理新问题的周而复始的过程;第四是以人为本,强调"人"的重要性,注重"软控制"的重要性,注重精神层面的发展,例如高层管理方式、管理理论以及企业文化等;第五是强调成本和效益协调发展的原则,内部控制是一种约束不规范行为投入的资本和不规范行为产生的累计数额之比所形成的状态。

对于现代综合体工程项目的承包者进行内部控制的行为进行理解,为了使其质量行为更加符合行业规范、工程质量标准,承包商股东组成的董事会、领导机构与职工齐心协力、共同完成这一目标。由此可知,承包商进行内部控制是企业的各部门根据上下关系,通过上传下达得以完成。行为内部控制能从一定的程度上保证工程的质量，对此也有与之对应的应对措施，做好内部控制的相关工作。虽然施工企业内部操控经验不足，发展较慢，但是通过十几年地努力，也收获了不少，诚然与西方发达国家相比还存在一定的差距，可内部控制的构思与表达出的理念有利于提高我国承包商企业的内部控制能力，尤其是在企业竞争激烈的经济环境下，承包商更要与时俱进控制好内部机制，才能使企业立于不败之地。

5.3　现代综合体工程领域分包工程质量控制的对策

分包工程从阶段上划分为分包前、中、后三期，在提出对策方面也将从这三个阶段的划分一一展开。工程分包前，施工分包商的遴选尤为重要，而分包以后将从材料进场、现场管理、施工过程中监控等方面进行质量控制；而在竣工验收阶段，主要加强竣工资料和隐蔽工程的检查，而对于分包工程产生的新问题，也提出了相应的解决方案。

5.3.1　分包工程前的质量控制

5.3.1.1　严格审核分包方的资格

现代综合体工程项目的分包方选择好或坏，对分包工程质量和施工中的管理有重要影响，而且《合同法》和《建筑法》等法规对分包方的资格也有明确的规定，总包单位开展分包工作时，在严格遵守法律规定的同时，应做好以下工作：(1) 应由总包单位的合同管理部门对分包队伍实施统一管理，可为每家分包队伍建立档案，对首次分包工程的队伍，应作好以下资格审查，包括：①严格审查分包方的营业执照、资质证书和安全资格证书等证件，确定分包方可分包工程的类别。②严格审查分包方的人员素质、机械设备、资产负债状况。通过这些审查了解分包企业的施工实力，判断分包方是否具有履约能力。③调查分包方以前的业绩，了解分包方以前施工的工程类别、工程质量、履约信誉等情况，以判断分包方是否可以在本企业分包工程以及能够分包哪些工程。通过以上的调查收集到资料后，应由合同管理人员整理好，并通过合同管理小组会议来分析评价，在合同管理小组作出合格评价后可登入合格分包方名录内，供选择使用。所有资料都应放入分包方档案并妥善保管。(2) 采用模拟招标选择具体的施工队伍。在确定了分包项目后，应将工程有关情况同时通知几家队伍，由他们对价款、施工组织、投入的人员、设备以及质量保证措施、工期保证措施、安全保证措施等作出明确的表示，企业择优选择；(3) 加强对分包队伍的管理，定期考核其履行合同的表现，将考核结果记入其档案中，并根据考核结果作出好、中、差的分类，对于表现好的以后可较放心地使用，对于评价为差的应禁止再使用。(4) 建立合同管理文档系统，注重分包合同资料的收集，管理分包工作将会产生大量资料，如协议书、图纸、变更设计、验收记录、工程隐蔽记录、结算付款单、往来的信件、交底资料以及索赔资料、会谈纪要等，这些资料均是分包合同的组成部分。企业应对这些资料的审查、保存作出相应规定，并按要求妥善保管，这样不仅可以弥补自己工作中的不足，而且可以有效地对付分包方的索赔，并预测分包的法律后果，对保证分包合同的顺利履行及减少合同纠纷和维护企业利益均具有重要作用。(5) 加强过程控制，确保分包合同认真履行，分包工作要想按照预期的目标进行，必须对分包合同的签订、履约进行全过程控制。

5.3.1.2 选择有资质和信誉好的分包队伍

对于施工承包企业和分包单位,国务院建设行政主管部门对其资质的划分和经营范围都有明确的规定和划分,这样就从根本上维护了建筑市场的正常有序的秩序运行,并且加强了管理,保障了承包和分包单位的合法性,也维护了双方的合法权益,而且可以控制分包单位的工程质量。对这些建筑企业和单位按照不同的承包能力,分为三种等级标准,分别是施工总承包、专业承包和劳务分包这三个级别,在每一个级别中又有更详细的经营范围的界定,企业和单位在承揽工程的时候,必须严格按照所规定的范围经营和承揽项目,不得超范围经营,而且在管理方面,行政主管部门对企业和单位的资质也施行动态式管理,定期进行与之资质相符的考核,以确定资质的升级或者资质不足。

从质量控制的角度讲,在前期选择分包队伍或者单位的时候就必须应该考虑其资质和信誉,这样才能从根本上杜绝工程质量的问题,应考虑的因素有:国家对于该单位的资质认定是否符合分包工程的要求,是否超范围经营;该单位或队伍中的主要技术和管理人员是否有相关的经验和基本的能力;在其他合作的单位中其队伍或单位的口碑和信誉如何,是否有不良的口碑和记录;是否之前与本单位有过合作,合作的情况如何。具体来讲,审查分包单位的内容包括:营业执照、企业资质等级证书、特殊行业施工许可证、国外(境外)企业在国内承包工程许可证等;审查专职人员和特种作业人员的内容包括有:资格证、上岗证,还有其他质量员、电工、电焊工、塔吊驾驶员证等。根据这些基本的判断,选择两三家队伍或者单位进行全方位的考查和比较,最后才能确定分包单位。

确定分包单位之后一定要有详细的书面合同和协议书,这个是必须也非常重要的程序之一,因为双方合作关系长久良好而用口头合同取代书面协议的做法是坚决禁止的。不仅如此,分包合同中还应当明确具体工程的实施范围、质量要求、技术标准、完工期限、双方承担的权利和义务以及竣工时的合格标准。此外,总包单位的相关部门需要在施工过程中参与现场管理,而参与的具体手段如定期安全抽查、工程协助、质量评估等需要提前在协议书中明确。

假设资质信誉构成的要素中,资质等级、鲁班奖、省优工程和违约记录四项为一个分包单位主要识别因素,而其各自的比重分别是0.3、0.3、0.2和0.2,该四家分包公司的情况如表5.2、表5.3所示:

表5.2 资质信誉情况表

	资质等级	鲁班奖(个)	省优工程	违约记录
分包单位A	甲级	4	10	0
分包单位B	特级	5	18	0
分包单位C	甲级	5	8	1
分包单位D	乙级	1	6	0

表5.3 资质信誉情况统分表

	资质等级	鲁班奖	省优工程	违约记录
分包单位A	10	5	9	10
分包单位B	10	8	18	10
分包单位C	9	5	8	5
分包单位D	8	1	6	10

5.3.1.3　组织分包单位参加图纸会审

建设单位要在现代综合体工程施工前对图纸进行全部审核和组织分包单位进行图纸现场核对与会审。图纸的审核包括的内容主要有：本单位对该工程的基本要求，施工现场的基本自然和地质水文地质条件等；图纸设计的主要思路和想法，建筑艺术的要求，抗震级别的要求、设备设计等。对基础、结构和装修施工的基本要求，包括对新技术、工艺、材料的要求，建筑和工艺间配合的基本要求和施工中必须要注意的事项等。设计单位还要就承包单位提出的关于施工图纸中的问题进行详细答复和解释。

对于施工图纸的现场核对则是完全有必要的，因为施工图纸是工程施工的直接而且重要的依据，分包单位只有充分掌握和完全了解此次工程的各方面要求和思路，对于施工的工程特点和工艺设计全面的进行掌握，才能在最大的程度上减少图纸的差错，以免在开工之后进行更多的工程变更，影响工期、增加成本，从另一方面确保了工程质量的顺利完成。

施工图纸现场核对包括的内容分别有：首先要对施工图纸的合法性进行详细认定，是否是经过设计单位正式签署的，按有关规定经过审核部门认真审批的，建设单位是否同意认可的；图纸和说明书要保持高度一致和齐全，如果是分期出图，则图纸的供应必须要满足施工的要求；地下室构筑物、障碍物、管线等是否已经探明清楚并详细在图纸中标明；图纸中有无差错，遗漏或者互相矛盾的地方；图纸中提到的材料是否都能保证充足的供应，或者是否有替代品，所需的新材料和新技术的采用是否符合国家的相关规定，标准是否合适；图纸中所提及的施工工艺和方法是否合理、切合实际要求，是否存在不便于施工的现象；施工图或者说明中所涉及的所有标准、图册以及国家的相关规范和规程，承包单位是否完全具备；分包协议签订完成后，总包单位应尽快将施工图纸分发到分包商手中并邀请其参加相关的图纸会审。

分包单位因故无法参加的情况出现时，总包单位应当要求相应项目的项目经理和技术负责人就工程图纸开展严密的核查工作，对出现的任何有疑问的或者明显错误的问题进行分条列项，在与总包单位讨论并达成一致意见后，由总包单位负责在相关会议上提出经双方研究发现和修正的问题，听候与会者中相关设计或者监理人员给予的反馈意见和结论。

严把开工关，对图纸进行审核之后，分包单位设计的《施工组织设计》或《工作方案》就可以交给总包单位的技术性掌控人员来审核了。在进行该步骤时应该看分包单位设计的工作方面详细信息是不是能够与设计图纸、审核要求、合同规则相符合，尤其是在工作期限将至之时，必会用到交叉作业，在这种情况下，看解决方法是否得当有效、是否能够遵守法规法律和相关的技术要求；如若不能，则应该向分包单位发出提醒，要求其尽量做好，等待分公司完善相关任务之后，可以重新审核，再进一步同意其正式的开工。在分包工作开始之前，总包单位的相关部门还需对分包工作的重要工作人员和工作设施进行检查。由于如今建筑市场或多或少都有不标准之处，分包工程有被转包出去的可能性，需看总包单位的相关部门对分包工作的重要工作人员和工作设施的检查是否有效，主要是按照分包单位设计的工作方面的《施工组织设计》或《工作方案》来进行检查的，看工作当场的实际进场人数和工作当场的设施是否与分包单位设计的工作方面的《施工组织设计》或《工作方案》规定相符合；若结果有问题，总包单位的相关部门可以向分包单位发出提醒,要求其对相关情况做出调整和改善,直至达到标准要求。

5.3.2 分包工程中的质量控制

要掌控分包工程的质量,总包单位要得有优秀的现场管理人群,以便能对分包工作的每个细节和各个层面的工作情况进行监控,若要实现掌控分包工程的质量需把握以下方面及所对应的要点。

5.3.2.1 工作技术准备情况的控制

工作技术准备情况指的是在真正的开始工作之前,各方面各层次的相关工程准备情况是否已经达到预计要求,比如参与工作的人员、原料、设备、工作环境、安全性等。对作业技术准备情况实行检查,推进了落实工作条件,使得现实与计划不至于有很大的偏差、承诺和行动相符合。制定质量掌控体系,质量掌控体系在改善工作质量中扮演着非常重要的角色,比如重要技术、关键地方、有待改进的层面、难以掌握、缺少经验的工作项目和新兴的技术、设施等,都需要质量控制体系进行重要的掌控;掌控质量的专业人员对各层面工作的属性进行研究之后,按照质量控制体系来研究出影响质量的因素,进一步寻找解决措施以提前进行防治。

制定质量掌控体系是帮助工作质量达到要求的前提条件。在工作开始之前,掌控技术人员就得提出要求,使得工作单位必须要按照质量掌控体系的要求,实行工作,并把质量掌控体系表公开出来,表中要有各个质量掌控体系的名称和相关要求的内容、检查的标尺和手段等,然后再由监管专业人员审核,等得到准许之后再对质量进行分析掌控。监管专业人员在制定工作计划之时应该加以慎重,并以相关规定来保证落实。简而言之,制定的质量掌控体系要有准确性和实用性,为达到这一点,首先需要让有经验的专业技术人员来制定;其次,可以结合众人的提议和方法,然后交给相关人员进行总结。用这两种方法来制定质量掌控体系需要注意:对所要求的质量属性进行重点掌控显得尤为重要,选取需要掌控的重要地方、工作步骤作为质量掌控体系实行的重点,提前预计和掌控是对质量掌控的最实用的方法。对工作技术的详细要点掌控好,承包单位能掌握工作技术的详细情况,是获得高质量工作的因素之一。为达到这一点,在实行各方面的工作之前,都要一一掌握详细,掌握工作技术的详细情况使得各层面工作变得更加具体和明确,而这种技术工作方案可以很好地为各层次的工作进行指引。为了做好掌握技术的详细,项目经理部门一定要让主管技术人员来写技术的详细信息,然后得获取项目总工程师允许。技术的详细涉及工作方法、质量规定、评估标准、工作中能够引起重视的问题、对突发情况的解决方案等方面,技术的详细报告要依照具体工作的相关操作人员、工作设施、原料、工作环境、实际的管理方法等方面来制定。技术的详细报告要指明目的、完成目的的人员、工作步骤、工作标准、工作期限等。

5.3.2.2 进场材料构配件的质量控制

对于工作进程中的非成品、原料和设施统统都得进行检查,这里所提到的三个方面都是工程质量最基本的结构,因此对待这三个方面的检查一定要严格,若这些不能达到要求,那么工程质量将会受到其很大的影响,甚至还会出现工程安全事故。这样一来,总包单位在工作的过程中必须得对非成品、原料和设施的质量有着很好的把握,要提醒分包商在对供应商或者产品的选取时必须小心为重,如果受国家规定要进行复检的产品或者原料，必须得清楚地看到检验过程，通过检查之后才能加以使用。应该依照非成品、原料和设施等其属性和对各种环境的不同要求，把它们置于适当的环境条件中存放，以免其质量受到损害。比如说存放水泥应该特别注意防潮问题，存放的时间一般来说不可以比三个月长，不然水泥会结块；若超过3%的湿度，硝铵炸药就很容易结块、丧失性能，所以存放的时候也应该特别注意防潮；胶质炸药的冰点温度可以达到+13 ℃，冻结后非常容易爆炸，因此，保存的时候应控制好温度；还有其他的一些化学原料可能需要避免光照；一些金属材料和设备应该防治生锈等。若没有好的存放条件，监管专业人员可以向承包单位发出提醒，要求其做出相关的改善直至达到标准，对于存放适当的材料，监管专业人员可以按照规定的时间周期进行检查以便掌握其质量的情况。另一个方面在对设施、材料等进行正式使用之前，监管专业人员要对其质量进行相关的检查；若检查有不合格的，比如水泥由于长时间存放而导致结块使得质量降低，则不可加以利用，或者使用到更低等级的工作中。

5.3.2.3　环境状态的控制

(1) 控制施工作业环境

电力、水、灯光设备、人身安全保障设施、通道和工地的空间环境、进出口道路的基本路况等条件统称为施工环境。现代综合体工程是否能够按时完成和工程质量的保障是受施工条件决定的。如果灯光照明不好，会造成的后果包括高精度作业难以完成，难以保障工程质量；工程施工现场的道路条件不佳，妨碍施工，同时可能会道路运输不畅和延误时间，水泥工程车装载的水泥的搅拌材料质化，例如坍落度和水灰比的数值改变；道路路况条件差，这会导致水泥搅拌材料分离解析，水泥浆液的减少等；此外，在一个工地上有很多个不同工程施工队伍或者是由不同公司承建的情况下，应该关注的问题是防止在混合交叉施工过程中相互影响，最终导致工程质量下降和安全问题的发生。因此，为防范这类情况的发生，工程监理人员负责检查施工单位在工程施工空间条件的安排是否符合标准和施工规范，在完成检查合格后才能进行工程作业。

(2) 控制施工质量管理环境

承建单位的质量监管体系和工程质量的自我检查体系的系统状态统称为工程质量监管环境，同时这个管理体系主要包括了制度条例、体系架构、检查规范、队伍建设，确保责任到人的制度的实行；工程监理必须完成对承建单位的工程质量监管状态的检查工作，而且这也是保证工程质量的基础条件。

(3) 控制现场自然环境条件

工程监理人员负责检查承建公司，在以后的施工作业阶段，有时外界的自然因素可能会导致工程质量的下降，对于这种情况的发生需要有预见和提前做好防范及解决问题的有效措施来确保施工质量不受影响。比如这些情况，寒冷条件下的防止冻结；高温条件下的预防温度过高；高地段的地下水位的基坑的除水或者细砂基础的防流失细砂；工程现场中的防积水和排涝；在水底打桩或者沉箱的情况下工程质量易受水流和风的干扰。此外，地基深度深的主建筑竣工之后有没有出现不符合一般情况的下降，导致整体建筑的质量下降；施工的外界环境影响建筑的工程质量安全，外界因素包括附近有有毒或易燃气体，附近的高建筑、其他的地基深的现代综合体工程质量是否能够保证施工安全等，需要在意对于这些情况的发生是否有预案和提前安排解决问题的有效措施。

(4) 控制进场施工机械设备性能及状态

总承建公司需对下面的施工队伍的工程设施采取不定时检查的措施，尤其需要检查的是升降传送设施，应该具备拆装方案且经符合规范的机构组装检验合格才能工作，确保工程设备与机械设施的工作状态处于正常情况下，避免对工程的作业质量有不利影响。所以，施工监理人员的职责是负责施工的正常进行，经常检查和监管承建机构，从而保证正常工作的设备和设施进入工程施工的现场。检查进入工地的机械设备，由承建机构向工程监理部门送交进入施工现场的设备的数目、型号、大小、工作参数、装备情况、进入的时间，这些是在设备进入之前要完成的，当设施进入工地后，监理人员根据承建公司提交的材料进行审核，检查报表和工程的施工计划是否有出入。检查机械设备工作状态，对设备的使用和保养进行登记及技术参数的检查是工程监理的职责范围，像大功率的推土机、开凿装备及大型的压路机这样的重要的机械设备应当进行当场多次检查，检查内容包括启动和行进，这样才能确保入场的设备工作性能完好，同时工程监理人员要不定期检查工程设施的情况，并督促承建机构进行维护来确保设备的优良工作性能。审核特殊设备安全运行，关于特殊设备使用，比如塔式起重机这样有特别要求的机械装备，务必经过安全机构检验合格且办理有关的合法手续后方能进入现场进行作业。

5.3.2.4　*施工作业过程中的监控*

做好施工现场的监督工作，工程的质量控制不能仅仅依靠完工的验收，主要还是依靠对施工过程的监控；施工的过程包含了一系列复杂的相辅相成的作业活动，所以保证工程施工的流程规范和质量才能使整个工程质量得到保障。在整个施工过程中，对于工程质量的控制要做到以下关键点：监理人员要在现场做好检查以及监督工作，检查工作要以原始记录作凭证，对监理日记等资料要做到积极准确的记录和规范管理，采用灵活多变的监理手段对工程质量进行及时恰当的控制。施工作业过程中的监控最常用就是调查分析法。例如，混凝土试件的取样，有以下情形的都必须进行采样检查：(1) 每拌制100 盘但不超过 100 m^3 的同配合比的混凝土，取样次数不得少于一次；(2) 每工作班拌制的同一配合比的混凝土不足 100 盘时，其取样次数不得少于一次；(3) 当一次连续浇筑超过 1 000 m^3 时，同一配合比的混凝土每 200 m^3 取样不得少于一次；(4) 同一楼层、同一配合比的混凝土，取样不得少于一次；(5) 每次取样应至少留置一组标准养护试件，同条件养护试件的留置组数应根据实际需要确定，如果发现试件的检测不合格，该批次的混凝土将视为不合格。

在对施工进度的管理工作方面，各工段的承建单位要严格按照总承建单位的《施工组织设计》中的工程总进度设计，对各个环节的工程进度要严格控制，做到工程进度必须要符合合同要求。在施工过程中遇到影响工程进度的极端天气或者其他因素时，分包单位必须以书面形式向总承建单位进行申请，获得批准方可对现代综合体工程进度进行调整。

做好对施工流程的质量监管工作，对分包工程的施工流程规范，总承建单位要做好相应的监管工作，可以安排专人进行定期或者不定期检查，检查主要着重于以下要点：施工流程是否符合相关的审批方案；施工的工序是否按设计图纸的要求进行；施工流程是否符合当前的行业标准以及法律规范；对于一些关键部位的施工流程更要做好全程监管，整个工程设计中会有一些需要隐蔽的部分，对这部分工程的施工流程，相关的监管人员要参与隐蔽前的验收工作，在此基础还要督促分包单位及时做好签收手续的办理工作。在检查过程中如发现不符合规范要求的要立即下令停工进行改正，直到符合规范要求方可重新进行施工，只有做好现代综合体工程施工中每个环节的质量控制工作才能保障整个工程质量达到设计要求。

监督施工单位文明施工、安全施工，总承建单位的施工现场安全人员要对每个分包单位进行安全技术交底，要定期或者不定期地对施工现场进行安全检查，在检查过程中可按《建筑施工安全检查标准》对施工过程进行评分，发现需要立即进行整改的安全隐患要做好整改的验证工作；对于不能进行立即整改的安全隐患，要递交《安全隐患整改通知书》，督促分包单位限期整改，整改完成后安全人员还要做好复查工作，直到施工符合安全规范要求。

5.3.3 分包工程竣工验收的控制

对现代综合体工程所包括的分包工程验收由总承建单位负责进行，在工程完工后总承建单位要进行两方面的验收工作，即实物质量验收和技术资料验收，做好以上两种验收的关键点是加强对隐蔽工程的检验及建立健全相关法律和制度以压缩权力寻租空间。

5.3.3.1 实物质量验收

分包单位履行完承包合同中的义务后，总承建单位应当要求分包单位做好自检工作，自检合格要准确填写《工程竣工报告》并递交总承建单位。实物质量的验收工作由总承建单位组织进行，检查的内容包括：所承担的现代综合体工程中的实物质量检测、工程质量是否符合图纸要求、实物质量是否满足《施工方案要求》、能否满足《施工组织计划》的要求等，在验收过程中发现存在问题的责令分包单位进行整改，并直到符合规范要求。

5.3.3.2 竣工资料检查验收

现在在工程建设过程中将工程进行分包是一种重要的手段，这样的做法符合市场经济的发展要求。分包单位要做好所承担现代综合体工程中所对应的技术资料、竣工资料等的整理工作，并要符合工程所在地的档案管理要求，整理完成后要提交总承建单位。由总承建单位的相关人员对其进行检查、核实，检查过程中发现有虚假信息或者漏报的可要求分包单位补全资料或者填写真实信息、工程保修书。工程完工后分包单位向总承建单位交付工程时要附带《工程保修书》，其内容必须符合《建设工程质量管理条例》的相关规定，并且要明确保修期限以及保修范围。总承建单位要确定分包工程的施工质量以及验收资料都能通过验收并符合相关规定才能进行分包工程的移交工作，和分包单位做好移交手续的办理工作之后再进行工程结算。

5.3.3.3 加强分部分项工程的检测

建设行政主管部门、安全监督机构对工程项目施工现场应做到跟踪监督、过程控制，将工程竣工验收的很多工作分步实施在工程建设过程之中，防止、纠正发包方、代建方、设计、监理、总承包商、分包商甚至是现场实际施工人在工程建设过程中出现质量、安全问题，确保工程建设过程可跟踪、可控制，工程竣工资料真实可追溯，发现问题及时追究问责、及时整改。在工程项目验收中切实增加科技含量和定量分析，全面应用科学先进的检测仪器和设备，在工程建设过程中和工程项目竣工验收中实地取样检测或者全面检测，发现检测不合格或者达不到质量要求、合同要求的分部分项工程绝不能放任不管或是任其蒙混过关，为保证工程项目的整体安全应从严要求、整改到位。

5.3.4 分包工程新问题的解决措施

5.3.4.1 建立健全相关法律和制度

通过完善法规和制度来科学配置权力，把相关的建设管理部门及其工作人员掌握的行政审批权、许可权、验收权等权力压缩到合理的限度，并通过权力制衡设置来监督或者约束权力正确、公开地行使。应明确建设管理部门及其工作人员的权限和职责，完善审批、检查、检测程序并向社会公开以增加透明度。通过科学配置权力和规范程序，从源头上制约公共权力对工程建设领域过多的干预，减少相关部门及其工作人员滥用权力的机会，防止权力部门化和个人化，最终防止以权谋私。在工程建设领域，不论是政府和建设管理部门，还是检测机构，抑或是发包方、设计、监理和承包方，都应该通过廉洁从政教育以提高各自工作人员的廉洁自律意识，促使本部门及其工作人员遵纪守法、遵章办事，增强抗击腐败的“免疫力”和自觉性，确保工程验收合法合规地进行。

5.3.4.2 增强完善管理体系机制

增强完善管理体系机制，建立质量管理的 PDCA 循环，在计划、实施、检查、处置各个环节充分实施。质量管理的计划职能，包括确定或明确质量目标和制定实现质量目标的行动方案两方面；实施职能在于将质量的目标值，通过生产要素的投入、作业技术活动和产出过程，转换为质量的实际值；检查指对计划实施过程进行各种检查，包括作业者的自检、互检和专职管理者专检；处置对于质量检查所发现的质量问题或质量不合格，及时进行原因分析并采取必要的措施予以纠正，保持工程质量形成过程的受控状态。在质量方针的指导下，制定组织的质量手册、程序性管理文件和质量记录，进而落实组织制度，合理配置各种资源，明确各级管理人员在质量活动中的责任分工与权限界定等，形成组织质量管理体系的运行机制以保证整个体系的有效运行，从而最终实现质量目标。

5.3.4.3 建立合理分包制度和规范管理分包作业

在不影响工程质量、工期进度、造价成本的情况下，尽量避免无必要的分包。在现代综合体工程项目实施中承包商很可能是不具备所有的承包条件，即不具备专业工程的施工能力，在这种背景下可通过分包的形式就可以弥补其在技术、人力、设备、资金和管理等方面的不足，同时，总承包商通过这种分包的形式扩大经营的范围，承接自己不能独立承包的项目，从而扩大经营的收入。

分包从经济方面考虑是需要的，在某些工程上，总的承包商担心在技术上的不足和对工程没有十足的把握会致使出现纰漏，从而危及自己的利益。在该背景下总的承包商会将工程承包出去，该做法不仅可以避免损失，还可以从分包商处获得一定的利益。通过分包可以将总包合同的部分风险转给分包商，可以共同承担合同压力，进而降低总的风险，并提高工程的经济效益。分包的形式可以使专业化程度更高，总包向管理方向分化，分包商则向专业施工分化。总包商在技术上对分包商的依赖度进一步增加，更多的具体施工任务就要寻找不同的分包商来完成，分包商将专注于其专业核心竞争力和技术支持，同时分包商也会将一些不重要的辅助性工作外包，由更专业的分包商来完成承包商的战略目标，但分包内容在法律上是否可行，其关键是分析法律是否允许将这些内容分包出去以及分包商的资质能否满足法律的要求。经济上是否可行可通过静态或者动态的分析自行实施和实施分包时的现金流量来实现，即将自行实施和分包实施看成两个互斥方案，然后按照互斥方案对比分析的决策方法进行分析。风险上是否可行，主要分析分包之后的风险是否可控。

风险分析时可以采用风险分析的工具进行，首先对风险因素的各具体内容进行识别；然后对风险内容进行风险度量；最后进行风险决策，并选择合适的风险应对措施。确实需要分包的工程，首先要选择具备相应资质的分包商，在其资质内承揽业务。其次，在实际的管理过程中要加强对分包商的管理，例如材料可以监控，制止分包商工期拖延。在工程的进行过程中总包商要经常派监管人员去施工现场，对整个工程的施工进行相应的管理和制定明确的管理制度，对其进行奖惩，并与各方面及时交流和沟通以达到保质、保量的如期完工。最后，在合同中明确要求分包商承担协调配合整个工程的义务，并对现场的管理采用奖励、激励的措施，强化分包商主动配合总包管理的行为，弱化分包商内敛的行为，培育分包商树立项目整体的系统观念。

5.3.5 综合工程项目的质量保证

城市现代综合体开发项目工期的要求非常严格，大部分工程都因为拆迁及设计不到位等原因造成开工时间迟、前期进度延误。项目部为抢工期，不得不采取人海战术、减小工序间歇等措施进行抢工进而影响质量，因此，必须采取针对性的技术措施，严格实施过程控制，执行国家、行业、企业质量管理规定以确保质量目的的实现。

5.3.5.1 建立质量管理小组

总承包项目部应做好现场工程的施工质量控制与管理，建立健全质量管理体系，制定相应的质量监控体系与管理措施。质量管理体系分为总包管理体系与区段管理体系，并分区段成立P—D—C—A质量管理小组，针对现场质量问题进行现场控制与管理。成立以项目经理为首的"质量管理领导小组"。总承包设立质量总监，进行质量监督。项目总工程师和质量管理负责人按时组织项目部经理、项目工长、各有关业务部门人员、各施工队队长、主管工程师和专业工程师进行检查，最终形成内外贯通、纵横到位的质量管理组织机构。

5.3.5.2 编制质量控制计划

根据工程质量目标编制详细的质量控制计划，包括总体质量目标、分项工程质量计划等，并根据计划编制详细的质量保障方案，主要涉及人、机、材、法、环、测等六方面；编制创优策划，编制关键过程、特殊过程监控计划、专项方案，加强过程监控；明确影响质量的关键环节和关键因素，确定项目管理人员质量管理的职责，确定施工过程中的质量检验和试验活动；制定工程质量验收标准；确定保证质量计划采取的措施。

全面质量管理制，项目经理与各专业责任工程师及管理人员签订质量管理责任状，有时也要和各施工单位签订具有针对性的质量管理责任状。质量责任制要层层落实，明确质量目标，建立重要控制点，实施奖罚制度。项目部对质量各要素进行管控，从管理人员到操作工人,从进场材料到机械设备,从方案的制订、审批到施工环境、施工工序的控制,严控每一个工作环节,强化责任意识,保证工程施工质量。

项目部组织每周一次的质量检查评比,不仅把各分包的名次和存在的问题张榜公布,而且向各分包方的上级主管抄送一份综合检查的名次和检查存在问题的书面材料,以引起各专业分包主管领导和单位的重视和支持。区段要每天一次定期进行工程质量检查,对每次检查的工程质量情况要及时总结通报、奖优罚劣。各级质检人员坚持做好常规性质量检查监督工作,及时解决施工中存在的质量问题,预防质量通病和杜绝质量事故,使工程质量在施工的全过程始终处于受控状态。

5.3.5.3 编制现代综合体工程质量创优策划

根据准备阶段的施工组织设计和质量计划工程创优的经验,要求编制《施工组织设计》和《质量计划》,主要描述项目的各项管理,其中包括施工部署、资源配备、职责分工、管理措施等,以达到项目管理的程序化、施工过程中的规范化的管理效果,尤其对施工中难点和重点做到有效的预控,并最终保证产品的质量。同时,准备阶段需要根据施工组织设计和规范、规程编制施工方案,实施阶段针对该工程的特点进行各分项、特殊工程、关键过程技术交底,指导工人严格地按照施工方案进行施工以达到设计及验收规范要求。

5.3.5.4 实施技术交底及检验制度

坚持技术交底制度,每个分项工程开工前,由该项工程的主管工程师对各工艺环节的操作人员进行技术交底,明确设计要求、技术标准、定位方法、功能作用、施工参数、操作要点和注意事项,使所有操作人员心中有数,并做到以下几点要求:(1) 坚持工艺试验制度项目采用的新工艺、新设计、重要的常规施工工艺等,在施工前均安排进行工艺试验,坚持"一切经过试验、一切用数据说话"的原则,优选施工参数,优化资源配置。(2) 坚持工艺过程三检制度,每道工序均严格进行自检、互检和交接检;上道工序不合格,下道工序不接收。(3) 坚持隐蔽工程检查签证制度,凡是隐蔽工程项目,在内部三检合格后,按规定报请监理工程师复检,检查结果填写表格并双方签字。(4) 坚持"四不施工"、"三不交接"制度。"四不施工"即:未进行技术交底不施工;图纸及技术要求不清楚不施工;测量控制标志和资料未经换算复核不施工;上道工序未进行三检不施工。而"三不交接"包括:三检无记录不交接;技术人员未签字不交接;施工记录不全不交接。

5.3.5.5 实施过程监控和样板制

过程监控的要求包括:实施多种监控方式;落实交底制度;实施施工方案交底、技术交底和施工班组交底;加强培训和考试;实施分级抽查、随机抽验和分项、分批检验验收;全面贯彻"三检制"的落实,全方位、全过程执行三检制;实施挂牌制度,要求每一区段注明施工操作班组及工作人员,加强操作人员的责任感;实施奖惩制度,主要是针对基础、主体、装修等施工阶段建立健全奖罚制度并在施工过程中严格执行。针对过程控制,定期开展专项治理质量活动,包括质量问题分析、不合格品处置和质量整改等。

在样板制的实施过程中要求设置"样板区",对各分项工程制作样板,明确具体分项做法,以样板引路。

5.3.5.6 实施成品保护以强化质量

成立成品保护小组,小组应对需要进行成品保护的部位列出清单,并制定出措施,特别是在后期装饰阶段。在施工组织设计阶段应对工程成品保护的操作流程提出明确要求，严格按顺序组织施工，先上后下，先湿后干，坚决防止漏水情况出现。地面装修完工后，各工种的高凳、架子、台钳等工具原则上不许再进入房间。最后油漆及安装灯具时，操作人员及其他人员进楼必须穿软底鞋，完一间，锁一间。上道工序与下道工序之间要办理交接手续，上道工序完成后方可进行下道工序，后道工序施工人员负责对成品进行保护。各楼层设专人负责成品保护，尤其是装修安装阶段，设置专门的成品巡查小组，发现成品破坏情况必须严厉处罚，各专业队伍也必须设专人负责成品保护。

成品保护小组每周举行一次协调会，集中解决发现的问题，指导、督促各单位开展成品保护工作，并协调好各自的成品、半成品保护工作，加强成品保护教育，质量技术交底必须有成品保护的具体措施。建立质量挂牌印章制度，每一处成品标明施工人员姓名、所属单位，实现人、企业名誉与产品的挂钩以加强质量管理力度。

5.4　现代综合体工程的质量管理小组活动管理

5.4.1　质量管理小组的新概念

质量管理(Quality Control, QC)小组是在生产或工作岗位上从事各种劳动的职工，围绕施工企业或项目部的经营战略、方针目标和现场存在的问题，以改进质量、降低消耗、提高人的素质和经济效益为目的组织起来的运用质量管理的理论和方法开展活动的小组。质量管理小组是企业中群众性质量管理活动的一种有效组织形式，是职工参加企业民主管理的经验与现代科学管理方法相结合的产物，质量管理小组的概念包括了以下四层意思：(1) 参加质量管理小组的人员是企业的全体职工，不管是高层领导，还是一般管理者、技术人员、服务人员，都可以组成质量管理小组；(2) 质量管理小组活动选择课题是广泛的，可以围绕企业的经营战略、方针目标和现场存在的问题来选题；(3) 质量管理小组活动的目的是提高人的素质并发挥人的积极性和创造性，改进质量，降低消耗，节能环保，提高经济与社会效益；(4) 质量管理小组强调运用质量管理的理论和方法开展活动以突出其科学性。

5.4.2　质量管理小组工作对象的特殊性

工程建设行业的生产形式是按设计要求，利用一定的机具，对劳动对象进行施工建造、加工、制作，从而生产出一定的建筑物产品，因而它具有工业生产的共同特征。但是，它又有许多不同于一般工业生产的特点。一般工业产品是在相对稳定的一段时期里按统一规格或样式进行批量生产，而建筑产品是单独施工，在结构或构造、建筑材料、施工组织设计和施工方法等方面均具有独特性，具体包括：

(1) 产品质量使用期长和关键环节多，建筑产品使用期长、经久耐用，其质量关系百年大计、人民生命财产安全。其全过程质量控制关键环节包括：市场调研、工程招投标、设计图纸会审、施工组织设计、技术交底、建筑材料及设备采购、施工生产与安装、质量监控与检验、建筑产品交付使用后回访与维修，质量管理小组针对这几个阶段开展活动以解决存在的问题。

(2) 生产人员不稳定,生产的流动性主要表现在以下两个方面:一是人员流动,建筑施工过程人员和机具,甚至整个施工机构,都要随施工对象坐落位置的变化而迁动,转移区域或地点,因此造成人员流动加大,员工素质的不稳定,对持久开展质量管理小组活动带来不利影响,因而,不断培训骨干力量是质量管理小组活动持久发展的基本保证;二是在产品的生产过程中,施工人员、机具要随施工部位的不同而不断地变换操作场所,影响了质量管理小组开展活动的相对稳定性。

(3) 安全问题突出,建设行业露天和高空作业多,受自然气候条件的影响较大,在质量管理活动中的"人、机、料、法、环"中,环境因素的影响较其他行业相对明显。因为质量和安全问题突出,质量管理小组活动可围绕具体安全难题开展活动。

(4) 产品质量单件性,与批量生产的工业产品相比较,由于建筑产品位置分散、固定,因此建筑行业一般以单位工程为核心,开展以栋号为单位的质量管理小组活动。在工地开工伊始就要组建质量管理小组并选定课题,以利于在整个施工过程中质量管理活动的开展。

5.4.3 质量管理小组的作用与建立过程

质量管理小组活动把广大职工群众发动起来,充分体现了全面质量管理全员参与和持续改进的特点,它是企业实施全面质量管理的有效手段和组织形式,是全面质量管理的群众基础和活力源泉。质量管理小组充分体现了 PDCA 循环的科学程序,通过运用统筹方法,不断发现问题、分析问题、解决问题以促进质量管理水平的不断提高。

5.4.3.1 质量管理小组的作用

质量管理小组是实行全面质量管理的组织形式,其作用如下:(1) 有利于开发智力资源,发挥人的潜能,提高人的素质;(2) 有利于预防质量问题和改进质量;(3) 有利于实现全员参加管理;(4) 有利于改善人与人之间的关系,增强人的团结协作精神;(5) 有利于改善和加强管理工作,提高管理水平;(6) 有利于提高职工的科学思维能力、组织协调能力、分析与解决问题的能力,从而使职工在岗位上成才;(7) 有利于提高顾客的满意程度。

5.4.3.2 与实施 ISO 9000 族标准的关系

全面质量管理与实施 ISO 9000 族标准是有许多共同点的,包括指导思想、原理、基本要求等,它们均以保证满足顾客需要为基本目标,强调领导的作用,认为建立质量体系是核心,要求全过程、全要素、全员管理,重视审核与评审,强调不断改进,并且是按照 PDCA 的科学程序进行改进。ISO 9000 族标准具有一致性,在一定时期内保持相对稳定,是施工企业质量管理的基本要求,而全面质量管理则始终不断地寻求改进机会,达到更高的要求。两者是静态和动态、基础和发展的关系。因此,在实践中开展全面质量管理和实施系列标准不是相互对立的,而是相互补充和相互促进的。

5.4.3.3 组建程序

施工企业质量管理小组一般以自愿结合的形式组建,可以在工程项目部、企业管理部门组建,也可以跨项目部、公司管理部门组建。工程管理项目部可因地制宜,选择课题类型,开展活动,组织为施工管理人员、工程技术人员和施工现场一线工人参加的"三结合”科技开发型的质量管理小组。由于各企业、各工程的情况以及选择的活动课题等的不同，所以组建质量管理小组的程序也不同，大致分为以下三种情况：

(1) 自下而上的组建程序，即施工企业任何工作岗位的人员，当想要用质量管理方法解决工作或施工过程中产生的问题时，可召集同一部门的几位同事，商定成立质量管理小组，推举组长人选、确定课题等。基本取得共识后由经确认的质量管理小组组长向所在单位申请注册登记，经主管部门审查认为具备建组条件，即可发放小组注册登记表和课题注册登记表。组长按要求填好注册登记表，并交主管部门注册登记，该质量管理小组组建工作即告完成。

这种组建程序通常适用于那些由同一工程项目、同一班组内部分成员组成的现场型、服务型、管理型的质量管理小组，所选的课题一般都是自己身边的、力所能及的问题，这种方式组建的质量管理小组，成员活动的积极性、主动性很高，企业主管部门应给予支持和指导，包括对小组骨干成员进行必要的培训，使质量管理小组活动持续有效地发展。

(2) 自上而下的组建程序，先由企业主管质量管理小组活动的部门根据企业实际情况，提出全企业开展质量管理小组活动的设想方案，然后与分公司、工程项目部的领导协商，达成共识后，初拟课题内容，计划应建立的质量管理小组项目，并提出组长人选，组合每个质量管理小组所需的成员，由企业主管部门会同工程项目部领导发给质量管理小组注册登记表。组长按要求填表，即小组课题注册登记表，经企业主管部门审核同意并编写注册号，小组组建工作即告完成。这种组建程序较普遍地被“三结合”技术攻克型质量管理小组所采用。这类质量管理小组所选择的课题往往是企业或工地急需解决的、有较大的技术难度、牵涉面较广的工程技术、机械设备、施工方法问题，需要企业或分公司、项目负责人为质量管理小组活动提供一定的施工技术、资金条件，因此难以自下而上组建。还有一些管理型质量管理小组，由于其活动课题也是自上而下确定的，因此通常也采取这种程序组建。这样组建的质量管理小组，一方面容易紧密结合企业的方针目标，抓住关键课题能给企业和质量管理小组成员带来直接的经济效益，同时，由于有领导与技术人员参与，活动易得到人力、物力、财力和时间的保证，利于取得成效；但另一方面，这种方式组建的小组成员易产生“完成任务”的被动感觉，从而影响其对活动的主动性和积极性。

(3) 上下结合的组建程序，这是介于上述两种方式之间的一种，它通常是由上级推荐课题范围，下级讨论认可，上下协商来组建，其主要涉及组长和组员人选的确定、课题内容的初步选择等问题，其他程序与前两种相同，这样组建的活动小组可取前两种所长，避其所短，应积极倡导。

质量管理小组的注册登记是质量管理小组组建的最后一项工作，建筑业质量管理小组活动主管部门负责注册登记表的登记编号和统一保管，并将其纳入企业年度质量管理小组活动管理计划，便于刚开展小组活动时得到各级领导和有关部门的支持和服务，以及参加各级优秀质量管理小组的评选。为检查和督促质量管理小组活动的情况，质量管理小组注册后每年要进行一次重新登记，以便确认该质量管理小组是否还存在，或有什么变动。对停止活动持续半年的质量管理小组予以注销。在质量管理小组注册登记的同时，还要进行其活动课题的注册登记，即在每选定一项活动课题开展活动之前，都要进行一次课题的注册登记，两者不可混淆。

5.4.4 质量管理小组活动的推进

5.4.4.1 制订推进计划

施工企业质量管理小组活动的主管部门根据上一年度质量管理小组活动情况进行总结分析，结合本年度现状和经营方针、目标要求，制定本年度推动方针和计划，以明确本年度质量管理小组活动推进的力度、重点和步骤，质量管理小组数量的发展，质量管理小组成员的质量教育，质量管理小组活动的指导，企业内质量管理小组成果发表与经验交流以及外出参加学习、交流等计划安排，循序渐进地推进企业质量管理小组活动更广泛深入、健康持久地发展。

5.4.4.2 抓好培训教育工作

为培养一批懂质量管理理论、能指导开展质量管理小组活动、会评价质量管理小组活动成果的质量管理小组骨干，更好地推动企业开展质量管理小组活动，主管质量管理小组的部门要善于在工作中及时发现那些质量意识较强、热衷于不断改进质量的积极分子，有意识地对他们进行培养教育，使他们比别人先学一步。培训教育的考核成绩存入职工技术档案，可作为技术考核的依据。企业根据实际需要，对从事质量管理小组活动的管理者、小组成员以及职工进行有计划、分层次的培训。每年教育培训时间由企业安排。对暂不具备培训条件的企业可组织其参加上级的培训班学习，以不断扩大质量管理队伍，丰富和更新相关理论知识，推进企业质量管理小组活动。

5.4.4.3 创造开展活动的环境条件

各级政府建立了质量管理小组的领导组织并进行宏观指导与推进，企业各级领导要为质量管理小组开展活动提供必要的条件以创造良好的环境，鼓励质量管理小组积极开展多种形式的活动。施工企业开展质量管理小组活动的基本条件包括以下几方面：

(1) 领导对质量管理小组活动，在思想上重视，在行动上支持。促进质量管理小组活动广泛、健康地持续发展，是企业领导与有关管理部门(包括工会、共青团、质量管理及工程技术部门)的职责，各级领导要高度重视，热情支持，积极引导，并把它作为企业取得成功的关键要素来抓。例如：把质量管理小组纳入企业质量工作计划，制定并坚持鼓励开展质量管理小组活动的政策，如在评优、评职称时给予加分，把开展质量管理小组活动与个人利益紧密挂钩，在企业中设专职或兼职人员负责管理质量管理小组活动；在质量工作会议上积极宣传质量管理小组活动的意义，领导积极参加质量管理小组活动成果发表会，鼓励开展质量管理小组活动等，在企业内部形成推动开展质量管理小组活动的气氛。

(2) 全员树立质量管理小组活动意识，只有当广大职工群众对开展质量管理小组活动的意义有了认识，并产生了参加质量管理小组活动的愿望和要求时，质量管理小组活动才能成为广大职工的一种自觉主动的行为。为此，应认真开展质量管理教育，提高广大职工的质量意识、问题意识、改进意识和参与意识，为企业的质量管理小组培养和建立较广泛的群众基础。

(3) 建立健全质量管理小组活动规章制度。为使企业质量管理小组活动持续、健康地发展，企业应将质量管理小组活动作为质量体系的一项重要组成要素，对质量管理小组组建、注册登记、活动、管理、培训、成果发表、评选和奖励等制定相应的规章制度，具体可参照国家经贸委、财政部、中国科协、全国总工会、共青团中央、中国质量协会联合颁发的《关于推进企业质量管理小组活动意见》的相关规定，以更好地指导企业质量管理小组活动。

(4) 对质量管理小组活动给予具体指导。企业领导、技术和质量管理部门应给予质量管理小组具体的指导，特别在组建阶段，帮助小组选好课题。要注重对小组活动现场活动流程、方法等管理技术，各种调查数据的收集、保存，以及活动记录等方面的指导。关注活动课题、现状分析、对策措施、实施情况、数据处理及出席人员等内容，确保其活动的真实性、有效性、多样性和灵活性。要关注质量管理小组活动与岗位业务、与工程项目管理、与建筑业技术创新及应用相结合。施工企业行政组织应充分发挥协调作用，使质量管理小组活动融于企业各项活动之中。

5.4.5　质量管理小组活动的管理技术

质量管理小组活动的基本特征是解决现场存在的问题，不断进行质量改进和创新，要解决所存在的问题，必须运用专业技术和管理技术。专业技术指某一专业领域内的技术，管理技术则是指在度量改进过程中所运用的程序、依据和方法，只有将三者有机地结合起来，才能确保质量管理小组活动有效推进，最终达到事半功倍的效果。根据需要解决问题，专业技术涉及不同专业领域，不具备共性，而管理技术则具有共性，是每个质量管理小组活动必须掌握和应用的。质量管理小组活动涉及的管理技术主要包括以下三个方面：运用 PDCA 的过程方法解决问题；以事实和数据作为决策依据；合理使用统计方法，进行分析和判断。

5.4.5.1　PDCA 循环的过程方法

PDCA 的过程方法也可描述为 PDCA 循环，PDCA 循环又叫戴明环，是管理学中的一个通用模型，最早由休哈特(Walter A. Shewhart)于 1930 年构想，后来经美国质量管理专家戴明(Edwards Deming)博士在 1950 年再度挖掘和广泛宣传，并运用于持续改善产品质量的过程。PDCA 循环是能使任何活动有效进行的一种合乎逻辑的工作程序，特别是在质量管理中得到了广泛的应用，它是全面质量管理所应遵循的科学程序。全面质量管理活动的全部过程就是质量计划的制订和组织实现的过程，这个过程就是按照 PDCA 循环周而复始运转的。

5.4.5.2　PDCA 循环的内容

PDCA 是英语单词 Plan、Do、Check 和 Action 的第一个字母的缩写，PDCA 循环就是按照这样的顺序进行质量管理，并且循环不止地进行下去的科学程序。P、D、C、A 四个英文字母所代表的意义如下：P(Plan)—计划，包括方针和目标的确定以及活动计划的制订；D(Do)—执行，执行就是具体运作，实现计划中的内容；C(Check)—检查，就是要总结执行计划的结果，分清哪些对了，哪些错了，明确效果，找出问题；A (Action)—行动或处理，对总结检查的结果进行处理，成功的经验加以肯定并适当推广，予以标准化或制定作业指导书，便于以后工作时遵循；失败的教训也要总结以免重现，对于没有解决的问题应提给下一个 PDCA 循环中去解决。以上四个过程不是运行一次就结束，而是周而复始地进行，一个循环完了，解决一些问题，未解决的问题进入下一个循环，如此循环反复，阶梯式上升。PCDA循环实际上是有效进行任何一项工作的合乎逻辑的工作程序，因此，在现代综合体工程质量管理中是质量管理的最基本方法。

5.4.5.3 PDCA循环的特点

(1) 连续循环阶梯上升模式

按照顺时针的方向不停地旋转，每转一个循环上一个台阶，也就是按PDCA顺序前进，每循环一次，产品、服务、工作质量就提高一步达到一个新的水平，在新的水平上再进行PDCA循环就又可以达到一个更高的水平，同时大循环套小循环，在不同阶段不同层次中存在各自的PDCA循环，大环推动小环，小环保证大环，互相制约、互相促进，形成综合循环体系。全面质量管理活动的运转，离不开管理循环的转动，即改进与解决质量问题，赶超先进水平的各项工作，都要运用PDCA循环的科学程序。无论提高产品或施工质量，还是减少不合格品，即质量提高到什么程度、不合格品率降低多少，需要有个计划；这个计划不仅包括目标，而且包括实现这个目标需要采取的措施；计划制定之后就要按照计划进行检查，看是否实现了预期效果，有没有达到预预期的目标；通过检查找出问题和原因；最后进行处理将经验和教训制定成标准并最终形成制度。作为全面质量管理体系运转的基本方法，PDCA循环也称为质量管理小组的科学思维理论，是质量管理小组的灵魂。在质量管理小组活动中按照这样的方法思考问题，将会起到事半功倍的效果。

(2) 以事实为依据和用数据说话

“以事实为依据，用数据说话”，这是质量管理小组活动必须遵循的理论基础，在PDCA活动程序中，每一个步骤都相互衔接，强调严密的逻辑性，每一个步骤的终点都必须为下一步骤提供事实依据。小组为什么选择这样的课题？目标为什么要制定得这么高？问题的症结在哪里？众多的末端原因中为什么确定了是这几条主要原因？所制定的每一条对策是否达到预期的效果？这些都应从事物所呈现出的表象中，采集确凿的数据加以客观地推导判断，环环相扣。提供的依据均以事实为基础的数据作为支撑，而不是拍脑袋、凭感觉，主观分析判断。为了体现证据的客观性和科学性，必须“以事实为依据，用数据说话”，它贯穿于小组活动的始终。

(3) 运用统计方法进行分析和判断

应用统计方法进行分析和判断是开展质量管理小组活动的重要特征之一，统计方法在小组活动中得到了不断地拓展和应用。“新老七种工具”及其他统计方法成为质量管理小组活动的重要方法和基本工具。近年来，随着工程建设行业小组活动的推广和深入，一些统计方法在小组活动中的应用已经非常普遍。

所谓统计方法是指有关收集、整理、分析和解释统计数据，并对其所反映出的问题作出一定结论的方法。在小组活动中，为取得成果，需要收集大量的数据，通过运用统计方法对庞杂的数据进行整理、分析，以直观、准确地反映出症结所在。比如，要判断总体质量，如不能做到全数检验时，需要随机抽取一定数量作为样本，通过样本的质量状况来判断总体的质量水平。在优选一些参数试验验证时，为做到试验次数最少而得到参数最佳，就需要运用统计方法来找出质量波动的状态和优化实验方案。工程建设行业统计方法的应用无处不在，为了了解和掌握工程质量的波动状态，如工程施工过程中的分项工程质量抽样检查、原材料进厂检验、机件加工过程中的质量检查等，都可以根据质量关注点的不同而合理选用相应的统计方法进行分析和判断。统计方法的应用充分体现了质量管理小组活动的科学性，熟练合理地应用统计方法，为科学、正确地开展活动奠定了基础，也为小组成员培养质量管理意识、激发质量管理潜能完成必要的准备。

5.5　质量管理小组(QC 小组)实例

5.5.1　题目

提高梁柱斜交节点一次检查合格率

5.5.2　前言

造型美观、形态各异的建筑结构体现着建筑物的艺术与品质，而新颖、清晰、美观的结构布局是产生梁柱斜交节点的直接原因，梁柱交错具有布置数量不一、夹角数量不等、截面尺寸各异的特点，这些是施工控制的重点与难点。由于梁柱斜交节点构造较为复杂、施工工艺要求较高，其一次检验不合格率明显高于普通梁柱节点。从 2011 年 7 月恒力大厦项目部制订了梁柱斜交节点一次检验合格率提高至 97%的质量目标，在质量提升的压力下，解决梁柱斜交节点的质量问题已十分迫切。

5.5.3　术语

梁柱斜交节点：是指一柱多梁，交错布置，最少两梁一柱，最多五梁一柱，且梁、柱横截面尺寸可不同，具有良好的承载力性能，可节省室内有限空间，其施工工艺较为复杂，梁柱斜交节点的构造如图 5.1 所示：

图 5.1　一次检验质量合格梁柱斜交节点构造

5.5.4　小组概况

表 5.4　我国部分较有代表性的城市综合体项目一览表

小组名称	宿迁恒力大厦项目超越 QC 小组				
成立时间	2011.05	课题类型	现场型	注册编号	QC—2011—0510
注册时间	2011.05	活动次数	5 次/月	活动时间	2011.05—2012.07

续表

<table>
<tr><td>小组名称</td><td colspan="5">宿迁恒力大厦项目超越 QC 小组</td></tr>
<tr><td>小组人数</td><td>10 人</td><td>组　长</td><td>陈兆建</td><td>副组长</td><td>张　华</td></tr>
<tr><td colspan="3">全面质量管理(TMQ)培训时间</td><td colspan="3">2011 年月平均 8 小时/人</td></tr>
<tr><td>小组成员</td><td>学 历</td><td>岗 位</td><td colspan="3">组员结构饼分图</td></tr>
<tr><td>陈兆建</td><td>高级工程师</td><td>项目经理</td><td colspan="3" rowspan="10">小组组成人员饼分图
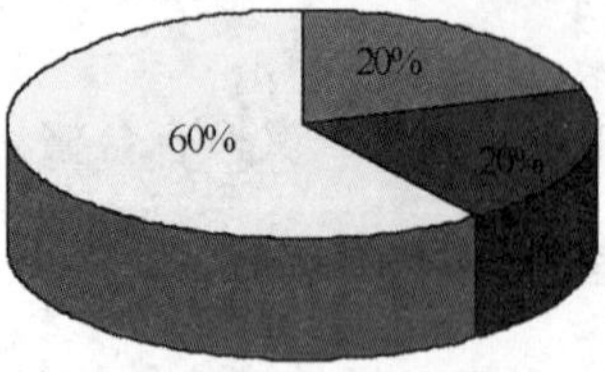

其中:管理人员 2 人,占 20%;
技术负责人员 2 人,占 20%;
相关技术人员 6 人,占 60%</td></tr>
<tr><td>张　华</td><td>工程师</td><td>项目副经理</td></tr>
<tr><td>黄锡辉</td><td>工程师</td><td>技术负责人</td></tr>
<tr><td>陆正星</td><td>助工</td><td>质量负责人</td></tr>
<tr><td>刘迎建</td><td>助工</td><td>资料员</td></tr>
<tr><td>王德江</td><td>工程师</td><td>质检员</td></tr>
<tr><td>宋劭胤</td><td>助工</td><td>施工员</td></tr>
<tr><td>宋　林</td><td>助工</td><td>安全员</td></tr>
<tr><td>郑志均</td><td>助工</td><td>材料员</td></tr>
<tr><td>王金山</td><td>高级技工</td><td>施工员</td></tr>
</table>

本 QC 小组近年来取得的成果

序号	时 间	成果主要内容及等级
1	2008 年	《提高穿现浇楼面管道处渗漏质量合格率》QC 成果,获上海市工程建设系统三等奖
2	2009 年	《降低商场屋面防水卷材质量不合格率》QC 成果,获上海市工程建设系统二等奖
3	2010 年	《提高蒸压加气混凝土砌块墙体质量合格率》QC 成果,获上海市工程建设系统三等奖
4	2011 年	《运用 QC 法解决地下室后浇带处渗漏质量通病》QC 成果,获全国工程建设优秀 QC 成果奖

活动涉及的主要工艺流程:

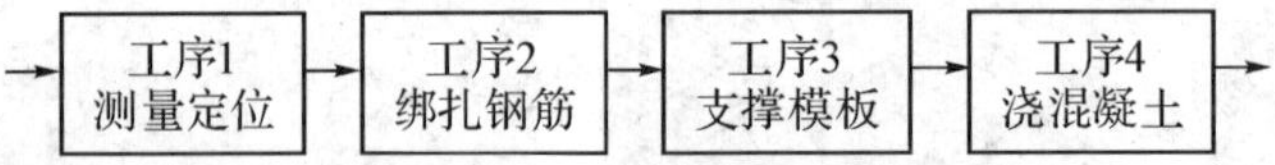

图 5.2　梁柱斜交节点施工涉及的主要施工工艺

5.5.5　选题理由

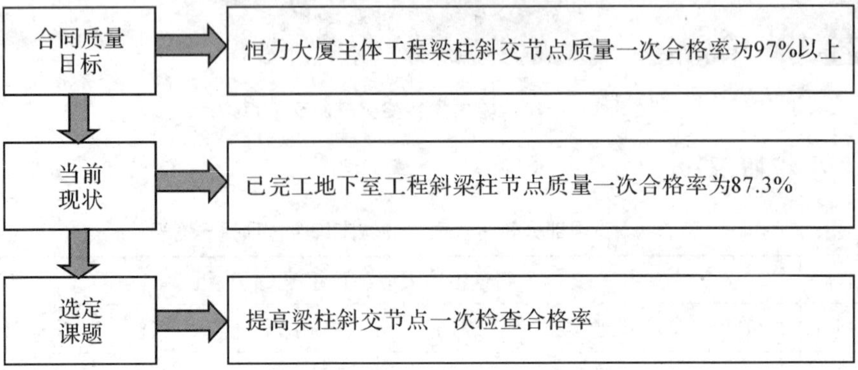

5.5.6 现场调查

调查 1：小组首先对 2011 年 12 月份前已完工的地下室梁柱斜交节点的质量进行检查，其调查统计分析如表 5.5 所示：

表 5.5　现场调查结果统计表

序号	检查项目	检查频数	合格频数	超标频数	超标的不合格质量表现	所占超标频率（%）	累计频率（%）	合格率（%）
1	原材料配合比	12	12	0		0	0	87.3
2	混凝土强度	18	18	0		0	0	
3	混凝土外观质量	50	40	10	模板质量 6 处 钢筋绑扎 3 处 其他因素 1 处	38.5	38.5	
4	截面的尺寸	35	31	4	模板质量 2 处 钢筋绑扎 1 处 混凝土浇筑 1 处	15.4	53.9	
5	垂直度	30	27	3	模板质量 1 处 钢筋绑扎 1 处 测量影响 1 处	11.5	65.4	
6	平整度	30	27	3	模板质量 2 处 钢筋绑扎 1 处	11.5	76.9	
7	钢筋的保护层	15	12	3	模板质量 2 处 钢筋绑扎 1 处	11.5	88.4	
8	标高	15	12	3	模板质量 1 处 测量影响 2 处	11.6	100	
9	合计	205	179	26		100		

调查 2：小组对一次检查结果的项目进行分析归纳，形成与梁柱斜交节点施工工序中关键施工控制点相关的质量项目，其统计结果如表 5.6 所示：

表 5.6　基于调查表 5.5 结果的工序质量项目统计表

序号	施工工序的项目	检查处的数量	合格处数量	超标处数量	超标频数	所占超标频数（%）	累积频数（%）
1	模板施工质量	90	76	14	14	53.8	53.8
2	钢筋绑扎质量	60	53	7	7	26.9	80.7
3	混凝土浇筑质量	30	28	2	2	7.7	88.4
4	测量因素	15	13	2	2	7.7	96.1
5	其他	10	9	1	1	3.9	100
6	合计	205	179	26	26		

根据调查表5.6的结果，整理分析并形成梁柱斜交节点质量缺陷排列图，如图5.3所示：

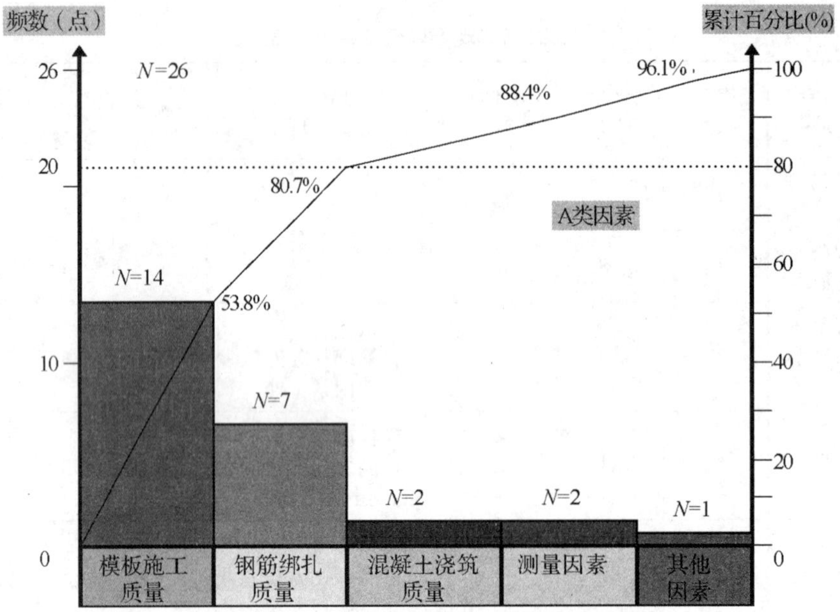

图5.3　梁柱斜交节点质量缺陷排列图

对统计结果进行分析，由图5.3质量缺陷排列图可知，模板的施工质量及钢筋的绑扎质量问题累计频率达到80.7%，属于A类因素，其为影响斜梁柱混凝土成型的主要质量问题。

经本小组研究讨论认为斜交梁柱节点质量合格率可保证在97%以上，争创优质结构工程，其初步计算过程如下：[1 050−205×(1−87.3%)]÷1 050=97.5%，
其中，该工程的梁柱斜交节点的总个数为1 050个，因此，确定合格率为97%的质量目标合理、可行。

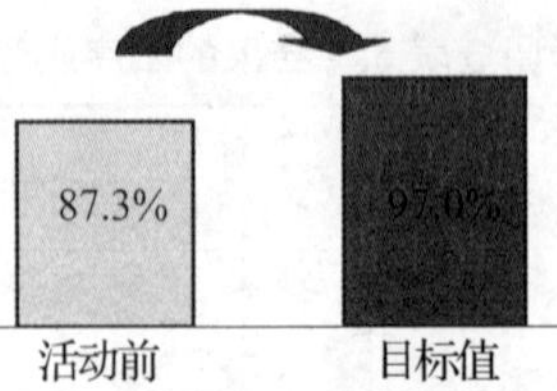

图5.4　梁柱斜交节点质量目标值柱状图

5.5.7　原因分析

通过现状调查分析统计表、排列图可以看出，影响斜交梁柱混凝土成型质量的主要因素包括模板的施工质量、混凝土浇筑质量以及钢筋绑扎质量，因此，要提高斜交梁柱节点混凝土的施工质量、实现目标值，关键在于要从“人、机、料、法、环以及测量”六方面进

行剖析，找出影响模板施工质量及钢筋绑扎质量的主要因素及末端因素，其因果关系如图 5.5 所示：

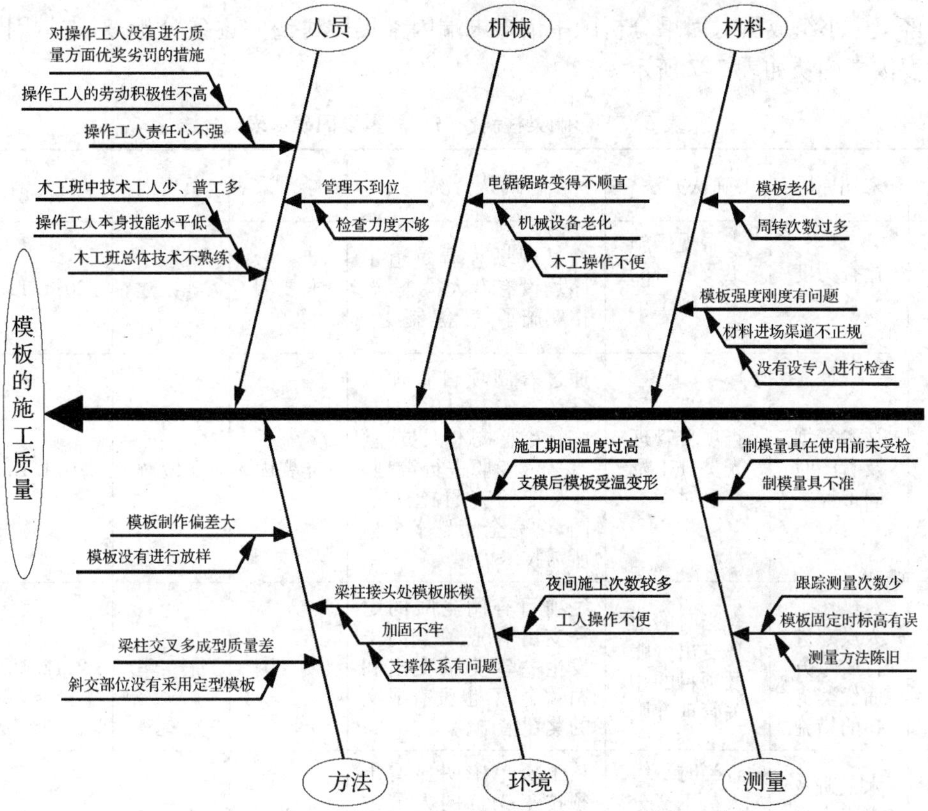

图 5.5　影响梁柱斜交节点模板施工质量的因果关系图

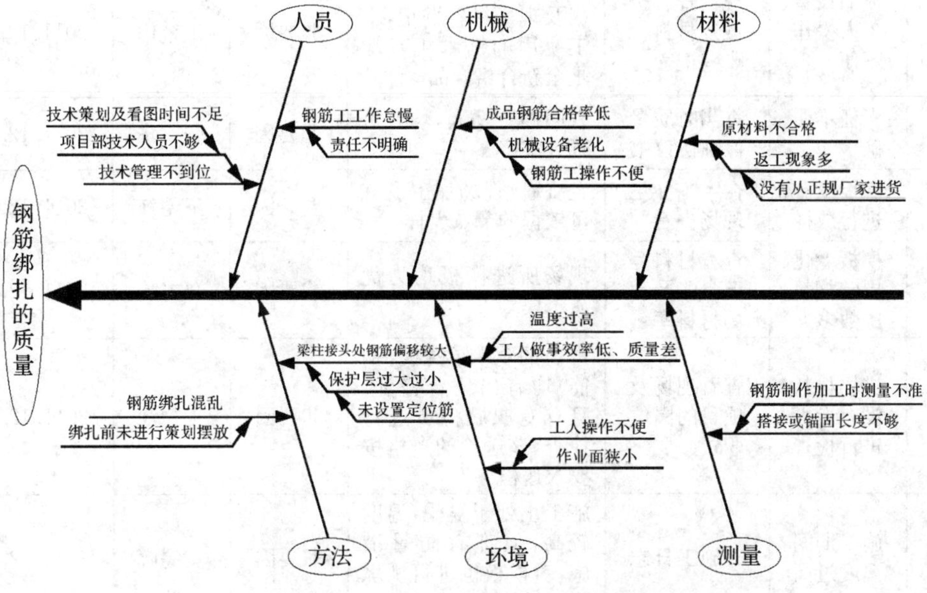

图 5.6　影响梁柱斜交节点钢筋绑扎施工质量的因果关系图

5.5.8 要因确认

经 QC 小组成员对因果分析图中诸多末端因素集体讨论并逐条分析，对末端因素中的主要因素确认如表 5.7 所示：

表 5.7 影响梁柱斜交节点质量要因确认表

序号	末端原因	确认方法	确认情况	结 果	负责人	完成时间
1	检查力度不够	查看现场施工及项目的工程施工记录	通过现场查看每道工序均设有专人检查，严格实施了“三检”制度	非要因	陈兆建	2011.12.16
2	技术策划及看图时间不够	查项目管理人员分工及作息时间	通过查阅项目管理人员的分工，项目上配有4个专业技术人员，且有2人专职进行策划，2人专门查看施工蓝图，已完全满足本工程所需技术力量	非要因	黄锡辉	2011.12.15
3	对操作工人没有进行质量方面优奖劣罚的措施	查当时的财务支出台账及项目的相关管理准则	经项目查阅当时的财务支出情况，在当时未发生一笔奖励支出和罚款金额，也没有成文的奖罚措施	要 因	张 华	2012.12.16
4	木工班技术工人少普工多	查当时班组人员工资分配的技术工人比例状况	从工资单中明显看出领技工工资的人员占普工工资人员的70%，已经达到要求	非要因	陆正星	2011.12.15
5	成旧设备、工人操作不便	现场查看机械及材料台账登记表	通过查阅项目现场机械及现场材料登记，木工使用的锯木机具均是全新合格产品	非要因	王金山	2011.12.18
6	责任不明确	查当时质量保证协议书	有明确责任人，均有负责人签字	非要因	张 华	2011.12.17
7	模板没有进行放样	在木工加工现场查看	经查看，现场加工没有可依据的节点大样	要 因	王德江	2011.12.19
8	模板老化、周转材料次数多	查看材料登记台账及现场材料库	现场所进模板均为优质木模	非要因	郑志均	2011.12.18
9	进场材料没有专人进行检查	查看现场及项目的岗位职责	进场的材料(模板、钢筋)均有出厂合格证、且有专职质检员进行检查，该送检的严格按要求送检	非要因	王德江	2011.12.18
10	施工期间温度过高	查施工日志	施工正处于夏季，温度较高，但都有防暑措施，对模板也进行洒水降温措施	非要因	黄锡辉	2011.12.20

续表

序号	末端原因	确认方法	确认情况	结　果	负责人	完成时间
11	钢筋下料长度不够	现场实测实量	经检查现场所有钢筋的锚固长度及搭接长度均满足要求	非要因	王德江	2011.12.18
12	钢筋多而密，绑扎前未策划摆放且未设置定位筋	查看技术交底记录	技术交底记录里没有提及具体遇到多梁时该如何对钢筋进行摆放	要　因	黄锡辉	2011.12.19
13	斜交较复杂部位未使用定型模板	现场查看	现场基本上使用的是临时拼合的模板	要　因	黄锡辉	2011.12.18
14	作业面狭小	现场查看	现场施工作业面较为宽阔	非要因	黄锡辉	2011.12.18
15	定位测量方法太传统老套	现场查看	现场所给标高、轴线参照点太少，跟踪测量不及时	要　因	黄锡辉	2011.12.20
16	支撑体系有问题	现场查看及施工作业设计	对支撑的梁柱没有进行验算	要　因	王德江	2011.12.19
17	制模用具未受检	查看材料登记台账	工人所用卷尺等量尺用具都是定期送检合格产品	非要因	宋劭胤	2011.12.19

5.5.9　确定主要原因

通过进一步的验证，找到了影响梁柱斜交节点质量不合格的主要原因是：①对操作工人没有进行质量方面优奖劣罚的措施；②模板没有进行放样；③钢筋多而密，绑扎前未策划摆放且未设置定位筋；④斜交较复杂部位未使用定型模板；⑤定位测量方法太传统老套；⑥支撑体系有问题。

5.5.10　制定对策计划

根据以上确定的要因，制定对策表如表 5.8 所示：

表 5.8　提高梁柱斜交节点质量对策表

序号	要　因	对　策	目　标	措　施	地点	完成时间	责任人
1	对操作工人没有进行质量方面优奖劣罚的措施	对作业工人制定奖惩制度	调动工人的积极性，并培养其高度负责的工作态度	①张贴奖惩制度并严格执行；②屡教不改的队伍责令退场	办公室	12 月 22 日	张　华

续表

序号	要　因	对　策	目　标	措　施	地点	完成时间	责任人
2	模板没有进行放样	①严格按照事前模拟交底进行；②把模板细部处理作为模板施工的重点	模板细部处理合格率要达到95%以上	①明确专人对模板进行放样处理；②严格操作，加强检查；③制定细部处理细则	现场	12月22日	王德江
3	钢筋绑扎前未策划摆放且未设置定位筋	对每个梁柱接头均设置定位筋	确保梁柱接头处钢筋的位置固定不动，保证钢筋的保护层不产生偏大或过小的现象	对每个梁柱接头均设置定位筋。保证箍筋的间距及梁的相对位置	现场	12月25日	黄锡辉
4	斜交较复杂部位未使用定型模板	复杂部位提供节点大样与专业厂家联系生产	保证较为复杂的几个部位全部使用制作精确的定型模板，确保成型质量	①由技术负责人及技术员负责根据蓝图画施工大样；②由材料员负责与厂家落实定型模板的生产	现场生产厂家	12月24日	黄锡辉
5	定位测量方法太传统老套	采用定点焊接标高标志、全程跟踪与测量相结合	确保标高及轴线误差在规范允许的范围内	①在钢筋上焊接标高筋；②使用全站仪定位复杂点。③全程跟踪测量及带线施工	现场	12月24日	黄锡辉
6	支撑体系有问题	利用技术人员对PKPM较为熟悉的优势，对所有的支撑都进行验算	满足安全要求，且施工方便，无污染和浪费	①用PKPM对结构支撑体系进行验算，改进不合格部位；②架子班班组设专人进行检查整改	办公室、现场	12月23日	王德江

5.5.11　实施对策

表 5.9　实施对策(一)

主要因素	对操作工人没有进行质量方面优奖劣罚的措施
实施过程	① 2012 年 1 月 4 日由项目经理张联荣主持召开质量方面的专题会,会上提出奖惩分明的项目管理书,规定质量事故直接责任者、间接责任者与班长的罚款金额及质量方面做得好的奖励金额。由张华同志打印成文,交到每个班组的每个操作工人手上,每个操作人员签字认可后一式二份,自留一份,从此生效实施。②在施工宣传栏设置奖罚专栏,对于受到处罚或得到奖励的施工班组或个人予以公布
目标对照	此后浇注的混凝土拆模后基本上达到清水混凝土的效果

表 5.10　实施对策(二)

主要因素	模板没有进行放样
实施过程	①2012 年 1 月 5 日由技术负责人黄锡辉同志在木工加工房指导木工依照蓝图进行放样,对于不熟悉的工人进行细心指导。②在木工房悬挂严格放样的施工管理制度牌。③在现场进行全面大检查,对于未放样直接固定的模板责令木工全部拆除,重新放样后方可施工。④对木工 2 班不按放样规定执行的进行严肃处理,罚款并责令曹班长更换作业人员
目标对照	形成了放样施工的良性循环势头,成型后的混凝土观感质量好

表 5.11　实施对策(三)

主要因素	斜交较复杂部位未使用定型模板
实施过程	①2012 年 1 月 12 日由项目部技术负责人黄锡辉组织召开技术交流会,对于施工中出现的重难点施工部位(如斜交梁达 5 处),一一从图纸中圈出,列出数量(共计 72 处),然后根据蓝图用 CAD 绘制出节点大样。②把绘制的节点大样交材料员郑志均同志,要其及时与模板厂家联系,制作复杂的定型模板,以保证不影响工期混凝土的成型质量
目标对照	所有的多梁斜交接头及梁柱接头成型质量均很好

表 5.12　实施对策(四)

主要因素	钢筋多而密,绑扎前未策划摆放且未设置定位筋
实施过程	①2012 年 1 月 13 日上午由项目副经理张华召开现场会,会上重要内容就是确保梁柱钢筋的结构位置及箍筋间距不发生偏移,保证钢筋保护层符合规范及设计要求;下午带领质检人员及钢筋班组长对梁柱接头的钢筋定位情况进行全面检查,对于未设立定位筋的位置全部要求重新补焊。(现场均采用ø 10 圆钢进行焊接),对会议所提出的问题形成技术交底文件,下发质检员及钢筋施工班组。②分析施工的重点与难点,注重梁柱节点核心箍的数量,首先由班组长根据设计图纸和具体的规格型号、数量进行逐一核对,无误后再进行钢筋绑扎,混凝土的浇筑。梁板与柱的混凝土设计标号不一致,在混凝土浇筑施工上具体采取梁、板与柱的混凝土分两次进行,在梁板之间设置钢模网封堵,从而确保核心部位浇筑质量及强度符合要求。③多梁相交部位由技术负责人黄锡华同志根据各梁受力特点排出摆放的先后顺序以确保主筋的受力位置
目标对照	经宿迁市建设工程质量检查中心检测,所有钢筋保护层均符合要求,梁柱的位置也控制得非常理性

表 5.13　实施对策(五)

主要因素	支撑体系有问题
实施过程	①项目部依靠 PKPM 软件技术,对整个满堂脚手架的支撑体系及局部加强部位进行验算,经过计算得出:满堂脚手架采用 800 mm×1 000 mm 纵横杆、水平横杆步距 1 500 mm的扣件式钢管脚手架支撑,脚手架底部垫 50 mm×90 mm 木方。对于局部需加强部位采用立杆中部加设钢管及顶部支撑采用双扣件的支撑体系。在搭设的过程中严格按照设计尺寸,确保立杆的垂直偏差小于 15 mm 和横杆的水平偏差小于 20 mm,每个扣件的拧紧力矩在 45～60 N·m。在小组讨论中确定了责任制度,由张联荣同志全面负责,张华同志现场具体指挥落实,其余管理人员负责现场的检查。②对会议所提出的问题形成技术交底文件,下发质检员及钢筋施工班组
目标对照	经宿迁市建设工程质量检测中心检测,所有钢筋保护层均符合要求、梁柱的位置也控制得非常理性,达到了预期的目的

表 5.14　实施对策(六)

主要因素	定位测量方法太传统老套
实施过程	为解决施工面积大、造型复杂给测量带来很大难度的问题,公司及项目部召集其他项目有经验的测量员及施工员,要求他们对本工程献计献策并最终形成一致意见:在所有柱子钢筋与梁交错的上下部位分别焊接标高筋(2 根⌀ 10),同时对复杂部位定期用全站仪进行复核,对于标高及轴线的控制则由测量员全程用水准仪及经纬仪进行跟踪测量
目标对照	本工程的楼面标高及轴线控制得很理想,特别是为大面积混凝土的一次找平技术提供了相当宝贵的经验材料

5.5.12　实施效果检查

(1) 直接效果

经过三个多月的施工,我们会同监理、甲方及宿迁市建设工程质量检测中心于 2012 年 4 月 8 日对拆除模板后的斜交梁柱混凝土成型质量进行了一次全面检查:共检查 240 个点,不合格点数为 6 个,不合格率为 2.5%,即合格率达到 97.5%,达到并超过了预定的 97%的目标,主体结构也于 2012 年 5 月 12 日完成十四层结构施工,比原计划提前 10 天完成计划任务。

(2) 经济效益

活动结束后本小组召集预算员、经济员、会计对经济进行分析,由于在难点部位加强了重点管理,加快了主体施工速度,实现了主体质量创优的目标,节约了机械、脚手架的租赁费,材料、人工减少了浪费,其节约费用构成如下图 5.7 所示,其中累计节约人工费、材料费及机械使用费 4.88 万元,经济效益较为明显。

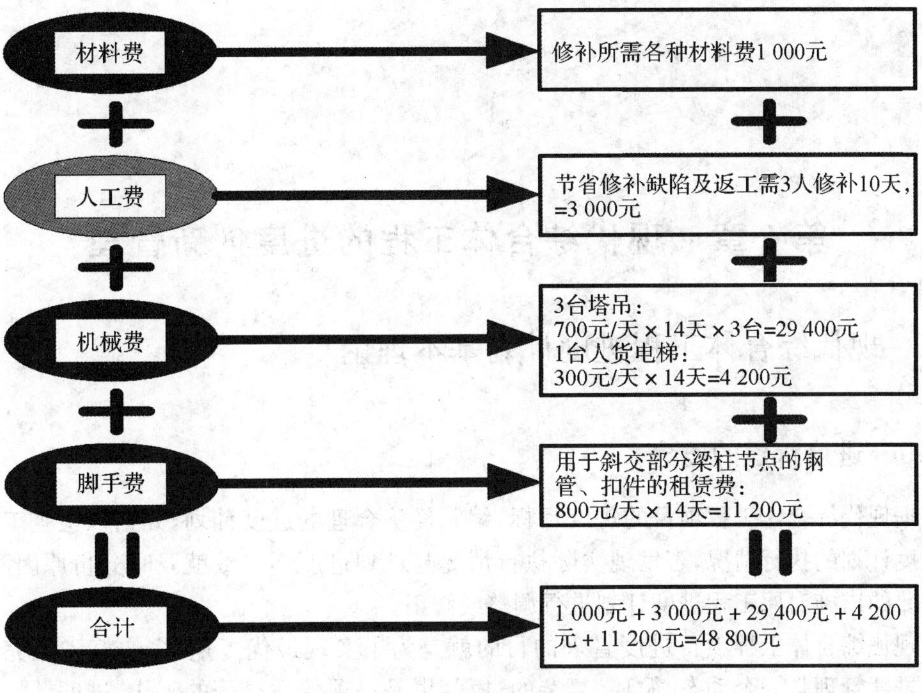

图5.7　节约成本费用构成图

(3) 其他综合效益

提高了项目影响力，因现场的结构实体质量及安全文明施工非常突出，我项目部至目前为止已接待包括市住建局各级领导在内的参观、考察人员100余人次，并形成了较好的社会宣传效应，同时节能环保效益明显。

5.5.13　总结巩固

(1) 巩固措施

通过开展此次QC活动，既提高斜交梁柱的混凝土成型质量，又大大提高了整个结构实体的成型质量完成了预定目标。为巩固本次小组活动所采取的对策与有效措施，通过整理，已经编写了《斜交梁柱混凝土成型施工作业指导书》，并拟进一步编写《斜交梁柱混凝土节点施工工法》申报省级工法，使其成为公司的技术财富并最终应用于以后的工程中。

(2) 活动体会

通过QC活动强化了质量意识，培养了团队的合作与创新意识，使小组每个成员的个人技能进一步提高，达到预期效果。通过此活动，增强了QC小组的团队精神，更加激发了小组成员开展此活动的热情，同时培养了工作务实、进取、勇于创新的精神。在施工管理中使专业与管理技术相结合，同时，充分意识到只有以质取胜，以优取胜，才能更好地树立企业形象，提高企业知名度，占领更广阔的市场。本次QC活动达到了预期目标，并取得了显著的社会效益，深受建筑质量监督单位、甲方及业内单位的认可，也为更好的服务工程实践积累了技术与管理的经验。

第6章　现代综合体工程的进度创新管理

6.1　现代综合体工程进度计划基本理论

6.1.1　进度管理的概念

据现代综合体工程项目的进度目标，编制经济合理的进度计划，并据以检查工程项目进度计划的执行情况，若发现实际执行情况与计划进度不一致就及时分析原因，并采取必要的措施对原工程进度计划进行调整或修正。

现代综合体工程项目进度管理的目的就是为了实现最优工期，多快好省地完成任务。进度管理是一个动态、循环、复杂的过程，也是一项效益显著的工作，进度计划控制的一个循环过程包括计划、实施、检查、调整四个过程。计划是指根据施工项目的具体情况合理编制符合工期的最优计划；实施是指进度计划的落实与执行；检查是指在进度计划实现与执行过程中跟踪检查实际进度，并与计划进度对比分析两者之间的关系；调整是指根据检查对比的结果，分析实际进度与计划进度之间的偏差对工期的影响，采取切合实际的调整措施，使计划进度符合新的实际情况，在新的起点上进行下一轮控制循环，如此循环进行下去，直到完成施工任务。通过进度计划控制可以有效地保证进度落实与执行，减少各单位和部门之间的相互干扰，确保施工项目工期目标以及质量、成本目标的实现。

6.1.2　现代综合体工程项目进度计划系统

现代综合体工程项目进度计划系统的内容主要有以下四个部分：(1) 施工总进度计划。施工总进度计划是根据施工部署中施工方案和工程项目的开展程序，对全工地所有单位工程作出时间上的安排，其目的在于确定各单位工程及全工地性工程的施工期限及开竣工日期，进而确定施工现场劳动力、材料、成品、半成品、施工机械的需求数量和调配情况，以及现场临时设施的数量、水电供应量和能源、交通需求量，所以科学、合理地编制施工总进度计划是保证整个建设工程按期交付使用，充分发挥投资效益并降低建设工程成本的重要条件。(2) 施工准备工作计划。施工准备工作的主要任务是为建设工程的施工创造必要的技术和物资条件，统筹安排施工力量和施工现场。施工准备的工作内容通常包括：技术准备、物资准备、劳动组织准备、现场准备和施工场外准备。为落实各项施工准备工作，加强检查督导，应根据各项施工准备工作的内容、时间和人员编制施工准备计划。(3) 单位工程施工进度计划。单位工程施工进度计划是在既定施工方案的基础上，根据规定的工期和各种资源供应条件，遵循各施工的合理施工顺序，对单位工程中的各施工过程作出时间和空间上的安排，并以此为依据，确定施工作业所必需的劳动力、施工机具和材料的供应计划。因此，合理安排单位工程施工进度，是保证在规定工期内完成符合质量要求的工程任务的重要前提。同时，为编制各种需要量计划和施工准备工作计划提供依据。(4) 分部分项工程进度计划。分部分项工程进度计划是针对工程量较大或施工技术比较复杂的分部分项工程，在依据工程具体情况所制定的施工方案基础上，对其各施工过程所作出的时间安排，如基础土方工程、复杂的基础加固工程、大体积混凝土工程、大型桩基工程、大面积预制构件吊装工程等，均应编制详细的进度计划，以保证单位工程施工进度计划的顺利实施。此外，为了有效地控制建设工程施工进度，施工单位还应编制年度施工计划、季度施工计划和月(旬)作业计划，将施工进度计划细化并形成一个旬保月、月保季、季保年的计划体系。

6.1.3　现代综合体工程项目进度管理目标体系

现代综合体工程项目进度管理总目标是依据施工项目总进度计划确定的，对项目进度管理总目标进行层层分解以便形成实施进度管理、相互制约的目标体系。项目进度目标是从总的方面对项目建设提出的工期要求，但是通过对最基础的分部分项工程的施工进度管理来保证各单位工程或阶段工程进度管理目标的完成，进而实现工程项目进度管理总目标的。因而需要将总进度目标进行一系列的从总体到细部、从高层次到基础层次的层层分解，一直分解到在施工现场可以直接调度控制的分部分项工程或作业过程的施工为止。在分解中，每一层次的进度管理目标都限定了下一级层次的进度管理目标，而较低层次的进度管理目标又是较高一级层次进度管理实现的保证，于是就形成了一个自上而下层层约束，由下而上级级保证，上下一致的多层次的进度管理目标体系，如可以按单位工程或分包单位分解为交工分目标，按承包的专业或按施工阶段分解为完工分目标，按年季、月计划期分解为时间目标等，其基本组成如表 6.1 所示：

表 6.1　现代综合体工程施工进度目标组成图

序号	目标名称	目标的分解及构成
1	施工进度管理总目标	某现代综合体工程动工日期
2	按项目组成分解目标	工程 A 动工日期、工程 B 动工日期
3	按承包单位分解目标	土建工程完工日期、专业安装工程完工日期
4	按施工阶段分解目标	基础完工日期、结构工程完工日期、装修工程完工日期
5	按计划工期分解目标	首期工程进度目标、二期工程进度目标；一季度进度目标、二季度进度目标；一月进度目标、二月进度目标等

6.1.4　现代综合体工程项目进度管理原理

现代综合体工程项目进度管理的原理。建设工程项目进度管理是以现代科学管理原理作为其理论基础的，主要有系统控制原理、动态控制原理、弹性原理和封闭循环原理以及信息反馈原理等。

6.1.4.1　系统控制原理

系统控制原理认为建设工程项目施工进度管理本身是一个系统工程，它包括项目施工进度计划系统和项目施工进度实施系统两部分内容,项目经理必须按照系统控制原理强化其控制全过程,包括:(1) 项目进度计划系统,为做好项目施工进度管理工作,必须根据施工进度管理目标要求制定出项目施工进度计划系统。根据需要计划系统一般包括:施工项目总进度计划、单位工程进度计划、分部和分项工程进度计划以及季、月、旬等作业计划。这些计划的编制对象由大到小,内容由粗到细,将进度管理目标逐层分解,保证了计划管理目标的落实。在执行项目施工进度计划时应以局部计划保证整体计划,最终达到工程项目进度管理目标。(2) 项目进度管理组织系统,为了保证施工项目按进度实施,还有一个项目进度的检查控制系统,自公司经理、项目经理一直到作业层都设有专门职能部门或人员负责检查汇报,统计整理实际施工进度的资料,并与计划进度比较分析和进行调整。当然不同层次人员负有不同进度管理职责,分工协作并形成一个纵横连接的施工项目控制组织系统。事实上有的领导可能是计划的实施者又是计划的控制者,实施是计划控制的落实,控制是计划按期实施的保证。(3) 项目进度实施组织系统,施工项目实施全过程的各专业队伍都是遵照计划规定的目标去努力完成一个个任务的,施工项目经理按照施工进度定的要求对有关劳动调配、材料设备、采购运输等各职能部门进行严格管理、抓落实、抓各自任务的完成。施工组织各级负责人,从项目经理到施工队长、班组长及其所属全体成员组成了施工项目实施的完整组织系统。

6.1.4.2 动态控制原理

现代综合体工程项目进度管理随着施工活动向前推进,根据各方面的变化情况应进行适时的动态控制,以保证计划符合变化的情况。同时,这种动态控制又是按照计划、实施、检查、调整这四个不断循环的过程进行的。在项目实施过程中,可分别以整个施工项目、单位工程、分部工程或分项工程为对象,建立不同层次的循环控制系统,并使其循环下去,这样每循环一次其项目管理水平就会提高一步。

6.1.4.3 弹性原理

现代综合体工程项目进度计划工期长、影响进度的原因多,其中有的已被人们掌握,因此要根据统计经验估计出影响的程度和出现的可能性,并在确定进度目标时进行实现目标的风险分析。在计划编制者具备了这些知识和实践经验之后,编制施工项目进度计划时就会留有余地,使施工进度计划具有弹性。在进行工程项目进度管理时,便可以利用这些弹性,缩短有关工作的时间或者改变它们之间的搭接关系,如检查之前拖延了工期,通过缩短剩余计划工期的方法,仍能达到预期的计划目标,这就是工程项目进度管理中对弹性原理的应用。

6.1.4.4 封闭循环的原理

现代综合体工程项目进度管理是从编制项目施工进度计划开始的,由于影响因素的复杂和不确定性,在计划实施的全过程中需要连续跟踪检查,不断将实际进度与计划进度进行比较,如果发生偏差,应在分析其产生的原因后采取相应的解决措施和办法,对原进度计划进行调整和修订,然后再制定一个新的计划执行。这个由计划、实施、检查、比较、分析、纠偏等环节组成的过程形成了一个封闭循环回路,而建设工程进度管理的过程就是在许多这样的封闭循环中得到有效的不断调整、修正及纠偏,最终实现总目标的过程,其中,现代综合体工程项目进度管理的封闭循环原理如图 6.1 所示:

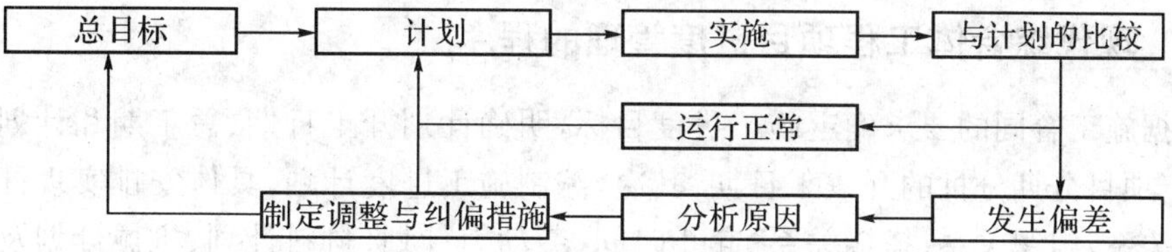

图 6.1　现代综合体工程项目进度管理的封闭循环管理

6.1.4.5　信息反馈的原理

信息反馈原理,反馈是控制系统把信息输送出去,又把其用结果返送回来,并对信息的再输出施加影响,起到控制作用以达到预期目的。现代综合体工程项目进度管理的过程实质上就是对有关施工活动和进度信息不断搜集、加工、汇总、反馈的过程。施工项目信息管理中心要对搜集的施工进度和相关影响因素的资料进行加工分析,由领导作出决策后向下发出指令,指导施工或对原计划作出新的调整、部署;基层作业组织根据计划和指令安排施工活动,并将实际进度和遇到的问题随时上报。每天都有大量的内外部信息、纵横向信息流进流出,因而必须建立健全工程项目进度管理的信息网络,使信息准确、及时、畅通、反馈灵敏和有力,以便能正确运用信息对施工活动进行有效控制,这样才能确保施工项目的顺利实施和如期完成。

6.1.5　现代综合体工程项目进度管理目标

在确立现代综合体工程项目进度管理目标时,必须全面、细致地分析与现代综合体工程有关的各种有利因素和不利因素,只有这样才能制定出一个科学、合理的进度管理目标。确定施工进度管理目标的主要依据有:(1) 现代综合体工程总进度目标对施工工期的要求。(2) 工期定额、类似工程项目的实际速度。(3) 工程难易程度和工程条件的落实情况等。

在确定施工进度分解目标时,还要考虑到对于大型现代综合体工程项目应根据尽早提供可动用单元的原则,集中力量分期分批建设以便尽早投入使用,尽快发挥投资效益。这时,为保证每一动用单元能形成完整的生产能力,就要考虑这些动用单元交付使用时所必需的全部配套项目。因此,要处理好前期动用和后期建设的关系、每期工程中主体工程与辅助附属工程之间的关系等。在确定进度管理目标时需要结合工程的特点,参考同类建设工程的经验来确定施工进度目标,避免只按主观愿望盲目确定进度目标,从而在实施过程中造成进度失控,也做好资金供应能力、施工力量配备、材料、构配件、设施等材料的供应能力与施工进度的平衡工作,确保工程进度目标的要求而不使其落空。考虑外部协作条件的配合情况,包括施工过程中及项目竣工动用所需的水、电、气、通讯、道路及其他社会服务项目的满足程度和满足时间,他们必须与有关项目的进度目标相协调。需要考虑工程项目所在地区地形、地质、水文、气象等方面条件。合理安排土建与设备的综合施工,要按照它们各自的特点合理安排土建施工与设备基础、设备安装的先后顺序及搭接、交叉或平行作业,明确设备工程对土建工程的要求和土建工程为设备工程提供施工条件的内容及时间。

6.1.6 现代综合体工程项目进度管理的程序

根据施工合同的要求确定施工进度目标，明确计划开工日期、总工期和计划竣工日期，确定项目分期分批的开竣工日期；其次，编制施工进度计划，具体安排实现计划目标的工艺关系、组织关系、搭接关系、起止时间、劳动力计划、材料计划、机械计划及其他保证性计划，分包人负责根据项目施工进度计划编制分包工程计划；再次，进行计划交底，落实责任，并向监理工程师提出开工申请报告，按监理工程师开工令确定的日期开工；最后，实施施工进度计划，待全部任务完成后进行进度管理总结并编写进度管理报告。

在实施过程中，项目经理应通过施工部署、组织协调、生产调度和指挥、改善施工程序和方法的决策等，应用技术、经济和管理手段实现有效的进度管理。项目经理部首先要建立进度实施、控制的科学组织系统和严密的工作制度，然后依据工程项目进度管理目标体系，对施工的全过程进行系统控制。正常情况下，进度系统应发挥监测、分析职能并循环运行，即随着施工活动的进行，信息管理系统会不断地将施工实际进度信息，按信息流动程序反馈给进度控制者，经过统计整理和比较分析后，确认进度无偏差则系统继续运行，一旦发现实际进度与计划进度有偏差，系统将发挥调控职能分析偏差产原因，及对后续施工和总工期的影响。必要时可对原计划进度做出相应的调整，提出纠正偏差的方案和实施技术、经济、合同的保证措施，以及取得相关单位支持与配合的协调措施，确认切实可行后将调整后的新进度计划输入到进度实施系统，施工活动继续在新的控制下运行。当新的偏差出现后，再重复上述过程，直到施工项目全部完成。进度管理系统也可以处理由于合同变更而需要进行的进度调整。

6.1.7 流水施工作业的原理

流水施工是将拟建工程项目的整个建造过程分解成若干个施工过程，也就是划分成若干个工作性质相同的分部、分项工程或工序，同时将拟建工程项目在平面上划分成若干个劳动量大致相等的施工段；在竖向上划分成若干个施工层，按照施工过程分别建立相应的专业工作队；各专业工作队按照一定的施工顺序投入施工，在完成第一个施工段上的施工任务后，在专业工作队的人数、使用的机具和材料不变情况下，依次地、连续地投入到第二、第三……直到最后一个施工段的施工，在规定的时间内完成同样的施工任务；不同的专业工作队在工作时间上最大限度地、合理地搭接起来；当第一施工层各个施工段的相应施工任务全部完成后，专业工作队依次地、连续地投入到第，第三……施工层，保证拟建工程项目的施工全过程在时间上、空间上，有节奏、连续、均衡地进行下去，直到完成全部施工任务。

流水施工的特点：科学地利用工作面进行施工，工期比较短；各工作队实现了专业化施工，有利于提高技术水平和劳动生产率，也有利于提高工程质量；专业工作队能够连续施工，同时，相邻专业队的开工时间能最大限度地搭接；单位时间内投入的劳动力、施工机具、材料等资源量较为均衡，有利于资源供应的组织工作；为施工现场的文明施工和科学管理创造了有利条件。现代综合体工程项目施工过程中，采用流水施工所需的工期比较短，资源消耗的强度比专业班组平行施工少，各个专业班组能够实现连续、均衡地施工，前后施工过程尽可能平行搭接施工，能比较充分利用施工工作面。

流水施工方式是一种先进、科学的施工方式，由于在工艺过程划分、时间安排和空间布置上进行统筹安排，将会体现出优越的经济效果，其具体可归纳为：由于流水施工的连续性，减少了专业工作的间隔时间，达到了缩短工期的目的，可使拟建工程项目尽早竣工，交付使用，发挥投资的效益；便于改善劳动组织，改进操作方法和施工机具，有利于提动生产率；专业化的生产可提高工人的技术水平，使工程质量相应提高；工人技术水平和劳动生产率的提高，可以减少用工量和临时设施的建造量，降低工程成本和提高利润水平；可以保证施工机械和劳动力得到充分、合理的利用；由于工期短、效率高、用人少、资源消耗均衡，可以减少现场管理费和物资消耗，实现合理储存与供应，有利于提高项目经理部的综合经济效益。

6.1.8　现代综合体工程项目进度计划的实施

6.1.8.1　进度计划实施的要求

经批准的进度计划应向执行者进行交底并落实责任，进度计划执行者应制定实施计划方案，在实施进度计划的过程中应进行下列工作：跟踪检查并收集实际进度数据；将实际数据与进度计划进行对比；分析计划执行的情况；对产生的进度变化采取相应措施进行纠正或调整计划；检查措施的落实情况；进度计划的变更必须与有关单位和部门及时沟通。

6.1.8.2　进度计划实施的步骤

为保证施工项目进度计划的实施，并且尽量按照编制的计划逐步实现，工程项目进度计划的实施应按以下步骤进行。

(1) 向执行者进行交底并落实责任，把计划贯彻到项目经理部的每一个岗位、每一个职工，要保证进度的顺利实施，就必须做好思想准备工作和计划交底工作。项目经把进度计划讲解给广大职工，让他们心中有数，并且要提出措施。针对贯彻进度计划中的困难和问题，提出克服这些困难解决这些问题的方法和步骤。为保证进度计划的贯彻执行，项目管理层和作业层都要建立严格的岗位责任制，要严肃纪律、奖罚分明，项目经理部内部积极推行生产承包经济责任制，贯彻按劳分配的原则，使职工群众的物质利益同项目的经营成果结合起来，激发群众执行进度计划的自觉性和主动性。

(2) 制订实施方案，进度计划执行者应制定工程项目进度计划的实施计划方案，具体就是编制详细的施工作业计划。由于施工活动的复杂性，在编制施工进度计划时，不可能考虑到施工过程中的一切变化情况，因而不可能一次安排好未来施工活动中的全部细节，所以施工进度计划还只能是比较概括的，很难作为施工任务的依据。因此，还必须有更为符合当时情况、更为细致具体的、短时间的计划，这就是施工作业计划。施工作业计划是根施工组织设计和现场具体情况，灵活安排、平衡调度，以确保实现施工进度和上级规定的各项指标任务的具体的执行计划。施工作业计划一般可分为月作业计划和旬作业计划，施工计划一般应包括以下三个方面内容：明确本月(旬)应完成的施工任务，确定其施工进度，月作业计划应保证年、季度计划指标的完成；根据本月(旬)施工任务及其施工进度编制相应的资源需要量计划；结合月(旬)作业计划的具体实施情况，落实相应的提高生产率和降低成本的措施。编制作业计划时，计划人员应深入施工现场，检查项目实施进度情况，并深入施工队组了解其实际施工能力，同时了解设计要求，把主观和客观因素结合起来，征询各有关施工队组的意见综合平衡，修正不合时宜的计划安排，提出作业计划指标，最后召开计划会议，通过施工任务书将作业计划落实并下达到施工队组。

(3) 跟踪记录并收集实际进度数据，在计划任务完成的过程中，各级施工进度计划的执行者都要跟踪做好施工记录，记载计划中的每项工作开始日期、工作进度和完成日期。为施工项目进度检查分析提供信息，因此，要求实事求是记载并填好有关图表。收集数据的方式有两种：一是以报表的方式；二是进行现场实地检查。收集的数据质量要高，不完整或不正确的进度数据将导致不全面或不正确的决策。收集到的施工项目实际进度数据要进行必要的整理，按计划控制的工作项目进行统计，形成与计划进度具有可比性的数据、相同的量纲和形象进度。一般可以按实物工程量、工作量和劳动消耗量以及累计百分比整理和统计实际检查的数据，以便与相应的计划完成量相比。

(4) 将实际数据与计划进度对比主要是将实际的数据与计划的数据进行比较，如将实际完成的百分比与计划的完成量、计划完成的百分比进行比较。利用表格形成各种进度比较报表或直接绘制比较图形来直观与计划的差距。通过比较了解实际进度比计划进度拖后、超前还是与计划进度一致。

(5) 做好施工中的调度工作，施工调度是指在施工过程中不断组织新的平衡，建立和维护正常的施工条件及施工程序所做的工作，主要任务是督促、检查工程项目计划和工程合同执行情况，调度物资、设备、劳力，解决施工现场出现的矛盾，协调内、外部的配合关系，促进和确保各项计划指标的落实。为保证完成作业计划和实现进度目标，有关施工调度应涉及多方面工作，包括：执行施工合同中对进度、开工及延期开工、暂停施工、工期延误竣工的承诺；落实控制进度措施应具体到执行人、目标、任务、检查方法和考核办法；监督检查施工准备工作、作业计划的实施，协调各方面的进度关系；督促资料供应单位按计划供应劳动力、施工机具和运输车辆等，并对临时出现问题采取相应措施；按施工平面图管理施工现场，遇到问题作必要的调整，并保证文明施工；由于工程变更引起资源需求的数量变更和品种变化时需调整供应计划；及时了解气候和水、电供应情况，采取相应的防范和措施；及时发现和处理施工中各种事故和意外事件；协助分包人解决项目进度控制中的相关问题；定期、及时召开现场调度会议，贯彻项目主管人的决策，发布调度令；当发包人提供的资源供应进度发生变化不能满足施工要求时，应敦促发包人执行原计划，并对造成的工期延误进行索赔。

6.1.9 现代综合体工程项目进度计划的检查与调整

6.1.9.1 进度计划的检查

现代综合体工程项目进度计划的检查在项目施工进度计划的实施过程中，由于各种因素的影响，原始计划的安排常常会被打乱而出现进度偏差。因此，在进度计划被打乱后，必须对执行情况进行动态检查，并分析进度偏差产生原因，以便为施工进度计划的调整提供必要的信息。项目进度计划的检查应包括下列内容：工作量的完成情况；工作时间的执行情况；资源使用及与进度的互配情况；上次检查提出问题的处理情况。

在现代综合体项目施工过程中，可以通过以下方式获得项目施工实际进展情况，即：(1) 定期地、经常地收集由承包单位提交的有关进度报表资料。项目施工进度报表资料不仅是对工程项目实施进度控制的依据，还是核对工程进度的依据。在一般情况下，进度报表格式由监理给施工承包单位,施工承包单位按时填写完后提交给监理工程师核查。报表的内容根据施工对象及承包方式的不同而有所区别,应包括工作的开始时间、完成时间、持续时间、逻辑关系、实物和工作量,以及工作时差的利用情况等,承包单位若能准确地上报进度报表,监理工程师就能从中了解到建设工程的实际进展情况。(2) 由驻地监理人员现场跟踪检查建设工程的实际进展情况。为了避免施工承包单位超报已完工程量,驻地监理人员有必要进行实地检查和监督。至于每隔多长时间检查一次,应视建设工程类型、规模、监理范围及施工现场的条件等多方面的因素而定,可以每月或每半月检查一次,也可每旬或每周检查一次。如果在某一施工阶段出现不利情况时,甚至需要每天检查。除上述两种方式外,由监理工程师定期组织现场施工负责人召开会议,也是获得工程项目实际进展情况的一种方式。通过当面交谈,监理工程师可以了解到施工过程中的潜在问题以便采取相应的措施加以预防。

6.1.9.2　进度计划的调整

现代综合体工程项目进度计划的调整应依据进度计划检查结果,在进度计划执行发生偏离的时候,通过对工程量、起止时间、工作关系,资源提供和必要的目标进行调整,或通过局部改变施工顺序,重新确认作业过程、相互协作方式等工作关系的调整,更充分利用施工的时间和空间进行合理交叉衔接,并编制调整后的施工进度计划,以保证施工总目标实现。

首先,分析进度偏差的影响。在建设工程项目实施过程中,当通过实际进度与计划进度的比较,发现有进度偏差时,需要分析该偏差对后续工作及总工期的影响,取相应的调整措施对原进度计划进行调整,以确保工期目标的实现。进度偏差的大小及其所处的位置不同,对后续工序和总工期的影响程度是不同的,分析时需要利用网络计划中工作总时差和自由时差的概念进行判断,其分析步骤如下:首先分析进度偏差的工作是否为关键工作,在工程项目的施工过程中,若出现偏差的工作为关键工作,则无论偏差大小,都对后续工作和总工期产生影响,必须采取相应的调整措施;如果出现偏差的工作是非关键工作,需要根据偏差值与总时差和自由时差的大小关系分析对后续工作和总工期的影响程度。其次,分析进度偏差是否大于自由时差,若在工程项目施工过程中工作的进度偏差大于该工作的自由时差,说明此偏差对后续工作产生影响,应该如何调整应根据后续工作允许影响的程度而定;若进度偏差小于或等于该工作的自由时差,则说明此偏差对进度计划无影响,因此,原进度计划可以不做调整。最后分析进度偏差是否大于总时差,在现代综合体工程项目施工过程中工作的进度偏差大于该工作的总时差,说明此偏差必将影响后续总工期,必须采取相应的调整措施;若工作的进度偏差小于或等于该工作的总时差,说明此偏差对总工期无影响,但它对后续工作的影响程度,需要根据比较偏差与自由时差的关系来确定。经过如此分析,进度控制人员可以确认应该调整进度工作和调整偏差值的大小,以便确定调整采取的新措施,获得符合实际进度情况和计划目标的新进度计划。

当工程项目施工实际进度影响到后续工作、总工期而需要对计划进行调整时,通常采用下面的两种方法:(1) 缩短某些工作的持续时间,这种方法是不改变工作之间的逻辑关系,而通过采取增加资源投入、提高劳动效率等措施来缩短某些工作的持续时间,而使施工进度加快并保证施工期的方法,这些被压缩了持续时间的工作是位于由于实际工作进度的拖延而引起总工期增长的关键线路和某些非关键线路上的工作,同时,这些工作又是可压缩持续时间的工作,这种方法实际上就是网络计划优化中的工期优化方法和工期与费用优化的方法。具体做法是研究后续各工作持续时间压缩的可能性,及其极限工作持续时间;确定由于计划调整采取必要措施引起的各工作的费用变化率;选择直接引起拖期的工作及紧后工作优先压缩以免拖期影响扩大;选择费用变化率最小的工作优先压缩,以求花费最小代价满足既定工期要求;进行综合考虑来确定新的新的调整计划。(2) 改变某些工作间的逻辑关系,当工程项目实施中产生的实际偏差影响到总工期,且有关工作的逻辑关系允许改变时,可以改变关键线路和超过计划工期的非关键线路上的有关工作之间的逻辑关系,达到缩短工期的目的。例如,将顺序进行的工作改为平行作业、搭接作业以及分段组织流水作业等,都可以有效地缩短工期。对于大型现代综合体工程项目,单位工程间的相互制约相对较小,可调幅度较大;对单位工程内部,由于施工顺序和逻辑关系约束较大而导致可调幅度较小。

6.2 现代综合体工程项目工期控制原理及方法

6.2.1 工期的概念

现代综合体工程的工期是指工程项目实施的进展情况,在工程项目实施过程中要消耗时间、劳动力、材料、成本等才能完成项目的任务。当然,项目实施应该以项目任务的完成情况,主要是项目的可交付成果数量来表达,但由于工程项目对象系统的复杂性,常常很难选定一个恰当的、统一的指标来全面反映工程的工期。在现代工程项目管理中,工期有其综合含义,它将工程项目任务、实物工程量、成本、劳动消耗、资源等有机地结合起来,形成一个综合的指标,来全面反映项目的实施状况。

建设工期一般指建设项目中构成固定资产的工程全部建成、竣工验收交付使用的全部时间;建设周期一般指建设总规模与年度建设规模的比值,反映国家、地区或行业完成建设总规模平均需要的时间;合理建设工期是指建设项目有正常的建设条件、合理的施工工艺和管理,建设过程中对人力、财力、物力资源合理有效利用,使项目的投资方和各参加建设单位均获得满意的经济效益的工期;定额工期是指在一定经济社会条件下,一定时期内由建设行政主管部门制定并发布项目建设工程所消耗的时间标准;合同工期是指在定额工期的指导下,由工程建设的发包方和承发包双方根据项目建设的具体情况在承包合同书中确认的建设工期。而本书所涉及的工期是指工程项目的合理工期,合理工期是建设项目在正常的建设条件、合理的施工工艺和管理,建设过程中对人力、财力、物力资源合理有效地利用,使项目的投资方和各参建单位均获得满意的经济效益的工期。合理的建设工期受在建项目的资源勘探、厂址选择、设备选型与供应、工程质量、协作配合、生产准备等阶段性工作各种客观因素的制约。

6.2.2 现代综合体工程工期的计算方法

6.2.2.1 横道图特点及应用

横道图是一种最直观的工期计划方法,它在国外又被称为甘特(Gantt)图,在工程中广泛应用,横道图以横坐标表示时间,工程活动在图的左侧纵向排列,以活动所对应的横道位置表示活动的起始时间,横道的长短表示持续时间的长短,它实际上是图和表的结合形式，具备以下优点：(1) 能够清楚的表达活动的开始时间、结束时间和持续时间，一目了然，易于理解，并能够为战略决策者、基层的操作者等各层次的人员所掌握和运用；(2) 使用方便且制作简单；(3) 不仅能够安排工期，而且可以与劳动力计划、资源计划、资金计划相结合；而其具有的缺点主要体现在：(1) 很难表达工程活动之间的逻辑关系，即工程活动之间的前后顺序及搭接关系不能确定，如果因一个活动提前或推迟，或延长持续时间会影响哪些活动同样也表达不出；(2) 不能表示活动的重要性，如哪些活动是关键的，哪些活动有推迟或拖延的余地及余地的大小；(3) 横道图上所能表达的信息量较少；(4) 不能用计算机处理，即对一个复杂的工程不能进行工期计算，更不能进行工期方案的优化。

横道图的优缺点决定了它既有广泛的应用范围和很强的生命力，同时又有局限性，主要体现在：(1) 它可以直接用于一些简单的小项目，由于活动较少，可以直接用它安排工期计划；(2) 项目初期由于尚没有做详细的项目结构分解，工程活动之间复杂的逻辑关系尚未分析出来，一般人们都用横道图做整体计划；(3) 上层管理者一般仅需了解总体计划，它们都可用横道图表示；(4) 作为网络分析的输出结果，现在几乎所有的网络分析程序都有横道图的输出功能，而且它被广泛应用；(5) 在各种计划方法中，如各种网络、速度图、线形图等都可以与横道图互换。

6.2.2.2　网络计划图方法特点及应用

网络计划分为单代号网络图和双代号网络图。以结点表示工作，而以连接各结点的箭线表示工作间的逻辑关系称为单代号法；以箭线表示工作，在箭线的两端画上圆圈称为事件，箭线尾端、前端的事件分别表示该工作的开始、结束时刻，这种表示方法称为双代号法。两种方法除了表达方式不同之外，基本思想都是一致的。

网络计划有广泛的适用性，除极少数情况外，它是最理想的工期计划方法和工期控制方法，与横道图相比具有如下特点：(1) 网络所表达的不仅仅是项目的工期计划，而且它实质上表示了项目活动的流程图，网络的使用能使项目管理者对项目过程有富于逻辑性的系统的通盘的考虑；(2) 通过网络分析能够给人们提供丰富的信息，例如最早开始时间、最迟开始时间和时差；(3) 可以十分方便地进行工期和资源的优化；(4) 给各层管理者以十分清晰的关键线路概念，这对于计划的调整和实施控制是非常重要的。

由于网络计划方法有普遍的适应性，特别对复杂的大型项目更显示出它的优越性，它是现代管理中被人们普遍采用的计划方法。网络计划技术是组织和安排工程项目工作活动的一种非常有效的方法，这在实践中已得到了很好的应用和证明。现在即使一个很简单的项目也需要制定一份项目网络图，因为这将使项目的执行变得更加容易。项目网络图显示了项目的路径、开始时间和结束时间，有的还注明了每项工作任务的负责人，这对于一些不熟悉项目的人，如新增加的项目团队队员、新的项目管理者，只要稍加研究项目网络图，就能很快掌握项目计划的整体状况和目前的进展情况。借助网络计划技术可以计算出项目中各个工序的各种时间计划参数，还可以进行项目工期偏差的调整，使工程项目的工期控制更加先进和合理。

6.2.3　影响现代综合体工程工期的因素分析

现代综合体工程项目具有庞大、复杂、周期长和相关单位多等特点，因而在项目实施过程中影响工期的因素会有很多,若要有效地进行工期控制就必须对影响工期的各种因素进行全面的分析和预测。一方面可促进对有利因素的充分利用以及对不利因素的妥善预防和克服,使工期目标制订得更符合实际;另一方面便于事先制定预防措施、事中采取有效办法、事后进行妥善补救,达到缩小实际工期与计划工期的偏差,实现对工期的主动控制和动态控制的目的。影响建设项目工期的因素,按照其性质可归纳为人员、技术材料设备、资金以及其他难以预料的因素等,其中人为的因素影响最多。从产生的根源看,有的源于建设单位、有的源于设计与施工及供货单位、有的源于政府建设主管部门与有关协作单位或社会,也有的源于各种自然条件,可具体划分为主观因素和客观因素,主观因素包括:(1) 资金不到位,业主的资金不到位是目前工程中普遍存在的现象,由于资金的短缺,使施工的顺利进行失去了保障,业主应该尽力保证资金的及时到位,如果施工方提前动工造成资金的短缺,这不是业主的原因,监理工程师可令其停工或不签署工程工期付款凭证。(2) 设计变更,设计变更是影响施工工期的重要因素,在施工中,施工方发现原图纸有误或者不合理等,此时必须经设计方加以更改。有时可能增加挡土墙,或者地下水特别大,或者地质情况异常,在施工之前如果没有考虑到这些情况,工期必然会受到影响,这些都可能涉及设计变更。(3) 材料、设备供应不及时,施工用的建材、机械设备,如果不能按期抵达现场或其各项经济技术指标不合要求,势必影响施工工期。(4) 施工技术的难度,施工方如果低估了某些工程在技术上的困难以及没有考虑到某些设计和施工问题上的解决难度,原先的工期计划必然要受到影响。(5) 施工组织不当,施工现场情况复杂,劳动力和施工机械的调配不当、施工平面布置不合理等都将影响施工工期计划的执行。(6) 相关单位的影响,建设项目的主要施工单位对施工工期有决定性作用,但是建设单位(业主)、设计单位、银行信贷单位、建材设备供应部门、运输部门、水、电供应部门及政府有关主管部门,都可能给施工某些方面造成困难而影响施工工期。其中设计单位图纸错漏、有关部门或业主对设计方案的变动、材料和设备不能按期供应或质量、规格不符合要求等都将影响施工。(7) 资金不按时支付也会使施工中断或速度减慢,不合理的合同工期将增大施工组织的难度,从而导致工期延误等。(8) 工程事故的影响,一旦工程事故发生,特别是出现人身伤亡事故,工期必然受到影响。客观因素包括:(1) 自然灾害,如果发生不可预料的自然灾害,施工肯定进行不下去,在这种情况下要么做好补救工作,工期顺延,要么终止合同。(2) 地质条件,在施工时如遇到在地勘时没有发现的特异地质情况,比如流沙、透水、断层、空穴、溶洞等,应立即与设计方、地勘及相关专家"会诊",研究对策并提出解决方案。(3) 社会原因,比如工人罢工、政治事件、战争等。

6.2.4 现代综合体工程项目工期的控制

6.2.4.1 工期控制的概念及流程

工程项目工期控制是指在既定工期内,按照事先编制的实施工期计划实施,并在执行计划过程中,将实际工期情况与计划工期相比较,若出现偏差,则分析产生的原因和对工期的影响程度,然后采取有效的调整措施,如此不断循环直到竣工验收。工期控制的总目标就是确保项目的既定目标工期实现,或者在保证项目质量和不因此增加实际成本的条件下,适当缩短工期。提高工程经济效益的重要手段是保证按时完成施工任务,其所要求的工期控制过程如图 6.2 所示:

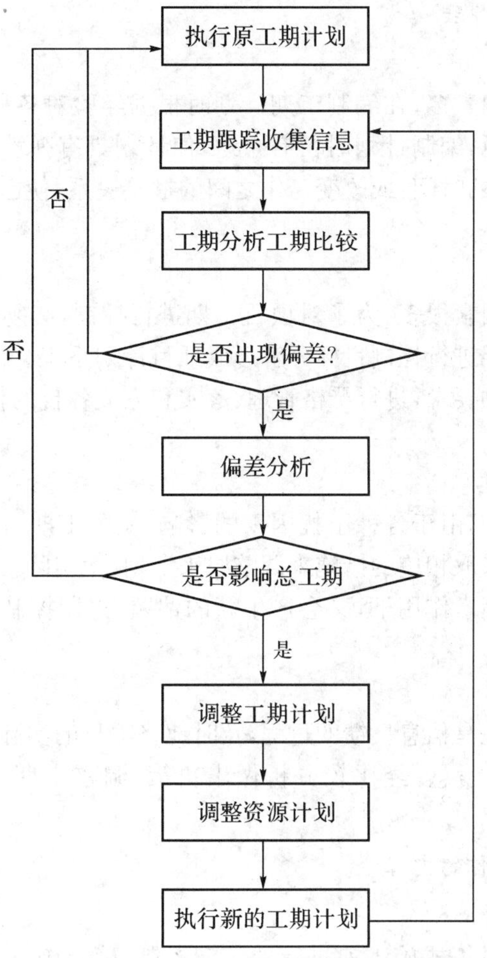

图6.2　现代综合体工程项目工期控制图

6.2.4.2　工期控制的特点

工期控制是一项系统工程，所涉及的多项内容，各方面都必须围绕项目的主工期计划有条不紊的进行，现代综合体工程工期控制具有以下特点:(1) 工期控制是一个动态过程，在工程项目的建设过程中，工作环境经常会不断地变化，因此，工期计划必须随着环境条件的变化做出相应的调整以保证工期计划的指导性和可遵循性。(2) 工期控制既要沿用前人的理论知识，借鉴同类工程项目的经验和技术成果，又要结合本工程的具体情况进行创造性的工作。(3) 工期计划是一个系统性工作，既有总的工期计划安排，又有按各个工程发展阶段制定详细的分项工期计划，它们之间相互联系、相互影响。因此，工程项目的工期控制是一项系统管理工作，而不仅仅是控制项目实施过程中的某一分项的工期计划。(4) 工期控制具有阶段性和不均衡性，工程项目发展的各个阶段，如工程准备阶段的招投标、设计和工程实施阶段的施工、竣工验收和试生产等都有明确的开始与完成时间以及不同的工作内容，因此相应的工期计划和实施控制的方式也有所不同。另外，在项目进展过程中，自然条件、工作环境等外界因素在不同的计划期内不断发生变化，这就使得工期计划的执行具有很大的不确定性，给工期控制工作带来了一定的困难。

6.2.4.3 工期控制的原理

(1) 弹性原理

项目工期长影响因素多,在编制工期计划时根据经验对各种影响因素的影响程度、出现的可能性进行分析,编制计划时留有余地,使计划具有弹性。在计划实施中利用这些弹性,缩短有关工作的时间,或改变工作之间的搭接关系,使已拖延了的工期仍能达到预期的计划目标。

(2) 系统原理

影响项目工期的因素很多,为了对项目工期进行控制,必须编制项目的各种工期计划,从总体到局部,逐层进行控制目标分解形成项目计划系统。项目组织的各级负责人,都按照工期计划规定的要求,进行严格管理、落实和完成各自的任务,形成一个纵横连接的项目控制组织系统。

(3) 动态控制原理

在工期计划执行中,由于各种干扰因素的影响,实际工期与计划工期可能会产生偏差,分析偏差的原因,采取相应的措施来调整原来计划,使实际工作与计划在新的起点上重合。但在新的干扰因素作用下,又会产生新的偏差,工期控制就是在这样不断循环过程中实现的。

(4) 信息反馈原理

项目工期控制过程是信息反馈的过程,及时地将项目的实际信息反馈给项目控制人员,通过整理各方面的信息,经比较分析做出决策,调整工期计划使其符合预定工期目标。

6.2.4.4 工期控制工作的内容

(1) 事前工期控制

事前控制是指项目正式施工前进行的工期控制,确定施工阶段工期控制工作的细则,即:①确定工期控制的工作内容和特点,控制方法及具体措施,工期目标实现的风险分析并提出尚待解决的问题等。②编制、审核施工总工期计划,根据合同的工期,工期目标和分期投产的要求,对施工准备工作及各项任务做出时间安排,确定各单位工程、准备工程和全工地性工程的施工衔接关系。③编制、审核单位工程工期计划,利用流水施工原理科学组织分段流水施工,实现立体的和平面的流水作业,根据关键线路的工作实现施工的连续性和均衡性。④编制工程年度、季度、月度工期计划,以施工总工期为基础编制年度工程计划,确定单位工程的形象进度和包括人力、物力、材料、设备及资金等所需资源的供应计划,做好综合平衡并保证互相衔接。

(2) 事中工期控制

事中控制是对工程项目施工过程中进行的控制,其具体内容包括:①建立工程项目施工工期的实施系统。②及时对施工工期进行检查,并做好记录以便随时掌握实施动态。③对收集的数据进行整理和统计,并将计划与实际的形象进度相比较,从中发现是否出现偏差及偏差大小。④分析偏差将带来的影响并进行工期预测,从而提出可行的修改措施。⑤重新调整工期计划及相关的计划并付诸实施。⑥加强现场的施工管理和调度,及时预防和处理施工中发生的技术问题、质量事故和安全事故,减少这些问题对工期的影响。⑦组织好现场调度会和协调会,及时解决资源矛盾、配合矛盾,保证工程顺利施工。

(3) 事后工期控制

事后控制是指完成施工任务后的工期控制工作，它包括及时组织工程验收、处理工程索赔、工程进度资料整理、归类、编目和建档等。

6.2.4.5　工期控制的技术方法

现代综合体工程项目控制的技术方法较多，其中，工程进度计划编制方法包括：横道图法（均速横道图比较法、变速横道图比较法）、线型图法、进度曲线法、里程碑事件法、网络计划法（时标网络计划、标准网络图和标准子网络图、优先网络图、混合法）。工程进度控制表法包括：决策型进度控制表、管理型进度控制表、操作型进度控制表。进度控制的曲线比较法包括：S 型曲线比较法、“香蕉”曲线比较法、前锋线比较法、模型图比较法、垂直图比较法、计划评审法、直方图比较法、工作形象进度图比较法、工程量计划与形象进度综合比较法。

下面着重介绍几种方法：

(1) S 型曲线比较法

S 型曲线是以横坐标表示工期时间，纵坐标表示累计完成任务量，而绘制出一条按计划时间累计完成任务量的 S 型曲线，将工程项目的各检查时间实际完成的任务量绘在 S 型曲线图上，进行实际工期与计划工期的比较，如图 6.3 所示：

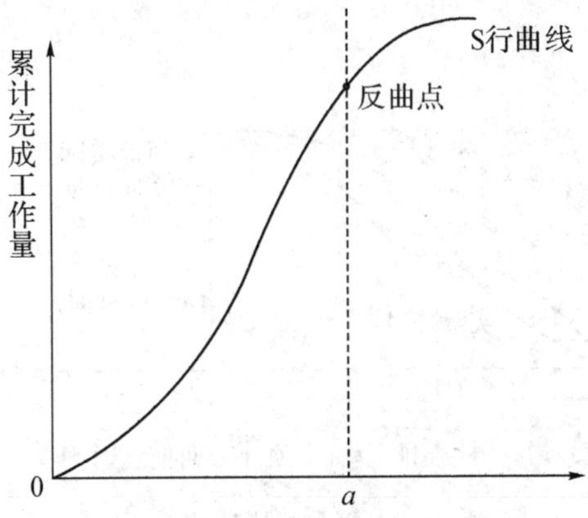

图 6.3　时间完成任务量关系曲线

S 型曲线绘制方法，可以解析为：①确定工程项目进展曲线，该曲线反映不同时间工作量完成情况，其中横轴表示时间，纵轴表示工作量，如图 6.4 所示；如单位时间完成的工作量为离散型时，则某时刻 i 对应一个 y 值，如图 6.5 所示：

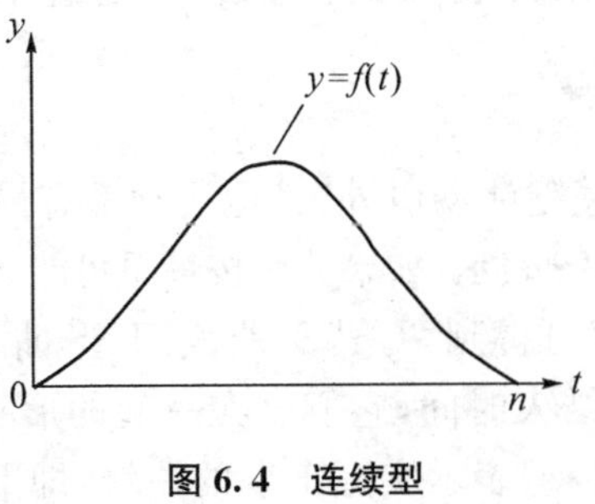

图 6.4　连续型

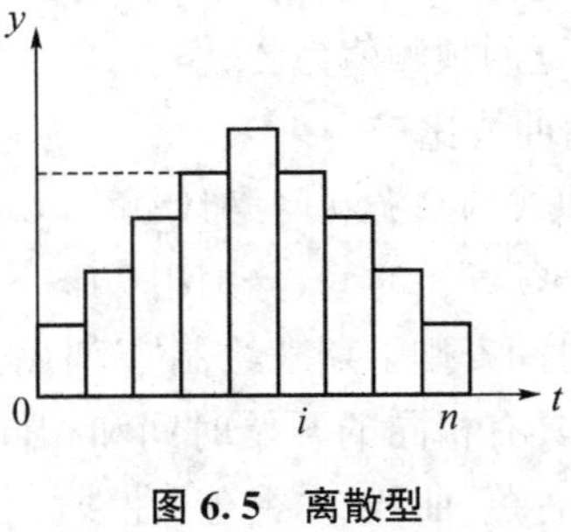

图 6.5　离散型

②计算不同时间累计完成的工作量，根据工作量 $t \sim y$ 关系曲线，确定在 t 时刻的累计完成量。③根据不同时刻的 y 值绘制 S 型曲线，如图 6.6 和图 6.7 所示：

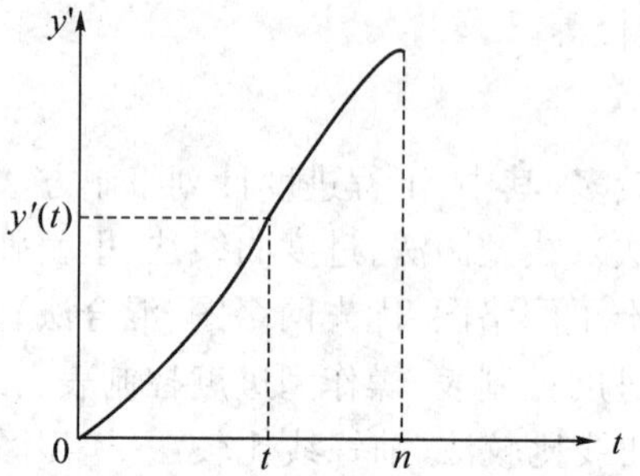

图 6.6　连续型 $t \sim y$ 关系曲线

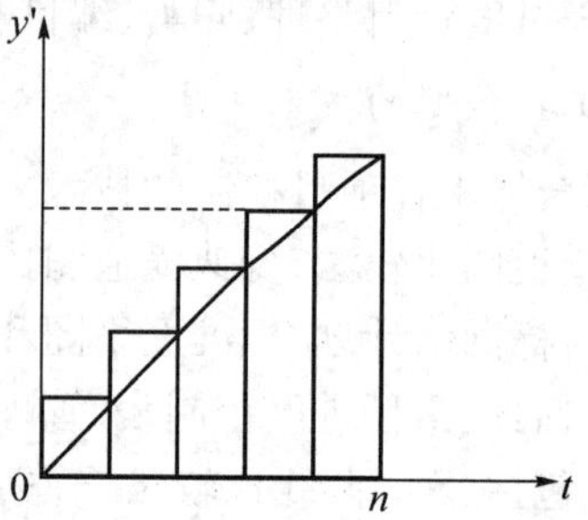

图 6.7　离散型 $t \sim y$ 关系曲线

(2) S 型曲线控制法

S 型曲线能直观地反映工程项目的实际进展情况，在项目实施过程中每隔一定时间将项目实际工期情况绘制工期计划 S 型曲线，并与原计划的 S 型曲线进行比较，如图 6.8 所示：

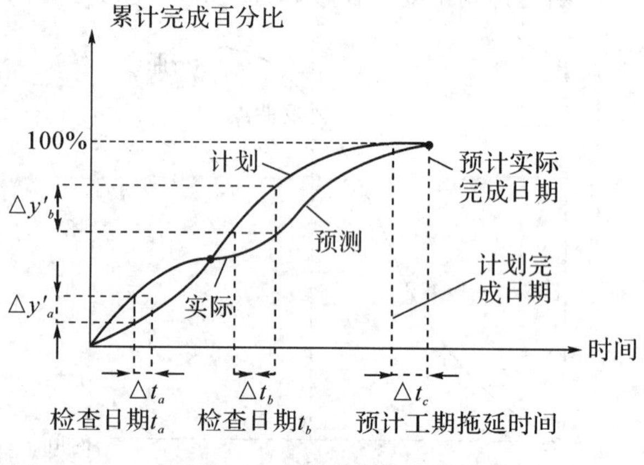

图 6.8　S 型曲线比较法

图中可以反映的情况：①项目的实际进展速度，如果项目实际进展的累计完成量在原计划的 S 型曲线左侧，则表示此时的实际进度比计划超前，反之如果项目实际进展的累计完成量在原计划的 S 型曲线右侧，则表示实际进度比计划拖后；②工期超前或拖延时间；③工程量完成情况；④项目后续工期的预测，虚线表示项目后续工期若按原计划实施，总工期拖延的预测值为 Δt_c。

(3) 香蕉曲线比较法

"香蕉"曲线的来源在网络计划中，除了关键活动以外，其他活动都有最早可能开始时间和最迟必须开始时间，分别用 TES 和 TLS 表示，如果分别按最早可能开始时间和最迟必须开始时间安排工期来绘制"S"曲线，就可得到两条"S"曲线：TES 曲线和 TLS 曲线，两条曲线具有相同的开始时间和相同的结束时间，它们合在一起的形状像一只"香蕉"，故称为"香蕉"曲线。"香蕉"曲线的作用：①表示实际工期的曲线，即 R 曲线；②把

“香蕉”曲线与 R 曲线进行比较，如果 R 曲线位于“香蕉”曲线范围之类，表示工期正常，处于理想状态；如果 R 曲线位于 TES 曲线上方，表示实际工期超前了；如果 R 曲线在 TLS 曲线的下方，表示实际工期延后了；③根据 R 曲线提供的工期信息，可以预测将来实际工期的发展趋势；④“香蕉”曲线反映了工期的偏差值，为工期控制提供决策信息；⑤选择不同的工期控制日期点，可以跟踪判断工期不同执行状态，是提前或延后；⑥利用“香蕉”曲线的终点与预测 R 曲线终点的横坐标的相差值，可以估计实际工期未来完成状态，即工期是提前或是延后。

6.2.4.6 工期控制的措施

依据此次《工程项目管理专家调查表》的调查结果总结分析，工期控制的措施主要体现在：(1) 管理体系、认识方面。以国家定额工期来参考确定工程的合理工期，完善并严格执行工期定额标准；工程各参与方应重视工期管理提高工期意识，不搞形象工程和献礼工程；积极培育、发展设计—施工一体化的工程总承包模式，限制将项目分解发包；建设行政主管部门应加强工期管理，不能由业主任意压缩，严把项目报审手续；建立健全项目管理体系、制度，项目管理的各个环节应相互配套与衔接。(2) 技术措施及方法方面。编制合理的施工组织设计，合理安排各工序的施工顺序，实现流水作业；制定和安排合理、可实施性强的工期计划；新工艺、新技术、新材料的应用；配置合理的劳动力组合、物质资源、施工设备等。(3) 管理措施、方法方面。采用科学的管理方法与组织协调措施，强化动态管理，如加强图纸审查力度，减少设计变更；采用合理的措施进行工期计划的及时检查与调整，如制定奖罚条例。(4) 组织、人员和团队方面。监理单位应加大审查与现场管理协调力度；业主及时支付进度款为工程进度提供便利；设计完善到位，及时解决相关技术措施与交底工作；施工单位提高员工素质培养与技术水平；各单位之间相互协调配合与沟通。(5) 其他方面。资金及时落实和到位；根据相关法律、法规签订施工合同，维护参建各方的合法利益；加强合同管理；保证材料及时、合格供应；规范施工单位行为，不允许垫资施工；施工单位交纳一定的保证金；全面考虑多方面因素，排除外界干扰。以下对最为突出的措施进行归纳，如表 6.2 所示：

表 6.2 工期控制措施汇总一览表

序号	主要控制措施	意见比例(%)
1	采用科学的管理方法与组织协调措施，强化动态管理	13.5
2	采用合理措施进行工期计划的及时检查与调整，如制定奖罚条例	10.2
3	建设行政主管部门应加强工期管理，不能由业主任意压缩，严把项目报审手续	9.5
4	制定和安排合理、可实施性强的工期计划	8.0
5	资金及时落实到位	7.5

6.3 现代综合体工程里程碑节点控制性计划

6.3.1 总进度计划节点目标的分解

结合在建现代综合体工程和已竣工现代综合体项目的实际情况，归纳并提出现代综合体项目总进度计划的常规关键控制点，如表 6.3 所示，总承包项目部在此基础上必须编制里程碑节点控制计划。

表 6.3 现代综合体项目总进度计划常规控制点

序号	×××模块		总进度计划	
	项　目	工　期	项　目	工　期
1	交地—开工	30～60 天(1～2 个月)	施工准备	30～40 天
2	开工—土护降完成	45～100 天	支护	30 天
			工程桩	35～45 天
			土方	30～40 天
3	地下 2 层结构	60 天(2 个月)	地下 2 层结构	50～80 天
4	裙楼 5 层结构	60 天(2 个月)	裙楼 5 层结构	50～70 天
5	裙楼以上 30 层结构	150 天(5 个月)	裙楼以上 30 层结构	150 天(5 个月)
6	地下室砌筑及一次机电	60 天(2 个月)	地下室砌筑	60 天(2 个月)
			一次机电	60～180 天
7	裙楼砌筑及一次机电	75 天	裙楼砌筑	50～80 天
			一次机电	50～180 天
8	精装修工程及二次机电	120 天	精装修工程及二次机电	120 天
9	外装饰工程	150 天	外装饰工程	90～150 天
10	商场进场装修开业	60～120 天	商家进场装修开业	60～120 天
11	室外总体	30～60 天	室外总体	30～60 天
12	总工期	交地后 20～22 个月		开工后 20～22 个月

6.3.2 里程碑节点控制计划的编制

大型现代综合体项目总承包项目部必须进行总进度计划目标分解，从而编制详细的项目工期策划，针对每一个地块首先编制出涵盖开工、正负零、主体封顶、二次结构、内外装、二次机电、景观市政、消防验收、竣工备案等 11 个里程碑节点的项目管控计划执行书，如表 6.4 所示：

表 6.4　现代综合体项目里程碑节点控制计划

序号	工序名称	插入主体楼层条件	提前进场情况	时长（天）	占工期比重%
1	基础层到±0.00	土方完成后	提前 7 天进场	45	6.8
2	±0.00 上非标准层	地下室封顶	及时插入	20	3.0
3	标准层(3～26)	非标准层完成	及时插入	96	14.5
4	施工电梯安装	结构体四层完成后	及时插入	15	2.3
5	样板层	四层砌筑完成后	尽早开始	75	11.4
6	二次结构	12 层～封顶后期	提前 7 天进场	140	21.2
7	屋面施工	屋面砌筑完成后，屋面拆模就砌筑	提前 7 天进场	50	7.6
8	室外回填	地下室外架拆除后	及时插入	30	4.5
9	给水	结构验收后	提前 7 天进场	72	10.9
10	排水	结构验收后	提前 7 天进场	125	18.9
11	强电	−2 层～封顶后期	贯穿全过程	450	68.2
12	弱电	−2 层～封顶后期	贯穿全过程	354	53.6
13	消防	结构验收后	地下室先施工	160	24.2
14	空调	结构验收后	地下室先施工	160	24.2
15	电梯	结构验收后	提前 7 天进场	122	18.5
16	幕墙	外墙砌筑完成	龙骨焊接可以在拆架之前开始	265	40.2
17	室内装修	结构验收后	提前样板施工	150	22.7
18	人防工程	−2 层～封顶后期	贯穿全过程	270	40.9
19	室外管网铺设	结构验收后分段施工	提前 10 天进场	78	11.8
20	景观	大宗材料基本进场后	提前 20 天进场	103	15.6
21	绿化	施工准备后	提前 15 天进场	103	15.6
22	变配电室	电缆沟砌筑完毕后	电缆沟开砌时	90	13.6
23	强电配电室	防火门安装后	提前 7 天	74	11.2
24	消防报警阀室	地面施工后	提前 7 天	42	6.4
25	消防水泵房	地面基层完成后	提前 7 天	57	8.6
26	消防监控室	防火门安装后	提前 7 天	37	5.6
27	水泵房水箱间	地面基层完成后	提前 7 天	38	5.8
28	制冷机房	地面基层完成后	提前 7 天	80	12.1
29	空调机房	地面基层完成后	提前 7 天	80	12.1

组织专家对该执行书从人、材、机、法、环这五大方面进行可行性分析论证，最终经各参建单位会签确定这一指导性计划执行书，作为约束整个工程进展的纲领性文件。节点计划执行以“整体部署”为指导，认真编制月计划和周计划，合理配置劳动力和物资设备，交叉施工及协调管理。而交叉施工管理的内容包括：标段之间的交叉管理，专业土建、安装与装饰之间的交叉协调，专业内部工序之间的交叉管理；装饰工程施工，外装饰部分按照由上而下原则进行，内装饰部分应以层分段施工；安装工程施工，以系统为作业段紧随土建进度进行；室外工程和绿化在装饰阶段及时插入并确保与室内工程同时交工。各区段项目部组织编制项目细部节点计划执行书，内容涵盖了设计、施工、商务、物资、安全、财务等与工程相关的所有工作内容，即严格约定到某一时间节点“哪项工作必须展开，哪项工作必须结束”，这既是对项目管控计划执行书的细化分解，又是指导我们施工生产每天具体工作的工作手册。项目部每天对进度完成情况及施工任务进行总结分析并及时纠偏，采取有针对性的措施合理安排施工进度，这样极为有效的对工程进展的各个环节做到合理安排、统一部署。项目部编制翔实有效的节点计划、管控计划和销项计划，并统编成册，总承包部、区段和各分包负责人签字作为“军令状”，人手一本，坚持每天一考核。节点计划是里程碑事件，管控计划是节点计划的执行书，销项计划是考核单，三个计划三管齐下以确保施工进度。

6.3.3 各专业穿插计划的编制

6.3.3.1 编制的原则

鉴于城市现代综合体为大型群体工程，项目总体安排、各专业紧密衔接及整体施工顺序尤为重要，因此必须在确保工期的前提下减少各方面影响。坚持做好工序的穿插，有条件的尽可能形成流水作业，在基坑挖土、护坡、打桩和地下室主体结构施工阶段，项目部可以采取先挖主体部位土方，后挖车库部位土方的方式，再分区段进行打桩、清土、验槽、地下室结构施工，这样实现了挖土、打桩、清土、垫层、防水、地下室结构流水作业，穿插及时。同样，在主体结构、二次结构、安装、装饰施工阶段，也可以采用分层及时穿插、流水作业的方法，这样有效地利用了现场空间，节约了大量时间，为保证工期奠定了基础。

6.3.3.2 各专业立体交叉插入点控制计划

据不完全统计，发现通过各专业紧密穿插，可以达到降低工期成本 2%左右。因此，合理而紧密的工序穿插是降低成本、确保工期履约的前提，同时也是降本增效的措施之一。结合以往工程实例给出合理的专业及工序穿插与逻辑关系，在施工主线上必须先完成紧前的工作，方可进行此项工作，以及与紧接其后的工作的紧密衔接。

6.3.4 各专业立体穿插控制点的设置及控制

现代综合体工程项目一般从交地之日开始计算合同总工期，交地到开工管控计划 1～2 月，受拆迁、规划设计以及方案审批等不确定性因素影响，可控性不强，期间可以协助业主完成地质勘探、基坑翻槽、充分了解地下障碍物为桩基施工做好准备。独立基坑内单体多，常为 5 个到 10 多个单体，有条件要同时开工。土方开挖与基坑支护相互配合，确保支护质量的同时加快支护进度，可采取增加人员机械、使用早强剂、减少工序间歇的方法。

实际开工和支护工程完成消耗了大量时间，在最终节点目标考核不变的前提下，结合主体施工开始时间，编制施工穿插计划，通过施工穿插计划计算主体结构计划的合理性，尽量在主体施工期间将时间“抢回”。加工场、办公室、临时用水、用电及降水管线的布置必须考虑尽量减小对室外回填的影响。结构施工到四层时必须安装施工电梯以确保砌体工程尽快穿插进行，施工电梯附着不要固定到屋面上，可以考虑固定在梁上。主体结构完成后立即进行基坑回填，车库部分外结构完成后立即拆模对外墙处理，并进行防水施工，防水施工后立即进行保护及回填。塔楼部分结构施工到三层时及时拆除地下室外墙脚手架，并进行防水施工，后浇带可提前进行临时砌筑封堵，以避免影响外墙防水及回填。砌体施工时应先施工外墙、管井楼梯间部位墙体，砌体施工前必须要求空调消防单位进场，确定管道预留位置，避免后期开洞、补洞。电梯基坑施工时，基坑周围的剪力墙必须封闭、一次浇筑，且必须使用止水螺杆，避免后期电梯基坑渗水。电梯预留孔和圈梁位置必须准确定位，避免影响电梯施工及使用。结构封顶后尽快拆除屋面脚手架及模板，并开始屋面女儿墙及机房层砌体，应尽快进行屋面防水及保护层施工以保证屋面断水。结构验收完成后立即进行消防立管的安装，确保楼层消防及施工用水。砌筑施工时必须先砌筑外墙，外墙完成后即进行外窗施工，确保尽早外墙断水。屋面砌体、设备基础及防水找坡防水保护层可用塔吊施工，外脚手架拆除完成后塔吊即可拆除，塔吊拆除后立即对塔吊洞口进行封闭，确保地下室断水。汽车坡道等小型构件必须与结构同日施工，以确保车库封顶后1个半月内坡道通车，便于地下室材料外运、地下室装饰材料运输。施工通道尤为重要，尤其是贯通地下室，应先将地下室顶板通道打通。垂直运输是影响工程进度关键因素，必须关注垂直运输的合理安排。结构验收后立即展开正式电梯的安装，以为室外电梯拆除提供条件。地下室后浇带的浇筑，尤其是底板后浇带，必须清理干净，剔凿到位，将止水钢板缝隙中的浮浆剔凿出来，后浇带最后在浇筑完混凝土后立即进行清理覆盖。后浇带施工结束后立即进行降水井的封堵，必须请专业人员人员按照方案进行封堵。雨污水系统必须尽早施工，尤其是地下室污水系统，确保地下室干燥。将业主拆迁、出图、变更等列入计划，为过程控制和索赔提供依据。管井内的风管应安装后再进行砌筑封堵，管道井内腻子施工完成后再进行管道安装，强弱电井内涂料施工完成后再进行配电箱的安装。样板层施工计划必须在结构验收前完成，样板层在结构验收后立即展开。

6.3.5　关键工序控制点的设置与控制要求

土方开挖要求应避开雨期。室外回填在外墙结构施工结束，三层挑架开始施工后开始，一般现场场地较窄，这时应注意前期策划时对加工区、临时设施、水、电、降水管等因素的施工计划不能使回填受到影响。对于车库顶板防水，要求在车库封顶后宜先施工防水及保护层，对车库顶板进行注水，后浇带部位施工后立即封闭。在地下室坡道通车关键工序设置方面，要求负一层结构拆模后立即打通，后浇带通车部位可以进行加固并要求外侧回填提前进行。室内回填受坡道施工影响，影响二次结构施工。屋面防水要求屋面拆模后立即展开砌体施工，以最快速度达到防水施工条件，防水施工结束后再进行吊篮等设备安装。在外墙封闭方面，要求进入砌体施工阶段时应先集中力量进行外墙施工为外装饰提供条件。外墙施工相关的脚手架内施工工序需要提前穿插，尤其是施工工序较长的石材、幕墙工程等。在楼上上下水关键工序控制点方面，要求消防箱系统管线应提前安装，可作为临时消防及临时用水使用，保证楼上雨水、污水系统尽早安装、投入施工，地下室排污系统的启动尤为关键。对于垂直运输机械要求在基础开挖时应先开挖塔吊基础的部位，尽量在垫层施工时塔吊也已投入使用，塔吊可在内、外脚手架系统模板拆除完毕后拆除，但最晚应在屋面完成后拆除。电梯井内砌体完成后，消防梯在主体验收后立即施工，在主体结构四层施工完后开始基础施工，这样主体结构四层拆模后施工电梯即可使用；施工电梯拆除前必须保证室内电梯最少还有两部可以使用，以满足垂直运输要求，但不宜晚于结构验收前60天，以确保电梯"拉链"处能按时封闭。在机电、消防、空调安装方面应在结构标准层施工完成后即开始，尽快完成便于墙体留洞及各机电单位提前穿插。提前安装、调试楼道内、楼梯间的照明系统，保证其他施工照明条件。在地下室模板拆除及外运方面，地下室前期垂直运输必须得到保证，地下室主要通道保持畅通，必要时多采用倒运车运输。装饰方案的确定、分包队伍的选择和甲供材料、设备的供应往往是影响工期的关键要素。根据这种情况，总承包项目部与业主一起制定需业主自行完成装饰方案、分包队伍选择、甲供材料、设备等方面的节点计划，并编入管控计划与销项计划，由总承包单位监督业主完成，双方真正实现了互相促进而保证了工期。

6.3.6 各阶段进度控制的重点

6.3.6.1 施工准备阶段控制重点

现代综合体工程的施工准备阶段控制重点，如下表6.5所示：

表6.5 现代综合体工程施工准备控制重点一览表

序号	内容	工期	责任人	备注
1	组织项目机构主要人员进场	1周	公司有关领导及项目经理	
2	现场综合考察与工程有关资料收集	1周	项目有关人员	交通、地理、人文环境及地方要求
3	主要管理人员进行同类项目考察学习	1～3周	项目经理	了解业主的企业文化与理念
4	项目总体策划	3～4周	公司各部门及项目有关人员	项目组织与施工部署
5	施工部署与总平面布置	3～4周	项目经理及项目总工程师	总平面、施工场地和垂直运输
6	主要劳务、物资设备选择及进场计划	1～3周	公司有关领导、项目经理	工程部、技术部、物资设备部等
7	总施工组织设计的编制	4～6周	项目经理及项目总工程师	公司技术部
8	搭设生活和生产设施	3～5周	项目经理及项目总工程师	现场或外租
9	现场临时给水、排水、临电系统及道路布置	2～4周	项目总工程师	工程与技术部
10	总工期	1～1.5个月		

6.3.6.2　基坑工程阶段控制重点

现代综合体工程的基坑基本全部是深基坑，包括土方开挖、支护、桩基、降水等，工程管控计划是 1.5～3.5 个月，实际施工时间需要根据土质及实际情况确定，其中支护及土方工程控制重点如表 6.6 所示：

表 6.6　支护及土方工程控制重点一览表

序号	项目名称	工期	备注
1	止水帷幕施工	20～30 天	
2	支护桩施工	20～30 天	
3	工程桩施工	40～55 天	
4	锚桩及支撑	15～25 天	
5	土方开挖	30～45 天	
6	总工期	2～4 个月	

6.3.6.3　地下室工程阶段控制重点

现代综合体结构工程中地下室结构进度控制重点，如表 6.7 所示：

表 6.7　现代综合体结构工程地下室结构阶段

序号	项目名称	工期	备注
1	垫层	5～10 天	
2	防水及保护层	5～10 天	
3	筏板	12～20 天	
4	−2 层	15～20 天	
5	−1 层	13～20 天	
6	总工期	50～80 天	

6.3.6.4　标准楼层结构施工阶段控制重点

现代综合体结构标准楼层结构施工阶段是抢工最有效的阶段，标准楼层结构施工安排不宜超过 5 天，可以通过分段施工流水作业的方式减少垂直运输及工序间歇对进度的影响，其中标准层结构施工控制重点如表 6.8 所示：

表 6.8　标准层结构施工控制重点一览表

部位	工期(天)	工序	计划		
			开始	工期	完成
标准层结构	5	施工放线	第 1 天 6:00	4	第 1 天 10:00
		周转材料准备	第 1 天 6:00	36	第 2 天 18:00
		满堂架及底模	第 1 天 8:00	48	第 3 天 8:00
		钢筋材料准备	第 1 天 6:00	48	第 3 天 6:00
		梁钢筋绑扎	第 2 天 12:00	48	第 4 天 12:00
		板钢筋绑扎	第 4 天 12:00	40	第 5 天 16:00
		竖向模板及加固	第 3 天 12:00	48	第 5 天 12:00
		上层竖向钢筋	第 4 天 22:00	18	第 5 天 16:00
		混凝土浇筑	第 5 天 16:00	14	第 6 天 6:00

6.3.6.5 地下室二次结构及一次机电安装阶段控制重点

现代综合体工程地下室拆模清理完后必须尽早开始地下二次结构施工，二次结构施工时机电安装必须配备专业技术人员配合墙体的预留洞等工作，地下室二次结构施工时间不宜超过60天。

6.3.6.6 裙楼二次结构及一次机电阶段控制重点

在结构一层拆模后必须开始施工电梯的安装，确保二次结构的提前穿插。在二次结构施工时应先施工外围结构、管井、卫生间、楼梯间等部位，为外幕墙及水电安装管线穿插提供条件。屋面模板拆除后必须立即进行屋面二次结构的施工，以确保屋面防水在第一时间内施工完成。

6.3.6.7 精装修工程及二次机电阶段控制重点

精装修工程大量展开前必须提前进行样板层的施工，确定机电安装综合管线排布图，同时确定装修效果图。样板层应确定在三层或四层的标准层，三层或四层二次结构施工完成后立即展开施工。样板层施工完成后的排布图及效果图需经建设、设计、监理单位签字确认，作为后期装饰施工的指导及标准。精装工程尤其是木工作业及吊顶涂料等大量展开前必须确保屋面断水和防水施工完毕，外墙封闭（外窗、玻璃安装完），屋面工程及外装工程必须尽早展开。

6.3.6.8 外装工程阶段控制重点

在外围二次结构施工完成后，必须大面积展开外装工程的施工，尤其是对于工期紧张的现代综合体项目可使用悬挑脚手架。保温涂料、石材、龙骨等宜在脚手架内进行施工，施工时必须注意分段进行防护以避免交叉作业出现安全事故。对于外窗尺寸根据图纸定制的工程，在外围二次结构施工时必须将窗洞口尺寸控制准确，避免后期剔凿、修补。室外施工电梯应在室内电梯安装完启用后立即拆除，但最晚拆除时间不能晚于交工验收前60天，以确保施工电梯拉链处外装及精装的收口。

6.3.6.9 室外总体计划阶段控制重点

室外总体一般分为大市政系统和小市政配套系统，配套系统主要有雨污水、电力、消防、弱电、煤气、热力、自来水等系统；主要工程有道路、景观绿化、泛光照明、广场铺装等。室外大市政配套系统来源于政府不同部门，规划设计要求业主提前介入，保证室外配套综合管线系统设计在主体结构施工阶段完成；确定各种管线进出接驳口，使室外配套系统设计图纸完善到位，保证管线敷设及时穿插，为室外工程施工创造条件。根据现场平面设施布置情况，室外各种系统要进行分段穿插施工，施工时要突出雨水、污水、电力等影响工程调试等关键系统。按照室外工程最迟施工时间，对影响室外管线施工的塔吊、电梯、外墙架体必须按节点目标完成拆除，根据管线施工进度编制现场临时设施拆除计划并及时清理现场。室外总体施工阶段要更加突出现场平面管理，及时协调各参建单位，合理确定材料进场时间和堆放区，保证进出口、道路畅通，组织维修班组维护及抢修临时水电以保证现场有序施工。

6.3.7 现代综合体工程工期管理的主要事项及保证

针对现代综合体工程项目工期管理特点，建立基于供应链管理的工期管理，进行工期管理影响因素分析。进度计划与资源配置投入同步进行，进度计划编制的同时要编制人力、材料、物资、机械等资源配置计划。计划管理必须进行过程动态管理，首先确定关键线路，现代综合体项目体量大，水平、垂直各种专业、工序穿插多，各专业、各工序的实际进度要及时跟踪。加强过程控制，现场及时进行总、季、月、周、日计划与实际计划完成情况的对比分析，找出计划与实际偏差并及时分析现场影响因素和问题，采取措施和找出解决方案并尽快落实。强化过程考核，现代综合体项目不但规模大、体量大，过程中不确定因素多，而且变化快，工程难度大，造成各级管理人员过程管理容易疏忽。因此，总承包项目部要对项目各方、各管理人员进行分级考核，一是要对计划编制的完整性进行考核，二是对计划执行跟踪考核，三是对现场影响进度的生产要素分析进行考核，四是对劳务队伍现场完成情况进行考核，宜采用考核奖罚制度，加强过程控制并严格考核兑现。

加强现代综合体工程项目的组织保证建设，项目部决策层、管理层人员素质、能力、体力以及个人的敬业精神必须满足工程需要，且项目部人员数量配置要高于常规项目部人员30%。实施以下的具体保障措施：(1) 建立健全工期管理组织机构，成立以总承包经理部和各业主指定专业分包商及各劳务作业层组成的项目工期管理组织机构，管理人员实行专区专人负责制度，设置多名区段经理分别带领区员负责各作业区的工期管理、协调工作。(2) 实施分包模式，要求选择合理的分包模式，包清工或扩大劳务分包，如钢管、模板、木方由劳务队提供，大型机械和主材由项目部提供。在选择专业分包商及劳务作业层时，根据不同的专业特点和和施工要求采取不同的合同模式，在合同中明确保证进度的具体要求。(3) 实施专题例会制度，项目部定期召开施工生产协调会议，会议由项目经理或区段经理主持，业主指定专业分包和劳务作业队主管生产的负责人参加，主要是检查计划的执行情况，提出存在的问题，分析原因，研究对策并采取措施。项目部随时召集并提前下达会议通知单，业主指定专业分包和各作业单位必须派符合资格的人参加。参加者将代表其决策者，实现工程进度分析，对比进度与实际情况，分析劳动力和机械设备的投入是否满足施工进度的要求，通过分析、总结经验、暴露问题、找出原因、制定措施，确保进度计划的顺利进行。下达施工任务指令，根据工程总体进度需要，要求各单位必须在规定的时间内完成相应的施工任务，避免影响下道工序的施工造成坏的连锁反应。

6.4　工期与成本控制的相互作用机理

6.4.1　工期和成本的关系

现代综合体工程项目工期控制和成本控制是工程施工管理中的两个最为重要的方面，它们在工程项目管理中有着举足轻重的地位，工期与成本之间有着紧密地联系。一般而言，工程项目工期的长短及工期安排影响着工程的最终成本，对一个工程项目而言：(1) 工期的长短直接影响项目的成本支出，对某一施工项目而言，项目各工序之间存在着严格的组织关系和逻辑关系，工期的长短变化使得与工期相应的有关费用支出发生变化，从而影响到工程总成本。因此，可以运用网络计划优化的方法，压缩一些关键线路上的工序的持续时间，以达到降低成本的目的。(2) 工程项目工期比较长，其中又包含许多子项工程,因而对各子项工程的不同的工期安排,往往会产生不同的成本结果。例如,将分散的若干子项工程集中到某一时间段内完成,将会使得工程在该时间段内对人力、材料、设备、资金等生产要素的需求急速增加,从而导致工程成本的增加。因此,不同的工期安排会导致不同的工程成本,合理的施工工期能够显著降低工程成本。

6.4.1.1　工期与直接成本的关系

一般情况下无论采用什么方法加快工期,工程的直接成本都将增加,在合理的作业时间范围内,直接费用一般与作业时间成反比。如图 6.9 中的曲线表示了一个工序的作业时间与直接费用之间的关系,点 A 和点 B 的横坐标表示了工序的两个工期,点 A 称为"正常点",其作业时间 T_a 称为"正常工期",是合理作业时间的最长期限,此点的直接费用最低。当作业时间再延长,费用将急剧增加,意味着拖延工期,或中途停工造成窝工浪费。点 B 称为"临界点",其作业时间 T_b 称为"最短工期",是合理作业时间的最短期限,此点直接费用 C_b 大于 C_a。当作业的时间再短时,费用也急剧增加,意味着人力物力使用过多或过分拥挤,施展不开而造成窝工浪费。如图 6.9 可知,直接成本曲线反映了工程直接成本随着工期的缩短而增加。一般为了简化计算,假定工程直接成本曲线以成本斜率直线代替。

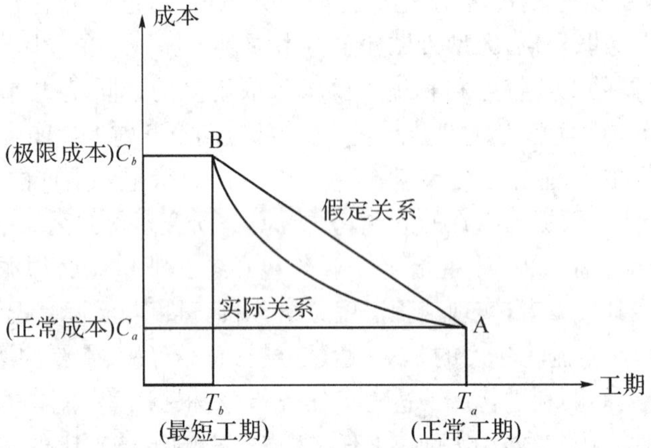

图 6.9　工期与直接成本曲线

6.4.1.2　工期与间接成本的关系

现代综合体工程项目的间接费,按受益对象不同分成综合间接费、项目间接费和工作间接费。综合间接费,指那些不是直接发生在某一特定工程项目上的间接费用,如上级管理费等。项目间接费是指直接发生在某工程项目上的间接费,如承揽该工程项目的施工队发生的管理费。工作间接费,是指能分摊到工作水平上的间接费用。一般是指特殊条件下所增加的一些间接费用和某些临时设施费用等。间接费用随工期的延长而增加,按照间接费随时间序列是否变化,将其分成两类:不变间接费和可变间接费。不变间接费指随着工期的延长,匀速增加或者每单位时间内发生的数额相等或近似相等的间接费用,包括综合间接费用和一部分项目间接费用,这类间接费随工期变化曲线如图 6.10 所示:

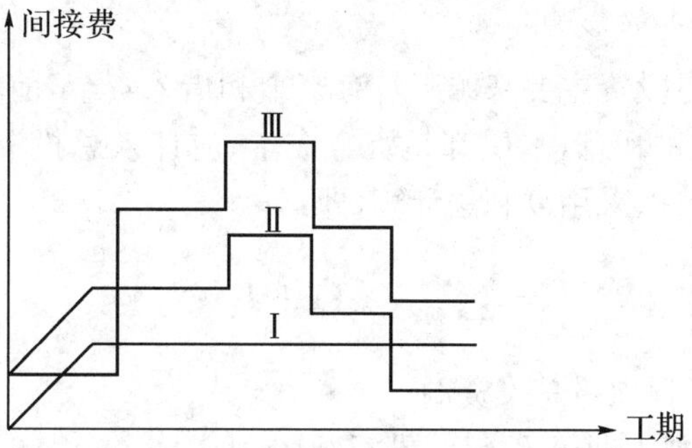

图 6.10　实际工期与不变间接费用曲线

可变间接费是指随着工期的延长并非匀速增加，或者每单位时间内发生的数额不等的间接费用，包括工作间接费和一部分项目间接费，如图 6.11 所示：

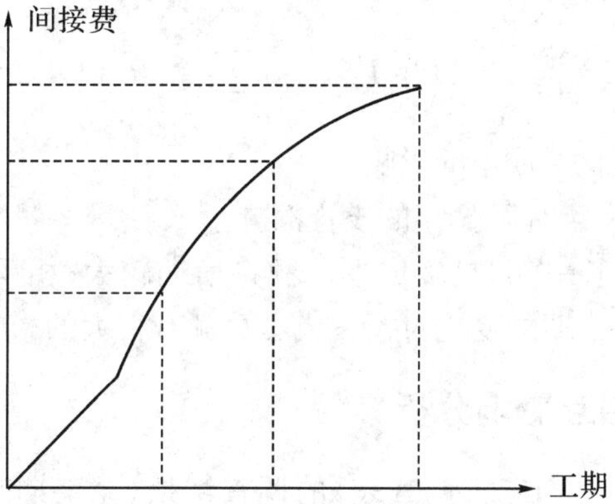

图 6.11　实际工期与可变间接费用曲线

工程间接费，是各类间接费用的总和，对不变间接费和可变间接费时间序列曲线进行叠加，得到间接费时间序列曲线，在可能工期范围内，对间接费用时间序列进行叠加可得到工期—间接费曲线，在实际间接费用计算及优化中常将实际工期—间接费进行简化，成为近似的直线关系，如图 6.12 所示：

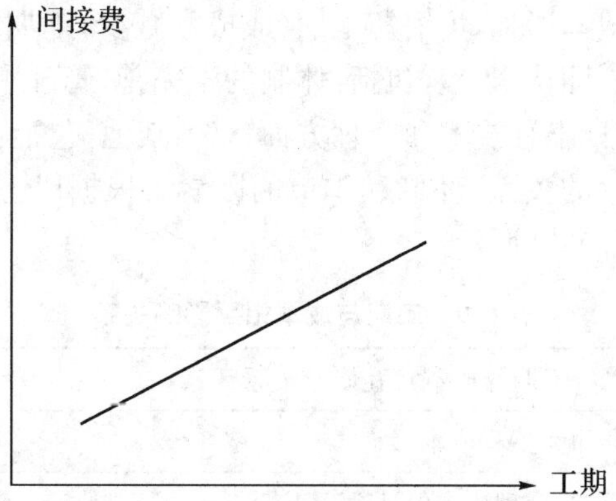

图 6.12　近似工期—间接费用曲线

6.4.1.3 工期变化对成本的影响

现代综合体工程项目投资主要来源于自有资金和借入资金，前者要求获得放弃使用的机会成本，后者要求支付利息，本质都是资金成本，应计入总投资额，总工期是一个时间因素，因此，投资总额可以采用复利法计算，即：

$$F=\sum_{K=1}^{N_0}P_K(1+I)^{N_0-K} \quad \text{（式 6-1）}$$

式中：F——本利和，是工程项目总投资额；

P_K——现值，为计划工期第 K 年的投资额；

I——年利率；

N_0——计息期，即工程项目计划总工期。

当工程项目工期发生变化时，若提前 ΔN 年，实际工期为 N，即 $N=N_0-\Delta N$，因工期变化引起的投资总额的变化可表示为：

$$F_I=\sum_{S=1}^{N}P_S(1+I)^{N-S}-\sum_{K=1}^{N_0}P_K(1+I)^{N_0-K} \quad \text{（式 6-2）}$$

式中：F_I——实际工期变化对成本的影响；

P_S——实际工期 N 年时第 S 年的投资额。

由上式知，总工期延长一年，投资成本总额将增加较大；相反，总工期提前成本的减少也是很显著的，可见总工期的变化对投资成本总额有很大的影响。

6.4.2 工期与成本相互影响分析

依据此次《工程项目管理专家调查表》的调查结果，在工期与成本相互影响的问题上，主要包括以下方面：(1) 对工期认识方面，合理安排工期计划能使工期提前；重视工期，工期就是效益。(2) 对成本认识方面，包括：成本估算时应考虑多方面的因素，如施工设备、中标价等；业主资金到位情况对工程有着较大的影响；资金优化（调整短期的资金使用），可以节约成本。(3) 相互作用的内在关系，包括：工期太短或太长都会加大工程成本；工期缩短会降低成本；工期与成本之间成函数曲线关系（正比或反比）；合理工期对应合理成本，合理成本保证合理工期；工期和成本是对应统一的（工期决定成本或成本决定工期或两者相互影响）；成本增加，可缩短工期（或成本减少，工期则延长）；(4) 相互作用的外在关系（管理层面上，即认识上），包括：体制的不完善；管理水平（人员、资金、设备材料）的高低；(5) 综合原因，兼有技术和管理方面；(6) 其他，包括：业主须节约投资；两者之间相辅相成是辩证统一的关系；环境和季节的因素。根据以上内容，将工期与成本相互影响的主要关系归纳如 6.9 所示：

表 6.9 工期与成本相互影响关系

序号	工期与成本相互影响关系	意见比例(%)
1	工期太短或太长都会加大工程成本	47.5
2	合理工期对应合理成本，合理成本保证合理工期	17.5
3	工期缩短会降低成本	8.5

在现代综合体工程项目目标控制系统这一矛盾统一体中，依据矛盾的同一性，作为基本要素的工期、成本目标之间存在着相互统一、相互联系、相互依存的关系，并在一定条件下可以相互转化。如适当增加投资的数量，为采取加快进度措施提供经济条件，就可以加快现代综合体工程项目建设速度，缩短工期，使项目提前动用，投资尽早收回，项目全寿命经济效益得到提高，可以看出投资和进度目标是相互统一的。如果项目进度计划制定的可行、优化，则使工程工期具有连续性、均衡性，工期得以缩短。说明工程项目工期与成本控制存在着相互联系、相互吸引的关系。

6.4.3　工期与成本相对重要度分析

依据本次管理专家调查表的调查结果，总结归纳了现代综合体工程项目管理三大目标控制重要程度排序，如表 6.10 所示：

表 6.10　现代综合体工程项目管理三大目标控制主次关系排序表

序号	目标主次关系排列	占总投票数比例(%)
1	质量、成本、工期	46.0
2	质量、工期、成本	41.7
3	成本、质量、工期	10.1
4	工期、质量、成本	1.4
5	成本、工期、质量	0.8
6	工期、成本、质量	0

由表 6.9 可知，近 90%的专家认为质量控制是工程项目管理中三大目标控制最为重要的方面，因此，基于质量目标不变的基础上，讨论工程项目实施中工期与成本的相对重要程度。

在现代综合体工程项目实施中，工期与成本的相对重要程度会发生变化，如图 6.13 所示：

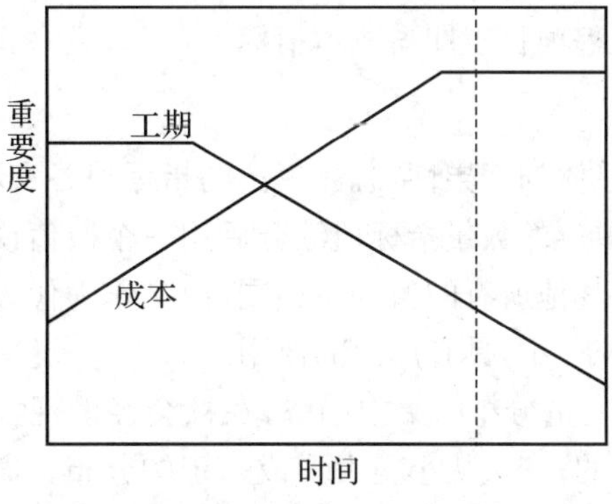

图 6.13　一般时间约束的工期与成本相对重要度

在项目初期，成本相对于工期来说可能没有积累到重要的程度。当项目临近结束时，对于时间约束条件一般的项目，成本约束的重要性会得到很大的提升，而进度的影响可能会降低，对于时间约束条件特别强烈的项目，项目后期工期的紧迫性明显表现出来，工期超过了成本，如图 6.14 所示：

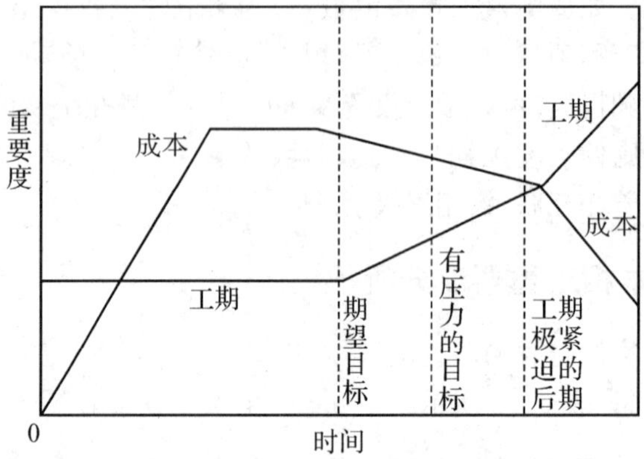

图 6.14　强时间约束的工期与成本相对重要度

第 1 阶段为项目初期，成本问题还没有积累到重要程度，工期比成本重要；第 2 阶段为项目中期，成本积累较高时，其重要度高于工期；在项目接近尾声且可以按计划完成的第 3 阶段，重要度顺序未发生变化，但工期的重要度有所提升，成本的重要度下降。

如果项目未完成，则出现有压力目标的第 4 阶段，此时工期和成本的重要度未变，但变化加剧；如果仍不能完成目标，则出现工期极为紧迫的第 5 阶段，工期压力急剧增大，重要度超过成本且成本损失较大。

6.4.4　工期与成本控制指标值分析

尽管目前对工程项目工期与成本控制的实践与理论研究比较多，但在控制的过程中没有定量的能够指导工程建设实施的指标值。指标值是反映总体数量特征的代表值，它是在总体内各单位数量差异抽象的基础上得出的。为了掌握具体的作为控制、评价工程项目工期与成本的数量标准或参考，通过发放、收集《建设项目调查表》的方式，笔者对江苏省南京市范围内不同使用功能、结构形式等的建设项目工程数据进行分析，研究得出了具有现实指导意义的工程项目工期与成本指标。

6.4.4.1　指标值分析意义

在同质总体中，由于总体的变异性，总体单位的指标值各有不同，表明了各总体单位的数量差异，但可以将各单位的数量指标值综合后用一个数值说明总体在某方面达到的一般水平。指标值可能与其他所有的值都不相同，但又作为代表值来反映这些各单位值的一般水平，在社会经济统计中，具有广泛的作用。

(1) 反映总体各单位变量分布的集中趋势，在社会经济现象总体中各单位某一标志在数量上的变化是有差异的，变量从小至大形成一定的分布。通常单位值很小或很大的都比较少，而逐渐靠近平均数的单位值就逐渐增加，围绕在平均数周围的单位占最大比值。平均数反映了指标值变动的集中趋势，具有规律性的意义。

(2) 分析现象之间的依存关系，在对总体进行分组的基础上应用平均指标可以分析现象之间存在的相互依存关系。

(3) 比较同类现象在不同单位、地区及总体各部分的差别，用来说明生产水平、经济效益或工作质量的差距。根据同样的道理平均指标可用于同一现象在不同对象之间的比较，说明生产水平、经济效益或工作质量的发展动态和趋势。

6.4.4.2　集中趋势度量法

集中趋势亦称趋中性，它是统计学中一个特有的概念，它表明同类现象在一定时间、地点条件下，所达到的一般水平与综合数量特征。集中趋势由均值(平均指标)给出度量，均值也就是标志值，它有三个特点：(1) 它是用一个代表数值来综合反映总体各单位某种特征的代表水平或一般水平。(2) 一般用有单位的名数表示，其计量单位与标志值的计量单位是一致的。(3) 它将总体各单位特征的差异给抽象了。

当数据较少时，可用公式直接求中位值，对于数据较多的情况，通常总是先将原始统计资料分析并建立频率(数)分布(单项变量数列)，然后求其中位值。确定中位值所在的位置后，利用下限公式或上限公式进行计算，如下：

下限公式：

$$M_{ex} = L + \frac{\frac{\sum f}{2} - S_{m-1}}{f_{m_c}} \times i \qquad \text{(式 6-3)}$$

式中：M_{ex}——中位值；

L——中位值所在组的下限；

$\sum f$——总次数；

S_{m-1}——中位值所在组以下各组的累计次数；

f_{m_c}——中位值所在组的次数；

i——中位数组的组距(极差)。

上限公式：

$$M_{ex} = u - \frac{\frac{\sum f}{2} - S_{m+1}}{f_{m_c}} \times i \qquad \text{(式 6-4)}$$

式中：u——中位值所在组的上限；

S_{m+1}——中位值所在组以上各组的累计次数。

在实践中，中位值常用来代替算术平均数，或者与算术平均数同时使用。当现象总体包含有极大或极小标志值的单位时，尤其适合于计算中位值。因为这些对于总体不太有代表性的标志值会影响算术平均数的数值，但不影响中位值的数值，因此，中位值是非常有价值的统计分析指标。

6.4.4.3　工程数据分析

本次《建设项目调查表》采集江苏省南京市范围内建设项目的工程数据，鉴于工程结构应用的普遍性、所采集数据的代表性，本文仅对现代综合体工程中的框架结构、框架剪力墙结构和剪力墙结构三种结构体系的工业与民用建筑进行分析。

（1）分析前提与说明

由于提供工程数据的单位对少数建设项目资料掌握不齐全，故本文仅对数据资料有效、完整的工程进行归纳与分析；先将数据按使用功能分类，共分为住宅楼、办公综合楼、商用写字楼、工业厂房等几类，再依据结构体系、层高的不同划分，对于工程数据较少的类别，由于分析的结果不具有代表性，没有普遍的意义，因此不加以考虑；对于工业与民用建筑来说，装饰、装修工程所消耗的工期与成本占整个工程项目很大的比重，而且由于使用功能的不同各项目之间有很大的差异性，很难加以比较；现代综合体工程项目的土建部分具有较强的可比性和研究价值，所以分析采用的数据是工程的“±0.000—结构封顶”阶段的工期、成本、建筑面积等。

（2）数据分析

经过对数据的详细统计与归纳，本文对四类工程项目进行分析：剪力墙结构住宅楼（层高 2.8～3.0 m）、框剪结构住宅楼（层高 2.8～3.0 m）、框剪结构办公、综合楼（层高 3.2～3.6 m）和框架结构办公、综合楼（层高 3.2～3.6 m）。具体结果见表 6.11、表 6.12、表 6.13 和表 6.14 所示：

表 6.11　剪力墙结构现代综合体中住宅部分（层高 2.8～3.0 m）的数据

项目编号	单位面积工期（天/100 m^2）	单位面积成本（万元/100 m^2）	项目编号	单位面积工期（天/100 m^2）	单位面积成本（万元/100 m^2）
1	0.2	8.39	9	1.3	9.74
2	0.3	6.99	10	1.3	8.68
3	0.4	6.50	11	1.3	6.60
4	0.6	4.07	12	1.3	7.51
5	0.8	4.87	13	1.5	9.00
6	0.9	7.59	14	1.7	8.15
7	1.1	5.48	15	1.8	9.22
8	1.3	11.25	16	2.2	12.14

表 6.12　框架结构现代综合体中住宅部分（层高 2.8～3.0 m）的数据

项目编号	单位面积工期（天/100 m^2）	单位面积成本（万元/100 m^2）	项目编号	单位面积工期（天/100 m^2）	单位面积成本（万元/100 m^2）
1	0.5	10.26	9	1.3	9.74
2	0.5	7.00	10	1.3	8.68
3	0.8	5.82	11	1.3	6.60
4	0.9	12.75	12	1.3	7.51
5	0.9	3.58	13	1.5	9.00
6	0.9	5.48	14	1.7	8.15
7	0.9	5.94	15	1.8	9.22
8	1.0	6.23			

表 6.13　框剪结构办公、综合楼(层高 3.2～3.6 m)的数据

项目编号	单位面积工期(天/100 m^2)	单位面积成本(万元/100 m^2)	项目编号	单位面积工期(天/100 m^2)	单位面积成本(万元/100 m^2)
1	0.6	4.84	5	1.4	6.50
2	0.8	6.81	6	1.4	7.46
3	1.0	7.95	7	1.4	20.00
4	1.1	6.12	8	1.8	5.78

表 6.14　框架结构办公、综合楼(层高 3.2～3.6 m)的数据

项目编号	单位面积工期(天/100 m^2)	单位面积成本(万元/100 m^2)	项目编号	单位面积工期(天/100 m^2)	单位面积成本(万元/100 m^2)
1	0.3	6.78	15	1.8	6.15
2	0.4	6.19	16	1.9	6.83
3	0.4	7.14	17	2.0	14.74
4	0.4	8.82	18	2.1	8.31
5	0.5	5.67	19	2.3	4.63
6	0.9	7.62	20	2.4	4.12
7	1.1	5.99	21	2.8	5.24
8	1.2	8.55	22	2.9	6.16
9	1.5	5.58	23	3.5	9.74
10	1.5	3.66	24	4.0	3.70
11	1.6	1.72	25	4.1	9.04
12	1.6	1.80	26	5.4	8.94
13	1.6	4.67	27	5.5	8.62
14	1.6	6.15	28	8.4	7.85

表 6.15　现代综合体工程工期、成本指标值表

序号	结构类型	单位面积工期(天/100 m^2)	单位面积成本(万元/100 m^2)
1	剪力墙结构住宅楼(层高 2.8～3.0 m)	1.3	7.55
2	框剪结构住宅楼(层高 2.8～3.0 m)	1.0	6.15
3	框剪结构办公综合楼(层高 3.2～3.6 m)	1.3	6.66
4	框架结构办公、综合楼(层高 3.2～3.6 m)	1.7	6.18

(3) 结果分析

表 6.14 中计算结果的即为江苏省南京市近年来工程项目建设过程中的具有代表性指标值,所得出的剪力墙结构住宅楼(层高 2.8～3.0 m)、框剪结构住宅楼(层高 2.8～3.0 m)、框剪结构办公综合楼(层高 3.2～3.6 m)、框架结构办公综合楼(层高 3.2～3.6 m)四类建设项目单位面积工期与单位面积成本值反映了工程建设水平的现状,对工程项目实施中的工期与成本控制具有现实的指导意义,可以作为项目管理者进行工程项目目标控制的理论依据。

第 7 章　现代综合体工程成本控制创新管理

7.1　现代综合体工程成本管理的基本理论

7.1.1　基本概念的界定

现代综合体工程的成本管理是指施工企业生产经营过程中各项成本核算、成本分析、成本决策和全过程成本管理等一系列科学管理行为的总称，而成本管理一般包括成本预测、成本决策、成本计划、全过程成本管理、成本核算、成本分析、成本考核等职能。

7.1.2　现代综合体工程成本管理的基本原则

（1）领导推动原则

施工企业的领导者是企业成本的责任人，必然是现代综合体工程项目施工成本的责任人，领导者应该制定项目成本管理的方针和目标，组织项目成本管理体系的建立和保持，创造使企业全体员工能充分参与项目施工成本管理，实现企业成本目标的良好内部环境。

（2）目标分解与责任明确原则

现代综合体工程项目成本管理的工作业绩最终要转化为定量指标，而这些指标的完成通过各岗位的工作来实现，为明确各级各岗位的指标和责任，必须进行指标分解。施工企业确定工程责任成本是指降低企业管理费用和经营费用，组织项目经理部完成工程项目责任成本指标和成本降低率指标，需要把总目标进行层层分解，落实到每一个人，通过每个指标的完成来保证总目标的实现。

（3）全员参与原则

现代综合体工程项目成本管理的每一项工作、每一个内容都需要相应的人员来完成，抓住本质和提高人的积极性和创造性，是搞好项目成本管理的前提。项目成本管理工作是一项系统工程，项目的进度管理、质量管理、安全管理、施工技术管理、资源管理等一系列管理工作都关联到项目成本，项目成本管理是项目管理的中心工作，必须让施工企业全体人员共同参与，才能保证成本管理工作顺利地进行。

（4）管理层次与内容一致性原则

现代综合体工程项目成本管理是施工企业各项专业管理的一个部分，企业是决策中心、利润中心，项目是企业的生产场地，更是企业的生产车间，由于大部分的成本耗费在此发生，因而也是成本中心。项目完成了材料和半成品在空间和时间上的流水，绝大部分要素或资源要在项目上完成价值转换并要求实现增值，其管理上的深度和广度远远大于一个生产车间所能完成的工作内容，因此，项目上的生产责任和成本责任是非常大的。为了完成或者实现工程管理和成本目标，就必须建立一套相应的管理制度，并授予相应的权力，它相对应的管理内容和管理权力必须相称和匹配，否则会发生责、权、利的不协调，从而导致管理目标和管理结果的偏差。

(5) 过程控制与系统控制原则

现代综合体工程的项目成本是由施工过程的各个环节的资源消耗形成的，因此项目成本的控制必须采用过程控制的方法，分析每一个过程影响成本的因素，制定工作程序和控制程序，使之时时处于受控状态。现代综合体工程项目成本形成的每一个过程又是与其他过程互相关联的，一个过程成本的降低，可能会引起关联过程成本的提高，因此，项目成本的管理必须遵循系统控制的原则进行系统分析。

(6) 动态性原则

现代综合体工程项目成本管理是为了实现项目成本目标而进行的一系列管理活动，是对项目成本实际开支的动态管理过程，由于项目成本随着工程施工的进展而不断变化，因而动态性是项目成本管理的属性之一。项目成本管理是不断调整项目成本支出与计划目标的偏差，使项目成本支出基本与目标一致的过程，这就需要进行项目成本的动态管理，它决定了项目成本管理不是二次性的工作，而是项目全过程每日每时都在进行的工作。

(7) 及时性和准确性原则

现代综合体工程项目成本管理需要及时、准确地提供成本核算信息，不断反馈并为上级部门或项目经理进行项目成本管理提供科学的决策依据。如果这些信息的提供严重滞后，就起不到及时纠偏的作用。现代综合体工程项目成本管理所编制的各种成本及工程量计划、统计的各项消耗、各项费用支出都必须是及时、客观和准确的。如果计划的编制不准确，各项成本管理就失去了基准；如果统计的数据不客观、不准确，成本核算就不能真实反映出盈亏，最终只能导致决策失误。

7.1.3　现代综合体工程成本管理的基本内容

(1) 成本预测

成本预测是通过成本信息和工程项目的具体情况，并运用一定的专门方法，对未来的成本水平及其可能发展趋势作出科学的估计，其实质就是在施工以前对成本进行核算。通过成本预测，可以使经理部在满足建设单位和企业要求的前提下，选择成本低、效益好的最佳方案，能够在项目形成的过程中，针对薄弱环节，加强成本控制，克服盲目性和提高预见性。

(2) 成本决策

成本决策是对工程施工生产活动中与成本相关的问题做出判断和选择的过程，是为提高各项施工活动的可行性与合理性，提高成本管理方法和措施有效性的必然选择。项目成本决策是项目成本管理的重要环节，也是成本管理的重要职能，贯穿于施工和生产的全过程，其结果直接影响到未来的工程成本，正确的成本决策对现代综合体工程项目成本管理极其重要。

(3) 成本计划

成本计划是项目经理部对项目施工成本进行计划管理的工作,以货币形式编制工程项目在计划期内的生产费用、成本费用、成本降低率以及为降低成本所采取的主要措施和规划的书面方案,它是建立项目成本管理责任制、开展成本控制和核算的基础。一个现代综合体工程项目成本计划应包括从开工到竣工所必需的施工成本,它是降低项目成本的指导文件,也是设立目标成本的依据。

(4) 全过程成本管理

全过程成本管理就是以成本管理的科学性为依据,建立由全员参与、包含企业管理全部过程的、全面的成本管理体系,让各部门全员自主改善,不断降低成本,使经营层与各部门员工具有降低成本的一致性,在项目实施的整个过程中合理使用人力、财力和物力,谋求在最低成本状态下进行生产管理与组织运作,随时随地纠正发生的偏差,而保证项目管理既定目标的实现,求取得更高的的回报收益。

(5) 成本核算

项目成本核算是指现代综合体工程项目施工过程中所发生的各种费用项目成本的核算,是按照规定的成本开支范围对施工费用进行归集,计算出施工费用的实际发生额,也是根据成本核算对象,采用适当的方法计算出该工程项目的总成本和单位成本。项目成本核算所提供的各种成本信息,是成本预测、成本计划、成本控制、成本分析和成本考核等各个环节的依据。加强项目成本核算工作,对降低项目成本和提高施工企业的经济效益有积极的作用。

(6) 成本分析

项目成本分析是在现代综合体工程成本形成过程中,对项目成本进行的对比评价和剖析总结工作,它贯穿于项目成本管理的全过程,也就是说项目成本主要利用工程项目成本核算的目标成本、预算成本以及类似的工程项目的实际成本等进行比较,了解成本的变动情况,同时也要分析主要技术经济指标对成本的影响,系统地研究成本变动的因素,检查成本计划的合理性,并通过成本分析深入揭示成本变动的规律,寻找降低项目成本的途径和有效地进行成本控制。

(7) 成本考核

成本考核是指在项目完成后,对项目成本形成中的各责任者,施工项目成本目标责任制的有关规定,将成本的实际指标与计划、定额、预算进行对比和考核,评定项目成本计划的完成情况和各责任者的绩效,并以此给以相应的奖励和处罚。通过成本考核做到有奖有惩赏罚分明,能有效地调动企业的每一个职工在各自的施工岗位上努力完成目标成本的积极性,为降低项目成本和增加企业的积累做出贡献。

7.1.4 现代综合体工程成本管理的程序

现代综合体工程成本管理遵循如下程序:(1) 掌握生产要素的市场价格和变动状态;(2) 确定项目合同价;(3) 编制成本计划和确定成本实施目标;(4) 进行成本动态控制,并实现成本实施目标;(5) 进行项目成本核算和工程价款结算,并及时收回工程款;(6) 进行项目成本分析;(7) 进行项目成本考核,并编制成本报告;(8) 积累项目成本资料。其现代综合体工程项目成本管理的流程图,如图 7.1 所示:

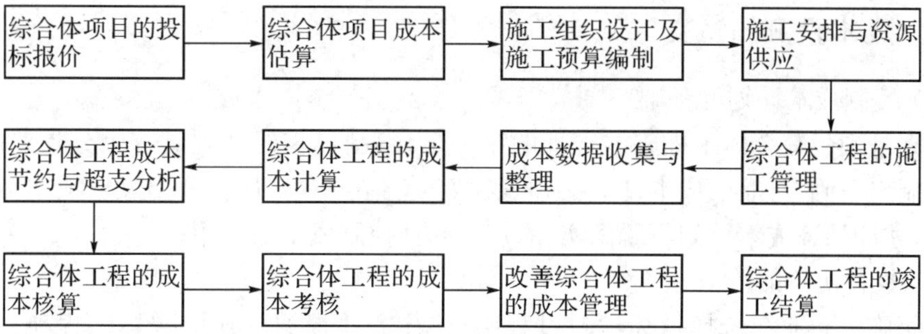

图 7.1　现代综合体工程项目成本管理流程图

7.1.5　现代综合体工程成本管理的一般措施

(1) 组织措施

组织措施是从现代综合体工程项目成本管理的组织方面采取的措施。例如,实行针对现代综合体工程项目特点的项目经理责任制,落实项目成本管理的组织机构和人员,明确各级项目成本管理人员的任务和职能分工、权力和责任,编制施工各阶段项目成本工作计划和详细的工作流程图等。

(2) 技术措施

技术措施不仅对解决现代综合体工程项目成本管理过程中的技术问题是不可缺少的,而且对纠正项目成本管理目标偏差也有相当重要的作用。运用技术措施的关键是要能提出多个不同的技术方案,并且对不同的技术方案进行技术经济分析,但在具体的实践过程中要避免仅从技术角度选定方案而忽视对其经济效果的分析论证。

(3) 合同措施

成本管理要以合同为依据,对于合同措施从广义上理解,除了参加合同谈判、修订合同条款、处理合同执行过程中的索赔问题、防止和处理好与业主和分包商之间的索赔之外,还应分析不同合同之间的相互联系和影响,同时对每一个合同做出总体的和具体的分析。

(4) 经济措施

经济措施是最常采用的措施,项目部管理人员应编制使用计划,确定和分解项目成本管理目标,对项目成本管理目标进行风险分析,并制定防范性对策。通过偏差原因分析和未完项目成本预测,可发现一些可能导致未完项目成本增加的潜在问题,对这些问题应以主动控制为出发点,及时采取预防措施加以控制。

7.2　现代综合体工程项目成本的预测

成本预测就是依据成本的历史资料和有关信息,在认真分析当前技术经济条件、外界环境变化及可能采取的管理措施的基础上,对未来的成本与费用及其发展趋势所作的定量描述和逻辑推断。

7.2.1 成本预测的意义

(1) 编制成本计划的基础

计划是现代综合体工程成本管理的第一步,编制可靠的计划具有十分重要的意义,但要编制出正确、可靠的成本计划必须遵循客观经济规律,从实际出发对成本做出科学的预测,才能保证成本计划不脱离实际,切实起到控制成本的作用。

(2) 投标决策的依据

建筑施工企业在选择投标项目过程中,往往需要根据现代综合体工程项目是否盈利、利润大小等诸多因素确定是否对工程投标,因此,在投标决策时就要估计现代综合体工程项目施工成本情况,通过与施工图的比较才可分析出该项目是否盈利和利润的大小等结果。

(3) 成本管理的重要环节

成本预测是在分析各种经济与技术要素对成本升降影响的基础上,推算其成本水平变化的趋势及其规律性并预测实际成本。它是预测和分析的有机结合,是事后反馈与事前控制的结合,通过成本预测有利于及时发现成本管理过程中的问题,找出成本管理中的薄弱环节,进而采取措施来控制成本。

7.2.2 成本预测的方法

7.2.2.1 定性预测成本的方法

(1) 专家会议法

专家会议法是目前国内普遍采用的一种定性预测方法,其优点是简便易行和信息量大,考虑的因素比较全面,参加会议的专家可以相互启发。这种方式的不足之处在于,参加会议的人总是有限的,代表性不够充分,会上容易受权威人士或大多数人意见的影响,而忽视少数人的正确意见,即所谓的"从众现象"。个人由于真实的或臆想的群体心理压力,在认知或行动上不由自主地趋向于多数人一致的现象,若采用该方法预测值出现较大的差异时一般可采用预测值的平均数以提高预测的精度。

(2) 经验评判法

经验评判法是通过对过去类似工程的有关数据,并结合现有现代综合体工程项目的技术资料,经综合分析而预测其成本,简单、易于实现,是获得准确预测的实用方法。

(3) 德尔菲预测法

德尔菲预测法的优点是能够最大限度地利用各个专家的能力,相互不受影响,意见易于集中且真实,其缺点是受专家的业务水平、成本信息和工作经验的限制,具有一定的局限性。德尔菲预测法作为一种广泛应用的专家预测方法,其具体程序如下:(1) 建立组织领导,开展德尔菲法预测需要成立一个预测领导小组,领导小组负责草拟预测主题,编制预测事件一览表,选择专家以及对预测结果进行分析、整理、归纳和处理;(2) 选择专家,专家一般指掌握某一特定领域知识和技能的人,人数不宜过多,一般以 10～20 人为宜,该方法以信函与专家直接联系,专家之间没有任何联系,这可以避免当面讨论时易产生相互干扰等弊病,或者当面表达意见受到约束情形的发生;(3) 明确预测内容,根据成本预测任务制定专家应答的问题提纲,说明做出定量估计和进行预测的依据及其对判断的影响程度。

7.2.2.2 定量预测成本的方法

(1) 简单平均法

定量成本预测的方法中最常用的是简单平均法，包括算术平均法、加权平均法、几何平均法和移动平均法，其基本特性的对比如下表7.1所示：

表7.1 简单平均法中基本特性的对比分析

序号	方法名称	基本特性
1	算术平均法	算术平均法简单易行，如果预测对象变化不大且无明显的上升或下降趋势时，应用较为合理，但其只能应用于近期预测
2	加权平均法	当一组统计资料中每一个数据的重要性不完全相同时，求平均数的最理想方法是将每个数的重要性用权数来表示
3	移动平均法	在算术平均法的基础上发展起来，以近期资料为依据并考虑事物发展趋势，可获得较为准确的预测结果
4	几何平均法	把一组观测值相乘再开n次方，所得n次方根称为几何平均数。几何平均数一般小于算术平均数，而且数据越分散几何平均数越小

(2) 回归分析法

回归分析法有一元线性回归分析法、多元线性法和非线性回归法等，一元线性回归预测法是根据历史数据在直角坐标系上描绘出相应点，再在各点间作一直线，使直线到各点的距离最小，即偏差平方和为最小，因此，这条直线就最能代表实际数据变化的趋势，用这条直线适当延长来进行预测是合适和准确的。

(3) 高低点法

高低点法是成本预测的一种常用方法，它是根据统计资料中完成业务量的最高和最低两个时期的成本数据，通过计算总成本中的固定成本、变动成本和变动成本率来预测成本的，针对现代综合体工程成本预测影响因素较多、难度较大的特点是较为合适的。

(4) 指数平滑法

指数平滑法也叫指数修正法，是一种简便易行的时间序列预测方法，它是在移动平均法基础上发展起来的一种预测方法，是移动平均法的改进形式。使用移动平均法有两个明显的缺点：即它需要有大量的历史观察值的储备且要用时间序列中近期观察值的加权方法来解决，因为最近的观察中包含着最多的未来情况的信息，因此必须相对地比前期观察值赋予更大的权数，即对最近期的观察值给予最大的权数，而对于较远的观察值就给予递减的权数，而指数平滑法就是可以满足上述要求的一种加权法，同时又不需要大量历史观察值的一种新的移动平均预测法，根据其指数的不同可以分为一次指数平滑法、二次指数平滑法和三次指数平滑法，均能够满足较好的成本预测的需要。

7.2.3 成本预测的流程

现代综合体工程的成本预测遵循如下流程：(1) 制定预测计划，制定预测计划是预测工作顺利进行的保证，而预测计划的内容主要包括：时间进度，组织领导及工作分工，相协作的部门和搜集材料范围；(2) 搜集整理预测资料，结合预测计划需要，搜集预测资料是进行预测的重要条件，而预测资料一般有纵向数据和横向数据两方面，纵向数据资料是施工企业成本费用的历史数据，据此分析其发展趋势，横向数据资料是指同类工程项目、同类施工企业的成本资料，据此分析所预测项目与同类项目的差异并作出估计；(3) 选择预测方法，成本的预测方法可以分为定性预测法和定量预测法，定性预测法是根据经验和专业知识进行判断的一种预测方法，常用的定性预测法有：管理人员判断法、专业人员意见法、专家意见法及市场调查法等；而定量预测法是利用历史成本费用资料以及成本与影响因素之间的数量关系，通过一定的数学模型来推测、计算未来成本的可能结果；(4) 成本初步预测，根据定性预测的方法及一些横向成本资料的定量预测来对成本进行初步估计，这一步的结果往往精度较差，需要结合现在的成本水平进行修正才能保证预测结果的质量；(5) 影响成本水平的因素预测，影响成本水平的因素主要有物价变化、项目管理费开支、劳动生产率、物料消耗指标、和企业管理层次等，可根据近期内工程实施情况、本企业及分包企业情况、市场情况等来推测未来哪些因素会对成本费用水平产生影响及其影响的结果；(6) 成本预测，根据初步的成本预测以及对成本水平变化因素预测结果来确定成本情况；分析预测误差，成本预测往往与实施过程中及其后的实际成本有不同而产生预测误差，预测误差的大小反映预测准确程度的高低，若误差较大应深入分析产生误差的原因并积累经验。

7.3 现代综合体工程项目成本的决策

现代综合体工程的项目决策是对现代综合体工程施工生产活动中与成本相关的问题做出判断和选择的过程，对于成本管理极其重要。

7.3.1 成本决策的程序

现代综合体工程项目成本决策应按以下程序进行：

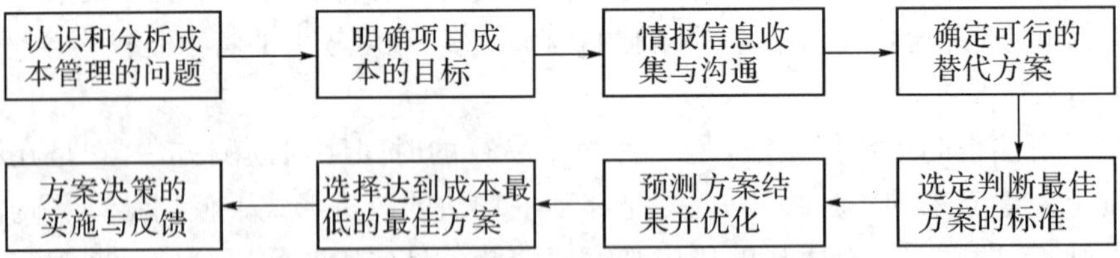

图 7.2 现代综合体工程项目成本决策程序图

7.3.2 成本决策的方法

(1) 定型化决策

定型化决策的特点是在事物的客观自然状态完全肯定的状况下所作出的决策，是具有一定的规律性的决策，决策的方法看起来似乎比较简单，但有时也并不简单，因为决策人所面临的可供选择的方案，数量可能很大，从中选择出最优方案往往很不容易，有时需要借助线性规划的数学方法才能解决。

(2) 非定型化决策

非定型化决策具有以下特点：①决策者期望达到一定的目标；②被决策的事物具有两种以上客观存在的自然状态；③具有可供决策人选择的两个以上方案；④各种自然状态可以用定量数据反映其损益值。

(3) 风险型决策

风险型决策方法除具有非定型化决策的四个特点外，还有一个很重要的特点，即决策人对未来实务的发展状态变化情况不肯定，可能发生或不发生，但知道自然状态可能发生的概率，属于非确定的类型，是具有一定的风险性，其所对应的标准包括期望值标准、合理性标准和最大可能性标准。

(4) 利用决策树进行决策

决策树是图论中用于决策的一种工具，它是以树生长过程的不断分枝来表示事件发生的各种可能性，应用期望值来剪修以达到择优目的的一种决策方法，对于未来成本的发生水平存在两种以上的可能结果时，可采取决策树方法进行决策。决策树是决策者对某个成本决策问题未来发展情况的可能性和可能结果所作出的预测在图形上的反映，其具体运用的步骤可以分解为：①根据期望值准则，从右至左、逆着编号计算每个方案的期望值；②对各方案的期望值进行比较，剪去期望值较差的分枝，最后留下的一枝即为最优方案。

7.3.3　成本决策的内容

(1) 长期成本决策

长期成本决策是指对成本产生影响的时间长度超过一年以上的问题所进行的决策，一般涉及现代综合体工程项目施工规模机械化施工程度、工程进度安排、施工工艺、质量标准等与成本关系密切的相关问题，这类问题涉及的时间长、金额大、对施工企业的发展具有意义，故又称为战略性决策。

与长期成本决策有关的因素通常难定，大多数属于不确定决策和一次性决策，而长期成本决策的内容包括：①进度安排和质量标准的决策，现代综合体工程项目进度的快慢和质量标准的高低也直接、长期影响着工程成本，在决策时应该通盘考虑，要贯穿目标成本的管理思想，在达到业主的工期和质量要求的前提下力求降低成本。②施工方案的决策，项目的施工方案是对项目成本有着直接和重大影响的长期决策行为，施工方案牵涉面广，不确定性因素多，对项目未来的工程成本将在相当长的时间内产生重大的影响。③施工现场条件的决策，清楚掌控施工现场条件，特别是现场条件的变更可以为长期成本的决策创造主动。

(2) 短期成本决策

短期成本决策是对未来一年内有关成本问题的决策，其所涉及的大多是现代综合体项目在日常施工生产过程中与成本相关的内容，通常对项目未来经营管理方向不产生直接影响，因此短期成本决策又被称为战术性决策，与短期成本决策有关的因素基本上是确定的，所以短期成本决策大多属于确定型决策和重复性决策。

短期成本决策的内容主要包括：①施工生产环节的短期成本决策，如结构构件是自制还是外购决策、经济采购批量的决策、分派追加施工任务的决策、施工方法的选择、短期成本变动趋势预测等。②采购环节的短期成本决策,如不同等级材料选用的决策、经济采购批量的决策、采购模式与运输方法的决策等。③工程价款结算环节的短期成本决策,如结算方式、结算时间决策和结算地点的决策等,此外,项目成本决策过程中还涉及成本与收入以及成本与利润分配等方面的问题,如特殊订货问题等。

7.3.4 项目成本目标的编制

7.3.4.1 项目成本目标编制的依据

现代综合体工程项目成本编制的依据主要是五个方面,即:(1) 根据施工图计算的工程量及参考定额;(2) 施工组织设计及分部分项施工方案;(3) 劳务分包合同及其他分包合同;(4) 项目岗位成本责任控制指标;(5) 项目经理责任合同,其中包括项目施工责任成本指标及各项管理目标,在其编制的过程中按照如下流程来实施,如图 7.3 所示:

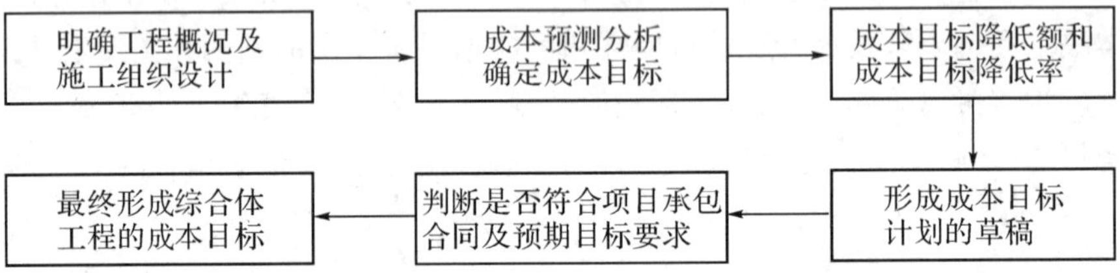

图 7.3 现代综合体工程项目成本目标的编制流程

在执行上述流程过程中,若无法满足项目承包合同或预期目标要求的情形发生,则必须要采取缩短工期或采用新材料、新工艺等措施,重新进行成本预测分析来确定成本目标。

7.3.4.2 项目成本目标编制的方法

(1) 定性分析法

常用的定性分析方法是用目标利润百分比表示成本控制标准,即:

成本目标=现代综合体工程投标价×[1−目标利润率(%)]　　(式 7-1)

式中,目标利润率的取定主要是通过主观判断和对历史资料数据的分析而得出,很多情况下是按国家预算编制,其中所包含的法定利润和计划利润是固定不变的,按此两项之和或略高一点制定现代综合体工程的目标利润是完全可行的,但在竞争激烈的条件下,其方法的不足与缺陷是更加明显的,主要表现在:①目标利润率指标的取定往往依据历史资料,如财务年度报告等,或根据行业的平均利润率而定,缺乏对企业本身深层次以及潜在优势的研究,不能挖掘出企业降低成本的潜力;②目标利润率指标和成本指标之间尽管可互相换算,但是在具体操作上有本质区别,利用目标利润率确定成本目标是先有利润率,然后计算出成本目标,也就是企业下达的成本指标是相对指标而不是绝对成本指标;③定性的成本目标确定方法不便于企业管理层了解项目的实际情况,也不便于现代综合体工程项目成本的分解,更不利于成本的控制,成本目标往往流于形式;④利润率的考核往往只能依据财务报表数据,由于工程的变更和计算的不及时而容易导致财务成本失真;⑤所用的目标利润率指标不能充分反映各种外部环境对项目成本构成要素的影响,如市场供求关系的变化会影响到人工、材料、机械价格的高低,施工所投入的各种企业资源受市场供求关系和经济环境的影响较大,因此对成本的影响也比较明显。

(2) 定量分析法

定量分析法就是在投标价格的基础上,充分考虑施工企业的外部环境对各成本要素的影响,通过对各工序中人工、材料、机械消耗的考察和定量分析计算,进而得出项目成本的目标方法,定量分析得出的成本目标为经营者提出的指标更加具体和现实,进而便于项目管理者抓住成本管理的关键环节,最终有利于对成本目标的分解和细化。

7.3.5　项目成本目标的分解

现代综合体工程的成本目标一般可分为直接成本目标和间接成本目标,如果项目设有预制场、加工厂、机械动力站等附属生产单位的,成本目标还可以分解为产品目标和作业成本目标。直接成本目标主要反映现代综合体工程成本的目标价值,要对材料、人工、机械费、运费等主要支出项目加以分解并各自制定目标。以材料费为例,应说明木材、钢材、水泥、砂石和加工订货制品等主要材料、加工制品的目标用量、价格、模板摊销列入成本的幅度,脚手架、塔吊等租赁用品计划应付款项,材料采购发生的成本差异处理等,以便在实际施工中加以控制与考核。间接成本目标主要反映施工现场管理费用的目标支出数。间接成本目标应根据工程项目的核算期,以项目总收入中的管理费用为基础,制定各部门的成本目标收支,汇总后作为现代综合体工程项目的目标管理费用。在间接费成本目标的制定中,各部门费用的口径应该一致,支出应与会计核算中管理费用的二级科目一致,间接成本目标的金额应与项目成本目标中管理费一栏的数额相符。各部门应按照节约开支、压缩费用的原则来制定“管理费用归口包干指标落实办法”,以保证该目标的实现。

在编制了成本目标以后,还需要通过各种成本目标表格的形式将成本降低任务落实到整个项目的施工全过程,以便于在现代综合体工程项目实施过程中实现对成本的控制。成本目标表格通过直接成本目标总表的形式反映,间接成本目标表格可用施工目标管理费用的表格来控制,而直接成本目标总表主要是将工程项目的成本目标分解为各个组成部分,通过在成本目标表中加入实际成本栏的方式,并且要在存在较大差异时对其原因进行解释,达到在实际中对施工中发生的费用进行有力控制的目的。其中,直接成本目标总表及施工现场目标管理费用标准用表如表 7.2 和表 7.3 所示:

表 7.2　现代综合体工程直接成本目标总表

工程名称:　　　　　　　　项目经理:　　　　　　日期:　　　　　　单位:

项目	成本目标	实际发生成本	差异	差异说明
1. 直接费用				
人工费				
材料费				
机械使用费				

续表

项目	成本目标	实际发生成本	差异	差异说明
其他直接费				
2. 间接费用				
规费				
施工管理费				
合计				

表 7.3 现代综合体工程施工现场目标管理费用表

工程名称： 项目经理： 日期： 单位：

项目	目标费用	实际支出	差异	差异说明
1. 工作人员工资				
2. 生产工人辅助工资				
3. 工资附加费				
4. 固定资产使用费				
5. 工具用具使用费				
6. 差旅交通费				
7. 办公费				
8. 工程保养费				
9. 检验试验费				
10. 劳动保护费				
11. 取暖、水电费				
12. 排污费				
13. 财产保险费				
14. 其他费用				
15. 合计				

7.4 现代综合体工程项目成本计划

综合工程的成本计划是在多种成本预测的基础上，经过分析、比较论证和判断之后，以货币形式预先规定计划期内项目施工的耗费和成本所要达到的水平，并且确定各个成本项目比预计要达到的降低额和降低率，提出保证成本计划实施所需要的主要措施方案。

7.4.1 成本计划编制的依据

现代综合体工程成本计划的依据主要包括：(1) 反映企业管理水平的消耗定额(企业

施工定额)以及类似工程的成本资料等;(2) 可行性研究设计文件;(3) 生产要素的价格信息;(4) 项目管理实施规划,其中,以现代综合体工程项目施工组织设计文件为核心的项目实施技术方案与管理方案,是在充分调查和研究现场条件及有关条件的基础上制定的,不同实施条件下的技术方案和管理方法将导致工程成本的不同;(5) 承包合同,合同文件除了包括合同文本外,还包括招标文件、投标文件、设计文件等,合同中的工程内容、数量、规格、质量、工期和罚付条款都将对工程的成本计划产生重要的影响,因此,承包方在签订合同前应进行认真的研究与分析,在正确履约的前提下降低工程成本。项目成本计划编制要求由项目经理部负责编制,报组织管理层批准,要求反映各成本项目指标和降低成本指标,按照自下而上分级编制并逐层汇总的顺序来实施。

7.4.2 成本计划编制的原则

(1) 合理性原则

编制现代综合体工程项目成本计划时,必须严格遵守国家的有法令、政策及财务制度的规定,严格遵守成本开支范围和各项费用开支标准。任何违反财务制度的规定,随意扩大或缩小成本开支范围行为必将使计划失去考核实际成本的作用。

(2) 统一领导和分级管理原则

编制现代综合体工程的成本计划应实行统一领导、分级管理的原则,采取走群众路线的工作方法,应在项目经理带领下以财物和计划部门为中心,发动全体职工总结降低成本的经验,找出降低成本的正确途径,使成本计划的制订和执行具有广泛的群众基础。

(3) 先进性原则

现代综合体工程的成本计划既要保持先进性,又必须切实可行,否则就会因计划指标过高或过低而失去应有的作用,这就要求编制成本计划必须以各种先进的技术经济定额为依据,并针对施工项目的具体特点,采取切实可行的技术组织措施作保证。只有这样,才能使制定的成本计划既有科学根据,又有实现的可能;也只有这样,才能起到促进和激励的作用。

(4) 从实际情况出发的原则

编制成本计划必须从企业的实际情况出发,充分挖掘企业内部潜力,使降低成本指标积极可靠、可行。工程项目管理部门降低成本的潜力在于正确选择施工方案,合理组织施工,并提高劳动生产率,改善材料供应,降低材料消耗,提高机械设备利用率,节约施工管理费用等,但需要注意的是不能为降低成本而偷工减料,忽视质量,不及时对机械设备进行必要的维护修理,片面增加劳动强度,加班加点,或减掉合理的劳保费用而忽视安全工作。

(5) 可比性原则

成本计划应与实际成本、前期成本保持可比性,为了保证成本计划的可比性,在编制计划时应注意所采用的计算方法,应与成本的核算方法保持一致,包括成本核算对象、成本费用的汇集、结转、分配方法等,只有保证成本计划的可比性,才能有效地进行成本分析,才能更好地发挥成本计划的作用。

（6）弹性原则

编制现代综合体工程项目的成本计划应留有充分余地，保持计划具有一定的弹性。在计划期内项目经理部的内部或外部的技术经济状况和供产销条件，很可能发生一些在编制计划时所未预料的变化，尤其是材料的市场价格，只有充分考虑这些变化的发展，才能更好地发挥成本计划的责任和作用。

（7）与其他计划结合的原则

编制现代综合体工程项目的成本计划，必须与工程项目的其他各项计划如施工方案、生产进度、财务计划、资料供应及耗费计划等密切结合并保持平衡，要求成本计划一方面要根据现代综合体工程项目的生产、技术组织措施、劳动工资、材料供应等计划来编制；另一方面又影响着其他各种计划指标，在制定其他计划时应考虑适应降低成本的要求，与成本计划密切配合，而不能单纯考虑每一种计划本身的需要。

7.4.3 成本计划编制的方法

（1）施工预算法

施工预算法是指以施工图中的工程实物量，套以施工工料消耗定额，计算工料消耗量，并进行工料汇总，然后统一以货币形式反映其施工生产耗费水平。以施工工料消耗定额所计算的施工生产耗费水平，基本是一个不变的常数。一个工程项目要实现较富的经济效益，即较大程度降低成本水平，就必须在这个常数基础上采取节约措施，以降低单位消耗量和降低价格等措施，来达到成本计划的成本目标水平。因此，采用施工预算法编制成本计划时必须考虑结合技术节约措施计划，以进一步降低施工生产耗费水平，可以用如下计算公式表示：

施工预算法的计划成本＝施工预算施工生产耗费水平－计划节约额（式 7－2）

（2）习惯性成本法

习惯性成本法是固定成本和变动成本在编制成本计划中的应用，主要按照成本习性，将成本分为固定成本和变动成本两类，以此计算计划成本，可用如下公式表示：

工程项目计划成本＝工程项目变动成本总额＋工程项目固定成本总额　（式 7－3）

（3）技术节约措施法

技术节约措施法是指以现代综合体工程项目计划采取的技术组织措施和节约措施所能取得的经济效果为项目成本降低额，然后求工程项目的计划成本的方法，采用公式表示为：

工程项目计划成本＝工程项目预算成本－成本降低额　（式 7－4）

7.4.4 成本计划编制的程序

因现代综合体工程项目规模大小、管理要求的不同，导致编制成本计划的程序有所差异，通常采用分级编制的方式，先由各部门提出项目成本计划，再由项目经理部汇总编制全部项目工程的成本计划，其一般的编制程序如下图所示：

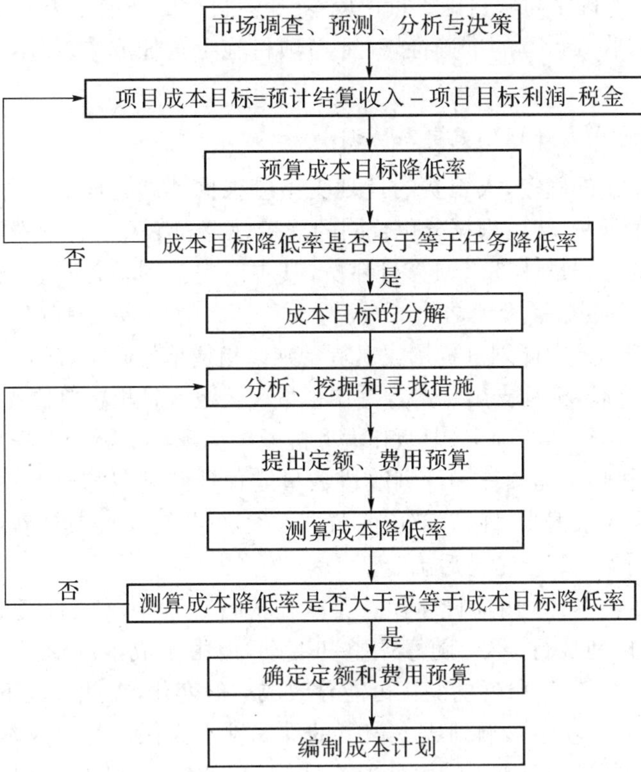

图 7.4　成本计划编制的一般程序

7.4.5　综合工程项目月度成本计划

7.4.5.1　项目月度成本计划的概念

现代综合体工程项目月度成本计划是项目成本管理的基础，属于控制性计划，是进行各项施工成本活动的依据，其确定了月度施工成本管理的工作的目标，也是对岗位责任人员进行月度岗位成本指标分解的基础。现代综合体工程项目月度成本计划是根据成本目标制定的月度成本支出和月度了本收入计划。包括：月度人工费成本计划、材料费成本计划、机械费成本计划、措施费用成本计划、临时设施费、项目管理、安全设施成本计划等。

7.4.5.2　项目月度成本计划编制的依据

现代综合体工程项目月度成本计划编制的依据包括：(1) 项目施工责任成本指标和成本目标指标；(2) 劳务分包合同、机具租赁合同及材料采购、加工订货合同等；(3) 施工组织设计或施工方案以及降低计划及成本降低措施；(4) 施工进度计划及计划完成工程量。

7.4.5.3　项目月度成本计划编制的原则

(1) 成本支出计划与实际发生相一致的原则。为完成工程施工任务而进行的支出是可以事先计划和规划的，如机械租赁费是按月包干计费，还是按使用台班计费，不同机械是否按不同方式计费都可以根据租赁合同确定，因成本支出的计划应与实际发生相一致。(2) 成本收入的确定与项目施工责任成本、成本目标的确定方法一致原则,只有做到一致才能保证成本收入计算的准确性,保证与项目施工责任成本、成本目标的确定方法具有可比性。

7.4.5.4　项目月度成本计划的确定与协调

人工费计划支出的确定,人工费的计划支出应根据计划完成的工程量,按施工图预算定额计算定额用工量,然后根据分包合同的规定计算人工费。材料费计划支出的确定应根据计划完成的工程量计算出预算材料费,其中不包括周转材料费,然后乘以相应的计划降低率,降低率可据经验预估计,一般为5%～7%。周转工具支出计划的确定应按月初现场实际使用和月中计划进货量或退货量乘以租赁单价确定,即:

周转工具支出＝本月平均租量×天数×日租赁单价　　(式7-5)

对于机械费支出计划的确定,中型和大型机械根据现场实际拥有进出场数量乘以租赁单价确定,小型机械根据预算和计划购进数量或预计修理费综合考虑后确定,施工安全费用支出的确定应根据当月施工部位的防护方案和来确定,而其他费用的确定应该根据承包合同和计划支出综合考虑后确定。

针对项目月度成本计划的调整问题,要求在执行过程中保证月度成本计划的严肃性,一旦确定就严格地执行,不得随意调整和变动,但由于成本的形成是一个动态的过程,在实施过程中由于客观条件的变化可能导致成本的变化,在此情况下,若对月度成本计划不及时进行调整,就会影响到成本核算的准确性。为保证月度成本计划的准确性,就要对月度成本计划进行调整。一般情况下,出现下列三种情况时要对成本计划进行调整:(1) 月度施工计划调整时进行调整,由于工程进度增加施工内容或由于材料、机械、图纸变更等的影响,原定施工内容不能进行。而施工内容进行调整时,在这种情况下,就需要对更换的工程项目按成本计划的编制原则和方法重新进行计算,并下发月度成本计划变更通知单。(2) 月度施工计划超额或未完成时进行调整,由于施工条件的复杂性和可变性,月度施工计划工程量与实际完成工作量是不同的,所以每到月底要对实际完成工作量进行统计,根据统计结果将根据计划完成工作量编制的月度成本计划调整为实际完成工作量的月度成本计划;(3) 公司对该项目的责任成本确定办法进行更改时进行调整,由于核定办法的改变,必然导致项目成本目标的改变,因此根据成本目标和月度施工计划编制的月度成本计划就必然要进行调整,这种情主要是市场波动,材料价格变化较大,对成本影响较严重时才会出现并使用。

7.4.5.5　项目月度成本计划的分解

在编制现代综合体工程月度成本计划时,成本计划是根据构成成本的要素进行编制的,但实际上在进行管理时,成本管理的责任是按岗位进行划分的,对按成本构成要素编制的月度成本计划,还要按岗位责任进行分解,作为进行岗位成本责任核算和考核的基础依据。在具体的成本管理过程中,由于各单位的岗位设置有所不同,项目施工成本计划的分解也可能有所不同,但都应遵守以下原则:(1) 量价分离,费用为标准原则,在项目成本管理过程中,是通过节约量、降低价来达到控制成本费用的目的,所以在分解时要根据人员分工,凡是能够量价分离的都要进行量价分离,把成本费用作为一项综合指标来实现控制;(2) 指标明确和责任到人,人员的职责分工要明确,指标要明确,目的是为了便于核算和便于管理。而针对现代综合体工程月度成本计划分解的特点,可参考表7.4:

表7.4　现代综合体工程月度成本计划分解表

按照构成要素编制	按照岗位责任分解	
人工费	施工员、预算员	对人工费中的定额工日或工程量负责
	项目经理、预算员	对定额单价及总价负责
材料费 不包括周转工具费	主管材料员	对采购价和材料费总价负责
	项目经理预算员	对定额单价及总价负责
机械费	机械管理人员	对大型机械的使用时间和数量负责
	其他人员	班组长对大型机械的使用数量和时间负责，材料运输人员对汽车台班数量负责
周转工具费	设专职管理人员负责周转工具的管理并对周转工具租赁费负责	
项目成本费	项目经理	对管理人员工资、办公费、交通费、业务费等负责
	成本会计、劳资员	对临时建筑设施费等负责
分包工程费	安全员	对安全设施及费用开支负责
	预算员	对分包工程费负责
	班组长	对分包工程量负责

7.5　现代综合体工程项目全过程的成本管理与控制

7.5.1　现代综合体工程全过程成本管理的概念界定

现代综合体工程全过程成本管理是在工程的投资决策阶段、设计阶段、招标阶段、施工阶段以及竣工阶段对建设项目成本进行合理安排协调，把工程项目的投资控制在之前批准的或预期的投资限额以内，从而保证实现工程项目投资管理目标，取得较高的投资收益和社会效益。

现代综合体工程项目全过程成本管理一般包含如下五个阶段：(1) 可行性研究阶段，现代综合体工程项目尚处于模糊状态，可调整余地最大，通过科学选择项目方案，如建设规模、市场定位等内容可大幅度管控成本；(2) 设计阶段，通过设计方案比选、优化、限额设计、材料设备档次选型、图纸质量等可以较大幅度地管控成本；(3) 招标阶段，合理的招标方式、评标方法、付款方式等对成本控制的影响较大；(4) 施工阶段，设计已定型只能通过优化施工技术及组织，包括设计变更和现场签证的控制等手段来适当降低施工成本，管控成本的幅度较小；(5) 竣工结算阶段，图纸、合同已定，只是如何正确地将这些已定的造价揭示出来，因此管控成本的幅度最小。没有经过分环节的全过程成本管理，整个现代综合体工程的成本管理就非常困难，许多时候在结算时才发现此次工程是亏损大于盈利的，所以现代综合体工程的成本的控制是一个十分复杂的工作，一定要所有参与工程的部门互相协调，任何环节都不出现问题才能真正保障最终的利润。

从现代综合体工程成本管理的内容看，成本控制应包含以下内容：(1) 成本计划，就是根据原先的设计方案进行具体的实施，将方案中的具体细节进行分解，对每个环节的资金投入都做出明确的要求，并严格控制所有的成本输出。(2) 成本监督，监督是对费用数据进行复查，对所有的付款项目进行清查并形成实际的数据统计。(3) 成本跟踪，跟踪也是检查的一种方式，将所有的数据以报告的形式分发到需要的部门，确保所有的数据以及产生的成本输出都有理有据，并将没有必要的成本投入全部剔除。(4) 成本诊断，现代综合体工程中产生的成本如果超出了预计的成本数据，就要对剩余工作量的成本趋势进行更深入的分析。

7.5.2 现代综合体工程全过程成本管理的主要问题

7.5.2.1 成本管控体制不健全

现代综合体工程往往只能一次性完成，所以进行成本的控制绝不能只局限于后期完工的成本核算，更应该注重工程开始之前以及过程之中的成本规划与实施，但在现实管理过程中，成本管控体制不健全的问题却很突出，主要表现在:(1) 成本管理体制不严密，责、权、利划分不清。进行现代综合体工程的项目成本管理，首先就要建立完善的管理负责制度，没有责任制后面的工作会十分杂乱。当前承接大型现代综合体工程的大多数施工企业运用的成本管理方案并没有将责任规划到具体的人员上，项目的管理人员对自身的职责没有认清，各个部门与岗位之间也没有进行协调，更没能将项目的成本管理跟负责项目的管理人员的工资直接相连，导致工作人员的工作热情未能全部激发，员工的工作意识与责任感不强，同时出了问题无法追究到相关的责任人。(2) 成本管理方法单一且缺乏对目标成本的有效控制，进行现代综合体工程项目管理的最基本方法就是目标成本管理，管理要求就是设定的目标一定要切合实际，责任要具体地规划到某个部门或个人，责任的建立要求要全面、清晰，不能履行责任要承担一定的惩罚。而在实际的工程项目运行过程中，管理的方式往往过于简单，也没有进行任何成本的估算，更没有成本的目标计划。许多时候在工程中会出现各种各样的细节造成成本增加，施工企业也没有对工程中的工作人员进行业务考核，还有一些工程在安排工作人员的时候不合理，许多具体的工作没有具体的负责人员，最终形成了大量的资金浪费。(3) 材料管理程序混乱且缺乏有效的制度约束，材料是成本中的重要组成部分，若想控制好成本的输出，就一定要先从材料入手，对材料的管理一定要制定一个完善的计划并严格按照计划来实施，材料的质量、数量、价格、库存、领取、消耗等都要有相关的记录。然而，因为许多管理者疏于职守，造成大量材料流失在外，有的根本就没有用在现代综合体工程的建设中，有的被长时间闲置形成了自然浪费，管理十分疏漏。

7.5.2.2 成本核算流于形式且指导意义有限

在很多情况下现代综合体工程项目的建设并没有一个完善的资金分布计划，没有对各个环节进行具体的成本分析，也没有形成事先的预算，即使有了预算往往也会跟现实有很大的差距，因此这项工作并没有真正落到实处。部分施工企业奖惩制度并不完善，即使有奖惩制度，也没有进行具体的实施，成本的控制与工作人员的工作并没有直接联系，所以许多工作人员对此事也不关注，一些项目管理的人员根本不清楚自己的责任，只知道在规定的时间内按照规定要求完成相应的基本任务，最终耽误了工程的有序实施。因为没有完善的合同，也可能会让利润完全丧失。

7.5.2.3　施工作业人员素质偏低且责任心不强

在施工企业中不少管理经验十分丰富的现场管理者，往往对成本的控制能力并不高，也没有专业的理论基础作为支撑，而那些具备很强的专业知识与很高的专业素质的新员工偏偏又不具备多少工作经验，能够达到综合发展的人才很少，特别是许多项目在管理的时候根本就没有责任规划，也没有对工作进行具体的分解，让许多员工都产生了怠惰的心理。近年来房地产市场经济火热，导致一些规模小，资质低的施工企业也大量涌入，其中许多并不具备进行大型的生产施工的能力，员工组成也多以业务人员和技术人员为主，这样的施工企业往往缺少高素质、高档次的项目策划经理、融资专家和高端企业管理人员，缺乏相应的成本控制能力。行业内一些建筑施工企业员工责任心不强，同时公司缺乏相应的考核体系，考核结果没有和企业员工的薪酬水平挂钩，相应的流程不健全。有些企业有了制度和流程，但执行力却不强，导致公司对员工的系统管理流程未能贯彻。

7.5.2.4　材料管理不严且浪费现象严重

现代综合体工程中所需要的材料，需要消耗总资金的六成，因此材料的选择会直接影响到工程的利润。部分项目在实施的时候材料浪费十分严重，还存在监守自盗的现象，因为监督的力度不够，往往在出现问题之后无法追究责任；材料有时也会存在型号不对或与工程不符的情况。在不影响工程进度的条件下应合理地规划材料的分发。有的工作人员急于追求时间与质量，忽视了对工程设备的保护，其后果也会带来一些不必要的资金损失。部分设备闲置，材料的供应与实际的需要存在很大的矛盾，这些问题都因为没有进行统一的规划，监督也没有做到位，让许多成本白白流失。

7.5.2.5　缺乏全过程成本控制意识

进行现代综合体工程项目管理的部门外表看来有明确的分工，也有完善的职责规划，但是员工并没有强烈的全过程成本管理想法。技术工人只是关注自己所承担的那一部分责任，重点关注工程项目的质量，为了质量可以牺牲成本，而进行施工的人员也为了赶工期而不惜以牺牲经济为代价。负责项目管理的人员没有事先制定完善的资金使用规划，也没有降低成本的措施计划。在统一管理的时候仍然存在部门之间不协调的问题，有些事情各部门互相推脱，根本就没有统一的全过程成本管理意识。许多施工企业在提出要求的时候都是先做出预算再实施，但往往最终的结果还是先实施，再为实施做出数据统计，即使许多项目都会有专门进行资金预算的人员，但许多时候工作并不能做到位，部门之间牵扯不清，很难进行具体的预测与规划。进行具体实施的部门与财务部门之间没有衔接好，常常会有数据不清楚，以权谋私的现象发生，具体的盈利还是亏损往往不能从数据中看出来。此外，施工企业的一些领导层员工还会受到传统管理方式的影响，对成本没有一个合理的控制，也没有法律、法规的知识。因为许多事情只是企业的事情，而不是个人的事情，因此会产生“事不关己”的思想，严重影响到了工作的效率。

对现代综合体工程项目的全过程成本管理重点还是集中在管理上，管理就是为了让实际取得可以达到最理想的状态，成本可以得到最有效的控制，在保证目标完成的情况下，收获最好的结果。没有形成良好的全过程成本控制意识，会造成在实施阶段出现滥用经费的情况,而常规的成本管理往往只关注施工阶段,对其他阶段尤其是对成本影响很大的调研和设计阶段,则缺乏应有的重视和控制意识。

7.5.2.6 责权利相结合的成本管理体系不完善

所有管理活动都应该是以明确责任与义务为基础的,成本管理当然也是如此。在进行成本管理的时候,负责人享有许多的权利,对项目中的各个环节都要负责,部门之间应该相互协调,各自找准自己的方向,建立完善的奖惩机制进行管理。在实际的管理过程中,往往并没有对管理人员进行明确的职责划分,因此许多管理者都不知道自己需要担负哪些责任,也难以对管理者的工作进行评估。管理者的工资与其工作没有直接的联系,这让他们工作的时候往往没有明显的责任感,实际中管理者往往更注重工程的工期、质量与人员的安全等,对于成本方面的消耗却没有明确的认识。因此,如今的成本管理体系不完善,与没有做好职责的分工有密切的关系。

7.5.2.7 缺乏事前和事中的成本控制

目前进行成本管理的主要方法就是会计核算,对所有的成本进行数据的统计,但这项工作多数是按施工节点进行的,即使统计出来也只能知道此次工程是盈利还是亏损,并不能进行有效地控制。这种事后的成本核算往往会表现出许多的数据,可以给下一次的工程实施提供一定的借鉴经验。但是,工程项目的实施是一次性的,因此对成本的控制要尽量放在工程实施之前或实施过程当中。现在,很多施工企业在进行成本管理的时候都不会考虑到事先对成本做出估算与随时统计,只是在完工以后进行成本的核算,因此,这种成本管理所取得的效果非常差。

7.5.2.8 成本控制方法不完善

以往进行现代综合体工程成本管理的时候,进度、质量与资金都是分开管理的,工程中的成本也是由会计进行分析,把实施过程中每项工作的预计资金与实际的使用资金进行比较,这种方式放在完工之后是非常合适的,可以清晰地看到盈利或亏损的状况。然而,成本的控制应该在项目完工之前,甚至在开始之前就应该具有,项目的实施时间一般都比较长,这么长的时间内可能产生各种各样的变化,进行成本管理就是要让工程按照正常的轨迹有序的进行,但是在完工以后的数据统计中并不能体现进度快或慢之后产生的差异,在项目过程中所造成的种种支出也都不能给施工企业的管理层提供任何可以参考的依据,项目的控制往往无法取得很好的效果。如果运用现代化的信息管理技术,就可以随时将工程的进度与费用数据进行统计与整合,管理者也可以直接对数据作出分析,并随时进行管理方式的调整。

7.5.3 现代综合体工程成本管理各阶段的要点

7.5.3.1 立项决策阶段的成本控制

(1) 明确项目的定位

现代综合体工程项目的定位对建筑产品的档次和客户人群起决定性作用,产品的档次与项目成本成正比关系,而建筑产品的合理定位是由目标客户所确定的,直接关系产品的后期销售情况。因此必须结合现代综合体工程项目所属区域,对现代综合体工程项目的交付价格、租售对象进行分析,对建筑产品、价格和业主基本情况清楚定位。

(2) 深入做好可行性研究工作

在全过程成本控制中，要做好可行性报告的研究性工作，必须以质量控制为核心，以科学性、真实性为底线，要求可行性报告的撰写单位要在调查研究的基础上，对现代综合体工程建设项目的规划布局、生产工艺、建设标准、技术指标、项目规模等进行科学合理实事求是的分析，研究其在经济上的合理性及在技术上的先进性，最终选定最佳的投资组合方案，为投资者提供决策依据，为社会提供质量上乘的建筑产品。

(3) 合理制定成本计划并细化项目成本估算

立项决策阶段中，投资成本的估算不仅是最为关键的因素，更是主管部门审批项目的重要依据，其对整个项目规划起到了参考作用。只有合理细化项目成本，才能对现代综合体工程的后续设计及工程施工起到良好的控制作用，而经过批准的成本估算即为现代综合体工程项目的最高限额，后期任何阶段均不能超过此限额，因此，成本估算必须要有一定的准确细化，否则必然影响投资决策以及后期的设计概算、施工图预算等管理工作。

7.5.3.2　设计阶段的成本控制

(1) 主观上重视设计阶段成本控制

施工企业的管理人员需要从根源上重视对设计阶段的成本管理，根据相关数据，设计费用一般只占到工程全过程费用的 1%～2%，但是对工程造价的影响却高达 70%以上，足以见得设计阶段成本管理的重要性。因此，施工除了重点控制好设计费，还必须选择技术实力过硬，信誉口碑良好的设计单位加强设计成果的优选优化，从源头上运用限额设计等手段进行成本的控制。

(2) 重视图纸会审

从业单位应该在满足工程质量的前提下，充分防止因设计失误造成的成本增加，要保证每阶段的设计质量合格后再进入下一阶段。在施工图设计工作完成后，组织与此相关的设计、成本和监理人员对施工图的科学性、安全性、技术性等指标进行图纸会审，并提出相应修改意见。

(3) 加强对设计标准的控制

现代综合体工程中的一些标准和规范，多出自大量的工程实践活动和科研成果，设计人员应该充分利用并加以实施，尤其是承接现代综合体工程的设计企业应该有较为成熟的标准化产品，同一企业的不同项目就可根据经验直接应用标准化的设计图纸，如此，既能缩短产品设计周期，又能节约一部分设计费用，还能保持企业项目特点并获得良好信誉。

(4) 重视限额设计

限额设计是细化目标成本，通过将上阶段审定的投资额作为下一设计阶段投资控制的总体目标来实现。同时，在施工图设计阶段所签订的合同中，必须注明有关限额设计要求的合同条款，明确设计人员的各类奖惩措施。相关设计单位在限额指标下开展工作，可以从根本上保证既定目标成本的可操控性，把设计过程中的经济指标和技术指标结合起来，改变原先的重设计轻成本的现象。根据相关经验，要特别注意以下几个要素，即：外墙面积、含钢量、单价较高材料的用量以及新材料、新工艺的性能指标。

7.5.3.3 工程招标和承发包阶段的成本控制

现代综合体工程招标和承发包阶段成本控制的核心内容是确定合同价款、签订工程合同,其具体工作包括:编制工程量清单、编制审查标底、询标工作、合理低价中标、合同类型的确定、约定合同主要条款等,同时还应注意具体施工队伍中从业人员的基本素质,这也对工程的质量、工期和经济指标有较大影响,所以在招投标阶段必须予以严格审查。

(1) 加强对招标文件编制的控制

工程量清单作为招标文件的重要组成,是投标单位进行投标的参照和合理竞争的基础,所以工程清单的制定必须保证科学性、合理性,保证其内容的明确性,保证客观公正。除此之外,还要大力加强对标底的编制审查工作,对文件中涉及项目造价的价款必须要求专职人员即造价工程师来审定确认。

(2) 加强对询标的重视程度并积极推行合理低价中标

在开标之后和定标之前这个阶段,建设单位应该在政府建设工程招投标管理部门的监督管理下,对相关的投标单位开展询标工作。通过这一阶段的工作,那些具有欺骗性、非实质性的或是明显低于项目成本的非合理报价可以有效地被排除出去。这样就避免了招投标过程中的错报漏报现象,有利于参与招投标工作的双方单位对相关问题进行解释澄清,为正常合理的合同价款提供了基础。在评标过程中,还要根据招标文件所载明的工期、范围、履约条件、价格调整方法等内容对参与投标单位的报价进行合理调整,分析出各项投标的评标价,并以此为依据,分析各项投标内容,对经评审的合理低价的中标候选人做进一步评选。

(3) 对合同的签订加强成本的控制

在签订工程合同前必须对合同的签订进行管理,由具有相关资质的造价工程师对造价条款进行审定。包括单价合同和总价包干合同在内的各种合同类型,均是投标人选择保价策略的重要因素。合理地选择合同类型对取得竞争性保价以及合理分担履约风险都有积极意义。特别的对大中型项目应多以单价合同为主,总价合同为辅的形成,即主体工程使用单价合同和其他部分项目工程使用总价合同,而对于工期短、规模小、技术简单的小型项目,可选择总价合同。同时还要保证相关风险和责任的合理分配,在合同条款中融入项目管理,公平、公正的维护招投标双方的利益。

(4) 施工过程中对成本的控制

合理控制机械使用费,成本管理人员合理确定机械台班定额,把单台车、单组机械核算落实到具体机型和操作者个人,做到事发前有测算、事中有控制、事发后有考核,努力提高机械设备的效率,为超额完成台班定额打下基础。另外,还要注意对机械设备的维护成本进行控制。

合理控制项目现场经费和人工费成本,一方面狠抓人员编制,坚持定员定岗,另一方面注意控制间接费用,保持"一支笔"审批经费制度的建立,特别是对招待费、差旅费、燃油补贴、办公费等杂项的开支要严格控制。

明确项目总成本与总工期之间的关系,随着项目周期的持续延长或缩短,项目成本也会随着其相应变化。不同的工作流程安排,就会产生不同的总工期,不同的项目总成本,由此可见,项目总工期和总成本之间关系复杂必须明确细化。

7.5.4　现代综合体工程全过程成本控制的方法

7.5.4.1　现代综合体工程项目全过程成本管理的主要特点

现代综合体工程项目的全过程成本管理关系到整个工程的利益，工程项目全过程成本管理包括以下几个特点：(1) 全过程成本管理中心是项目部，而项目部的各个单项工程成本则是成本核算对象。项目全过程成本的管理内容除了包括预测实施、核算、分析等内容，还包括整理成本资料以及编制成本报告等事宜。全过程成本管理的程序如下：首先由商务部门连同项目经理部、造价管理部门的工作人员一起制定相关项目的成本计划；然后由项目经理部会同造价管理部门编制项目的目标成本，由项目经理部实施目标成本；接着由商务部门连同生产管理部门、财务部门、造价控制部门一起审核成本报告，监督检查目标成本的具体实施；最后由项目经理部、预算部门、财务部、生产管理部门联合对反馈回收的信息进行核准分析，项目部再根据计划成本，制定出现代综合体工程的目标成本，财务部门联合商务部门、生产管理部门对成本实施具体控制。(2) 现代综合体工程项目成本内控体系必须严密有效，施工企业全过程成本管理体系，包括3个控制层次，即：第一层是在工程项目部门和造价编制人员全过程中引入相互牵制、制约的公司制度，构建以防为主的控防体系。第二层是在相关人员从事业务时，要明确不同人员的处理权限及应承担的职责。第三层是以已经构建好的审核、稽查、纪律检查部门为基础，建立一个由公司高层直接领导指挥，并可以独立承担审计工作的项目审计小组。以上3个层次构筑的全过程成本管理体系对项目发生的经济情况进行防御、围堵、审查等递进式的监察控制，对于在项目运营过程中及时发现问题、研究问题、解决问题、防范并化解项目部的经营风险将具有极其重要的作用。(3) 现代综合体工程项目全过程成本管理重在落实，项目全过程成本管理一直贯穿于项目的整个过程，必须要逐项的、循序渐进的落实，并且要做到责任具体到人，按照相关制度和章程办理并狠抓实效。

7.5.4.2　现代综合体工程项目施工阶段成本控制的方法

施工阶段的成本管理应该以甲方和承包商所签订的施工合同条款为依据，而该阶段项目工程管理控制的关键是双方必须在项目施工过程中应严格履行合同，承包商对施工现场严格管理，向管理要效益，同时大力提高项目的技术含量，减少返工和浪费现象的产生。

(1) 科学合理地制定施工组织设计

现代综合体工程项目承包企业是工程项目实施的主体，在施工的前期准备阶段应该力求全方位、多角度的采取相应措施，制定出科学合理的施工组织设计方案，大力增强本企业施工现场管理人员、技术人员的基本素质，培养其诚实、爱岗、实事求是的工作作风，在保证工程质量、工期和安全的同时尽量节约成本。

(2) 建立成本管理责任制

有时工作责任已经完成，但是成本责任尚未完成，每个项目管理人员必须明确在工作职责完成的同时，也要降低成本、节约开支、精打细算。每个项目经理应明确他们的全过程成本管理责任，部门内的工程和技术人员也应对整个项目的实施进度过程做好一定的控制，能够保证在一定的时间下做好对项目成本的控制，尤其是应该采用一些比较先进的工艺技术来降低项目实施的成本。在这个过程中应该把握好对整个项目实施过程的把控，尤其是要严格按照合同来执行以及管理，操作人员要对整个项目实施的进程作出报告，正确对待需要处理以及赔偿的事宜。对于经济部门来说，最主要应该做好的是项目预算，分清每项款项的支出以及所用到的地方，合理进行资金管理。项目经理还应该负责组织良好的团队，为了有效地控制成本，项目经理对其管理的人员的工作时间要合理安排，努力使每个成员能够尽其所能的追求目标并为实现这一目标形成一致的步伐，从而保证项目的施工活动，以实现预期的目标。与此同时，公司的项目经理要制定适当的奖励和惩罚措施，以进行整个过程的成本管理、员工管理、动态管理，进而形成一个明确的责任分工到人的成本管理系统。

(3) 建立以项目经理为核心的项目控制体系

项目经理要做的就是对整个项目的实施进度、实施质量，以及成本方面要做好控制，尤其是在全过程成本管理方面应该做好全方位把关。项目经理需要是所谓的"复合型"人才，能够巧妙地根据施工图纸、施工合同、区域预算对项目的前期工作做好准备。根据上述材料，结合工程建设条件、技术难度、持续时间等方面信息，加上劳动力市场和价格的预测以及施工企业的主要材料技术、设备特点等具体情况和许多其他工程任务所需的变量做出最基本的施工成本预算，并且最终按照建筑市场的利润预期以及企业的决策来确定参数的价格。

(4) 建立劳务分包负责制

要建立健全各项管理制度以制度约束劳务分包的行为，做到有法可依，有章可循，使劳务管理工作制度化、规范化、信息化，规避管理混乱带来的不和谐因素。加强施工过程管理，总承包项目部要配备强有力的管理班子，对劳务分包人员进场情况、流程安排、工期保证、质量控制、安全防护、文明施工措施等内容要跟踪检查，防止工期拖延，杜绝质量、安全事故的发生。通过实名制等形式加强劳务分包用工管理，劳务分包必须向总承包方报送进场人员实名制花名册，每一进场人员必须经过三级教育并持证上岗，特殊工种持证率必须达100%。在日常工作中，要定期开展劳务用工检查，监督劳务分包按时、按月发放工人工资，杜绝恶意讨薪、上访等事件的发生。劳务分包管理的内业资料要标准化，重点抓好人员进出场、月考勤、月工资支付三个方面的工作，做好突发事件的应对准备。施工企业必须学会应用法律武器保护自己，比如聘请法律顾问参与分包合同审核和结算过程。

(5) 加强建设工程施工合同管理

提高项目成本管理水平的重要方法和手段之一是加强对现代综合体工程施工合同的管理，完善健全合同履约审查制度，增加合同履约率，加强监督审查，及时的发现问题和解决问题，可以更好的巩固招投标成果并控制项目成本。积极面对设计变更，在项目施工阶段设计图纸的变更必然引起成本的增加，而引起变更的原因很多，包括：项目图纸设计粗糙、实际工程与发包图纸出入较大、当前市场供应的材料规格标准不符合设计要求等。若要减少设计变更就必须严格控制因设计变更而产生的原因，杜绝擅自提高工程标准、擅自增加建设内容扩大建设规模等现象的产生，要积极核算变更成本，对不合理的项目进行多方案比较，价格虚高的要重新考虑，务必精益求精，对涉及费用变化的项目需经设计单位、甲方现场代表、总监工程师共同确认后才可进行。

(6) 对现场签证实施严格控制

现场签证是项目建设过程中的一项经常性的工作，成本管理的失控往往是由于现场签证不慎而引起的，所以这就要求工程技术人员与工程经济人员相互配合，在做到"随做随签"的同时，还应做到：量化签证并力求签证单上每项记录详细清晰；属于合理签证范围且签证内容要客观实际；隐蔽工程的签证要特别注意；发现施工方的衡量器具弄虚作假应严格处理，直至取消施工承包资格。

(7) 做好预算控制计划

在人工费的控制与管理方面，对人工费进行管理与控制的办法主要是注意改善工作团队组织，窝工浪费的现象应该严格得到制止，另外还可以建立起可实施的人员奖惩制度，有效激励团队成员的积极性，对团队成员加强技能培训以及技术教育，对团队成员严加管理，促使他们遵守纪律。可以压缩辅助用工以及非生产用工的成本，同时控制非生产成员的人数比例。

在材料费控制管理方面，进行材料费的控制与管理主要可以从材料的运输以及采购，还有保管方面做到成本的有效控制。针对各个环节制定全过程成本管理计划，尽量减少每一个环节的成本消耗，在施工现场应该做到对材料的合理堆置以免造成二次搬运，要对材料的放置地点进行严格的验收，制定如何节约材料成本的有效实施措施，做到合理充分地使用材料，并利用一切可用资源降低成本消耗。

在机械费控制与管理方面，在建筑施工过程中的机械费用的相关控制与管理主要应该从合理利用并且正确选择可用的机械设备为基础，尤其还要做好机械设备的维护与保养，这样才能够增加和提升机械的使用率以及重复利用率，从而可以有效降低施工过程中的成本费用。

在间接费及其他费用控制方面，可以做的主要是对机构成员或者是现代综合体工程施工项目成员的精简，并且在合理的确定的管理层次以及管理幅度上做好控制，逐步做到建筑施工的全过程成本管理。

7.5.4.3　现代综合体工程项目竣工阶段成本控制

(1) 确保工程顺利交付

强调现代综合体工程竣工和验收的工作时间的结算，高效完成项目的扫尾工作以确保项目的成功交付。从现实的角度来看，许多工程在扫尾阶段把队伍部署开拨到其他正在建设的项目上，这样导致了收尾工作总是拖延，战线延伸很长；机械、设备不能被转移，成本像往常一样支出，发生在施工阶段的经济效益逐渐失去，因此必须仔细安排并采取"快刀斩乱麻"的方法，在保证工程质量的前提下让完成扫尾工作的时间减少到最小。

(2) 建立签证索赔制度

随着现代综合体工程量清单报价法的实施和执行，大多数施工企业坚持低价中标和签证盈利理念，所以需要进一步完善签证制度，当建筑工程的项目金额重新计算和审核时应该认真做好签证工作。目前，这项工作的薄弱环节在于施工合同索赔管理和合理的条件把握。而施工企业也常常被要求一些有悖常理的技术规格和要求，拖欠款项的现象时有发生，因此施工企业应该收集、整理施工索赔的资料和信息，如施工合同、图纸、招标文件、图纸审核、设计变更、隐藏的记录和双方往来的信件和洽商记录等。

(3) 完善工程资料

在现代综合体工程项目结算验收以前,要求相关人员准备好验收所需的所有信息。一般来说,工程结算造价在原施工图预算的基础上增或减,但在施工过程中,真正的解决经济业务是由财务部门直接支付的,工程项目的预算人员没有掌握信息,容易在工程结算遗漏。因此,在项目结算的过程中,工作人员要对该项目的估算和成本进行仔细和全面的检查。

(4) 建立贯穿项目整个过程的核算体系

在现代综合体工程项目成本管理过程中,必须通过完善房地产企业的项目成本核算体系,才能真正落实项目成本的控制工作,并将工程项目的成本管理贯穿于建设工程的全过程。施工企业应根据企业的管理体制建立项目的核算体系,核算体系应以现代综合体工程项目建设为中心,坚持分级管理、分部核算的原则。在项目实施整个过程中,每个工作部门、每道工作程序及每个经济活动的环节,组成相互制约却又不可分割的整体。项目施工过程中以月为单位核算考核并与计划相对应,按月核算建设工程的实际支出,通过对比目标成本,检验成本控制的效果。每月月末进行验工计价,结合项目部统计的实际完成工作量,在技术、质量检验部门复核后进行确认。以现代综合体工程目标成本为标准,对项目进行过程中各项实际支出进行核算。同时,在对不同单项工程实际成本支出情况统计分析的基础上应按期编制成本报表,最后通过分析项目竣工成本核算表,加强对项目支出的管控,建立起施工企业内部的项目工程核算体系。

(5) 合理控制保修期间费用

在现代综合体工程保修期内,施工企业指定项目经理负责此项工作并安排保修负责人,负责保修的人员要根据实际情况制定出保修计划以用作控制保修的基础依据。

7.6 现代综合体工程项目全过程的成本核算

现代综合体工程项目核算是以工程项目为对象,对施工生产过中各项耗费进行的一系列科学管理活动,它对加强项目全过程管理、理顺项目各层经济关系、实施项目全过程经济核算、落实项目责任、增进项目及施工企业的经济活力和社会效益、深化项目法施工有着重要作用。而项目法施工的成本核算体系,基本指导思想是以提高经济效益为目标,按项目法施工内在要求通过全面全员的项目成本核算,优化项目经营管理和施工作业管理,建立适应市场经济的企业内部运行机制。

7.6.1 项目成本核算的要求

项目经理部应根据财务制度和会计制度的有关规定,建立项目成本核算制,明确项目成本核算的原则、范围、程序、方法、内容、费用及要求,并设置核算台账和记录原始数据;项目经理部应按照规定的时间间隔进行项目成本核算;项目经理部应编制定期成本报告;项目成本核算应坚持形象进度、产值统计、成本归集三同步的原则。

而项目核算的任务主要体现在:执行国家有关成本开支范围,费用开支标准,工程企业施工预算,成本计划的有关规定;控制费用,促使项目合理、节约地使用人力、物力和财力,这是项目成本核算的先决前提和首要任务;反映和监督项目成本计划的完成情况,为项目成本预测，为项目施工生产、技术和经营决策提供可靠的成本报告和有关资料，促进项目改善经营管理，降低成本，提高经济效益，这是项目成本核算的根本。

7.6.2　项目成本核算的对象

现代综合体工程项目成本核算的对象包括：(1) 改建、扩建的零星工程，可根据实际情况和管理需要，以一个单项工程为成本核算对象，或将同一施工地点的若干个工程量较少的单项工程合并作为一个成本核算对象；(2) 规模大、工期长的单位工程，可以将工程划分为若干部位，以工程作为成本核算对象；(3) 同一建设项目，由同一施工单位施工，并在同一施工地点，属于同一建设项目的各个单位工程合并作为一个成本核算对象；(4) 一个单位工程由几个施工单位共同施工时，各施工单位都应以同一单位工程为成本核算对象，各自核算自行完成的部分。

7.6.3　项目成本核算的方法

7.6.3.1　项目成本核算的过程

(1) 人工费的归集和分配

内包人工费，指两层分开后企业所属的劳务分公司与项目经理部签订的劳务合同结算的全部工程价款，适用于类似外包工式的合同定额结算支付办法，按月结算计入项目单位工程成本，要求当月结算，隔月不予结算。

外包人工费，按项目经理部与劳务基地或直接与外单位施工队伍签订的包清工合同，以当月验收完成的工程实物量计算出定额工日数，然后乘以合同人工单价确定人工费，按月凭项目经济员提供的“包清工工程款月度成本汇总表”(分外包单位和单位工程)预提计入项目单位工程成本，要求当月结算，隔月不算。

(2) 材料费的归集和分配

工程耗用的材料，根据限额领料单、退料单、报损报耗单，大堆耗用计算单等，由项目料具员按单位工程编制“材料耗用汇总”，据以计入项目成本。

钢材、水泥、木材高进高出价差核算。标内代办是指“三材”(钢材、水泥、木材)差价列入工程预算账单内作为造价组成部分，通常由项目经理部委托材料分公司代办，由材料分公司向项目经理部收取价差费。由项目成本员按价差发生额，一次或分次提供给项目负责统计的经济员报出产值，以便及时回收资金。月度结算成本时，为谨慎起见可不做降低处理，而作持平处理，使预算与实际同步，单位工程竣工结算按实际消耗调整实际成本。标外代办是指由建设单位直接委托材料分公司代办“三材”，其发生的“三材”差价，由材料分公司与建设单位按代办合同口径结算。经理部不发生差价，亦不列入工程预算账单内，不作为造价组成部分，但可作类似于交料平价处理。项目经理部只核算实际耗用超过设计预算用量的那部分量差及应负担市场高进高出的差价，并计入相应项目单位工程成本。

在一般价差核算的过程中，对钢材、水泥、木材、玻璃、沥青按实际价格核算，高于预算费用的差价，高进高出，并且谁用谁负担。提高项目材料核算的透明度，简化核算，做到明码标价，一般按一定时点上内部材料市场挂牌价作为材料记账，材料和财务帐单相吻合，两者对比产生的差异，计入项目单位工程成本，即所谓消耗量调整后的实际价格。

如市场价格发生较大变化，可适时调整材料记账的“计划价”，以便缩小材料成本差异。对于装饰材料应按实际采购价作为计划价核算，计入该项目成本。项目对外自行采购或按定额承包供应材料，如砖、瓦、砂、石、小五金等，应按实际采购价或按议定供应价格结算，由此产生的材料、成本差异节超，相应增减项目成本。同时重视转嫁压价让利风险，获取材料采购的经营利益，使供应商让利受益于项目。

(3) 机械使用费的归集和分配

设备实行内部租赁制，以租赁费形式反映其消耗情况，按“谁租用谁负担”的原则，核算其项目成本。按机械设备租赁办法和租赁合同，由企业内部机械设备租赁单位与项目经理部按月结算租赁费。租赁费根据机械使用台班、停置台班和内部租赁单价计算，计入项目成本。机械进出场费按规定由承租项目负担。项目经理部租赁的各类大中小型机械，其租赁费全额计入项目费成本。根据内部机械设备租赁市场运行规则要求，结算原始凭证由项目部指定专人签证开班和停班数，据以结算费用。现场机、电、修等操作金由项目考核支付，计入项目机械费成本并分配到有关单位。对于外单位租赁机械，应按当月租赁费用全额计入项目机械成本。上述机械租赁费结算，尤其是大型机械租赁费及进出场费应与产值对应，以防止只有收入无成本的不正常现象，或反之形成收入与支出不配比状况。

(4) 结构件的归集和分配

现代综合体工程项目结构件的使用必须要有领发手续，并根据这些手续，照单位工程使用对象编制“结构件耗用月报表”。对于项目结构件的单价，以项目经理部与外加工单位签订的合同为准，计算耗用金额进入成本。根据实际施工形象进度、已完施工产值的统计、各类实际成本报耗三者在月度时点上的“三同步”原则，结构件耗用的品种和数量应与施工产值相对应。结构件数量金额账的结存数，应与项目成本员的账面余额相符。

在结构件外加工和部位分包施工过程中，项目经理部通过自身努力获取的经营利益或转嫁压价让利风险所产生的利益，均应受益于施工项目。部位分项分包，如铝合金门窗、卷帘门、轻钢龙骨石膏板、平顶屋面防水等，按照企业通常采用的类似结构件管理和核算方法，项目经济员必须做好月度已完工程部分验收记录，正确计报部位分项分包值，并书面通知项目成本员及时、正确、足额计入成本。预算成本的折算、归类可与实际成本的出账保持同口径。分包合同价可包括制作费和安装费等有关费用，工程竣工时根据分包合同结算书，据以按实调整成本。如发生结构件的一般价差可计入当月项目成本，结构件的高进高出价差核算同材料费的高进高出价差核算一致。结构件内三材数量、单价、金额均按报价书核定，或按竣工结算单的数量按实结算，报价内的节约或超支由项目自负盈亏。

(5) 周转材料的归集和分配

实行租赁制的周转材料，一般不再分配负担周转材料差价。退场后发生的修复整理费用，应由出租单位做出租成本核算，不再向项目另行收费。对U形卡、脚手扣件等零件除执行租赁制外，考虑到较容易散失的因素，故按规定实行定额预提摊耗，摊耗数计入目成本，相应减少次月租赁基数及租赁费。单位工程竣工必须进行盘点，盘点后的实物数与前期逐月按控制定额摊耗后的数量差，按实调整清算计入成本。租用周转材料的进退场运费按其实际发生数由调入项目负担。周转材料在调入移出时,项目经理部都必须加强计量验收,如有短缺、损坏,一律按原价赔偿计入项目成本。按周转材料租赁办法和租赁合同,由出租方与项目经理部按月结算租赁费,租赁费按租用的数量、时间和内部租赁单价计算计入项目成本。周转材料实行内部租赁制,以租费的形式反映其消耗情况,按照"谁租用谁负担"的原则核算其项目成本。

(6) 施工措施费的归集和分配

现代综合体工程施工过程中的材料二次搬运费,按项目经理部向劳务分公司汽车包天或包月租费结算,或以运输公司的汽车运费计算。临时设施摊销费按项目经理部搭建的临时设施总价(包括活动房)除项目合同工期求出每月应摊销额,临时设施使用一个月摊销一个月,摊完为止,项目竣工搭拆差额按实调整实际成本。大型机动工具、用具等可以套用类似内部机械租赁办法以租费形式计入成本,也可按购置费用一次摊销计入项目成本,并做好在用工具实物借用记录以便反复利用,工具用具的修理费按实际发生数计入成本,除上述以外的措施费内容均应按实际发生的有效结算凭证计入项目成本。

(7) 施工间接费的归集和分配

在施工间接费归集和分配过程中要求以项目经理部为单位编制工资单和奖金单,列支工作人员薪金。项目经理部工资总额每月必须正确核算,以此计提职工福利费、工会经费、教育经费、劳保统筹费等。劳务分公司所提供的炊事人员代办食堂承包、服务,警卫人员提供区域岗点承包服务以及其他代办服务费用计人施工间接费。内部银行的存贷款利息,计入"内部利息"(新增明细子目)。对于施工间接费应先在项目"施工间接费"总账归集,再按一定的分配标准计入单位工程受益成本核算对象"工程施工一间接成本"。

(8) 分包工程成本的归集和分配

项目经理部将所管辖的个别单位工程双包或以其他分包形式发包给外单位承包,其核算要求包括:包清工工程,如前所述纳入"人工费一外包人工费"内核算;部位分项分包工程,如前所述纳入结构件费内核算;双包工程,是指将整幢建筑物以包工包料的形式分包给外单位施工的工程,可根据承包合同取费情况和发包(双包)合同支付情况,即上下合同差,测定目标盈利率。月度结算时以双包工程已完成工程价款作收入,应付双包单位工程款作支出,适当负担施工间接费预结降低额,且拟控制在目标盈利率的50%以内,也可月结成本时作收支持平,竣工结算时再按实调整实际成本,反映利润。机械作业分包工程,是指利用分包单位专业化施工优势,将打、吊装、大型土方、深基础等工程项目分包给专业单位施工的形式,机械作业分包产值统计的范围要求只统计分包费用,而不包括物耗价值,比如:打桩只计打桩费而不计桩材费,吊装只计吊装费而不包括构件费。机械作业分包实际成本与此对应,包括分包结账单内除工期之外的全部工程费用,总体反映其全貌成本,同双包工程一样,总分包企业合同差,包括分包位让利收益、总包单位管理费等在月结成本时可先结算一部分,或月结算时做收支平衡处理,到竣工结算时再作为项目效益反映。上述双包工程和机械作业分包工程由于收入和支出比较容易辨认计算,所以项目经理部可以对这两项分包工程采用竣工点交互式解决。项目经理部应增设"分建成本"成本项目,核算反映双包工程,机械作业分包工程的成本状况。各类分包形式,特别是双包对分包单位领用、租用、借用本企物资、工具、设备、人工费用,必须根据项目经管人员开具的、且经包单位指定专人签字认可的专用结算单据，如“分包单位领用物资单”及“分包单位租用工具设备结算单”等结算依据入账，抵作付分包工程款。同时要注意对分包资金的控制，分包付款、供料控制，主要应依据合同及用料计划实施制约，单据应及时流转结算，账上付额不得突破合同，还要注意阶段控制以防止资金失控而引起的成本亏损。

7.6.3.2　项目成本会计核算的方法

会计核算法是指建立在会计核算基础上利用会计核算所独有的借贷记账法和收支全面核算的综合特点，按项目成本内容和收支规范，组织项目成本核算的方法。

(1) 项目成本的直接核算

现代综合体工程项目除及时上报规定的工程成本核算资料外，还要直接进行项目施工的成本核算，编制会计报表并落实项目成本的盈亏。项目不仅是基层财务核算单位，而且是项目成本核算的主要承担者。还有一种是不进行完整的会计核算，通过内部列账单的形式，利用项目成本台账，进行项目成本列账核算。直接核算是将核算放在项目上，便于及时了解项目各项成本情况，也可以减少一些“扯皮”，不足之处是每个项目都要配有专业水平和工作能力较高的会计核算人员，因此一些施工企业单位还不具备直接核算的条件，此种核算方式一般适用于大型项目。

(2) 项目成本的间接核算

项目经理部不设置专职的会计核算部门，由项目有关人员按期、按规定的程序和质量向财务部门提供成本核算资料，委托企业在本项目成本责任范围内进行项目成本核算，落实当期项目成本盈亏。企业在外地设立分公司的一般由分公司组织会计核算。间接核算是将核算放在企业的财务部门，项目经理部配专职的会计核算部门，由项目有关人员按期与相应部门共同确定当期的项目成本收入。项目按规定的时间、程序和质量向财务部门提供成本核算资料，委托企业的财务部门在项目成本收支范围内进行项目成本收支的核算，落实当期项目成本的盈亏，这样可以使会计专业人员相对集中，一个成本会计可以完成两个或两个以上的项目成本核算。不足之处是项目了解成本情况不方便，项目对核算结论信任度不高，同时由于核算不在项目上进行，项目开展管理岗位成本责任核算失去人力支持和平台支持。

(3) 项目成本列账核算

项目成本列账核算是介于直接核算和间接核算之间的一种方法，项目经理部组织相对直接核算，正规的核算资料留在企业的财务部门。项目每发生一笔业务，其正规资料由财务部门审核存档后，与项目成本员办理确认和签认手续。项目凭此列账通知作为核算凭证和项目成本收支的依据，对项目成本范围的各项收支，登记台账会计核算，并编制项目成本及相关的报表。施工企业财务部门按期以确认资料，对其审核，所采用的列账通知单，一式两联，一联给项目据以核算，另一联留财务审核之用。现代综合体工程项目所编制的报表，企业财务不汇总，只作为考核之用。内部列账单，项目主要用台账进行核算和分析，列账核算法的正规资料在施工企业财务部门以方便档案保管，项目凭相关资料进行核算，也有利于项目开展项目成本核算和项目岗位成本责任考核，但企业和项目要核算两次，相互之间往返较多，比较烦琐。其中一般式样的列账通知单如表 7.5 所示：

表7.5　一般式样的列账通知单

借/贷	摘要			百万	十万	万	千	百	十	元	角	分
	一级科目	二级科目	岗位责任									
大写												

注:第一联:列账单位使用　第二联:接受单位使用

(4) 项目成本表格核算的方法

表格核算法是建立在内部各项成本核算基础上、由各要素部门和核算单位定期采集信息,填制相应的表格,并通过一系列的表格形成项目成本核算体系,作为支撑项目成本核算平台的方法。对于项目责任成本总额的确定,首先根据确定的项目责任成本预算总额,分析项目成本收入的构成。对于项目成本总收支的核算,首先由项目预算合约人员与公司相关部门,根据项目成本责任总额和工程施工过程中的设计变更或工作签证等变化因素,落实项目成本税收入。由项目成本核算员与公司财务部门,根据每月的项目成本收支确认表中所反映的支出与耗费,经有关部门确认和依据相关条件调整后,汇总计算并落实项目成本总支出。在以上基础上由成本核算员落实项目成本总的收入、总的支出和项目成本降低水平。

对于项目成本收支核算,按照已确认的当月项目成本收入和项目成本支出,由项目会计编制,经项目经理同意,公司财务部门审核后,及时编制项目成本收支计算表,完成当月的项目成本收支确认。对于现场实际发生的措施费开支的核算,由项目成本核算员按公司规定的核算类别,在分清岗位成本责任的基础上按照当期实际发生的金额,计算进入成本的相关明细,经公司财务部门审核并经项目经理批准后,按月计算成本支出金额。对于项目自有机械设备、大小型工器具摊销、CI费用分摊、临时设施摊销等费用开支的核算,由项目成本核算员按公司规定的摊销年限,在分清岗位成本责任的基础上计算按期进入成本的金额,经公司财务部门审核并经项目经理批准后按月计算成本支出金额;对于项目外租机械设备的核算,项目外租人机械设备是项目从公司或公司从外部租人用丁项目的机械设备,不管此机械设备是公司的产权还是公司从外部临时租人用十项目施工,对于项目而言都是从外部获得,周转材料也是这个性质,真正属于项目拥有的机械设备往往只有部分小型机械设备或部分大型工器具。对于水、电费支出的核算,以机械管理员或财务转入项目的租费确认单为基础,由项目成本核算员汇总计算。在分清岗位成本责任的前提下,经公司财务部门审核后落实周转材料租用成本支出,在项目经理批准后编制其费用成本支出。周转材料租用支出的核算,以施工员提供的或财务转入项目的租费确认单为基础,由项目材料员汇总计算,在分清岗位成本责任的前提下,经公司财务部门审核后,落实周转材料租用成本支出,项目经理批准后编制其费用预估成本支出,如果是租用外单位的周转材料还要经过公司有关部门审批。对于材料消耗的核算,以经审核的项目报表为准,由项目材料员和成本核算员计算后,确认其主要材料消耗值和其他材料的消耗值。在分清岗位成本责任的基础上编制材料耗用汇总表,由材料员依据各施工员开具的领料单，汇总计算材料费支出，经项目经理确认后，报公司物资部门批准。对于确定当月的分包成本支出，要求项目依据当月分部分项的完成情况，结合分包合同和分包商提出的当月完成产值，确定当月的项目分包成本支出，编制“分包成本支出预估表”。这项工作一般是按照由施工员提出，预算合约人员初审，项目经理确认的公司合约部履行的程序。对于确定当期责任成本收入，要求在已确认的工程收入的基础上，按月确定本项目的成本收入，这项工作一般由项目统计员或合约预算人员与公司合约部门或统计部门，依据项目成本责任合同中有关本收入确认方法和标准进行计算。在项目责任成本和岗位收入调整方面，针对岗位收入变更表而言考虑工程施工过程中的收入调整和签证而引起的工程报价变化或项目成本收入的变化，而且后者更为重要。对于项目编制内控成本和落实岗位成本责任，要求在控制项目成本开支和落实岗位成本考核指标的基础上，制定“项目内控成本”。

(5) 两种核算方法的并行运用

由于表格核算法便于操作和表格格式自由的特点，它可以根据我们管理方式和要求设置各种表格样式，使用表格法核算项目岗位成本责任，能较好地实现核算主体和载体的统一、和谐问题，便于项目成本核算工作的展开，并且随着项目成本核算工作的深入发展，表格的种类、数量、格式、内容、流程都在不断地发展和改进，以适应各个岗位的成本控制和考核。随着项目成本管理的深入开展，要求项目成本核算内容更全面、更权威，表格核算由于它的局限性，根本不能满足要求，于是采用会计核算法进行项目成本核算提到了会计部门的议事日程。基于对项目成本核算方法的认识已趋于统一，计算机及其网络的使用和普及、财务软件的迅速发展，为开展项目成本核算的自动化和信息化提供了可能，已具备了采用会计核算法开展项目成本核算的条件。用表格核算法进行项目施工各岗位成本的责任考核和控制，用会计核算法进行项目成本核算，两者互补，相得益彰。

7.7 现代综合体工程项目全过程的成本分析

7.7.1 项目成本分析的概念

现代综合体工程项目成本分析就是根据统计核算、业务核算和会计核算提供的资料，对项目成本的形成过程和影响成本升降的因素进行分析，以寻求进一步降低成本的途径，包括项目成本中的有利偏差的挖潜和不利的纠正。通过成本分析可从账簿、报表反映的成本现象看清成本的实质，从而增强项目成本的透明度和可控性，为加强成本控制，实现项目成本目标创造条件。

7.7.2 项目成本分析的原则

(1) 为生产经营服务的原则

成本分析不仅要揭露矛盾，而且要分析产生矛盾的原因，提出积极有效的解决矛盾的合理化建议。这样的成本分析必然会深得人心，从而受到项目经理部有关部门和人员的积极支持与配合，使项目的成本分析更健康持续地开展下去。

(2) 注重时效的原则

项目成本分析贯穿于项目成本管理的全过程，这就要求要及时进行成本分析，及时发现问题，及时予以纠正，否则就有可能贻误解决问题的最好时机，造成成本失控和效益流失。

(3) 用数据说话的原则

成本分析要充分利用统计核算和有关业务核算、会计核算和有关辅助记录的数据进行定量分析，尽量避免抽象的定性分析。

(4) 实事求是的原则

在成本分析中，必然会涉及一些人和事，因要注意人为因素的干扰，成本分析一定要有充分的事实依据，对事物进行实事求是的客观评价。

7.7.3　项目成本分析的内容

分析人工费用水平的合理性，在实行管理层和作业层两层分离的情况下，项目施工需要的人工和人工费由项目经理部与施工队签订，承包合同明确承包范围、承包金额和双方的权利、义务。对项目理部来说，除了按合同规定支付劳务费以外，还可能发生一些其他工费支出，这些费用支出主要包括：因实物工程量增减而调整的人工和人工费；定额人工以外的计日工工资，若已按定额人工的一定比例由施工队包干并已列入承包合同的，则不再另行支付；对在进度、质量、节约、文明施工等方面作出贡献的班组和个人进行奖励的费用。项目经理部应分析上述人工费的合理性，人工费用合理性是指人工费既不过高，也不过低，如果人工费过高，就会增加工程项目的成本，而人工费过低，工人的积极性不高，工程项目的质量就有可能无法得到充分的保证。

分析材料和能源的利用效果，在其他条件不变的情况下，材料、能源消耗定额的高低直接影响材料、燃料成本的升降，材料、燃料价格的变动也直接影响产品成本的升降，因此材料、能源利用的效果及其价格水平是影响产品成本升降的重要因素。

分析机械设备的利用效果，施工企业的机械设备有自有和租用两种，在机械设备的租用过程中存在着两种情况：一是按产量进行承包并按完成产量计算费用的，如土方工程，项目经理部只要按实际挖掘的土方工程量结算挖土费用，如塔吊、搅拌机、砂浆机等，如果机械完好率差或在使用中调度不当必然会影响机械的利用率，从而延长使用时间和增加使用费用。自有机械也要提高机械完好率和利用率，因为自有机械停用仍要负担固定费用。因此，项目经理部应该给予一定的重视。在施工质量水平的高低方面，对施工企业来说，提高现代综合体工程项目质量水平就可以降低施工中的故障成本，减少未达到质量标准而发生的一切损失费用，但这也意味着为保证和提高项目质量而支出的费用就会增加，因此施工质量水平的高低也是影响项目成本的主要因素之一。

分析其他影响项目成本变动的因素，其他影响项目成本变动的因素，包括除上述所列项目以外的措施费用以及为施工准备、组织施工和管理所需要开支的费用。

7.7.4 项目成本分析的方法

7.7.4.1 项目成本分析的基本方法

(1) 比较法

对于比较法而言通常有下列形式:(1) 将实际指标与目标指标对比,以此检查目标完成情况,分析影响目标完成的积极因素和消极因素,以便及时采取措施,保证成本目标的实现。在进行实际指标与目标指标对比时,还应注意目标本身有无问题,如果目标本身出现问题,则应调整目标并重新正确评价实际工作的成绩;(2) 本期实际指标与上期实际指标对比,通过这种对比,可以看出各项技术经济指标的变动情况,反映施工管理水平的提高程度;(3) 与本行业平均水平和先进水平对比,通过这种对比,可以反映本现代综合体工程项目的技术管理和经济管理与行业的平均水平和先进水平的差距,而采取措施赶超先进水平。

(2) 差额计算法

差额计算法是因素分析法的一种简化形式,它利各个因素的目标与实际的差额来计算其对成本的影响程度。

(3) 因素分析法

因素分析法是把项目施工成本综合指标分解为各个项目联系的原始因素,以确定引起指标变动的各个因素的影响程度的一种成本费用分析方法,它可以衡量各项因素影响程度的大小以便查明原因,明确主要问题所在并提出改进措施,进而达到降低成本的。因素分析法的计算步骤如下:(1) 确定分析对象并计算出实际数与目标数的差异;(2) 确定该指标是由哪几个因素组成的,并按其相互关系进行排序,以目标数为基础将各因素的目标数相乘作为分析替代的基数;(3) 将各个因素的实际数按照上面的排列顺序进行替换计算,并将替换后的实际数保留下来,将每次替换计算所得的结果与前一次的计算结果相比较,两者的差异即为该因素对成本的影响程度,而各个因素的影响程度之和应与分析对象的总差异相等。

(4) 比率法

比率法是指用两个以上的指标的比例进行分析的方法,它的基本特点是:先把对比分析的数值变成相对数,再观察其相互之间的关系。常用的比率法包括:(1) 相关比率法,由于项目经济活动的各个方面是相互联系又相互影响的,因而可以将两个性质不同而又相关的指标加以比较而求出比率,并以此来考察经营成果的好坏,比如工资和产值是两个不同的概念,它们的关系又是投入与产出的关系,在一般情况下都希望以最少的工资支出完成最大的产值。因此,用产值工资率指标示来考核人工费的支出水平。(2) 动态比率法,动态比率法就是将同类指标不同时期的数值进行对比求出比率,用以分析该项指标的发展方向和发展速度,动态比率的计算通常采用基期指数和环比指数两种方法来实现。(3) 构成比率法,又称比重分析法或结构对比分析法,通过比率可以考察成本总量的构成情况及各成本项目占成本总量比重,同时也可看出量、本、利的比例关系,即预算成本、实际成本和降低成本的比例关系,从而为寻求降低成本的途径指明方向。

(5) “两算”对比法

“两算”对比，是指施工预算和施工图预算对比，施工图预算确定的是工程预算成本，施工预算确定的是工程计划成本，它们是从不同角度计算的两本经济账。“两算”的核心是工程量对比，尽管“两算”采用的定额不同、工序不同，工程量有一定区别，二者的主要工程量应当是一致的。如果“两算”的工程量不一致，必然有一份出现了问题，应当认真检查并解决问题。“两算”对比是施工企业加强经营管理的手段，通过施工预算和施工图预算的对比，可预先找出节约或超支的原因，进而研究解决措施来实现对人工、材料和机械的事先控制以避免发生计划成本亏损。

7.7.4.2　项目专项成本的分析方法

(1) 成本盈亏异常分析

对现代综合体工程项目来说，成本出现盈亏异常情况必须引起高度重视，彻底查明原因并立即加以纠正，“三同步”检查是提高项目经济核算水平的有效手段，不仅适用成本盈亏异常的检查，也可用于月度成本的检查。“三同步”检查可以通过以下五方面的对比分析来实现，即：①产值与施工任务单的实际工程量和形象进度是否同步的比较；②资源消耗与施工任务单的实耗人工、限额领料单的实耗材料，当期租用的周转材料和施工机械是否同步的比较；③其他费用，包括材料价差、超高费、井点抽水的打拔费和台班费等的产值统计与实际支付是否同步的判断；④预算成本与产值统计是否同步的比较；⑤实际成本与资源消耗是否同步的比较。

(2) 工期成本分析

一般来说，工期越长费用支出越多，工期越短费用支出越少，特别是固定成本的支出，基本上是与工期长短成正比增加或减少的，因此，时间长短是进行工期成本分析的重点，而工期成本分析是计划成本与实际工期成本的比较分析。工期成本分析的方法一般采用比较法，即将计划工期成本与实际工期成本进行比较，然后应用“因素分析法”分析各种因素的变动对工程成本差异的影响程度。进行工期成本分析的前提条件是根据施工图预算和施工组织设计进行量本利分析，计算工程项目的产量、成本和利润的比例关系，然用固定成本除以合同工期求出每月支用的固定成本。

(3) 资金成本分析

资金与成本的关系就是工程收入与成本支出关系，根据工程成本核算的特点，工程收入与成本支出有很强的配比性，在一般情况下都希望工程收入越多越好，成本支出越少越好。而工程项目的资金来源主要是工程款收入，施工耗用的人、财、的货币表现则是工程成本支出，所以减少人、财、物的消耗既能降低成本，又能节约资金。

(4) 技术组织措施执行效果分析

技术组织措施是工程项目降低成本、提高经济效益的有效途径，在开工以前都要根据工程特点编制技术组织措施计划并列入施工组织设计。在施工过程中，为落实施工组织设计所列技术组织措施计划，可以结合月度施工工作计划的内容编制月度技术组织措施计划，同时，还要对月度技术组织措施计划的执行情况进行检查和考核。在实际工作中，往往有些措施已按照计划实施，有些措施并未实施，还有一些措施则是计划以外的。因此，在检查和考核措施计划执行情况的时候必须分析未按计划实施的具体原因，并做出正确的评价以免挫伤有关人员的积极性。对执行效果的分析也要实事求是，既要按理论计算又要联系实际，对节约的实物进行验收，然后根据实际节约效果论功行赏以激励有关人员执行技术组织措施的积极性。对节约效果的分析需要联系措施的内容和执行经过来进行，有些措施难度比较大，但节约效果并不高，而有些措施难度并不大，但节约效果却很高，所以在对技术组织措施执行效果进行考核的时候也要根据不同情况区别对待。对于在项目施工管理中影响比较大、节约效果比较好的技术组织措施应该以专题分析的形式进行深入细致的分析以便推广应用。

(5) 其他有利因素和不利因素对成本影响的分析

在现代综合体工程项目施工过程中必然会有很多有利因素，同时也会碰到不少不利因素，不管是有利因素还是不利因素，都将对项目成本产生影响。对待这些有利因素和不利因素，项目经理首先要有预见、抵御风险的能力，同时还要把握机遇充分利用有利因素，积极争取转换不利因素，这样就会更有利于项目施工，也更有利于项目成本的降低。

7.7.4.3 项目综合成本的分析方法

(1) 月(季)度成本分析

月(季)度的成本分析是工程项目定期、经常性的中间成本分析，它对于有一次性特点的工程项目来说具有特别重要的意义，因为通过月(季)度成本分析，可以及时发现问题以便按照成本目标指示的方向进行监督和控制，保证项目成本目标的实现。月(季)度的成本分析的依据是当月(季)的成本报表，分析的方法通常有以下方面：(1) 通过实际成本与成本目标的对比，分析成本目标的落实情况，发现目标管理中的问题和不足，进而采取措施加强成本管理以保证成本目标的落实。(2) 通过对各成本项目的成本分析，可以了解成本总量的构成比例和成本管理的薄弱环节，例如在成本分析中，发现人工费、机械费和接待费等项目大幅度超支，就应该对这些费用的收支配比关系认真研究，并采取对应的增收节支措施，防止今后再超支。(3) 通过主要技术经济指标的实际与目标的对比，分析产量、工期、质量"三材"节约率、机械利用率等对成本的影响。(4) 通过对技术组织措施执行效果的分析，寻求更加有效的节约途径。(5) 通过实际成本与预算成本的对比，分析当月(季)的成本降低水平，预测实现项目成本目标的前景，同时分析其他有利条件和不利条件对成本的影响。

(2) 分部分项工程成本分析

分部分项工程成本分析是项目成本分析的基础，分部分项工程成本分析的对象为已完成分部分项工程，分析的方法是进行预算成本、成本目标和实际成本的"三算"对比，分别计算实际偏差和目标偏差，分析偏差产生的原因，为今后的分项工程成本寻求节约途径。分部分项工程成本预算成本分析的资料来源是来自投标报价成本，成本目标来自施工预算，实际成本来自施工任务单的实际工程量、实耗人工和限额领料单的实耗材料。由于工程项目包括很多分部分项工程，不可能也没有必要对每一个分部分项工程都进行成本分析，特别是一些工程量小、成本费用微不足道的零星工程。但是，对于那些主要分部分项工程则必须进行成本分析，而且要做到从开工到竣工进行系统的成本分析，因为通过主要分部分项工程成本的系统分析，可以了解项目成本形成的全过程，为竣工成本分析和今后的项目成本管理提供一份宝贵的参考资料。

(3) 年度成本分析

施工企业成本要求一年结算一次，不得将本年成本转入下一年度，而项目成本则以项目的寿命周期为结算期,要求从开工、竣工到保修期结束连续计算,最后结算出成本总量及其盈亏。由于项目的施工周期一般较长,除进行月(季)度成本核算分析外,还进行年度成本的核算和分析,这不仅是为了满足企业汇编年度成本报表的需要,同时也是项目成本管理的需要,因为通过年度成本综合分析可以总结一年来成本管理的成绩和不足,为今后成本管理提供经验和教训,从而可对项目成本进行更有效的管理。年度成本分析的依据是年度成本报表,年度成本分析的内容,除了月(季)度成本分析的六个方面以外,重点是针对下一年度的施工进展情况规划提出切实可行的成本管理措施,以保证项目成本目标的实现。

(4) 竣工成本的综合分析

凡是有几个单位工程而且是单独进行成本核算的工程项目,其竣工成本分析应以各单位工程竣工成本分析资料为基础,再加上项目经理部的经营效益进行综合分析。如果工程项目是只有一个成本核算对象的单位工程,就可以以该成本核算对象的竣工资料作为成本分析的依据。单位工程竣工成本分析,应包括竣工成本分析、主要资源节超对比分析、主要技术节约措施及经济效果分析等内容。

7.7.4.4　项目成本目标差异分析方法

(1) 人工费分析

对于人工费量差而言,计算人工费量差首先要计算工日差,即实际耗用工日数同预算定额工日数的差异。预算定额工日的取得,根据验工月报或设计预算中的人工费补差中取得工日数,实耗人工根据外包管理部门的包清工成本工程款月报,列出实物量定额工日数和估点工日数,工日差乘以预算人工单价计算得人工费量差,计算后可以看出由于实际用工增加或减少,使人工费增加或减少。而对于人工费价差来说,计算人工费价差先要计算出每工人工费价差,即预算人工单价金额与实际人工单价之差,预算人工单价根据预算人工费除以预算工日数得出预算人工平均单价。实际人工单价等于实际人工费除以实耗工日数,每工人工费价差乘以实耗工日数得人工费价差,计算后可以看出由于每工人单价增加或减少,使人工费增加或减少。

(2) 材料费分析

主要材料和结构件费用的高低主要受价格和消耗数量的影响,而材料价格的变动,又要受采购价格、运输费用、途中损耗、来料不足等因素的影响。材料消耗量的变动也要受操作损耗、管理损耗和返工损失等因素的影响,可在价格变动较大和数量超用异常的时候再作深入分析。为分析材料价格消耗数量的变化对材料和结构件费用的影响程度可按下列公式进行计算:①因材料价格变动对材料费的影响,用公式表示为:

$$(预算单价-实际单价)\times 消耗数量 \tag{式 7-6}$$

②因消耗数量变动对材料费的影响,用公式表示为:

$$(预算用量-实际用量)\times 预算价格 \tag{式 7-7}$$

对于周转材料使用费分析而言,在实行周转材料内部租赁制的情况下,周转材料费的节约或超支决定于周转材料的周转利用率和损耗,如果周转慢,周转材料的使用时间就长,就会增加租赁费用的支出;而超过规定的损耗更要照原价赔偿。同时,材料采购保管费属于材料的采购成本,包括:材料采购保管人员的工资、工资附加费、劳动保护费、办公费、差旅费以及材料采购保管过程中发生的固定资产使用费、工具用具使用费、检验试验费、材料整理及零星运费和材料物资的盘亏及毁损等。材料采购保管费一般应与材料采购数量同步，即材料采购多，采购保管费也会相应增加，所以应该根据每月实际采购的材料数量和实际发生的材料采购保管费计算“材料采购保管费支用率”，作为前后期材料采购保管费的对比分析之用。材料的储备资金是根据日平均用量、材料单价和储备天数计算的，而上述任何一个因素的变动都会影响储备资金的占用量，材料储备资金的分析可以应用因素分析法。

（3）机械使用费分析

机械使用费的分析主要通过实际成本与成本目标之间的差异分析，成本目标分析主要列出超高费和机械费补差收入。施工机械主要有自有和租赁两种，租赁的机械在使用时要支付使用台班费和停用停班费，因此，要充分利用机械以减少台班使用费和停班费的支出，自有机械也要提高机械完好率和利用率，因为自有机械停工要负担固定费用。

（4）施工措施费分析

措施费的分析主要应通过预算与实际数的比较来进行，如果没有预算数可以用计划数代替预算数。

（5）间接费用分析

间接成本是指为施工设备、组织施工生产和管理所需要的费用，主要包括现场管理人员的工资和进行现场管理所需的费用，应将其实际成本和成本目标进行比较，将其实际发生数逐项与目标数加以比较，就能发现超额完成施工计划对间接成本的节约或浪费及其发生的原因。最终采用成本目标差异分析方法分析完各成本项目后，再将所有成本差异汇总进行分析。

7.8 现代综合体工程项目的成本考核

7.8.1 成本考核的概念

项目成本考核是指对项目成本目标或降低成本目标的完成情况和成本管理工作业绩两方面的考核，这两面的考核都属于企业对项目经理部成本监督的范畴，成本降低水平与成本管理工作之间有着必然的联系，又同受偶然因素的影响，但都是对项目成本评价的一个方面，都是企业对项目成本进行考核和奖罚的依据。项目的成本考核，特别要强调施工过程中的中间考核，这对具有一次性特点的施工项目来说尤为重要。因为通过中间考核发现问题，还能及时弥补，而竣工后的成本考核虽然也很重要，但对成本管理的不足和由此造成的损失已经无法弥补。

7.8.2 成本考核的意义

现代综合体工程项目成本考核的目的在于贯彻落实权责利相结合的原则，促进成本管理工作健康地发展，更好地完成工项目的成本目标。在工程项目的成本管理中，项目经理和所属部门、施工队直到生产班组，都有明确的成本管理责任，而且有定量的责任成本目标。通过定期和不定期的成本考核，既可对他们加强督促，可调动他们对成本管理的积极性。

7.8.3　成本考核的要求

现代综合体工程项目成本考核是项目落实成本控制目标的关键，是将项目施工成本总计划支出，在结合项目施工方案、施工手段和施工工艺、讲究技术进步和成本控制的基础上提出的。针对人员，而作出的成本耗费目标要求，具体要求包括：组织应建立和健全项目成本考核制度，对考核的目的、时间、范围、对象、方式、依据、指标、组织领导、评价与奖惩原则等作出规定，组织应以项目成本降低额和项目成本降低率作为成本考核主要指标，项目经理部应设置成本降低额和成本降低率等考核指标，当指标偏离目标时应及时采取改进措施，组织应对项目经理部的成本和效益进行全面审核、审计、评价考核和奖惩。

7.8.4　成本考核的原则

(1) 及时性原则

岗位成本是项目成本要考核的实时成本，如果以传统的会计核算对项目成本进行考核，就偏离了考核的目的，所以时效性是项目成本考核的生命。

(2) 简单易行和便于操作原则

项目的施工生产每时每刻都在发生变化，核算项目的成本必须让项目相关管理人员明白，由于管理人员的专业特点，对一些相关概念不可能很清楚，所以确定的考核内容，必须简单明了，要让考核者一看就能明白。

(3) 针对性原则

按照项目经理部人员分工进行成本内容确定，每个项目有大有小，管理人员投入量也有不同。项目大的管理人员就多一倍，若现代综合体工程项目划分为几个区域施工时，还可能设立相应的区域单元负责人，分别对每个单体工程或几个单体工程进行协调管理，而工程体量小时项目管理人员就相应减少，一个人可能兼几份工作。所以成本考核应以人和岗位为主，没有岗位就计算不出管理目标，同样没有人也就会失去考核的责任主体。

7.8.5　成本考核的内容

现代综合体工程项目成本考核可以分为两个层次：一是企业对项目经理的考核；二是项目经理对所属部门、施工队和班组的考核。通过层层考核督促项目经理、责任部门和责任者更好地完成自己的责任成本，从而形成实现项目成本目标的层层保证体系。施工企业对项目经理考核的内容包括：项目成本目标和阶段成本目标的完成情况；建立以项目经理为核心的成本管理责任制的落实情况；成本计划的编制和落实情况；对各部门、各作业队和班组责任成本的检查和考核情况；在成本管理中贯彻责权利相结合原则的执行情况。项目经理对所属各部门、各作业队和班组考核的内容包括：本部门、本岗位责任成本的完成情况；本部门、本岗位成本管理责任的执行情况。对各作业队的考核内容包括：对劳务合同规定的承包范围和承包内容的执行情况；劳务合同以外的补充收费情况；对班组施工任务单的管理情况，以及班组完成施工任务后的考核情况。对生产班组的考核内容包括平时由作业队考核，以分部分项工程成本作为班组的责任成本，以施工任务单和限额领料单的结算资料为依据，与施工预算进行对比，考核班组责任成的完成情况。

7.8.6 成本考核的实施

现代综合体工程项目的成本考核要与相关指标的完成情况相结合，项目成本考核评分要考虑相关指标的完成情况，予以褒奖或扣罚。与成本考核相结合的相关指标，一般有进度、质量、安全和现场标准化管理。项目成本考核采取评分制，项目成本考核是工程项目根据责任成本完成情况和成本管理工作业绩确定权重后按考核的内容评分。具体方法为：先按考核内容评分，然后按 6∶4 的比例加权平均，即责任成本完成情况的评分为 6 分，成本管理工作业绩的评分为 4 分，这仅仅一个假设的比例，现代综合体工程项目可以根据自己的具体情况进行调整。强调项目成本的中间考核，其中一般有月成本考核和阶段成本考核，成本的中间考核能更好地带动今后的成本管理工作，进而保证项目成本目标的实现。

对于月度成本考核来说一般是在月度成本报表编制以后，根据月度成本报表的内容进行考核，在进行月度成本考核的时候不能单凭报表据，还要结合成本分析资料和施工生产、成本管理的实际情况，然后做出正确的评价，带动今后的成本管理工作，并保证项目成本目标实现。而阶段成本考核在项目的施工阶段一般可分为：基础、结构、装饰、总体等四个阶段。现代综合体工程中的高层建筑可对结构阶段的成本进行分层考核，阶段成本考核能对施工告一段落后的成本进行考核，可与施工阶段的质量、进度等其他指标的考核结合得更好，也更能反映工程项目的管理水平。

正确考核项目的竣工成本。项目的竣工成本是在工程竣工和工程款结算的基础上编制的，它是竣工成本考核的依据，也是项目成本管理水平和项目经济效益的最终反映，因此是考核承包经营状况和实施奖罚的依据，必须做到核算无误，考核正确。工程项目的成本考核，可分为月度考核、阶段考核和竣工考核三种，为贯彻责权利相结合原则，应在项目成本考核的基础上确定成本奖罚标准，并通过经济合同的形式明确规定并及时兑现。由于月度成本考核和阶段成本考核属假设性的，因而实施奖罚应留有余地，待项目竣工成本考核后再进行调整。项目成本奖罚的标准应通过经济合同的形式明确规定，因为经济合同规定的奖罚标准具有法律效力，任何人都无权中途变更或者拒不执行。另外，通过经济合同明确奖罚标准以后，职工群众有奋斗目标，因而也会在实现项目成本目标中发挥更积极的作用。在确定项目成本奖罚标准的时候必须从本项目的客观情况出发，既要考虑职工的利益，又要考虑项目成本的承受能力。在一般情况下，造价低的项目奖金水平要定得低一些，而造价高的项目奖金水平可以适当提高，具体的奖罚标准应该经过认真测算再行确定。

7.9 现代综合体工程项目成本分析实例

某现代综合体工程工期为 380 天，与业主约定采用分阶段结算的方式，在成本核算方面对应也按照分阶段核算的形式，整个工程划分为打桩工程、基础处理、主体结构、门窗、内外装饰和水电安装等几个阶段，并编制实际成本与计划成本的对比表。

7.9.1 打桩工程实际成本分析

某现代综合体工程中打桩工程实际成本与计划成本的对比情况，如下表 7.6 所示：

表7.6　打桩工程计划成本与实际成本对比表　　单位:万元

序号	内容	实际成本	计划成本	实际成本超支	实际成本节支
1	人工费	11.78	11.20	−0.58	
2	材料费	60.44	66.73		+6.29
3	机械费	20.71	20.47	−0.24	
4	其他费用	17.32	16.01	−1.31	
5	合计	110.25	114.41		+4.16

由表7.6可知,打桩工程实际成本比计划成本低,原因是在打桩施工过程中对桩和接桩材料进行了严格控制,使材料费用成本下降。在与供货商签订合同的时双方谈定的制桩费用包括了桩制作、运输等费用;对打桩分包单位要求其承担接桩用电焊条、角钢等材料费用,这些材料和制品的费用低于与建设单位签订合同中的材料单价。

7.9.2　基础工程实际成本分析

某现代综合体工程中基础工程实际成本与计划情况,如表7.7所示:

表7.7　基础工程计划成本与实际成本对比表　　单位:万元

序号	内容	实际成本	计划成本	实际成本超支	实际成本节支
1	人工费	16.91	15.48	−1.43	
2	材料费	58.38	53.06	−5.32	
3	机械费	7.41	6.23	−1.18	
4	其他费用	12.2	11.33	−0.87	
5	合计	94.90	86.10	−8.80	

由表7.7分析可知,基础工程实际成本比计划成本高,原因是基础施工时土方开挖后发现土质较差,不能直接作为地基承受荷载,因此决定先将软土层挖去再回填砂石并用压路机夯实,然后再铺设10 cm厚的矿渣和碎石作基层,并在上面铺设10 cm厚的混凝土垫层。预计的土质情况和实际并不符合,导致原本安排的人工、材料和机械不能够满足施工要求,需要增加人工数、机械数量,垫层也要加厚,相应的人工费、机械费、材料费和生产成本费用就要增加,从而导致该部分工程总的成本费用增加。

7.9.3　主体结构工程实际成本分析

某现代综合体工程主体结构工程实际成本与计划本对比情况如表7.8所示:

表7.8　主体结构工程计划成本与实际成本对比表　　单位:万元

序号	内容	实际成本	计划成本	实际成本超支	实际成本节支
1	人工费	54.60	44.24	−10.36	
2	材料费	270.18	251.59	−18.59	
3	机械费	26.87	29.67		+2.80
4	其他费用	49.16	45.69	−3.47	
5	合计	400.81	371.19	−29.62	

由表 7.8 分析可知，在主体结构工程施工中，人工费和材料费超过计划成本较多，其原因是由于天气原因影响施工进度。为确保工程如期交工，不得不加班赶工，工人加班费用上升，导致人工费成本超支。同时，周转材料，特别是模板租用量增加，使材料费用超支。另外，在砌筑施工过程中，部分砌体质量不符合优良要求，需要返工重砌，这部分返工人工费用由作业队承担，而材料费用要计入工程成本中，因此，主体结构工程施工中，尽管钢筋等材料费用有所节余，但总材料费用还是超出计划成本，实际成本比计划成本高。在机械费用方面，由于外玻璃幕墙工程由建设单位直接发包，工程垂直运输机械在主体结构完成后，为幕墙施工单位提供配合所用垂直运输机械费用由幕墙公司承担，所以对项目经理部减少了部分机械费用的支出。

7.9.4 门窗工程实际成本分析

某现代综合体工程中门窗工程实际成本与计划成本对比如表 7.9 所示：

表 7.9 门窗工程计划成本与实际成本对比表

单位：万元

序号	内容	实际成本	计划成本	实际成本超支	实际成本节支
1	人工费	0.60	0.59	－0.01	
2	材料费	33.18	31.90	－1.28	
3	机械费	1.73	0.31	－1.42	
4	其他费用	5.82	5.38	－0.44	
5	合计	41.33	38.18	－3.15	

由表 7.9 分析可知，门窗工程实际成本高于计划成本，原因是门窗工程施工设计图纸提供的门窗表与各层平面图中门数量不符，投标报价时，按设计图纸门窗表计算工程量，少算了部分异形窗的工程量，项目经理部负责人员向建设单位提出索赔，建设单位不予认可，由此导致门窗分部工程实际成本高于计划成本。

7.9.5 内装饰工程实际成本分析

某现代综合体工程中内外装饰工程实际成本与计划成本对比情况，如表 7.10 所示：

表 7.10 内装饰工程计划成本与实际成本对比表

单位：万元

序号	内容	实际成本	计划成本	实际成本超支	实际成本节支
1	人工费	18.24	18.80		＋0.56
2	材料费	43.29	45.64		＋2.35
3	机械费	0.18	0.57		＋0.38
4	其他费用	11.56	11.36	－0.20	
5	合计	73.27	76.37		＋3.09

由表 7.10 可知，施工实际成本低于计划成本，原因是本工程二次装修由建设单位另行发包，项目经理部负责的主要装饰工程施工内容为墙面抹灰和涂料以及部分公共部位

的墙地砖，这些施工内容不复杂，施工中没有变更要求，因建设单位要求吊顶上部墙面不做粉刷，实际施工工程量比预算工程量略有减少。

7.9.6　水电安装工程实际成本分析

某现代综合体工程中水电安装工程实际成本与计划成本对比情况，如表 7.11 所示：

表 7.11　水电安装工程计划成本与实际成本对比表　　单位：万元

序号	内容	实际成本	计划成本	实际成本超支	实际成本节支
1	人工费	9.99	9.81	−0.18	
2	材料费	39.84	47.43		+7.59
3	机械费	8.15	8.20		+0.05
4	其他费用	12.18	10.34	−1.84	
5	合计	70.16	75.78		5.62

由表 7.11 可知，水电安装工程实际成本比计划成本节约，主要原因是采购的主材价格较低，特别是管线、洁具、电气设备，经项目经理部多家询价满足建设单位和设计要求的前提下，采购价格低于投标报价，尽管增加了管理人员的工作使现场管理费用有所增加，但材料设备费用大大降低，最终节约了安装工程成本。

7.10　某现代综合体项目全过程成本控制实例

7.10.1　项目概况

通过开发建设一类涵盖多种商业业态的大体量城市商业现代综合体，构建城区整体的“经济走廊”，发挥城市现代综合体对周边开发的辐射带动作用，与商贸旅游区、观光消费区和产业园区实现对接和互动形成聚集和联动效应，这就是南京新街口购物广场现代综合体项目的立项初衷。

南京新街口购物广场现代综合体项目坐落于南京老城区的核心商圈，一经建设完成便迅速成为了时尚青年、潮流先锋在假日购物、娱乐和休闲之都，也成为长三角区域最大的商业现代综合体亮点之一。每位光临新街口购物的顾客，对新街口的文化都有着不同的理解。在这里消费文化、人文文化、国际文化、企业文化相互融合的同时，项目颠覆了传统意义上的商业模式，以全新的视野，重新定义了城市现代综合体的新格局。

7.10.2　新街口购物广场土地及土地成本控制

新街口作为南京城区一个以商业为主的城市区域，最早得名于民国建筑与商业群，以中山路口为核心，沿着北大街、文化广场分布着诸多商业设施。新街口区域的商业以青春时尚文化为主，吸引了很多生活在南京的年轻人前往休闲、娱乐，并有着“购物小天堂”之称。但是，老的商圈原以百货业态为主，商业项目由于受硬件条件影响，综合配套设施欠缺，餐饮娱乐这类年轻消费者喜闻乐见的消费项目所占比例很低，受众客户的消费需求很难被完全满足。该区域除在餐饮、娱乐项目的业态总量欠缺之外，在商家选择和商品定位上也比较保守，其中，餐饮项目多以廉价快餐为主，而随着人民生活水平的提高，尤其是80后乃至90后年轻一代消费者的成长，这类廉价快餐并非消费者的首选，年轻顾客在餐饮上的需求是更好的环境、更新奇趣味的品牌营销，是那些能适合情侣约会、朋友聚餐的特色餐厅，餐厅的氛围、环境、食物的新鲜感是消费者主要关注的。

经过充分的前期调研，得出南京市地方政府在今后很长一段时间内会对土地进行大量征收和储备，今后对该地区的小宗土地的获取难度将加大，土地价格也会不断提高的结论。从投资机会角度，新街口区域当时的繁华程度，交通市政配套情况，经济发展程度都处于相对的欠发达水平。但是，该地域的长期发展前景非常出色。因此，公司在竞买该项目土地时的既定策略为：略高于南京中心城区平均价格水平，大大高于长三角地区现在的价格水平。

7.10.3　新街口购物广场项目决策阶段的成本相关性分析

7.10.3.1　项目SWOT分析

根据消费者和市场竞争环境两项分析，对该项目来进行衡量，南京新街口购物广场项目的竞争优势和劣势以及所面临的营销机会和威胁主要体现在以下方面：

表7.12　项目SWOT分析

S(优势)	区位优势：项目坐落于大洋百货的北面，位于南京鼓楼商业区的中心，南侧距中山路不足200 m，北侧连通金融街和特色商业区； 配套优势：该项目区域位置虽然商业档次不高，但项目周边个体工商行业较为发达，本案周边学校、医院、购物超市、餐饮服务业、农贸市场等生活配套齐全，居民生活便利； 规模优势：本案总营业面积达二十多万平方米，差不多占到购物广场商圈总营业面积的40%，为目前新街口最大规模的楼盘，也算档次较高的楼盘，容易产生规模效应
O(机会)	南京市政府对本地区土地进行大量的征收和储备，拆迁户急需购买房屋，而政府征用土地采用作价补偿的方式，因此本区内的消费需求在未来2～4年将会趋旺； 本区域房地产开发目前仍以经济适用房为主，价格偏低，老城区的开发项目中尚无极高品质住宅出现，这一市场空白对于本案而言，意义重大，抢占了这个位置，既有利于同经济适用房拉开档次，提升价格，同时又有利于借中央商务区开发的东风，吸引外区消费者置业
W(劣势)	高层与主干道呈垂直布局，展示性欠佳； 高层间虽满足了间距规范性要求，但仍有一部分户型存在对视问题，对产品品质的提高有所影响； 周边建筑较杂乱，显得档次不高，对于本案的形象展示有负面影响
T(威胁)	随着项目开发建设，在本案开发期间内必然会有更多的开发项目涌现，且随着需求档次的提升，新进项目也必然会更加注重产品个性和品质的营建，因此，对于本案的规划和开发来说也将会面临更大的竞争压力

7.10.3.2　项目功能定位

新街口购物广场位于南京市繁华区，拥有我国长江以南最大的数码影院，拥有13个影厅，可同时容纳近两千观众，另外还拥有南京市最大的化妆品超市，拥有诸多国际知名品牌及商家入驻，是一座集休闲、娱乐于一体的高端领地，满足市民的休闲、购物、饮食、办公于一体的需要，成为南京市新的商贸中心。

7.10.4　新街口购物广场项目的投资估算

7.10.4.1　投资估算表

南京市新街口购物广场项目的工程投资总体估算如表7.13所示：

表7.13　新街口购物广场项目投资估算表

序号	工程名称	主要内容	合计(元)
1	建筑安装成本	94 294 m^2×1 953.55 元/m^2	184 208 000
2	环境工程	20 000 m^2×45%×400 元/m^2	3 600 000
3	综合管网	2 000 m×2 000 元/m	4 000 000
4	工程设计费	94 294 m^2×18 元/m^2	1 697 292
5	工程监理费	94 294 m^2×8 元/m^2	754 352
6	招投标费用	(1)+(2)+(3)×0.08%×50%	76 723
7	施工图审查费	94 294 m^2×6 元/m^2	565 764
8	合同预算审查费	(1)+(2)+(3)×0.05%	95 904
9	工程定额编制管理费	(1)+(2)+(3)×0.13%	249 335
10	工程劳动定额测定费	(1)+(2)+(3)×0.03%	57 542
11	基本预备费	[(1)+(2)+(3)]×5%	9 590 400
12	涨价预备费	[(1)+(2)+(3)]×3%	5 754 240
13	建设期贷款利息	[(1)+(2)+(3)]×50%×6.45%	6 185 808
14	投资估算总额		216 835 360

7.10.4.2　经济效益评价概要

(1) 项目总投资:216 835 360 元;

(a) 建安工程费用:184 208 000 元;(b) 环境及配套工程费用:7 600 000 元;(c) 工程建设其他费:13 087 312 元;(d) 预备费:5 754 240 元;(e) 建设期贷款利息:6 185 808 元

(2) 资金筹措

自筹资金:216 835 360×50%=108 417 680(元)

贷款资金:216 835 360×50%=108 417 680(元)

7.10.5　新街口购物广场项目设计阶段的成本控制

7.10.5.1　新街口购物广场建筑设计时的成本控制

建设行业大量工程实践已经充分表明,项目的前期规划设计是影响开发成本的最重要因素,注重项目的前期规划设计是控制项目成本的关键。一个项目在建筑的规划设计阶段就需要投入大量的时间和精力,所以在源头上对项目成本进行控制至关重要,在源头上控制项目成本具体包括:设计方案评比,对设计方案进行选择;设计招标阶段要严格进行，只选择那些实力强、信誉高、意识优的单位；甲方公司要制定相关设计标准，严格参照相关设计标准进行限额设计；制定设计核算方法，直观体现项目设计成本，在项目设计过程中要加强与设计人员的沟通，使项目成本最低化。本案项目正是在以上方面特点突出，所以本阶段的成本控制效果良好。

7.10.5.2 项目图纸设计的成本控制

项目图纸设计要经过严格反复论证、修改和补充，施工图纸是施工过程中的重要指导方案，也是工程招标、决算的依据。项目图纸质量的好坏直接影响着施工过程中项目变化的多少，同时也影响着建筑材料设备的用量，对项目的目标是否实现十分重要。因此，对于项目图纸设计成本的管理工作要参照以下两个原则：一是要求设计公司严格按照限额设计，在满足用户使用功能的同时要进行设计图纸的优化，按照预计的限额进行设计；二是对项目图纸的质量进行严格审查，把项目图纸的不足降到最低，要做到施工时最小化更改。按照以上两条原则，同时还要与设计单位签订设计任务责任书，具体来讲本案项目是从以下方面对项目进行成本管理的。

（1）实行限额设计制定项目成本控制指标

对项目图纸进行成本控制，这种控制包括对项目总价进行控制、对项目的各部进行控制。项目设计控制指标在实践中，要将考核项目分为设计师和设计者更加直观的单位面积控制量，这样就要求设计者在项目设计过程中，要按照最初设计的原则、内容和范围作为设计基础，项目公司要把单位面积工程量的控制作为限额设计的重点。新街口购物广场项目的材料用量经过测算为最高限额，严格按照规定不得超过。限额设计的目标应该覆盖项目设计的所有专业，通过减少项目图纸设计的项目成本为项目后期的建设赢得主动。

（2）对项目图纸设计预算进行严格控制

作为设计院的最终产品，设计的项目图纸是建设项目时的重要依据，而限额成本控制是指项目建设时要严格按照项目图纸设计的范围进行执行，项目图纸设计一定要按照最初确定的原则、内容、范围、项目和投资额进行。项目图纸限额设计应该把初步设计作为关键，项目工程确定以后，即作为项目图纸设计的最高限额。如果项目的初步设计受到外界限制，就会造成部分项目图的修改和变更，也可能使得项目成本发生变化，这类变化在一定的范围内是允许的，但要经过调整。若项目设计的方案发生重大变化时，初步设计的方案就不起作用，这时就要重新确定设计方案，来满足项目成本的控制。在项目图设计时，造价工程师要严格把关项目的造价、咨询和审核等工作。在项目图设计的初级阶段，造价师要按照现有的规章进行预算，为设计院执行限额时提供参考。在项目图完成阶段，造价工程师要严格按照项目图进行预算，检验设计院限额的具体执行情况。本案公司对预算和决算的要求是：项目图预算不得超过项目图概算的 5%，项目图决算不得超过项目图预算的 5%，执行造价核算由成本控制部门负责。另外，在项目图预算中，工程成本往往决定于建筑材料设备的价格，而材料设备的价格受市场环境和政策等因素影响较大。在此，成本控制部的作用就体现出来，对最新市场动态变化随时跟踪，对材料及设备的价格趋势和走向进行关注，对项目图预算进行调整，从而提供有价值的信息给相关设计单位。

(3) 与设计单位签订设计任务责任书

设计任务的实施主体是建筑设计单位，设计单位对每项设计的人员配置、支持力度和重视与否都会对项目的设计质量问题产生较大的影响。设计工作作为一种高智慧的脑力工作，必须不断地进行改进，而且在设计时候要执行高标准严要求，这样才能快速提高设计品质。本案中不仅仅是设计单位的质量要求被甲乙双方在在设计委托书中明确规定，合同中还明确要求设计单位对不合理设计造成的成本增加，应该承担的经济责任。与此同时，为了更加提高设计单位的工作积极性，合同中规定了如果设计方案能有效降低成本造价，甲方会在设计费用正常发放之外给予一定的物质奖励。纵观本案施工图设计时期，为加强对设计过程的监督管理，在技术层面获取更大主动，公司聘请专职人员，及时审核设计文件资料，随时传递公司最新意图，与设计方协调沟通。本案合同规定，如设计方有效降低工程成本，将给予降低额度 50％的经济奖励，如因设计问题造成成本增加，设计方承担相应赔偿。

7.10.6 新街口购物广场项目招投标阶段的成本控制

在招标内容方面，该项目土建工程包括：桩基工程；土方回填工程；钢筋混凝土结构工程；所有预埋吊件、预埋钢筋；弱电、各种管线预留、预埋工程、按招标图和施工图设计内容完成室外的给排水管道和供电、弱电等管沟施工以及按本工程招标发放的图纸资料的全部内容。本项目实行公开招标的方式，法定监督机构为市招标投标管理办公室，招标整体过程均按现相关法律、法规严格执行。

在项目招标实施效果方面，实行公开招标因参与投标的企业较多，由此相应地减少了陪标、串标的现象的产生，对优选施工队伍有很好的效果；由于整个评标过程中，业主方不主动参与，所以业主方的主观倾向性有所减小；整个评标过程处于严格的监控之下，参与投标的单位行为规范，阻止了投标过程中的不正当行贿受贿行为，让该工作公平可信度提高；以无标底综合评标的方式作为本案项目的评标办法，中标价实际比预算下降了 5％左右，经济效益优异。

7.10.7 新街口购物广场项目施工阶段的成本控制

7.10.7.1 项目施工阶段成本管理组织措施

本案对成本管理控制的主体单位有：甲方建设单位、设计单位、建筑施工单位以及监理单位和受甲方委托的造价咨询单位。在甲方的授权范围内，代表甲方对工程的质量、进度、资金等方面进行进程管控是监理单位的重要职责，而为甲方提供造价咨询服务则是造价咨询单位的职责。为更好的协调施工、设计、造价咨询、监理单位的工作活动，甲方针对该项目成立了项目部，项目部门的组织监督工作为保证项目成本的合理控制，以及项目目标顺利实现提供了基础。为规范本案各单位的建设行为，有效保障对工程质量进度资金的控制，使投资经济利益最大化，甲方公司通过公开招投标选取了建科监理公司，该公司管理者具有丰富的经验，员工业务能力强，且其资质满足本项目对监理单位一级监理资质的要求；同时，甲方公司为了配合建科监理公司对建设工程进行管理控制，其内部分别成立了土建、设备、建材等专业技术骨干组成的项目部。为直接控制项目成本，甲方单位还成立相应的合同预算部，具体工作包括对已完工项目的工程量进行复验，并收集建筑市场中主要建筑材料和建筑设备的信息，及时监控动态报告，对成本偏差调整分析。

7.10.7.2　项目成本管理目标动态监控

本案项目为实施动态管理实时监控，分别对月度成本目标、季度成本目标、年度成本目标进行评价考核。在本案项目合同实施过程中，采用固定单价合同形式，即在合同中明确规定工程的单价，将现场遇到设计图纸变更、材料价格变化或工程量增加等现象作为考核重点。具体来讲，设计部负责提供当期发生的设计变更，项目工程部负责施工单位当期完成的工程量的核实，合同预算部则负责发送当期工程主要建筑材料限价要求，并及时核对工程量和设计图纸内容上的变更，得出项目成本实际发生额，最后与目标成本进行比较讨论出产生偏差的原因，并做出书面汇总报告加以解决。

7.10.8　新街口购物广场项目竣工阶段的成本控制

7.10.8.1　严格控制工程竣工验收

本案的检验阶段主要包括两方面内容：一是对工程项目的整体质量进行检查，检查其门窗、土建、地面、外檐装饰、环境工程等是否达到设计规范的要求；二是检查工程的细节，即对各个项目内容的纰漏进行把控检查，为项目的功能完整性做到保护，检查还包括对项目实体的检查和各种技术文件资料的检查，如发现问题，要限期整改解决。在试验阶段要求实事求是的按照相关建筑规范和技术标准，选定特殊的技术检验分析方法，对材料设备进行检查，如建筑门窗的气密性抗风压性试验、防水卷材的温度敏感性试验等。在移交阶段要求甲方企业要在工程项目全部工程完成后，组织相关专业工程师对整个项目的建筑物实体和全部的技术、经济资料和文件进行交接检查，及时发现存在的各类问题，为下一步的质量评定工作做好前期准备。

7.10.8.2　严格实施工程计量工作

根据承包合同和设计文件中关于工程计量的规定，监理单位受甲方委托对施工承包单位已完成工程的工程量进行的核验的过程，是工程量计量阶段的主要工作。工程量表中的工程量是在编制招标文件时，在图纸和规范的基础上估算的工作量，是不可以作为结算工程价款依据的，而必须通过本项目监理机构对已完成的工程进行计量，对于不合格的工作和工程，监理工程师必须拒绝计量。本案中监理工程师正是严格遵守了这一规定，充分保护了甲方单位的利益。

7.10.8.3　审核工程竣工报告并办理竣工结算

在竣工结算阶段项目的投资控制核心是对已经实际完成的工作量进行核算，这里除了需要核算各个分项工程中所使用的综合单价是否与合同中规定的综合单价一一对应之外，还要审核竣工结算汇总后的实际金额。施工图预算中的工程量并非十分准确，所以需要参考设计变更和设计图纸资料对工程量重新准确的计算，尤其要重点核实增加的项目的综合单价是否是按施工图预算及施工合同进行编制的，编制又是否合理，设计变更增加的分项工程在施工图预算中有没有相应项目单价等内容。在这个阶段本案甲方曾遭遇施工企业追加工程造价方面的索赔要求，作为甲方积极应对并成功实施反索赔，这也是甲方对全过程成本控制的重要体现。

第 8 章　南通某现代综合体工程项目管理与创新实践实例

8.1　工程概况

南通市某新建综合体工程项目，位于南通市港闸区，江海大道高架以东，长平路以南交汇处，总建筑面积 67 090 m^2，其中地下总建筑面积 14 570 m^2，地上建筑面积 52 520 m^2。其中主楼地上十层，地下二层，建筑高度 38.00 m，其中包括商业区、办公区和娱乐场所等构成，附属功能的裙房工程地上六层，地下二层，建筑高度 23.20 m。地下一层平时功能为汽车库和丁戊类库房，战时功能为核 6 级常 6 级甲类二等人员掩蔽所。

8.1.1　建筑设计特点

该综合体工程设计±0.000 相当于绝对标高 4.350 m(黄海)，室内外高差 0.500 m。地下二层层高为 5 m，地下一层层高为 4.8 m，裙楼一层层高为 4.2 m，二至十层层高均为 3.7 m。地下工程防水等级为一级，侧墙、底板、地下室顶板迎水面防水方案确定为防水混凝土结构，自防水及在迎水面上加防水卷材或防水涂料，顶板板面为 3 mm 厚 APF 自粘防水卷材一道＋1.5 mm 厚 FJS 防水涂料，底板、侧墙为 2 mm 厚聚氨酯防水涂料＋0.8 mm厚盾固 101 水泥基渗透结晶防水涂料。地下室(底板、外墙)采用 C35 防水混凝土，抗渗等级为 P8。地下室二层内墙为页岩多孔砖，地下一层内墙为砂加气混凝土砌块(B06 级)，地上内墙及卫生间临内走廊处墙体为页岩多孔砖，外墙及其他内墙为砂加气混凝土砌块(B06 级)，M5 混合砂浆砌筑。外墙为石材外墙，复合发泡水泥板保温。内墙为涂料墙面、面砖墙面。地下一层车库、库房为耐磨混凝土地面；控制室为木地板楼面；卫生间、污洗间、厨房、阳台为地砖楼面；大厅、楼梯间、电梯间为花岗石楼面；机房设备用房为水泥砂浆地面；弱电机房为静电地板；变配电室为橡胶板地面。屋面防水等级为Ⅰ级，二道设防。上人屋面采用 20 mm 厚 1∶3 水泥砂浆找平层；1.5 mm 厚 FJS 防水涂料；150 mm厚泡沫混凝土；20 mm 厚 1∶3 水泥砂浆找平层；3 mm 厚 APF 自粘卷材；3 mm厚石灰砂浆隔离层；50 mm 厚 C30 细石混凝土随捣随抹(内配⌀ 6@150 双向)；20 mm 厚1∶2水泥砂浆结合层；防滑彩色地砖。不上人屋面的平屋面采用 1∶6 水泥珍珠岩找坡，坡度 2%；1∶3 水泥砂浆找平；3 mm 厚合成高分子防水卷材；干铺耐碱玻纤布一层；50 mm 厚 C30 细石混凝土随捣随抹(内配⌀ 6@150 双向)。覆土植草屋面采用 20 mm 厚 1∶3 水泥砂浆找平层；1.5 mm 厚 FJS 防水涂料；80 mm 厚泡沫混凝土；20 mm 厚 1∶3 水泥砂浆找平层；3 mm 厚 APF 自粘卷材；干铺耐碱玻纤布一层；50 mm 厚 C30 细石混凝土随捣随抹(内配⌀ 6@150 双向)，掺 14%UEA(微膨胀剂)，每开间设分仓缝嵌建筑油膏，上覆500 mm宽无纺布 JS 复合防水涂料两道；耐根穿刺防水卷材；土工布过滤层一道，四周上翻 100 mm 高，陶粒排(蓄)水层；300 mm 厚耕作土掺 30%～50%粗砂。

8.1.2 结构设计特点

该综合体工程的建筑结构安全等级为二级，耐火等级为一级。地震设防烈度 8 度。建筑抗震设防类别为重点设防类(乙类)。本工程采用现浇钢筋混凝土框架结构，地下一层及以上框架抗震等级为一级，地下二层抗震等级为二级。地下室采用管桩＋防水板基础，抗压桩采用预应力管桩，抗拔桩采用钻孔灌注桩基础，底板厚 650 mm。混凝土的强度等级组成是：基础底板、承台、外墙——C35，P8；－0.050 m 以下——柱 C45，梁板 C35；－0.050～15.260 m——柱 C40，梁板 C30；15.260～26.360 m——柱 C35，梁板 C30；26.360 m 以上——柱 C30，梁板 C30；其他所有项目——基础垫层 C15；圈梁、构造柱、现浇过梁 C25。地下室顶板厚度为 180 mm、200 mm；楼面板厚度为 120 mm；地下室墙体厚度为 300 mm、350 mm 和450 mm。钢筋保护层要求防潮层以上的楼板的保护层厚度满足 15 mm，梁20 mm和柱20 mm；地下工程外墙迎水面的混凝土保护层厚度满足 50 mm。

8.2 综合管理目标

8.2.1 质量管理目标

该综合体工程要求的质量标准为合格，单位工程一次交验合格率 100%；合同履约率 100%；杜绝重大质量事故；确保“扬子杯”，争创国优工程。

8.2.2 职业健康安全与环境管理目标

年因工死亡率重伤率为零；年职业病发病率低于 0.5%；杜绝重大火灾、爆炸、机械设备、管线、交通、中毒、中暑等有责事故；创建江苏省级文明工地。在环境保护与绿色施工方面要求水、气、声、渣排放达标；能源资源消耗控制在预算之内；杜绝重大火灾、重大爆炸事故和重大环境投诉事件；同时要求该综合体工程项目的目标工期为 480 天，结合实际工况具有较强的挑战性。

8.3 实施前的部署

8.3.1 实施原则

项目管理部全面负责工程质量、进度、安全及文明施工等工作，在组织、资源方面予以重点保障。一切工作围绕业主总体目标展开，确定各目标实施方法，制定实现目标的保证措施。严格运行公司质量、职业健康安全、环境三合一管理体系，按管理体系的要求，进行全过程的质量、职业健康安全、环境控制。以积极负责的态度提供全过程、全方位的管理服务，特别在施工过程中适时采取合理化措施以保证工期和质量，做好运行管理中的跟踪服务工作。作为总包方积极配合业主做好整个工程项目的管理工作，主动协调与设计单位、业主指定分包以及供应商的关系，保证整个工程的顺利进行。采用先进的管理方法和技术，特别是工程项目结构分解方法和计算机技术，对施工过程实施全方位动态控制。

8.3.2　施工特点

工程测量要求开工前做好全场控制网的测量及复核工作（根据测绘院提供的坐标点、水准点），引进城市永久性控制坐标和水准点，建立现场永久性控制坐标和水准点，并由监理复测。建立全场测量控制网络，并从现场控制网确定定位坐标及标高工作基准点，作为施工依据和沉降观测的依据。

该综合体工程周边环境复杂，基坑支护、降水与土方工程具有一定的技术难度，采用灌注桩加钢筋混凝土内撑作支护结构，三轴水泥土搅拌桩止水帷幕。坡道部位采用钢板桩加内撑。根据现场地下水位的实际情况，本工程采取管井降水和明沟排水方案相结合方法进行施工，沿基坑四周布置，降水管埋置深度为 21 m，基坑外设 25 口回灌观察井，井深 12 m。局部电梯井部位视开挖后实际情况，有必要时需加设井点降水设备，而土方采用机械大开挖，人工配合。因基础土方工程量较大，现场场地小，回填的土方现场无法堆放，故所有土方均外运出场内。计划投入大挖机 2 台、小挖机 1 台，并昼夜开挖，确保 30 天内完成土方开挖。

混凝土结构工程施工所用的模板全部采用 915×1 830×15 mm 复合木夹板，主楼标准层层高 3.7 m，内外楞采用⌀ 48×3.0 钢管；对拉螺栓为⌀ 14 圆钢；支撑系统采用⌀ 48×3.0 钢管排架，立柱间距为 900 mm×900 mm。对钢筋直径大于或等于 18 mm 的钢筋接头采用电渣压力焊（或机械连接）。采用泵送商品混凝土，其坍落度控制在 14±2 cm 内，底板混凝土控制在 12±2 cm 以内。施工所采用的脚手架工程：采用悬挑脚手架与落地脚手架相结合。主楼部分从八层楼面开始悬挑，而裙楼采用落地脚手架。

8.4　施工段的划分及总体施工顺序

8.4.1　施工段的划分

根据本综合体工程项目的特点，在不同施工阶段将本工程的流水段划分如下：在基础施工阶段，其地下室部分根据后浇带布置，基础底板、墙柱、顶板均划分为 4 个施工段。主体施工阶段及裙楼部分划分为两个施工段。施工过程要求，基础的施工坚持由深至浅，先土建后设备；各施工段组织平行流水交叉施工，各工种密切配合穿插进行，充分利用空间、时间最大限度地缩短工期。

8.4.2　施工的总体顺序

测量定位放线→基坑支护工程→井点降水→第一层土方开挖至冠梁底→冠梁施工→钢支撑梁施工→第二层土方开挖至钢筋混凝土支撑梁下 1 m 处→钢筋混凝土支撑梁施工→第三层土方开挖、人工配合清理基槽、余桩处理→基础工程→地下室主体结构（地下室防水工程、土方回填）→主楼地上一至七层主体结构、配合安装预埋→中间结构分段验收→主楼八层及以上主体结构、下部各层进入装修工程、业主分包单位穿插施工→主体结构封顶→全面进入装修、业主分包单位深化施工→配合其他分包单位施工、室外工程→工程初步验收→竣工验收和备案。

8.5 施工前期准备及主要项目控制要点

8.5.1 质量与环境管理准备

牢固树立“质量第一,用户至上”的精神,正确处理好“质量、工期、成本、安全”四者关系。坚持项目部内部“三级监督,五个到位”的质量控制标准,消灭返工现象,以工作质量保证产品质量。坚持做到:班组自我监督、技术科质量监督、项目部执法职能部门质量监督的三级监督制度。在分项施工中,管理人员做到五个到位,即:①操作要点交底到位;②上、下工序交接到位;③上、下班交接到位;④关键部位的检查、验收到位;⑤各种材料和加工件进场验收到位。不断运用新工艺、新技术优化施工方案,对各种经过讨论确定的施工方案严格执行,充分发挥技术工作在施工管理中的先进和指导作用。对工程管理人员加强定岗、定职教育,制定严格的奖罚制度,加强每个管理人员的工作责任感,消除各种可能发生不良后果的隐患。配有多台计算机,利用梦龙管理网络实现最优的组织计划安排并根据工程的实际情况及时调整,实现动态的管理。优化劳动力组合并择优选择劳动力队伍,精心组织,加强劳动纪律及劳动技能的教育和培训,充分发挥劳务力量的潜能,确保工程正常顺利进行。在确保质量与进度的同时,强化场容及现场标准化管理,认真执行有关现行标准化规定,坚决杜绝各种质量、安全隐患,确保健康、安全、文明、环保地开展施工,并且处理协调好各方关系,做到“场内优质工程,场外民心工程”。

8.5.2 施工前的技术准备

加强对扩初设计方案和地质报告等前期资料的学习与研究,任务确定后,由技术部提前与业主和设计院联系,掌握扩初设计的编制情况,通过对扩初设计的学习研究,对场内建筑物的各项目技术指标有初步的了解,为做好场内布置、场外协调以及各项目计划的编制,提供最基本的理论依据。通过对地质报告的分析研究,可以拟定围护结构的形式,以及对降排水、基坑开挖的方式等基础施工的关键内容。对施工图审查分三步走:在图纸自审阶段由技术部组织各专业工种的有关人员进行;图纸会审由业主组织参与建设各方进行,并形成会审纪要;技术核定要求对图纸会审中没有发现的问题,由技术部发出,业主、监理、设计院会签。原始资料的调查内容主要包括:场内障碍物调查,在此基础上编制清障方案;熟悉场内外管线情况,以便在基坑施工及重型车辆设备的通行过程中做好监测和保护;熟悉测绘院提供的基地测绘报告,将红线上控制坐标点引测到外围固定位置上,将标高基准点保护好,并引测若干工作基准备点;基地内标控制网的建立,根据测绘院提供的标高基准点,用 DSZ3+FS1 系统进行三等水准测量,引测场内以 50 m×50 m 为基本单位的标高控制网,以此作为基坑围护及土方工程的依据;根据总平面图以及红线坐标点,用全站仪测出各建筑物的控制点控制线,并制定出在基坑施工阶段控制点控制线的校验措施。加强对规范及有关法律、法规的培训与学习,由技术部对本工程适用的国家强制性条文、新版国标、新版图集中有关内容进行总结成文,组织有关人员进行学习;由技术部门编制本工程主要分部分项工程施工技术工艺标准作为施工指南;对国家及南通市有关文件进行汇编成文，交质量部门，作为质量检查的依据；将与本工程有关的安全技术标准进行总结，交安全部门，作为安全生产、安全检查、安全保护的依据。

编制施工图预算和施工预算要求由预算部门按施工图确定的工程量以及施工组织设计拟定的施工工艺，依照工程定额及有关取费标准，编制施工图预算。根据施工图预算、施工图纸、施工组织设计或施工方案施工定额等文件进行编制，是企业内部控制各项成本支出、考核用工，两算对比、签发施工任务单、限额领料、基层进行经济核算的依据。根据本工程扩初设计及相关资料编制完整的总体施工组织设计，施工组织设计内提供施工组织的各项目措施及计划，包括：进度、材料、机械设备、劳力及现场布置等，并对各项目措施和计划进行不断的优化；提供本工程执行的各质量标准及本工程的质量目标；提供各分部分项目工程的施工技术方案；以及质量保证体系及质量控制措施；安全保证体系及安全保证措施等。

8.5.3　施工前的物资准备

建筑材料的准备：根据施工预算进行分析，并按施工进度要求，按材料的名称、规格、使用时间、材料储备定额和消耗定额进行汇总，编制材料需求计划为组织备料、确定仓库、场地堆放和组织运输提供依据，并编制相应的材料的复试计划。构件、制品的加工准备：本工程主要是钢筋成型和组合模板的加工，应根据施工图及细化翻样，按施工进度的要求进行准备。机械设备及机具的准备：本工程需 1 台塔机、2 台施工升降机、1 套钢筋成型设备，及若干其他机械及小型机具，并根据施工进度，确定机械进场时间，并根据施工总平面图，确定机械安放位置，在机械进场前做好调试和保养工作，并做好有关技术方面准备工作。

8.5.4　施工前的劳动组织准备

建立本工程的项目管理机构，项目部以项目经理牵头，其组成结构以各主管部门纵向到底，各分片管理部横向到边的管理网络，主管部门有技术、质量、安全、预算、材料、财务、综合七大部门。劳动力组织准备要按照开工日期和劳动力需求计划，组织劳动力进场，并进行职业健康安全、文明施工、环境保护等有关的教育，施工队伍的组建应充分考虑各专业工种的分工与组合，并考虑流水施工等因素，做到合理精干，制定出动态的劳动力需求量计划。

8.5.5　主要项目控制要点

测量控制要点要求建立全场控制网，包括：建立统一的坐标系统、坐标原点、平面控制点、高程控制点。建筑物轴线定位测设，包括：各层面轴线测设、控制点垂向投测；标高控制及沉降观测。混凝土要控制其坍落度和水灰比，浇筑工艺及养护。钢筋工程重点控制翻样、成型、绑扎等。模板工程控制的要点是模板及支撑的强度、刚度和稳定性；模板拆除的时限和拆除顺序。装饰工程重点控制施工流程，施工工艺。而主要技术攻关的项目涉及深基坑支护技术、地下室外墙及底板防渗漏技术；填充墙裂缝防治技术；屋面防渗漏技术；大体积混凝土裂缝防治技术和地坪施工技术等。

8.6 施工现场平面布置

8.6.1 布置的依据及原则

施工现场平面布置的依据有：施工现场实际踏勘结果；业主对现场的具体安排；施工图纸及施工总体部署；按照《建筑施工安全检查标准》(JGJ59—2011)及省级文明工地具体要求进行合理布置。为了保证总工期及工程质量的要求，在设计过程中充分利用现有场地，合理安排施工顺序，现场既要合理科学地布置，又要本着施工方便的原则，使临时设施的布局符合工艺流程，且最大限度的缩短工地内的运输距离，减少二次搬运，并避免现场临时设施频频搬迁而影响工程进展。考虑可布临时设施的场地较小，现场办公区、各种材料加工场布置在场内，办公区在塔吊回转半径内，采取搭设防护棚的保护措施。北侧布置三栋板房作生活区，食堂设置在基坑东南角。

8.6.2 施工现场大型机械布置

考虑臂长和运输量及现场条件共设置1台QTZ60塔吊，二次结构、抹灰工程及屋面工程全部施工完，即拆除塔吊。塔吊设置的原则满足：最大的包围范围；定位后确保能拆除；附墙位置合理；塔吊基础的设置应考虑抗倾覆同时确保足够的地基承载力；塔吊回转应不碰主楼脚手并与主楼脚手之间有安全距离。主楼南北侧各布置1台施工升降机，以满足施工人员、各种材料及物资的垂直运输从而提高工效，以缩短施工工期。区域内设置1个钢筋加工场，1个木工加工场，分别配置各类加工机械。

8.6.3 临时道路及施工用水用电布置

施工现场入口在西侧，其中主入口在北侧，次入口在南侧。内部道路北侧使用医院原道路，其余待冠梁达到强度后，砌筑砖胎膜(部分钢筋混凝土墙)，回填土方夯实、硬化作道路。基础回填土完成后，硬化周边场地，拓宽南侧道路。施工用水由业主提供现场水源，按目前的工程量需100 mm直径以上水管一根，安装上水表与现场敷设水管连接成环状水管网，水管沿外围施工道路布置，过路时加设套管，每隔25 m左右设置3/4寸水龙头。其施工用电情况如表8.1、表8.2、表8.3所示：

表8.1 本工程所用主要动力设备

序号	设备名称	规格型号	数量	容量(kW)
1	塔吊	QTZ60	1	35
2	钢筋切断机	GJ50	2	9
3	钢筋弯曲机	GW40	2	6
4	钢筋弯箍机	GW14	1	2.2
5	砂浆搅拌机	UJZ200	2	9
6	混凝土搅拌机	JZ350	2	11
7	水泵		8	16
8	扬程泵	26 m	16	88
9	振动机		10	15
10	木工圆盘踞	MJ104	1	7.5
11	合计 $P_1 = 198.7$ kW			

表 8.2　主要焊接设备

序号	设备名称	规格型号	数量	容量(kV·A)
1	对焊机	UN125	2	200
2	交流电焊机	BX−400F−3	2	44
合计　$P_2=244$ kV·A				

表 8.3　室外照明

序号	设备名称	规格型号	数量	容量(kW)
1	镝灯	3.5	6	21
2	碘钨灯	1	12	12
合计　$P_3=33$ kW				

根据实际用电情况，工地西北角设 1 台 400 kV·A 变压器能满足施工需要。根据现场施工要求，部分电缆采用三相五线制且埋地敷设，埋地深度为不少于 700 mm，并在沿墙转弯处设“下有电缆严禁开挖”标记，部分采用架空。线路布置从配电间分路分别供到现场、塔吊、施工电梯和钢筋成型设备等。

8.7　施工进度计划及保证措施

8.7.1　施工进度计划编制的依据及重点

施工合同、施工进度目标、工期定额、有关技术经济资料、施工部署与主要项目施工方案，根据以上内容，我公司对某些施工工艺进行优化，并通过对网络计划动态监控、反馈、调整，保证进度计划的正常实施。考虑目标工期为 480 天的设置，要求基础工程控制在 145 天内完成，上部主体混凝土结构控制在 125 天完成，装饰工程控制在 190 天内完成，砌体及装饰在工程中穿插进行。其中基础施工阶段要求地下室部分根据后浇带布置划分为 4 个施工段，而裙楼根据后浇带布置划分为两个施工段，主楼设为一个施工段。装修施工阶段划分为一个施工段。在实施过程中考虑的因素包括由于甲供料供货不及时等原因造成的对关键线路工期的影响，须由业主、监理进行签证认可。

8.7.2　各阶段施工进度的保证措施

8.7.2.1　进度控制的方法

按施工阶段分解并突出控制节点，以关键线路和次关键线路为线索，以网络计划中心起止里程碑为控制点，在不同施工阶段确定重点控制对象，制定施工细则，并达到保证控制节点实现的目的。按施工单位分解以明确分部目标，以总进度网络为依据，明确各个单位的任务目标，通过合同责任书落实各自责任，以分头实现各自的分部目标来确保总目标的实现。

按专业工种分解以确定交接时间，在不同专业和不同工种的任务之间，要进行综合平衡，并强调相互间的衔接配合，确定相互交接的日期，强化工期的严肃性，保证工程进度不在本工序造成延误。通过对各道工序完成的质量与时间的控制达到保证各分部工程进度的实现。按总进度网络计划的时间要求，将施工总进度计划分解为年度、季度、月度和旬期进度计划。

8.7.2.2　强化进度计划管理

工程开工前必须严格根据施工招标书的工期要求，提出工程总进度计划，并在对其是否科学、合理，能否满足合同规定工期要求等问题，进行认真细致论证。在工程施工总进度计划的控制下，施工过程坚持逐月（周）编制出具体的工程施工计划和工作安排，并对其科学性、可行性进行认真的推敲。工程计划执行过程，如发现未能按期完成工程计划，必须及时检查分析原因，立即调整计划和采取补救措施，以保证工程施工总进度计划的实现。

8.7.2.3　施工进度计划的控制

施工进度计划的控制是一个循环渐进的动态控制过程，施工现场的条件和情况千变万化，项目经理部应及时了解和掌握与施工进度有关的各种信息，不断将实际进度与计划进度进行比较，一旦发现进度拖后，要分析原因，并系统分析对后续工作会产生的影响。建立严格的《工序施工日记》制度，逐日详细记录工程进度、质量、设计修改、工地洽商和现场拆迁等问题，以及工程施工过程必须记录的有关问题。坚持每周定期召开一次，由工程施工总负责人主持，各专业工程施工负责人参加的工程施工协调会议，听取关于工程施工进度问题的汇报，协调工程施工外部关系，解决工程施工内部矛盾，对其中有关施工进度的问题，提出明确的计划调整意见。各级领导必须“干一观二计划三”，提前为下道工序的施工，做好人力、物力和机械设备的准备，确保工程一环扣一环地紧凑施工。对于影响工程施工总进度的关键项目、关键工序，主要领导和有关管理人员必须跟班作业，必要时组织有效力量，加班加点突破难关，以确保工程总进度计划的实现。

8.7.3　工期保证的措施

项目实施阶段的进度控制至关重要。首先应做好施工现场场地布置、临时设施搭设、道路硬化、水电、通讯等准备工作，消除前期工作对延误工期的影响，为工程施工创造一个良好的外部条件。创造良好的施工环境，针对大型施工机具的选择和现场内临时道路的规划、水电线路的埋设以及材料工具存放场地的安排等方面科学地确定施工现场的平面布置，使之充分发挥效率，更好地为施工生产服务，为工期保障创造内部条件。建立强有力的工程管理组织机构，配备具有丰富施工经验和较高理论水平的高层次专业技术人员和专业管理人员。计划投入曾经参加过类似工程的项目经理、项目副经理 3 名，各类专业技术人员 20 名。项目部成立各级保证体系，并确保体系的有效运行。

对各项资源投入进行动态管理，根据合同规定的工期编制总进度计划并定出过程中的控制节点，加强监控。总进度计划要充分结合施工技术方案和各专业的进度要求，充分利用计划中的自由时差，抓住关键线路和重点工序，确保施工的最佳均衡，并高度重视安装、装潢等的相互关系。在现场建立计划体系，加强信息的传递和反馈，并加大对各专业的组织和协调工作的力度，确保整个现场能在统一指挥、统一组织、统一调度下，有条不紊地作业。进度计划确定以后，要在整个生产活动中，定期召开现场协调会，及时解决矛盾和增强协调力度。同时项目部将运用网络技术进行进度计划的动态分析、计划管理和控制。

实施施工技术保证，充分发挥整体综合优势，依靠先进的管理水平、丰富的施工经验，科学利用新技术、新工艺、新材料，以确保工期目标的实现。技术人员认真阅读图纸，制定出合理有效的施工方案，保证该工序在符合设计及施工规范的前提下进行，避免返工返修现象出现，从而影响工期。选用先进合理的模板体系，决定现浇板模采用复合木模板，重量轻，整体性强，周转次数多，施工速度快。框架柱梁、墙模板采用 15 mm 厚的复合木模板配制大型模板施工，接缝采用贴胶带处理配制成清水模板施工，减少装修时的抹灰量，杜绝抹灰易空鼓现象的发生。既节约了材料，又提高了施工速度。立模支撑系统采用早拆支撑体系，施工时在平台板底模上间隔一定距离设置一小块与整个底模分离的活板，单独一根支杆加以支撑，当达到一定强度(约设计 70%)，拆除平台板底模，加快模板周转。运用楼面混凝土浇筑厚度控制器，提高楼面平整度，减少找平层，缩短工期。提前做好特殊季节施工的准备工作，采取切实可行的季节施工技术措施，保证工程进度计划的落实。加强质量预控，做好工序之间的交接检验，把好质量关。在工序施工过程中严格、细致、认真检查，将质量隐患消灭在萌芽状态中，防止出现事后返工现象，确保工程质量一次性达到合格标准。

材料保证方面要求在每道工序之前，技术人员根据图纸及时上报材料计划，保证在工序施工之前材料提前进场，杜绝因材料原因影响施工正常进行，要求采用 QTZ60 塔吊一台，人货电梯两台，进行垂直运输。结构混凝土采用商品混凝土，每流水段混凝土浇筑采用一台汽车泵(固定泵)，根据基础实际情况，地下室四周尽量利用汽车泵，直接将混凝土输送到操作面以加快混凝土施工速度。计划共投入 2 台混凝土搅拌机、2 台砂浆机，专门负责砌筑砂浆、抹灰砂浆等搅拌，设置 1 套钢筋加工机械，1 套木工机械，其他机械设备配套齐全，土方开挖时计划投入五台挖掘机。梁、楼板模板、支撑等周转应材料配足，计划设置 3 套，按早拆体系施工，以保证周转，缩短主体施工工期。钢管采用租赁定尺钢管，到现场即可直接使用。采取应急措施准备，决定自备 200 kW 发电机一台，并自备蓄水池，以防突然停电、停水，保证施工正常运转。

加强对分包商的管理和协调，以总工期进度为依据，编制分包商的施工组织方案、工程进度计划、劳动力配置计划，材料、设备、机具进场计划，使分包商的工程质量、工程进度、安全文明施工等完全处于受控状态，以确保工程如期完成。从配合措施上保证，要求施工期间主动与业主、监理、设计、专业施工队伍及时沟通情况，得到各单位在工作上的支持，加大协调管理力度，结合工程实际施工情况，协调各工种或各相关专业队伍之间的工作配合，提供方便，为快速优质施工创造条件。加强服务，主动配合和协助业主处理在施工过程中涉及工程设计变更、材料供应等配套工作上的困难，及时解决工程施工过程中出现的各种问题，保证施工正常进行。虚心接受当地政府及有关主管部门的监督，并主动邀请主管职能部门领导现场指导，虚心学习，及时整改不足之处，积极预防质量通病以加快速度。

从经济措施上保证要求认真做好资金使用计划工作，做到专款专用，确保工程资金的周转，使工程顺利进行，不影响进度。采取一定的竞争激励机制，制定有关奖励条例，激发职工的劳动积极性，稳定职工队伍。项目部与材料供应商签订合同，实行奖罚条款，加大对延误的处罚力度，使其按期或提前供货，保证施工不受影响。在信息管理措施保证方面要求项目部及时掌握有关工程建设的法律、法规、政策，并及时下发到各班组，保证新的施工规范、规定、标准得到及时推广、执行。实施微机管理，把施工进度、质量、安全纳入电脑控制，保证有关信息及时传递到有关人员，使工程进度得到全面控制。现场办公实行办公自动化，充分利用电脑信息化，配备各类相关软件，提高办公效率。如项目部配备会计使用的用友、预算使用的广联达、PKPM、鲁班预算、资料软件等。办公室安装宽带，随时可以与其他单位进行信息沟通，及时掌握建筑市场信息动态。

8.8 技术方案及实施

8.8.1 土方开挖技术

8.8.1.1 工程概况

本工程基础土方约 46 000 m^3，采用机械大开挖及人工配合的方式。采用 3 台 200 型反铲挖掘机，出土量为每台每天 1 000 m^3 左右及 2 台小型挖机(仅挖地梁及小承台用)，将整个地下室土方开挖周期控制在 31 天以内，土方一次性挖至底板垫层标高以上 300 mm，底板以下大型承台采用大挖机开挖，地梁及挖土体积 10 m^3 以下的采用小挖机进行开挖，人工配合，必要时采用塔吊进行配合。

8.8.1.2 土方开挖的方法及要点

土方开挖前将建筑物控制点线标桩做好，建筑物自然地面标高方格网测好，并做好标高工作基准点。放好挖土灰线，并根据挖土情况及时补好灰线。规划好出土线路，用建筑垃圾对出土路线路基进行加固，备好水泵等应急设备。

挖土前由技术负责人对挖机司机，运土车司机及配合保洁人员进行安全、技术和保洁交底。挖土根据出土线路向后退挖，土方开挖用 3 台挖机分别从基础东南、西南方向开始退挖，先由基础第二道钢筋混凝土内撑向内以 1∶2 放坡开挖，待第二道内撑强度达到后，开始挖内撑下土方。在基坑北侧正中留一个出土坡道，采用分层阶梯式转土，每个平台长 10 m，宽 8 m，设置一台挖机。土方开挖不得超挖，由专人对基底标高进行控制，机械挖土留 300 mm 厚土由人工配合铲平，严禁挖深后填松土，如发生超挖现象应用 1∶1 砂石填平夯实。桩周边机械不便开挖的部位土方和余桩人工清理。加强基坑底的排水措施，在基坑的四周人工挖好排水明沟，并在基坑边中间及边角处布置集水井，做到排水畅通。集水坑挖土应严格控制，先在挖土机的回旋半径内土挖至和基坑一样平，放好集水坑灰线，对挖机司机进行交底后，慢速挖土，严禁超挖。基坑开挖后进行验槽，然后才能浇筑混凝土垫层。挖土完毕，基坑四周做硬化地坪，并在基坑外缘做 2%的泄水坡度，坡向基坑外侧。

8.8.2 承台施工技术

承台土方开挖按 1∶0.5 放坡，挖土宜分层均匀进行，且桩周围土体高差不宜大于 1 m。开挖土方不得堆积在基础周围，应及时外运，软土地基中管桩施工后的开挖应采取有效措施，防止出现管桩基础移位、倾斜、管桩桩身开裂等现象。机械开挖时应小心操作，不得碰及桩身。挖到离桩顶标高 0.4 m 以上，宜采用人工挖除桩顶余土，以保证管桩质量。根据以上标准要求，我方决定机械开挖至桩顶标高 0.4 m 位置后采取人工挖土、清淤。因塔吊还未安装，在人工挖土的同时挖机配合出土（人工将土方挖至挖机斗内，挖机转出承台）。按照“第三层土方开挖走向图”制定的土方外运路线运出基坑。承台基础砖胎模用标准砖，M10 砂浆砌筑，墙厚为 240 mm。为确保柔性防水层的施工，在砖胎模内抹 20 mm 厚 1∶2 防水砂浆，砖胎模外侧回填时，应分层压实，以减轻砖胎模在浇筑混凝土时的侧压力，其承台开挖示意图如图 8.1 所示：

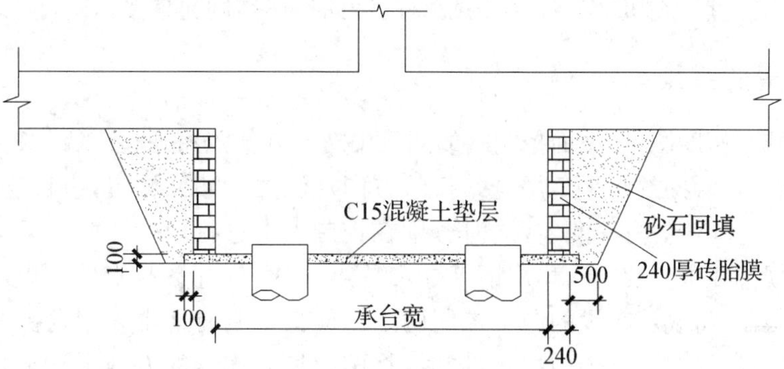

图 8.1　承台开挖示意图

8.8.3　土方开挖质量控制措施及安全文明施工

8.8.3.1　土方开挖质量控制措施

对放坡位置，应严格按设计要求的坡度进行放坡，坡面形成后，用挖机铲斗拍平整，将浮土用人工铲除。对地下积水坑，挖土基本成型后，采用人工铲平整，边坡用标准砖按地下施工的要求围砌成型，注意机械挖土时，切不可将坑挖大。挖至支护桩边时慢速挖土，人工配合修整，切勿对桩身造成损坏。

8.8.3.2　安全保护及文明施工措施

在基坑开挖前由技术负责人对各施工人员进行安全交底，把安全生产，预防为主的指导思想灌输每个职工心中。加强对安全技术措施实施情况的监督检查，由专职安全员检查各项安全技术措施的实施情况，及时纠正违反安全技术措施的行为。加强对机械施工人员及配合人员的安全教育，严格按安全操作规程施工。做好基坑的防护工作，基坑四周及时设置 1.2 m 高的红白油漆相间的钢管防护栏，上下基坑设有专用通道及登高措施。夜间施工必须有充足的照明，值班电工加强值班检查，现场设有安全生产警视标志。由专人负责场内外的文明施工保洁工作，加强对运输通道的保护修复工作。大门处砌筑洗车槽，并专人对出门车辆的轮胎进行冲洗清理，如遇雨季施工，更应做好冲洗清理工作，尽量减小对周围道路的影响。由于基坑边缘距邻近建筑物过近，由于出土及浇筑混凝土的需要，基坑边缘部分区域需要承受重车的压力，需设置钢筋混凝土墙作挡土墙。

8.8.4　测量实施的总体设计

利用施工总体平面布置图中注明的建筑坐标二级标准布设边角控制网，增设外控点、内控点及延伸点。分别在内外控制点上架设全站仪，放出主轴线交点。地下室及一层平面采用外控法放线，且在一层平面上加测内控点控制网，二层以上利用内控点使用天顶所设置的自动激光铅直竖向投点逐层极坐标放样。各内控点的竖向传递，由于楼层高、施工障碍等原因，一般都不可能自始而终的从底层基准点位向顶层传递，故只能采用分段控制，这是切实可行的，但每一段一定要做到控制准确，平差调整，确保各层内控制点与内控基点在同一条铅垂线上。为防止整个内控点网产生一个等量的旋扭，必须事先在一层内将两内控点连线的方向延长至较远处，作出标志，这对及时检测整个内控点网是否产生一个等量的旋扭，以保证各内控点的竖向传递精度起重要作用。

8.8.5 测量的实施

为控制施工精度测量，平面控制网的测设中对于外侧点将通过二级加密布设边角设定控制网，这个控制网的水平角用全站仪的方向观测法三测回测定，边长连续光电测距三次往返测取平均值的方法测定，同时分别在控制点上进行坐标法两读数检测，实践检测精度符合规范要求。控制点均用钢钉打入混凝土中。对于内控点的布设，由于受施工场地条件的限制，将底层布设的施工控制网不断向上引测时通常采用内控法，在楼一层平面上(±0.000)设置若干个内控点，同时，将两内控点连线的方向延长至较远处，埋石作出标志，并精确测出各点之间的水平角、边长、和点位坐标，为及时检测整个内控点网是否产生一个等量的旋扭，以保证日后各层放样精度也可作定向标用。考虑本工程结构基本为混凝土剪力墙结构，须确保各层剪力墙不影响两内控点间、内控点与相关外控点间的通视，具体位置须由测量放线专业人员在主楼一层平面浇筑现场直接指定。内控点用中心留有 1 mm 小孔 20 cm×20 cm 的钢板直接浇筑在主楼一层施工平面相应位置上。

对于竖向投点使用的仪器和作业方法，要求竖向投点采用 JZY－20 型激光天顶指向仪，该仪器的标准垂直精度达 1/40 000，即每 40 m 的准直误差±1 mm，工作距离：200 m 处光斑直径小于 18 mm。检测采用全站仪，上述仪器均须经有关计量单位鉴定合格。为了控制二层以上各层的施工，每升高一层，在上部各层浇筑时相应位置预留 20 cm×20 cm 的孔，可将天顶指向仪架设于一层上各内控点上，通过预留的投影孔，向天顶方向发射激光束，这样，在照准时，只要直接读出激光束在电子靶上的坐标即可，为了保证精度，可连续转动 120°再读数二次，取三次读数均值即该圆圆心为投递中心的位置，也为内控点的投影点位。至于各内控点的投点精度如何，可通过在各点位上架设全站仪，测定它们之间的边长，角度和各点位坐标，并以定向标志检查整个内控点网的旋扭情况，若各项检查符合规定，即可用全站仪根据各施工轴线交点的坐标，极坐标法放样出各点。

在基础结构施工阶段，要求根据原始坐标控制点，在建筑物四周按测量控制点布置控制基点，建立起建筑物轴线定位的测设控制网。在地下室结构施工中，利用基准点和基坑四周已测定的轴线为依据，架设经纬仪，从四个方向投测基础承台面上，测出所有的垂直控制点，并在基础承台面上利用直角坐标法结合极坐标法进行校核，准确无误后，将其用钢板固定，作为以后向上投测得基准点。施测时间确定在清晨，阴天等受太阳直射较少的时间。

上部主体结构施工阶段的测设，根据本工程特点采用外控(外引)、内控相结合法向上传递轴线。外控法施工要求向上投测建筑物轴线时，将经纬仪安置在远离建筑物的轴线控制桩上，分别以正、倒镜两次投测点的中点，即得投测在该层上的轴线点。按此方法分别在建筑物纵横主轴线的控制桩上架设经纬仪，就可在同一层楼层上投测出轴线点。

楼面上纵横轴线点连线构成交点，即是该层楼面的施工控制点。建筑物四周垂直偏差的控制要求在建筑物大角的两侧同时或分别架设广角经纬仪，抄平后仪器接物镜上的“＋”字竖丝对准首层地面上的轴线，固定水平罗盘，向上转动接物镜，仰视观察，找出偏差，检验模板的垂直度。

工程放线要求根据投测的轴线使用钢卷尺放墙、柱、梁轴线、边线和 1 m 控制线，钢卷尺要求经过计量检定，放好的线用红油漆做好标记。高程控制要求依据水准点引测±0.00标高线，用钢卷尺量出楼层标高基准点后用水准仪定出轴线的标高。以基准水准点为依据，用精密水准仪采用往返水准的方法，将高程引测至地面上，用钢尺通过支架平台向上引测，然后用普通水准仪引测至所需部位，并利用 50 m 钢尺进行高程传递，操作时应注意钢尺的温度修正值和检定后的改正值。为了防止因沉降而引起的高程误差，应经常检测基准点的高程，及时修正高程值，同时，每四层检测其之间距离，得出混凝土的实际压缩变量系数，然后计算出总高程的压缩修正值。每层楼层内模板及支撑拆除清理后，每道墙面上均弹室内建筑楼面＋1.0 m 线，作为装饰工程、门窗安装和水电安装的标高控制线。

沉降观测要求在施工阶段每层观测一次，用于沉降观测的水准基点设置按设计规定留置。测量时采用精密水准仪及精密水准尺，按三等水准测量精度施测，容许闭合差为±0.5 mm×n(n 为测站数)，视距控制在 20 m 以内，前后视距差不大于 1 m。由于沉降观测分布较广，数量较多，须分多次转站观测，事先选定若干沉降观测点为转点，组成闭合的水准路线，为保证沉降观测的可靠性，观测员、仪器、水准基点以及观测路线都应固定。

沉降观测的次数和时间，第一次观测应在观测点安装稳定后及时进行，根据设计要求，施工期间每施工一层观测一次，结构封顶后，每隔一个月观测一次，工程竣工第一年内要测四次，第二年二次，第三年后每年一次，直至稳定。沉降观测资料应及时汇总整理，并附有各种有关规定数据，并将其沉降观测结果绘制降量的分布曲线图表。沉降观测点的设定，可在楼四边中间及转角处柱子上进行设置若干个观测点。

总平面竣工图应绘出地面上的高程和一般建筑物、构筑物、停车场、道路、绿化树木等设施，在建筑物对角线两端外墙轴线交点处应注明二点坐标，同时本工程应注明圆心坐标和半径。所有建筑都要注明室内地坪标高。测量平面和标高控制点的点位和有关数据均应详细注明并附成果表以便备用，做好竣工测量的关键是，从施工准备开始就有秩序地一项不漏地积累各项预检资料，尤其对隐蔽工程，一定要在回填土前或下一步工序前，及时测出竣工位置，否则就会造成漏项。

建筑场地平面控制网和标高控制网的资料，在验收后，应是竣工测量的第一份资料，而且是实测竣工位置的基本依据，原地面的实测标高与基坑开挖后的坑底标高是计算实际土方量的依据，也是基础实际挖深的依据，建筑物定位放线的验收资料、垫层上摺底线的验收资料和±0.000 首层平面放线验收资料，都是确定建筑物位置的主要资料，也是绘制竣工总平面图的依据。

8.8.6 地下防水施工技术

8.8.6.1 底板防水层施工流程

基层已符合以下条件,并办理验收、工作面移交手续:基层应干净、坚实、平整、无毛刺,基层应干燥;阴阳角做成圆弧形,阴角最小半径 50 mm,阳角最小半径 20 mm。

工艺流程如下:清理基层→定位、弹线→阴阳角、节点部位铺 PAS-H 自粘防水卷材附加层→大面积铺 1.2 mm 厚 PAS-H 自粘防水卷材→卷材收头、密封→检查验收→刷 0.8 mm 厚盾固 101 水泥基渗透结晶防水涂料→防水保护层施工。

8.8.6.2 底板防水层施工技术要点

对基层表面的杂物进行清除,在阴阳角等节点部位采用满铺法粘贴 PAS-H 自粘防水卷材附加层,附加层总宽度为 300 mm,转角两侧各半。空铺防水卷材要求将卷材黏结面向下平铺在结构层上,从一端开始将隔离纸从背面缓缓撕开,同时揭掉防水卷材上表面剩余隔离膜,同时将撕掉隔离纸的部分粘贴在结构层上。空铺法施工时卷材与结构层每边的黏结宽度不得小于 100 mm。在铺贴卷材时,应随时注意与基准线对齐,铺贴速度不宜过快,以免出现偏差难以纠正。粘贴后随即用胶辊用力向前、向外侧滚压,排出空气,使卷材牢固粘贴在结构层上,卷材搭接宽度长、短边均为 100 mm,搭接边要特别注意滚压黏结严密。大面卷材铺贴完成,揭掉防水卷材上表面的隔离膜后应尽快进行防水保护层的施工,原则上应在 24 小时以内隐蔽或采取有效的临时保护措施。粘铺防水卷材时,不得将卷材上表面的隔离纸过早揭掉以免污染黏结层;铺设卷材时水泥浆等不要污染卷材边缘的自粘胶面,若有不慎污染要及时清理干净;上下两层卷材平行铺贴,上下层卷材的长、短边和同层相邻两幅卷材的短边接缝应相互错开 1/3~1/2 幅宽。要求卷材接缝严密,无破损、断裂、异状黏结等缺陷,节点部位加强处理按规范要求施工。

8.8.6.3 外墙防水层施工技术要点

作业条件要求基层已符合条件并办理验收、工作面移交手续:基层应干净、坚实、基本平整、无毛刺,基层要干燥;阴阳角做成圆弧形,阴角最小半径 50 mm,阳角最小半径 20 mm;各种预埋件已安装完毕。

工艺流程:清理基面→刷 0.8 mm 厚盾固 101 水泥基渗透结晶防水涂料→阴阳角、节点部位粘铺 PSA-H 自粘防水卷材附加层→大面积粘铺 PSA-H 自粘防水卷材→卷材收头、密封→检查验收→粘贴 35 mm 厚聚苯乙烯保温板。

施工过程中要求清除基层表面的灰尘、杂物,外墙穿墙螺杆处修补完毕;在阴阳角等节点部位将 PSA-H 卷材上表面隔离纸揭除,满粘防水卷材附加层,附加层总宽度为 300 mm,转角两侧各半;挂铺满粘防水卷材,将卷材黏结面向下平铺在基面上,从上端开始将隔离纸从背面缓缓撕开(同时揭掉 APF 防水卷材上表面剩余隔离膜),将撕掉隔离纸的部分卷材粘贴在结构层上。在挂铺卷材时,拉铺速度不宜过快,以免出现偏差难以纠正。粘贴后随即用胶辊用力向下及左右两侧滚压,排出空气,使卷材牢固粘贴在结构层上,卷材搭接宽度长、短边均为 100 mm,搭接边要特别注意滚压黏结严密。卷材铺贴完成后,管道包裹部位用专用密封膏密封严密,收头部位金属压条固定并用专用密封膏密封(其中管道包裹部位采用专用密封膏两布三涂做法)。大面卷材铺贴完成,卷材按照与一般部位底板到墙顶部近乎一样的办法甩头并用混合砂浆砌筑 1～2 皮砖作为卷材(相应部位上表面隔离膜保留)在外墙结构施工期间的临时保护。待外墙混凝土施工完成,去掉导墙顶部压砖后将卷材表面清理干净,揭掉隔离膜后向上翻起粘贴,其收头部位用金属压条钉压牢固。大面卷材铺贴完成验收合格后,揭掉防水卷材上表面的隔离膜后,尽快进行 35 mm 厚聚苯乙烯保温的施工。

8.8.6.4　外墙防水层施工注意事项

基层质量直接影响到防水层的施工质量。基面一定要平整、清洁,无疏松麻面、无浮杂污物,阴阳角做成顺直的圆弧形。防水层施工应避开阴雨、大风天气。粘铺防水卷材结束后,不要将卷材上表面的隔离纸过早揭掉,撤隔离纸应跟聚苯乙烯保温板施工同步进行。上下两层卷材平行铺贴,上下层卷材的长、短边和同层相邻两幅卷材的短边接缝应相互错开 1/3～1/2 幅宽(或以上)。侧墙部位卷材施工属于有上下交叉的高空作业,要戴好安全帽,系好安全带,避免出现安全事故。卷材接缝严密,无破损、断裂、异状黏结等缺陷,节点部位加强处理按规范要求施工,卷材搭接宽度的允许偏差为±10 mm。

8.8.6.5　地下室顶板施工技术要点

施工流程:基层清理→刷 1.5 mm 厚 FJS 防水涂料→铺贴 3 mm 厚 APF 自粘防水卷材→干铺玻纤布一层→C20 防水细石混凝土保护层,内配⌀ 6@200 钢筋网,其施工方法同地下室底板垫层防水,其余注意事项等均同上,其外墙保护层的节点图如图 8.2 所示:

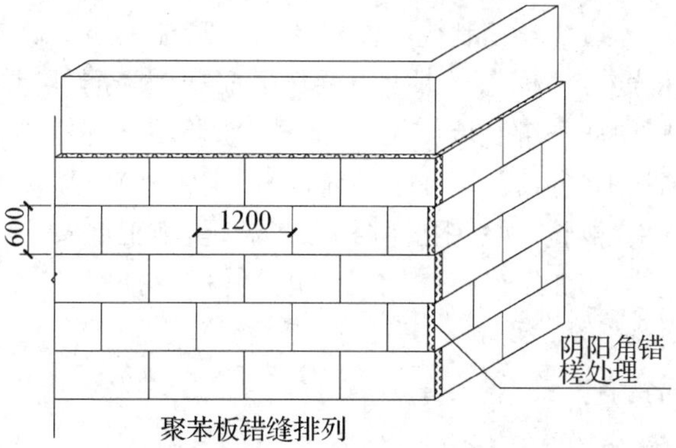

图 8.2　外墙保护层节点图

8.8.6.6　土方回填施工技术

施工流程要求:基坑清理→外墙防水完毕验收合格→土质检验→分层铺土夯实→环刀取样→上层回填→验收。

施工要点要求填方土料应符合设计要求,为保证填方的强度和稳定性,采用含水量符合压实要求的黏性土。回填时,土料和石灰过筛,其最大粒径不大于 50 mm。基坑回填土在地下室防水保护层施工完毕后即可进行。填土前应将基坑的松散土及垃圾、杂物等清理干净,并把基层整平。在土料下基坑前,对土料的含水量进行检测,方法是以手握成团,落地开花为宜,土料过干不易夯实。在摊铺土料前,应做好水平标高的控制标志,即从基坑底算起,沿边坡向上每 1 m 钉钢筋桩,作为虚铺土层厚度的控制标高。基坑回填分层铺摊,每层虚铺厚度为 250 mm,用蛙式打夯机从坑边按回形路线夯向中间,夯打

3～4 遍。夯打时应一夯压半夯，夯夯相接，不得漏夯。基坑回填时应沿建筑物四周同时进行。由于本地下室面积较大，周长较长，为加快回填速度，可根据现场具体情况进行分段回填，按铺土、夯实两道工序组织流水施工。现场及时洒水保持土体湿润。遇到大风天气将现场的白灰及时覆盖保存并停止回填土的施工。当整个土方回填完成，应进行资料整理。

回填土的质量控制与检验要求必须对每层回填土的质量进行检验，采用环刀法取样测定土的干密度。当检验结果达到设计要求后，才能填筑上层土。基坑填土每 20 m～50 m取样一组，取样部位在每层压实后的下半部。回填土压实后测试土的密度达到95%的要求。

8.8.7 主体结构施工技术管理与创新

8.8.7.1 主体结构的钢筋工程施工技术

该综合体工程的主楼为现浇钢筋混凝土框架结构，其钢筋的原材、连接与绑扎应严格执行国家及江苏省的强制性条文中的有关规定，同时也应满足设计要求及验收规范规定。底板钢筋绑扎工艺流程为：钢筋定位弹线→承台、集水坑钢筋绑扎→铺设底板钢筋(直螺纹施工)→绑扎下层网片→放置马凳→铺设上排钢筋(直螺纹施工)→绑扎上层网片→插墙柱钢筋→验收。承台钢筋绑扎工艺流程为：钢筋定位弹线→铺设承台下筋→绑扎下层网片→放置马凳→铺设上排钢筋→绑扎上层网片→插墙柱钢筋→验收。墙体钢筋绑扎工艺流程：弹墙体边线及控制线→修整插筋→暗柱主筋直螺纹连接→绑扎连梁→立 2～4 根竖筋→画横筋分档标志→绑上下两根横筋→画竖筋分档标志→绑扎竖向梯子筋→绑扎其他水平、竖向筋→绑扎墙体拉结筋→钢筋调整→绑扎垫块或保护层卡子→自检、报验；柱子钢筋绑扎工艺流程：套柱子箍筋(焊柱定距框)→连接直螺纹钢筋→画箍筋间距线→绑箍筋→自检、报验；顶板钢筋绑扎工艺流程：施工准备→在模板上弹出钢筋间距线→绑扎板下层受力筋和分布筋→铺设水电管、板下铁垫块、放置马凳→绑上层钢筋→调整钢筋→自检、报验。

8.8.7.2 主体结构的钢筋工程施工方法

(1) 主体结构钢筋的检验与试验

该工程所使用的钢筋必须经业主、监理认可后方能组织进场。热轧钢筋出厂时，在每捆(盘)上都挂有不少于两个标牌，标牌上印有厂标、钢号、炉罐(批)号、直径等标记，并附有质量证明书。钢筋进场后，要及时做好标识，注明钢筋的产地、规格、批量、使用部位及受检状态。热轧钢筋进场时要分批验收，每批由同一截面尺寸和同一炉号的钢筋组成，重量不大于 60 t。此外，同一试验混合批的钢筋的含碳量之差不得大于 0.02%，含锰量之差不得大于 0.15%。若超过此百分比，则不能作为同一批次试验。钢筋表面不得有裂缝、结疤和折叠。钢筋的外形尺寸要求以 GB1499—84 要求为准。每批钢筋中选两根钢筋，每根取两个试样分别进行拉力试验和冷弯试验。如有一项试验结果不符合要求，则从同一批中另取双倍数量的试样重做各项试验。如仍有一项试验不合格，则该批钢筋为不合格。不合格钢筋一概退回，本工程不得使用不合格钢筋。钢筋抗拉强度实测值与钢筋屈服强度实测值的比值不小于 1.25；钢筋屈服强度实测值与钢筋强度标准值的比值不大于 1.30。钢筋在加工过程中，发生脆断、焊接性能不良和机械性能显著不正常的，要立即停止使用。分析报告，会同技术查找原因。

(2) 主体结构钢筋的加工

本工程钢筋在现场集中加工，加工前配筋人员根据设计图纸进行配料，严格按钢筋配料单进行加工下料。钢筋加工现场建立严格钢筋加工生产质量、安全管理制度，根据施工形象进度及时加工，以确保工期，成型钢筋要进行严格的标识和记录。严格按照如下流程：钢筋除锈→钢筋调直→钢筋断料→钢筋弯曲成型→挂牌堆放。

主筋成型要求钢筋下料应将同规格钢筋根据不同长度搭配，统筹配料，一般先断长料，后断短料，减少断头，减少损耗。钢筋切断时避免用短尺量长料，防止在量料中产生累计误差。在切断过程中，如发现钢筋有缩头和严重的弯头等必须切除，如发现钢筋硬度与该钢种有较大出入，应及时向质量、技术部门反映，以制定措施。钢筋的断口不得有马蹄形或起弯等现象，要求所有的钢筋断料误差控制在 5 mm 以内，钢筋加工弯点的尺寸误差控制在 10 mm 以内。

成型钢筋的弯钩要求 HPB235 级钢筋末端做 180 度弯钩，其圆弧弯曲直径 D 不应小于 2.5d(d 为钢筋直径)，平直部分长度不小于钢筋直径的 5d；HRB335、HRB400 级钢筋末端做 90°或 135°弯折时，弯曲直径 D 不应小于 4d(d 为钢筋直径)，平直部分的长度按设计要求确定。钢筋加工完毕要按钢筋的使用部位、规格、尺寸、数量进行标识，做到标识一目了然。

拉筋要求墙体双层钢筋网在两片钢筋之间绑扎拉筋，拉筋规格、间距按图纸设计及图集要求施工，拉结筋应尽量布置于纵横向钢筋交点处并钩住外侧主筋。

墙体梯形支撑筋要求墙梯形支撑筋分水平梯子筋和竖向梯子筋。竖向梯子筋纵向用两根竖筋(比墙体钢筋大一规格)与横向钢筋焊成梯形(分上、中、下三道顶模筋，顶模筋比墙断面小 2 mm，端头涂刷防锈漆)，竖向梯子筋间距 1 200 mm(每道墙肢不少于 2 处)。水平梯子筋放在墙体钢筋网片上口，控制网片及竖向钢筋间距。

板支撑筋(马凳)设置过程中要求保证板的截面厚度，在板下筋与板负弯矩筋之间加马凳，并与负弯矩筋绑扎牢固，马凳根据所使用部位的板厚、钢筋规格、直径及摆设的方向，计算好马凳的高度。

箍筋要求在末端做 135°弯钩，弯钩平直长度不少于 10d(d 是抗震箍筋的直径；如箍筋的直径为⌀ 10 mm 以上，弯钩的平直长度不小于 10 cm)。柱、暗柱定位套箍需要根据图纸中柱纵向主筋的外围截面用⌀ 12 钢筋焊接成定位套箍，并按主筋位置加焊开口钢管(管径根据钢筋直径确定)以确保柱箍筋的位置和尺寸正确。

基础、柱、墙、梁、板等均采用塑料垫块，误差值≤±1 mm，用于基础底板、上部结构柱、梁、墙体、连梁、顶板等分别采用 40 mm(40 mm)、30 mm、25 mm、15 mm(地下室迎水面 40 mm)及 15 mm 塑料垫块或卡子。钢筋调直时，其调直冷拉率 HPB235 级钢应不大于 4%。需进行直螺纹套丝的钢筋端部应用无齿锯切割。钢筋弯曲成型后，弯曲点处不应有裂纹，不得过头再回弯。

钢筋堆放要求钢筋堆放位置按现场平面指定位置进行堆放，堆放必须严格按照分批同等级、牌号、规格、长度且分别堆放，不得混淆，对于不合格的钢筋，分别堆放好并做好不合格标识，同时尽快安排退场，存放钢筋场地要平整且备好垫木，场地采取必要的排水措施，以防钢筋浸水后锈蚀和污染。加工成型后，设置明显标识，标识注明钢筋种类，使用部位、加工简图等。钢筋工程施工时严格控制保护层，底板和楼板保护层均用塑料垫块控制；柱、墙、梁保护层均采用塑料护圈加固定钢筋控制。

钢筋马凳设置过程中，基础底板、承台上层钢筋采用三角马凳，基础底板、承台三角马凳用Φ 25 钢筋制作，间距均为 1 m。楼板有双层钢筋网时，为确保负弯距筋有效高度和板面混凝土保护层的厚度，必须设置马凳，采用工形马凳，用Φ 12～16 钢筋制作，间距均为 1 m。局部挑板采用小马凳。马凳加工时其高度 h 根据垫架位置，正确计算下腿横筋宽度 b 要大于板下铁钢筋网的间距，$b \geqslant$下网间距$+5$ cm，$h=$板厚$-2\times$保护层$-3\times$板上下钢筋网的直径。马凳加工时，马凳以上钢筋要有一定的刚度，长短以剩余的钢筋长短决定，焊接牢固。顶板钢筋网绑扎前应将设置马凳，钢筋绑完后及时调整好马凳，下面横筋必须搁在下层钢筋网下铁上，并用绑扎固定，马凳下的钢筋底铁处必须垫好保护层垫块。

8.8.7.3　主体结构钢筋的连接

(1) 钢筋滚轧直螺纹连接构造

基础及主体结构墙、柱主筋连接形式：直径≥14 mm 的钢筋采用电渣压力焊连接方式，直径＜14 mm的钢筋采用搭接。梁主筋连接形式为：直径≥18 mm 的钢筋采用等强滚轧直螺纹连接方式，直径＜18 mm 的钢筋采用搭接。因地下室层高比较高，地下室框架柱在地下室底板面以上2 m部位设一道直螺纹接头，接头位置错开。地下室墙体配筋均为双向双排钢筋网片，墙端及纵横墙交接处均设暗柱，墙及暗柱在地下室底板面以上 500 mm 部位设一道直螺纹接头，接头位置错开，暗柱与墙钢筋均采用滚轧直螺纹连接方式。本工程所用的钢筋机械连接，连接方式为滚轧直螺纹连接，要求操作人员持证上岗，梁、柱内纵筋采用直螺纹机械连接方式。

(2) 钢筋滚轧直螺纹连接工艺与要点

工艺流程如下：检查设备→钢筋下料→钢筋滚轧→接头试件试验→钢筋连接→质量检查。

在具体的施工过程中要求：直螺纹套筒要有产品合格证，套筒表面有规格标记，进场时需进行复检。按规定要求进行现场取样，同规格、同型号的接头单向拉伸试验以不大于 500 个接头为一验收批。钢筋下料时不得用电焊、气割焊等方法切断；钢筋端面平直并与钢筋轴线垂直，不得有马蹄形或扭曲。钢筋丝头加工完毕后，应立即戴上保护帽或拧上连接套筒，防止装卸钢筋时损坏丝头，钢筋连接套筒不得有表面裂纹及内纹、不得有明显锈蚀。受拉区钢筋接头百分率≯50%，受压区接头百分率可不受限制。底板钢筋连接按 50%考虑，下铁接头位置尽量避开支座弯矩最大处；上铁搭接尽量避开跨中最大弯矩处；接头连接完毕后，专人进行接头检查。梁钢筋连接上铁在跨中 1/3 区段，下铁连接在支座 1/3 区段；连接完毕后，专人进行检查。柱子钢筋连接时，柱子钢筋连接接头位置距地大于 500 mm，两接头位置相互错开 $35d$。钢筋连接完后专人进行检查。钢筋接头试验在现场取样，取样时保证取样的质量和代表性，确保接头合格率 100%。连接钢筋时必须用管钳扳手拧紧，使两钢筋丝头在套筒中央位置相互顶紧，套筒外露丝扣不得超过 2 扣整丝，并用红油漆加以标记。

检验与验收要求直螺纹连接前由技术提供单位提供有效的检验报告。直螺纹工艺试验现场取样试件连接接头的强度检验必须合格。直螺纹连接前与连接后应对钢筋及套筒进行外观检查，发现钢筋端头弯曲或套筒表面有裂纹视为该接头不合格。安全要求及成品保护要求套筒、钢筋丝头等在运输、存放过程中避免雨淋、受损。钢筋运料与施工时要轻拿轻放，避免从高处扔下伤人及损坏丝扣。

(3) 钢筋绑扎技术要点

绑扎前熟悉施工图及规范，对照钢筋配料表，核对钢筋形状、尺寸、数量及质量。如有错漏，应立即纠正增补。绑扎形式复杂的结构部位时，合理安排好钢筋穿插就位的顺序。HPB235 级钢筋绑扎后铺脚手板作为人行通道，不允许直接踩踏钢筋。施工作业面已弹好线，水电及其他专业作好交接检。

基础底板钢筋绑扎顺序为下铁东西向钢筋在下先绑、南北向钢筋在上后绑，上下铁相反。底板钢筋的绑扎前在垫层上放样弹出钢筋位置线，分段按序进行，先绑扎集水坑，再铺放基础底板下层筋及基础加强钢筋，铺完绑扎后垫好垫块。垫块间距 600 mm×600 mm梅花形布置，保证底板钢筋保护层厚度为 50 mm。绑底板上层钢筋设置上层支撑铁，支撑铁采用Φ 25 mm 钢筋制作，间距 1 m。严格控制马凳高度，避免超高。排放钢筋时钢筋接头应相互错开，插筋时要校正准确位置，加设定位筋固定。

承台钢筋绑扎要求中，基础钢筋绑扎顺序为长向钢筋在下先绑、短向钢筋在上后绑，上下铁相反。承台绑扎前在垫层上放样弹出钢筋位置线，按序进行，铺放承台下层筋，铺完绑扎后垫好垫块。垫块间距 1 m 梅花形布置，保证钢筋保护层厚度。绑承台上层钢筋，设置上层支撑铁，支撑铁采用Φ 25 mm 钢筋制作成三角马凳，间距 1 m。严格控制马凳高度，避免超高。排放钢筋时钢筋接头应相互错开，插筋时要校正准确位置，加设定位筋固定。

柱筋绑扎的工艺流程为：套柱箍筋→画箍筋间距线→绑箍筋。柱筋绑扎要点包括：柱钢筋绑扎时，应在柱四周搭设临时脚手架以避免踩踏钢筋；柱筋应逐点绑扎，箍筋根据设计要求，注意箍筋加密区；合模后对伸出的竖筋进行修整，并绑定位筋，避免钢筋位移；柱的保护层厚度采用塑料卡进行控制，间距 1 m 梅花形布置。

梁筋绑扎的工艺流程：排间距→固定下铁→套箍筋→按间距绑梁上铁。梁纵向受力钢筋出现双层或多层排列时，即梁下铁、梁上铁有二排或多排钢筋时，排与排钢筋之间用Φ 25 mm 钢筋做垫铁，长度同梁宽，间距 1 m。如纵向钢筋直径>25 mm 时，短钢筋直径规格宜与纵向钢筋规格相同，以保证设计要求。用垫铁以保证钢筋排与排之间的距离。

墙筋绑扎的工艺流程：立墙体定位筋→绑定位横筋→绑其余水平及竖向筋→绑墙体上口水平定位梯子筋。墙筋绑扎中要求墙、柱钢筋绑扎时，应在墙、柱两侧搭设临时脚手架，避免踩踏钢筋。为保证墙体钢筋的位置正确，加工墙体定位筋，墙两端及拐点均应布置。钢筋定位筋、墙体钢筋在暗柱位置应进入柱内，严禁从外围绕过。墙筋应逐点绑扎，双排钢筋之间应绑拉筋，拉筋根据设计要求、梅花形布置。合模后对伸出的竖筋进行修整，并绑定位筋，避免钢筋位移。墙的保护层厚度采用塑料卡进行控制，间距 1 m 梅花形布置。墙体竖向钢筋搭接位置按 03G101 图集执行。

顶板钢筋绑扎的工艺流程：清理模板→划线分档→绑下铁→绑负弯矩筋→垫保护层→检验与验收。板筋按照先铺短跨后铺长跨的原则，根据顶板模板的弹线间距，先铺受力钢筋后放分布筋，搭接位置为板端，要求板下层钢筋压满墙。板筋绑扎严格按图纸要求，提前在模板上划好主筋、分布筋间距，按线绑扎钢筋，确保位置准确。板筋施工时，应先绑扎下铁，待水电等专业穿插作业完毕后，再绑扎上铁。板中有暗梁时，应先绑暗梁钢筋，再摆放板钢筋。绑扎板筋一般用顺扣，除外围两行筋须逐点绑扎外，其余点可交错绑扎；但双向板、负弯短筋相交点须全部绑扎。板筋下层筋在支座处搭接，上层筋在跨中搭接。板筋保护层厚度采用塑料垫块间距 1.0 m 梅花形布置。

楼梯钢筋绑扎的工艺流程为：划位置线→绑主筋→绑分布筋→绑踏步筋。楼梯钢筋绑扎要求在楼梯底板上划主筋和分布筋位置线。按照先绑楼梯梁后绑板筋，先绑主筋后绑分布筋的顺序进行绑扎，每个交点均应绑扎。板筋要锚固到梁内。底板筋绑完，待踏步模板吊模支好后，再绑扎踏步钢筋。二次结构拉结筋、构造柱（梁底部位）、圈梁、压顶等钢筋均采用化学植筋，以保证主体结构模板及混凝土表面完好，其所对应的钢筋绑扎允许偏差如表 8.4 所示：

表 8.4　钢筋绑扎允许偏差

项　次	项　目		允许偏差(mm)	检查方法
1	绑扎骨架	宽、高	±5	尺量
		长度	±10	
2	受力钢筋	间距	±10	尺量
		排距	±5	
3	箍筋、构造筋间距		±10	尺量连续 5 个间距
4	受力主筋保护层	基础	±5	尺量受力主筋外表面至模板内表面垂直距离
		梁、墙、楼板	±3	
5	基础马凳铁高度		±5	尺量
6	钢筋弯起点位置		±10	尺量
7	直螺纹接头外露完整丝扣		$\not>$1 扣	目测

（4）钢筋绑扎技术要点

严格执行《混凝土结构工程施工质量验收规范》(GB50204—2002)，材料检验与保管措施要求质检、材料员对钢筋严格把关，不合格或严重锈蚀的钢筋坚决退场。钢筋堆放场地做好防雨和排水措施，避免钢筋锈蚀及混放。钢筋加工的质量保证措施要求在大批成型弯曲前先进行试成型，作出样板，再调整好下料长度，正式加工。钢筋下料前对钢筋弯曲的应先予以调直，下料时控制好尺寸，对切断机的刀片间隙等调整好，一次切断根数适当，防止端头歪斜不平。对机械连接的钢筋端头要用切割机下料，确保端头平整，无马蹄毛刺。已加工成型的钢筋应挂牌标识，分类堆放，避免混放及错用。

钢筋绑扎做到“七不准”和“五不验”，“七不准”，即：已浇筑混凝土浮浆未清除干净不准绑扎钢筋；钢筋污染清除不干净不准绑扎钢筋；控制线未弹好不准绑扎钢筋；钢筋偏位未检查、校正不合格不准绑扎钢筋；钢筋接头本身质量未检查合格不准绑扎钢筋；技术交底未到位不准绑扎钢筋；钢筋加工未通过验收不准绑扎钢筋。“五不验”，即：钢筋未完成不验收；钢筋定位措施不到位不验收；钢筋保护层垫块不合格、达不到要求不验收；钢筋纠偏不合格不验收；钢筋绑扎未严格按技术交底施工不验收。

认真按位置线进行钢筋绑扎，剪力墙设竖向及水平梯子筋，避免钢筋位移。严格控制钢筋保护层，墙、柱、梁、板保护层采用塑料垫块或塑料卡，提前按要求向厂家订货加工。绑扎钢筋先搭设脚手架或人行通道，不得随意踩踏钢筋。钢筋绑扎后要求横平竖直，经检查验收合格后方可合模。混凝土浇筑前应对钢筋位置进行复检，浇筑时避免碰撞钢筋，如发生位移应及时校正。

8.8.7.4　主体结构的模板工程施工技术

(1) 模板的构造

本工程±0.000 以下地下部分的模板，墙模板全部采用 915 mm×1 830 mm×15 mm 复合木模板，顶板模板全部采用 915 mm×1 830 mm×15 mm 复合木模板，支撑系统采用 ⌀ 48 mm 钢管，地下室外墙水平施工缝在混凝土底板面以上 500 mm 处设置止水钢板，内墙水平施工缝留在底板面上，外墙水平施工缝支模时必须拉通线，固定方法必须牢固，确保其刚度和稳定性，使其上下部混凝土接槎达到平整自然。地下室集水井及电梯井模板采用吊模。

剪力墙横竖围檩间距 450 mm×450 mm，内墙⌀ 14 mm 螺栓间距 450 mm×450 mm 左右，墙内用⌀ 20 mm 塑料管以便回收利用，螺栓可重复使用。外墙用止水螺栓，上下端围檩悬臂长度不大于200 mm，钢管支撑系统排架立杆水平间距 700 mm×700 mm，立杆的连接采用三扣件搭接。水平钢管三道，第一道离地面 200 mm，中间隔 1500 mm 设置一道，最上部一道设置在木龙骨底部，必须纵横连接，以保证其整体稳定性，顶部木龙骨断面为 50 mm×100 mm，龙骨间距不大于 350 mm。墙体部分预留洞用 25 mm 厚中板制作，长度大于700 mm的中间留孔便于混凝土振捣，留孔不小于 100 mm×100 mm，平台板铺设时必须平台板盖墙梁模。为保证模板施工位置准确，确保墙体垂直度与平整度，采用焊限位钢筋来控制墙厚度，同时以弹模板 300 mm 控制线来进行校正作为验收的依据，限位钢筋尽量焊在大规格钢筋上，板面向上 50 mm。安装工程所有预埋管，在模板封模前安装固定牢固，位置尺寸复核正确后再封模板，模板的安装允许偏差及预埋件、预留洞的偏差必须满足规范要求。

本工程地上部分的墙柱全部采用 915 mm×1 830 mm×15 mm 复合木夹板，主楼标准层层高 3.7 m，内外楞采用⌀ 48×3.5 钢管；对拉螺栓为直径为 14 mm 圆钢，间距为 450 mm×500 mm；平台模采用 915 mm×1 830 mm×15 mm 复合木模板。支撑系统采用⌀ 48×3.5 钢管排架，立柱间距为 900 mm×900 mm，平台板向上 200 mm 设纵横向扫地杆，扫地杆向上 1 600 mm 及顶部设两道水平杆，木龙骨间距为 350 mm。

独立柱模板要求地下室部分及地上独立柱均采用 15 mm 厚木胶合板制作成定型模板，如图 8.3 所示：

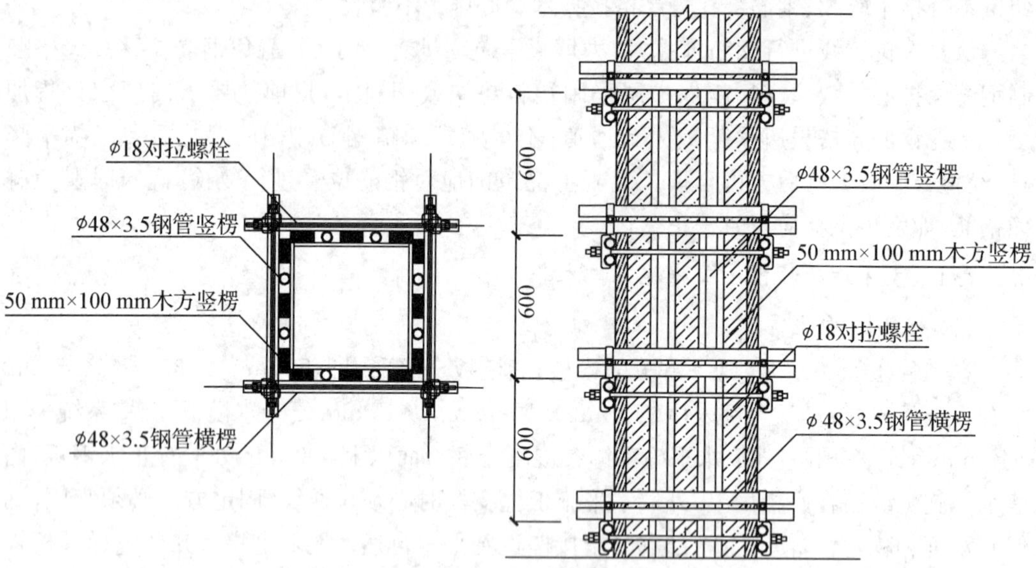

图 8.3　矩形模板设计图

梁、板模板采用 15 mm 厚木胶合板，这种模板表面光洁，硬度好，混凝土成型质量好。支撑采用模板早拆体系。为了确保安全，龙骨及支撑间距均减小，顶板次龙骨均采用 50 mm×100 mm、100 mm×100 mm 木方龙骨，间距为 250～300 mm。主龙骨采用 100 mm×100 mm 木方龙骨，间距为 600 mm、800 mm、1 000 mm、1 200 mm(如一层等高大空间结构，支撑间距均为 600 mm×600 mm)。顶板采用早拆支撑，当同条件养护的混凝土强度达到设计强度的 50%时，即可拆去部分模板和顶撑，只保留部分支撑不动，直到混凝土强度完全达到设计强度拆除，这样可加快模板和架料的周转。梁、板模支设时需按规范及设计要求起拱，梁模快拆支设示意图如图 8.4 所示：

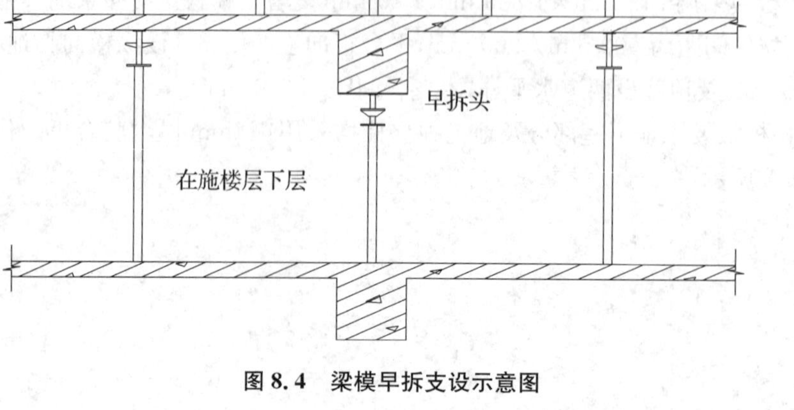

图 8.4　梁模早拆支设示意图

顶板早拆模板支设示意图如图 8.5 所示：

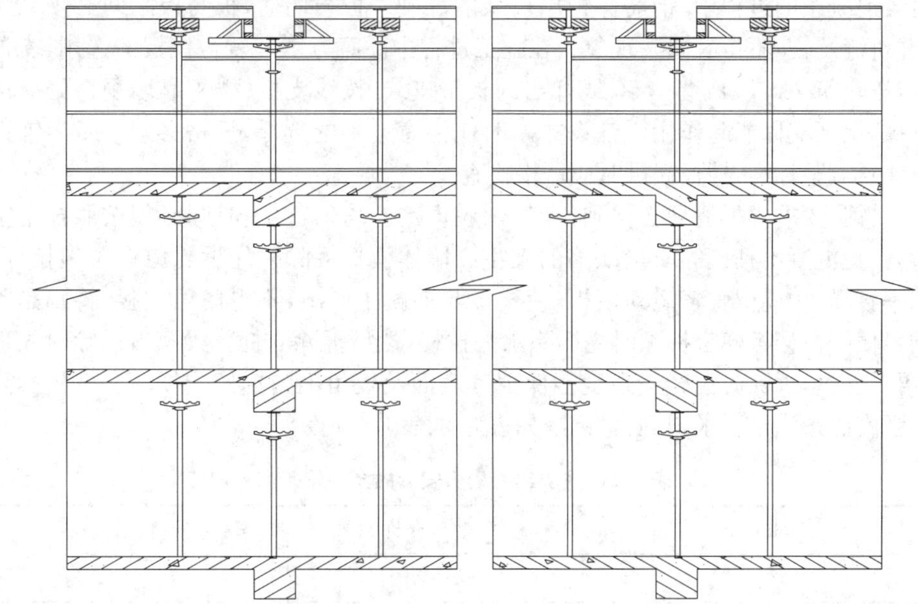

图 8.5　早拆规范化施工竖向剖面示意图

早拆体系的运用是为了减少周转料的使用、加快施工进度。为保证结构的安全在常温施工时，作业层满支一层，保留两层的快拆支撑。冬季施工时，作业层满支，保留三层的快拆支撑，示意图如图 8.6 和图 8.7 所示：

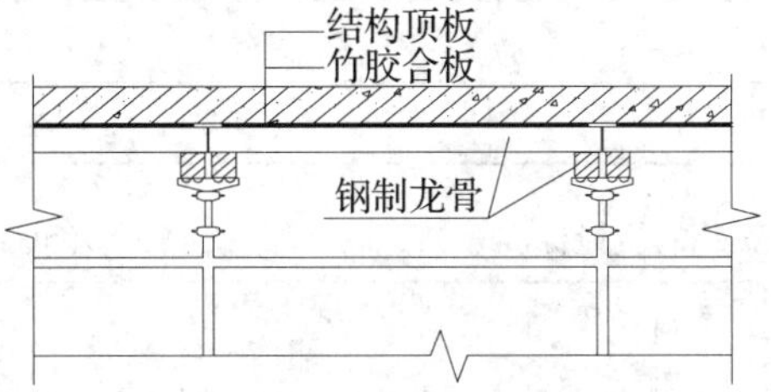

图 8.6　顶板支撑状态示意图

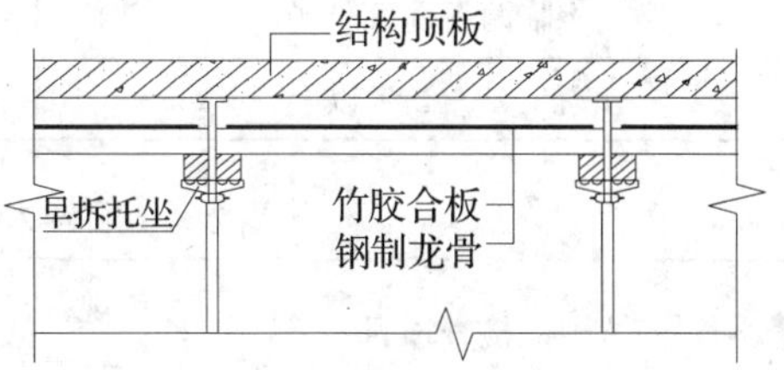

图 8.7　顶板早拆状态示意图

基础设计后浇带比较多，基础底板处使用四块木模板固定方木（在止水带处断开）拼制成模板，模板内侧加设钢板网，模板使用方木固定，待浇筑混凝土完毕后拆除模板。地下室墙体做防水后内部用模模组拼，钢管、方木、U 托等加固。顶板后浇带模板使用木模板，方木及碗扣架钢管支撑。

组合模板施工时支撑体系要安装牢固，无松动现象，板缝拼缝紧密，不变形不漏浆。螺栓、“3”型卡均应按设计要求安装到位。模板所有板缝必须设置海绵条防止漏浆，同时也不得出现海绵条嵌入墙内的现象发生。穿墙螺杆必须穿齐、拧紧，模板斜撑加固到位。水电专业及门窗洞口模板在合模前必须经过隐检合格，并且相关专业负责人在联检单上签字后方可合模。吊装模板上，模板不得碰撞或挂上已绑扎好的墙体钢筋。模板拼装时注意木模板与木模板缝隙不能过大，连接必须牢固，防止混凝土跑浆。模板下口在绑扎钢筋前就必须提前用水泥砂浆找平，在其达到一定强度后方能上模板。模板内外必须清理干净，上人平台清理干净，绑扎牢固。木模板上口与钢筋间采用加木条的方法固定，确保在浇筑混凝土的过程中，钢筋保护层尺寸的准确。板与墙面，板与板之间必须粘贴海绵条，并拼缝严密，不得有漏浆现象。在施工过程中注意方木和复合模板的选用，支顶板模板时，按建筑 1 m 线或墙体 50 线弹出顶板下皮线，按线支摸；楼板靠墙洞口处应增加一道支撑，保证支撑能起作用。铺设方木时应注意方木的选择，规格必须一致。铺设木胶板时注意调整标高，楼板起拱时应严格检查。

模板拆除要求模板清理必须到位，涂刷脱模剂应均匀，拆模时间必须按照技术室通知进行，以免混凝土粘模等质量缺陷的发生。墙体模板拆除时先拆除斜撑及斜拉杆，再卸掉水平背楞，用撬棍轻轻撬动模板，使模板与混凝土脱离，不得用力过猛，特别是阴阳角及洞口模板。楼板模板拆除时先拆除水平拉杆，然后拆除立杆。梁模板拆除时先拆除侧模，再拆底模，拆除时混凝土强度能保证其表面及棱角不因拆模受损坏。模板拆除时混凝土强度必须满足要求，其质量标准如表 8.5、表 8.6 所示：

表 8.5　现浇结构模板安装的允许偏差　　单位：mm

<table>
<tr><th colspan="2">部　位</th><th>规范允许偏差</th><th>项目允许偏差</th></tr>
<tr><td colspan="2">轴线位置</td><td>5</td><td>2</td></tr>
<tr><td colspan="2">底模上表面标高</td><td>10</td><td>5</td></tr>
<tr><td rowspan="2">截面内部尺寸：</td><td>基础</td><td>±10</td><td>±5</td></tr>
<tr><td>墙、梁</td><td>+4/−5</td><td>+2/−3</td></tr>
<tr><td colspan="2">层高垂直：全高≤5 米
全高>5 米</td><td>6
8</td><td>2
3</td></tr>
<tr><td colspan="2">相临两板面高低差</td><td>2</td><td>1</td></tr>
<tr><td colspan="2">表面平整(2 米以上)</td><td>3</td><td>2</td></tr>
</table>

表 8.6　墙体大模板安装的质量标准　　单位：mm

序号	检查项目	规范允许偏差	项目允许偏差	检查方法
1	模板垂直	3	3	2 m 靠尺
2	模板位置	2	2	钢尺量测、验线
3	上口宽度	2	2	钢尺量测、验线
4	模板标高	±10	±5	水平仪测量、拉通线
5	后立口洞口上平高度	+20、−5	+5、−5	尺检
6	后立口垂直及洞口宽度	±10	±5	2 m 靠尺及尺检

(2) 模板支设的施工技术

平台排架必须设纵横向扫地杆，采用直角扣件固定在距底座上皮不大于 200 mm 处的立杆上，当立杆基础不在同一水平面上时，必须将高处的扫地杆向低处延伸两跨与立杆固定，高低差不应大于 1 m。立杆底层步距不应大于 2 m。两根相邻立杆的接头不应设置在同步内，同步内隔一根立杆的两个接头错开的距离不应小于 500 mm，各接头中心点至主节点的距离不宜大于步距的 1/3。支架立杆应竖直设置，2 m 高度内允许偏差为 15 mm。满堂模板要求支架四边与中间每隔四排支架立杆应设置一道剪刀撑，由底至顶连续设置。

模板的安装与拆除要求平台模板采用复合木模板，支撑系统采用⌀ 48 mm 钢管，外墙水平施工缝支模时必须拉通线，固定方法必须牢固，确保其刚度和稳定性，使其上下部混凝土接槎达到平整。剪力墙横竖围檩间距 450 mm×450 mm，内墙⌀ 14 mm 螺栓间距 450 mm×450 mm左右，墙内用⌀ 20 mm 塑料管以便回收利用，螺栓可重复使用。上下端围檩悬臂长度不大于200 mm，钢管支撑系统排架主管间距 800 mm×800 mm，水平钢管三道，第一道离地面200 mm，第二道离地面 1 800 mm，第三道在木龙骨底部，必须纵横连接以保证其整体稳定性。顶部木龙骨断面为 50 mm×100 mm，龙骨间距不大于 350 mm，平台板铺设时必须平台板盖墙梁模，平台模拼缝处贴胶带纸。为保证模板施工位置准确，确保墙体垂直度与平整度，采用焊钢筋限位来控制墙厚度，同时以弹模板 300 mm 控制线来进行校正同时也作为验收的依据，模板限位尽量焊在大规格钢筋上，板面向上 50 mm。安装工程所有预埋管，在模板封模前安装固定牢固，位置尺寸复核正确后再封模板，模板的安装允许偏差及预埋件、预留洞的偏差必须满足规范要求。墙混凝土强度必须达到 1.2 MPa 时方能拆模，一般在 16～24 小时就能达到，梁底模及平台模必须达到强度的 75%方可拆除；跨度大于 8 m 时，必须达到设计强度的 100%方可拆模。拆模应由技术负责人发拆模通知书。拆模时应将配件分类堆放以便周转使用，模板应及时清理干净，在拆模过程中必须加强对成品的保护，特别是保证墙柱阳角不受损。

(3) 模板及支撑技术质量控制措施

针对本工程确保市优质结构，争创“扬子杯”质量目标及工程特点，认真编制切实、可靠的模板支拆方案。从而以经济、可靠的墙板支撑体系来确保结构的混凝土成型质量，从混凝土的施工质量方面做出高水准的特色，来确保达到优质结构的目标。模板体系制作时，必须严格按照木工翻样图要求进行加工。由专人负责验收检查，进行预拼装工序，以确保模板就位前的平整度和刚度。所有的定型模板都必须分区域进行分别编号加以区别。模板支撑必须按批准的施工方案操作，未经主管负责人同意不得任意减少螺杆数量或加大支撑间距，从而保证混凝土的几何尺寸准确。复合模板在每一次使用前，均应全面检查模板表面光洁度，不许有残存的混凝土浆，翘曲变形的应及时更换整修，防止因模板变形及清理不净，影响混凝土的观感质量。复合模板在矫正或拆除时，绝对不允许用棒撬或用大锤敲打，不允许在混凝土表面上留下铲毛或锤击痕迹。模板拆除必须得到有关技术人员的认可后方可进行拆模。模板的拼缝超过规定者，必须采用胶带纸封内贴，防止模板缝隙过大造成漏浆，产生混凝土蜂窝麻面，影响混凝土质量，其拆模时混凝土强度应达到下列标准：

表 8.7　底模拆除时的混凝土强度要求

构件类型	构件跨度(m)	达到设计的混凝土立方体抗压强度标准值的百分率(%)
板	≤2	≥50
	>2,≤8	≥75
	>8	≥100
梁、拱、壳	≤8	≥75
	>8	≥100
悬臂构件	—	≥100

模板施工中的环境职业健康控制要求在工地现场布置一个木工间,从事机械操作工必须持证上岗,应带好防护耳塞。在支设模板施工中,不得用大锤直接敲击钢管和金属材料。钢管等要轻拿轻放,减少碰撞产生的噪音。木工间严禁吸烟。配置二只灭火器。

8.8.7.5　主体结构中混凝土工程施工技术

(1) 墙、板混凝土施工技术

混凝土墙及柱浇筑过程要求每道墙混凝土的浇灌分三次进行,浇至顶板下皮,第一次控制在 40～50 cm,为防止烂根,在混凝土浇筑前,应在墙根部打一层 50 mm 厚与混凝土体混凝土标号相同的减半石子混凝土。混凝土浇筑时,下落的自由高度不超过 2 m。混凝土浇筑应分段进行,浇筑层高度应根据结构特点,钢筋疏密而定,一般为振捣器作用部分深度的 1.25 倍,最大不超过 50 cm。振捣器应快插慢拔,插点均匀,不得遗漏,尤其是边角处,以免漏振。浇筑时应注意观察模板、钢筋、预埋件、孔洞和插筋有无移动、变形或堵塞,发现问题及时处理。

顶板在浇筑混凝土时,应采取从一侧开始用"赶浆法"推进,暗梁处墙洞口处用振捣棒振捣。浇筑时,虚铺厚度应略大于板厚,用铁尺,大杠抹平,后浇带处,用木板挡牢,接搓时应剔凿掉混凝土表面松动石子,清洗后浇水泥浆一道。

(2) 现浇混凝土墙和板裂缝控制及养护

钢筋绑扎不规范或对平台钢筋的保护不力,使板中正负受力钢筋的有效高度不够,局部钢筋保护层厚度无保证,使下部受力钢筋的抗拉强度不能有效发挥,反而造成板上混凝土的受压应力。该原因产生的裂缝严重时是贯穿性的,容易出现在板边及板中应力较为集中的部位,这类裂缝将影响到结构的安全性。在现浇板混凝土强度低于 1.2 N/mm^2,甚至在浇筑完的混凝土刚终凝后,即将大量的墙柱钢筋吊上,材料的重压和人员的踩踏,使板面混凝土在胶结凝固时受内伤,是导致板面及贯穿裂缝的重要原因之一。木楞间距过大和拆模时间过早也是现浇板出现裂缝的重要原因。混凝土表面的裂缝包括塑性收缩裂缝和干缩裂缝,浇筑后混凝土表面蒸发过快或被模板吸水过快,造成初凝混凝土急剧脱水而产生的收缩裂缝,塑性收缩裂缝是早期硬化时产生的,干缩裂缝是硬化后较长时间内产生的。温差裂缝主要是因为水泥水化热在 1～3 天内释放 60%以上,中心和表面形成温差梯度造成温度变形和应力,从而造成温差裂缝。在裂缝控制方面要求加强钢筋制用的规范性,重视对钢筋原材料及成品的验收,品种、直径间距上下层钢筋的有效高度、钢筋的锚固长度、附加弯起钢筋的位置、上下层钢筋的保护层厚度及分布筋是否符合要求,以确保准确无误。板上下层钢筋间按规范要求架设撑铁,浇混凝土时在平台上架设马凳，铺跳板供人行走，严禁直接在板筋上踩踏，并有专人护筋，当钢筋错位或保护层不到位时及时调整。板底部支设底模时，下部木楞间距不大于 400 mm，竹夹板接缝处应钉牢固，防止局部受压不均而变形。对混凝土墙板在混凝土终凝前进行二次振捣，可排除混凝土因泌水在石子、水平筋下部形成的空隙和水份，提高混凝土黏结力和握裹力，防止沉陷开裂。对现浇板混凝土终凝前压第三遍，用木橛子槎毛是减少收缩裂缝的关键。

按结构混凝土浇筑要求做好同条件养护混凝土试块为拆模提供依据，达到 1.2 N/mm^{2}时，可以折墙板模，强度大于 75%可以拆顶板模。严禁在混凝土现浇板强度达到 1.2 N/mm^2 时吊压重物或上人操作，更不允许拆除底模进行下道工艺施工。现浇板混凝土强度达到 1.2 N/mm^2 时，钢筋要注意尽量吊放在过道里，并在两端梁上做好支垫措施，严禁放在大厅或阳台上，严禁钢筋在平台上拖行，要轻拿轻放，严禁 抛扔材料构件，尽量避免对平台板的震动。

混凝土养护要求根据不同的季节及气候条件采取不同的养护方式，但养护时间均不得少于 7 昼夜。根据温度条件，混凝土空载养护时间在 12～24 小时之间，当人踩上去没有白印即可。气温高于 25 ℃时，在混凝土板面上铺设麻袋或草包，一天浇水不得少于三次，作为简易的蓄水养护，养护时间为 24 小时，当混凝土强度 达到 1.2 N/mm^2，混凝土初期升温期过后可采用一般的浇水养护，每昼夜不得少于三次，以保证混凝土面湿润为宜。在摄氏 5～25 ℃时，延续浇水养护七昼夜，一昼夜至少养护三次以上，空载养护时间不得少于 24 小时，对浇水养护有困难时应采用喷洒养护剂进行养护。温度低于 5 ℃时，应采用保温养护，混凝土初凝后用麻袋或塑料膜覆盖，使混凝土面内外初期温差不大于 25 ℃。已浇筑的混凝土强度未达到 1.2 N/mm^2 以前，不得在其上面踩踏或安装模板及支架。初龄混凝土内外温差最大，收缩率也最大，绝大多数裂缝为初期收缩裂缝，因此初期混凝土一定要采取空载养护以减小破坏。

(3) 框架柱混凝土浇筑

地下室框架柱，利用塔吊浇筑混凝土。框架柱的施工按施工段进行，在支柱模前应先对柱根部施工缝进行剔凿和清理，然后再支模浇筑混凝土，为了避免混凝土离析，采用串桶分层下料，层厚控制在 500 mm。插入式振动器先沿圆柱周边振捣，后振中间，要认真操作，不能漏振，确保混凝土密实。墙柱与梁板接头处混凝土的浇筑方法如图 8.8 所示：

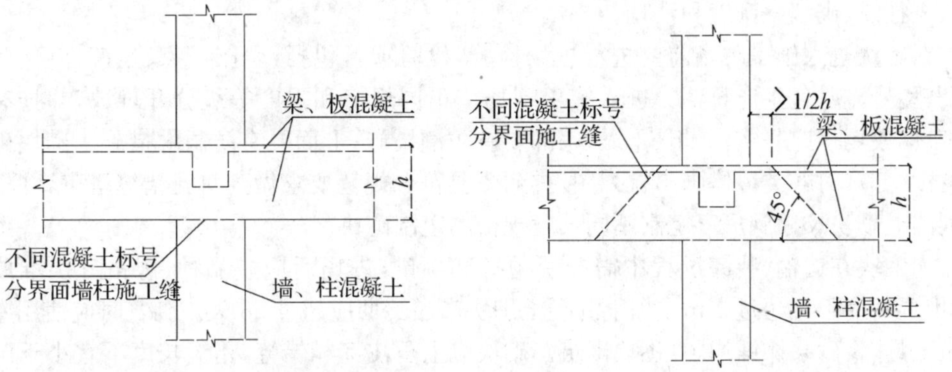

用于墙、柱混凝土不高于梁板混凝土二级且梁宽不小于1/2柱宽

用于墙、柱混凝土高于梁板混凝土二级以上

图 8.8　墙柱与梁板接头处混凝土浇筑方法

(4) 框架柱混凝土浇筑的质量保护措施

结构混凝土施工必须认真做好对商品混凝土搅拌站的原材料质量监控、计量校验及试验,级配方面的评审、管理。同时在混凝土浇捣过程中加强对混凝土质量的监控,把好质量关。必须正确掌握墙板混凝土的布料厚度,每层厚度不得超过 1 500 mm 厚,同时密切注意混凝土流淌速度和流淌距离,及时加以振捣,严防漏振;钢筋密集部位,必须加强振捣以确保混凝土浇捣密实。梁、板混凝土浇筑时,必须严格控制好平台混凝土的面标高及平台板厚度,平台面按双向间距 1 500 mm 设置面标高控制标记,用 2 m 长刮尺按控制标记刮平整。并随混凝土的收水情况,用细木抹压两遍,确保平台混凝土的收头质量。浇捣前必须随时掌握天气的变化趋势和气象预报,准备好足够的防雨保温材料。土建施工与安装协调至关重要,特别是留孔、埋管、埋件等必须在施工前综合协调,埋设位置正确,不能遗漏,避免事后开凿,影响工程质量。

浇混凝土前应检查模板、钢筋的施工质量、发现异常及时修整好,并检查成型模板内垃圾、木屑、纸头、烟头等杂物并及时清除干净。混凝土运输车第一辆内砂浆不得用于结构内,混凝土表面浮浆应清除干净,否则影响混凝土表面强度和易起砂、裂纹,也影响再做面层时结合而造成空鼓裂缝。混凝土现场严禁随意加水,浇灌时不得在负弯矩筋及悬挑钢筋上踩踏,同时做好同条件养护的拆模强度试块。

8.8.7.6　*主体结构中砌体工程施工技术*

(1) 主体结构中砌体工程结构的构造要求

使用加气混凝土砌块时,墙底部做 20 cm 高,C20 细石混凝土导墙。当墙边的墙体长度≤400 cm(200 mm 厚墙)或≤370 cm(240 mm 厚墙)时,剪力墙边的砌体应以混凝土替换。当内隔墙的墙高超过 4 m 时,应在墙高的中部设置圈梁。当墙体长度超过 5 m 时,应设置构造柱。砌体与剪力墙交接处,应种植拉结筋以防止砌体与混凝土墙开裂及砌体倾倒,设 50 cm 一道,每道 2⌀6 mm。严格按照施工总说明设置过梁并保证过梁锚入墙内尺寸正确。所用材料必须有质量保证书、产品合格证。加气混凝土砌块产品龄期应不小于 28 天。外观尺寸和观感质量符合要求。

(2) 主体结构中砌体工程结构的施工技术

施工工艺流程:抄平、放线→清理基层→导墙支模、浇混凝土→排砖→立皮数杆→铺底灰→挂线、砌墙→刮缝和清理。

在砌块进入施工现场前要进行进场检验,检验项目包括:生产厂家、生产许可证、合格证、型号、规格、生产日期。进入施工现场按不同规格和强度等级分开堆放,并挂有标识牌;堆放场地应坚实、平坦、干燥,底部要有防潮措施,上面要有防雨淋措施。砌块砌筑前,技术部针对各类墙体画出排列图,排列图要符合规范要求做到对孔错缝搭砌,并根据排列图上砌块尺寸到厂家定制不同长度规格的定制砌块。

加砌块在运输、装卸过程中需严禁抛掷和倾倒,进场后应按品种、规格分别堆放整齐,堆置高度不宜超过 2 m。加气混凝土砌块产品龄期应超过 28 天。砌筑时应使用专用铺浆工具,将砂浆摊铺均匀,逐块砌筑。砌块应上下皮互相错缝,错缝长度不宜小于砌块长度的 1/3,并不小于 150 mm。如不能满足时,在水平灰缝中应设置 2⌀6 mm 钢筋加强,加强筋长度不应小于 500 mm。灰缝应横平竖直,砂浆饱满。水平灰缝厚度宜为 15 mm;垂直灰缝宽度宜为 20 mm,凹进墙面 1～2 mm。切割砌块应使用专用刀锯,配以平直架进行，不得用斧子或瓦刀任意砍劈。在加气混凝土砌块上留槽，应用专用工具，预留空洞方正，大小适中，线槽预留美观。不同强度等级的加气混凝土砌块不应混砌，也不能与其他砌块混砌。加气混凝土砌块墙的转角处和交接处应错缝搭接砌，上下皮砌块垂直灰缝相互错开长度不应小于砌块长度的 1/3。墙砌至梁底、板底时应留一定空隙，待墙砌筑完成应至少间隔 7 天后，再将其用斜砖砌实。加气混凝土砌块墙下部应现浇 200 mm高 C20 细石混凝土导墙。加气混凝土砌筑时，应向砌筑面适量浇水。加气混凝土砌块墙与混凝土墙接触处，沿墙高每隔 500 mm(实际根据砖的模数确定)种植墙拉结筋，每道 2⌀6 mm，钢筋长度不小于 700 mm(1/5 墙长)。砌块墙拉结筋采用种植钢筋，打孔深度必须大于80 mm，种植⌀6 mm 钢筋孔径不小于 10 mm。先用毛刷清洗，然后吹风，清孔必须干净为止。孔内注胶必须密实，方可植入钢筋。

(3) 主体结构中砌体工程结构的质量保证措施

完善质量管理制度，把好材料关。建立砌体质量样板制度。针对质量通病，重点做好技术指导，以达到消除质量通病的目的。过程质量控制，强化质量验收。当室外日平均气温连续 5 天稳定低于 5 ℃时，或当日最低气温低于 0 ℃时，砌体工程应采取冬期施工技术措施，具体包括石灰膏、电石膏等应防止受冻，如遭冻结，应经融化后使用；拌制砂浆用砂，不得含有冰块和大于 10 mm 的冻结块；砌体用砖或其他块材不得遭水浸冻。砌筑前应清除砖、砌块表面污物、冰霜等。遭水浸冻后的砖、砌块不得使用。冬期施工砂浆试块的留置，除应按常温规定要求外，尚应增留不少于 1 组与砌体同条件养护的试块，测试检验 28 天强度。

砌筑所有砂浆使用温度应符合下列规定：①采用掺外加剂法时，不应低于＋5 ℃；②采用氯盐砂浆法时，不应低于＋5 ℃；③采用暖棚法时，不应低于＋5 ℃；④采用冻结法当室外空气温度分别为 0～－10 ℃、－11～－25 ℃、－25 ℃以下时，砂浆使用最低温度分别为 10 ℃、15 ℃、20 ℃。

采用暖棚法施工，块材在砌筑时的温度不应低于＋5 ℃，距离所砌的结构底面 0.5 m 处的棚内温度也不应低于＋5 ℃。当采用掺盐砂浆法施工时，宜将砂浆强度等级按常温施工的强度等级提高一级。配筋砌体不得采用掺盐砂浆法施工。在砂浆中掺加防冻剂，使砂浆在负温度下不冻结，其强度可以缓慢增长。防冻剂选用亚硝酸钠、亚硝酸钙、硝酸钠、硝酸钙等，其掺量均不得大于水泥质量的 8%，防冻剂掺量不得大于拌和水质量的 20%，其主控项目及一般项目的检查及标准如表 8.8、表 8.9 和表 8.10 所示：

表 8.8　主控项目

项次	项目	检验方法
1	块材强度等级	检查砌块的产品合格证书、产品性能检测报告
2	砂浆强度等级	检查砂浆试块试验报告

表 8.9　砌筑的砂浆饱满度及检验方法

砌体材料	灰缝	饱满度及要求	检验方法
加气混凝土砌块、混凝土空心砌块	水平	≥80%	采用百格网检查块材底面砂浆的黏结痕迹面积
	垂直	≥80%	

表 8.10　填充墙砌体一般尺寸允许偏差

序号	项目		允许偏差(mm)	检查方法
1	轴线位置偏差		±5	用经纬仪或拉线和尺量检查
2	垂直度	少于或等于 3 m	±5	用线锤和 2 m 托线板检查
		大于 3 m	±8	用经纬仪或吊锤挂线或尺量检查
3	表面平整度		±5	用 2 m 靠尺或塞尺检查
4	门窗洞口 (后塞框)	宽度	±5	用尺量检查
		高度	±5	

8.8.8　内装饰工程施工技术管理与创新

8.8.8.1　内墙抹灰工程施工技术

(1) 施工工艺要求

基层处理要求墙面垃圾、水泥浆等应清理干净，然后用清水冲净。检查基层表面的平整度，凸出多的部分要凿掉，凹入太多的部分要用 1∶3 水泥砂浆补平，混凝土表面要用界面剂或掺有 10%的 107 胶的 1∶1 水泥砂浆满批作为黏结层。

做灰饼要求首先用托线板全面检查墙面的平整度，然后根据中级抹灰的要求，确定抹灰层厚度为 20 mm，做灰饼。做灰饼时从上而下做，灰饼间距应小于刮尺长度，墙体上角先做灰饼，再以它为基准拉线做出上部、中间的灰饼，根据墙体上部的灰饼以托线板做出墙体下部灰饼，使其与上部灰饼在同一垂直面上，然后拉水平统线，加做若干灰饼，凡遇门窗口，墙垛、墙角加做灰饼。然后上下两块灰饼间做 50 mm 宽与灰饼同厚的冲筋。阴角找方要求先在阳角一侧墙上做基准，用方尺先将阳角规方，然后在墙板角弹抹灰基准线，在准线上下两端拉通线并做灰饼。门窗口做护角，护角要求用 1∶3 水泥砂浆，以保证其强度足够，高度不低于 2 m，每侧宽度不应小于 50 mm。

抹底层灰灰饼达到一定强度后，抹灰前要洒水湿润墙面，自上而下在灰饼中间抹底层灰，随抹随用刮尺刮平，再用木抹子分遍压实楼平，每遍厚度约 7 mm。

抹面层灰先用铁抹子罩面，再用刮尺刮、找直，至六七成干后，再用抹子楼平，砂浆过干时可以边洒水边楼平，直至表面平整密实为止。200 mm 踢脚线和面层抹灰一次到位，抹 1∶3 水泥砂浆，压光。罩面应两人同时操作，从一个墙角开始，一个人前面抹面一个人后面洒水压光，直至表面密实，光滑为止。

(2) 施工质量保证措施

基层表面灰尘必须清理干净，墙面浇水要均匀透润，否则将影响抹灰层与基层的黏结。在抹底灰前，混凝土墙上的螺栓洞必须用 1∶3 水泥砂浆嵌入 20～30 mm(特别是外墙)，并在外面粉一个 60 mm×60 mm 的小方块。一次抹灰不宜过厚，以 10 mm 以内为宜；隔夜抹灰时间间隔不宜太近；压光时应从上而下，自右而左圆圈形抹压。填充墙和混凝土墙结合处钉 400 mm 宽纤维线网，两边各为 200 mm，网要拉平拉直，使其和抹灰层充分固结，真正起到加筋的作用。石灰膏必须充分熟化、细腻洁白，严禁含不熟化石灰颗粒和冰冻结块石灰膏等。砂宜用中砂，无杂质，使用前过筛处理。

(3) 通病防治措施

在楼梯间强弱电井处，门洞较宽，过梁搁置在与之垂直的砌体上，形成搁置点相对薄弱，造成支座下墙体水平裂缝和过梁上墙面大面积水平裂缝。预防措施包括：在支座处砌体做成芯柱，内增加 2⌀12 竖向钢筋；无法达到过梁搁置长度要求的，应在支座下增设混凝土构造柱；过梁坐浆厚度大时，采用细石混凝土坐浆。过梁搁置点一端伸入填充墙内另一端焊接在混凝土墙上的角钢上，由于填充墙的收缩变形造成填充墙沉降远大于混凝土墙，故在填充墙一侧过梁顶部出现斜向 45 度裂缝。其预防措施包括：确保砌块进场龄期不小于 28 天；确保墙体隔天砌筑，日砌筑高度不超过 1.5 m；确保灰缝的饱满度(80%以上)；在洞口边芯柱处采用专用砌块，孔内混凝土填嵌密实；加大过梁的搁置长度，使应力均匀扩散。

混凝土墙与填充墙处垂直裂缝是小型砌块填充墙最普遍，最难于解决的问题，填充墙比单面与混凝土墙连接的砌体间的裂缝来得普遍，经切割后发现，该类裂缝主要还是墙体间贯穿裂缝。预防措施包括：混凝土墙体与砌块墙相连处凿毛；清除砌块表面污物与孔洞毛边；砌块墙与混凝土墙梁接触处的灰缝在砌筑时必须饱满填实并补浆勾缝，压实后呈凹缝。垂直灰缝砂浆饱满度不低于 90%；严格把关砌筑质量；严格计量制度；拉结筋放置在 U 型砖内，保证其保护层在 10 mm 左右，伸入填充墙内应不小于是 1 000 mm，尽量不采用植筋法放置拉结筋。图纸变更而造成的砌体直接砌在板上而造成的水平裂缝，所对应的预防措施其考虑在墙体位置放三根⌀ 16 mm 的加强筋，或适当改变梁位置。墙体调整大部分在厨卫间，调整后墙体不在梁位置时，可在浇注导墙时增配 2⌀16 mm 钢筋，并保证导墙在梁上有两个搁置点。10 cm 厚墙体接线盒处墙体产生水平裂缝及电线管因图纸变更而采取墙体割槽处。尽量避免墙体开槽，开槽处墙体粉刷前应以细石混凝土补嵌密实。

未严格按配合比拌制粉刷砂浆及其他不规范的施工原因造成的粉刷层表面龟裂。预防措施要求合理选择配合比，严格计量制度；杜绝隔夜灰及落地灰的直接使用。补救措施体现在如果裂缝出现后，可以在沉降较为稳定后，割除裂缝两边各约 20 mm 罩面层，在刮糙层上贴上绑带，用腻子补平或刷一层 107 胶再用混合砂浆补平。

8.8.8.2　楼地面工程施工技术

(1) 细石混凝土楼地面施工技术

在施工前要求墙面四周弹好 1 000 mm 水平控制线，穿板管洞堵严。基层表面的浮浆、砂浆及混凝土渣清理干净，如有油迹用 5%～10%火碱清洗干净。浇灌混凝土前一天对楼板表面进行洒水湿润。为保证楼地面的平整度，在浇筑施工前应根据楼面标高控制线拉线做灰饼并冲筋，上口用刮尺刮平，作为标高控制的标准。

铺设细石混凝土前，在已湿润的楼面基层上涂刷素水泥浆一道(水泥 ∶ 水＝1 ∶ 0.4～0.5)；注意应随铺细石混凝土随刷素浆，一次涂刷面积不得过大，以免间隔时间过长导致水泥浆失效、开裂。铺设细石混凝土应由室内向门口方向边铺边退，并认真搓压密实，用长刮杠刮平(厚度较大用平板振动器振实)。待面层撒灰面吸水后，即进行第一遍压光，直至抹压出浆为止；面层砂浆初凝后(脚踩不下陷)，进行第二遍压光；面层终凝时(脚踩稍有脚印)，可进行第三遍压光，用塑料笤帚扫细毛。楼面压光时间应严格掌握，不可过早或过晚以防楼面起砂。楼面面层压光 24 小时后，应及时浇水进行养护，养护期不少于7天。

楼面细石混凝土施工前后，应注意对室内已安装、敷设完的各类管线的保护；楼面压光及养护期内，严禁上人施工；楼地面施工完毕后，应注意加强其他室内作业工种的管理，避免硬物划伤、撞击地面及造成污染。楼地面(或垫层)施工前，在各房间门洞口下及沿地埋管线预埋玻璃条，其高度同地面做法厚度；掌握好楼面压光时间及遍数，注意保证养护到位及养护时间，并合理安排下道工序，避免过早上人施工破坏地面；楼面基层应清理干净，提前洒水润湿，并在浇筑细石混凝土前全面涂刷素水泥浆一道、随打随刷。

(2) 水泥砂浆地面施工技术

工艺流程：墙面弹线→基层清理→洒水润湿→素浆结合层→水泥砂浆面层(立面分层)→面层搓平→压光→养护。

为保证地面高度均匀一致，应先弹出1 000 mm控制线；基层清理、洒水及素浆结合层施工要求同楼面做法；素浆结合层涂刷完后紧跟砂浆面层施工，并用短刮杠刮平、木抹子搓平、抹出护角；压光、养护工序同楼面面层做法。成品保护要求在养护期内严禁上人、通行；对阳角应加强保护以防止脱落和破坏。

(3) 石材楼地面施工技术

工艺流程：标高控制线→试拼→基层清理→洒水润湿→刷素水泥浆→拉十字控制线→结合层铺设→铺设石材板→灌浆、擦缝→打蜡、养护。

铺设施工前，在室内对石板材按纹理、颜色进行试拼，将非标准板块移至墙边位置。检查板块间的缝隙，核对板块与墙面、门洞口等部位的相对位置。根据楼层标高控制线在四周墙面弹出板面标高线，并在室内拉十字线控制。石板材通过水泥砂浆黏结层与基层黏结。楼面刷完素浆后，铺干硬性砂浆；干硬砂浆铺设厚度以高出设计厚度3～4 mm为宜，一次摊铺面积不宜过大，应随铺随贴石材。铺贴石材应从十字控制线交点部位开始，将板材平放至干硬砂浆结合层上，用橡皮锤敲击木垫块，振实砂浆直至面层标高线位置。石材铺砌24～36小时后可进行灌浆、擦缝处理，然后覆盖养护7天。打蜡作业须待砂浆结合层达到一定强度后方可进行：将蜡裹于薄布内在石材面层上薄涂；面层干燥后，以碎木屑再次打磨直至表层光亮。

成品保护要求搬运石板块时应防止碰撞已施工完成的墙面及门洞口；石板表面的水泥砂浆应随铺砌随清理干净；养护期间石材表面应覆盖，不得上人走动。石板材铺砌前应浸水润湿，并将表面清刷干净、面层晾干后方可施工。楼面基层应清理干净并适当洒水润湿，素浆、黏结层应涂刷均匀，以有效防治空鼓。为防止板面接缝高低不平、离缝宽窄不均，应预先认真选砖，不得使用厚薄、宽窄不均及窜角、翘边、扭曲的板材。

(4) 地砖楼地面施工技术

工艺流程：标高控制线→基层清理→楼面洒水润湿→拉线、冲筋→刷素水泥浆→铺设水泥砂浆结合层→铺贴地砖→擦缝→养护。

基层清理、处理、结合层砂浆铺设要求同石材面层做法。在房间纵横两个方向排好尺寸，缝宽以不大于2 mm为宜，当尺寸不足整块砖的倍数时，可裁割半块砖用于边角处，尺寸相差较小时，可调整缝隙。根据确定后的砖数和缝宽，在地面上弹纵横控制线约每四块砖弹一根控制线，并严格控制方正。地砖铺设方向应由内向外边铺边退。砖地面用水泥砂浆黏结，白水泥擦缝，要求平整度小于2 mm，块与块间高差小于等于0.5 mm，线条平直，缝大小均匀，地砖无色差，不得使用小于1/2块的地砖。当砂浆结合层终凝后，以同色稀水泥砂浆擦缝，同时将地砖表面清理干净以防止污染。擦缝24小时后，对面层进行覆盖(或放锯末)养护，养护期不少于7天。下道工序或其他工种施工时，应在地砖地面铺彩条布或塑料薄膜等物，以防污染；地砖铺设施工时，注意不得损坏水电敷设、预留管线、箱盒等。

地砖铺设前应制作标准模件对地砖逐块进行套选，选取大小规格一致的地砖，防治拼缝不平直、不均匀。地砖事先前应浸水2小时以上并将面层晾干后方可使用。面层空鼓要注意控制基层清理质量，基层素浆及黏结层应随铺随刷。地砖擦缝时应将表面余浆全部擦除，防治造成污染及后期清理困难。

(5) 耐磨地面施工技术

工艺流程：浇捣细石混凝土找平层→找平细石混凝土层→撒第一遍拌和料→找平、压实撒第二遍拌和料→找平出浆、找平压光、收光、养护→切缝→成品保护。

撒料前基层混凝土处理工作，撒料前要求基层混凝土振捣密实、整平、混凝土面层无浮水。初次除水刮浆，混凝土浇筑成型后约2小时人在混凝土上踩行不明显下陷时可用铝合金直尺刮平。即使浮浆里含泥较少、没有油类有机物等，当浮浆较厚时(≥1 cm)，为了确保混凝土表面强度，也要把多余的浮浆刮除。初次直尺刮平要求用3 m长直尺检查混凝土面平整度，检查时直尺平放于混凝土表面上，当直尺底边离开混凝土面最大≤1 mm属合格，否则需要铝合金直尺刮平。刮平前先把直尺放在混凝土面层上，两手抓放在直尺中部附近位置，刮平时两手往下稍用劲，随即拖动直尺前后刮行。刮平过程中，直尺分别纵、横向刮行，以一个方向向另一边刮平时，直尺伸入前次刮过范围距离≥0.5 m。当局部地方高低差较大时用较短直尺前后往复搓刮。

整平提浆要求当混凝土面初步平整后，可开动整平机整平面层。整平机整平运行时，先整平四周边缘，然后分别纵横方向运行整平。整平机整平过程中，要连续不断匀速运行，不得在某处停下来以免过度振捣造成分层。靠近边角难于用整平机平整地方用木抹子和压抹子整平，不得用软镘刀。

再次直尺刮平要求整平机初步平整后，再次用直尺检查混凝土面层平整度。不合格处用砂浆找平。此次刮平主要是用铝合金刮尺以扇形方向扫刮。刮尺刮平运行时，向下方向力主要为铝合金刮尺自重力，左手使刮尺一端固定不动，右手控制刮尺扇形运动。低凹处主要用水灰比1∶2水泥砂浆填垫。此次刮平不一定要使整个施工面的平整度符合要求。再次整平提浆要求使混凝土表面提浆湿润，为撒料创造条件。整平机整平时也是先四周边缘，然后纵横方向分别平行匀速运行。

初次撒料时，混凝土面应无浮水，用手指按压混凝土时其表面浮浆湿软，但混凝土已初凝感觉不到松散游离的石子存在，也就是说手指按压混凝土时，有压痕但不能很深。与其他实物交接固化较快地方，先撒料，撒料后用木抹子和压抹子搓平抹压。撒料时，工具离开地面位置尽量低，材料摊开面积要大，摊开厚度要均匀一致。第一遍撒料量为总量的2/3，根据所要撒的面积计算所采用的用料量再拌和。只有确认可以撒料的地块才能撒料，不能早撒，也不能晚撒；不能错撒、漏撒以免导致耐磨层厚薄不均。必要时局部地方应补撒料。

整平提浆要求在初次撒上的料吸水颜色变深后才能开动整平机整平提浆。整平机的运行过程与前述方法基本一致。不能完全依靠整平机，根据不同情形可以用压抹子、木抹子进行抹压提浆。初次撒料后可用铝合金刮尺刮平施工面。

中途撒料及整平提浆的过程方法与初次撒料基本相同。第二遍撒料量为总量的 1/3。中途撒料的次数一般控制有 3 次，越是往后撒料量应逐渐递减。气温高时，混凝土凝结固化速度较快，可考虑撒料→整平提浆→撒料→连续进行。根据混凝土凝结固化情况，现场负责人应对施工地点、人员、机具、施工量等作出恰当配置与安排，并根据具体情况，兼顾施工进度与质量，作出正确决策与布置。

最后一次撒料时用手指按压混凝土表面，稍有压痕，但有明显手印和手指明显感到湿，也就是说混凝土此时接近终凝但还不到终凝。撒料后稍等一会，等材料吸水后才整平，整平过程与前述方法基本一样。撒料时一定要保证施工地块以外边缘 1 m 内清洁卫生，这时其他杂物不能混入施工地块。工地负责人应现场巡视，勤用手摸，以便做出正确判断并及时安排人员处置。最后一次撒料并用整平机整平一次，随后安排紧光机紧光。紧光机操作人员所穿鞋为平底鞋并戴鞋套，其他人员此时不能随便进入施工地块。紧光机紧光时应按一定路径匀速不断运行。紧光机刀片倾斜角度及其运转速度要与施工地坪状况相适应，以避免刀片粘吸耐磨层，造成地坪空鼓、起皮。当耐磨层颜色变深，地坪开始变亮，用手指按压地坪完全无压痕，只是稍有手印和手指有点湿时，停止用紧光机紧光。

在镘刀手工紧光过程中要求所有紧光人员都要穿平底鞋并套鞋套，紧光时应从一处向另一处后退进行，后退次数要少，幅度要大；下蹲姿势要有利于镘刀大幅度移动(约 2 m)并保证手能较大用力到镘刀上。镘刀倾斜角度既要使镘刀与耐磨层的粘力小，又要保证镘刀不能刮伤耐磨层；后退紧光时，后排刀位压过前排 50～100 mm。紧光路径应为纵横交叉进行；如局部地块干硬较快时，此地方先安排施工。当发现有灰尘等污染物进入紧光地块时，要随时用干净扫帚扫除。镘刀紧光次数要多遍但不可过度紧光，直到地坪表面明显光亮、完全干硬时应停止。

(6) 防静电地面施工技术

涂刷地板漆要求 20 厚 1∶2.5 水泥砂浆抹面压实赶光地面完成后进行地板漆施工。

施工流程：清洗→打磨→底漆→中层漆→罩面漆→地面保养→竣工验收。

清洗之前首先把该区域所有对方材料搬移，然后用专用清洗剂把油污洗干净；用胶水水泥刮平，打磨平整；底、中漆：用普通地板漆滚涂二遍，封闭水泥表面毛细孔，增强附着力，干后铲平或打磨平整，吸尘器吸净表面灰尘；罩面漆：用地板漆滚涂一遍，增强漆面硬度、耐度、强度，防潮防水，增加光泽度；保养做好后，一般需保养 3～7 天方可使用，若单体面积大需分割，需在保养期内进行伸缩缝分割。

防静电活动地板的施工流程：基层处理→找中、套方、分格、定位弹线→安装支柱和横梁组件→铺设防静电活动地板面层→清擦和打蜡。

(7) 架空活动地板的施工技术

静电地板面层的金属支架支撑在地面上，地面基层表面应光滑、平整、不起灰，含水率不大于 8%。安装前须认真清扫干净；找中、套方、分格、定位弹线：首先量测房间的长、宽尺寸，找出纵横线中心交点；根据已测量好的平面长、宽尺寸进行对称分格，将非整块放在室内靠墙处，在基层表面上按板块尺寸弹线并形成方格网，标出地板块安装位置和高度，做到方格控制线尺寸准确。

安装支柱和横梁组件要求检查复核已弹在四周墙上的标高控制线，确定安装基准点，然后按基层上已弹好的方格网交点处安放支柱和横梁，并应转动支柱螺杆，先用小线和水平尺调整支柱面高度至全室等高，待所有支座和横梁构成一体后，应用水平仪抄平。支柱与基层面之将间的空隙应灌注环氧树脂连接牢固。铺设防静电活动地板面层要求铺设方向应由外向里铺设，将不符合模数的板块铺在里面；先在横梁上铺设缓冲胶条，并用乳胶液与横梁黏合。铺设防静电活动地板时，应调整水平度，保证四角接触处平整、严密，不得采用加垫的方法。铺设活动地板不符合模数时，不足部分可根据实际尺寸将板面切割后镶补，并配装相应的可调支撑和横梁。切割的边应采用清漆或环氧树脂胶加滑石粉按比例调成腻子封边，或用防潮腻子封边，也可以采用铝型材镶嵌。在与墙边的接缝处，应根据接缝宽窄分别采用不同材料进行嵌缝，宽缝采用活动地板镶嵌，窄缝宜用泡沫镶嵌，随后立即检查调整板块水平度及缝隙。清擦和打蜡：当防静电地板面层全部完成，经检查平整度及缝隙均符合质量要求后即可进行清擦。当局部污染时可用清洁剂或皂水用布擦净晾干后用棉丝打蜡，满擦一遍，然后将门封闭。

(8) 橡胶板地面的施工技术

施工流程：基层处理→地垄墙砌筑→地垄墙抹灰→预制盖板安装灌缝→铺贴橡胶地板。

地垄墙砖砌筑前，应将基层清扫干净，洒水湿润，如基层水平偏差过大，应用C20细石补平。砌砖采用三一砌砖法。三一砌砖法的操作要领是一铲灰、一块砖、一挤揉，并随手将挤出的砂浆刮去。操作时砖块要放平、跟线。多孔砖的孔洞应垂直与受压面砌筑。砖墙砌筑应上下错缝，内外搭砌，灰缝平直，砂浆饱满，水平灰缝厚度和竖向灰缝宽度一般为10 mm，但不应小于8 mm，也不应大于12 mm。竖向灰缝不得出现透明缝、瞎缝和假缝，竖向通缝不得大于2皮。砌筑时，随砌、随吊、随靠、保证墙体垂直、平整，不允许砸砖修墙。地垄墙砌体砂浆必须密实饱满，竖向灰缝不得出现透明缝、瞎缝和假缝，并每隔600～900 mm，应用水泥砂浆将砌体孔洞填充密实。构造柱做法要求砖墙与构造柱之间沿墙高每500 mm设置2⌀6水平拉结钢筋联结，每边伸入墙内不少于1 000 mm。砌筑过程中及时用竹扫把将墙上的多余砂浆清扫掉，保证墙面清洁。

地垄墙墙面抹灰前应将墙面上的孔洞堵塞严密，砖墙墙面在抹灰前清刷干净并浇水湿润。先做样板，经验收合格再大面积施工。用水泥配制的各种砂浆应有良好塑性，并须在终凝前使用完毕。墙面抹灰前，应先检查基层表面平整度，然后设置标点或标筋，标点或标筋宜用和抹灰层相同的砂浆，其操作主要工序：检查墙面→设置标筋→分层找平→修整→表面压光。水泥砂浆抹灰层待前抹灰层凝固后方可涂抹后一层，底层砂浆比较干燥时，抹灰前应洒水湿润。

预制盖板安装和灌缝。抹找平层要求：预制盖板安装前先将墙顶或梁顶清扫干净，检查标高及轴线尺寸，抹水泥砂浆找平层，厚度为15～20 mm配合比1∶3。预制盖板安装前按设计图核对型号，安装板面保持水平，预制盖板安装后检查板两端放置长度是否符合设计要求，如不符合应进行调整。两块板的板缝底宽不应小于20 mm。板缝宽度大于40 mm时应按设计要求配筋，两块板缝底要吊模浇细石混凝土。预制盖板的灌缝应采用C30细石混凝土，浇筑时坍落度控制在30～50 mm，振捣密实，其填嵌高度与板面平，表面压实。板缝填嵌后应养护，按 GB50209—95 规定混凝土强度等级达到 C15 时，方可继续施工。

铺贴橡胶板要求根据铺贴部位的实际情况，按照材料的规格，弹好分格线。在弹线完毕的情况下，随铺随刮，胶不能刮得过早。刮胶前，应先在基层刮一层底子胶，其目的是增强橡胶地板与基层之间的黏结力。刮胶从一个方向刮向另一端，黏结剂的厚度不宜太厚，一般控制在 1 mm 以内。刮胶的速度与铺贴的速度相协调，刮过胶的表面，应停静一段时间，使其溶剂得以挥发。一般应掌握黏结剂表面不粘手指时铺贴即可。

铺贴主要控制三个问题，一是橡胶地板铺贴牢固，不得有脱胶空鼓现象；二是缝格的顺直，避免错缝发生；三是表面平整、干净，不得有凹凸不平及破损与污染。橡胶地板就位后，先用拍板轻轻拍打，然后用小辊子滚压。滚压时注意滚压的方向，一般宜横竖交替进行。对于拼缝时挤出的黏结剂，要及时用棉纱清理干净。铺贴时掌握好铺贴的速度，每贴一块，都要照顾前、后、左、右之间的关系，使之在接缝高低及缝格顺直等方法符合要求。当有异形块时，可用裁刀裁割。但要注意尺寸准确及裁口平直。要格外注意边角部位及墙边部位的铺贴，因为这些部位容易积灰尘，甚至表面有残留的灰迹。清理时也因边角部位较难操作而忽略，所以，此处刮胶可较其他部位适当多刮，拍打时，宜用力反复拍打，直到气体赶出，黏结牢固即可。铺贴完毕及时清理表面。橡胶地板铺贴完毕后，要有一定的养护时间。一是禁止行人在刚铺好的地面上大量行走；二是在养护期间避免沾污或用水清洗表面。

8.8.8.3 内墙和顶棚腻子涂料的施工技术

(1) 工艺流程

弹线控制、找规矩→基层处理→糙胶、水泥腻子或粉刷石膏修补找平→分层批刮腻子找平(→面层刷、滚涂白色乳胶漆)。

(2) 操作工艺要点

墙面、顶棚浮灰应清干净，用铲刀将混凝土面上的灰渣铲干净，用布擦一遍。然后将墙面孔洞及缺角的部位用粉刷石膏或水泥腻子找补平整。用靠尺找出平整，待面层基本干燥后进行下步工序。修补腻子要采用粉刷石膏将墙面磕碰处、墙面与阴角局部错台、不平整及麻面等处修补好，粉刷石膏厚度大于 8 mm 必须分层找平，分层间隔时间以基层表面基本干燥为宜，修补完并干燥后用砂纸将凸出处磨平。

第一遍满刮大白粉腻子要求满刮一遍腻子，干燥后用砂纸将基面的腻子残渣、斑迹磨平磨光，然后将基面清扫干净，满刮腻子应从阴阳角部位开始，将各部位口角找直，再进行满刮作业。第二遍满刮大白粉腻子要求干燥后用砂纸打磨平整，清扫干净，满刮从阴阳角部位开始将各部位口角找直，再进行满刮作业。腻子墙面要求平整、均匀、光滑，接头不得留槎。干燥后用磨砂纸将腻子渣及斑迹磨平磨光。涂料在使用前应充分搅拌均匀，刷时从一头开始，逐渐刷向另一头，互相衔接，避免出现接槎。

(3) 施工质量通病及预防控制

基层清理要求认真、细致，找平处理前可适当浇水润湿表面，以防出现基层空鼓、裂缝。涂层厚薄不均匀，因此刷涂料时除应注意不漏刷外，还应保持涂料的稠度，不可随意加水。粉刷石膏的厚度大于 8 mm 时应及时用腻子分遍找平，分层厚度不宜过厚，以防面层收缩开裂、空鼓。粉刷石膏找平抹灰前，应按规矩对房间进行拉线检查控制，以防阴阳角不方正、垂直。涂刷时要上下顺刷，后一排紧接前一排，若间隔时间过长，就容易看出接头，因此大面积涂刷时，应配足人员，互相衔接。刷纹避免明显，涂料稠度要适中，排笔蘸涂料要适当，多理多顺防止刷纹过粗。首层至顶层楼梯间面层涂料施工完成后应采取措施妥善保护，禁止摸碰、避免污染。

8.8.9　屋面工程施工技术

本工程屋面防水设计等级为二级，两道设防，其做法如下：上人屋面为 20 mm 厚1∶3水泥砂浆找平层；1.5 mm 厚 FJS 防水涂料；150 mm 厚泡沫混凝土；20 mm 厚 1∶3 水泥砂浆找平层；3 mm 厚 APF 自粘卷材；3 mm 厚石灰砂浆隔离层；50 mm 厚 C30 细石混凝土随捣随抹(内配⌀6@150 双向)；20 mm 厚 1∶2 水泥砂浆结合层；防滑彩色地砖。

8.8.9.1　找平层施工

找平层施工前，屋面找坡层应进行检查验收，并办理验收手续。施工找平层时应将原表面清理干净。冲筋贴灰饼，随着找坡层的坡度拉线贴灰饼，顺排水方向冲筋，冲筋的间距为 1.5 m，在排水沟、雨水口处找出泛水。在基层表面上均匀撒上水泥，然后浇水，用扫帚把水泥素浆撒刷均匀，随刷随铺水泥砂浆找平层。砂浆的稠度应控制在 70 mm 左右。找平层要留分格缝，设置分格缝，分格缝的宽度应为 20 mm，应采用同宽的木条预留成型；留置分格缝的位置应在预制板支承的拼缝处和女儿墙四周以及出屋面结构的四周，缝的间距不大于 6 m。基层与突出屋面结构(女儿墙、山墙、天窗壁、变形缝、通风道)的交接处和基层的转角处及管根部位，要考虑防水层的要求做出圆弧。表灰压头遍：天沟、拐角、根部等处应在大面积抹灰前先做，有坡度要求的部位，必须满足排水要求。大面积抹灰在两筋中间铺砂浆(配合比应按设计要求)，用抹子摊平，然后用短木杆根据两边冲筋标高刮平，再用木抹子找平，然后用木杠检查平整度。铁抹子压第二遍、第三遍：当水泥砂浆开始凝结，人踩上去有脚印但不下陷时，用铁抹子压第二遍，要注意防止漏压，并将死坑、死角、砂眼抹平，当抹子压不出抹纹时，即可找平、压实，完成第三遍抹压，这道工序，宜在砂浆终凝前进行。找平层抹平、压实后，常温时在 24 小时后浇水养护，养护时间一般不小于 7 天，干燥后即可进行防水层施工。抹好的找平层上，推小车运输时，应先铺脚手板车道，以防止破坏找平层表面。找平层施工完毕，未达到一定强度时不得上人踩踏。雨水口、内排雨口施工过程中，应采取临时措施封口，防止杂物进入堵塞。待灰层可上人后，将分格条取走，缝嵌密封膏。

8.8.9.2　卷材施工

(1) 施工流程

清理基面→定位、弹线→搅拌并铺抹水泥浆→铺贴卷材→提浆、排气、晾放→搭接边密封→卷材收头、密封→检查验收。

(2) 基层要求

基层必须牢固，没有松动、起鼓、凹坑、起砂、掉灰等缺陷。基层表面应平整光滑，均匀一致。其平整度可用 2 m 长直尺检查，基层与直尺间的最大空隙不应超过 10 mm，空隙仅允许平缓变化。基层阴阳角处应做成半径 50 mm 圆弧。天气刮风、下雨和预报要下雨或雨后基层尚未干燥时不得施工。基层必须干燥，一般以含水率不大于 9%为宜。

(3) 施工办法

清除基层表面的灰尘、杂物;在基层上宜弹设基准线,以确定防水卷材铺贴位置;根据现场基层平整度情况,确定水泥浆铺抹厚度,厚度通常为3～5 mm,在卷材铺贴范围内抹水泥浆(范围不宜过大、边抹边铺);揭掉防水卷材下表面的隔离膜,将防水卷材平铺在刚刚铺抹的水泥浆上;第一幅卷材铺贴完毕后,再抹上水泥浆,铺设第二幅卷材,经此类推;用橡胶刮板赶压卷材上表面,提浆、排出卷材下表面的空气,使卷材与砂浆紧密结合;根据现场情况,可选择铺贴卷材时进行搭接或在水泥浆具有足够强度时再进行搭接,搭接时,将位于下层的卷材搭接部位的透明隔离膜揭起,将上层卷材平服粘贴在下层卷材上,卷材搭接宽度为6 cm;卷材铺贴完毕后,将卷材收头、管道包裹等部位用密封膏密封。

(4) 工程验收

屋面应平整,不得有积水,蓄水24小时无渗漏为合格。卷材与卷材,基层与卷材之间的接缝部位应黏结牢固,不应有皱褶、孔洞翘边、脱层或滑动现象。卷材与卷材之间的搭接处及末端要粘牢,封边应严密。防水工程竣工验收时应提供全套材料产品合格证、认证书、检测报告、复试报告等质量文件。

(5) 成品保护

操作人员应认真保护已做好的防水层,严防施工机具等把防水层戳破,施工人员不允许穿带钉子的鞋在防水层上走动。严禁在防水层上凿孔打洞、重物冲击,不得任意在防水层上堆放杂物,尤其是钢筋。在做保护层时运送料的小车铁腿根部必须用橡胶卷材垫好,并要捆绑牢固,避免小车铁腿损坏防水层。

(6) 注意事项

施工防水层之前,须将各种管道及预埋件安装固定好,以避免在防水层施工好后,打洞凿孔,破坏防水层,留下渗漏隐患。相邻两排卷材的短边接头应相互错开1/3幅度以上,以免多层接头重叠而使得卷材粘贴不平服。滚铺卷材时水泥浆不要污染卷材边缘的自粘胶面,若有不慎污染要及时清理干净。在侧墙上防水卷材铺贴时,宜在水泥浆表面失水前黏结卷材,施工中若铺抹好的水泥浆失水过快,可在表面重新用宽幅软刷子刷上适量清水使其表面恢复黏性和流动性。施工完毕并通过验收后应保护。施工人员进入现场必须戴好安全帽,施工现场除防水施工外严禁其他工种交叉作业。雨天、五级风以上天气严禁施工。

8.8.9.3 *细石混凝土刚性防水层施工*

工艺流程:排分格条→绑扎钢筋网片→浇灌混凝土→填缝排分格条。用20 mm宽分格条纵横向设置,中心线距离为3m,要求排放方正,与女儿墙平行。绑扎⌀4钢筋网片,双向中距150 mm。浇灌50 mm厚C30细石混凝土(水泥基渗透结晶型),找平,抹光。填缝要求待可上人后,将分格条取出,在缝内填粗砂,要求密实,用素水泥膏将缝子勾好。雨水口处做法要求雨水口四周500 mm范围内找坡5%。

8.8.9.4 *裙楼屋面变形缝处理*

屋面变形缝两侧按一级钢筋⌀8@200双层双向绑扎钢筋(南侧预留盖板钢筋),支模,浇筑120 mm厚1 m高C30混凝土墙,拆侧模后,再支盖板模板(模板伸出北侧混凝土墙100 mm),绑扎盖板钢筋,封模,浇筑C30混凝土,板面向北侧找坡,坡度2%。如图8.9所示:

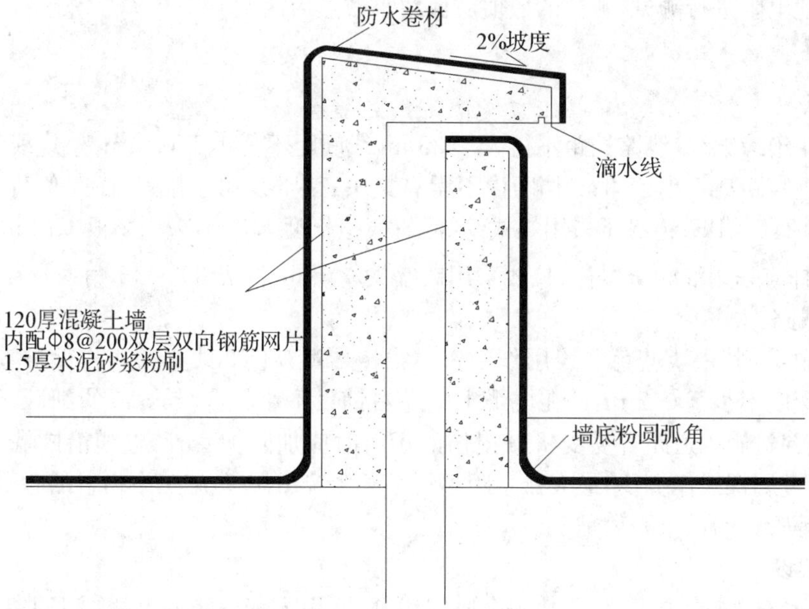

图 8.9　屋面伸缩缝处理示意图

8.8.10　临时用电方案

8.8.10.1　现场概况

现场共设塔吊 1 台，施工升降机 2 台，钢筋制作车间共 1 个，木工棚 1 座，现场搅拌棚（砂浆）一处，按现场平面布置图进行布置。

8.8.10.2　接零保护系统

本工程施工现场比较宽广，用电设备较多，用电量大。为防止在 TN-C 三相四线接零保护情况下由于共用中性线而使中性线带电，造成触电事故，故采用 TN-S 三相五线接零保护。TN-S 系统即将工作零线(O)和保护零线(PE)区分开来的接零保护系统。一根 PE 黄/绿双色专用线专接设备外壳和电箱的保护零线排，禁止作工作零线和相线用。

工作零线必须通过总漏电保护器，保护零线必须由电源进线零线重复接地处或总漏电保护器电源侧零线处，引出形成局部 TN-S 接零保护系统。保护零线严禁通过任何开关或熔断器，严禁通过工作电流，且严禁断线。保护零线作为接零保护的专用线，必须独用，不能他用，电缆要用五芯电缆。保护零线除了从工作接地线（变压器）或总配电箱电源侧从零线引出外，在任何地方不得与工作零线有电气连接，特别注意电箱中防止经过铁质箱体形成电气连接。保护零线的截面积应不小于工作零线的截面积，同时必须满足机械强度的要求。保护零线的统一标志为黄/绿双色线，在任何情况下不能将其作负荷线用。重复接地必须在保护零线上。工作零线不能加重复接地（因工作零线加了重复接地，漏电保护器就无法使用）。保护零线除必须在配电室或总配电箱处作重复接地外，线路长度超过 50 m 时还必须在配电线路的中间处及末端做重复接地，配电线路越长，重复接地的作用越明显，为了接地电阻更小，可适当多打接地桩重复接地，其接地电阻不得大于10 Ω。保护零线应采用焊接、压接、螺栓连接或其他可靠方法连接，严禁采用缠绕和钩挂。严格对接地电阻进行测试，测试的数值应保留小数点后两位。

8.8.10.3 配电线路

(1) 架空线

架空线采用绝缘铜线，线路档距不得大于 35 m，线间距不得小于 0.3 m，架空线最大弧垂与地面的垂直距离不小于 4 m，档距内不得有接头；架空线相序排列：面向负荷从左侧起为 L1、N、L2、L3、PE；绝缘子采用蝶式绝缘子；横担长度 1.8 m，采用 2 根 ∟70 mm×6 mm 角钢；电杆应采用混凝土电杆；拉线采用镀锌铁丝，和电杆成 30°～45°角。

(2) 电缆线路

采用五芯电缆，其中淡蓝色芯线用作工作零线，绿/黄双色芯线必须用作保护零线。电缆直接埋地深度不小于 0.7 m，并在电缆上下左右铺设不小于 50 mm 厚的细砂，然后用砖覆盖；电缆穿过施工道路等易受机械损伤的场所时应加防护套管；电缆沿围墙架空设置时，严禁用金属裸线作绑线，最大弧垂距不得小于 1.8 m，以防施工中物料的碰触；埋地电缆与排水等管沟的最小距离是 1 m。

(3) 支线架设

橡皮电缆架空用绝缘子固定，严禁用金属裸线绑扎；引入配电箱的电线要下进下出，铁壳电箱要加护套管，从架空线到配电箱之间的电线要排列整齐；施工现场应用橡皮线，不得采用花线或塑料护套线，线路不得有破皮漏电，绝缘老化；电线接头实行三包，即先黄胶带，再黑胶带，最后为防水绝缘塑料胶带，接头要架空保护，不得直接受拉；支线与脚手架应绝缘隔离，布线位置应便于检查。

8.8.10.4 配电室的建造

在临近变压器、进出线方便、无灰尘、无蒸气、无腐蚀、无震动及不易积水的地方建造配电间，配电间一般不小于 9 m^2。本工程采用箱式配电柜，地坪上应铺设绝缘脚垫，配备绝缘用具和用品；做到“五防一通”，即防火、防雨、防雪、防汛、防小动物、通风良好；门向外开，上锁，金属门要做接地或接零的保护；配电室的天棚距地面不低于 3 m；在配电室内设值班室距电屏(盘)的距离大于 1 m，并采取屏障隔离；配电室的建筑物的耐火等级不低于 3 级，室内应配置沙箱和绝缘灭火器。配电室用干粉、CO_2 等灭火器，不得用清水泡沫导电灭火器，灭火器挂于门外便于使用，不要放在配电间内。

(1) 配电屏(盘)、配电装置四周的安全距离

配电屏(盘)正面操作通道宽度：单例布置不小于 1.5 m，双例布置不小于 2 m；后面维护通道宽度：不小于 0.8 m；侧面维护通道宽度：不小于 1 m。配电装置上端距天棚不小于 0.5 m；配电室内的裸线与地面垂直距离小于 2.5 m 时，采用遮栏隔离。

(2) 配电屏的安全技术措施

成列的配电屏(盘)两端应与重复接地线及保护零线作电气连接；配电屏上各配电线路应编号，标明用途；配电屏应装设短路、过负荷保护装置和漏电保护器；配电屏或配电线路维修时，应停电并悬挂标志牌；配电屏上分设零线桥与保护零线或地线桥；电器进出线带电体不得外露；配电间内导线尽量用绝缘导线，如用裸露材料，必须严格按规范采取防护措施；室内照明应从开关上端引出，防止拉闸灭灯。

8.8.10.5 配电箱与开关箱

本工程临时用电采用 TN-S 三相五线三级配电两极保护。三级配电：总配电箱、分配

电箱、开关箱，动力配电与照明配电分别设置；两级保护：分配电箱和开关箱均必须经漏电保护、开关保护。

(1) 配电箱的材质和安置要求

配电箱、开关箱应采用铁板或优质绝缘材料制作，铁板的厚度应大于 1.5 mm；固定式配电箱、开关箱的中心点与地面的垂直距离应大于 1.4 m，小于 1.6 m；移动式配电箱、开关箱的中心点与地面的垂直距离宜大于 0.8 m，小于 1.6 m；分配电箱与开关箱的距离不得超过 30 m；开关箱与其控制的固定式用电设备的水平距离不宜超过 3 m。配电箱、开关箱应装设在干燥、通风及常温场所；不得装设在易受外来固体物撞击、强烈震动，液体倾溅及热源烘烤的场所。配电箱周围应有足够二人同时工作的空间和通道，不得堆放任何妨碍操作、维修的物品；不得有灌木，杂草。配电箱、开关箱必须有防雨、防尘设施，必须有门锁。

(2) 配电箱开关箱装设的电器要求

箱内安装常规是左大右小，大容量的控制开关，熔断器在左面，右面安装小容量的开关电器。配电箱内的电器应安装在金属或非木质的绝缘安装板上。配电箱、开关箱及其内部开关电器的所有正常不带电的金属部件均应作可靠的保护接零。保护接零必须采用标准的黄/绿双色线，专用接线板连接，与工作零线区别。对于配电箱、开关箱的电源导线进出为下进下出，不能设在上面、后面、侧面，更不应当从门缝隙中引进和引出导线。在导线的进、出口处加强绝缘，并将导线卡固。配电箱、开关箱内尽量用铜线。为了保证可靠的电气连接，保护零线应用绝缘铜线。所有配电箱均应标明其名称、用途，并作出分路标记。进入开关箱的电源线，严禁用插销连接。

(3) 总、分配电箱的电器配置与接线

本工程用电采用 TN-S 系统。因本工程现场较大，临时线路较多，所以总配电箱应设置漏电保护器(FQ)。总配电箱应装设总隔离开关和分路隔离开关，总熔断器和分路熔断器(或自动开关和分路自动开关)；总开关电器的额定值、动作整定值应与分路开关电器的额定值、动作整定值相适应。总配电箱应装设电压表、总电流表、总电度表及其他仪表。

分配电箱的电器配置与接线要求：分配电箱的电器配置与接线应与总配电箱的电器配置与接线，以及配电线路相适应。分配电箱应装设总隔离开关和分路隔离开关，总熔断器和分路熔断器(或自动开关和分路自动开关)；总开关电器的额定值、动作整定值应与分路开关电器的额定值、动作整定值相适应。

(4) 开关箱的电器配置与接线

开关箱的电器配置与接线应与分配电箱的电器配置与接线，以及配电线路想适应。作为施工现场临时用电工程的第一级，也是最主要的防漏电措施，开关箱必须设置漏电保护器。每台用电设备应有各自专用的开关箱，必须实行“一机一闸”制，严禁用同一开关电器直接控制二台及二台以上用点设备(含插座)。开关箱内的开关电器必须能在任何情况下都可以使用电设备实行电源隔离。

8.8.10.6　*漏电保护器、熔断器及插座*

(1) 漏电保护器的接线方法：漏电保护器应装设在配电箱电源隔离开关的负荷侧和开关箱电源隔离开关的负荷侧。开关箱内的漏电保护器其额定漏电动作电流不大于 30 mA，额定漏电动作时间应小于 0.1 s。

使用于潮湿和有腐蚀 介质场所的漏电保护器应采用防溅型产品。其额定漏电动作电流不大于15 mA,额定漏电动作时间应小于0.1 s。总配电箱中漏电保护器的额定漏电动作电流应大于30 mA,额定漏电动作时间应大于0.1 s,但其额定漏电动作电流与额定漏电动作时间的乘积不应大于30 mA·s。36 V及36 V以下的用电设备,如工作环境干燥可免装漏电保护器。

总配电箱和开关箱中两级漏电保护器的额定漏电动作电流和漏电动作时间应作合理配合,使之具有分级分段保护功能。漏电保护器必须按产品说明书安装、使用。对搁置已久重新使用和连续使用一个月的漏电保护器,应认真检查其特性,发现问题及时清理及更换。

(2) 熔断器的规格应满足被保护线路和设备的要求,熔体不得削小或合股使用,严禁用金属线代替熔丝;熔体应有保护罩,熔体熔断后,必须查明并排除故障后方可更换,装好保护罩后方可送电。

(3) 插座:插销和插座必须配套使用,Ⅰ级电气设备应选用可接保护线的三孔插座,其保护端子应与保护零线连接。

8.8.10.7　现场照明

特殊场合照明器应使用安全电压:有高温、导电灰尘和灯具离地低于2.4 m等场所的照明,电源电压不大于36 V。在潮湿易触及带电体场所的照明电源电压不大于24 V。在特别潮湿的场所、导电良好的地面或金属容器内工作的照明电源电压不大于12 V。

(1) 工作截面的选择要求单相及两相线路中,零线截面与相线截面相同。在逐相切断的三相照明电路中,零线截面与相线截面相同;若数条线路共用一条零线时,零线截面按最大负荷相的电流选择。

(2) 室外照明装置

照明灯具的金属外壳必须作保护接零。单相回路的照明开关箱(板)内必须装设漏电保护器。室内灯具距地面不得低于3 m,钠、铊、铟等卤化物灯具的安装高度应在离地面5 m以上;灯线应固定在接线柱上,不得靠近灯具表面;灯具内接线必须牢固。路灯的每个灯具应单独装设熔断器保护,灯头线应作防水弯。油库、油漆仓库除通风良好外,其灯具必须为防爆型,拉线开关应安装在库门外。

(3) 室内照明

室内灯具不低于2.4 m。室内螺口灯头的接线,其相线应接在与中心触头相连的一端,零线接在与螺口相连接的一端;灯头的绝缘外壳不得有破损和漏电。在室内的水磨石、抹灰现场,食堂、浴室等潮湿场所的灯头及吊盒应使用瓷质防水型,并应配置瓷质防水拉线开关。在用易燃材料作顶棚的临时工棚或防护棚内安装照明灯具时,灯具应有阻燃底座,或加阻燃垫,并使灯具与可燃顶棚保持一定距离,防止引起火灾。对安装在易燃材料存放的场所和危险品仓库的照明器材,应符合放火要求的电器器材或采取其他防护措施。任何电器、灯具的相线必须经过开关控制,不得将相线直接引入灯具、电器。工地上使用的单相220 V生活电器,如食堂内的鼓风机、电风扇、电冰箱应使用专用漏电保护器。对民工的临时宿舍内的照明装置及插座要严格管理。严禁私拉乱接。

8.8.10.8　避雷针装置的安装

避雷针装置由避雷针、导(防)雷引下线和接地装置组成。施工现场避雷针的安装对象:塔吊、人、货电梯等机械设备。

8.8.10.9　触电与救护

最首要的措施是使触电者迅速脱离电源。使触电者迅速脱离电源的方法有两种:一种方法是切断电源开关;另一种是用干燥的绝缘木棒、布带等将电源线从触电者身上拨离,或者将触电者拨离电源。严禁救护者用手直接推、拉和触摸触电者;严禁救护者使用金属物品或其他绝缘性能差的物体(如潮湿的木棒、布带等)接触触电者。触电者脱离电源后必须立即采取急救措施:人工呼吸法,心脏按压法。

8.8.10.10　用电安全技术管理

应建立、健全用电管理机构,组织好操作、维护专业班组,明确管理机构与专业班组的职责;操作及维护人员必须学习安全用电操作规程,并熟悉本工程的供用电系统,并建立用电安全岗位责任制,明确各级用电安全负责人;用电操作人员须持证上岗,并具备相应的专业技能和身体条件;变电所内必须配备足够的安全工具及防护设施;建立定期巡视制度,低压配电装置每周巡检一次,分配电箱、施工机械及架空线路,每月巡检一到两次,接地装置应定期检查;严禁非电工拆装电气设备,严禁乱拉乱接电源;配电室、分配电箱及开关箱应加锁;电气设备明显部位应设“严禁靠近,以防触电”的标志;施工大型用电设备、大型机具应有专人进行维护和管理。

8.8.10.11　临时用电安全技术档案

施工现场临时用电必须建立安全技术档案,应由主管现场的电器技术人员负责建立与管理。施工现场还应做好以下资料记录:修改临时用电施工组织设计的资料;技术交底资料;临时用电工程检查验收表;电器设备的试、检验凭单和记录;接地电阻测定记录表;定期检(复)查表;电工维修工作记录。

8.8.11　脚手架施工方案

8.8.11.1　工程概况

本工程建筑为基础以上由裙房和塔楼组成,总建筑高度为 38 m;裙楼部分建筑高度为 23.3 m。本工程从三层开始采用悬挑脚手架。

8.8.11.2　悬挑脚手架部分

本工程采用的悬挑脚手架,外挑型钢选用 20＃工字钢,底梁选用 12＃槽钢,采用扣件式钢管脚手架,外侧采用密目网封闭,搭设高度 32.4 米。分别从三层和八层向外悬挑。构造要求如下:

(1) 悬挑部分

本悬挑脚手架,悬挑高度为 32.4 m,立杆纵距 1 500 mm,立杆横距 1 000 mm,步距 1 800 mm。支架梁悬挑长度为 1 300 mm,为 18＃工字钢;支架梁间距 2 000～2 400 mm 一道。底梁采用 12＃槽钢。

(2) 立杆要求

立杆各层各步接头必须采用对接扣件连接。对接、搭接应符合下列规定:①立杆上的对接扣件应交错布置:两根相邻立杆的接头不应设置在同步内,同步内相隔立杆的两个相隔接头在高度方向错开的距离不宜小于 500 mm;各接头中心至主节点的距离不宜大于步距的 1/3;②搭接长度不应小于 1 m,应采用不少于 2 个旋转扣件固定,端部扣件盖板的边缘至杆端距离不应小于 100 mm。

(3) 纵向水平杆构造要求

纵向水平杆应采用直角扣件固定在横向水平杆上,并应等间距设置,间距不应大于 400 mm。纵向水平杆接长采用对接扣件连接,对接扣件交错布置:两根相邻纵向水平杆的接头不宜设置在同步同跨内;不同步或不同跨的两个相邻接头在水平方向错开的距离不应小于 500 mm;各接头中心至最近主节点的距离不宜大于纵距的 1/3。

(4) 横向水平杆构造要求

主节点处必须设置一根横向水平杆,用直角扣件扣接且严禁拆除。主节点处两个直角扣件的中心距不应大于 150 mm。双排架的横向水平杆两端应采用直角扣件固定在立杆上。

(5) 竹笆脚手板及栏杆、挡板的构造要求

竹笆脚手板的主筋应垂直于纵向水平杆铺设,采用对接平铺,并用 10# 铁丝固定在纵向水平杆上。栏杆每步设置二根,架体外侧及底部全部采用密目安全网包住,架体底层与建筑物外墙设置 200 mm 高木夹板,并做好安全标志,架体底层与建筑物外墙的 200 mm空档设置挡板围牢。

(6) 连墙件的构造要求

采用刚性连墙构件,连墙杆采用⌀48 钢管,钢管和脚手架的连接采用扣件,与预埋在混凝土墙体内的 40×4 钢板用 14 螺栓固定,并采用钢管与钢筋混凝土墙体位置顶牢,保证其整体稳定性。连墙件采用两步三跨设置。连墙宜靠近主节点设置,偏离主节点的位置不应大于 300 mm。连墙件必须从底部第一根纵向水平杆开始设置。连墙杆应呈水平并垂直于墙面设置,与脚手架连接一侧可稍下斜。

(7) 支撑结构的构造要求

每道剪刀撑跨越立柱宜在 5～7 根之间,每道剪刀撑宽度不应小于 6 m,与架体底梁的倾角宜在 45°～60°之间。在外侧立面整个长度高度连续设置剪刀撑,与立杆用旋转扣件固定。剪刀撑的搭接长度不应小于 1 m,应采用不少于 2 个旋转扣件固定,端部扣件盖板的边缘至杆距离不应小于 100 mm。

8.8.11.3 *施工流程与施工方法*

施工准备要求技术负责人应按施工组织设计中的要求向架设人和使用人进行交底。对钢管扣件及竹笆等进行验收,不合格构配件不得使用,对悬挑脚的挑梁布置及焊接等进行验收,达到要求方可搭设。

杆件搭设流程:在建筑物楼层内对脚手架支架梁预埋钢筋→支架梁安装→底梁安装→设置立杆→设置纵、横向扫地杆→搭设大横杆→搭设小横杆→扶手水平杆→搭设剪刀撑杆→连墙杆拉设→张挂密目安全网→铺脚手板→验收→使用。

(1) 注意事项

封闭脚手架的同一步纵向水平杆必须沿建筑物周边交圈,用直角扣件与内外角柱固定。横向水平杆靠墙一侧距墙结构面距离不大于 200 mm。当脚手架操作层高出连墙件二步时,应采取临时牢固措施,直到连墙件搭设完成后方可拆除。剪刀撑应随立柱同步搭设。扣件规格必须与钢管外径相同,扣件螺栓拧紧扭力矩在 40～65 N·m之间。主节

点处固定纵横向水平杆、剪刀撑、横向支撑等到扣件的中心线距主节点的距离不大于 150 mm，各杆件端部伸出盖板边缘的长度不小于 100 mm。对接扣件的开口应朝内。竹笆应满铺，用铁丝扎牢，距墙面距离不大于 200 mm。栏杆各挡脚板应搭设在外排立柱的内侧，全架用密目安全网防护。

（2）验收

严格按《建筑施工安全检查标准》(JGJ59—99)及《建筑施工扣件式钢管脚手架安全技术规范》(JGJ130—2001)进行检查验收。

（3）拆除

拆除前必须完成以下准备工作：全面检查脚手架的扣件连接，连墙件，支撑体系是否符合安全要求，拆除安全技术措施应由技术负责人向架子工进行交底。

拆除应符合如下要求：①拆除顺序应由上而下逐层拆除，严禁上下同时作业。②所有连墙件应随脚手架逐层拆除，严禁先将连墙件拆除数层后再拆脚手架，分段拆除高差不应大于 2 步，如因施工要求大于 2 步应再设连墙件进行固定。③当脚手拆至最后一根长钢管时，应在适当位置搭设抛撑作临时加固，后拆除连墙件。当脚手架实行分段分立面拆除时，应按有关规定设置连墙件和横向支撑。④各构配件应分段集中运至地面，严禁高空抛物。

8.8.11.4　安全管理

（1）人员配备

脚手架搭设人员必须是经国家现行标准《特种作业人员安全技术考核管理规则》考核合格的专业架子工；上岗人员应定期体检，体检合格后方可发上岗证；架子工高空作业时严格遵守《建筑施工高处作业安全技术规范》中的有关规定，上岗时必须戴安全帽，安全带，穿防滑鞋。

（2）其他注意事项

严禁将模板支撑等固定在脚手架上，严禁在脚手架上悬挂起重设备。六级以上大风天气应停止脚手架作业，并由专职安全员对脚手架经常进行检查，并经常有人保修。

（3）检查保修项目

主节点处的各杆件的安装，连墙件、剪刀撑门洞的构造是否符合施工组织设计的要求。在脚手架使用期间严禁拆除下列杆件：主节点处纵横向水平杆、连墙件、支撑、栏杆及安全防护网。在脚手架上进行电气焊作业时，必须有防火措施，并有专人看管。脚手架避雷，接地措施按国家现行《施工现场用电安全技术规范》(JGJ46—2005)中的有关规定执行。拆除脚手架时，地面应设围栏及警戒标志，并有专人看守，严禁一切非操作人员入内。

（4）其他相关要求

悬挑脚手架所用材料应有出厂质保书或复试合格的材料。搭设过程必须由专职安全员在场，按安全操作规程指导进行，以及在施工全过程内也有专职安全员每天上班前认真检查螺栓受力情况、脚手架稳定性、安全设施是否正常。一旦发现异常，停止作业，待处理好且经技术部门认真复查后复工，并作记录。⌀16 钢筋为Ⅰ级冷弯成型需认真检查，不得有裂缝。⌀16 钢筋与槽钢紧靠受力，如有缝隙应有硬木锲形木塞紧受力，且混凝土内设加强筋 4⌀12。悬挑脚手架最高不得大于 20 米，且在每层设置水平杆作硬连接脚手架来稳定架子。18＃工字钢遇到剪力墙应预留洞口。脚手钢管采用⌀48 壁厚3.2 mm，且不得有裂缝。双排脚手架遵照有关钢管脚手架的规定。工字钢外挑部分搁置的横梁上立杆脚座处焊接ø 60 钢管头作为立杆，套入定位。工字钢与混凝土接触部分应是紧贴，遇不平处应给予处理好。认真注意钢管与槽钢及槽钢与工字钢的连接是否可靠。

8.9 特别施工技术

8.9.1 基坑围护方案

8.9.1.1 概述

本工程地下室占地面积约 12 500 m^2，基础底板埋置深度为－10 m，承台埋置深度－10 m，基坑围护已列为本工程一重点工作，它直接关系到工程的施工进度及施工人员的生命安全。本工程采用灌注桩加钢筋混凝土内撑作支护结构、三轴水泥土搅拌桩止水帷幕方案。

8.9.1.2 基坑支护施工

施工流程：土方开挖至冠梁底标高，破除桩头至桩顶标高，铺 150 mm 厚片石，浇 100 mm厚素混凝土垫层，每边超出支撑梁工作面 150 mm，在垫层上抹 20 mm 厚石灰浆层再铺油毛毡与支撑梁隔离，然后绑扎钢筋，并根据冠梁层及挖土通道平面布置图设置预埋件，侧面模板支撑，浇筑冠梁混凝土。

(1) 立柱桩施工

施工流程：场地平整→测量定位→钻井成孔→下放钢筋笼→安装格构柱并与钢筋笼焊接连接→格构柱与钢筋笼连接整体下放→下导管，安装注浆管→二次清孔，泥浆及沉渣指标合格→灌注水下混凝土→检查格构柱位置，及时矫正→混凝土终凝后拆除定位导轨。

(2) 钢筋笼制作

为保证钢筋质量，要求对现场的钢筋的种类、钢号及规格进行严格检查验收，每种钢筋必须附有出厂证明书及合格证，使用前应作钢筋抗拉、抗弯及焊接抗拉强度检测。钢筋笼采用环形箍筋成形法分段制作，分段长度在 12 m 之内。制作前将主筋校直，清除表面污垢、锈蚀等。环形加强箍、螺旋绕筋的连接用隔点焊固定，钢筋笼的外形尺寸应符合设计要求，其制作允许偏差应符合表 8.11 的规定：

表 8.11 钢筋笼制作允许偏差表

项 次	项 目	允许偏差(mm)
1	主筋间距	±10
2	箍筋间距	±20
3	钢筋笼直径	±10
4	钢筋笼整体长度	±100

为保证混凝土保护层厚度 50 mm，在钢筋笼上设置圆饼形水泥砂浆保护块ø 150 mm 厚50 mm，每平面 1 组(3～4 只)，沿钢筋笼长度方向 2.0～3.0 m 设置 1 组，每节笼不少

于 3 组，保证钢筋笼中心与桩中心重合。钢筋笼主筋同一截面上的接头数不得大于 50%。钢筋笼安装入孔时，起吊谨慎，避免碰撞并保持其垂直，下笼中途如遇阻碍，不得强拉猛压，待查明原因酌情处理后再行下笼。钢筋笼安装入孔后检查安装位置，确认符合要求后，用吊筋将其固定，避免浇混凝土时上拱或下沉。

(3) 格构柱制作

格构柱采用现场制作，制作场地选用混凝土硬化地坪，严格按设计长度下料，拼装前角铁需校正，下料长度内允许偏差为±5 mm，局部变形允许偏差为±2 mm。缀板拼接严格按每道梁中心线为基准安排缀板位置。为保证钢柱垂直度，在专用靠模中拼接。缀板与角钢的焊缝等级为三级，焊缝厚度为 10 mm。角铁拼接的焊缝等级为二级。焊条使用前应按出厂证明书规定进行烘干，严禁使用药皮脱落、焊芯生锈的焊条。柱身弯曲允许偏差 $h/250$，不大于 5 mm。格构柱堆放必须整齐，且不能超过两层，所垫导木须在同一直线上。格构柱在距底板底及底板顶 250 mm 位置设置两道止水钢板，宽度 200 mm，由于格构柱施工时止水钢板位置不易控制，可以在施工底板时一并施工。格构柱对接焊接质量要求，柱间对接焊接时接头应错开，保证同一截面的角钢接头不超过 50%，相邻角钢错开位置不小于 50 cm。角钢接头在焊缝位置角钢内侧采用同材料短角钢进行补强。格构柱加工允许偏差如表 8.12 所示：

表 8.12　结构柱加工允许偏差表

项　目	规定值及允许偏差(mm)	检查方法
下料长度	±5	钢尺量
局部允许变形	±2	水平尺测
焊缝厚度	≥10	游标尺量
柱身弯曲	$h/250$ 且不大于 5 mm	水平尺量
同平面角钢对角线长度	±5	对角点用尺量
角钢接头	≤50%，相邻角钢错开位置不小于 50 cm	钢尺量
接缝处表面平整度	±2	水平尺量

为保证格构柱施工时的焊接质量，格构柱加工过程中采取以下措施，加强焊接质量控制：施工前，对直接进行焊接作业的工人检查是否有操作证，没有操作证的不得上岗。施工过程中项目部指定专门技术人员进行旁站监督，对于焊接质量不合格的坚决返工重焊。焊缝必须饱满，表面无漏焊夹渣现象，焊缝厚度≥10 mm。焊接材料必须有出厂质量保证书，对于无产品合格证或质量保证书的坚决清退出场，不得使用。施工过程中，项目部质检员严格按照规范要求控制施工，加强过程控制。格构柱验收：格构柱加工成品必须向监理工程师报检，严格按照“三检制度”验收，合格后方可进入现场投入使用，对于不符合要求的格构柱必须整改，无法整改的格构柱坚决清退不得使用。

(4) 格构柱安装

成孔验收合格后，对于旋挖钻成孔的桩在钻孔桩的两侧放置两块行车道板，并安放稳定，用水准仪找平，保证行车道板在同一水平面上。格构柱安放前，先进行钢筋笼的安放，钢筋笼下放严格按照前面叙述的钢筋笼吊装方法进行。钢筋笼吊放入孔时，必须垂直确保桩孔和钢筋笼的同心度，并保证搁置平稳。对于较长的钢筋笼分两节制作吊装下放，钢筋笼主筋焊接采用单面焊，焊缝长度≥10d，焊缝宽度≥0.7d，焊缝厚度≥0.3d(d为钢筋直径)。钢筋笼下放到与护筒齐平位置，暂时固定。钢筋笼安放后，进行格构柱校正架安装，根据设计要求，钢立柱各边与轴线严格垂直或平行，格构柱校正架定位时除四边中心刻有"十"字线记号，用于对准桩孔中心外，还须将格构柱校正架各边与轴线垂直或平行。将格构柱校正架与两块行车道板或钢板连接牢固，调整校正架保证水平，下放格构柱，插入钻孔桩设计顶标高以下 3.0 m 位置，格构柱每侧面与两根主筋焊接牢固，焊接采用双面焊，焊缝长度≥5d，并用定位钢筋将格构柱固定在桩孔中心处。为保证下放过程中钢筋笼不变形，在笼顶第一道加强筋位置采用两根加强箍筋对笼顶易变形位置进行加强，然后将格构柱与钢筋笼用吊车整体起吊下放。下放过程中，用二经纬仪双向观测控制，使安装后的格构柱上口居于中心，待上下二点垂直后入孔。确保一柱一桩钢立柱垂直度控制在 1/300 以内，中心偏差不大于 20 mm。格构柱顶标高控制及固定：格构柱标高控制，预先用水准仪测定桩孔处校正架顶标高，然后根据插入孔内深度，在钢立柱上用红油漆标出柱顶标高位置，当钢立柱下放到位时，在格构柱两侧用 ∟90×12 角钢焊接固定在校正架上，格构柱标高控制为±20 mm。

(5) 注浆导管安装

选用 258 mm×4 mm 导管钢质丝扣连接，具备良好的同心度和密封性。导管入孔后位置居中，底口距孔底 30～50 cm 左右，以便放出隔水球胆。混凝土浇灌，浇灌前先设置好隔水球胆和隔板，并在料斗内装入足够初灌量的混凝土。浇混凝土过程中，导管必须保持 3～10 m 的埋深，并要做到勤测深、勤拆管。严禁将导管提出混凝土面。当混凝土面接近钢筋笼底部时，尽量将埋深保持在下限，放慢浇灌速度，小幅度提动导管，避免钢筋笼上浮。当混凝土面达到规定标高经测定确认后，停止灌注，割断吊筋，拔出护筒后结束。完整、正确、清晰、真实地做好原始记录。

(6) 钢管内支撑安装

钢支撑安装工艺：支撑编号→对号运到现场→焊钢板托架→支撑就位校正→施加预应力→紧固钢楔→拆除液压千斤顶→与格构柱、斜撑钢管焊接。

钢支撑的架设是保证基坑开挖和结构施工安全、控制基坑收敛和位移的有效措施。钢支撑进场前全面检查验收，特别加强钢管法兰和钢管接头焊缝质量检查。钢支撑安装时位置由专人负责放样，安装钢支撑时用测量仪器校正，控制好轴线位置，防止安装不到位。钢支撑吊装采用两台汽车吊协作进行。

由于基坑宽度较大，基坑中间设置临时立柱进行安装联系梁，联系梁作为钢支撑中间位置撑托，在安装联系梁过程中，要求标高一定要控制到位，在安装钢支撑时，钢支撑与联系梁交叉位置用木楔塞实，防止钢支撑过长，来回摆动。每根钢支撑均在一端设置千斤顶支座和承力牛腿，安装就位后立即用液压千斤顶(两台并联)对支撑施加预应力，预加应力值严格按要求执行，每根支撑施加的预应力值要记录备查。施加预应力时，要及时检查每个接点的连接情况，并做好施加预应力的记录。然后在预留的活络端管槽加钢楔楔紧，最后放松并移走千斤顶。钢支撑安装后，加强钢管挠度及应力量测，以确保施工安全和周边环境的稳定。斜撑焊接采用钨极氩弧焊。

钢支撑施工完毕后开始挖土至第二道斜撑，即钢筋混凝土内撑梁梁底标高，在内撑梁底浇 100 mm 厚素混凝土垫层，每边超出支撑梁工作面 150 mm，再绑扎钢筋，侧面模板支撑，浇筑内撑梁混凝土。

支撑拆除要求地下二层外墙防水施工完成后，基础外回填土，夯实，并于回填土上浇筑 500 mm 厚 C30 混凝土，顶标高齐平地下二层顶板面，待达到强度后凿除钢筋混凝土内撑梁。待地下一层外墙防水施工完成后，基础外回填土，夯实，并于回填土上浇筑 500 mm厚 C30 混凝土，顶标高为－2.45 m，待达到强度后拆除钢支撑。钢支撑拆除后将格构柱割除，用 C40 微膨胀混凝土补浇地下二层顶板格构柱缺口。

8.9.2　管井降水

8.9.2.1　井点降水设备计划

本工程基坑周长尺寸约为 258 m；基础底标高为－11.4～－11.7 m。土方开挖前须先降低地下水位。本工程采取管井降水降低地下水位，共内设 16 口降水井，井深 21 m，并与基坑四周设置 25 口回灌观察井，井深 12 m。坑外水位低于－2.35 m(绝对标高)时即开始回灌，基坑内降水深度控制在坑底 0.5 m 左右。地下室底板四周设排水沟，四角设积水坑，每个承台在浇筑混凝土垫层时留设直径 500 mm 深 400 mm 的积水坑，基坑四周设明沟。

8.9.2.2　井点管平面布置

采用环状井点布置，基坑外围总长度为 258 m，在止水帷幕内设置 16 口降水井，基坑外设置 25 口回灌观察井。

8.9.2.3　降水井施工

(1) 施工流程

测量放线→钻机定位→钻孔→清孔→吊放管井→填料→封口→洗井→安装水泵及控制电路→试抽水→降水井正常工作→降水井完毕拔井管→封井。

(2) 施工方案

测放井位：根据平面布置示意图测放井位，井位应避开工程桩、柱、地梁、承台及地下室主体结构墙。当布设的井点受地面障碍物或施工条件的影响时，现场可作适当调整。埋设护口管：护口管底口应插入原状土层中，管外应用黏性土和草辫子填实封严，防止施工时管外返浆，护口管上部应高出地面 0.5 m。安装钻机：机台应安装稳固水平，大钩对准孔中心，大钩、转盘与孔的中心三点成一线。钻进成孔：降水井开孔孔径为⌀1 000 mm，均一径到底。钻进开孔时应吊紧大钩钢丝绳，轻压慢转，以保证开孔钻进的垂直度，成孔施工采用孔内自然造浆，钻进过程中泥浆密度控制在 1.10～1.15，当提升钻具或停工时，孔内必须压满泥浆，以防止孔壁坍塌。清孔换浆：钻孔钻进至设计标高后，在提钻前将钻杆提至离孔底 0.50 m，进行冲孔清除孔内杂物，同时将孔内的泥浆密度逐步调至 1.10，直至孔底沉淤小于 30 cm，返出的泥浆内不含泥块为止。下井管：管底抛填 0.5 m 厚的砾料封底。⌀360 管子进场后，应检查过滤器的缝隙是否符合设计要求。下管前必须测量孔深，孔深符合设计要求后，开始下井管，下管时在滤水管上下两端各设一套直径小于孔径 5 cm 的扶正器(找正器)，以保证滤水管能居中，井管焊接要牢固，垂直，下到设计深度后，井口固定居中。填砾料(粗砂)：井管上口应加闷头密封后，从钻杆内泵送泥浆进行边冲孔边逐步稀释泥浆，使孔内的泥浆从滤水管内向外由井管与孔壁的环状间隙内返浆，使孔内的泥浆密度逐步稀释到1.05，然后开小泵量按前述井的构造设计要求填入砾料，并随填随测填砾料的高度，直至砾料下入预定位置为止。井口封闭：在粗砂的围填面上采用优质黏性土围填至地表，围填时应控制下入速度及数量，沿着井管周围少放慢下的围填。然后在井口管外做好封闭工作。洗井：在提出钻杆前利用井管内的钻杆接上空压机先进行空压机抽水洗井，待井能出水后提出钻杆再用活塞洗井，活塞必须从滤水管下部向上拉，将水拉出孔口，对出水量很少的井可将活塞在过滤器部位上下窜动，冲击孔壁泥皮，此时应向井内边注水边拉活塞。当活塞拉出的水基本不含泥沙后，再用空压机抽水洗井，吹出管底沉淤，直到水清不含沙为止。安泵试抽：沉井施工结束后，在降水井井内及时下入潜水泵或接真空管、铺设排水管道、电缆、地面真空泵安装等，抽水与排水系统安装完毕，即可开始试抽水。在降水管井内先采用真空泵与潜水泵交替抽水，真空抽水时管路系统内的真空度不宜小于−0.06 MPa，以确保真空抽水的效果。电缆与管道系统在设置时应注意避免在抽水过程中不被挖土机、吊车等碾压、碰撞损坏，因此，现场要在这些设备上进行标识。排水：洗井及降水运行时应用管道将水排至场地四周的明沟(渠)内，并通过过滤，将水排入场外市政管道中。

(3) 技术要求

降水井抽水时，潜水泵的抽水间隔时间自短至长，每次抽水井内水抽干后，应立即停泵，对于出水量较大的井每天开泵抽水的次数相应要增多。为了提高坑底土层的疏干效果，在抽水运行过程中采取勤抽水的方法，将井内的水位始终降至最低，尽可能保证井管外潜水层内的地下水水位与井管内的动水位的高差达到最大，确保土层的疏干效果。降水运行过程中，对各停抽的井及时做好水位观测工作，及时掌握井内水位的变化情况。降水运行期间，现场实行24小时值班制，值班人员应认真做好各项质量记录，做到准确齐全。降水井根据基坑开挖、基坑隆起等情况按需降水。降水运行过程中对降水运行的记录，应及时分析整理，绘制各种必要图表，以合理指导降水工作，提高降水运行的效果。降水运行记录每天提交一份，如有停抽的井应及时测量水位，每天1～2次。降水运行至主体结构顶板覆土后，用微膨胀混凝土灌注井点管，并加焊钢板封闭。

8.9.2.4 回灌井施工

回灌井点系统由水源、流量表、水箱、总管、回灌井管组成，其工作方式恰好与抽水井点相反。将水灌入井点后，水从周围土层渗入，在土层中形成一个和降水井点相反的倒转落漏斗，其构造与降水井点基本相同，回灌井应靠近保护的建筑物。

(1) 施工要点

回灌井点埋设方法及质量要求与降水井点相同；对清洗好井管的井，确保合格后，对回灌井进行封闭，把井管最上端用能达到承压厚度的钢板焊封，循环水管在钢板上开口焊封，确保回灌井的回灌量。

(2) 技术要求

为预防和处理管井堵塞，主要采用回扬的方法，回扬是在回灌井中开泵抽排水中堵塞物。每口回灌井回扬次数和回扬持续时间主要由含水层颗粒大小和渗透性而定。在岩溶裂隙含水层进行管井回灌，长期不回扬，回灌能力仍能维持；对细颗粒含水层，回扬尤为重要，回扬时间宜为1个星期一次。

回灌水量应根据地下水位的变化及时调整，尽可能保持抽灌平衡，即要防止灌水量过大，渗入基坑影响施工，又要防止灌水量过小，使地下水位失控而影响回灌效果。为此要在原有建筑物上设置沉降观测点，进行精密水准测量。在其纵横轴线及原有建筑物附近设置水位观测井，以测量地下水位的标高。固定专人定时观测，并做好记录，当坑外水位低于−2.35 m时及时回灌，使原有建筑物的地下水保持一定的深度，从而达到控制沉降目的，保证建筑物安全。

要做好回灌井点设置后的冲洗工作，冲洗方法一般是往回灌井点大量注水，迅速抽水，尽可能加大地基内的水力梯度，这样既可除去地基内的细粒成分，又可提高其灌水能力。

回灌水宜采用清水，以保持回灌水量，为此必须经常检查灌入水的污浊度及水质情况，避免产生孔眼堵塞现象，同时也必须及时校核灌水压力和灌水量，当产生孔眼堵塞时，应立即进行井点冲洗。

8.9.2.5　周边建筑物沉降观测

(1) 观测点布置

在本基坑工程中，监测的主要项目有：桩体测斜观测点，共 15 点；临近建筑、地面、管线沉降观测点，共 25 点；支撑轴力观测点，共 4 点；周边公共设施沉降观测点，视实际情况布置。

(2) 监测项目的控制值、报警值及应急措施

①控制值、报警值确定的原则

满足设计计算要求，不可超出设计控制值；满足测试对象的安全要求，达到保护的目的；满足现行的相关规范、规程要求；在保证安全的前提下，综合考虑工程质量和经济等因素，减少不必要的资金投入。

②控制值、报警值的确定

我方根据相关规范，结合工程实践经验，对该工程监测项目提出以下控制值、报警值，如表 8.13 所示：

表 8.13　基坑支护阶段控制值、报警值表

序号	监测项目	监测位置、对象	监测精度	控制值	报警值
1	基坑土体或支护桩位移	基坑支护结构周边土体	±1 mm	30 mm	累计 20 mm 速率 5 mm/d
2	周边建筑及路面沉降位移	周边建筑物及路面	±1 mm	25 mm	累计 18 mm 速率 3 mm/d
3	地下水位	支护结构外部水位	±10 mm	−2 000 mm	−1 500 mm
4	支撑轴力	内支撑	<1/100 F·S	3 500 kN	3 000 kN
5	邻近管线沉降	基坑周边	±1 mm	15 mm	累计 10 mm 速率 2 mm/d

③应急措施

a. 当监测项目达到其报警值时，应采取以下措施：在发现达到报警值 24 小时内，提交一份详细的应急计划书；执行达到报警值而制定的措施。两天内提交监测报告，包括轻微的变形、评估监测到相关的建筑物轻微滑动的影响，以及基于变化趋势作出的进一

步反应和所产生影响的预测。修改详细的措施计划。依照详细应急计划书，为执行紧急预案措施做准备。

b. 当监测项目超过报警值时，应采取以下措施：依照应急计划书，执行紧急预案措施，避免达到控制值。检讨措施的成效。在工程影响范围内采取额外的措施，避免达到控制值。修正紧急预案，包括细微的变形、评估监测相关的建筑物和基坑围护结构的影响。基于变化趋势作出的进一步反应和所产生影响的预测。

c. 当监测项目达到控制值时，施工单位应会同设计、监理等相关部门商讨所需紧急预案措施，应当执行紧急应变措施，可能包括暂停在受影响区域的施工以减少地面变形的措施。准备一份详细的报告回顾讨论施工方法及分析建筑物的变形、地面反应和建筑物加固方案。暂停施工项目，直至证明继续施工对其他建筑物和基坑内的人员的安全没有影响。

(3) 观测时间与周期

基坑开挖阶段：在开挖卸载急剧阶段，间隔时间不应超过 3 天，其余情况下可延至 7 天。当结构变形超过有关标准或场地条件变化较大时，应加密观测。当达到警戒值时，则需进行连续监测(每天测两次以上或以小时进行监测)。每次的监测结果及时向施工单位、业主、设计、监理单位如实报告。基坑开挖完以后阶段：10 天一次。当结构变形超过有关标准或场地条件变化较大时，应加密观测。

监测工期，从投入监测开始直至基坑回填完的时段，各项监测工作时间间隔可参考表 8.14：

表 8.14　各项监测工作时间间隔值表

项　目	基坑开挖期间	基坑非开挖期间	备　注
基坑土体及支护桩测斜	3 天一次	10 天一次	发现异常情况，应进行连续监测
地下水位	3 天一次	10 天一次	
周边公共设施沉降	3 天一次	10 天一次	
支撑轴力	3 天一次	10 天一次	

8.9.3　基础底板大体积混凝土施工

8.9.3.1　基础概况

本工程基础底板厚 650 mm，承台高度 1.4 m 及 1.7 m，最大承台混凝土量为 42.5 m^3，属于大体积混凝土。混凝土浇筑及施工质量控制，将是影响整个基础底板施工质量的关键，本项目将制定严密、科学的施工方案，组织施工，确保混凝土施工质量。本工程基础底板为抗渗混凝土且设地梁，混凝土全部使用商品混凝土浇筑。

8.9.3.2　专项施工准备

(1) 施工条件

底板钢筋经过甲方、设计、监理验收合格，墙体插筋预留到位。地泵就位，泵管架设到位，现场混凝土罐车周转场地通畅。基底清理干净，无积水、木屑、铅丝等杂物。混凝土搅拌站必须根据工程的需要，配备足够的运力，保证供应的连续性。混凝土运输应控制混凝土运至浇筑地点后不离析、不分层。运输车应随车带有减水剂。对于到达现场而坍落度不符合要求、已超过初凝时间、和易性太差的混凝土应拒绝使用，予以退回。现场临电、临水、机械维修组织人力，保证施工正常、顺利进行。

（2）施工机具准备

表 8.15　施工机具一览表

材料名称	单位	数　量	备注
振捣棒	根	10	50 型
振捣电机	台	10	
镝　灯	个	6	用于夜间照明
塑料布	m^2	3 500	
混凝土输送泵	台	4	其中地泵 2 台
泵　管	m	200	
混凝土搅拌车	辆	16	满足进度要求

（3）材料要求

水泥选用矿渣硅酸盐水泥，同时掺加适量粉煤灰降低混凝土水化热。粗骨料最大粒径 0.5～2.5 mm，含泥量不大于 1%，针状颗粒含量不宜大于 10%。砂采用细度模数为 2.5～3.2 中砂，平均粒径大于 0.5 mm，通过 0.315 mm 筛孔的砂不少于 15%，含泥量不大于 3%，同时具有良好的级配。外加剂和掺和料应具备出厂合格证、检验报告、复试报告、准用证等，同时掺量应符合设计要求。坍落度：混凝土坍落度宜在 100～140 mm。混凝土用的水泥、砂石、外加剂、掺和料等必须出具由市技术监督局核定的法定单位出具的（碱含量和集料活性）的检测报告。地泵浇筑的混凝土水灰比为 0.4～0.5，砂率为 38%～45%，最小水泥用量为 300 kg/m^3，加入的引气型减水剂的含量不应大于 3%。

（4）劳动力组织

包括施工队分为两个浇筑小组，每个小组人员如下：振捣手 4 人，布泵管 12 人，找平 6 人，放料 4 人，养护 5 人，看模 2 人，看筋 4 人，临电 2 人，临水 2 人，现场清理 2 人，指挥 3 人。

8.9.3.3　专项施工安排

混凝土浇筑时间：基础底板根据后浇带划分分段浇筑，根据工程进度安排，确定浇筑时间，每次混凝土浇筑应连续进行，一次成活。施工机械配备设置：基础底板混凝土浇筑过程中，塔吊配合施工。施工机械配备设置依据：本工程基础底板混凝土浇筑采用斜面分层浇筑方案。分层浇筑每层厚度 250 mm，混凝土初凝时间取 6 小时。设 2 台地泵，每台泵共需 8 辆混凝土罐车。另外，为防止出现机械事故，需配备用汽车泵一台，混凝土罐车 6 辆。

8.9.3.4　主要施工方法

施工程序：基础底板钢筋绑扎→墙体插筋、模板支设→混凝土浇筑→混凝土养护混凝土浇筑要求底板混凝土从两边分别向中部浇筑。在绑好的底板钢筋上铺一层竹胶板，竹胶板上放 2 m 长方木，将泵管放在方木上，接到浇筑混凝土位置，严禁将泵管直接放在基础底板钢筋上，泵管出口接 6 m 长软泵管，便于调整浇筑位置。底板混凝土从中部分别向两边浇筑，输送管随浇筑随拆除，拆接管要迅速，以防堵管。

混凝土浇筑采用斜面分层浇筑方案，这种自然流淌形成斜坡混凝土的浇筑方法，能较好地适应泵送工艺。泵送混凝土时，按 1∶6～1∶10 坡度浇筑，每层浇筑厚度 250 mm，且上层混凝土应超前覆盖下层混凝土 500 mm 以上。输送管垂直段应注意接头是否严密，防止混入空气，产生堵塞。施工前应先用适量的与混凝土同标号的水泥砂浆润滑输送管内壁。当泵送间歇时间超过 45 分钟或当混凝土出现离析现象时，应立即用压力水或其他方法冲洗管内残留的混凝土。

在每个浇筑带的前、后布置两道振动器。第一道布置在混凝土卸料点，主要解决上部混凝土的捣实；第二道布置在混凝土坡脚处，确保下部混凝土密实。随着混凝土工作的向前推进，振动器也相应跟上，以确保整个混凝土的浇筑质量。混凝土振捣时要做到“快插慢拔”，在振捣过程中，宜将振捣棒上下略有抽动，以使上下振动均匀，振捣棒应插入下层 5～10 mm 左右，以消除两层之间的接缝。每点振捣时间为 20～30 s 为宜，但还应视混凝土表面不再显著下沉、表面无气泡产生且混凝土表面有均匀的水泥浆泛出为准。振点间距 50 mm，呈梅花形布置。振捣时禁止碰到钢筋、模板、预留管道和埋件等。混凝土中掺入 JM-Ⅲ膨胀剂，以解决结构超长、混凝土温度收缩产生的裂缝及抗渗。后浇带处掺量为 12%，其余部分为 8%。

8.9.3.5　大体积混凝土裂缝控制计算

(1) 混凝土浇筑前裂缝控制计算

在大体积混凝土浇筑前，根据施工拟采取的防裂措施和现有的施工条件，先计算混凝土的水泥水化热的绝热最高温升值、各龄期收缩变形值、收缩当量温差和弹性模量，然后通过计算，估量可能产生的最大温度收缩应力，如不超过混凝土的抗拉强度，则表示所采取的防裂措施能有效控制、预防裂缝的出现；如超过混凝土的抗拉强度，则可采取措施调整混凝土的入模温度、降低水化热温升值、降低混凝土内外温差、改善施工操作工艺和混凝土拌和物性能、提高抗拉强度或改善约束等技术措施重新计算，直至计算的应力在允许的范围。

①混凝土的水化热绝热温升值

$$T_{(t)} = \frac{CQ}{c \cdot \rho}(1 - e^{-mt}) \qquad \text{（式 8-1）}$$

式中：$T_{(t)}$——混凝土浇筑完 t 段时间，混凝土的绝热温升值(℃)；

C——每立方米混凝土水泥用量(kg)，取 320 kg(根据搅拌站试配通知单)；

Q——每千克水泥水化热量(J/kg)，取 271 J/kg(施工手册 4—460)；

c——混凝土的热比，一般由 0.92 ～ 1.00，取 0.96(J /kg · K)(施工手册 4—460)；

ρ——混凝土的质量密度，取 2 400 kg/m³；

e——常数，e=2.718；

m——与水泥品种、浇筑时与温度有关的经验系数，一般为 0.2～0.4，取 0.3 (施工手册 4—460)；

t——混凝土浇筑后至计算时的天数，取 7 天。

$$T_{(t)} = \frac{CQ}{c \cdot \rho}(1 - e^{-mt}) = \frac{320 \times 271}{0.96 \times 2\,400}(1 - 2.718^{-2.1}) = 42.89\ ℃$$

②各龄期混凝土收缩变形值

$$\varepsilon_{y(t)} = \varepsilon_y^0(1 - e^{-0.1t}) \sum_{i=1}^{n} M_i \quad \text{（式 8-2）}$$

式中：$\varepsilon_{y(t)}$——各龄期(天数)混凝土的收缩相对变形值；

ε_y^0——标准状态下最终收缩值(即极限收缩值)取 3.24×10^{-4}；

$\sum_{i=1}^{n} M_i$——结合施工手册规范并考虑各种非标准条件的修正系数，取 $1.0+1.0+1.0+1.42+1.75+0.95+0.88+1.4+1.0+0.91=11.31$。

则

$$\varepsilon_{y(t)} = \varepsilon_y^0(1 - e^{-0.1t}) \sum_{i=1}^{n} M_i = 3.24\times10^{-4}(1 - e^{-0.7}) \sum_{i=1}^{n} M_i = 1.84\times10^{-3}$$

③各龄期混凝土收缩当量温差

$$T_{y(t)} = -\frac{\varepsilon_{y(t)}}{a} \quad \text{（式 8-3）}$$

式中：$T_{y(t)}$——各龄期(天数)混凝土收缩当量温差(℃)；

a——混凝土的线膨系数，取 1.0×10^{-5}(施工手册 4—462)。

则

$$T_{y(t)} = \frac{\varepsilon_{y(t)}}{a} = -\frac{\varepsilon_{y(t)}}{1.0\times10^{-5}} = -184$$

④各龄期混凝土弹性模量

$$E_{(t)} = E_0(1 - e^{-0.09t}) \quad \text{（式 8-4）}$$

式中：$E_{(t)}$——混凝土从浇注至计算时的弹性模量(N/mm^2)；

E_0——混凝土的最终弹性模量(N/mm^2)，取 $3.0\times10^4\ N/mm^2$(施工手册 4—462)。

则

$$E_{(t)} = E_0(1 - e^{-0.09t}) = 3.0\times10^4(1 - e^{-0.63}) = 1.402\times10^4\ N/mm^2$$

⑤混凝土的温度收缩应力

$$a = \frac{E_{(t)}\cdot a\cdot \Delta T}{1 - v}\cdot S_{(t)}\cdot R \quad \text{（式 8-5）}$$

式中：ΔT——混凝土的最大综合温差(℃)，$\Delta T = T_{(t)}$(实时温度)$+T_0$(入模温度)$-T_h$(稳定时温度)；

T_0——混凝土的入模温度(℃)；

T_h——混凝土浇筑后达到稳定时的温度(℃)；

$S_{(t)}$——考虑徐变影响的松弛系数，取 0.4(施工手册 4—462)；

R——混凝土的外约束系数，取 0.375(施工手册 4—462)；

v——混凝土的泊松比，取 0.175(施工手册 4—462)。

则

$$a = \frac{E_{(t)} \cdot a \cdot \Delta T}{1-v} \cdot S_{(t)} \cdot R = \frac{1.402 \times 10^4 \times 10^{-5} \times (32.52+35-18)}{1-0.175} \times 0.4 \times 0.375$$
$$= 1.26\ \mathrm{N/m^2}$$

由此：$a=1.26<2.0\times0.68=1.36$(7 天的抗拉强度标准值)，满足要求。

(2) 混凝土浇筑后裂缝控制计算

在大体积混凝土浇筑后，应根据实测温度值和绘制的温度升降曲线，分别计算各降温阶段的混凝土温度收缩拉应力。如累计的总拉应力不超过同龄期的混凝土抗拉强度，则说明所采取的防裂措施能够有效控制和预防有害裂缝的出现，如超过该阶段的混凝土抗拉强度，则应采取措施加强养护，减缓其降温的速度，提高该龄期混凝土抗拉强度，以达到控制裂缝的出现。

①混凝土的绝热温升值计算

$$T_{(t)} = \frac{CQ}{c \cdot \rho}(1-\mathrm{e}^{-mt}) \qquad \text{(式 8-6)}$$

式中：$T_{(t)}$、C、Q、c、ρ、e、m、t 符号意义同前。

②混凝土实际最高温升值

根据各龄期的实测温度的升降曲线，按下式求各龄期实际水化热最高温升值。

$$T_d = T_h - T_0 \qquad \text{(式 8-7)}$$

式中：T_d——各龄期混凝土实际水化热最高温升值(℃)；

T_h——各龄期实测温度值(℃)；

T_0——混凝土入模温度(℃)。

③混凝土水化热平均温度

各龄期的混凝土水化热平均温度可按下式计算：

$$T_{t(t)} = T_1 + \frac{2}{3}(T_2 - T_1) \qquad \text{(式 8-8)}$$

式中：$T_{t(t)}$——混凝土水化热平均温度(℃)；

T_1——保温养护状态度的混凝土表面温度(℃)；

T_2——实测混凝土结构中心的最高温度(℃)。

④混凝土结构截面上任意深度处的温度

$$T_y = T_1 + \left(1 - \frac{4y^2}{d^2}\right) T_4 \qquad \text{(式 8-9)}$$

式中：T_y——混凝土结构截面上任意深处的温度(℃)；

d——混凝土结构物的厚度；

y——混凝土结构截面上任意点离开中心轴的距离；

T_4——混凝土表面温度。

⑤各龄期混凝土收缩变形值 $\varepsilon_{y(t)}$、收缩当量温差 $T_{y(t)}$ 及弹性模量 $E_{(t)}$ 计算同前。

⑥各龄期混凝土综合温差及总温差

各龄期混凝土的综合温差

$$T_{(t)} = T_{x(t)} + T_{y(t)} \tag{式 8-10}$$

各龄期混凝土的总温差为各龄期综合温差之和

$$T = \sum_{i=1}^{n} T_{(t)} \tag{式 8-11}$$

式中：$T_{(t)}$——各龄期混凝土的综合温差(℃)；

$T_{x(t)}$——x 轴向温度梯度；

$T_{y(t)}$——y 轴向温度梯度；

T——各龄期混凝土的总温差(℃)。

⑦各龄期混凝土松弛系数

混凝土考虑龄期及荷载持续时间影响下的应力松弛系数 $S_{(t)}$ 见表 8.16：

表 8.16　应力松弛系数表

时间(天)	3	6	9	12	15	18	21	24	27	30
$S_{(t)}$	0.168	0.208	0.212	0.215	0.230	0.252	0.301	0.367	0.473	1.00

⑧最大温度应力值

$$\delta_{(t)} = \frac{a}{1-v}\left(1-\frac{1}{\cosh\cdot\beta\cdot\dfrac{L}{2}}\right)\sum_{i=1}^{n} E_{i(t)}\cdot\Delta T_{i(t)}\cdot S_{i(t)} \tag{式 8-12}$$

降温时混凝土的抗裂安全 $K=\dfrac{\delta_{(t)}}{f_{ct}}\geqslant 1.05$ 应满足：

式中：$\delta_{(t)}$——各龄期混凝土结构所承受的温度应力；

a——混凝土的膨胀系数，取 1.0×10^{-6}；

v——泊松比，当混凝土结构为双向受力时，取 0.15 ；

$E_{i(t)}$——各龄期混凝土的弹性模量；

$\Delta T_{i(t)}$——各龄期综合温差；

$S_{i(t)}$——各龄期混凝土松弛系数；

cos$h$——双曲余弦函数；

β——约束状态影响系数，与结构物厚度、地基水平阻力系数、混凝土结构物长度、抗裂安全度和混凝土抗拉强度设计值相关。

8.9.3.6　大体积混凝土温度和收缩裂缝的控制措施

在通过计算满足要求的情况下，拟采用掺膨胀型防水剂，达到双控的效果。补偿收缩混凝土，混凝土中心温度与表面温度、表面温度与环境温度之差可适当放宽，其原理如下：设：大体积混凝土中心温度为 T_1，表面温度为 T_2，大气温度为 T_3；HEA 混凝土的限制膨胀率为 ε_2，混凝土的线膨胀系数为 α，产生的当量温度 $T=\varepsilon/\alpha$，一般 $\varepsilon_2=2\sim4\times10^{-4}$，

$\alpha=1.0\times10^{-5}/$ ℃，则 $T_4=20\sim40$ ℃，(T_4 为负值)。

若采用普通混凝土，须 $\Delta T_1=T_1-T_2\leqslant25$(℃)和 $\Delta T_2=T_2-T_3\leqslant25$(℃)，否则混凝土会开裂。

而采用补偿收缩混凝土后：$\Delta T_1=T_1-T_2+T_4\leqslant25$(℃)，$\Delta T_2=T_2-T_3+T_4\leqslant25$(℃)。

这意味着在大体积混凝土施工时，放宽了温控指标，一般不必再采用冷却骨料、在混凝土中设冷却水管、表面升温或施工时水平分层浇筑等传统施工方法，一次浇灌即可。这样可大大节约昂贵的控温费用。

降低水泥水化热：采用矿渣硅酸盐水泥或粉煤灰水泥；并充分利用混凝土的后期强度，减少每立方米混凝土中水泥用量。

降低混凝土入模温度：掺加相应的缓凝型减水剂。在混凝土拌和过程中掺入冰决，取代一部分拌和水，使骨料和水泥冷却下来，以降低混凝土拌和温度和减少余热。加强施工中温度控制：在混凝土浇筑之后，做好长时间的保温保湿养护，并注意避免曝晒，以充分发挥混凝土的"应力松弛效应"。改善约束条件，削减温度应力：分层、分块浇注混凝土，防止水化热的积聚，减少温度应力。

8.9.3.7 大体积混凝土养护

养护方法基础底板采用蓄水养护，基础地梁采用麻袋片覆盖浇水养护。养护 3 天后方可上人进行放线及钢筋清理工作，在已浇筑混凝土强度未达到 1.2 N/mm² 以前，不得在其上踩踏及安模板及支架。养护时间要求混凝土浇筑完毕后，普通混凝土养护时间不少于 7 天，抗渗混凝土养护时间不少于 15 天。

8.9.3.8 大体积混凝土测温

为掌握大体积混凝土温升和温降的变化规律，以及各种材料在各种条件下的温度变化规律，保证对混凝土养护和混凝土裂缝的控制，需对混凝土表面及混凝土内部温度进行监测。

(1) 热电偶组布置与测温

①热电偶组布置：在进行混凝土浇筑前，在基础底板每四分之一范围内设置 4 个热电偶组，所有热电偶组埋设时，用支架固定，支架与钢筋焊牢，并对其保护，设专人负责，确保在混凝土施钢筋和混凝土施工过程中不会受到破坏，每个热电偶组由 3 个热电偶组成，应设在筏板浇注指定区域内，具体位置如下：

A：一个热电偶在中间处；

B：一个热电偶在距离顶部 10 cm 处；

C：一个热电偶在距离底部 10 cm 处。

②热电偶组测温：热电偶的测温读数持续 90 天，并采用电子仪器记录，具体测温读数时间如下：

A：连续 4 天；

B：以后每天 6 小时；

C：以后每天 8 小时；

D：以后每天 12 小时。

温度在所有位置的读数应在图表上以温度对时间的曲线形式表示。

(2) 普通测温孔布置与测温

①测温孔布置：沿浇筑高度，布置在混凝土中部和上下表面。

②测温管：采用直径 20 mm 焊管（三根一捆），一端封闭，一端外露混凝土表面 10 cm，孔口处用保护套封好，防止杂物进入。

③测温方法：浇灌完毕的混凝土在 10 小时后开始试测，以后每 6 小时进行一次测试，并做详细记录，及时报技术负责人，对数据进行规律性统计，以便掌握大体积混凝土浇筑时的温度变化规律。

④测温时需用棉花将测温孔堵严，使测温表与外界环境隔离。

⑤在测温过程中，如发现混凝土表面温度和混凝土内部温度之差超过 25 ℃，应及时采取有效措施，以防止混凝土产生裂缝。

8.9.3.9　质量标准

（1）保证项目包括：①混凝土所用的水泥、水、骨料、外加剂等必须符合施工规范和有关标准的规定。②混凝土配合比、原材料计量、养护等必须符合施工规范的规定。③混凝土强度的试块必须按《混凝土强度检验评定标准》（GB/T107—2010）的规定和设计要求取样、制作、养护和试验。

（2）基本项目包括：①混凝土振捣密实，无漏振、胀模、孔洞、露筋、麻面、烂根等现象。②混凝土表面光滑、棱角完好、无磕碰及损伤。③墙体的平整度、垂直度符合设计及规范要求。

（3）允许偏差

表 8.17　大体积混凝土允许偏差表

项次	项　目	允许偏差(mm)
1	轴线位置：(1) 基础 (2) 独立柱 (3) 墙、柱、梁 (4) 剪力墙	15;10;8;5
2	截面尺寸	+8 −5
3	表面平整	8
4	预埋设施中心线位置：(1) 预埋件 (2) 预埋管	10 5
5	预埋洞中心线位置	15

8.9.3.10　质量控制措施

商品混凝土在运输过程中，要防止混凝土离析，坍落度的变化、水泥浆的流失以及产生初凝等现象。混凝土严禁现场随意加水。浇筑混凝土时，要在下层混凝土初凝前浇筑上层混凝土，防止施工冷缝的产生。混凝土浇捣过程中，不可使振捣棒直接接触模板和钢筋，使钢筋和模板的位置发生偏移，要经常加强检查钢筋保护层厚度及所有预埋件的牢固程度和位置的准确性。混凝土振捣时，由于采用放坡浇筑，因此在形成坡度后，要从两层混凝土相交层的最上部自上而下振捣，以防漏振，振捣以混凝土泛出浆液为准。夜间浇筑混凝土采用镝灯进行照明，严格控制每层浇筑厚度。板面混凝土拉通线找平，严格控制板面标高，误差在3 mm之内。经 4～5 小时左右，初步按标高用长刮尺刮平，在初凝前，用木抹子拍压两遍，搓成麻面，以闭合收水裂缝，然后用铁抹子压光，紧跟着用塑料扫帚沿短向扫出细麻面，施工时用刮杠按毛刷宽度靠线，保证一行压一行且相互平行。在混凝土达到1.2 Mpa以后方可上人进行操作及安装结构用支架和模板。

8.9.4 地下结构后浇带专项施工方案

8.9.4.1 关键部位后浇带施工方法

(1) 底板后浇带增设膨胀止水条,设置在基础底板中间。具体见图 8.10:

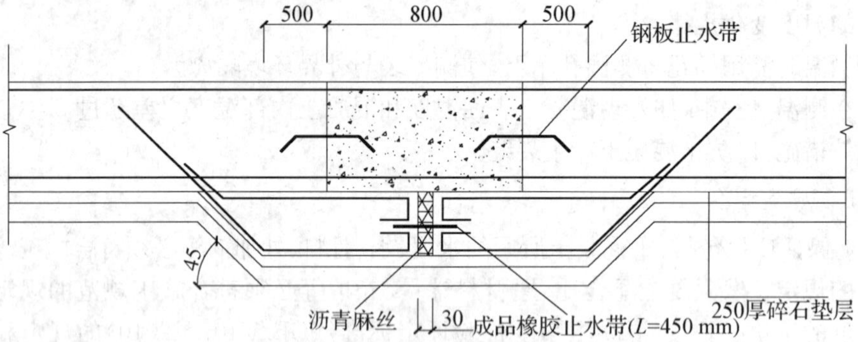

图 8.10 基础底板后浇带设置

(2) 地下室外墙后浇带具体做法见图 8.11:

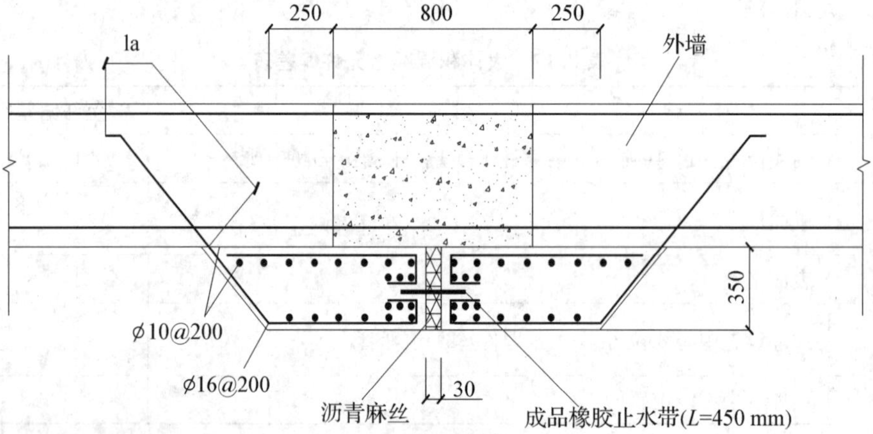

图 8.11 地下室外墙后浇带具体做法

8.9.4.2 后浇带施工

后浇带清理要求:在基础底板后浇带清理中,由于底板后浇带连接外墙竖向后浇带,并且没有及时用木模板覆盖,所以后浇带中积有淤泥,对于这种情况先用高压水方能冲洗干净,然后将后浇带两侧的混凝土凿毛,再次用水冲洗干净。外墙竖向沉降后浇带(背包)清理:清理掉背包中的木方、模板、铅网,将后浇带两侧的混凝土凿毛并用清洁的高压水冲洗干净。水平后浇带清理:将后浇带两侧的混凝土凿毛并剔除止水钢板下面的铅网然后用清洁的高压水冲洗掉止水钢板上的垃圾;清理干净后的后浇带在浇筑混凝土前要用模板进行覆盖。

后浇带支模要求梁板后浇带第二次支模时,只支设后浇带底部模板。本工程地下室大部分为无梁楼板,局部存在有梁楼板。第二次支模形式一样,支模时保证要与其两端竖向支撑体系牢固连接，拼缝严密，防止漏浆。

8.9.4.3　后浇带混凝土浇筑

后浇带混凝土的浇筑要在满足设计要求的情况下方可浇筑。后浇带浇筑混凝土的时间：沉降后浇带混凝土在主体结构（包括砌筑工程）结束或主体结构沉降基本稳定后再行施工；施工后浇带应在后浇带两侧混凝土龄期达到 60 天后方可浇筑。后浇带的封闭：封闭前，仔细地将整个混凝土表面的浮浆凿除，并凿成毛面，彻底清除后浇带中的垃圾及杂物，并提前浇水湿润，铺设水泥浆，以确保后浇带混凝土与先浇捣的混凝土连接良好；地下室底板和外墙后浇带的止水处理，按设计要求及相应施工验收规范进行。后浇带的混凝土应采用比先浇捣的结构混凝土设计强度等级提高一级的微膨胀混凝土浇筑振捣密实，并保持不少于 14 天的养护。混凝土施工按施工操作规程、施工验收规范进行施工。混凝土质量控制要求后浇带施工时模板应支撑安装牢固，钢筋进行清理整形，无蜂窝、孔洞、露筋。表面平整度在 5 mm 以内；垂直度在 5 mm 以内。抗压强度等级、抗渗等级符合设计要求、无开裂、漏水现象，效果良好，混凝土施工符合规范要求。

8.9.5　质量通病防治措施

8.9.5.1　模板工程质量通病防治措施

(1) 地下室剪力墙模板

①墙体厚薄不一，平整度差。其原因是模板的强度和刚度不够，龙骨的尺寸和间距、穿墙螺栓间距、墙体的支撑方法未认真操作。防治方法是模板设计应有足够的强度和刚度，龙骨的尺寸和间距、穿墙螺栓间距、墙体的支撑方法等在作业中要认真执行。

②墙体烂根，模板接缝处跑浆。其原因是模板根部缝隙未堵严，模板内清理不干净，混凝土浇筑前未坐浆。防治措施要求模板根部砂浆找平塞严，模板间卡固措施牢靠。模板内杂物清理干净，混凝土浇筑前应用与混凝土同配比的无石子水泥砂浆坐浆 50 mm厚。

③门窗洞口混凝土变形，其原因是门窗模板与墙模或墙体钢筋固定不牢，门窗模板内支撑不足或失效。防治措施要求门窗模板内设足够的支撑，门窗模板与墙模或墙体钢筋固定牢固。

(2) 模板缝隙跑浆，具原因是模板拼装时缝隙过大，连接固定措施不牢靠。防治措施要求模板拼装时缝隙垫海绵条挤紧，并用胶带封住。加强检查并及时处理。

8.9.5.2　钢筋工程质量通病防治措施

(1) 钢筋闪光对焊接头中有氧化膜、未焊透或夹渣。其原因包括：焊接工艺方法使用不当；焊接参数选择不合适；烧化过程太弱或不稳定；烧化过程结束到顶锻开始之间的过渡不够急速或有停顿，空气侵入焊口；顶锻速度太慢或带电顶锻不足；顶锻留量过大，顶锻压力不足，使焊口封闭太慢或未能真止密合。防治措施包括：选择适当的焊接工艺。重视预热作用，掌握预热要领，减少预热梯度。确保带电顶锻过程，采取正常的烧化过程。避免采用过高的变压器级数施焊，以提高加热效果。加快顶锻速度。增大顶锻压力。

(2) 电渣压力焊轴线偏移、弯折。其原因包括:①钢筋端部歪扭不直,在夹具中夹持不正或倾斜;②夹具长期使用磨损,造成上下不同心;③顶压时用力过大,使上钢筋晃动和移位;④焊后夹具过早放松,接头未及冷却,使上钢筋倾斜。其防治措施包括:①矫直钢筋端部;②正确安装夹具和钢筋;③避免过大的挤压力;④及时修理或更换夹具。

(3) 柱、墙钢筋位移其原因有固定钢筋的措施不可靠,在混凝土浇筑过程中被碰撞,偏离固定位置。其所对应的防治措施包括墙、柱主筋的插筋与底板上、下筋要固定绑扎牢固,确保位置准确。必要时可附加钢筋电焊焊牢,混凝土浇筑前、后应有专人检查修整。

(4) 受力筋保护层不符规定,露筋,其原因包括:①混凝土保护层垫块间距太大或脱落;②钢筋绑扎骨架尺寸偏差大,局部接触模板;③混凝土浇筑时,钢筋受碰撞位移。其所对应的防治措施包括:①混凝土保护层垫块要适量可靠;②钢筋绑扎时要控制好外形尺寸;③混凝土浇筑时,应避免钢筋受碰撞位移,混凝土浇筑前、后应设专人检查修整。

8.9.5.3 *现浇混凝土结构质量通病防治措施*

(1) 混凝土和易性差

拌和物松散不易黏结;或黏聚力大、成团,不易浇筑;或拌和物中水泥砂浆填不满石子间的孔隙;在运输、浇筑过程中出现分层离析,不易将混凝土振捣密实。其原因包括:①水泥强度等级选用不当。当水泥强度等级与混凝土设计强度等级之比大于22时,水泥用量过少,混凝土拌和物松散;当水泥强度等级与混凝土设计强度等级之比小于10时,水泥用量过多,混凝土拌和物黏聚力大、成团,不易浇筑。②砂、石级配质量差,空隙率大,配合比砂率过小,难以将混凝土振捣密实。③水灰比和混凝土坍落度过大,在运输时砂浆与石子离析,浇筑过程中不易控制其均匀性。④计量工具未检验,误差较大,计量制度不严或采用了不正确的计量方法,造成配合比执行不准,和易性差。⑤混凝土搅拌时间不够,没有拌和均匀。⑥配合比的设计,不符合施工工艺对和易性的要求。其防治措施包括:①混凝土配合比设计、计算和试验方法,应符合有关技术规定。②泵送混凝土配合比应根据泵的种类、泵送距离、输送管径、浇筑方法、气候条件等确定,并应符合下列规定:碎石最大粒径与输送管内径之比,宜小于或等于1∶3;卵石宜小于或等于1∶2.5,通过0.315 mm筛孔的砂应不少于15%,砂率宜控制在38%~45%;最小水泥用量宜为300 kg/m^3;混凝土的坍落度宜为100~180 mm;混凝土内宜掺加适量的外加剂;泵送轻骨料混凝土选用原材料及配合比应通过试验确定。③应合理选用水泥强度等级,使水泥强度等级与混凝土设计强度等级之比控制在13~20之间。客观情况做不到时,可采取在混凝土拌和物中掺加混合材料(如粉煤等)或减水剂等技术措施,以改善混凝土拌和物的和易性。④原材料计量应建立岗位责任制,计量方法力求简便易行、可靠。水的计量,应作标准计量水桶,外加剂应用小台秤计量。⑤在混凝土拌制和浇筑过程中,应按规定检查混凝土组成材料的质量和用量,每工作班应不少于2次。⑥在拌制地点及浇筑地点检查混凝土的坍落度或工作度,每一个工作班至少2次。⑦在一个工作班内,如混凝土配合比受外界因素影响而有变动时,应及时检查、调整。⑧随时检查混凝土搅拌时间,混凝土延续搅拌最短时间。

(2) 蜂窝

其原因是混凝土一次下料过厚,振捣不实或漏振,模板有缝隙使水泥浆流失,钢筋较密而混凝土坍落度过小或石子过大，柱、墙根部模板有缝隙，以致混凝土中的砂浆从下部涌出而造成。防治措施包括根据钢筋间距确定混凝土骨料规格，做好配合比。模板缝隙处理作为一道工序，要堵严。墙柱混凝土浇筑前先用与混凝土同配比的无石子砂浆铺浆不少于 50 mm 厚。

(3) 露筋

其原因是钢筋垫块位移、间距过大、漏放、钢筋紧贴模板、造成露筋，或梁、板底部振捣不实，也可能出现露筋。防治措施包括钢筋垫块按规定垫好，钢筋绑扎位置要保证不位移。混凝土振捣应防止漏振或过振。

(4) 混凝土麻面、黏结

其原因是拆模过早或模板表面漏刷隔离剂或模板湿润不够，构件表面混凝土易黏附在模板上造成麻面脱皮。防治措施包括：支模时应保证模板表面清洁干净，并刷好隔离剂；混凝土拆模严格按规定的时间进行。

(5) 孔洞

其原因是钢筋较密的部位混凝土被卡，未经振捣就继续浇筑上层混凝土。其所对应的防治措施是钢筋较密的部位采用小直径振捣棒，防止混凝土漏振。

8.9.5.4　加气混凝土砌块质量通病防治措施

(1) 砂浆强度不符合要求

其原因包括：①水泥质量不合格；②砂的含泥量大；③砂浆配合比计量不准确；④加料顺序颠倒，砂浆搅拌不均匀；⑤人工拌和；⑥水灰比控制不好，和易性差；⑦砂浆保水性差；⑧砂浆品种与设计不相符，或掺外加剂后无相应措施。上述原因将酿成砌筑砂浆强度低，满足不了设计的砌体强度，导致砖砌体的水平裂缝、竖向裂缝。

防治措施要求：①进场水泥必须有合格证和试验报告，其技术指标合格后，方可使用；②控制砂的含泥量，强度等级等于或大于 M5 的砂浆，砂的含泥量不应超过 5%；小于 M5 的砂浆，砂的含泥量不应超过 10%；③外加剂必须具备产品技术说明和出厂合格证，并经试验配合比合格后方能培植砂浆；④严禁在楼、地面上进行拌和；⑤拌制砂浆要有计划，做到随拌随用，水泥砂浆和水泥混合砂浆必须分别在拌制后 3 小时和 4 小时内使用完毕；当施工期间最高温度超过 30 ℃时，则必须分别在拌成后 2 小时和 3 小时内使用完毕；⑥灰槽中的砂浆，使用过程中应经常翻动、清底，如砂浆出现泌水现象，应在砌筑前进行二次拌和；⑦要重视砂浆试件的制作，包括底模及其托模砖的含水率、试件的插捣方式和养护；⑧砌筑砂浆的质量要求和试件的制作、强度等级评定要符合现行标准的规定。

(2) 砌体结构裂缝

其现象表现为：砖砌体隔断墙和填充墙与混凝土框架柱梁接触处产生竖向裂缝；房屋底层窗台墙上出现竖向裂缝；在错层砖砌墙体上出现水平或竖向裂缝；顶层墙体产生水平和斜向裂缝；顶层墙体在楼的两端的内外纵墙两间范围内出现水平或斜向裂缝；顶层横承重墙体在圈梁以下墙体的端部两侧的上部出现正八字裂缝；顶层山墙和前后纵墙上的女儿墙根部出现裂缝。其原因包括：①砌体材料由于膨胀系数不同，收缩不均匀和伸缩量不同，受温度差影响而引起的裂缝。结合部砂浆不饱满或遗漏拉结筋导致开裂。结构裂缝将影响主体结构强度、使用功能和美观，损害结构的整体性和安全性，降低住宅使用寿命。②房屋底层窗台墙上出现的上宽下窄竖向裂缝，一般是由于窗台墙与窗间墙载荷差异、窗间墙沉降、灰缝压缩不一而在窗口边产生剪力，在窗台墙中间产生拉力造成。③房屋两楼层标高不一时，由于屋面或楼板胀缩或其他因素而产生推挤，形成在楼层错层处出现水平裂缝或在纵墙上出现竖向裂缝。④楼两侧因温度应力大，砌砖抗剪能力很低，故在窗洞上部出现水平或斜向裂缝，特别是不按规范要求设伸缩缝的住宅裂缝尤其严重。

其防治措施包括：①楼两端顶层的两间范围内在内纵墙与承重墙横墙交接处设抗裂柱，外总墙与承重墙交接处增设构造柱，两间范围内砌体由圈梁以下 300 mm 处加 2 根 ⌀4 冷扎带肋钢筋(一砖半墙加 3 根)一道，其下相隔 500 mm 再加两道相同的抗裂加强筋。②顶层由两端山墙或伸缩缝处向内数的第四道承重墙开始，与外纵墙所有的结合部由圈梁以下 300 mm 处加 2 根⌀4 冷扎带肋钢筋(一砖半墙加 3 根)一道，其下相隔 500 mm 再加两道相同的抗裂加强筋。抗裂加强筋伸入横承重墙 2 m，伸入外纵墙 0.5 m。③屋面应严格控制檐头处的保温层厚度，顶层砌体砌完后应及时做好隔热层，防止顶层梁板受烈日照射变化因温度而引起结构的膨胀和收缩。④女儿墙因结构层后保温层温度变化或冻融产生变形，将女儿墙根推开而产生水平方向裂缝，为防止出现这一质量通病，铺设结构层、保温层材料时，必须在结构层或保温层与女儿墙之间留设温度缝，并用柔性密封材料填嵌。

8.9.5.5 抹灰工程质量通病防治措施

(1) 抹灰层空鼓、裂缝产生的原因：①抹灰前基层不清理、不湿润；②混凝土基层未“打毛”；③抹灰工序不正确；④抹灰厚度不当；⑤抹灰后不养护；⑥抹灰层无界格缝或界格缝间距过大；⑦水泥安定性不合格；⑧砂过细或含泥量超标；⑨各抹灰层强度相差过大。

治理措施：①抹灰前基层要认真清理干净，并浇水湿润。②对部分混凝土面需要抹灰时对其表面进行“糙化”处理。③抹灰工序不应颠倒，必须先抹水泥，后抹白灰。④抹灰时不能一次抹的太厚，每层厚度不超过 10 mm，而且每遍不能跟得太紧，防止灰层坠裂。⑤抹灰后喷水养护要及时。⑥外墙抹灰时应界格，横向以上、下窗口界格为宜，竖向界格以间距不超过 3 m 为宜，外墙界格缝间距一般为 1 m 左右。界格材料及方法根据设计而定。⑦抹灰所用的水泥在施工前应做安定性试验，合格后方可用于工程。⑧砂应采用中砂，使用前应过筛，含泥量不应大于 3%。⑨一般底层砂浆强度不宜高于基层墙体，中层砂浆强度不能高于底层砂浆，严禁用素水泥浆挂面。

(2) 墙体与门窗框交接处抹灰空鼓、裂缝、脱落，其产生的原因包括：①基层处理不好。②门窗洞口与门窗之间的缝隙填嵌不严密。治理措施包括：①抹灰前基层要认真清理干净，并浇水湿润。②门窗塞缝应作为一道工序有专人负责。木门窗框和墙体之间的缝隙应用水泥砂浆全部塞实并养护，待达到一定强度后再进行抹灰。③框和抹灰层之间预留界格缝，用密封材料嵌填。

8.9.5.6 屋面工程质量通病防治措施

(1) 屋面找平层

现象：起砂。防治措施：①应采用不低于 32.5 级的合格水泥，水泥应抽检其安定性。②应采用中砂(0.35～0.5 mm)，其含泥量不大于 3%。③严格控制水灰比(0.55)和搅拌时间。④应在水泥砂浆初凝前抹光，终凝前压光。⑤及时养护，不得过早或过晚，当手压砂浆不沾、无压痕时即应覆盖草袋养护，每日洒水不少于 3 次，养护时间不少于 7 天。⑥养护期间不得上人。

现象：起皮、酥松。防治措施：①严禁洒水收压。②如砂浆表面泌水过多，可撒1∶1水泥砂子压光，水泥砂子应拌匀。③及时覆盖养护，不得过早或过晚。④冬期施工时，应采取措施防冻。

现象：空鼓、裂缝。防治措施：①结构基层表面应坚实，应彻底铲除浮层，并清扫干净。②基层应清除杂渣，冲洗干净，晾干，刷素水泥浆一道。③砂浆应刮平，接槎时应先压实。④未按规定留置分格缝。⑤嵌料不符要求。⑥养护不符要求。

(2) 防水卷材防水层

现象：起鼓。防治措施：①找平层应平整、密实、分格缝、嵌缝符合要求。②卷材铺贴前，认真清理基层，清扫浮灰、杂质等。③找平层应干燥。可用简易办法检查：将1 m^2 卷材平坦地干铺于找平层上，静置 3～4 小时后掀开，覆盖部位与卷材上均未见水印即可。④不在雨、雪、雾天等施工。⑤胶合剂的涂刷应均匀一致，不得过厚或过薄，当用热玛蹄脂时，其涂刷厚度宜为 1～1.5 mm，用冷玛蹄脂时，宜为 0.5～1 mm。当采用其他胶合剂时，应根据其性能控制好涂刷与铺贴的间隔时间，不得过早或过晚。⑥铺贴好的卷材。应充分滚压平实，尤应注意不易滚压处。

现象：卷材开裂。防治措施：①在应力集中，基层变形大或有突变的部位，空铺宽 200～300 mm 的卷材。同时，立面与大面交接处按规定做好附加增强层。②严格控制找平层的质量。找平层的分格缝处应单边点粘 200～300 mm 宽的卷材附加层。③出屋面管道及水落口周围应预留 20 mm×20 mm 的凹槽，嵌填密封材料。④女儿墙、天沟、压顶应刚柔防水结合，并应留设分格缝，缝中嵌填密封材料，压顶可用合成高分子卷材铺贴。⑤玛蹄脂应满足耐热度、黏结力、柔韧性要求，若现场配制，应经试验，熬制温度不得过高，熬制时间不得过长。

现象：卷材剥离。防治措施：①严格控制找平层的平整度及表观质量、干燥程度以及清洁程度。②严格滚压及滚压顺序，尤应注意用手持压辊滚压转角处的卷材。③铺贴立面卷材时，应由平面过渡到立面，并由下往上铺贴，不得将卷材张拉过紧，并应经滚压或用刮板压实。

现象：卷材收头脱落。防治措施：①卷材收头必须用压条钉压，用密封材料封口，并加做保护层。②严格滚压及滚压顺序，尤应注意用手持压辊滚压转角处的卷材。③铺贴立面卷材时，应由平面过渡到立面，并由下往上铺贴，不得将卷材张拉过紧，并应经滚压或用刮板压实。

现象：山墙女儿墙渗漏。防治措施：①卷材收头应钉压牢固，并用密封材料密封。②女儿墙、山墙压顶宜用合成高分子卷材铺贴，若用混凝土预制板压顶时，板缝间应用玛蹄脂或油膏嵌缝填实。③平面与立墙的转角处，应按规定做成圆弧状。④刚性保护层、隔热层与女儿墙、山墙间应留设 30 mm 的空隙，并嵌填密封材料。

8.9.5.7　*楼地面工程质量通病防治措施*

(1) 地面起砂

现象：地面表面粗糙，光洁度差，颜色发白，不坚实。随时间的增加出现面层水泥硬壳剥落，露出松散的水泥和砂子。

原因分析：①水泥砂浆拌和物的水灰比过大。②压光工序安排不当，地面压光时间过早或过迟。③养护不当。④水泥地面尚未达到足够的强度就上人走动或进行下道工序施工。⑤水泥强度等级低，或用过期结块水泥、受潮结块水泥。⑥砂子粒径过细。

预防措施：①严格控制水灰比。用于地面面层的水泥砂浆的稠度不应大于35 mm（以标准圆锥体沉入度计），用混凝土和细石混凝土铺设地面时的坍落度不应大于30 mm。②掌握好面层的压光时间。水泥地面的压光一般不应少于三遍。第一遍应在面层铺设后随即进行，先用木抹子均匀搓打一遍，使面层材料均匀、紧密，抹压平整，以表面不出现水层为宜。第二遍压光应在水泥初凝后、终凝前完成（一般以上人时有轻微脚印但又不明显下陷为宜），将表面压实、压平整。第三遍压光主要是消除抹痕和闭塞毛细孔，进一步将表面压实、压光滑（时间应掌握在上人不出现脚印或有不明显的脚印为宜），但切忌在水泥终凝后压光。③水泥地面压光后，应视气温情况，一般在一昼夜后进行洒水养护，或用草帘、锯末覆盖后洒水养护。有条件的可用黄泥或石灰膏在门口做坎后进行蓄水养护。使用普通硅酸盐水泥的水泥地面，连续养护的时间不应少于7天。用矿渣硅酸盐水泥的水泥地面，连续养护的时间不应少于10天。④合理安排施工流向，避免上人过早。水泥地面应尽量安排在墙面、顶棚的粉刷等装饰工程完成后进行，避免对面层产生污染和损坏。如必须安排在其他装饰工程之前施工，应采取有效的保护措施，如铺设芦席、草帘、油毡等，并应确保7～10天的养护期。⑤水泥宜采用早期强度较高的硅酸盐水泥、普通硅酸盐水泥，强度等级不应低于32.5级，安定性要好，过期、结块的水泥不得使用。⑥砂子宜采用粗、中砂，含泥量不应大于3%。用于面层的细石和碎石粒径不应大于15 mm，也不应大于面层厚度的2/3，含泥量不应大于2%。

(2) 地面空鼓

现象：地面空鼓多发生于面层和垫层之间，或垫层与基层之间，用小锤敲击有空鼓声。使用一段时间后，容易开裂，严重时大片剥落，破坏地面使用功能。

原因分析：①垫层（或基层）表面清理不干净，有浮灰、浆膜或其他污物。特别是室内粉刷的白灰砂浆沾污在楼板上，极不容易清理干净，严重影响垫层与面层的结合。②施工时，垫层（或基层）表面不浇水湿润或浇水不足，过于干燥，使面层砂浆失水过快。另外干燥的垫层（或基层）未经冲洗，表面的粉尘难以扫除，对面层砂浆起到一定的隔离作用。③垫层（或基层）表面有积水，在铺设面层后，积水部分水灰比突然增大，影响面层与垫层之间的黏结，易使面层空鼓。④面层与垫层（或垫层与基层）之间涂刷的水泥浆结合层已经风干，或扫浆法撒的干水泥面不均匀形成干灰层。⑤涂刷界面剂处理不符合要求。⑥混凝土面层厚度不一致。

预防措施：①严格处理底层（垫层或基层）。认真清理表面的浮灰、浆膜以及其他污物，并冲洗干净。如底层表面过于光滑，则应凿毛。②面层施工前1～2天，应对基层认真进行浇水湿润，使其具有清洁、湿润、粗糙的表面。③面层铺设前清扫基层的积水，达到湿润无积水。④注意结合层施工质量。素水泥浆结合层在调浆后应均匀涂刷，不得采用先撒干水泥面后浇水的扫浆方法。素水泥浆的水灰比以0.4～0.5为宜。刷素水泥浆应与铺设面层紧密配合，严格做到随刷随铺。铺设面层时如果素水泥浆已风干硬结，则应铲去重新涂刷。⑤在基层清理干净以后，均匀涂刷界面剂。⑥控制基层平整度，用2 m靠尺检查，其凹凸度不应大于10 mm，以保证面层厚度均匀。

(3) 地面面层不规则裂缝

现象:裂缝部位不固定,形状也不一,预制板楼地面或现浇板楼地面上都会出现,有表面裂缝,也有连底裂缝。

原因分析:①水泥安定性差或用刚出窑的热水泥,凝结硬化时的收缩量大。或采用不同品种、或不同强度等级的水泥混杂使用,凝结硬化的时间以及凝结硬化时的收缩量不同而造成面层裂缝。②砂子过细,或含泥量过大。③面层养护不及时或不养护,产生收缩裂缝。④首层地面填土质量差,楼面预制板灌缝处理不好。⑤面积较大的楼地面未留伸缩缝,结构变化处无伸缩缝。⑥使用外加剂过量而造成面层较大的收缩值。

预防措施:①水泥在使用前应做安定性试验,不同品种、不同强度的水泥不得混用。不得使用过期、结块的水泥。②砂子宜采用粗、中砂,含泥量不应大于3%。用于面层的细石和碎石粒径不应大于15 mm,也不应大于面层厚度的2/3,含泥量不应大于2%。③水泥砂浆终凝后,应及时用湿砂或湿草袋覆盖养护,防止产生早期收缩。刮风天施工水泥地面时,应遮挡门窗,避免直接接受风吹,防止因表面水分迅速蒸发而产生收缩裂缝。④面层水泥砂浆拌和物应严格控制用水量,水泥砂浆的稠度不应大于35 mm,混凝土坍落度不应大于30 mm。⑤面积较大的楼地面,应从垫层开始设置伸缩缝,且垫层和面层伸缩缝在同一位置。室内一般设置纵、横向缩缝,其间距和形式应符合设计要求,设计无要求处宽度为60 mm,结构变化处也要设缝。⑥混凝土面层中掺用外加剂时,严格按规定控制掺加用量,并加强养护。

8.9.5.8 室内给排水工程质量通病防治措施

(1) 室内给水隐蔽管道漏水或断裂

表现在地面或墙面局部返潮或渗水严重影响使用。1. 原因分析:①水压试验不严格;②管材、管件有裂缝或砂眼以及接口处渗漏;③管道支墩位置位移,受力不均匀,造成接口处断裂;④冬季施工时水压试验完毕后管道内水没排净,造成管道或管件冻裂;⑤管道埋土未夯实,造成管道接口处受力过大,接口处渗漏。2. 治理方法:①要在施工前严格检查管材及管件的产品质量,严格按规范要求进行水压试验。②管道严禁敷设在冻土或未经夯实的松土上,管道支墩要按规定设置;③冬季进行水压试验完毕后要用空压机吹洗干净;④管道埋土要分层夯实,避免管道局部受力过大,造成接口处渗漏。

(2) 塑料排水管道穿楼板处漏水

防治措施:①易产生积水的房间,如厨房、厕所等,应设置地漏。②地坪应严格找坡,坡向地漏。③排水塑料管穿楼板处在管外壁粘贴与管道同材质的止水环,与细石混凝土接触的管外壁可涂刷胶粘剂再涂抹细砂,模板支设要牢固,与楼板接触紧密、无缝隙,浇捣细石混凝土分两次进行,细心捣实。

(3) 排水管道堵塞

防治措施:①及时封堵管道甩口,防止杂物掉进管内。②管道安装时,应对管道对光检查,是否有杂物。③卫生器具安装前认真检查管道甩口,并清理管内杂物。④保持管道坡度顺直,不得有倒坡。⑤合理使用管件,埋地管道应使用Y型三通、立管底部应使用两个45度弯头,以便流水通畅。⑥验收前应做管道通球和通水试验检查。

8.9.5.9 开关、插座安装工程质量通病治理措施

(1) 质量通病:①接线盒埋设深,特别是木装修和软装修时埋设深,开关、插座安装后

留有火灾隐患。②钢管配管进入箱盒没固定，丝接没有螺母或备帽造成接线盒接地不好。③开关、插座盒高度不一致。

(2) 采取措施：①接线盒埋设深应加套盒，钢制接线盒加套盒应采用焊接点焊在一起，点焊应不少于2处长度不应少于10 mm，镀锌盒应在套盒底部加设孔耳与原盒对应用螺栓连接，连接不少于2处，使接线盒为一个电气通路，保证接地良好。套盒应与墙面或板面平齐，消除火灾隐患。②钢管配管进入箱盒没固定，丝接没有螺母或备帽，在穿线前就应对配管进行检查，发现此类情况应及时处理，非镀锌管可采用焊接，镀锌管丝接必须加螺母或备帽。③开关、插座盒高度不一致，是预留时所造成，穿线前检查开关、插座盒，高度不一致应调整或重新安装。

8.9.5.10　接地装置安装工程质量通病治理措施

(1) 质量通病：①接地装置埋设深度、长度不足。②垂直接地体与水平接地体搭接倍数或焊缝面和长度达不到要求。③接地水平接地体与垂直接地体的连接，在垂直接地体的顶部焊接。④用钢管或角钢做接地体端部，锤击时砸劈。⑤焊缝处防腐不好。

(2) 采取措施：①接地装置沟、槽、坑开挖后应对深度、长度进行现场复检，进行实测实量，监理工程师应检查。②垂直接地体与水平接地体连接应按规范要求搭接或焊接，并保证焊缝面和长度满足要求；并严格检查，监理检查验收后，方可隐蔽。③水平接地体与垂直接地体连接，水平接地体应在垂直接地体顶部50 mm以下。④钢管或角钢接地体顶部应作保护帽，防止劈裂。⑤焊缝处防腐应清除焊渣，刷沥青漆两遍，不得使用块状沥青涂抹。

8.10　机电安装工程施工技术

8.10.1　机电工程特点、重点和难点分析

8.10.1.1　机电工程特点

本工程总建筑面积约67 090 m^2，专业施工队伍多、交叉作业多，施工协调配合要求高。本工程为总承包管理项目，由发包单位单独分包电梯等专业工程，这样机电安装与土建专业、机电安装专业与其他专业分包之间需密切配合、高度协调才能确保各项交叉作业安全、有序地进行，严格按照各界面要求顺利交接、相互接应，确保工程保质保量按期高效地完成各项施工作业任务。根据招标文件要求规定本工程质量标准为：符合国家质量验收合格标准；配合确保“扬子杯”。经现场踏勘本工程施工场地狭小：经现场踏勘所了解，本工程现场场地相对较为狭小，将给施工带来一定的难度。因此需要各方紧密联系，统一协调合理安排现场的加工、材料、半成品的堆放以及职工住宿用房等，以便工程顺利组织施工。机电工程材料多、规格高，采用新工艺、新材料多：本工程机电工程材料选择品种繁多，选材的质量要求高。

8.10.1.2　机电工程的重点和难点

机电安装工程是保证大楼使用功能的重要环节，机电安装工程质量的好坏是直接影响到大楼各系统功能的使用和运行寿命。针对机电安装工程的重点和难点在施工过程

中引起重视，特别是在施工过程中所需采取切实有效的各项措施，是确保工程质量、进度、安全的重要前提。本工程的管道井相对截面较小，安装管道较多且管径大，操作难度大。

机电安装专业施工多，各工序间的协调配合要求高。本工程为多功能、各系统技术要求高且发包方单独分包的专业多，如高压配电工程、电梯等，对确保大楼各系统最终能够安全、高效、稳定地投入运行使用，在施工过程中机电各专业施工单位及各工序间的相互紧密协调配合尤为重要，也是本工程施工管理过程中的一个重点。

大楼使用功能对防雷接地系统要求高。本工程属于二类防雷，接地要求高，接地工程包含建筑物防雷保护系统、接地系统及等电位联结等工作内容，其施工质量的好坏直接影响到大楼各机电设备的正常使用和人身生命安全。

各系统管线多、交叉作业多，综合管线深化设计工程量大。本工程除招标文件规定范围内的机电安装管线外，还有弱电及智能化工程，均是管线多、相互交叉多，因此施工过程中针对施工设计图纸，结合施工现场实际情况，通过与各专业间的协调配合，对管线进行深化设计绘制管线综合平面布置图，在满足设计及规范要求的前提下使管线布局合理、整齐、美观，尽可能提高楼层的净空高度。

8.10.2　电气工程主要施工方法

8.10.2.1　电气工程施工流程

施工准备→配合预留、预埋→支架制作→配管、桥架和线槽安装、配电柜安装→线、缆、母线敷设→灯具安装、校线、接线→绝缘测试→元器件检测→送电检测试验→设备试运转、灯具试亮→系统联调→单项竣工验收。

8.10.2.2　电气工程施工准备

施工前做好各项准备工作是保证施工质量和工期的重要前提，为了整个施工过程中确保施工安全和确保质量，结合本工程的特点，特制定以下措施：组织项目领导班子，明确分工、责任到人、严格把好安全质量，完成工程施工管理工作。由项目领导班子组织专业技术人员熟悉合同及熟悉施工图纸，部署好生产流程计划，确保工期。在施工准备阶段，提前做好材料供应商质量保证的评审工作及其材料的查验工作，以确保材料的质量，以防由于材料质量问题引起工程质量事故的发生。

8.10.2.3　电气导管预留和预埋

本工程设计电气穿线缆的导管均采用钢管；沿砖、混凝土结构内暗敷设。导管预制加工过程中，为保证预留预埋的准确性，施工员组织施工班组认真研读施工图纸及技术要求，做好技术交底。对所暗埋管的制作、敷设轴线、坐标及标高等一定要核实清楚。为配合结构预埋预留施工确保施工质量和施工进度，提前做好暗埋管的预制工作。所有电气配管和金属构架制作、安装实行“工厂化加工”、“小流水作业法”。电气预埋管道大于32 mm 的采用电动液压弯管器制作弯头。线路导管进行工厂化定型成批半成品化预制加工，(暗敷管统一弯曲半径为管径的 10 倍)达到缩短现场敷设的时间，管子的弯曲半径及加转线盒的个数严格按国家规范执行。

盒箱定位放线根据施工图要求，确定盒、箱轴线位置，根据水平线基准线，用连通器找平，标出盒箱的实际安装位置。同时盒、箱的端面紧贴模板，盒内采用废纸、泡沫或木屑等物体填实。在模板上用有色墨汁作上记号。

8.10.2.4　导管及导管与盒连接

本工程钢管连接拟采用螺纹连接时，管端螺纹长度不小于管接头长度的 1/2，连接后其螺纹宜外露 2～3 扣，螺纹表面光滑、无损伤。在地坪下、潮湿或腐蚀区域、室内及危险区域内的金属穿线管的外露螺纹涂防锈漆。

结构内电线管路宜沿最近的路线敷设并减少弯曲。电线、电缆保护管作接地，对 40 mm及以上的穿线导管要求有单独的接地导体。管子通过建筑的伸缩(沉降)缝时，按管子通过建筑物伸缩缝做法施工，设变形和伸缩接头。穿线管明敷时在所有建筑伸缩缝处的穿线管设管伸缩节。配管线路直线段超过 12 m，或直角弯超过 3 个时，装中间接线盒，以便穿线。

钢管下料根据实际需要长度锯断，锯口锉平，内口光滑。进入落地配电箱的电线管管口高出混凝土面 50～80 mm，至设备处的电线管管口应高出混凝土面 200 mm。多根管子进入配电箱时，排列整齐，管口进入箱内高度一致。管进盒要求一管一孔，螺母固定并锁母锁紧，加护口，并焊跨接地线。所有进入配电箱、接线箱或拉线盒的穿线管用镀锌锁紧螺母固定，并带电缆锁紧接头。由配电箱、控制箱等引出、引入的多根配线钢管，需将所有管端焊成通路，并与箱体外壳或接地连接线连接。符合施工要求和现场情况的管堵或管帽在混凝土浇筑前安装到位，并保证穿线管干燥、无水、无污物。

进入建筑物、构筑物内的电线保护管，与建筑物、构筑物表面的距离不小于 15 mm。工程在现浇混凝土板内配管，密切配合土建在底层钢筋绑扎完成，上层钢筋未绑扎前敷设。为防止捣固混凝土时受振移位，所有预埋的管子及箱盒与钢筋固定时附加固定筋，禁止在管子与管子、管子与钢筋间用电焊固定。箱盒必须紧贴模板并用木屑等物塞好，用封箱带密封，以防砂浆进入。

砌体配管、盒(箱)要求施工前充分熟悉施工图纸，确定配管、盒(箱)的位置和高度，并协调土建专业配合弹放楼层标高参照线和墙面灰饼。确认配管、盒(箱)位置采用有色笔在砌体下划线定位标色，由专人采用手提切割机械进行墙体的凿槽打洞成型，严禁直接在砌体上凿打。根据参照标高线和墙面灰饼配置管、盒(箱)，注意做好对已埋设管的清理疏通工作。暗敷管道安装完毕，隐蔽前要会同业主或监理对其作全面的检查验收，办理好书面隐蔽检查验收记录，方可交付隐蔽。在土建捣制混凝土时，必须派专员进行现场监护，避免出现人为的拆离及错位，确保预埋、预留质量。

8.10.2.5　电缆桥架敷设安装

电缆桥架的组装、连接严禁动用电气焊、气割，使用专用配套连接件。电缆桥架直线段和弯通的侧边均有螺栓连接孔。当段与桥架的直线段之间、直线、直线与弯头及三通之间需要连接时，可用直线连接板进行连接。连接两段不同宽度或高度的托盘、梯架可配置变宽连接板或变高连接板。

电缆桥架的末端使用专用终端板。托盘、楼架引出的配管应使用钢管，当托盘需要开孔时，用开孔机开孔，开孔处切口整齐，管孔径吻合，严禁动用电气焊切割开孔。电缆桥架的跨接线作螺栓连接，严禁焊接。电缆桥架安装时出现的悬臂段，一般不得超过 100 mm。电缆桥架连接板接头尽量置于跨度的 1/4 处，禁止置于跨度的 1/2 处或支撑点上。电缆桥架与其他管道共架安装时，电缆桥架布置在管架的一侧。电缆桥架过建筑伸缩沉降缝时，电缆桥架断开，断开距离以 100 mm 左右为宜，采用伸缩接头做法。几组电缆桥架在同一高度平行或交叉敷设时，各相邻电缆桥架考虑维护、检修距离，一般不宜小于 0.6 m。电缆桥架从正常环境进入防火等环境时，墙上安装相应的密封装置。

桥架及其支架全长不少于 2 处与接地(PE)或接零(PEN)干线可靠连接。桥架为镀锌防腐时，连接板两侧不少于 2 个螺栓上有防松垫圈或防松螺帽。桥架采用非金属防腐涂层时，采用 4 mm^2 黄绿双色接地专用软导线在连接板两侧用专用接地螺栓连接，并且接地螺栓有防松垫圈，支、吊架用接地专用导线连接。桥架及其支架和引入引出的支管都必须进行可靠的接地。

8.10.2.6　配电柜(箱)安装

设备和器材到达现场后，会同建设单位代表、监理工程师及供应商代表及时进行开箱验收检查，检查配套的技术文件是否齐全，型号规格是否符合设计要求，附件备件是否齐全。并填写"设备开箱检查记录"。箱柜(盘)本体外观是否有损伤及变形，箱体油漆是否完整无损。柜(盘)内部电器装置及组件、绝缘瓷件齐全、无损伤及裂纹等缺陷。箱柜(盘)内部检查：电器装置及元件、绝缘瓷件齐全、无损伤、裂纹等缺陷。基础槽钢制作安装要求：配电柜(盘)需要安装在基础型钢上，型钢可根据配电盘的尺寸及钢材规格大小而定，一般型钢可选用 5～10＃ 槽钢制作。制作时先将型钢矫平矫直，再按图纸要求预制加工好基础型钢，并进行除锈。落地柜安装要采用槽钢做柜的底座，并用 10～12 mm 膨胀螺栓固定好底座，底座也可在土建施工时预埋在混凝土中。

浇注混凝土时，先根据图纸要求在型钢埋设位置预埋固定基础型钢用的钢筋，同时预留沟槽，沟槽宽度比基础型钢宽 30 mm，深度为基础型钢埋入深度减两次抹灰厚度，再加 10 mm 厚度，待混凝土凝固后，将基础型钢放入预留沟槽内，加垫铁调平后与预埋铁件焊接，型钢与接地网焊接。安装基础型钢时，用水准仪、水平尺找正、找平。

配电柜(箱)安装过程中暗装配电箱的固定，根据预留孔洞尺寸先将箱体找好标高及水平尺寸，并将箱体固定好，然后用水泥砂浆填补周边并抹平，待水泥砂浆凝固后再安装盘面和贴脸。管进箱要求一管一孔，当箱体上敲落孔不够时，用开孔器开孔，严禁用气焊开孔；连接完毕按要求做好跨接地线，不能用箱体作为接地线的导体；箱体、管路连接固定好后，箱内清理干净，用盖板封闭，避免土建抹灰对箱内造成污染。

明装配电箱的固定根据施工图纸设计要求，箱体的安装高度、部位进行划线确定配电箱的固定孔洞，墙体上采用膨胀螺栓进行固定。管线进入箱体采取一管一孔，箱体预留孔洞不够时采用机械开孔，严禁用电气焊直接开孔。进入配电箱的管线采用专用的管线采用专用的装置进行连接，不得直接插入箱体内。箱体内的连接线施工完毕后，关闭箱门以及对箱体外部采用塑料薄膜进行遮盖防护，防止造成箱体及其箱内电子元件的二次污染，影响使用。与箱体连接的管线均作好跨接地线连接，且不能够采用箱体作为接地线的导体。

试验调整要求安装完后进行柜内清洁及检查，检查元器件的布置、固定、接线、接地是否正确、可靠。配电柜全部电器安装完毕后，用 500 V 兆欧表对线路进行绝缘摇测。摇测项目包括相线与相线之间，根线与中性线之间，根线与保护地线之间，中性线与保护地线之间。进行摇测时，同时做好记录，作为技术资料存档。

8.10.2.7 导线敷设安装

电气管线穿线前首先清除管路中的灰尘、泥水、管内油污等杂物。采用布条的两端牢固的绑扎在带线钢丝上，两人来回拉动带线，将管内的杂物清净。使用穿带线的目的是检查管路是否畅通，管路的走向及盒、箱的位置是否符合设计及施工图纸的要求。带线一般采用细钢丝(1.2～2 mm)。先将细钢丝的一端变成不封口的圆圈，再利用穿线器将带线穿入管路内，在管路的两端均留有 10～15 cm 的余量。在管路较长或转变较多时，可以在敷设管路的同时将带线一并穿好。穿带线受阻时，用两根细钢丝同时搅动，使两根钢丝的端头互相钩绞在一起，然后将带线拉出。放线前根据施工图对导线的规格、型号进行核对。放线时导线置于放线架或放线车上。

导线与带线的绑扎要求：当导线根数少时，如二至三根导线，可将导线前端的绝缘层削去，然后将线芯直接插入带线的盘圈内并折回压实，绑扎牢固，使绑扎处形成一个平滑的锥形过渡部位。当导线根数较多或导线截面较大时，可将导线前端的绝缘层削去，然后将线芯斜错排列在带线上，用绑线缠绕绑扎牢固。使绑扎接头处形成一个平滑有锥形过渡部位，以便于穿越。

钢管(电线管)在穿线前，首先检查各个管口的护口是否齐整，如有遗漏和破损，均补齐和更换。当管路较长或转弯较多时，要在穿线的同时往管内吹入适量的滑石粉。穿线时两人配合协调，一拉一送。

8.10.2.8 电缆敷设安装

低压出线干线(非消防)选用 WDZ－YJ(F)E－0.6/1.0 KV 型电力电缆，低压出线干线(消防)采用矿物绝缘电缆，自配电线出线支线(消防用)选用 WDZN－BYJ(F)－450/750 V 型铜芯导线，非消防控制线路选用 WDZ－KYJV－450/750 V 铜芯导线，消防控制线路选用 WDZN－KYJV－450/750 V 型控制电线。

本工程电力电缆均参照图纸及结合工程实际情况，核算出具体的电缆长度，后报生产厂家进行定点制作装盘后运至施工现场。电缆盘不平放运输和平放贮存；在装卸电缆过程中，不使电缆及电缆盘受到损伤，严禁将电缆盘直接由车上推下；电缆端头做防潮封头。

电缆敷设要求，对于放电缆机具的安装：采用机械放电缆时，将机械选好适当位置安装，将钢丝绳和滑轮安装好。人力放电缆时将滚轮提前安装好。临时联络指挥系统的设置：线路较短或室外的电缆敷设，可用无线电对讲机联络，手持扩音喇叭指挥。高层建筑内电缆敷设，可用无线电对讲机作为定向联络，简易电话作为全线联络，手持扩音喇叭指挥。电缆的搬运及支架架设：如电缆短距离搬运，一般采用滚动电缆轴的方法。滚动时按电缆轴上箭头指示方向滚动。如无箭头时，可按电缆缠绕方向滚动，切不可反缠绕方向滚运，以免电缆松弛影响敷设。电缆支架的架设地点选好，以敷设方便为准，一般在电缆起点附近为宜。架设时，注意电缆轴的转动方向，电缆引出端在电缆轴的上方。

电缆桥架内水平敷设：电缆敷设前按设计和实际路径计算出每根电缆的长度，合理安装每盘电缆，不得有中间接头。电缆沿桥架或托盘敷设时，单层敷设，排列整齐，不得有交叉，拐弯处以最大截面电缆允许弯曲半径为准。不同等级电压的电缆分层敷设，高压电缆敷设在上层。电缆垂直敷设：电缆垂直敷设时，有条件的最好自上而下敷设。在土建未拆吊车前，将电缆吊至楼层顶部(或需要部分)。敷设时，同截面电缆先敷设低层，后敷设高层,特别要注意在电缆轴附近和部分楼层采取防滑措施。敷设过程中,拉力要均匀,桥架上有人调整放线滑轮以防电缆滑出滑轮,扭结在一起,当电缆较长时,可以选中间为起点,向两头敷设,这时电缆长度一定要测量准确。电缆桥架内的电缆在首端、尾端、转弯及每隔 50 m 处,设有编号、型号及起止点等标记。标记清晰齐全,挂装整齐,无遗漏并有防腐性能。

8.10.2.9 母线槽安装

封闭式插接母线槽安装时逐节进行绝缘测试,且绝缘电阻符合设计和规范规定要求,并做好记录。封闭式插接母线槽接触面保持清洁,如沾有油垢,用棉布蘸丙酮擦洗干净,待丙酮挥发后涂电力复合脂。

母线槽安装时,固定距离不得大于 2.5 m,水平敷设距地高度不小于 2.2 m。母线槽的端头装封闭罩,各段母线槽的外壳的连接是可拆的、外壳间有跨接地线,两端可靠接地。母线与设备连接采用软连接。母线紧固螺栓由厂家配套提供,用力矩扳手紧固。母线沿墙水平安装时,安装高度符合设计要求,无要求时距地大于 2.2 m,母线可靠固定在支架上。母线槽悬吊安装时,吊杆直径与母线槽重量相适应,螺母能调节。母线槽垂直安装时,沿墙或柱处,做固定支架,过楼板处加装防水台。母线槽敷设长度超过 40 m 时,设置伸缩节,跨接建筑物的伸缩缝或沉降缝处,采取相同的跨接伸缩缝或沉降缝的措施,在设备订货时,向供应商提出此项要求。母线插接箱安装可靠固定,垂直安装时,安装高度符合设计要求,设计无要求时,插接箱底口宜为 1.4 m。

8.10.2.10 照明器具安装

(1) 普通灯具安装

灯具安装在土建装饰工程结束后进行。灯具安装牢固、严密。灯具在吊顶上安装:先进行测位、划线,确定灯具位置。在顶棚上开孔时注意,灯具安装后不留空隙。矩形灯具的边框与顶棚面的装修直线平行,其偏差不大于 5 mm。如灯具对称安装时,其纵横中心轴线在同一直线上,偏斜不大于 5 mm。

(2) 应急照明灯具安装

应急照明灯具的电源除正常电源外,有另一路电源供电,或者独立于正常电源的其他供电设备,或有自带蓄电池供电。应急照明在正常电源断电后,电源转换时间为:疏散照明小于等于 15 s;备用照明小于等于 15 s;安全照明小于等于 0.5 s。

疏散照明由安全出口标志灯和疏散标志灯组成。安全出口标志灯距地面高度不低于 2 m,且安装在疏散出口和楼梯口里侧的上方。疏散标志灯安装在安全出口的顶部,楼梯间、疏散走道及其转角外安装在 1 m 以下的墙面上。不易安装的部位可安装在上部。疏散通道上的标志灯间距不大于 20 m(人防工程不大于 10 m)。应急照明灯具,运行中温度不大于 60℃的灯具,当靠近可燃物时,采取隔热、散热等防火措施。应急照明线路在每个防火分区有独立的应急照明回路,穿越不同防火分区的线路有防火隔堵措施。疏散照明线路采用耐火电线、电缆,穿管明敷或在非燃烧体内穿刚性导管暗敷时,暗敷保护层厚度不小于 30 mm。电线采用额定电压不低于 750 V 的铜芯绝缘电线。

8.10.2.11 开关、插座安装

安装前需对盒内进行清理,将杂物清除干净,并再次核实校线后的标记是否正确,电线的绝缘部分不能切剥过多，要尽量减少盒内导线裸露的部分。压接螺丝一定要拧紧。面板固定端正，紧贴墙面，并再次核实标高，保证同一房间内的标高误差不大于 5 mm。并排安装的开关，插座标高误差不大于 0.5 mm。潮湿场所采用密封型并带保护地线触头的保护型插座。如有地面插座，安装好后保证与最终地面平齐，并符合防水防尘要求。

8.10.2.12　光缆施工工艺要求

敷设光缆前，应对光纤进行检查；光纤应无断点，其衰耗值应符合设计要求。核对光缆的长度，并应根据施工图的敷设长度来选配光缆。配盘时应使接头避开河沟、交通要道和其他障碍物；架空光缆的接头应设在杆旁 1 m 以内。敷设光缆时，其弯曲半径不应小于光缆外径的 20 倍。光缆的牵引端头应作好技术处理；可采用牵引力自动控制性能的牵引机进行牵引。牵引力应加在加强芯上，其牵引力不应超过 150 kg；牵引速度宜为 10 m/min；一次牵引的直线长度不宜超过 1 km。

光缆接头的预留长度不应小于 8 m。光缆敷设完毕，应检查光纤有无损伤。架空光缆应在杆下设置伸缩余兜，其数量应根据所在冰凌负荷区级别确定，对重负荷区宜每杆设一个；中负荷区 2～3 根杆宜设一个；轻负荷区可不设，但中间不得绷紧。光缆余兜的宽度宜为 1.52～2 m；深度宜为 0.2～0.25 m。

光缆架设完毕，应将余缆端头用塑料胶带包扎，盘成圈置于光缆预留盒中；预留盒应固定在杆上。地下光缆引上电杆，必须采用钢管保护；在桥上敷设光缆时，宜采用牵引机终点牵引和中间人工辅助牵引；光缆在电缆槽内敷设不应过紧；当遇桥身伸缩接口处时应作 3～5 个“S”弯，并每处宜预留 0.5 m；当穿越铁路桥面时，应外架金属管保护；光缆经垂直走道时，应固定在支持物上。管道光缆敷设时，无接头的光缆在直道上敷设应由人工逐个人孔同步牵引。预先作好接头的光缆，其接头部分不得在管道内穿行；光缆端头应用塑料胶带包好，并盘成圈放置在托架高处。光缆的接续应由受过专门训练的人员操作，接续时应采用光功率计或其他仪器进行监视，使接续损耗达到最小；接续后应做好连续保护，并安装好光缆接头护套。光缆敷设后，宜测量通道的总损耗，并用光时域反射计观察光纤通道全程波导衰减特性曲线。

8.10.3　给排水工程主要施工方法

8.10.3.1　给排水工程施工流程

施工准备→配合预留、预埋→支架制作和安装→给水干管(冷热水)安装→给水支管安装→管道分段水压试验→管道冲洗→卫生器具安装、系统设备安装接驳→系统试压→系统消毒、冲洗→竣工交付。

8.10.3.2　排水管道施工

为保证预留预埋的准确性，施工员组织施工班组认真熟悉施工图纸及技术要求，做好相关技术交底。对预埋套管和预留洞口的轴线、坐标及标高等认真核实清楚。在主体结构施工阶段为确保施工进度，提前做好暗套管的预制工作。预埋套管和预留洞口定位必须准确，套管内用废纸、泡沫等物体填实。在土建模板上用有色墨汁进行标识记号。由于楼面预埋配管与土建作业属交叉施工，施工完成后必须及时找监理办理隐蔽验收手续。在土建捣制混凝土时，必须派人员进行监护，避免出现人为或机械的碰撞而使套管拆离及错位，确保预埋、预留质量。

8.10.3.3　支吊架制作安装

(1) 支吊架制作

管道支架一般在加工厂(场)加工预制，支架上的螺栓孔小于等于 12 mm 时必须用台钻加工，大于 12 mm 可采用气割，但必须控制好孔距的尺寸，将孔洞上的氧化物杂质清除干净，同时做好支架防腐，以保证支架的洁净、美观和安装质量。支架的切割宜采用砂轮切割机，禁止用气割。支架保证垂直度和水平度的美观和质量；支吊架制作完毕及时刷两遍防腐漆。工程所有管道支架均采用热浸镀锌钢制，并可调校高度。同时管道支架上须涂上底漆及面漆以防止生锈及腐蚀。所有管道均采用不锈钢制管码、螺栓、热圈及螺帽。

(2) 支吊架安装

膨胀螺栓固定支架：确定膨胀螺栓直径，钻孔直径大于膨胀螺栓直径 2 mm，深度适当，膨胀螺栓用于吊架时慎重，每一批膨胀螺栓做一次荷载试验。

管道支架设置一定要到位，排水管要预先算好坡度后用钢丝接线定位后再进行安装，保证一次性到位，支吊架间距要符合设计和规范要求；管道从竖井出来转弯处是整个立管的受力集中部位，支吊架一定要处理好，保证结实牢靠。在所有水平和垂直的管道上适当位置安装管道导向支架，能有效地控制因热胀冷缩所产生的移动。与设备相连接的管道独立地设支撑(支架)，使设备不致因管道重量或膨胀而承受应力。对水泵类连接器等亦提供附加支架，以防止过度的应力作用于设备上。

(3) 给水管道安装

丝扣连接的管道采用套丝机进行套丝。使用套丝机前，首先进行空负荷试车，确认运行正常可靠后方可进行套丝工作。

套丝机一般以低速进行工作，如有变速箱者，要根据套出螺纹的质量情况选择一定的速度，不得逐级加速，以防“爆牙”或管端变形。套丝时严禁用锤击的方式旋紧或放松背面挡脚、进刀手把和活动标盘。长管子套丝时管后端一定要垫平；螺纹套成后，要将进刀把及管子夹头松开，再将管子缓缓地退出，防止碰伤螺纹。套丝的次数：DN25 以上要分两次进行，切不可一次套成，以免损坏板牙或产生“爆牙”。在套丝过程中要有机油润滑和冷却。

管了螺纹规整，如有断丝或缺丝，不得人于整个螺纹全扣数的 10%。管道丝扣连接时，在管子的外螺纹与管件的内螺纹之间加适当的填料。室内给水管道一般采用油麻和白厚漆或生料带。安装时，先将麻丝抖动松成薄而均匀的纤维(或者用生料带)，然后从螺纹第二扣开始沿螺纹顺时针方向(与螺纹拧紧方向一致)进行缠绕，缠好后表面沿螺纹方向涂白厚漆（生料带不需涂白厚漆)，然后用手拧上管件，再用管子钳收紧。填料缠绕要适当，不得把真料从管端下垂挤入管腔，以免堵塞管路。

安装螺纹管件时，按旋紧方向一次装好，不得倒回。安装后，尾螺纹要露出 2～3 牙，并清除外露的填料。

(4) 排水管道安装

室内采用硬聚氯乙烯管。管道连接前对管材和管件的外观和接头配合公差进行检查。管道安装前将直管和管件内、外表面粘接的污垢和杂物，承口、插口、法兰压盖工作面上的泥沙等附着物清除干净。连接前，按插入长度在插口外壁上画出安装线。插入长度比承口实际深度小 5 cm，安装线所在平面应与管的轴线垂直。插入前在插口端先套法兰压盖，再套入橡胶密封圈，橡胶密封圈右侧边缘与安装线对齐。插入过程中，插入管子的轴线与承口管子的轴线应在同一直线上，橡胶密封圈应均匀紧贴在承口的倒角上。拧紧螺栓时，三耳压盖的三个角应交替拧紧。四耳和四耳以上压盖应按对角位置交替拧紧。拧紧应分多次交替进行，使橡胶密封圈均匀受力，不得一次拧死。

(5) 管道试压、冲洗

管道安装完毕，进行系统试压。试压前全面检查各实装件，固定支架等是否安装到位。管道试压可段、分层、分片进行。当管道有试压时，不得转动卡箍、螺母等部件。管道试压的压力值、持压时间、试压合格标准按有关标准规范进行。拆卸有水管道时先减压，然后放水方可进行施工，以防水溅和造成不必要的危险发生。

管道试水：排水管道安装后，必须按设计和规范要求进行灌水试验和通球试验。内暗装或埋地的排水管道，在隐蔽前必须做灌水试验。其灌水高度不低于底层地面高度。试验方法是灌满水 15 分钟待水面下降后，再灌满观察 5 分钟，液面不下降为合格。并做好试水记录。排水干管施工完成后必须进行通球试验，通球球径不小于立管管径的 2/3，通球必须达到 100%，并及时填写记录。

8.10.3.4 给排水设备安装前按照规范的要求对设备进行进场验收

(1) 水泵安装

①施工流程

基础验收：按设计及规范要求对基础的混凝土强度进行核验，并结合设计图纸复核基础尺寸及螺栓孔或预埋螺栓尺寸。将基础表面清扫干净，地脚螺栓孔拓毛，水冲洗并清理干净。水泵就位及初平：将水泵放于基础上，然后穿上地脚螺栓并带螺帽(外露工丝)底座下放置垫铁(每组为斜垫铁 2 块)，以水平尺初步找平，地脚螺栓内灌混凝土。

精平与固定：待混凝土凝固期满进行精平并拧紧地脚螺栓帽。给水附属设备的安装允许偏差，严格执行施工验收规范之规定。加油盘车：检查泵上油杯和往孔内注油，盘动联轴器，使水泵电动机转动灵活。

试运转：点动试运转，确定旋转方向无异常后再正常试运转。将泵出水管上阀件关闭，随泵启动运转再逐渐打开，并检查有无异常，电动机温升、水泵运转、压力表及真空表的指针数值、接口严密程度是否符合标准规范要求。敞口水箱的满水试验和压力容器的水压强度试验必须符合设计要求。

②成品保护

设备的运、吊、就位要避免碰撞损伤；运至现场的设备，放在有防雨、防雷措施及运输畅通的专用场地，其周围不得堆放杂物；设备上的器具有保护措施。防止损坏，在统一交工前装好；安装好的设备，在抹灰、喷漆前作好防护处理，以免被二次污染。

(2) 阀门安装

工程所有阀门安装前，做耐压强度试验。试验以每批(同规格、同牌号、同型号)数量中抽查 10%，且不少于 1 个，如有漏、裂不合格的再抽查 20%，仍有不合格逐个试验或全部退货处理。对于安装在主干管上起切断作用的闭路阀门，逐个做强度和严密性试验。强度和严密性试验压力符合设计要求和出厂的规定。经试验合格后的阀门方可安装于本工程中。阀门安装中保证位置、进出口正确，连接牢固、紧密，阀门开启灵活，朝向合理。安装完毕后，确保阀门清洁，有漏漆部位按原色进行补刷完整。

(3) 潜污泵、污水泵安装

潜污泵、污水泵安装前由电气专业工程师逐台检测泵的电气绝缘程度，必须符合规范规定，利用临时电源和水池进行试验，运转、出水均正常后再安装。

潜污泵安装前将集水坑内清理干净，潜污泵安装结束，同时将集水坑盖板盖好，防止异物进入和行人坠落。排污管上安装旋启式止回阀。电梯机房集水井等排水管穿普通隔墙时，在隔墙上设套管，套管内用不燃材料堵塞。排污管穿越人防隔墙和外墙时，与预埋套管周边缝隙均匀，采用油麻、油膏嵌实作防水密封处理。

8.10.3.5　消防系统设备安装

(1) 消防泵安装

消防泵安装技术方法参见给排水系统工程中的水泵安装。

(2) 消火栓箱安装

消火栓箱是安装在建筑物内的消防给水管路上，由箱体、室内消火栓、水带、水枪、消防水喉及电器设备等消防器材组成的具有给水、灭火控制报警等功能的箱状固定式消防装置。箱体外形尺寸必须要严格符合设计在不同位置上箱体的尺寸要求。箱门采用单向拉门，且箱门开启角度不小于 160°，开启位置一般设在左侧，与现场位置上其他设备有冲突的地方可调整开启位置。箱门开启轻便灵活，无卡阻现象。开启拉力不得大于 50 N。消火栓箱设置门锁或箱门关紧装置。

箱体外观端正，不得有歪斜、各表面凹凸不平等加工缺陷及磕碰痕迹等现象。焊缝或焊点平整均匀、焊接牢固、无烧穿、疤瘤等焊接缺陷。铆接严实美观，铆钉排列整齐，铆接后铆钉连接坚固无歪斜。箱体安装前进行外观质量检查，如发现有问题不得使用。

箱体在安装过程中与装修紧密配合，不得损坏装修面，与装修面的接缝整齐美观。消火栓箱安装牢固、平直，安装后的箱体上下角的水平位移不得超过 2 mm，消防水管道进消火栓箱“横平竖直”，不得斜进箱内。

消火栓箱内的消火栓口朝外，栓口中心距地 1.1 m，允许偏差 20 mm，阀门距箱侧面为 140 mm，距箱后内表面 100 mm，允许偏差 5 mm，消火栓安装平直牢固，附件齐全，安装整齐。

(3) 消火栓箱内配件安装

消防水枪安装：安装的消防水枪其型号、性能等参数与设计图相符；安装好的水枪，枪上各种配件齐全；消防水枪在箱内安设方式，根据所安设的消防箱型号中的方式安设。消防水带安装：安设的消防水带其型号、性能等参数与设计图相符；根据消防箱的型号，采取将消防水带挂置、盘卷、卷置或旋转在托架上等安设方式。

消防水带接口安装：选用的消防水带接口，能安设在消防水带上。接口与消防水带的连接采用 14＃镀锌铁丝绑扎两道，每道不少于两圈；或采用水带接口专用卡箍，采用水带专用卡箍时，在里侧加一道 14＃镀锌铁丝。

(4) 水流指示器安装

水流指示器牢固安装于每层的水平分支干管或某区域的水平分支干管上侧，其动作方向和水流方向一致。必须水平安装时倾斜度不宜过大，保证叶片活动灵敏，不与管壁发生碰撞、摩擦。

水流指示器前后保持有5倍安装管径长度的直管段。信号阀安装在水流指示器前的管道上，与水流指示器之间距离不宜小于300 mm。

(5) 湿式报警阀安装

报警阀安装时，报警阀的铭牌、规格、型号符合图纸设计要求。报警阀及其组件完好齐全，报警阀的阀瓣启闭灵活，密封性能好，阀体内清洁无异物堵塞。系统的主要管网已安装完毕，报警阀及组件的安装要先安装报警阀，与立管的连接保证水流方向一致，再进行报警阀辅助管道的连接。报警阀距室内地面1.2 m，两侧与墙的距离不小于0.5 m，正面与墙的距离不小于1.2 m。安装报警阀的室内地面要有排水设施。

湿式报警阀安装确保在报警阀前后管道中能顺利充满水。水力警铃不发生误报警。水力警铃安装在湿式报警阀室外墙上，水力警铃安装检修、测试用阀门和通径20 mm的滤水器，警铃和报警阀的连接采用DN20热镀锌钢管，水力警铃安装确保其启动，警铃连接管必须畅通，无锈蚀，水轮转动灵活。

(6) 喷洒头安装

喷洒头安装在系统试压，冲洗合格进行。喷洒头安装前必须进行检验，检验合格后方可进行安装。管道支架、吊架的安装位置不妨碍喷头的喷水效果；管道支架、吊架与喷头之间的距离不宜小于300 mm；与末端之间的距离不宜大于750 mm。喷头安装时，不得对喷头进行拆装、改动，并严禁给喷头附加任何装饰性涂层。喷头安装使用专用扳手，严禁利用喷头的框架施拧；喷头的框架、溅水盘产生变形或释放原件损伤时，采用规格、型号相同的喷头更换。

在宽度大于800 mm的风管或其他遮挡物下部采用直立型喷头向下安装。在吊顶装饰面上安装的喷洒头，配合装饰施工单位对喷洒头孔洞的预留，待装饰层面施工完毕后，将喷洒头的装饰罩安装到位。非吊顶部位的喷洒头在室内天顶粉刷结束后，进行安装。当梁、通风管道、排水管、桥架宽度大于1.2 m时，增设的喷头安装在其腹面以下部位。

(7) 消防水泵接合器安装

室外水泵接合器栓口中心距地标高为700 mm，安装前向土建施工员核定水泵接合器安装部位的地坪标高。水泵接合器安装前将阀门井混凝土底板和接合器底部混凝土支座浇筑好。水泵接合器安装后，经水压试验合格后方可砌筑阀门井和隐蔽。

8.10.3.6 给排水工程系统调试

给排水系统安装完成后进行调试，调试包括给水系统试水、消防系统试水、试压、吹洗，排水系统主管通球试验、排水管道灌水试验等。系统试验时注意以下问题：管道冲洗前做好排水准备；管道进行消毒加氯时，注意药物及挥发气体过浓伤害，必须做好预防和人身防护措施；调试人员调试时，遵守各种调试设备的操作规程和现场的规章制度，不得随意开启用电设备及损坏现场设施。调试完成后做好调试记录和编制调试报告，给排水系统调试完毕后，将测出的各项原始数据、记录进行整理，并将各项试验的资料编制成完成的调试报告，以作为交工验收的依据。

8.10.3.7 设备单机试运行

单机运行准备：检查水泵和附属系统的部件是否齐全；检查水泵各紧固连接部位是否有松动；用手盘动叶轮轻便、正常无卡碰现象；轴承加润滑油脂，所使用的润滑油脂标号、数量符合设备技术文件的规定要求；水泵与附属管路系统上的阀门启闭状态，经检查和调整后符合设计要求；水泵运转前，将入口阀全开，出口阀全闭，待水泵开启后再将出口阀打开。

单机试运行水泵运转：水泵经一次启动立即停止运转，检查叶轮与泵壳有无摩擦声和其他不正常现象；并观察水泵的旋转方向是否正确。水泵启动时，用钳型电流表测量电动机的启动电流，待水泵正常运转后，再测量电动机的运转电流，保证电动机的运转功率或电流不超过额定值；在水泵运转过程中用金属棒或长柄螺丝刀，仔细监听轴承内有无杂音，以判断轴承的运转状态；水泵的滚动轴承运转时的温度不高于 75 ℃，温长不超过 35 ℃；滑动轴承的运转温度不高于 70 ℃；水泵运转时，其填料的温升也正常，在无特殊要求下，普通软填料允许有少量的泄漏，即每分钟不大于 20 滴；如为机械密封，泄露量小于 3 滴/分钟。稳压泵调试：模拟设计启动条件，稳压泵立即启动，达到系统压力时，稳压泵自动停止运行。

8.10.4　暖通工程主要施工方法

8.10.4.1　暖通工程施工流程

施工准备→风管制作、安装、保温和空调水管安装、试压、保温→与空调设备接驳→系统调试→检测验收。

8.10.4.2　风系统管道制作安装

根据招标文件规定，本工程的空调风管、通风管、防排烟等风管均采用镀锌钢板，大截面共板法兰安装。

(1) 风管支吊架制作

在确定风管安装标高后，按照风管系统所在的空间位置，确定风管支、吊架形式。风管支、吊架制作按照设计和规范规定要求进行用料和制作。风管支吊架制作完毕后，进行除锈，并按设计要求先刷两道防锈底漆再刷两道防火调和漆。设置吊点根据吊架形式设置。本工程风管的安装吊点拟采用膨胀螺栓法。

(2) 风管支吊架安装

按风管的中心线找出吊杆敷设位置，单吊杆在风管的中心线上；双吊杆可以按托盘的螺孔间距或风管的中心线对称安装。吊杆根据吊件形式可以焊在吊件上，也可挂在吊件上。焊接后涂防锈漆。立管管卡安装时，先把最上面的管件固定好，再用线锤在中心处吊线，正面的管卡即可按线进行固定。当风管较长时，需要安装一排支架时，可先把两端的安好，然后以两端的支架为基准，用拉线法找出中间支架的标高进行安装。支吊架的吊杆平直、螺纹完整。吊杆需拼接时可以采用螺纹连接或焊接。连接螺纹长于吊杆直径 3 倍，焊接宜采用搭接，搭接长度大于吊杆直径的 8 倍，并两侧焊接。

风管安装管路较长时，按照规范要求设置防晃支架。支吊架的标高必须正确，如圆形风管管径由大变小，为保证风管中心线水平，支架型钢上表面标高，作相应提高。风管的支吊架间距(为不保温风管)按设计要求进行。

对于保温风管，支吊架间距无设计要求按表间距要求值乘以 0.85 的系数。风管的支吊架不得安装在风口、阀门、检查孔等处，以免妨碍操作。吊架不得直接吊在法兰上。保温风管的支、吊装置宜放在保温层外部，但不得损坏保温层。保温风管不能直接与支、吊托架接触，应垫上紧固的隔热材料，其厚度与保温层相同，防止产生“冷桥”。

(3) 风管制作

①风管厚度选择

表 8.18 风管选择尺寸表

风管大边尺寸(mm) \ 风管厚度(mm)	矩形风管	
	中低压系统	排烟系统
80～320	0.5	0.75
340～630	0.6	0.75
670～1 000	0.75	1
1 120～1 250	1.0	1.0
1 320～2 000	1.0	1.2
2 000～2 500	1.2	按设计

②绘制风管加工草图

根据施工图纸及现场实际情况(风管标高、走向及与其他专业协调情况) 按风管所服务的系统绘制出加工草图，并按系统编号。

③直管的生产流程

根据草图输入风管尺寸到电脑→进镀锌板于生产线调直→压筋(大边尺寸＞630 mm)→切割机切角→剪板机剪板→咬口(插口及承口)→机制 TDF 法兰成形机→折弯机折弯(根据口径的大小折成一字形、L 形、U 形、口形)→质检。

④异形管(弯头、三通等配件)生产制作流程

根据图纸电脑制出切割图→FPC3600 等离子切割机切割出半成品→单机咬承口和插口→TDF 法兰成型机→折弯机折弯→质检。

(4) 风管安装

①风管加固

风管大边尺寸在 630～1 000 mm 时，直接在生产线压筋加固，排列规则，间隔均匀，板面没有明显的变形。当风管大边尺寸在 1 000 mm 以上时，可采用角钢、扁钢、钢管、Z 形槽、加固筋、通丝螺杆等进行管内外加固。角钢或加固筋的加固，其高度小于或等于风管法兰高度，排列整齐，间隔均匀对称，且不大于 220 mm，与风管的铆接牢固。管内用通丝螺杆支撑加固，其专用垫圈对外保温风管置于风管内壁，对不保温风管或内保温风管，则放在风管外壁，通丝螺杆宜设置在风管中心处，风管断面较大时，在靠近法兰的两侧各加一根通丝螺杆支撑加固。风管断面大于 1 250 cm×630 cm 时，为了保持相邻壁面互相垂直，宜在风管内四角采用 90℃斜支撑加固。中压和高压系统风管，其长度大于 1 250 mm时，采用加固框补强。

②风管连接

a. 由于风管生产线与施工场地不可能在一处，在车间先按绘制的草图加工成半成品，并按系统编号，在工地上按照编号进行风管的组装。b. 机制风管采用联合角咬口连接，以加强风管的密封性。c. 分支管与主管连接采用联合咬口或反边用拉钉与主管铆接，并在连接处用玻璃胶密封以防漏风。d. 风管法兰与法兰间的连接采用特制的 TFD

法兰角,用榔头轻击将之敲入法兰中再用螺栓连接。e. 当风管大边尺寸超过450 mm时,为了加强法兰及风管的强度,需使用法兰固定卡。

③机制风管支、吊架的间距,如设计无要求,符合下列规定:

a. 风管水平安装,长边尺寸≤400 mm,间距不大于4 m;大于或等于400 mm,不大于3 m。如直管长度超过25 m时加装防止摆动的固定点。b. 风管垂直安装,间距不大于4 m,但每根立管的固定件不少于2个。

(5) 风管的密封

a. 大截面共板法兰风管在法兰角处、支管与主管连接处的内外都进行密封。低压风管在风管结合部折叠处向管内40～50 mm处进行密封;高压风管在风管纵向咬口处及风管复合部进行密封。法兰密封条宜安装在靠近法兰外侧或法兰的中间。法兰密封条在法兰端面重合时,重合约30～40 mm。b. 共板法兰风管法兰4个法兰角连接须用玻璃胶密封防漏,联合咬口离法兰角向下80 mm的地方须用玻璃胶密封防漏,密封胶设在风管的正压侧。

8.10.4.3　水系统管道安装

工程空调水系统主要使用镀锌钢管和无缝钢管。

(1) 支、吊架制作

支吊架、吊杆型选用表

表8.19　支、吊架制作表

序号	管道规格	支、吊架、吊杆材料名称	规格	备注
1	≤DN32	角钢	∟30×3	
2	DN40－DN65	角钢	∟40×4	
3	DN80－DN125	角钢	∟50×5	
4	DN150－DN200	槽钢	[6	
5	DN250－DN300	槽钢	[10	
6	DN500－DN600	槽钢	[16	

支、吊架接缝双面满焊,焊缝饱满,焊坡平整,无气孔、夹渣、未焊透等缺陷。

支、吊架平整。螺栓孔经机械加工,M10以下螺栓孔比螺栓大1 mm,M12以上的螺栓孔比螺栓大2 mm,螺栓孔间距保温管道的距离为室外经加保温层厚度的2倍,不保温管道螺栓孔间距与管径相等。支、吊架安装前,需先清除外表面的污锈,刷红丹漆二道,再刷色漆二道。

(2) 支、吊架安装

支架采用膨胀螺栓固定。管道的伸缩补偿器的前部设固定支架,后侧设导向支架。管道拐弯处及三通的500 mm内设支、吊架,≥DN65的阀门两侧500 mm内设支、吊架。空调成排安装时,可设共用的支吊架。水平空调水管采用间距为3 m左右的吊架支承。垂直空调水管采用间距为3 m左右的夹环固定支承,夹环用M10金属膨胀螺栓固定或配合土建工程预埋固定。各空调循环水管穿过防火墙时在穿越处采用防火封堵措施,并在穿越处增设一个固定架。空调立管底部及楼层隔层设置承重支架(无预埋件时采用膨胀螺栓固定)。屋面上的管道支架采用钢管安装在屋面结构层上。在屋面防水施工前,配合屋面防水层施工,将冷却水循环管支架按深化设计图,预先埋设在屋面结构层上。波纹管补偿器至固定支架之间设置导向活动支架。保温管道在支架上设与保温层厚度相等的硬木垫作防冷桥措施,硬木垫经防腐处理。

(3) 管道安装

对于本工程较大管道的垂直运输采用通过总承包单位的塔吊吊至相应楼层的活动式吊装平台后,再搬运至相应楼层的安装位置。较小的钢管采用人工进行搬运至相应的楼层。本工程管道井管道的吊装考虑其他专业管线的安装,按照管线布置的位置定位,并在统一协调下按照管线的安装顺序进行吊装安装。

(4) 管道连接

①钢管螺纹连接

本工程设计镀锌管采用螺纹连接。管道螺纹连接采用套丝机加工套丝。加工套丝的润滑冷却液采用机油、皂液润滑。管道套丝前,先绞口,去除毛刺,防止缩径。DN15～20管子可一次完成螺纹加工,DN25～40分两次紧刀完成。采用套丝机加工管道螺纹时,根据管径选用割刀和板牙,在使用前将套丝机作空载试运转,保证润滑液充足,管路畅通。管子上机找正后,机后管子较长时用辅助支架托平,与旋转管子夹头保持同一轴线。

加工好的管子不能直接摆放在地上,采用木方或支架垫起,以免粘上砂子等杂物,同时在搬运时轻拿轻放,不能让螺纹撞到硬物。根据设计图纸要求选用管件,确定标高、位置及三通、弯头的方向,安装好支架,将管端螺纹扣部分涂一层铅油,并缠上麻丝,然后和管件连接紧固。螺纹连接时,填料采用白厚漆麻丝或生料带、一次拧紧,不回拧,拧紧后留有螺纹2～3圈。紧固后接口处无外露油麻,管内无麻丝、铅油,镀锌管及管件的表面镀锌层没有破损,管道螺纹外露部分及管钳碰伤镀锌层的部位用樟丹防腐二道进行防腐处理。

②钢管焊接连接

管道焊接施工具备的技术条件:a. 焊接施工具备的技术文件:焊接专业施工组织设计、焊接工程一览表、焊工合格证件、焊工资格管理文件、焊接工艺评定程序及报告、焊接施工作业指导书、焊接施工技术交底记录、焊接实况记录表、焊缝质量检验报告等。b. 焊接工程师全面了解并掌握工程项目、工程量、工艺要求、质量标准,综合编制各项焊接施工技术文件,且在施工前一个月提交委托方和监理工程师审批后实施。c. 焊工须持双证上岗,即安全上岗证、焊工合格证,且具有相应的施焊资历。d. 工程中投用的焊接材料须具备制造厂家的质量保证书。e. 焊接施工技术交底。焊接工程开工前必须具有有效的焊接作业指导书,焊前由技术人员按文件要求向作业焊工进行技术交底。

焊接施工前准备:工序接口条件:a. 上道工序符合接口技术条件,有相应的技术文件支持,上道工序的接口条件的检查和有效文件的签证由质检员负责填写,下道工序施工人员签字确认。b. 焊接对口要求均符合技术文件的规定。根据“焊接作业指导书”及施工图合理选用焊接方法、焊接材料。c. 焊前准备工作完备。焊机运输到位,并调试合格,所有显示仪表均经过鉴定合格,且在有效期内。

施焊环境要求:环境温度根据不同钢种类别予以保证,并符合规程的规定。有防风、防雨设施，避免穿堂风。施焊时，采取措施使焊件处于焊接应力能够释放的自由状态，技术特殊要求时除外。交叉施工时必须有可靠的隔离措施。焊接时避免连接设备的震动，特别是焊件本身的震动，以防止产生焊接缺陷。

对口值要满足技术要求，该项工作由安装工完成，焊工及质检员验收把关。当前项满足要求时，控制影响外观质量的另外几个表面缺陷，即：表面裂纹及表面未熔合、表面气孔、咬边、焊接角变形。防止表面裂纹及表面未熔合：填满弧坑防止弧坑裂纹。防止出现表面未熔合：控制焊接电流不宜过小，焊条或焊丝与坡口保持一定的角度。防止表面气孔：母材要清理干净无污物，焊接电流不宜过小，电弧不要过长，防风或氩气保护效果要满足技术要求。防止咬边：熔合区电弧停留不要太短，电流不要过大，注意观察熔池填满程度。防止焊接角变形：保持对称施焊，必要时采取反变形措施。焊缝外形尺寸的控制：将焊接规范中焊缝外形允许尺寸表的内容分解到工程的具体项目上，使焊工明确各个项目焊缝外观尺寸的允许值，并由技术人员向焊工进行讲解，焊前练习时由焊工亲自对外观尺寸进行测量。施焊结束焊工自检合格后，质检人员用焊缝尺寸检测器进行抽检，对不合格的及时采取补救措施。

(5) 法兰连接

管道施工在与设备、阀门等连接以及管路需要检修的位置采用法兰连接，通常法兰与管道采用焊接方式相连，当管道直径在 50 mm 以下时可以采用螺纹连接。

8.10.4.4　水压试验及冲洗

(1) 水压试验

分段水压试验：空调供回水总管、各层干管、各部位支管、冷却循环水管均按施工进度分段进行水压试验，为绝热保温工序施工提供条件。

系统水压试验：分段水压试验合格后，分别进行系统水压试验。分段水压试验的工序接点，在系统水压试验时，做重点检查。

(2) 试压方法

本工程管道试压采用分区、分层和系统试压相结合的方法进行试验，试验压力按设计要求执行，并在 10 分钟内压降不大于 0.02 MPa 且外观检查不渗漏为合格。在试压管道的最低点安装压力表，表盘直径不小于 100 mm，表盘压力控制在被测试验压力的 1.5 至 2 倍，压力表检验合格，打开管道最上端放空阀。

水压试验前，将系统内加灌水，满水后静置 24 小时将管道内残留气体溢出，再加满水后关闭放空阀。

分段试压采用手动试压泵升压。分段试验时在该分段最高点的表压达到试验压力时，稳压 10 分钟压力下降不大于 0.02 MPa；降至工作压力，检查所有接口不渗不漏。系统水压试验，采用电动试压泵升压。

(3) 管道冲洗

管道系统水压试验结束后，对系统进行反复冲洗，直至排出的水中不夹带泥沙，铁屑等杂质，且水色不混浊方为合格。在进行冲洗之前，先除去过滤器的滤网，冲洗结束后再行装上。

管道冲洗分系统、按管段分别进行。冷冻机组、末端空调设备、止回阀等设备均不可参加水冲洗。过滤器在管道冲洗前拆卸过滤网，冲洗合格后再装上。冲洗介质采用自来水冲洗,水流速 1.5～2.5 m/s。

冲洗废水经沉淀后排至室外市政排水管网,废水必须有序排放,禁止随地流淌。为冲洗方便,根据现场条件设置临时旁通管,冲洗完成后予以拆除。每段冲洗后,取样检查进出口水质一致,无杂质、混浊、水质清澈,即确认冲洗合格。管道水压、冲洗合格后进行管道的化学清洗镀膜。化学清洗镀膜所产生的废水排放,是不能直接排放至市政管网的,必须经过严格的处理达到国家所规定的标准。

8.10.4.5　系统主要设备安装

本工程根据招标文件及工程量清单所示,暖通工程主要设备包含:各类通风机、冷水机组、各类空调器、风机盘管、离心式泵,通风与空调系统的各类阀门、风口等安装。

(1) 空调器安装

空调器安装前必须仔细检查,要求表面完好无损,组件齐全,性能参数符合设计要求后方能安装,安装时严格按照产品的说明书进行。机组清理干净,箱体内无杂物。机组放置于平整的基础上,基础高于机房地平面。从空调机组的一端开始,逐一将段体抬上底座就位找正,加衬垫,将相邻两个段体用螺栓连接牢固严密,每连接一个段体前,将内部清扫干净。组合式空调器机组各功能段间连接后,整体平直,检查门开启要灵活,水路畅通。

加热段与相邻段体之间采用耐热材料作垫片。喷淋段连接处要严密,牢固可靠,喷淋段不得渗水,喷淋段的检视门不得漏水。积水槽清理干净,保证冷凝水畅通不溢水。凝结水管设置水封,水封高度根据机外余压确定,防止空气调节器内空气外漏或室外空气进来。组合式空调器各功能段之间的连接严密,整体平直,检查门开启灵活,水路畅通。

(2) 风机盘管安装

风机盘管安装前检查每台电机壳体及表面交换器有无损伤、锈蚀等缺陷;逐台进行通电设备单机试验检查,机械部分不得摩擦,电器部分不得漏电;逐台进行水压试验,试验强度为工作压力的 1.5 倍,定压后观察 2～3 分钟,不渗不漏为合格。卧式吊装风机盘管,吊架安装平整牢固,位置正确。吊杆不自由摆动,吊杆与托盘相连用双螺栓紧固。风机盘管吊装采用减振吊钩作减振处理。冷热媒水管与风机盘管连接的接管平直。紧固时用扳手卡住六方接头,以防损坏铜管。凝结水管柔性连接,软管长度不大于 300 mm,材质宜用透明胶管,并用紧固件紧固严密,不渗漏,坡度正确。凝结水畅通地排放至指定位置,水盘无积水现象。

在安装过程中,对隐蔽前的风机盘管做好外观保护。

(3) 风机安装

风机安装前,利用临时电源进行试运转,风机运转无异常、无噪音、振动,叶轮碰外壳等缺陷。整体安装的风机,搬运和吊装的绳索不得捆缚在转子上或扣接于吊装的专用吊环上。风机的进风管、出风管等装置有单独的支撑,并与基础或其他建筑物连接牢固;风管与风机连接时,不得强迫对口,机组不承受其他机件的重量。通风机传动装置的外露部位以及直通大气的进、出口,必须装设防护罩(网)或采取安全措施。

屋面落地安装的风机,其基础平整,通过调整减振器的位置,使各减振器受力及变形尺寸一致。悬吊式轴流类风机安装,风机加设钢板连接板及型钢挑梁,使各个减振器受力及变形尺寸一致。风机的进出口敞口采用网丝板网作安全封闭。吊装的通风机的承重吊杆采用双螺栓固定。

(4) 消声器安装

消声器在运输和安装过程中不得受到损害或受潮，充填的消声材料不得有明显的下沉，安装时注意气流方向。所有选取及安装的设备及其相关系统附件所产生的噪音必须不能超越当地环境保护局对噪音控制的要求。消声器的风阻力不超过设计的额定值，而噪音消减量则就等于或大于其管道系统的要求。按有关图纸和技术要求所规定的位置装设消声装置或消声器。

安装前按照所提供的设备和管道系统所引发起的噪音作出计算检定，选出适当的消音设备，有计算结果需交设计单位审核。设备和材料贮存在安全、干燥、无尘的地方，以免其消声器填料受灰尘污染堵塞和破损。所有消声器由不可燃的材料制成并满足当地消防局的要求。每个消声设备须附有详细标明厂家的名称、设备型号、编号与正常的气流方向指示的标志铭牌。系统所安装的消声器单独设支架。矩形消声器内部隔板须用不小于 0.55 mm 厚的镀锌穿孔钢制造。钢皮的孔眼直径为 2.4 mm，交错中心距为 4.6 mm。附在消声器柜体的分隔板有适当的加强保护，以保证分隔板的任何部分在系统运行中不会震动或松脱。所有消声器的柜体接口须附上密封胶以保证在额定风量及系统静压 1 200 Pa 情况操作时仍能保持气密封。

(5) 阀门安装

各类阀门安装在便于操作的部位。防火阀安装，方向位置正确，易熔件迎气流方向，安装后做动作试验，其阀板的启闭灵活，动作可靠，并单设支吊架。排烟(口)及手控装置(包括预埋导管)的位置符合设计要求，预埋管不得有死弯及瘪陷。排烟阀安装后做动作试验，手动、电动操作灵活、可靠、阀板关闭时严密。风管穿越不同防火分区的隔墙、楼板处均安装防火阀。挂式防火阀直接安装在隔墙或楼板处，防火阀顺气流方向前部安装检查门。过隔墙、楼板的挂片式防火阀或 2 mm 厚钢板风管与墙体或楼板间用水泥砂浆密封。止回阀宜安装在风机的压出管段上，开启方向必须与气流方向一致。三通调节阀的拉杆或手柄的转轴与风管结合处严密；拉杆呆在任意位置上固定；手柄开关标明调节的角度；阀板调节方便，并不得与风管碰擦。

风管止回阀叶片吹起侧需有足够长的直管段，确保叶片吹起不受挡、不卡住。安装风管调节阀、蝶阀等调节配件时，必须注意将操作手柄置于便于操作的部位，先对其外观质量和动作的灵活性与可靠性进行检验，确认后再行安装。阀门保温时切忌影响阀柄杆运动，注意其阀柄操作方便和检修的可能性。

(6) 风口安装

风口与风管连接严密、牢固；边框与建筑装饰面贴实，外表平整不变形，调节灵活。同一部分、房间内的相同风口的安装高度一致，排列整齐。条形风口表面平整，线条清晰，无扭曲变形，转角、拼缝处衔接自然，无明显缝隙。风口水平安装，水平度的偏差不大于 3/1 000；风口垂直安装，垂直度的偏差不大于 2/1 000。

8.10.4.6　暖通工程系统调试

系统安装完毕，分别作系统设备单机运行及风量测试，然后作系统综合测试。作好调试之前的准备工作：调试人员的组织、调试仪表准备、调试用水、电检查到位。

(1) 管道水压及灌水试验

①管道水压试验

在系统调试前将系统的供回水管道进行水压试验合格，并进行管道冲洗合格后，方可进入下道工序系统调试。

②凝结水管灌水试验

因冷凝水管道为无压管道，管道安装时要掌握其坡度，避免返坡，防止出现天花滴水现象。冷凝水管坡度一般不少于8‰，对风机盘管逐台进行灌水，看集水盘中的水能否顺利排除，对于不能排除的凝结水管进行调整，直至排出。对于风柜的冷凝水管，由于柜内负压较高，要严格按照设备要求做一段存水弯，再接入冷凝水立管至地。否则就形成风柜集水盘的水倒吸，排不出去。

(2) 设备单体试运转

①离心水泵的单机试运转

水泵试运转前，检查水泵的外观，并符合以下要求：水泵和附属系统的部件齐全。水泵以及电机的型号、规格符合设计要求，各紧固连接部位不得松动。用手盘动水泵轻便灵活、正常、不得由卡碰现象。轴承加润滑油脂，所使用的润滑油脂标号，数量符合设备技术文件的规定。水泵与附属管路系统上的阀门启闭状态，经检查和调整后符合设计要求。水泵在试运转前，将入口阀打开，出口阀关闭，待水泵启动后再将出口阀打开。

水泵启动后立即停止运转，观察水泵的旋转方向是否正确，如不正确调换两相接线。水泵启动时，叶轮与泵壳无摩擦声和其他不正常现象，否则立即停机拆检。水泵启动时，用钳形电流表测量电动机的启动电流，待水泵运转正常后，再测量电动机的运转电流，确保电动机的运转电流不超过额定值。水泵运转过程中，采用金属棒或长柄螺丝刀，仔细监听轴承内有无杂音，以判断水泵轴承是否有损坏或润滑油中是否混入杂物。水泵的滚动轴承运转时的温度不高于75 ℃，滑动轴承的运转时温度不高于70 ℃。

水泵运转时，其填料的温升也正常，在无特殊要求情况下，普通软填料允许有少量的泄漏，即每分钟不超过10～20滴；机械密封的，泄漏每分钟不超过3滴。水泵运转时的径向振动符合设备技术文件的规定。水泵运转经检查一切正常后，再进行2小时以上的连续运转，运转中如未发现问题，水泵单机试运转即为合格。水泵试运转结束后，将水泵出入口阀门和附属管路系统的阀门关闭，将泵内积存的水排净，防止锈蚀。

②风机单机试运转

通风机试运转前，清扫通风机房，并清除通风机、风管内的杂物。试运转前，检查通风机的外观，并符合以下要求：通风机和电动机的型号、规格及皮带轮直径符合设计要求，通风机和电动机的皮带轮的端面在同一平面上或联轴器的中心在一条直线上；地脚螺栓拧紧。通风机出口处的柔性软管严密，不漏风。传动皮带的松紧程度适当。风机的轴承处加注润滑油脂，如不足时，予以加注。加注的润滑油的种类和数量符合设备技术文件的规定。

用手盘车时，风机叶轮旋转无卡碰现象。风机的调节阀门的启闭灵活，定位装置可靠，开机前风机出口处调节阀门处在关闭位置，待风机启动后逐渐开启。电动机、风机、风管的接地均安全可靠。

③风机盘管单机试运转

用手盘动风机叶轮，查叶轮有无卡碰现象。风机盘管点动，若机壳内有异物时会发出声响，立即停机检查，排除发出响声的异物。风机正常运转，听声音是否正常，噪声是否较大。风机盘管连接运转时间不少于2小时。

④冷水机组及燃气真空热水锅炉单机调试

冷水机组、锅炉设备单机调试时，应密切配合由安装施工单位进行调试，同时检查与其连接的相关附属设备的运行情况，并检查相关连接管道的渗漏情况。

(3) 系统联合试运转试验

系统联合试运转试验调整的主要项目和程序：调试人员进入现场后由电气调试人员按照有关规程要求，对电器设备及其主回路进行检测。电器设备及其主回路检测合格后，对空调设备进行试运转，包括通风机、水泵、冷水机组的试运转，空气处理机设备等进行检查。通过设备的试运转考核安装质量，发现故障及时排除。空调设备试运转后，先测定风机性能，并对送、回风系统风量进行测定与调整，使系统总风量、新风量、回风量以及各干、支管风量，送(回)风口风量符合设计要求，实测风量与设计的偏差不大于10%。并调节房间内各回风口风量，使其保持一定正压。

通风机的风量、风压的测定。将空调系统所有干、支风道和送风口处的调节阀全部打开，在整个系统阻力最小的情况下，所测得的风量、风压为该通风机的最大风量、风压。风机压力常以全压表示，风机的全压必须分别测压出端和吸入端，测定截面上全压平均值，采用毕托管和倾斜微压计来测量。风机压出端的测定截面，尽可能选在靠近风机出口的气流比较稳定的直管段上；如测定截面离风机较远，将测定截面上所测得的全压值加上从该截面至风机出口处这段风管的理论计算压力损失值。风机吸入端的测定截面靠近风机吸入口。

通风机的风量为压出端风量和吸入端风量的平均值，且通风机前后的风量之差不大于5%。通风机的转速可使用转速表直接测量。亦可根据实测电动机转速换算。在前四项工作进行的同时，对自动调节和检测系统的线路、调节仪表、检测仪表、敏感元件以及调节和执行机构等部件进行检查、检验、调整，使其达到设计和工艺要求，再将自动调节系统、检测系统的各部件联动运行，并考核其动作是否灵活准确，为自动调节系统的调试创造条件。在空调机性能测定完毕，自动调节和检测系统联动运行合格的基础上，通过试调使“露点”湿度在设计要的允许范围内波动，以保证空调房间的相对湿度。

在前面各项调试工作结束后，还必须对室温调节性能进行试验调整，以保证恒温房间内达到设计所规定的室温允许波动范围。对各个空调房间逐个测量、记录、调整。工作区测点选择离围护结构0.5 m、离地面高度0.5～1.5 m处。在分项进行调试的基础上，使空调、自动调节系统的所有环节全部投入工作，空调系统带冷源的正常联合试运转不少于24小时。系统综合效果测定后，将测定数据整理成便于分析系统综合效果的图表，与设计工况加以比较，并将调试中发现的问题及时进行整改和处理。空调工程系统联合试运转合格后，检查各空调房间的温度、湿度、气流速度与设计参数加以比较，在允许偏差范围内即为合格。

(4) 系统检测

系统调试运行试验合格后，报请具有国家规定检测资质的检测单位，对本暖通工程进行专项检测。密切配合好检测单位对系统的检测工程，对系统中所发现的问题作出及时的调整与整改，确保系统各项技术参数要求满足设计和规范规定要求。

8.11 幕墙工程施工技术

8.11.1 测量放线

8.11.1.1 测量流程

土建基准点→幕墙控制点→幕墙控制线→幕墙分格控制线→幕墙面控制网线。

幕墙的测量目标就是依据主体结构测量的基准点，测放出幕墙能够利用的点位，幕墙的测量由控制的点位分为内控法和外控法。本工程采用外控法，就是在主体结构的外围布置控制网，一般的控制网的基准都布置在一层，同时利用两台全站仪进行交点定位或距离测量，定出待测量的坐标。

本工程的测量放线的基本原则由点控制，到线控制再到面控制，最终控制幕墙分格。

8.11.1.2 幕墙测量的方案

幕墙测量遵循由整体至局部的测量原则，按照各施工区分区测量。与甲方测量负责人联系，接受甲方移交的平面和高程基准点(控制点)；用全站仪复核甲方的平面控制点；用水准仪复核甲方移交的高程控制点；建立平面控制网和高程控制网；测量主体结构、埋件偏差；根据测量成果放线；报总包、监理验线；对施工中的工程检测。在安装过程中，必须对重要部位进行检测、校正。

8.11.1.3 预埋件埋设工艺流程

熟悉了解图纸要求→施工现场找准预埋区→找出定位轴线→复核土建水平→拉水平线→查证偏差→调整误差→水平分割→验证分割准确性→预制预埋件→调整埋件位置并电焊→加固埋件→拆模后找出埋件→进行防腐处理。

8.11.1.4 基本操作说明

针对不同工程实际情况，首先在现场上要找准预埋件的区域。

将图纸中标明的定位轴线与实际施工现场进行对照找出定位轴线的准确位置，定位轴线的作用有：①帮助确定幕墙的起讫点。②验收安装是否准确。③调整误差，确定误差调整范围。根据在现场查找的准确定位轴线，并根据图纸中提供的有关内容，确定定位点；定位点数量不得少于两点，确定定位点时要反复测量，一定要保证定位准确无误。

用水准仪对两个定位点确定水平位置。水准仪要按规范使用，首先水准仪定位时要考虑安全，定点间距离大致相同，水准仪要摆正放稳，不能出现移动、错位等现象，要注定正确使用和保管好水准仪。在找出定位点位置抄平后，在定位点间拉水平线，水平线可选用细钢丝线，同时用紧线器收紧，保证钢丝线的水平度。

在水平线拉好后，对所在工作面进行测量。主要进行水平方向的测量，同时检查各轴线(定位轴线)间的误差。通过测量出的结果分析产生误差的原因，核对有关规范(施工)对误差允许值的要求，在规定误差范围内的，可消化误差，超过误差范围应与土建方或甲方协商解决。

对在规范允许范围内的误差进行调整时，要求每一定位轴线间的误差，在本定位轴线间消化，误差在每个分格间分摊小于 2 mm。误差调整后，在水平线上确定预埋铁件的中心位置，水平分割必须通尺分割，也可以在两定位轴线内进行分割，但最少不能少于在两定位轴线内分割。

水平分割后，要进行复检。图纸中的对应部位分格要对照复核，同时对与定位轴线相邻的预埋件定位线进行测定检查，确认准确无误后进行下一道工序。根据复检确认的分割位置，将预埋件预置至各自的位置。对预埋件进行准确定位或点焊在箍筋上，并做防雷接地处理。

对预埋件进行准确定位，要控制预埋件的三维误差（X 向 20，Y 向 10，Z 向 10），在实际准确定位时不能积累误差，在定位准确后，对预埋件进行绑扎固定。为了使预埋铁件在混凝土浇捣过程中不至于因震动产生移位增加新的误差，故对预埋铁件必须进行加固。可采用拉、撑、焊接等措施进行加固，以增强预埋件的抗震能力（焊接时注意焊在箍筋上）。

在混凝土模板拆除后，要马上找出预埋件，检查预埋件的质量；若有问题，应立即采取补救措施。预埋件暴露在空气中的部分需要进行防腐处理，防腐处理视实际情况进行单层、双层、电镀等处理。对于现场需焊接部位，在焊接后需刷防锈漆进行防腐处理；若须镀锌处理应在预埋件加工时处理。

8.11.2　玻璃幕墙的安装施工方案

8.11.2.1　施工流程

幕墙施工顺序：测量放线→埋件处理→安装立柱→安装横梁→避雷安装→安装防火封修→安装玻璃板块→打胶→清理。

8.11.2.2　施工工艺

土建结构施工结束后，施工队伍进场后首先进行测量定位，测量出土建结构偏差，为施工做好准备，测量后需确定安装基准线，包括龙骨排布基准及各部分幕墙的水平标高线，为各个不同部位的幕墙确定三个方向的基准。

对埋件及主体结构进行全面测量后，进行连接件的安装，其工序如下：找准埋件及连接安装位置：安装连接件时首先要寻找埋件及连接安装位置，才能很准确地安装连接件。对照竖梁垂线：竖梁的中心线也是连接件的中心线，故在安装时要注意控制连接件的位置，其偏差小于 2 mm。拉水平线控制水平高低及进深尺寸。焊接：在连接件三维空间定位确定准确后要进行连接件的临时固定即焊接连接。焊接完毕后，在焊接部位刷防锈漆进行防腐处理。验收检查：对初步固定的连接件按层次逐个检查施工质量，主要检查三维空间误差，一定要将误差控制在误差范围内。三维空间误差工地施工控制范围为垂直误差小于 2 mm，水平误差小于 2 mm，进深误差小于 3 mm。正式固定：对验收合格的连接件进行固定，即对螺栓进行紧固。验收：对连接好的连接件，现场管理人员要对其进行逐个检查验收，对不合格处进行返工改进，直至达到要求为止。

8.11.2.3　铝合金骨架安装

确立基准层框架，根据基准线及测出的外墙面进出误差，确定基准层，然后将基准框立好，每个平面选择两根或三根（视长度定）基准框。基准框要保证位置垂直度，水平高度绝对准确。基准框立好后,再将基准层框立完并检查各立面框的位置是否与设计相符。检查无误后,将质量检测记录提交业主及监理单位复检,经复检合格后,依次安装其他框架。骨架与主体是由铝合金竖框通过转接钢角码与预埋件和主体连接。

主体铝合金竖龙骨的安装:框架施工前,现场经理及技术人员对图纸及现场情况进行认真研究,确定施工方案。按图纸标注尺寸,准备横框、竖框、转接件、螺栓、垫片、螺钉等材料。按图纸尺寸确定基准轴线,安装基准框。安装完毕后,按图纸标注尺寸仔细校核,确认无误后方可进行下一步施工。框架施工需按设计节点进行,不得随意更改。基准框架施工完毕后,确认标高及进出等尺寸与图纸相符无误后,进行大面积框架施工,在安装时应对每层框架的标高,外面尺寸及垂直度,分格尺寸跟踪检查并做记录。竖框安装完毕后,在立框上需标注尺寸,找出分格线安装横框,横竖框连接形式必须按节点形式进行,不得随意改变。横、竖框安装完毕后,按图纸尺寸对框架进行校核。

竖框与横框连接首先根据分格把一组横框套在相邻两根竖框对应的铝合金立柱孔位对应位置上,横框与竖框接触面垫上 1.5 mm 厚度胶皮垫(避免硬接触,当温度发生变化时,横框与竖框能够自由伸缩)。当弹簧销钉安装到位后,使横框外表面与竖框基准面外表面保持在一个垂直平面上;确保横框的位置符合设计图纸分格尺寸的要求。

横竖框在立框之前,型材外表面贴保护胶带,与玻璃接触表面要事先穿入胶条,避免玻璃与型材硬接触。穿胶条时,首先割断一条与横竖框长度相应的胶条,然后穿入横竖框的凹槽内。穿胶条时要杜绝中间短缺现象,胶条连接处要用胶粘接。

安装防火板:防火板为镀锌板,外侧涂防火涂料,并在工厂已经预制成型。与横框连接的一边已经安装有铝合金角片,其与铝合金横框采用自攻钉连接于横框上。与主体结构连接的一侧折有折边,其采用射钉枪通过射钉固定在主体结构上。放置防火棉:防火板安装完毕后,在其上部填塞 100 mm 厚的防火岩棉。防火岩棉在现场根据所在部位的尺寸裁切好,整块铺设上去。在此工序时,要保证防火棉填塞密实,与周边接触良好。打防火胶:在防火板下部其与横框、主体相交接以及横向防火板搭接的接缝,均打防火胶进行密封,防止向上一楼层窜烟。胶迹要连续、均匀、密实。

8.11.2.4 饰面的安装

玻璃安装前,压板按设计要求的数量要预先安装在竖框、横框的边角,待安装玻璃后,再压到玻璃指定位置处。玻璃内外要清洁,特别是死墙位属的玻璃要擦净。玻璃安装在框架的外侧,顺序从上到下,先角后面。先安装最上层,待该层安装调整完后,作为基准层,再安装下层。玻璃先安上一块后,要拧紧临时压板,将玻璃固定在框架上,再安装其他块玻璃。待该层全部安装完后,统一进行调整。玻璃初装完后,就对玻璃板块进行调整,调整要求横平、竖直、面平。室外调整后还要检查室内,各项尺寸要达到设计要求。玻璃调整完,及时进行安装固定。安装压板用螺栓采用不锈钢螺栓,压板间距不大于300 mm。安装压板,螺栓要压紧拧牢。

项目部和安装队管理人员要进行现场检查,监督是否执行技术,安全交底情况,发现问题及时纠正。玻璃安装调整完后,要进行验收。从安装过程到安装完,要进行质量控制,并做好记录。

8.11.2.5 注耐候密封胶施工方法

注胶应饱满、平整、密实、无缝隙。耐候密封胶的施工厚度应大于 3.5 mm,宽度不应小于施工厚度的 2 倍，注胶后用专用的凹形刮刀将胶缝表面最好一次性刮成凹形，不宜采用多次来回涂刮。胶缝应平直、光滑，不得有裂纹、气泡、麻点现象。接口处厚度和颜色应一致。耐候密封胶在缝内应形成相对两面黏结，而不能三面黏结。固化期间不能摸碰，以免影响胶缝外观质量。耐候密封胶修整完后，对幕墙外观质量，特别是胶缝，玻璃质量层层进行验收，并做好记录，报监理验收。

8.11.2.6　幕墙开启窗扇

本工程开启扇框与开启扇分两部安装，分序安装可满足批量生产及安装流水要求，但要求及时保护已安装框料，同时要求框扇料在下料时严格控制尺寸，特别注意其对角线的差值是否异常。框料与框架采用不锈钢螺栓进行连接，一次性拧紧，采用涂馒头型胶盖防水(一般采用滑槽式)，不锈钢滑撑的安装是开启扇的关键工序，其位置影响开启状态的正常工作及外观。针对不同尺寸的开启窗制作钻孔样板，确保开启扇的安装灵活。

8.11.3　干挂石材幕墙

8.11.3.1　安装工工艺流程

预埋件纠偏→连接件定位放线→连接件安装→连接件安装验收→钢立柱的定位放线→镀锌钢管立柱安装→镀锌钢管立柱安装检验→横梁定位放线→镀锌角钢安装→整体钢骨架安装验收→石材面板定位放线→石材面板安装→石材面板安装检验→塞泡沫条打密封胶→清洗交验

8.11.3.2　安装施工

(1) 龙骨安装

将纵龙骨与支座连接角钢连接，支座与预埋件连接，并调整、固定。按纵龙骨轴线及标高位将主梁标高偏差调整至不大于 3 mm，轴线前后偏差调整至不大于 2 mm，左右偏差调至不大于 3 mm；相邻两根纵龙骨安装标高偏差不大于 3 mm，同层纵龙骨的最大标高偏差不大于 5 mm；纵龙骨待埋件的安装校核完毕后就可进行。相邻的纵龙骨水平交差不得大于＋1 mm，同层内最大水平差不大于 2 mm。纵龙骨找平、调整及横龙骨安装，主梁的垂直度可用吊锤控制，平面度由两根定位轴线之间所引的水平线控制，安装误差控制：标高：±3 mm、前后：±2 mm、左右：±3 mm。

(2) 防火层的安装

将车间加工好的防火板按顺序就位放好，就位后的防火板一端打射钉连接固定在混凝土结构上；用角码把防火板的两侧方向固定在主梁上；防火板固定好后，检查是否牢固，是否有孔洞需要补；填塞防火棉，要填塞平整、密实，填塞防火棉需在晴天进行，并即时封闭，以免雨水淋湿；装上板块后，在板块与防火板之间的缝隙处打防火胶；安装完后作好完善的成品保护措施，作好隐蔽纪录。

(3) 石材安装

首先，在墙面最下排板材安装位置的上下口拉两条水平控制线，板材安装依墙面从中间或墙面阳角开始就位安装。安装好第一块作为基准，其平整度以事先设置的灰饼作为依据，用线垂吊直，经校准后加以固定。安装时先简单固定石材挂件，再在石材安装槽内注入大力胶，把槽口对准挂件插入，进行石材平整度的调整，然后固定挂件的固定螺栓。

(4) 石材胶的嵌缝、封顶、封边

当石材安装之后，就应进行密封处理及对墙边、幕墙顶部、底部等进行修边处理。

8.11.4 铝板幕墙的安装

8.11.4.1 铝板加工制作方法及技术措施

(1) 复测埋件安装尺寸

复测时，与其他外墙装饰工程应一体考虑，整体复测，使整个外立面胶缝横平竖直，门窗洞口水平标高、垂直位置统一整齐。复测主体的目的是根据制作安装铁脚，使铝板的表面平整度、直线度符合标准要求。

根据洞口左右轴线，和上下楼层标高线，用钢尺测量洞口边到轴线及标高线的尺寸。根据各层的水平标高和竖向轴线、分割线对所有横向、竖向洞口的水平度、垂直度进行复测。主体结构尺寸复测完毕后，将主体埋件逐一复测一遍，对照设计图纸编制埋件偏差图，并进行埋件调整。

(2) 定基准线

在外墙装饰工程中应统一设定基准线，所有外墙施工均以此为基准，进行各自分项工程的测量放线。每一墙面设一道垂直基准线，横向基准以主体结构的水平标高线为基准，结合每一层楼的窗台水平线，使整个主体结构水平横向线条一致。

(3) 放线

放线前仔细阅读图纸，熟悉本工程的特点及构造特点，放线后应先将进行后置埋件的安装工作，按照设计图纸认真将每个主柱的正确位置标在埋件上，并按基准控制线控制幕墙立柱的平面度，然后根据垂直、水平的基准线及标高点控制幕墙立柱的高度位置。

(4) 制作铝板面板

按项目部铝板面板尺寸放样下料，下料后须检查尺寸形状。检验合格进行折板加工。折板后全数检验半成品几何尺寸，不符合要求的进行整修，全部合格的方可进行焊角加工，焊角加工后进行打磨抛光，连接角的间距应≤350 mm。经专职检验员检验合格后进入表面处理工序，喷涂前的面板均须进行表面清洗、处理、干燥。然后喷底漆，再喷面漆，应严格按操作规程操作，防止产生涂层脱落现象。经成品检验合格后，贴好保护膜，运至工地，妥善保管，准备安装。

(5) 铝板面板安装

安装铝板面板时，应使面板竖直，胶缝一致，板面的平整度要仔细调整，符合要求。面板螺钉安装连接脚将面板固定在框架上，安装连接脚的间距应≤350 mm。面板安装就位后应及时采用泡沫杆隔离条填缝，并打上耐候胶。待胶体固化后清理干净，撕去保护膜，准备拆脚手架。

(6) 安装缝的充填

当幕墙安装结束后，应对安装缝隙进行封闭，安装缝隙指的是不同种类幕墙连接处的缝隙、幕墙与墙体间的缝隙、幕墙与楼层板的间隙，在接缝处填矿棉或防火棉等隔离材料并打密封胶封闭。

(7) 幕墙防雷连接

幕墙框架应组成自身防雷体系并可靠导通连接，每一上下立柱之间应安装导通条，立柱与横梁之间也连通，保证整个幕墙框架体系形成自身防雷体系。幕墙框架又与主体结构防雷系统可靠导通，在每层均压带上与幕墙立柱用导通带连接，并由专业技术人员、总承包商、土建方、业主、监理方共同进行隐蔽工程防雷检查验收，并做好记录。

(8) 清理

铝板幕墙整体完工后，应对其进行全面的清理、清洗工作，去掉铝板面材上的保护包装，用香蕉水清洗残留的胶痕，清洗铝板上灰尘和其他杂物。全部清理完毕，准备组织竣工验收。

8.11.5 玻璃雨篷的施工工艺及安装方案

8.11.5.1 施工流程

测量放线→后置埋件的安装→工字钢龙骨拼装→钢结构的吊装固定→驳接系统安装→玻璃面材安装→打胶。

8.11.5.2 玻璃雨篷的施工工艺及安装方案

(1) 测量放线

通过测量放线的方法，确定钢结构支撑所在线位和雨篷平面所在的确切位置。测设出的控制点，应射入钢针，用红漆标示，并加以保护。测设出的水平控制点，应设置在永久性的结构上，用红漆清楚注明标高。

(2) 后置埋件的安装及检查

在测量放线得到雨篷结构实际的确切位置后，应该根据钢结构支撑布置图，校核所有埋件的位置。并以此为依据进行埋件的安装。

(3) 结构安装工艺

首先将钢结构在地面按设计要求进行预拼装(构件在工厂内加工好)，根据施工图检查钢结构挑梁的尺寸及加工孔位是否与图纸正确相符，相邻构件之间拼装偏差不应大于3 mm。雨篷钢结构吊装按照吊装要求，钢结构预拼装完成后，使用吊车对雨篷钢结构进行吊装就位，将钢结构的一端临时固定在钢架上，调整到定位尺寸后对钢结构的连接进行加固并焊接。钢结构与预埋件的连接：H型钢结构拼装后吊装与主体结构的连接采用不锈钢螺栓和钢管连接件进行固定。

(4) 驳接系统安装

根据设计要求及放线所确定的定位点，在钢结构上焊接点位基座。安装过程中对基座件进行检查，使其满足设计要求，保证基座水平距偏差不大于1 mm，上下中心距偏差±2 mm，水平标高偏差不大于±2 mm。

驳接爪的安装：全部基座安装完毕后，按要求对焊缝进行外观打磨，并进行防锈处理。驳接爪安装时应满足偏差要求，即钢爪座中心线平行度偏差不大于1 mm，两爪座中心距偏差±2 mm，爪座分格对角线尺寸偏差不大于±3 mm，若超过允许偏差则要进行调整处理。

钢结构喷漆：杆件或构件喷漆前，应进行除锈处理。杆件或构件在工厂内可采用喷砂除锈，然后进行喷涂底漆，吊装好后的钢结构要再次进行喷漆处理(防火漆)。喷漆前用角磨枪配钢丝刷等工具除去电焊缝、机械损坏等锈蚀，然后用溶剂彻底清洁，对水分、尘埃等用抹布、铁砂纸或钢丝刷进行清理。

(5) 玻璃面材安装

采用人工或机械搬运的方式把玻璃水平运到安装区，用手动葫芦或吊车配机械吸盘把玻璃板块吊运到施工平台上。玻璃稳定后，先在玻璃上安装扣件，玻璃定位后，再把扣件与钢爪连接。玻璃安装好后，应调整玻璃上下、左右、前后的缝隙的大小，其允许偏差不得超过±2 mm，拧紧扣件，然后将玻璃固定住。当雨篷所有玻璃安装完毕后，进行整体调整，调整完毕，应进行整体立面平整度的检查，其平面度偏差不得超过 4 mm，确认完全无误，符合图纸设计要求后才能进行打胶。

8.12 智能化工程施工技术

8.12.1 综合布线系统

8.12.1.1 设备安装前的环境检查

交接间、设备间、工作区土建工程已全部竣工。房屋地面平整、光洁，门的高度和宽度应不妨碍设备和器材的搬运，门锁和钥匙齐全。

房屋预留地槽、暗管、孔洞的位置、数量、尺寸均应符合设计要求。对设备间铺设活动地板应专门检查，地板板块铺设严密坚固，每平方米水平允许偏差不应大于 2 mm，地板支柱牢固，活动地板防静电措施的接地应符合设计和产品说明要求。交接间、设备间应提供可靠的施工电源和接地装置。交接间、设备间的面积，环境温、湿度均应符合设计要求和相关规定。

8.12.1.2 设备安装

(1) 机架安装要求

机架安装完毕后，水平、垂直度应符合厂家规定。如无厂家规定时，垂直偏差度不应大于 3 mm。机架上的各种零件不得脱落或碰坏。漆面如有脱落应予以补漆，各种标志完整清晰。机架的安装应牢固，应按施工图的防震要求进行加固。安装机架面板，架前应留有 1.5 m 空间，机架背面离墙距离应大于 0.8 m，以便于安装和施工。壁挂式机框底距地面宜为 300～800 mm。

(2) 配线设备机架安装

采用下走线方式时，架底位置应与电缆上线孔相对应。各直列垂直倾斜误差不应大于 3 mm，底座水平误差每平方米不应大于 2 mm。接线端子各种标志应齐全。

(3) 各类接线模块安装

模块设备应完整，安装就位，标志齐全。安装螺丝必须拧紧，面板应保持在一个水平面上。

(4) 信息插座安装

安装在活动地板或地面上，应固定在接线盒内，插座面板有直立和水平等形式；接线盒盖可开启，并应严密防水、防尘。接线盒盖应与地面平齐。安装在墙体上，宜高出地面 300 mm，如地面采用活动地板时，应加上活动地板内净高尺寸。信息插座底座的固定方法以施工线场条件而定，宜采用扩张螺钉、射钉等方式。固定螺丝需拧紧，不应产生松动现象。信息插座应有标签，以颜色、图形、文字表示所接终端设备类型，安装位置应符合设计要求。

(5) 电缆桥架及槽道安装要求

桥架及槽道的安装位置应符合施工图规定，左右偏差不应超过 50 mm。桥架及槽道水平度每米偏差不超过 2 mm。垂直桥架及槽道应与地面保持垂直，并无倾斜现象，垂直度偏差不应超过 3 mm。两槽道拼接处水平度偏差不应超过 2 mm。吊架安装应保持垂直，整齐牢固，无歪斜现象。金属桥架及槽道节与节间应接触良好，安装牢固。

8.12.1.3　缆线的端接

(1) 缆线终端的一般要求

缆线在终端前，必须检查标签颜色和数字含义，并按顺序终端。缆线中间不得产生接头现象。缆线终端处必须卡接牢固，接触良好。缆线终端应符合设计和厂家安装手册要求。对绞电缆与插接件连接应认准线号、线位色标，不得颠倒和错接。

(2) 对绞电缆芯线终端应符合下列要求

终端时每对对绞线应尽量保持扭绞状态，非扭绞长度对于 5 类线不应大于 13 mm，4 类线不大于 25 mm；因 6 类线的端接在规范上没有明确的要求，故实际端接时以 5 类线的要求为参照，并尽可能减少非扭绞长度。

剥除护套均不得刮伤绝缘层，应使用专用剥削工具剥除。对绞线在与信息插座(RJ45)相连时，必须按色标和线对顺序进行卡接。

对绞电缆与 RJ45 信息插座的卡接端子连接时，应按先近后远，先下后上的顺序进行卡接。对绞电缆与接线模块(1DC、RJ45)卡接时，应按设计和厂商规定进行操作。如系统采用屏蔽系统，屏蔽对绞电缆的屏蔽层与接插件终端处屏蔽罩应可靠接触，线屏蔽层应与接插件屏蔽罩 360°圆周接触，接触长度不宜小于 10 mm。

(3) 光缆芯线终端应符合下列要求

采用光纤连接盒对光缆芯线接续、保护，光纤连接盒可为固定和抽屉二种方式。在连接盒中光纤应能得到足够的弯曲半径。光纤融接或机械接续处应加以保护和固定，使用连接器以便于光纤的跳接。连接盒面板应有标志。光缆跳线插头在插入适配器之前应进行清洁，所插位置符合设计要求。

光纤接续损耗值，应符合表 8.20 规定：

表 8.20　光纤接续损耗值

光纤接续损耗(dB)				
光纤类别	多模		单模	
平均值	最大值	平均值	最大值	平均值
熔接	0.15	0.30	0.15	0.30
机械接续	0.15	0.30	0.20	0.30

(4) 各类跳线的成端

各类跳线缆线和接插件间接触良好，接线无误，标志齐全。跳线选用类型应符合系统设计要求。

各类跳线长度应符合设计要求，一般对绞电缆不应超过 5 m，光缆不应超过 10 m。

8.12.1.4　管线敷设

施工时需要遵守下列规定：管内或线槽的穿线，应在建筑抹灰及地面工程结束后进行，在穿线前应将管内或线槽内的积水及杂物清除干净，管内无铁屑及毛刺，切断口应锉平，管口应刮光。线在管内或线槽内，不应有接头或扭结。导线的接头，应在接线盒内焊接或用端子连接。小截面导线连接时可以铰接，铰接匝数应在五匝以上，然后镀锡，并用绝缘胶带包扎。敷设在多尘或潮湿场所管路的管口和管连接处，均应作密封处理（加橡胶垫等）。管路超过下列长度时，应在便于接线处装设接线盒：管子长度每超过 45 m，无弯曲时；管子长度每超过 30 m，有一个弯曲时；管子长度每超过 20 m，有两个弯曲时；管子长度每超过 12 m，有三个弯曲时。

管子入盒时，盒外侧应套锁母，内侧应装护口。在吊顶敷设各类管路和线槽时，应采用单独的卡具吊装或用支撑物固定。管路的直线段应每隔 1.0～1.5 m 设置吊点或支点。吊装管路的吊杆直径，不应小于 6 mm。在下列部位也应设置吊点或支点：管路接头处；距接线盒 0.2 m 处；管路走向改变或转角处。

管线经过建筑物变形缝（包括沉降缝、伸缩缝、抗震缝等）处，应采取补偿措施；导线跨越变形缝的两侧应固定，并留有适当余量。线箱（盒）暗设时，一般应预留墙洞。墙洞大小应按分线箱尺寸留有一定余量，即墙洞上、上边尺寸增加 20～30 mm，左、右边尺寸增加 10～20 mm。分线箱（盒）安装高度应满足底边距地 0.5～1 m。

8.12.1.5　线槽安装

(1) 弹线定位：根据设计图确定出安装位置，从始端到终端（先干线后支线）找好水平或垂直线，用粉线袋沿墙壁等处，在线路中心进行弹线。

(2) 支、吊架安装：要求所用钢材应平直，无显著扭曲。下料后长短偏差应在 5 mm 内，切口处应无卷边、毛刺；支、吊架应安装牢固，保证横平竖直。固定支点间距一般不应大于 1.5～2.0 m，在进出接线箱、盒、柜、转弯、转角及丁字接头的三端 500 mm 以内应设固定支持点，支、吊架的规格一般不应小于扁铁 30 mm×3 mm，角钢 25 mm×25 mm×3 mm。

(3) 线槽安装要求：线槽应平整，无扭曲变形，内壁无毛刺，各种附件齐全；线槽接口应平整，接缝处紧密平直，槽盖装上后应平整、无翘脚，出线口的位置准确；线槽的所有非导电部分的铁件均应相互连接和跨接，（跨接电缆一般用在两喷塑桥架连接处，使两桥架导通，以利于桥架整体接地。要使两桥架导通，首先跨接电缆必须与桥架导通。由于喷塑桥架外表面喷塑层是绝缘的，所以要使桥架与跨接电缆导通，就必须破坏喷塑层。齿形垫圈就是用来破坏喷塑层的，它的端口很锋利，通过螺母压力可以划破喷塑层直接与桥架金属体接触导通。而跨接电缆安装在齿形垫圈之上，也就通过齿形垫圈与桥架金属体实现了导通。从上述可知如将跨接电缆安装在齿形垫圈之下，必然会阻碍齿形垫圈破坏喷塑层，因而达不到破坏喷塑层而与桥架金属体导通的目的。跨接电缆也就成了聋子耳朵。跨接电缆正确的安装方法应是先装齿形垫圈，即齿形垫圈与桥架紧贴，再装跨接电缆，接着上螺母并拧紧。最后不要忘了用万用表量一下两桥架是否导通。具体方法是将两桥架内侧喷塑层破坏一点露出金属本体，测量两桥架是否导通。如仍不导通，则将螺母再拧紧些，如还不行，就要考虑更换齿形垫圈了）使之成为一连续导体，并做好整体接地；线槽安装应符合《高层民用建筑设计防火规范》(GB50045－95)的有关部门规定。

8.12.1.6　线槽内配线

线槽配线前应消除槽内的污物和积水；缆线布放前应核对型号规格、程式、路由及位置与设计规定相符。在同一线槽内包括绝缘在内的导线截面积总和应该不超过内部截面积的 40%；缆线的布放应平直、不得产生扭绞，打圈等现象，不应受到外力的挤压和损伤；缆线在布放前两端应贴有标签，以表明起始和终端位置，标签书写应清晰，端正和正确；电源线、信号电缆、对绞电缆、光缆及建筑物内其他弱电系统的缆线应分离布放；各缆线间的最小净距应符合设计要求。

缆线布放时应有冗余。在交接间，设备间对绞电缆预留长度，一般为 3～6 m；工作区为 0.3～0.6 m；光缆在设备端预留长度一般为 5～10 m；有特殊要求的应按设计要求预留长度。布放缆线的牵引力，应小于缆线允许张力的 80%，对光缆瞬间最大牵引力不应超过光缆允许的张力。在以牵引方式敷设光缆时，主要牵引力应加在光缆的加强芯上。电缆桥架内缆线垂直敷设时，在缆线的上端和每间隔 1.5 m 处，应固定在桥架的支架上，以防线缆下坠；水平敷设时，直线部分间隔距离 3～5 m 处设固定点。在缆线的距离首端、尾端、转弯中心点处 300～500 mm 处设置固定点。

在水平、垂直桥架敷设缆线时，应对缆线进行绑扎。4 对对绞电缆以 24 根为束，25 对或以上主干对绞电缆、光缆及其他信用电缆应根据缆线的类型、缆径、缆线芯数为束绑扎。绑扎间距不宜大于 1.5 m，扣间距应均匀、松紧适应。

8.12.1.7　设备安装

(1) 设备安装前的检验

设备安装施工前应对所安装的型号规格、数量、标志、标签、产品合格证、产地证明、说明书、技术文件资料进行检验，检验设备是否选用厂家原装产品，设备性能是否达到设计要求和国家标准的规定。外观及通电检查：设备外形完整，内外表面漆层完好；设备单个通电检查，无异常情况；小范围内控制系统通电联合检查，各个设备无异常情况。安装条件检查：设备安装前要求土建及装修完毕，温湿度、光照度、通风等环境条件要满足设备安装要求，要求设备周边无干扰源、震动等。线缆检查：检查线缆的布放是否符合设计要求，线缆的标识是否正确；并检查线缆的通断及线缆是否短路。

(2) 设备安装

设备安装位置应符合设计要求，便于安装和施工；设备间接线应严格按照接线图施工；各类接头制作应符合工艺要求；线缆对接应采用焊接，在机柜内应采用端子排压接；机柜表面应完整，无损伤，螺丝坚固，每平方米表面凹凸度应小于 1 mm；机柜内接插件和设备接触可靠；机柜内接线应符合设计要求，接线端子各种标志应齐全，保持良好；机柜内配线设备、接地体、保护接地、导线截面、颜色应符合设计要求；所有机柜应设接地端子，并良好连接入大楼接地端排。

8.12.1.8　接地施工方法

(1) 施工前的环境和器材检查，包括交接间、设备间的接地钢板已完工；房屋预留地的位置、尺寸均应符合设计要求；本系统的设计图纸已完成；材料的质量符合设计要求；

有关施工工具已到位。

(2) 接地施工工艺的标准

设备、器具和可拆卸的其他非带电金属部件接地的分支线,必须直接与接地干线相连,严禁串联连接。栓连接紧密牢固,有防松措施。接地线及保护线与设备,应保证有可靠的电气接触。接地线与接地线连接采用焊接如搭接时,其搭接长度不小于扁钢宽度的2倍。

(3) 接地施工方法

凡与接地引出点之间的连接均采用双金属过渡接头连接。前端设备机柜、控制箱、配电箱的框架与干线连接。室内配电装置包括金属构架、线槽、布线的桥架、布线的机柜。各种线路的金属保护管、各种金属接线盒(如BA的DDC箱、门禁控制箱)应采用多股铜线(6 mm^2)连接到就近接地端子。电子设备的外壳采用保护接地。大型电子计算机采用共用接地方式与防雷接地系统共用接地极。

8.12.1.9　系统调试

由数据终端,语音终端开始检查,信息出口、水平缆线、楼层配线架、主配线架、垂直缆线、电脑机房、电话交换机房,经过检查确认无误后对子系统逐一进行调试,各子系统经过调试检测符合规定允许开通时,再进行系统综合调试,经测试后传输速率等技术参数符合规定,方可交付使用。

8.12.1.10　应注意的质量问题

管道内或地面线槽阻塞或进水,影响布线,应疏通管槽,清除水污后再布线。信息插座损坏,接触不良,需检查修复。缆线长度过长,信号衰减严重,按设计图进行检查,缆线长度应符合设计要求,调整信号频率,使其衰减符合设计和规范规定。光纤连接器极性接反,信号无输出,纤连接器极性调整正确。有信号干扰,检查消除干扰源,检查缆线的屏蔽导线是否接地,线槽内并排的导线是否加隔板屏蔽,电缆和光缆是否进行隔离处理,室内防静电地板是否良好接地等。光缆传输系统输衰减严重,检查陶瓷头或塑料头的连接器,每个连接点的衰减值是否大于规定值。光缆数字传输系统的数字系列比特率不符合规范规定,检查数字接口是否符合设计规定。设备间子系统接线错误,造成控制设备不能正常工作,检查色标按设计图修正接线错误。雷击引起危险的过电压、过电流影响或损坏综合布线设备器件等,应选用气体放电管保护器进行过压保护,过流保护宜选用能够自复的保护器,防止雷击必须同时采用过压、过流保护器。

8.12.2　闭路电视监控系统

8.12.2.1　设备的安装要求

(1) 摄像机

所选摄像机的技术性能宜满足下列要求:能满足系统最终指标要求,电源变化适应范围大于10%,必要时可以加稳定电源。温湿度适应范围满足现场气候条件的变化,必要时,可以加装制造人工小气候的防护罩。监视目标照度不高,而要求清晰度较高时,宜选用黑白摄像机;监视目标照度不高,且须采用彩色摄像机,须附加照明装置。夜间需隐蔽监视时,宜选用带红外光源的摄像机或安装红外照明灯。监视范围亮度变化范围大或必须逆光补偿是 4，应选用具有电子快门和数字背景光处理摄像机。摄像机应由稳定牢固的支架(或电动云台)固定在建筑物上。摄像机镜头应尽量避免逆光设置，必须逆光设置的场合，除对摄像机的技术性能加以需要外，还应设法尽量减少监视区域的对比度。室内、外安装的摄像机均应加装防护罩。摄像机必须在装潢完成环境清洁后方可安装。机罩上的保护膜在正式运转后方可除去。安装摄像机时一定要佩戴白手套。并常更换以保持洁净。

(2) 镜头

镜头尺寸应尽量与摄像机靶面尺寸相一致。镜头焦距应根据视场大小和监视目标到镜头距离而定，焦距(f)$=A\times L//h$，其中，f——镜头焦距(mm)；h——被摄物体的高度(mm)；L——被摄物体到镜头的距离(mm)；A——靶面成像的高度(mm)；监视目标照度变化范围高低相差达到 100 倍以上，或昼夜使用的摄像机，应选用光圈可调(自动或电动)镜头。

(3) 云台

选用云台的技术条件符合 GB/T15412—94《应用电视摄像机云台通用条件》中的规定。云台应根据环境而定：监视对象为固定目标时，摄像机配置手动云台；需要监视变化场景的情况，应配置电动遥控云台。所选云台的负荷能力应至少大于实际负荷重量的 1.2 倍。云台转动停止时应具有良好的自锁性能，水平和垂直转向差应不大于 1 度。室内型云台在承受最大负载时，噪声应不大于 50 dB。云台电缆接口，最好位于云台固定不动的位置，且在固定部位与转动部位之间的控制输入线和视频输出线采用软螺旋线。室内云台安装高度以 2～5 m 为宜，室外云台安装高度以 3.5～10 m 为宜。

(4) 监控室设备的安装

设备如矩阵主机等固定安装在机柜上，不松动，设备之间应留适当间隔以通风散热；各视频线、控制线、电源线应牢固连接到相应接线端子，各线缆标识清楚正确，绑扎条理；控制台设备如控制键盘等要求线缆的连接牢固、不松动，设备摆放合理，操作方便。

8.12.2.2　系统调试

(1) 摄像机视频输出调试

通过调整视场角来调整监视的角度，选择合适的光圈相对孔径、景深、来改善所摄画面的质量。

(2) 中控室设备的调试

监视器的调试可以通过调试达到减少输入视频的显示色彩与实际物体的视差。

矩阵及键盘的调试要求：主要完成视频的字符输入、主控及分控键盘的操作权限、操作者在各个键盘上的操作权限、矩阵各个通讯口的设置、球机预制位的设置、视频信号在各个监视器上切换及宏显示方式等。

(3) 硬盘录像机的调试

完成对硬盘录像机上各个视频的录像模式设定。录像模式包括：视频报警、定时录像、手动/自动录像、报警录像等。设定通讯端口的 TCP/IP 地址。

8.12.3 有线电视系统

8.12.3.1 系统安装

(1) 前端系统的安装

有线电视系统的规模决定了前端系统的规模,对于大楼的中大型前端设备,一般都配有机架,甚至控制台,通常都配有安装说明书。不管采用哪个厂家的何种型号的产品,对于前端设备和控制台的安装,都应符合以下要求:按机房平面布置图进行标准机柜与控制台定位。机柜和控制台到位后,应进行垂直度调整。几个机柜并排在一起时,两机柜间的缝隙不得超过 3 mm。面板应在同一平面上并与基准线平行,前后偏差不大于 3 mm。对于相互有一定间隔而排成一列的设备,其面板前后偏差不应大于 5 mm。调整垂直时从一端开始顺序进行。

(2) 放大器、分支器的安装

放大器的安装应牢固,并充分注意防雨、防尘和防腐蚀。分支器的工程安装有明装和暗装两种。在室内墙壁上安装的系统输出盒要做到接线牢靠、美观,接收机户盒的连接应采用阻抗为 75 Ω、屏蔽系数高的同轴电缆,长度不超过 3 m。系统输出口有的带串接单元,有的即是终端盒,使用时注意分清,对于只有一墙之隔的相邻两户的穿线管和接线盒,常常采用带串接单元的输出口。

8.12.3.2 系统调试

(1) 天线的调试

天线组装完成后,调整好馈源和极化器。按产品说明书的要求连接系统各部分的接线和电缆。高频头的输入波导与馈源输出波导口要对准连接,紧密固定,再将高频同轴电缆连接到高频头输出端。调整天线到所计算的仰角和方位角,并上、下、左、右微调,使高频头输出在仪表上指示最大,或看监视器使信号最好。按照设计要求连接好高频头和接收机,并接上监视器和卫星信号强度指示仪表。接通电源,根据所要接收卫星信号的要求,设置好接收机的频道、极化方式、伴音载频、去加重参数等工作模式。

在监视器上观察所接收到的信号,并参考卫星信号强度在仪表上的指示,微调天线的方位角和仰角。调整完毕后将天线机构锁死。天线柱上安装的开关、波导、电缆接头、螺丝等部件,都应有防水、防锈、防腐措施,并定期检查,维护和保养。

(2) 前端和机房设备的调试

前端和机房设备的调试包括宽带放大器、解调器、有源混合器、卫星接收机等设备的调试。根据前端设备设计组合图,检查各设备连接是否正确,各连线有无断路、短路,各接插器是否装配良好,然后通电。调制器的调整应使调制度适当。调制度过大容易出现负像,调制度过小,图像暗淡,不清晰。伴音的输入调整也不能调得太大,否则会干扰邻频道图像。最简单的方法可把监视器的音量开到最大,调整伴音输入电位器到中间位置,听得声音不刺耳即可。卫星接收机的调整应注意所接收的信号频率调整、伴音副载频的选择及带宽的选择。

(3) 干线传输的调试

干线传输的调试主要分两步:干线放大器的调试和调整分配网络输入端电平。

(4) 干线放大器调试

干线放大器调试的主要步骤如下：a. 在前端机房内测试放大器；b. 安装好干线放大器后，进行馈电调整；c. 开通前端，实际调整；d. 进行 AGC/ASC 调整；e. 调整平坦度；f. 在调试结束后，还原内盖板和外壳。

(5) 调整分配网络输入端电平

由于各种器件参数的离散性，电缆的实际长度与设计长度不一样，往往使分配网络电平过高或过低。故必须调整分配网络端输入电平，并更换分支器的分支损耗，更改部分分配网络来解决。

(6) 分配网络的测试

分配网络输入电平正常后，如果系统输出口电平差别仍较大，还可通过调整来选择不同分支器、分配器和均衡器，或可改变电平分配线路来解决。

8.12.4　停车场管理系统

8.12.4.1　入口读卡机的安装

对感应式读卡机要防止周围环境对读卡机的影响。

8.12.4.2　车辆检测器的安装

车辆检测器检查感应线圈上是否有车辆的情况。当车辆通过感应线圈时，车辆检测器能发出车辆到达信号和车辆离开信号。

8.12.4.3　感应线圈的制作

(1) 感应线圈

感应线圈由多股铜芯绝缘软线组成，铜线的截面积要求大于1.5 mm^2；两条长边的理想间距为 1 000 mm。

(2) 馈线

感应线圈的头尾部分绞起来作为馈线，每米至少 20 绞；馈线长度自线圈至检测器接线端子，最好不要超过 100 m，并应尽可能短，馈线过长会使线圈的灵敏度降低。

(3) 感应线圈的埋设

感应线圈应埋在车道的中间，距车道边 300 mm，将长边对准车辆运行方向，并尽可能防止周围的电磁场干扰；线圈槽应大于线圈尺寸，以免放入线圈时影响线圈的几何形状和尺寸；线圈的四个角应切成 45°，以减少槽壁对线圈的损坏，线圈在槽内放设应层叠敷设。线圈槽应使用黑环氧树脂混合物或热沥青树脂或水泥进行封填。封填应在调试完成后进行。

8.12.4.4　控制器的安装

要安装在防风雨的地方。控制柜安装固定螺栓直径应符合设备要求，不小于 M8，固定牢固，垂直误差不大于 3 mm，箱体小于 500 mm 时不大于 1.5 mm。

8.12.4.5　挡车器的安装

挡车器由金属机箱、马达、变速器、动态平衡器、控制器、档杆等组成。安装前应在指定位置打好 150 mm 高的水泥地台，并预埋 4 支 M12×140 mm 的金属膨胀螺栓；车道宽度大于 6m 时，可在两侧同时相向安装两台挡车器；挡车臂应在挡车器功能调试完毕后再安装。

8.12.4.6　满位指示器的安装

当控制器检测停车数达到预计车位数时发出车位满信号，灯箱红色 LED 可以显示“剩余车位数”或“已满位”。满位指示器灯箱应装在停车场(库)入口明显位置，安装前应在指定位置打好 150 mm 高的水泥地台，并预埋 4 支 M12×140 mm 的金属膨胀螺栓。

8.12.5　楼宇自控系统部分

8.12.5.1　设备及线缆安装方法

(1) 仪表与设备的基本安装方法

仪表测点的开孔位置应按照设计图纸的规定选择，无具体规定时按照下列规定进行：仪表测孔位置应选择在管道的直线端上，测孔应避开阀门、插头、三通、大小头、挡板、手孔等局部构件。安装取源部件时，不得在焊缝及其边缘上开孔和焊接。压力测孔与温度测孔在同一管段上时，压力测孔应选择在温度测孔上游侧。测量仪表应安装在最能代表被测介质的参数位置。仪表及设备在安装和使用前应进行调教。仪表和设备应安装在便于检修的位置，尽量避免安装在振动、潮湿、易受机械损伤、有强磁场干扰和有强腐蚀性气体的地方。如无法避免时，应有相应的防护措施。

仪表的接线盒口宜朝下。安装的仪表和设备不能使其承受外来机械应力。仪表和设备安装时，不应承受冲击及振动，安装应牢固，标牌上的文字及端子编号等朝向应易于观察。

仪表外壳上的箭头方向应与被测介质的流向一致。仪表应与建筑设备同时安装。在建筑设备的水系统清洗时，先将仪表拆下。但在进行压力实验时，应将仪表和建筑设备水系统一齐进行试验。

(2) 温、湿度传感器

室外型温、湿度传感器不应安装在阳光直射的位置，远离有较强振动、电磁干扰的区域，其位置不能破坏建筑物外观的美观与完整性，室外温、湿度传感器应有防风防雨护罩。室内型温、湿度传感器应尽可能远离窗、门和空调出风口的位置，如无法避开则与之距离不应小于 2 m。并列安装的室内型温、湿度传感器，距地高度应一致，高度差不应大于 1 mm，同一区域内高度差不应大于 5 mm。

风管型温、湿度传感器应安装在风速平稳，能反映风温和湿度的位置。安装位置应避开风管死角的位置和蒸汽放空口位置。风管型温、湿度传感器应在风管保温层完成之后安装。安装位置应选择在便于调试、维修的地方。

水管型温度传感器的开孔与焊接工作，必须在工艺管道的防腐、衬里、吹扫和压力实验前进行。其安装位置应避免在焊缝及其边缘上开孔和焊接。水管型温度传感器的感温段大于管道口径的二分之一时，可安装在管道的顶部。如感温段小于管道口径二分之一时，应安装在管道的侧面或底部。温度传感器至 DDC 之间的连接应符合设计要求，应尽量减少因接线引起的误差，对于镍温度传感器的接线电阻应小于 3 Ω。1 kΩ 铂温度传感器的接线总电阻应小于 1 Ω。

(3) 压力、压差传感器及压差开关

风管型压力、压差传感器应在风管的直管段，如不能安装在直管段，则应避开风管内通风死角和蒸汽放空口的位置。安装位置应便于调试、维修。风管型压力、压差传感器的安装应在风管保温层完成之后。水管型、蒸汽型压力与压差传感器的安装开孔与焊接工作必须在工艺管道的防腐、衬里、吹扫和压力试验前进行。传感器不宜安装在管道焊缝及其边缘上,开孔及焊接处。水管型、蒸汽型压力、压差传感器的直压段大于管道口径的三分之二时可安装在管道顶部,小于管道口径三分之二时可安装在侧面或底部和水流流速稳定的位置,不宜选在阀门等阻力部件的附近、水流流束死角和振动较大的位置。

当同一位置需安装温度或湿度传感器时,压力、压差传感器应安装在温、湿度传感器的上游侧。安装压差开关时,宜将薄膜处于垂直于平面的位置。风压压差开关的安装应在风管保温层完成之后。安装位置应便于调试、维修,并避开蒸汽放空口。风压压差开关不应影响空调器本体的密封性。压差开关线路应通过软管与压差开关连接。

(4) 流量仪表及水流开关

测量及压力仪表的测孔应选择在介质流速稳定、管道截面速度均匀处。安装位置应便于维修并避免管道振动。差压计或差压变送器正、负压室与测量管路的连接必须正确。水管电磁流量变送器上游侧应有直管段,长度为介质管道管径的 10 倍,下游直管长度不少于 5 倍管径。若变送器前后有阀门和管道缩径、弯管等影响流量平稳的设备,则直管段的长度还需相应增加。当水管流质可能产生逆流时,流量变送器后面装设止逆阀。当安装位置附近有测压点或测温点时,流量变送器应装距测压点(3.5～5.5)d 的位置;测温应设置在下游侧,距流量传感器(6～8)d(其中 d 为管道直径)。水流开关的安装开孔与焊接工作,必须在工艺管道的防腐、衬里、吹扫和压力试验前进行。水流开关不宜安装在焊缝及其边缘上,开孔和焊接处。水流开关应安装在水平管段上,不应安装在垂直管上。安装位置应便于调试、维修。

(5) 电量传感器

电量传感器裸导体之间或者与其他裸导体之间的距离不应小于 4 mm,当无法满足时,相互间应绝缘。电压互感器输入端不允许短路,电流互感器输出端不允许开路。

(6) 液位仪表

浮筒液面计的安装应使浮筒呈垂直状态。其安装高度宜使仪表全量程的范围处在正常液位。用差压计或差压变送器测量液位时,仪表安装高度不应高于下部取压口。

(7) 电动调节阀

阀体上箭头的指向应与介质流动的方向一致。当有特殊要求时,应根据阀体设备安装说明进行。安装用螺纹连接的小口径调节阀时,必须装有可拆卸的活动连接件。执行机构应固定牢固,操作手轮应处在便于操作的位置。有阀位指示装置的电动阀,阀位指示装置应面向便于观察的位置。执行机构机械传动应灵活,无松动和卡涩现象。当调节机构能随同工艺管道产生热位移时,执行机构的安装方式应能保证其和调节机构的相对位置保持不变。

电动阀的口径与管道通径不一致时,应采用渐缩管件;同时电动阀口径一般不应低于管道口径二个等级,并满足设计要求。电动阀应垂直安装于水平管道上,尤其对大口径电动阀不能有倾斜,且一般安装在回水管上。安装于室外的电动阀应适当加防晒、防雨措施。电动调节阀安装时,应避免给调节阀带来附加压力,当调节阀安装在管道较长的地方时,应安装支架和采取避震措施。

(8) 电动风阀控制器

风阀控制器与风阀门轴的连接应固定牢。机械机构开闭应灵活,无松动或卡涩现象。风阀控制器安装后,风阀控制器的开闭指示位应与风阀实际状况一致,风阀控制器宜面向便于观察的位置。风阀控制器应与风阀门轴垂直安装,垂直角度不小于85°。风阀控制器的输出力矩必须与风阀所需要的相配,符合设计要求。风阀控制器不能直接与风门挡板轴相连接时,则可通过附件与挡板轴相连,但其附件装置必须保证风阀控制器旋转角度的调整范围。

(9) 现场分站及中央控制室设备的安装

安装前,土建、空调、电气工程应已全部完工。仪表盘(操作台)型钢底座的制作尺寸,与仪表盘(操作台)相符,其直线度允许偏差为每米1 mm,当型钢底座的总长超过5 m时,全长允许偏差为5 mm。仪表盘(操作台)的型钢底座安装时,其上表面应保持水平,水平方向的倾斜度允许偏差为每米1 mm,当型钢底座的总长超过5 m时,全长允许偏差为5 mm。仪表盘(操作台)的型钢底座在二次抹面前安装找正,其上表面应高出地面。

8.12.5.2　系统调试

调试应具备的条件:系统的全部设备包括现场的各种阀门、执行器、传感器等全部安装完毕,线路敷设和接线全部符合设计图纸的要求。系统的受控设备及其自身的系统不仅安装完毕,而且单体或自身系统的调试结束;同时其设备或系统的测试数据必须满足自身系统的工艺要求,例如空调系统中的冷水机组其单机运行必须正常,而且其冷量和冷冻水的进出口压力、进出口水温等必须满足空调系统的工艺要求。检查BAS与各系统的联动、信息传输和线路敷设等必须满足设计要求。

8.12.6　机房工程

8.12.6.1　机房UPS电源系统

UPS电源安装:①大、中型UPS设备和配件包装均为木箱。在拆箱时必须小心拆卸,及时检查设备和配件(电池等)是否在运输过程中损坏。在清除包装材料之前,要确保所有配件都已找到。如设备或配件损坏或与设备订货合同不符,应及时做现场记录,并立即与供货商联系。设备进入就位场地时应注意搬运安全,防止机柜倾斜、倒落砸伤人员或造成设备损坏。②主机到位,支架安装到位,现场摆放正确。③检查各导线的连接正常,市电输入是否为三相五线制,相线电压是否正常,电池连接导线是否正常,电池电压是否在UPS规定的范围内。④在机身内部,门面,侧板盖等各处与主机架之间均使用铜母排进行等电位连接,系统提供一个单点保护接地点,可将大地与该点连接。⑤接线后,由UPS厂家工程师现场检查,并安装连接UPS的输出。⑥安装调试完成后,交图纸,并提供UPS的每一路的输出说明。

8.12.6.2　设备配电

在为UPS选配输入输出断路器时,首先要求断路器标称的额定电压要符合UPS的额定输入输出电压,如单进单出的UPS选单极额定电压为220 V或250 V的断路器,三进三出UPS可选三极额定电压为380 V或415V的断路器。要注意断路器的额定分断能力，要符合 UPS 厂家的要求。断路器的标称额定电流要大于 UPS 的最大输入电流和输出电流，一般 UPS 厂家会直接给出输入输出断路器的额定工作电流值或 UPS 最大输入输出电流值。

8.12.6.3　机房防雷接地系统

防雷器为 35 mm 标准导轨安装。将电源线分别接入防雷器的“L1、L2、L3、N”端子，从“PE”端引出接地线连接到防雷接地母线。请在断开电源的情况下安装，以免发生意外。接入导线截面积必须符合技术要求。防雷器无需特别维护，只需定期检查其连接是否松动，工作状态指示是否正常。故障指示显红色时，表示防雷器已有元件损坏，防雷效果变差，必须立即更换。

8.13　各分部分项工程质量保证措施

8.13.1　创优质工程总体措施

在企业内部按照国家质量标准要求建立工程管理网络和质量保证体系，并根据项目管理的要求，实施全面、全过程的质量管理和控制。建立强有力、务实、高效的项目管理班子，由高度责任心、知识全面，创优质结构工程及“扬子杯”工程的技术业务骨干担任本工程的项目经理，实行项目经理质量负责制，并制定严格的奖罚制度。强化项目质量管理保证体系，项目开工前，依据公司质量保证手册及程序文件和本工程创优质工程目标的要求，编制相应的项目质量保证计划及实施细则，加强施工全过程的质量控制，对影响工程质量的相关因素多多研究，重点攻关，彻底消灭质量通病，确保创优质工程目标，争创“扬子杯”。实施工程质量全面管理，订制各工序工作，必须进行事先交底，中间检查，事后验收制度，同时严把材料验收制度和计量管理制度、技术复核制度。施工过程中准确领会贯彻设计意图和监理要求，主动做好业主、监理、设计及其他各方面的配合协调工作，同时认真做好土建、安装、装饰工种搭配工作，及早解决各专业、工种之间的配合矛盾，以使施工顺利进行，确保施工质量一次达标。本工程质量保证资料按照规定要求做到及时、全面、正确、规范。

8.13.2　技术保证措施

施工前，技术负责人组织有关技术人员认真学习相关规范，施工工艺及操作规程，熟悉图纸，做好图纸会审工作，有针对性的编制施工组织设计。针对该工程的大面积地下室、卫生间、屋面防水等施工难点，建立 QC 小组，进行 QC 攻关，确保工程质量。严格按图施工。凡因施工或业主要求变更的，必须办理设计变更通知或核定单，经设计单位同意后，才能施工。严格技术复核制度。轴线、标高经测量员施测后，应由工长、质量员复核无误后，才能在建筑物上作出标记。隐蔽工程应由质检站、设计院、业主共同检查合格签字后，才能进入下一道工序。技术负责人要经常检查各种记录、报告，发现问题及时处理。内业员要整理好各种资料，工长作好施工日记，现场施工管理和各种施工技术资料全部采用计算机管理。装修工程坚持做好样板，包括釉面砖、地砖面排版，色彩协调、天棚作法、管线安装、卫生洁具、门窗安装等全部装修内容，待检查合格，业主、设计、监理满意,施工人员参观学习后,再全面展开装修工作。最大限度地提高施工机械化程度,加大科技含量,发挥公司的技术优势,充分利用新工艺新技术和新材料,选用先进、合理、经济的施工方案,提高施工的技术水平,确保多、快、好、省地完成业主交给的施工任务。

8.13.3 计量保证措施

水泥,钢筋原材、焊接接头等由取样员按规范要求取样,送试验室检验,不合格不得使用。严格对商品混凝土搅拌站配合比以及进场混凝土的坍落度进行检查。现场做好同等条件养护混凝土试块,为拆模提供依据。经纬仪、水准仪、台秤等计量工具由计量员负责按规定送指定检验单位检校。

8.13.4 主体结构质量保证措施

钢筋工程的控制要点:钢筋的品种和质量;钢筋的规格、形状、尺寸、数量、间距;钢筋的锚固长度、搭接长度、接头位置、弯钩朝向;焊接质量;预留洞孔及预埋件规格、数量、尺寸、位置;钢筋保护层厚度及绑扎质量。严禁踩踏和污染成品,浇混凝土时设专人看护和修整钢筋。

8.13.4.1 控制措施

检查出厂质量证明书及进场复检报告,证明进场材质合格。加强对施工人员的技术交底,使其执行施工规范要求和设计要求。严格按照图纸和配料单下料和施工。楼板钢筋施工前,应预先弹线并检查基层的上道工序质量,加强工序的自检和交接检查。对使用的机具应经常检测和调整。焊接人员必须持证上岗,正式施焊前必须按规定进行焊接工艺试验,同时检查焊条、焊剂的质量,焊剂必须烘干。焊接钢筋端头不整齐的要切除,焊后夹具不宜过早放松。根据钢筋直径选择合理的焊接电流和通电时间。每批钢筋焊完后,按规定取样进行力学试验和检查焊接外观质量,合格后才能进行绑扎。

8.13.4.2 基础工程质量控制措施

基础工程的钢筋、模板、混凝土分项工程应遵守主体工程的钢筋、模板、混凝土工程的质量控制措施。作好基坑排水,防止地面水流入基坑,以避免在有积水、泥浆的情况下施工混凝土。绑扎钢筋时,按设计留足保护层,不得有负误差。应用砂浆垫块,严禁使用钢筋当垫块或将钢筋用铁钉、铅丝直接固定在模板上。

8.13.4.3 模板工程质量控制措施

进行技术交底:交图纸、交方法、交规程、交标准。每次支模前,应对模板材料验收,不符合要求的应更换或修复,不能滥竽充数。

班长、工长、自检员应随时对支模操作进行检查,发现问题及时纠正。完工后,质检员组织工长、班长、自检员进行检查验收,合格后再转入下道工序。模板的安装质量,包括刚度、强度和稳定性。还要检查模板的平整度、垂直度、截面尺寸、标高、接缝严密情况以及预埋件、预留洞的位置。

8.13.4.4 砌体工程质量控制措施

墙体砌筑的各种材料要符合设计要求。墙体采用的加气混凝土砌块在砌筑前要提前1～2天浇水湿润,确保空砖的含水率为5%～8%。基层表面如有局部不平,高差超过

30 mm 处应用 C15 以上的细石混凝土找平后方可砌筑。砌块墙底部应砌 200 mm 高标砖，在梁、板下口应用标砖斜砌挤紧，斜度为 60°，砂浆应饱满。框架维护墙和内隔墙，墙高大于4.0 m时，在窗顶或墙中每隔 3 m 设置构造圈梁，严格按规范要求设置构造柱。墙体与柱沿墙体高度每 400 mm 设置 2 根⌀ 6.5 墙体拉结筋。加气混凝土墙每隔 1 000 mm 高度设置通长拉结筋分别锚入砌体砂浆中。

8.13.4.5 混凝土工程

包括水泥的品种、标号和砂、石、外加剂的质量。搅拌时应重点控制配合比、原材料计量、坍落度。浇筑时应重点控制浇筑高度和振捣棒插入间距、深度、顺序。

8.13.4.6 屋面工程质量控制措施

屋面工程施工前，进行图纸会审，掌握施工图的细部构造及有关技术要求，编制好作业指导书。向班组进行技术交底，包括施工部位、施工顺序、施工工艺、构造层次、节点设防方法、工程质量标准、成品保护措施及安全等。所有材料都应有材料质量证明文件并经指定的质量检测部门认证，确保其质量符合技术要求，进场材料按规定取样复试。找平层首先符合排水坡度和顺向，找平层达到规定干燥后才能铺贴卷材防水层。在低温下不宜施工并应避免高温烈日下施工。在屋面拐角、天沟、水落口、屋脊、卷材搭接收头等节点部位，必须仔细铺平贴牢、压实、收头牢靠，符合设计要求和屋面工程技术规范等有关规定。

8.13.5 装饰工程质量保证措施

8.13.5.1 门窗工程质量控制措施

横向与竖向构件组合时，须采用套插方式，套插尺寸不得小于 10 mm 并用密封胶密封。外密封条是隔气、防水的重要部位，安装时应特别注意。密封条抗老化性能应优良，规格合适，其嵌固在窗扇上应牢靠，在转角处应切成 45°角并硅胶黏结牢固，不得有缝隙，门窗关闭后其密封条必须全部处于受压状态。室外玻璃压条与玻璃间填嵌密封胶必须饱满，黏结牢固，以防从此处渗水。框上冒头应开泄水槽，相应部位的密封条亦应开槽。门窗洞外侧靠框边处应留槽，填嵌密封材料时槽口基层必须干燥并清理干净，密封胶表面不得有缝隙，气孔等。为防止水从窗框周边，砂浆微小缝隙渗透，可采用成膜性防水材料堵塞其中毛细孔。

8.13.5.2 外墙防水措施

保证砌体砂浆饱满度是防止外墙渗水的重要措施，砌体组砌应严格按照施工规范和操作规范要求。外墙聚合物砂浆施工前就应先清除施工孔洞内残浆杂物，浇水湿润然后用相同标号的砂浆和砖砌筑严密。框架梁下的填充墙，最上一皮砖应斜砌与梁底顶紧，砌筑严密。1∶3 水泥砂浆打底必须两次成活。

8.13.5.3 卫生间防水措施

卫生间在铺设找平层前应检查地漏标高并对立管、套管和地漏穿过楼板处的节点间采用细石混凝土将四周稳牢堵严，进行密封处理，在管四周留出深 8～10 mm 沟槽，采用防水类涂料裹住管口和地漏。找平层与墙面的交接阴角处做成小圆角。

在找平层上铺涂防水涂料时，找平层应清洁干燥，含水率不大于 9%，并先涂刷基层处理剂。铺涂防水材料时，在穿过楼板的管道四周处的防水涂料应向上铺涂，并应超过套管的上口，靠近墙面处防水涂料向上铺涂，高出面层 20～30 mm，阴阳角和穿过楼板面管道的跟部应增加铺涂防水材料。铺涂完毕后应做蓄水实验，蓄水深度为 20～30 mm，24 小时内无渗漏为合格，并做好记录。实验合格后应立即做好防水涂料的砂浆保护层，防止防水涂料的损坏。

8.14 安全文明施工及环境保护措施

8.14.1 安全保证措施

8.14.1.1 安全及消防实施措施

本工程的安全管理目标：无重大安全事故及火灾事故。建立以项目经理为首的安全生产管理体系，由各部门的管理人员参加，按照现场的施工管理要求，施工现场每 50 人配备专职安全员 1 名的标准来设置，具体负责监督现场安全生产工作，发现问题，随时处理，整改解决，不留事故隐患。在本公司现有各项安全管理制度的基础上，根据工程特点制定本工程现场的具体安全管理细则。做到有据可依、有章可循，每月定期对各楼号现场进行安全检查，记分评比按制度奖罚分明。

8.14.1.2 安全生产管理体系

项目经理对项目范围内施工的工程安全生产全面负责，认真贯彻落实安全法规和规章制度，制定安全生产的检查及奖惩条例。项目副经理对本项目部安全生产负直接领导责任，具体组织实施各项安全措施和安全制度。项目技术负责人负责组织实施施工安全技术措施的编制及审核工作，负责向有关人员进行特殊施工安全交底。施工员负责向施工班组进行针对性的安全技术交底，同时做好各施工班组的安全教育，实施施工全过程的安全监督。安全员负责项目部施工范围的安全管理及监督检查，组织职工学习安全操作规程和制度，组织专业工种的安全培训工作；对职工违章作业进行教育处理，并落实整改；做好安全资料台账记录工作。生产班组长带领职工认真遵守安全操作规程，按有关安全生产指令安排工作，做好班前安全技术交底。

8.14.1.3 安全技术保障

安全生产关系到企业效益及形象，关系到职工的生命安全、国家财产的大事。生产组织者必须一手抓生产、一手抓安全。树立“安全第一，预防为主”的思想。尤其在本工程施工中，由于工期紧张，施工人员铺开面积大，一次性施工机械及施工人员投入量大，各项工序搭接同时施工，安全生产就显得尤为突出。因此必须从组织上、制度和措施上进行保障，确保安全施工。

从组织和制度上保障“安全第一”，成立由项目经理为首的安全生产领导班子，配备责任心强、工作作风踏实、经验丰富的干部任专职安全员。定期组织学习、培训，把“安全生产，预防为主”的指导思想灌输到每一个职工心中，贯穿于整个施工全过程。各种安全措施，防护装置的计划编制、实施列入施工任务单，专人负责，责任落实到班组或个人，并实行严格的验收制度。对安全技术措施的执行情况，除认真监督检查外，还要建立与经济挂钩的评比奖惩制度。督促检查职工正确使用安全帽、安全带和安全网。基坑周围、楼层各施工洞口临边,设立防护栏杆及醒目标志。立体交叉作业应有防护隔离措施。建立“三宝、六口”的全方位防护。建立安全技术交底制度。工程开工前,由技术负责人将工程概况、工程特点、周边环境、施工方法和有关安全技术措施向参加施工的项目副经理、施工员、工长、班组长等进行安全技术交底。每个单项工程开始前,应重复交代单项工程的安全技术措施,并根据现场施工实际情况进行调整、充实。对安全技术措施中的具体内容和施工要求,向施工员和有关班组长进行详细交底和讨论,使执行者了解具体要求和目的,为安全技术措施的落实打下基础。安全交底均应有书面材料,有签字和交底日期。加强安全技术措施实施情况的监督检查,生产副经理、编制者和安全技术人员经常深入现场检查各项安全技术措施的实施情况,及时纠正违反安全技术措施的行为,发现存在问题及不足,应及时对其进行补充、修改和完善。应以施工安全技术措施为依据,以安全法规和各项安全规章制度为准则,经常性的对工地实施情况进行检查,并督促各项安全措施落实。

8.14.1.4　*施工技术上的安全保障*

所有参加施工的人员必须经安全技术操作培训合格后方可进入现场进行施工。特殊工种必须持有有效操作证上岗作业,严禁无证上岗作业。有关业主指定的分包队伍进场施工均应由施工负责人或专职安全员进行书面安全技术交底,订立安全协议书。专职安全员根据本工程施工特点,结合安全生产制度和有关规定,深入现场检查、督促整改,发现影响安全情况时,有权指令停止施工,并立即报告项目经理,经整改处理后方可继续施工。作为现场的施工总承包,有义务全面负责整个施工现场的安全生产和正常秩序,并制定一整套符合本工程实际情况的安全消防制度条例,并对各专业工种和分包队伍的安全生产消防措施的实施情况进行考核,以确保安全消防制度、措施的层层分解,落实到位。基坑挖成后,四周及主要通道应及时设置 1.2 m 高的红白油漆相间的钢管防护栏杆。上下基坑设专用通道或登高措施,并保持夜间有充分照明,设有警示标志。建筑物脚手架必须编制脚手架搭设施工方案,并报有关部门批准,由专职有证架子工按审批好的脚手架施工方案负责搭设。脚手架搭设完成后由主管负责人会同安全员验收合格后方准使用。脚手架的安全设施因施工需要临时拆除等必须由有关主管负责人批准后方准拆除,未经批准严禁擅自拆除或移位变动。结构楼层外围从底层开始,每隔三层设置一道平挑小眼安全网。外围安全平挑维护网必须随楼层的施工进行同步搭设,并由专人定期对平挑网内杂物进行清除,确保网内清洁完整。结构楼层预留洞在配筋绑扎时,预留洞口位置按设计要求的板内配筋要求进行配筋绑扎,在拆除模板后及时用七夹板或钢筋栅将预留洞盖严,并有固定措施,待洞口设备管道安装时再行拆除,确保楼层预留洞的防护安全。结构施工模板支撑体系的支设必须按批准的支模方案实施施工。未经同意不得擅自变动支撑间距。室内拆模时,门窗洞口必须用安全网或竹笆围护,并应固定牢固,避免模板、横楞等从窗洞口飞出伤人,并不准向窗外抛掷杂物。电梯门洞拆模后,及时用栏杆钢筋网围护。电梯井道每隔三层设置一道竹笆封盖隔断防护。施工电梯料台处拆模后及时安装红白颜色相间的铁栏门及其周边防护。进料口料台必须搭设牢固,与混凝土墙体必须有可靠拉接。楼梯拆模后,及时用钢管扣件安装栏杆。楼梯间配设足够照明,如有损坏,及时更换。展开盘圆钢筋,两端要卡牢,以防回弹伤人。调直冷拉钢筋前,必须检查锚卡具正常后方准调直冷拉。冷拉卷扬机应设置挡板。冷拉区域与其他施工区域必须设置隔断措施，并设置防止无关人员靠近的警示牌。制作成型钢筋场地应平整，操作台要稳固，起吊钢筋必须要捆绑牢固，起吊下方严禁站人，操作人员不准爬立在钢筋上绑扎施工也不得从已绑扎的钢筋上攀登上下。

8.14.1.5 施工用电安全技术保障措施

现场施工用电线路必须按经批准的施工用电布置平面图实施。线路采用架空或穿保护套管埋地电缆敷设，并设有可靠的防护设施。线路布置必须由有证电工实施架设。动力线路采用三相五线制，线径规格按经计算核定的用电负荷量正确选用。破皮老化的电缆线未经处理在未确保安全前不得使用。配设的动力电箱及活动电箱必须符合南通市有关安全用电规定，内部装置齐全，可靠有效，一机一闸，有门有锁。漏电开关和保护接地按规定设置，保险丝选用安全合理，严禁用铜丝代替保险丝。使用期间由专职有证电工定期检查维修，非电工严禁装拆用电装置。室外露天电箱设置防雨设施，防止漏电事故发生。在同一供电系统中，不得将一部分用电设备接地，而将另一部分电气设备接零。电气设备的接地点应以单独的接地与接地干线连接。严禁在一个接地线中串接几个接地点。在低压线路中，严禁利用大地作为零线供电。不得利用机械钢结构做工作零线，保护零线上不得加装断器或断路设备。

施工现场夜间施工时，必须确保足够亮度的照明灯光。值班电工加强值班检查，及时修复损坏的灯具，确保施工部位的照明需要。选择做上下通道的楼梯，在每层休息平台设 36 V 低压安全照明灯，保证楼梯通道的使用安全。移动照明灯具，必须用线头牢固、包皮完整的手持式专用移动行灯。施工现场严禁使用电炉和土制电加热器具，严禁私拉乱接用电线路。电器装置遇到跳闸，不得强行合闸，应查明原因，排除故障后再行合闸。线路故障的检修应挂告示牌，并有专职电工负责。必要时设专人看护，非专业人员不得擅自开箱合闸。混凝土浇筑操作人员应戴绝缘手套，穿绝缘鞋。活动电箱电线应架空。电箱的漏电保护器应灵敏可靠，防止漏电事故发生。

8.14.1.6 机械使用安全保障技术措施

施工机械按经批准的施工现场平面布置图合理布置。并由专人负责管理、维修、操作和保养。机械防护措施齐全可靠，符合安全使用要求。塔吊、施工电梯等主要机械设备由专业施工队负责安装拆除。安装后必须经由关部门验收并挂牌，方准有证操作工上机操作。塔吊必须按规定安装，超高、变幅限位和力矩限位器、吊钩、钢丝绳应有保险装置，定期进行检查、维修和保养，发生故障，及时排除，不得带病运转。每台塔吊配无线对讲机两对，作为司机与地面指挥信号工联络用。信号工必须经培训考试合格后方准上岗操作，严禁违章指挥。塔吊起吊、运转必须按“十不吊”等规章制度操作。塔吊应按规定安装避雷装置，利用塔吊基础钢筋与建筑物基础钢筋焊接，形成避雷体系。

8.14.1.7 防火安全保障措施

项目部成立以项目经理为首，由各专业工种和专业分包队伍负责人组成的消防安全工作小组，建立各级防火安全责任制，措施到位，有岗有人，分片包干，确保消防工作落实到实处。施工现场配置的灭火机规格型号及其他消防器材应符合南通市消防条例的有关规定，由专人负责检查，按时更换药液。搞好用火管理，严格动用明火审批手续制度，动用明火必须同步做好消防监控措施。项目部设专人管理，建立防火档案，并按施工总人数 10%的比例建立消防组织，并正常开展活动。发现隐患，及时排除。做到有人部署、有人实施、有人检查。氧气、乙炔气钢瓶专门设置地方堆放，堆放地点必须距明火 10 m 以上，不得乱堆瞎放，避免在阳光下暴晒。搬动时不能互相碰撞，并戴设盖帽。氧气、乙炔气瓶存放和使用的间距必须大于 10 m 以上。氧气、乙炔气减压器应装有安全阀和防回火器。高低压力表应完好，计量正确。氧气、乙炔气的操作应由经培训合格的气焊工承担。每次使用前应检查气软管是否有破损漏气，发现应及时更换。油漆等易燃物品应远离明火，与其他物品器具隔离另行堆放。木工房、易燃物品仓库等处严禁吸烟，动用明火。宿舍严禁使用电炉和土制电加热器具取暖。发生事故或事故苗头，必须做到三不放过原则，即事故(苗子)原因分析不清不放过；事故(苗子)责任者和群众没有受到教育不放过；没有防范措施不放过。

8.14.2　安全应急救援预案

8.14.2.1　现场意外事件紧急处理程序

工地如突发因工重伤、死亡事故，项目部安全部必须立即组织抢救伤员，保护现场，并以最快方式向经理部直接领导和公司安全监督站报告简要情况。如认定重伤或死亡事故，由项目部负责保护事故现场，绘制事故现场平面图、立体图，并提供有关资料。由项目部安全科填写事故快报。各级人员认真配合上级和政府主管部门人员勘察现场，开展事故调查。调查重伤事故由项目经理部组织事故调查组，并在 10 天内提出事故报告报公司安全监督站。轻伤事故由安全部调查分析并报告。机械事故报工程管理部，因机械事故伤及人员的，报机械部门的同时报公司安全监督站。项目部发生重伤事故，主管安全生产工作经理要采取组织会议等多种方法通报事故经过、原因，提出改进措施，吸取教训，强化安全生产管理，预防同类事故重复发生或其他事故的再发生。如事件发生在夜间，须由项目部夜间值班人员紧急上报经理部有关人员。

8.14.2.2　因工发生意外伤害事故的紧急处理

发生人身意外伤害时需采取的相应事项：如现场发生人身意外伤害事故，如当事人没有自觉症状，不要轻易放走当事人，医务人员要对其进行全面检查并观察 24 小时，确实没有损伤时才能视为正常。当发现伤员心跳、呼吸停止时要应地抢救，进行心脏复苏，直至急救医务人员到场进一步抢救。现场发生人身意外伤害事故，不要慌乱，派专人守在伤员前进行临时救护，另派人与急救中心或医院联系说明伤员所处地点、行车路线及达到所在地点的明显标志。对于骨折伤员，特别是怀疑颈、胸、腰椎骨折伤员要做好固定，用硬板搬运，不得随意拉扯、扭曲身体搬运。现场发现法定传染病人应立即报告公司医院，并进行隔离，环境消毒及检疫，由公司医院与有关单位联系处理。

项目部在得到因工伤害事故报告后，应立即组织抢救受伤人员，指导现场急救或送医院抢救，并组织人员救险，防止险情扩大。伤员送往医院过程中，必须项目部管理人员相陪以避免产生不必要的麻烦，并保护好现场，及时通报项目部有关领导及安全人员。

8.14.2.3　意外伤害不同部位相应应急处理措施

外伤的急救、处理、搬运。外伤出血后，根据伤口的部位、轻重程度，可分别或同时采取指压止血法、加压包扎法或止血带止血法，如有骨折，则采用木板等物予以固定。包扎动作轻、快、准、牢，对暴露的伤口，尽可能用无菌敷料覆盖伤口，再行包扎。包扎不可过紧、过松，以防滑脱或压迫血管、神经，影响远端血运。骨折固定时，本着先救命后治伤的原则，先进行呼吸心跳的急救，有大出血时，应先止血，再包扎，最后固定骨折部位。运送伤患者前，应检查伤者头、胸、腹、背及四肢的伤势，并给予适应的处理，如所处环境危险，应尽快脱离，否则就地抢救，搬运时注意伤员体位，避免再损伤。现场处理后，尽快转送到医院急诊科。

施工现场出现电击、严重创伤、中暑、中毒等易引起心跳骤停的情况并及早抢救，对伤者复苏有重大意义。判断心跳骤停症状：颈动脉搏动消失；意识丧失，呼之不应；现场心肺复苏：首先进行呼救，一旦判断病人昏迷，就要呼救，他人协助打急救电话，本人就地抢救；病人体位仰卧在硬地板或硬板床上。心肺复苏法：打开气道，使病人颈部上抬使头后仰，保证呼吸道通畅；人工呼吸，口对口吹气，每次 800～1 000 m(注意胸部是否起落，每次吹 12～16 次)；心外按摩，建立人工循环，用拳击心前区，拳距前胸 20～30 cm，向前胸猛击两下，有时即可恢复心跳。胸外挤压的部位在胸骨中下 1/3 交接处，下压深度 3～5 cm，频率 80～100 次/分钟。双人操作：吹气与按压比为 1∶5，每 4～5 分钟检查一次颈动脉搏动及自主呼吸是否恢复。单人操作：每次按压 15 次，吹气 2 次，每 4～5 分钟检查一次颈动脉搏动及自主呼吸是否恢复。

按压注意事项：按压必须平稳，有规律进行，不能中断；平常不能离开胸膛，不能猛压猛松，以免改变按压位置，或引起肋骨骨折；双肩应压胸前正上方，平臂要与胸垂直，按压时身体不要前后摇摆；胸部按压部位必须正确，否则不仅按压无效，反有危险。

电击伤与中暑的处理。电击伤的诊断：先看电源种类、电压、触电时刻及当时情况，表现为电击性休克、抽搐、昏迷、青紫、心律不齐、心跳停止，并发症伴有外伤、骨折、背髓受损者可见肢体瘫痪。抢救要立即切断电源，用绝缘不导电的物体使患者脱离电源。呼吸心跳停止时，立即进行口对口人工呼吸及胸外按压术；对局部烧伤进行消毒包扎处理；同时呼急救中心转院处理。

中暑诊断：因长时间的日光曝晒，或在高温环境下工作，出现大汗头晕、无力、口渴、眼花、心慌、四肢麻木、体温略升高，血压下降等症状。抢救：发现中暑病人都应立即将其移到阴凉通风处。①轻度中暑：给予含盐冷饮，服十滴水或藿香正气水，休息后即可恢复。②高热型：重点是物理降温，用 26～29 ℃温水或 50%酒精全身擦浴，用电风扇吹风，头部大血管放置冰袋，静脉点滴生理盐水＋氯丙嗪 50 mg。③痉挛型：重点补充钠、静点 5%GNS 或 3%NS，抽搐者用 10%水含氯醛10～20 ml。

8.14.2.4　坍塌倒塌事故应急措施

施工现场坍塌倒塌事故包括基坑变形、位移、土体流沙、管涌、坍塌、脚手架类、桩机、塔吊、施工升降机等倒塌事故。不论何人，一旦发现有基坑变形、位移、土体流沙、管涌、坍塌、脚手架类、桩机、塔吊、施工升降机等施工设备倒塌的发生可能性，应立即呼叫在场全体人员进行疏散。接到报告后，立即召集应急指挥小组，开展抢救工作，各岗位人员迅速到场。立即抢救伤员：①现场抢救，同时通知医疗急救中心，急救箱、担架(抢救伤者须用担架)存放在现场医务室；②派人随同到医院，随时了解伤情，及时反馈伤者情况；③通知当事人的家属，做好接待工作，安慰、稳定家属的情绪；④积极做好善后处理工作。立即派人保护现场，设置警戒线、维护现场秩序、疏散人员、召集有关人员作好当事人周边的问讯取证记录，了解事故现场情况配合事故调查。立即向上级领导(分公司、公司)报告，立即向当地的安全生产监督站、建设行政主管部门、公安局、派出所报告，配合做好事故调查、取证和处理。立即组织安全自查自纠、消除隐患，确保施工安全；立即组织对全体施工作业人员的举一反三方坍塌倒塌安全再教育，提高安全防范意识，做到遵章守纪，防止同类事故发生。在没有人受伤情况下，项目经理组织施工经理、项目工程师、技术员、安全员、机管员、施工员对基坑变形、位移、土体流沙、管涌、坍塌、脚手架类、桩机、塔吊、施工升降机倒塌事故进行原因分析、调查，并指定相应的纠正补救措施与方案报告工程管理部、公司审批确认同意后，在确保人身人员生命安全的前提下，组织恢复正常施工秩序。

8.14.2.5　卫生事故应急措施

卫生事故包括食物中毒、突发病、传染病及不明病因的卫生事故等。如发生事故应立即组织人员送受伤者到医院进行抢救，项目部要不惜一切代价配合抢救。如发生食物中毒事故，要立即把封存取样食品送卫生部门化验。查清事故原因，并立即调查该工人24 小时内食用过的食品及来源地，如为外面的食品引起中毒事故，则应马上报告上级有关部门，以免造成更多人的伤害。对不明病因的突发病，要采取必要的急救措施，如人工呼吸等，然后急送医院进行抢救。如发现传染病，应立即进行隔离，把伤者送医院治疗并对全工地进行一次彻底的消毒，并对全工地的所有人员进行体检检查，查看有无传染病扩散现象并根据医生建议进行针对性处理。

8.14.2.6　危险品仓库应急措施

仓库管理员对储备的化学品检查时发现化学品泄漏，应采取措施拦截防止污染面扩大，并根据泄漏化学品的安全技术说明书进行清理，能回收的尽量回收。氧气、乙炔等压缩气体及液化气体泄漏时，迅速撤离泄漏污染区人员工至上风处，并进行隔离，严格限制出入。切断火源，避免与可燃物或易燃物接触，尽可能切断泄漏源，合理通风，加速扩散。漏气容器妥善处理，修复、检验后再用。酒精、乙二胺、丙酮等易燃液体泄漏时，迅速撤离泄漏污染区人员至安全区，并进行隔离，切断火源，尽可能切断泄漏源，防止进入下水道、排洪沟等限制性区域。小量泄漏，用砂土或其他不燃材料吸收，也可用大量水冲洗，冲洗水稀释后放入废水池；大量泄漏时，构筑围堤或挖坑收容，用泡沫覆盖，降低蒸汽火害。硫酸、盐酸等腐蚀化学品泄漏时，迅速撤离泄漏污染区人员至安全区，并进行隔离，严格限制出入，不要直接接触泄漏物，尽可能切断泄漏源，防止进入下水道。小量泄漏，用砂土、干燥石灰或苏打灰混合，也可以用大量水冲洗，冲洗水稀释后放入废水池；大量泄漏时，构筑围堤或挖坑收容。危险品仓库发生火灾时，责任人应及时用灭火器进行灭火，同时报告应急情况领导小组，火灾较大时，应立即拨打“119”通知地方消防队。

8.14.2.7　重大环境污染事故应急处理与救援措施

施工现场发生一般的环境污染，项目部环境污染应急响应指挥小组组织相关人员及时处理、中止施工，并制定相应的处理方案及采用有效措施，确保能达标时方可施工。当施工现场发生重大的环境污染，项目部应及时组织人员进行抢险，同时采取有效措施，切断污染源及时制止污染的后续发生并及时上报公司。对很严重的环境污染发生(如火灾发生、大量有害有毒化学品泄漏)后，要首先保护好现场，组织项目部人员进行自救并立即向上级管理部门上报事件的初步原因、范围和估计后果。如有人员在该严重的环境污染下受到人身伤害，则应立即向当地医疗卫生部门(120)电话求救，同时通知环保部门进行环境污染的检测。上级管理部门指挥部人员赶赴现场，按各自职能组织处理事故。

当火灾发生后遵循消防预案有关规定，采取切实有效措施最快速度切断火源，断绝火点，控制火势及熄灭火灾，并做好现场的有效隔离措施，及火灾的善后处理工作。及时组织分类清理、清运，最大限度地减少环境污染。当发生大量有害有毒化学品泄漏后，应及时采取隔离措施，采取适当防护措施后及时清理外运，或采取隔离措施后及时委托环保部门处理、检测，以求将环境污染降低到最低限度。事故处理之后，立即组织安全自纠、消除隐患，确保施工安全；立即组织对全体施工作业人员的起一反三环境保护再教育，提高安全防范意识，做到遵章守纪，防止同类事故发生。

8.14.2.8　火灾应急预案

发现火灾事故时，发现人员要及时向消防领导小组报警，并讲明发生火灾的地点、燃烧物质的种类和数量，火势情况，报警人姓名、电话等等详细情况。消防领导小组接到电话报警后，接报人员要立即通知义务消防队员赶赴火场，拨打“119”报警电话报警。义务消防队员必须做到在发生任何情况下都能临危不乱，切实按项目部制定的措施方案执行。火灾较大时要立即成立灭火指挥部，下设灭火作战组、抢救疏散组、安全保卫组、后勤保障组、医疗救护组，一般火灾时可不成立。消防领导小组负责火灾现场及周围的安全保卫、危险区域的警戒，对现场抢救出的人、财物进行管理和疏散，预防破坏、哄抢、盗窃等案件的发生，扑救过程中及扑救工作结束后对火灾现场加以保护。

灭火作战组负责扑救火灾。抢救疏散组负责抢救被困人员及贵重物质，在人员集中的场所，要有计划、有组织的疏散人员，抢险救灾按照“先人员，后物质，先重点，后一般”的原则进行。抢险人员要戴齐防护用具，注意自身安全，防止发生意外事故。后勤保障组负责火场上器材装备、供水排水、供电照明、运输工具、食品衣物等灭火工作所需的各种物质供应保障工作。

医疗救护小组主要负责火场上各种受伤人员的抢救、医治、转移工作，并协助做好防中毒、防中暑等防护工作。义务消防队员在灭火总指挥的统一调度下，首先要迅速查明火场情况、燃烧物质及周围的情况，特别是有无剧毒、爆炸等危险品，火势大小、有无毒性气体、火场电源是否切断等内容。查明后义务消防队按照日常演练及分工，按照“先控制，后消灭，分清主次，救人第一”的原则，针对不同的燃烧物质，采用针对性的方法组织扑救。灭火时要加强个人的防护意识，防止意外事故的发生。火场有毒气体时，要迅速查明火场上毒气的性质、扩散范围、来源和数量，依此来决定能否在佩戴防毒面具和防护用具的情况下，安全地出入火场进行各种扑救工作。火灾扑灭之后，应清洗参战工具，并对参战人员进行体检，消除余毒，减少后患。火灾扑灭后由消防领导小组和安全员共同对火灾原因进行调查并提出处理意见。

表 8.21　各类火灾灭火方案

火灾类别	易燃物类别	适用的灭火器材/灭火步骤	注意事项
A 类：固体物质火灾	棉、麻、纸张、木材	水、泡沫、干粉、二氧化碳	与火源点保持足够的距离
B 类：液体和可熔的固体物质火灾	汽油、煤油、柴油、原油、油漆、甲醇、乙醇、沥青、电石、石蜡	一般用泡沫、干粉等灭火剂	禁止使用高压直流水枪直接灭火，可以使用喷雾水枪扑救。扑救时要保持足够距离
		二氧化碳适宜小范围油类火灾	
		泡沫扑救容器内的易燃可燃液体火灾	
		酒精等醇类火灾要使用抗溶性泡沫	
		砂土适宜扑救沥青和地面上流散的易燃可燃液体火灾	
C 类：气体火灾	煤气、天然气、甲烷、乙炔、氢气火灾	先将气体输送阀门或管道关死，截断气源，断绝气体来源，进行冷却灭火，可使用直流水枪或喷雾水枪、二氧化碳、干粉等灭火剂	戴好防护用具，防止烫伤、中毒等
		对一时无法堵漏、封闭气源的燃烧，不宜立即将火扑灭，可以一边用水冷却保护建筑物和设备，一边让气体自行燃尽	
D 类：金属火灾	钾、钠、镁、钛、锆、锂、铝镁合金等火灾	一般用干砂掩埋	忌用水、泡沫及含水性物质，也不能用卤代烷、二氧化碳及常用干粉灭火剂

8.14.2.9　防洪、防台应急预案

(1) 应急准备

易受潮变质的材料要入库；其他设备、材料露天存放时，底部要用方木垫高，防止被水浸泡，顶部要用篷布或塑料布封盖。进入汛期，项目部安排专人对生产区、生活区排水沟进行疏通、清扫，对落水管进行清理，组织对办公室、工具室、仓库的房顶进行检查，发现漏雨、渗水要及时处理。公司工程管理处(科)应会同项目部定期对配电房、输电线路、配电柜(箱)、开关箱、机械设备、脚手架、材料堆置等进行检查，发现隐患，立即整改。公司工程部应会同项目部定期对生产区、生活区围墙、房屋坚固性进行检查，发现危墙、危房，立即整修。

(2) 应急措施

接到预报时，各单位立即组织人员对重要部位进行防护。办公室门窗要关好，施工现场临时悬挂的设备、堆放的材料要采取加固措施，大型施工机具要用钢丝绳封牢或采取其他加固措施。洪水、台风出现时，一切生产工作立即停止。领导小组及时到位，指挥抢险工作，并向上级主管部门和地方主管部门及时汇报。各单位抢险突击队立即集合到位，在领导小组指挥下实施抢险工作。台风发生时，由防风领导小组通知变电所停止供电，避免刮断线路发生事故。洪水发生时，电气抢险队要保证电力正常，不能影响水泵及时排水。医务部门做好准备，随时实施抢救伤员工作。洪水、台风过后，要及时总结、修订本预案。

8.14.3 文明施工保证措施

文明施工管理是全面体现一个施工企业的现代化管理水平,体现一个企业的总体精神面貌,也是杜绝安全事故发生的治本途径。本工程实施目标管理,安全生产目标:无重大事故,创“省级文明工地”。

8.14.3.1 工地现场文明管理

按标识规范,出入口按文明施工要求设置“七牌二图”标志,大门为电动伸缩门。现场围墙已形成。场内由散水坡(明沟)——埋地排污管——沉淀池——市政管网组成的三级排污系统,并由专人负责疏通,混凝土泵车前设置沉淀池。按施工现场平面图合理布置现场各种临时设施,材料的存储、堆放点、机械设备的布置。组成以项目经理为首的文明施工班子,实施现场标准动态化管理,确保整个工程在有序的条件下组织施工,有一个良好的规范化的场容场貌。现场临时设施及施工道路总体布置时,要综合考虑本工程的永久总体道路及配套设施,避免冲突,影响整体管线的施工。现场施工区域一方面做好安全生产、消防安全等方面警标,宣传及布置相应的器材,另一方面必须设置有关文明标化施工的宣传标识及做好相应的配套设施布置。强调全员管理概念,对进入现场的所有人员进行必要的教育宣传;强化文明施工意识,对现场的专业分包队伍在积极提供配合的前提下,订立相应的文明施工责任协议,互相配合,创建文明工地。在工地出入口均设三班制门卫人员。全体施工人员实施一律佩戴胸卡制度,专人负责管理检查,防止因管理不善而导致安全事故。建筑物周围交通干道均做混凝土路面,并铺设排水沟,有专人清扫疏通,做到四周道路畅通、平整,各种物资堆放整齐。对于重要贵重材料设备,配合业主搭设相适应存储保护的场所或必要的临时设施。生活区与施工区实施分隔管理,卫生区域分片包干管理。施工现场成立文明施工管理小组,将该项工作纳入议程,专人负责,严格执行南通市关于施工现场文明施工管理规定。

进出场车辆,在门口设水龙头冲洗。出入口地面铺垫草袋,严防车辆带土出去,影响道路整洁。脚手架上除设置防护竹笆外,用绿色密目安全网封闭,降低噪声,防止灰土外扬。工地现场各类警示标志醒目、齐全,宣传横幅适时醒目,保持完好,挂放整齐。尽量减少噪声及扬尘扰民,除地下室等混凝土需连续浇筑 12 小时以上的,混凝土一律控制在白天浇筑。土方施工阶段,应做好运土车车轮的清理工作,杜绝对周边道路的污染,工地内所有硬化场地必须有专人负责洒水。材料实施定额发料制度。建立工程成本考核与经济挂钩的奖惩制度。做好落手清工作,做到工完场清,人人重视,创建文明工地。

8.14.3.2 渣土处理措施

针对施工现场产生的渣土、建筑垃圾问题,我公司在工程施工期间对暴露垃圾的整治将采取以下措施:制定“暴露垃圾”的管理方案和实施措施,建立“暴露垃圾”管理体系,确保体系正常运行和职工的参与。在工地出入口浇筑混凝土地面,特别是在土方开挖阶段,出入口砌筑洗车槽,并派专人冲洗车辆。渣土及暴露垃圾的运输必须请环卫部门的车辆,做到持证营运,不偷倒、不乱倒。对于施工现场产生的建筑垃圾及时联系运输车辆运出工地,运至指定地点。加强对工地施工人员的教育,提高认识,加强管理,严格落实各项措施,包括制定施工现场生产卫生管理制度;楼层面做到层层清,派专人进行清扫,保持楼层面安全整洁；现场渣土、建筑垃圾采取围护堆放；确保周围环境清洁卫生与门前三包，做到围墙外无渣土、无垃圾。

8.14.3.3　文明工地评比的内业资料

综合管理：有文明施工管理领导小组和文明施工管理制度，有外来人口登记名册、工地职工登记名册及五证，有综合治理领导小组和管理制度，有值勤保卫专项制度。

工程质量：有质量管理网络和领导小组，有质量管理制度和创优计划，质量管理资料齐全，有工程质量日常检查记录和验收记录，有技术革新方案和实施记录。

安全生产：有安全生产领导小组和管理网络，有安全生产管理制度，有安全生产检查记录和整改记录，特殊工种人员名单及证件复印件，施工管理人员佩卡上班。

环境卫生：有工地卫生管理网络，有宿舍、厕所、食堂等各项管理制度，有卫生自查、月查和考核记录。

宣传教育：有工地宣传教育网络名单，有工地文明施工规划和措施，有宣传教育规章制度，有管理人员学习计划、学习内容和记录，职工思想教育、培训、考核情况记录，与有关单位或居民共建文明协议和活动记录。

卫生防疫：有卫生防疫管理网络和具体责任人，有环境卫生各项规章制度，有每周卫生自查记录和每月卫生检查考核记录，鱼肉进货质检和热菜留样记录，灭四害措施和投药记录。

防火：有防火领导小组义务消防员名单，有防火管理网络，有防火管理制度，有动火审批制度和审批手续，有防火和消防工作例会记录，防火工作检查活动记录。

8.14.3.4　环境与职业健康保证措施

环境保护管理严格按照 GB/T24001 环境管理体系执行。环境保护是我们项目管理的重要内容，是生产效益和社会效益的双重保证。每一个工作计划的制定应以不对环境造成影响为目标。

(1) 环境保护责任目标

噪音控制：噪音排放达到《中华人民共和国建筑施工场界环境噪声排放标准》(GB12523—2011)的要求。现场扬尘排放达标：现场施工扬尘排放达到当地环保机构的粉尘排放标准要求。运输遗撒达标：确保运输无遗撒。生活及生产污水达标排放：生活污水中的 COD 达标(COD=300 mg/L)。施工现场夜间无光污染：施工现场夜间照明不影响周围环境。杜绝施工现场火灾、爆炸的发生。固体废弃物实行分检制，在内部回收利用。合理运用资源，降低能耗。

(2) 防止施工噪音污染措施

现场遵守《中华人民共和国建筑施工场界环境噪声排放标准》(GB 12523—2011)规定，并制定降噪措施和管理制度，且要严格控制。

表 8.22　施工阶段作业噪声限值一览表　　单位：dB

施工阶段	主要噪声源	噪声限值	
		白天	夜间
结构	搅拌机、振捣棒、电锯等	70	55
装修	卷扬机等	65	55

由于工地东临居民房，进场前，与建设单位一同做好居民思想工作，在居民区内进行宣传，给每户居民送去负责解释的宣传资料，以求他们的谅解与支持。对有可能受到较大干扰的住户，项目经理部指派专人重点做工作。现场成立扰民、民扰协调办公室，由支部书记兼任该办公室主任，全面负责协调扰民工作，并准备适当经费，以确保工作顺利开展。在施工过程中要科学统筹，合理安排，调整施工时间，尽量避免在夜间十点以后，次日凌晨六点以前进行施工。对主体工程采用密目网进行围挡，作业层全封闭并采用降噪围挡，主体施工期间木工房放置在建筑物中间，减少噪音污染。对噪音大的施工机具，如砂浆搅拌机、电锯等封闭使用，搭设封闭施工棚，采取隔音处理，尽量减少噪音。教育施工人员严格遵守各项规章制度，文明施工，搬运料具如钢管、模板时轻拿轻放，严禁大声喧哗，以减少人为的噪音干扰。混凝土浇筑采用高频低噪音振捣器，加强设备的维修、保养，及时加油润滑。车辆进入现场时速不得超过10 km，不得鸣笛。塔吊基础设计时考虑放在不影响建筑及周边使用的位置，塔吊拆除后，基础不进行破碎。在特殊时间段内，例如高考期间，将严格遵守南通市政府的有关规定，白天中午及晚上10:00以后的时间内禁止结构作业施工，以保证考生及周围居民的休息。

(3) 降尘措施

工地现场环境保护服从甲方、街道、城管等部门的要求，在施工前必须经工程所在地区的环保部门审批后方可施工，并主动要求环保部门定期监督指导。

减少扬尘，设专人进行现场内及周边街道的清扫、洒水工作，防止施工现场泥土污染场外马路。施工现场全部采用硬化处理，并制定洒水降尘制度，配备洒水设备进行洒水，防止灰尘飞扬，保护周边空气清洁，并随时修复因施工损坏的路面，防止浮土产生。装修阶段搅拌棚内设喷雾降尘装置。办公室保持整洁，垃圾集中堆放并定期清理。水泥、白灰、腻子粉等其他飞扬的颗粒散体材料，要安排在库房内存放并严密封盖。施工现场临时存土均采用苫布覆盖。现场设立封闭式的垃圾站，高层垃圾用垃圾袋装好从人货电梯运下，禁止高层向下抛撒垃圾。施工生产区域内的垃圾采用容器装运，生活区内设专职保洁员进行清扫，施工垃圾及时进行清运，并检查垃圾清运的消纳证明，严禁凌空抛撒垃圾渣土及施工材料。严禁使用南通市淘汰的对大气环境造成污染的施工材料。

(4) 材料运输及运输遗撒的控制

施工前提前作好材料运输计划，合理确定材料运输车辆的行走路线及时间。清运垃圾的车辆，用苫布对所载的垃圾进行覆盖，避免途中遗撒和运输过程中造成扬尘。对于运送大型构件要及时与交通管理部门取得联系，以防影响交通。运输车辆不得超载，运输砂、石、渣土、土方等散料时，要使用封闭式车辆。门口处设置自动喷水洗车池，车辆在出现场前，槽帮和车轮要清理干净，防止带泥上路和遗洒现象发生，保证车辆清洁后方可放行。门口铺设草帘被，以防车轮夹带泥水驶出。组织办理好市容、环卫、渣土消纳、交通各部门的有效证件、手续，保证车辆机械的正常运行，派专人每对工地附近的运土道路进行清扫，清除遗洒，以保证路面整洁。

(5) 防止水污染措施

混凝土输送泵处、砂浆搅拌站设置沉淀池、排水沟，废水经沉淀池沉淀后达到有关排放标准、沉淀后排入市政管道，并及时到环保部门进行排污申报登记。混凝土运输车清洗处设沉淀池，废水经沉淀池做技术处理后回收使用，使用不完的方可排入市政污水管线或回收用于洒水除尘。施工现场的油料、稀料、油漆等，必须存放于库房内，库房地面必须进行防渗处理，上述物资储存和使用时，必须防止出现跑、冒、滴、漏现象，避免污染地下水体。食堂要设置简易有效的隔油池，并定期清理。现场厕所采用水冲式，设化粪池经过分解沉淀后通过施工现场内的管线向南排入市政管线，清洁车定点定时对化粪池进行处理。现场内的雨水排放入市政管线之前也要进行隔油除污处理，避免现场内可能产生的油污进入地下或市政管线。建立有效的排污系统：对现场废水、废物排放制作排放平面布置图，经处理、沉淀后排入市政管道，并及时到环保部门进行排污申报登记。定期对现场的废水排放、废物处理进行监测，填写运行控制检查记录表。

(6) 废弃物处理措施

生活垃圾集中堆放并定期清理；施工现场禁止随地大小便；现场供应开水，饮水器具；现场内厕所专人保洁，采取水冲措施，及时打药，门窗齐全。

(7) 光污染的控制

夜晚现场的探照灯避免射向周围地区，尽量将探照灯灯光向施工中心区投射，在关键的部位采取加灯罩或高围墙防护网栏以遮光，防止对周围地区产生影响。在电焊施工期间，在作业面外围作全封闭隔离，采取隔离罩等措施，防止电焊等产生的弧光对周围地区产生影响。

(8) 爆炸及火灾隐患的控制

制定并落实各项消防规章及防火管理制度。对现场施工管理人员及操作人员进行消防培训，增强消防意识。按消防方案中的要求进行消防器材的配备。油漆、稀料，氧气、乙炔等在材料存放区分库放置。焊接施工，采取立体交叉作业，制定专门的消防方案防止发生火灾。

(9) 环卫、卫生管理

工地制定切实可行的卫生管理制度，卫生责任区要划分明确，工地设一名负责人落实和检查制度执行情况。办公室、值班室要保持清洁、整齐、有秩序。办公区、现场周围无污物和积水，垃圾要集中分类堆放并及时清理。现场设开水房，饮用水和器具要符合卫生要求。设置专职保洁人员，保持现场干净清洁。现场的厕所等卫生设施、排水沟及阴暗潮湿地带，予以定期进行投药、消毒，以防蚊蝇、鼠害滋生。

8.15　劳动力、机械设备和材料投入计划

8.15.1　劳动力投入计划

8.15.1.1　*劳动力配置*

劳动力根据工程进度分阶段进场，同时组织平行施工，流水施工。根据实际情况，各楼号间合理流水、合理施工，达到提高工效的目的。人力资源配置的合理性关键反映在主体结构施工时，合理的流水可以确保最经济合理的人力和机械设备的配置。本工程基础及主体部分在各区域内进行流水施工。

8.15.1.2 主要工种劳动力配备表

表 8.23 劳动力计划表 单位:人

工种	按工程施工阶段投入劳动力情况							
	基础		主体 1～7 层		主体 8～10 层		装修	
	人数	班组	人数	班组	人数	班组	人数	班组
木工(结构)	80	2	60	2	20	1	15	1
钢筋工	40	2	40	2	15	1	5	1
瓦工	30	1	30	1	15	1	100	1
焊工	4	1	4	1	3	1	2	1
架子工	8	1	18	1	10	1	10	1
机修工	3	1	3	1	3	1	2	1
防水工	10	1					10	1
测量放线	4	1	4	1	4	1	4	1
机操工	3	1	3	1	3	1	5	1
水电工	20	1	40	1	40	1	50	1
油漆工							60	1
现场保卫	3	1	3	1	3	1	3	1
合计	205		205		116		266	

8.15.2 计划投入的主要施工机械设备表

表 8.24 主要施工机械设备表

序号	机械设备名称	型号规格	数量	额定功率(kW)	备注
1	塔式起重机	QTZ60	1	35	
3	人货电梯	SCD200/200J	2	44	
4	混凝土输送泵	HBT80E	2		
5	砂浆搅拌机	UJZ200	2	4.5	
6	混凝土搅拌机	JZ350	2	5.5	
7	钢筋弯箍机	GW14	1	2.2	
8	钢筋切断机	GJ50	2	4.5	
9	钢筋成型机	GW40	2	3	
10	圆盘锯	MJ104	1	7.5	
11	插入式振捣器	ZX50	10	1.5	
12	平板振动器	ZC15	3		
13	对焊机	UN1125	2	100	
14	电焊机	XEC500	2	22	

续表

序号	机械设备名称	型号规格	数量	额定功率(kW)	备注
15	砂轮机	200 L	1		
16	蛙式打夯机	HW215	2		
17	潜水泵	QY40	8	2	
18	冲洗水枪		1		
19	高压水泵	扬程 26 m	2		
20	气焊设备	1/2CG	2		
21	砂轮切割机		1		
22	自动套丝机	1/2～4	1		
23	液压弯管机		1		
24	电　锤		6		
25	电动试压泵	0～1.6 MPa	1	1	
26	手动试压泵	0～1.6 MPa 或 1 kV・A	1	1	
27	反铲挖土机	PC200	2		
28	反铲挖土机	PC60	2		
29	发电机	200 kW	1		

8.15.3　材料投入计划

8.15.3.1　主要材料计划

表 8.25　主要材料计划表

序号	材料名称	单位	数量	进场时间
1	钢筋	t	3 404	随工程进度
2	商品混凝土	m^3	17 787	随工程进度
3	砌体	m^3	4 979	随工程进度

8.15.3.2　主要周转材料计划

表 8.26　主要周转材料计划表

序号	名　　称	单 位	数 量
1	15 mm 厚复合木模板	m^2	40 000
2	钢管⌀4.8×3.0	t	2 000
3	安全网(1.8 m×6.0 m)	张	1 200
4	竹笆(1.0 m×1.5 m)	张	20 000
5	木方(50 mm×100 mm)(模板用)	m^2	300

8.15.3.3 主要测量设备需用量计划表

表 8.27 主要测量设备需用量计划表

序号	计量、检测器具	型号、规格和准确度	单位	数量	配备位置
1	钢卷尺	5 m	把	10	施工员、主要工种操作人员
		50 m	把	3	测量组
2	全站仪	KTS400	台	1	测量组
3	激光经纬仪	J2—JD	台	1	测量组
4	线锤	0.5 kg	只	5	施工员、班组长、质检
		1.0 kg	只	5	班组
		3.0 kg	只	2	测量组
5	水准仪	S3	台	2	测量组
6	水准尺	450 mm	把	4	施工员、班组、质检
7	塞尺	楔形 120 mm	把	2	质检
8	靠尺	2 000 mm×100 mm×15 mm	把	2	质检
9	托线板	2 000 mm×150 mm×15 mm	把	6	班组
10	坍落度筒		只	1	施工
11	混凝土试模	150 mm×150 mm×150 mm	组	15	施工
12	砂浆试模	70.7 mm×70.7 mm×70.7 mm	组	6	施工
13	台秤	TGT500	台	2	工地
14	砂、石计量秤		套	1	搅拌台
15	测力扳手		把	2	班组，质检
16	接地电阻插表	DZC—29	套	1	安装组
17	兆欧表	DZ—500V	台	1	安装组
18	游标卡尺	150～0.002 mm	把	1	安装组
19	塔尺	量程 3 m，精度 2 mm	根	1	安装组
20	百格网	240 mm×1 151 mm	只	1	安装组

8.16 冬雨季施工及管线保护措施

8.16.1 冬雨季及高温季节施工

8.16.1.1 冬季施工技术

冬季施工是指室外日平均气温降低到 5 ℃或 5 ℃以下，或最低气温降低至 0 ℃或 0 ℃以下时，用一般的施工方法难于达到预期的目的，必须采取特殊的措施进行施工。

冬季施工必须遵守的原则:保证工程质量,保证经济合理,节省能源,缩短工期,安全生产。

混凝土的早期冻害对混凝土性能的影响:初凝时的混凝土,受寒冷气温的影响,混凝土遭到冻结,水化作用停止,混凝土体积膨胀,内部产生一系列细裂纹,裂缝破坏了混凝土结构的整体性。受冻后水化作用停止,从而使混凝土结构强度整体破坏,如浇灌后立即受冻,强度损失达50%。钢筋混凝土的黏结强度降低:混凝土早期受冻对混凝土与钢筋的黏结强度影响较大,对低标号混凝土的影响更大。早期冻害可使混凝土的抗冻耐久性和抗渗性降低。

冬季施工对混凝土材料的要求:水泥由普通硅酸盐水泥代替矿渣硅酸盐水泥,进入冬季施工,由于矿渣硅酸盐水泥硬化速度慢,早期强度低,水化热低和抗冻性差等缺点已不宜使用,而代之以性能相应良好的普通硅酸盐水泥。冬季施工强度等级C30以上的混凝土选用的水泥标号不低于42.5,使混凝土最大限度的快硬、早强。加入适量减水剂,使混凝土配合比中的水的含量降到最低,混凝土坍落度应控制在12～14 cm之间,水灰比不宜大于0.6,施工时严禁擅自加水,以防止混凝土在达到30%的临界抗冻强度前被冻胀破坏。冬季施工中所有的骨料必须清洁,不得含有冰雪冻结物以及易冻裂的矿物质,以免发生碱骨料反应,导致混凝土体积膨胀,破坏混凝土结构。进入冬季施工,粉煤灰等掺和量要适当减小,以提高混凝土的早期强度。

适当选择外加剂:在日平均气温为5 ℃以上时(最低气温0 ℃以上),一般采用减水剂减水达到早强效果,同时可以减小低温下坍落度的损失,一般应选用密胺型高效减水剂或氨基磺酸盐类高效减水剂。在摄氏0 ℃～−3 ℃时,或选用加入适量的引气减水剂或高效防冻剂,加入引气减水剂可通过引气和减水来增加混凝土的抗冻融能力。气温在−4 ℃～−5 ℃时可选用高效无氯早强剂,或选用MNC−A_5普通早强剂,可在6天达到75%的拆模强度。(尽量少用早强剂,经免影响混凝土后期强度及对钢筋的腐蚀),气温低于−5 ℃时必须停止浇混凝土以防止混凝土在终凝前结构冻坏。

养护措施包括:每天收听气象预报,以确定混凝土中要加的外加剂及其他参数值,当日出现−5 ℃以下不浇筑混凝土;到工地现场的混凝土最低温度不得低于5 ℃,以确保其水化反应的正常进行。由于南通地区一般年最低气温在−5 ℃以上,故冬季养护一般仅采用覆盖蓄热法,一般用草包或麻袋覆盖,覆盖范围为平台板和东西北三侧的外墙。当遇突然的暴冷天气终凝前混凝土出现有冻胀破坏的表象时,应采用加热法进行养护。墙模在墙板混凝土温度低于5 ℃时,方可拆模,在达到临界抗冻强度后(普通硅酸盐水泥配制的混凝土为强度等级标准值的30%),方可撤除养护措施。在平台混凝土强度达到75%以前,原则上不许拆模,如因进度要求必须拆模时,应采用换撑法,即先拆除开间1/3的顶撑及模板,用钢管换撑,然后依次拆开间另一侧的1/3,撑好后,再拆中间部分。

冬季施工的砂浆采用水化热较大的普通硅酸盐水泥,砂浆用水温度不得低于0 ℃。当温度低于0 ℃时,应在砂浆中掺入一定数量的氯盐,一般为氯化钠或氯化钙,掺量为用水量的2%。冬季施工搅拌砂浆的时间应适当加长,尽量随拌随用,砂浆的储贮时间普通砂浆不宜超过15分钟,掺盐砂浆不宜超过20分钟,超时已冻胀砂浆应重新拌制。

8.16.1.2 冬季施工的安全措施

牢固树立安全第一,预防为主的思想,妥善做好冬季施工安全生产的各项工作,切实做好防冻、防滑、防火、防爆、防中毒及保温工作。在冬季施工期间，要定期有针对性地进行安全检查，全面检查各种机械设备、电气设备，生活用电、脚手架等设施，发现问题及时整改，确保机械电气等设施安全防护装置齐全，有效，脚手架、斜道防滑条、栏杆、拉结点、周边和端头的防护符合要求。凡大风大雨过后，要对架空线路、机械电气设施进行检查，及时消除各种隐患。加强易燃易爆材料和明火的管理，做好冬季消防工作。

8.16.1.3 雨季施工

浇灌混凝土前一天收听当地气象预报，掌握天气情况，安排生产，应避免大雨、中雨、暴雨天浇灌混凝土。如果浇灌混凝土时恰逢下雨，适当收小混凝土坍落度，且混凝土表面覆盖防雨布。现场应准备足够的防雨应急材料，尽量避免新浇灌的混凝土遭受雨水冲刷。现场做好排水措施，遇暴雨时能及时排出雨水和浮浆。特殊情况下，突然下大暴雨时，组织力量留施工缝，以后接上时作认真处理再浇灌混凝土。

8.16.1.4 高温季节施工

高温季节常常打雷、下暴雨、刮大风，所以对塔吊、施工电梯、脚手架等一定要有可靠的防雷击措施，以及防大风、大雨的措施，且有专人负责管理。高温季节浇筑混凝土应及时认真加强养护，外露部分混凝土应在初凝后就要覆盖湿麻袋，并及时浇水，七天之内保持混凝土湿润养护。商品混凝土强度等级高，水泥用量多，与混凝土公司联系选用矿渣硅酸盐水泥并掺缓凝剂。混凝土运输根据现场情况安排车辆，避免运输车在现场排队或间隔时间过长，要求能一辆接一辆，如果从搅拌站出料到浇筑时间超过 2 小时，必须将混凝土退回。混凝土坍落度根据气温与混凝土公司联系并及时调整。

8.16.2 高压线保护措施

根据国家相关的规范、规程，结合本工程的实际情况，施工现场北侧位于塔吊吊运范围之内的高压架空线路需要进行安全防护。防护主材料选用杉槁，搭设防护架，迎施工现场方向满挂大眼网，最高一步大横杆处挂通长红白相间安全警示标识牌、彩旗，夜间挂安全警示灯，间距不大于 10 m。防护架立杆纵向间距 1.5 m，横向间距 3.6 m，大横杆步距 1.5 m，小横杆间距 1.5 m。立杆埋入地下 1 m，立杆做 600 mm×600 mm×600 mm C15 素混凝土独立基础（间断式剪刀撑范围两端），埋入地下裸露部分涂防腐油，扫地杆距地 20 cm。架体设双层防砸防护棚，第一层挂安全密目网及大眼网，第二层满铺竹编板，上面用杉槁压实绑牢。防护架宽 3.6 m，防护棚高于架空线 2.0 m，总高度 17 m，两侧立杆距高压线安全距离 1 m。

8.16.2.1 防护搭设措施

材料准备，杉篙：大横杆、小横杆用杉槁小头不小于 80 mm，立杆、斜杆用杉篙小头不小于 70 mm；板材：黄花松，板厚 50 mm；8＃钢丝；密目网、竹编板（或多层板）。

施工流程：栽立杆→安装扫地杆→绑扎大横杆→绑扎小横杆→绑扎对拉斜撑→绑扎剪刀撑→铺防砸木板→安装警示标志→挂密目网。

技术要求包括：①栽立杆杉槁：选用头大粗壮的杉槁作为立杆，立杆埋入地下 1 m，埋入地下部分涂沥青防腐油，立杆大头埋入地下，作 600 mm×600 mm×600 mm C15 素混凝土独立基础。立杆竖立应“纵成线、横成方、杆身垂直”；立杆搭接长度跨两根横杆且不小于1.5 m,顺扣绑扎8＃钢丝不少于三道,相邻两接头错开一步架,上下两接头立杆左右错开布置。立杆弯曲部分弯向纵向。②安置扫地杆:立杆全部立好后,绑扎扫地杆。扫地杆距地面200 mm,用8＃钢丝将扫地杆与立杆绑扎牢固,扫地杆搭接长度为1.2 m,采用顺扣搭接,接头接近立杆,里外错开。③绑扎大横杆:大横杆选用直径均匀、杆身顺直的杉槁。大横杆步距1.5 m,搭设于立杆里侧。搭设前检查立杆是否立直,绑扎时杉槁小头与小头搭接,搭接长度为1.2 m,用8＃钢丝顺扣绑扎不少于三道,接头位置上下里外错开。搭设至四步后,及时加设临时抛撑和临时斜撑,以增加架体搭设过程中的稳定性。④绑扎小横杆:小横杆间距1.5 m,小横杆用8＃钢丝与大横杆、立杆绑扎牢固。⑤绑扎对拉斜撑:两排长向立杆间设置对拉斜撑。斜撑底部距离立杆0.7 m,埋入地下0.3 m,与立杆、扫地杆等用8＃钢丝绑扎。⑥绑扎剪刀撑:防护架两侧设立间断式剪刀撑,剪刀撑三步三跨,间距4.5 m一道。剪刀撑杆子不得虚绑,应贴在立杆上,剪刀撑搭设时由下方人员找好角度,再由上方人员依次绑扎。剪刀撑上杆应大头朝上,顶着立杆绑在纵向水平杆上。⑦铺设防砸木板(竹编板),竹编板横向铺设在小横杆上,在竹编板边沿穿8＃钢丝穿过钻孔与横杆绑扎牢固,竹编板上边用杉槁压实绑牢。高压线防护架最上一层搭设1层密目网＋1层大眼网,固定牢固。变压器防护架防护顶棚两层全部采用50 mm厚木板,固定牢固。⑧挂密目网:架体周围用密目网封严。⑨在最高一道横杆上挂用竹编板做成的红白相间警示牌、插彩色旗帜,同时在警示牌上安装警示灯,间距不大于10 m。⑩台式变压器搭设时第一步大横杆高度不小于1.8 m,且杆件离变压器不小于1 m,横杆间距根据现场实际情况进行调整。同时,留设出入口位置。

8.16.2.2　注意事项包括

防护架搭设防护过程中按照集团“强制性二十条”必须有专职安全员、电工、质检员、项目领导等人进行旁站,并做好旁站记录;操作工人必须是架子工,且持证上岗;搭设前由安全员、电工、质检员对操作工人进行安全、用电防护、质量要求等方面的培训;操作工人操作过程中,与高压线的距离不得小于0.6 m;工程部门与线路所属单位提前进行沟通,搭设过程中进行断电等处理,防止架体固定前碰撞高压线引起触电事故;阴雨天气及五级以上大风天气不得进行搭设;高压架空线路正下方不得搭建暂设及作材料堆场;不得在高压架空线路下方进行施工作业;任何情况下,塔吊或汽车吊吊运物料时,被吊物外边缘垂直距离防护架边缘不得小于2 m;塔司、信号工等上岗前针对高压防护进行必要的书面交底;使用过程中、大雨大风天气过后对防护架进行必要的安全监察,防止防护架倾斜、倒塌。

8.16.3　管线防护方案

现场施工范围内的管线有:给水管道、电信管道、天然气管道和部分通讯,为保证管道在施工过程中的正常安全运行,需采取一定的防护措施。

8.16.3.1　管线处理前的准备工作

管线开挖前首先由施工员调查摸排清楚地下管线,并由技术负责人根据管线调查结果绘制地下管线所处位置平面图,并向施工管理人员进行技术交底,然后由施工员对所有作业人员进行地下管线开挖交底,开挖过程中应通知管线产权单位来人进行现场监护。本着谁开挖,谁负责的原则,施工员对现场的地下管线防护负有全面责任。

组织方案部署要求，现状通讯管群、给水管、燃气管必须按照行车道下标准进行保护，保护原则是：保持线路正常利用，不破坏，保护牢固、合理。严格按照设计及规范要求施工。

其他不明管线一律先进行探挖后初步确定管线属性，然后征求建设单位、管线权属单位及设计单位意见后确定保护或迁改方案。

8.16.3.2　探沟开挖措施

确定管线位置的方法一般是开挖探沟，同时也可进行无线探测来确定地下管线的位置。确定管线位置前施工区域不得堆放各种物质、设备，各种车辆机械不得驶入本区域。探沟开挖必须使用人工。成立5～8人的探沟开挖及管线保护施工队，专门负责探沟开挖工作。设队长1名，负责本队人员的安全及文明施工，同时负责检查队员所挖电缆是否破坏，发现问题及时上报项目负责人。开挖时必须小心，用铁锹轻轻挖掘，不得用镐。发现土质发生改变化时应改用木锹将覆盖物清除干净，以保证不损坏地下管线。

采用开挖探沟的方式，首先沿施工现场周边(距边线1～2 m)开挖四条探沟，再根据现状地下管线图标示的方位及周边开挖的四条探沟所露管线，垂直其管线每隔10 m挖一条长度2 m左右探沟。探沟的宽度为0.6 m，总体深度不小于0.8 m，但在道槽区域其深度应在土基面以下0.3 m。探沟开挖深度不低于0.8 m，宽度不小于0.5 m(如发现地下管线时需扩大范围)，开挖时重点放在电缆井、过路保护管、过路盖板、用电设施、监控设施附近。在整个施工区内呈“之”字形进行，探沟范围应超出施工边界外1 m。

在开挖过程中，发现地下管线要及时报告现场工程师，在现场工程师的监视下轻轻扩宽范围，探明管线的种类、规格、根数、走向和深度并作记录，同时要采取清理周边大块石渣土块，用细土托住管线底部(不得使其悬空)，上用木板封盖，插上彩旗作标记，专人负责监护等。将发现的地下管线全部清理暴露出地面，不留死角，探明管线路径、埋深。现场施工人员需认真检查，不能漏挖、错挖。在挖出的电缆旁立警示牌，并用砖、砂等临时覆盖保护并及时上报相关部门进行确认，确定保护方案进行保护或迁移。探沟开挖完毕后将所挖出的管线的种类、规格、走向及深度等绘出管线埋设分布图，上报业主和监理，并及时请相关部门进行确认验收，制定保护方案。需要迁移的按使用单位要求，按照设计图纸进行迁移或保护施工。

8.16.3.3　管线开挖措施

管线开挖必须采用人工开挖，作业前进行技术交底，避免野蛮施工。需要保护、加固处理的管线必须全部挖出暴露，不得遗漏；需要改线、废除的管线视情况全部或部分挖出。沟槽宽度及深度要满足线缆保护的需要。挖出暴露的线缆不得悬空，沟槽内清洁，无杂物、块石等。要做好沟槽排水措施，可挖设临时排水沟、集水坑等，降雨后立即组织排水。加强现场值班管理力度，做到防偷盗、防破坏。

8.16.3.4　管线处理措施

本工程根据实际情况，地下管线处理分为两种方式：包封保护、原地深埋。现状路灯电源线因埋置深度不够的，需进行原地深埋。首先向路灯单位申报开挖方案，同时开挖样洞，查明管线走向和标高。然后人工开挖管线顶部土方使之全部暴露，对管线支撑后再人工开挖管线下部土方至设计标高，放低管线，原则上利用现状电缆线，当电缆线长度不够时应做切割接驳,经管线单位及监理工程师验收后按照管线单位及设计要求回填土方覆盖。

现状通讯管群、给水管、燃气管必须按照行车道下标准进行包封保护。首先向通讯管线单位申报开挖方案,同时开挖样洞,查明管线走向和标高。然后人工开挖管线顶部及两侧土方使之全部暴露,对管线支撑后再人工清除管线下部土方至设计标高,经管线单位及监理工程师验收后按照管线单位及设计要求浇筑水泥混凝土、钢筋混凝土进行包封加固或砌筑管槽保护。

施工现场如发现其他不明管线,应及时向相关主管部门及设计单位汇报,经研究后参照设计图纸进行包封加固或迁移改造。

8.16.3.5　基坑周边煤气管道防护

在基坑周边有煤气管道通过,距地约 1 m,考虑采用两排钢管脚手架,在钢管脚手架顶部连接横杆并在横杆上绑扎安全网进行防护。立杆间距 1.4 m,立杆底部设置垫木,据地面 200 mm 设置扫地杆。在距地 2 m 处设置小横杆,在此横杆上满铺安全网,绑扎固定。应经常巡视检查,发现异常情况应立即进行加固处理。

8.16.3.6　应急预案

本工程施工期间,建设单位应组织施工、监理等相关单位成立管线安全控制小组,与管线权属单位密切联系,负责提供管线基本情况和技术信息资料,对现场的各类管线进行定位标示,对施工班组人员进行管线保护技术交底。并落实和实施管线保护的内容,及时检查管线的检测成果,确保管线 24 小时处于监控状态,保证管线安全。

电缆、光缆挖断,通讯线路故障等事故的应急预案,包括:加强教育,使作业人员掌握操作规程,清楚损坏管线后对管线所属单位及给操作者本人带来的严重后果。严格开挖成果验收程序,当探沟开挖一段(根据现场实际情况或 5 m,或 3 m),由当班施工员组织验收,记录清楚开挖区域、作业人员、管线状态(是否破损及老化程度、颜色等),同时由操作者、当班施工员、监理工程师签字确认。

由项目经理、电工和安装工程师组成管线应急抢修组,一旦发生电缆、光缆挖断,通讯线路故障等事故,当班施工员应在 5 分钟之内电话通知安装工程师、监理工程师、管线所属单位。组织人员按照管线所属单位专业工程师的要求进行抢修恢复,将损失减小到最低程度。抢修组成员应保持通讯畅通。管线修复完毕后,项目部组织人员及时对事故原因进行分析,制定整改措施,对作业人员进行教育,同时对相关责任人进行处理或批评教育。

8.16.3.7　给水管线挖断事故的处理措施

如果施工现场发生自来水管挖断或涌水等事故,现场当班施工员在 5 分钟之内电话通知给安全工程师、监理工程师、管线所属单位,联系自来水公司专业抢修队立即赶赴施工现场进行抢修恢复,将损失减小到最低程度。抢修组成员应保持通讯畅通,现场配备足够的防水和堵漏应急物资。项目部应急小组应启动应急预案,项目部应急抢险队人员及时到现场进行抢险堵漏,确保紧急情况时能降低险情。

8.17 新技术、新产品、新工艺、新材料的应用

先进的施工技术、施工工艺、新型材料和新机具的使用和技术创新，是优质高效地完成工程任务，创造过程精品、保证工程质量，加快工程进度、缩短施工周期，极其有效地降低工程造价，完全实现建筑物设计风格、使用功能的关键之所在。

结合本工程的特点，我们将在施工过程中广泛推广使用科技成果，计划将建设部推广的十项新技术中的绝大部分应用到本工程上。除此之外，我们还将结合本工程的施工实践，努力探索新的施工技术，总结新的施工工艺，应用新的建筑材料和新机具。对“新技术、新产品、新工艺、新材料”的内容，将综其所述，予以摘要性的说明。

8.17.1 主要新技术项目应用

⌀18 钢筋以上连接采用带肋滚压直螺纹连接方式。该种钢筋连接方式现场操作工序简单，施工速度快，每个接头只需 1 分钟，适用范围广，质量稳定、可靠、安全。本工程钢筋施工量较大，运用这种钢筋连接技术，将大大提高工程钢筋分项工程的施工质量，加快钢筋工程施工效率，缩短工期。

混凝土浇筑采用泵送。二次结构砌筑采用加气混凝土砌块。通过分流水段施工，加快工程的进度。

8.17.2 计算机推广、应用和信息化管理技术

计算机应用和开发综合技术至少包括：图纸二次深化设计、加工安装详图设计、机电综合系统配套图纸设计和工艺设计、装修效果和详图设计等。

建立工程项目管理信息系统，综合运用现代信息技术，建立局域网，实现信息的横向交流和数据共享，为项目决策、计划、管理、协调、监控和实施提供支持和服务，最终形成资源流优化系统，从而实现基础管理的网络化、信息化、现代化。

特殊专业与计算机技术的有效结合，诸如精确的测量设备仪器、先进的焊接无损检测设备等与计算机的有效结合，能自动分析计算、绘制图形和坐标曲线、输出参数的结果等。

8.17.3 采用功能型、环保型、节能性的材料和设备

在本工程中，我们将针对本工程的设计风格和使用功能特点，同业主、设计和监理一道，选择功能型、环保型和节能性的材料和设备（包括系统），使该工程真正成为功能型、环保型和节能性的绿色建筑，确保建筑在投入使用后的使用寿命，最大程度地降低建筑物在使用过程中的运营成本。

8.17.4 建筑工程测量新技术

全站仪坐标法放样技术。全站仪具有测量精度高，仪器的集成化、自动化和智能化程度高等优点，已大量应用于各类工程的施工测量中。坐标法放样是充分利用全站仪的这些优点，直接利用施工控制点和放样点的坐标进行放样工作，避免了大量放样数据的

准备工作，提高了施工测量的工效，同时也减少了施工放样中可能出现的差错。该技术对一些形体复杂的建筑物放样工作有明显的优势。

测距仪高程传递技术。高程传递一般采用水准测量和悬挂钢尺的方法解决，这些方法劳动强度大，所需时间长，且测量成果的精度和可靠性有时得不到保证。现代测距仪具有测量精度高，观测快捷、方便等优点，只需将目前常用的测距仪或全站仪稍作改进，就可完成高程传递的测量工作。该技术对超高层建筑物的高程传递特别有效。

高层建筑垂直度控制技术。高层建筑的垂直度是衡量建筑物施工质量的一项重要控制指标，通常采用经纬仪交会或悬挂锤球的方法解决，这些方法不但测量精度低，而且受外界条件的影响也十分明显，利用激光准直技术可较好地解决该问题。该技术受外界条件的影响小，测量作业快速方便，测量成果的精度高，且可进行检核，提高了成果的可靠性。另外，该技术采用多次定位方法，可有效地防止误差的累积，保证最终成果达到规范要求。

第 9 章　东北电网电力调度交易中心综合楼工程管理创新实例

9.1　工程概况

9.1.1　总体概况

东北电网电力调度交易中心大楼工程位于沈阳市浑南新区，北临南堤中路，西靠东北街，占地面积约 51 000 m^2，是一座集电力生产调度、通讯、信息、办公于一体的高智能化、人性化、节能环保型现代化综合大楼，计划开工日期为 2009 年 8 月 28 日，计划竣工日期为 2011 年 9 月 28 日，合同造价 15 967.371 0 万元，合同工程质量等级为鲁班奖。

9.1.2　设计概况

建筑设计概况：本工程由主楼、辅楼、地下车库三部分组成；其平面设计呈半圆形，主楼 20 层总高 101.4 m(含停机坪)，辅楼 4 层总高 26.8 m，地下车库 1 层；层高地下车库分别为 3.9 m 和 6.6 m，辅楼一层 6 m、二～四层 5.4 m，主楼一层 6 m、二～七层 5.4 m、八～十六层 4.2 m、十七～二十层 4.5、4.6、4.8 m 和 4.8 m；主楼设有 9 部电梯，3 个楼梯，辅楼及地下车库共设有 7 部电梯，11 个楼梯。该工程总建筑面积约 85 000 m^2，其中地下室面积 21 666 m^2，主要为车库、厨房、配电室、消防水池、设备用房等，地上面积 63 334 m^2，主要为办公室、会议室、空中花园、报告大厅、餐厅、演示转播用房等。本工程±0.00 相当于绝对标高 44.80 m，地面自然标高约 42.30 m。

根据图纸设计，本工程地下室建筑构造设计如下：地下室防水等级为二级，基础底板及底板侧面防水采用一道改性氧化沥青聚乙烯胎防水卷材 OEE，外墙及顶板采用一道丁苯橡胶改性沥青聚乙烯胎防水卷材 MEE，外墙防水层外侧设 200 mm 厚空心砖墙保护层，地下室顶板保温采用 50 mm 厚挤塑板。地下室主要部位地面做法：车库混凝土地面、厨房地砖地面、配电房水磨石高位板地面，内墙面除厨房、卫生间瓷砖外，其他多数部位均为涂料墙面，天棚除厨房为金属板吊顶外，其他同样为涂料墙面。

±0.00 以上用房建筑构造设计如下：外墙面为石材与玻璃幕墙，内墙面分别为涂料、大理石、瓷砖等，天棚分别为金属装饰板、矿棉板、石膏板吊顶涂料饰面，楼地面分别为地板、地毯、地砖、花岗岩、水磨石等，门窗分别为实木门、不锈钢框玻璃门、塑钢门窗等，屋面为挤塑聚苯乙烯保温板保温、SBS 防水卷材屋面。

本工程采用天然地基，主楼局部基础下软土层采用高压旋喷桩进行地基处理，基础结构形式为片筏基础，主楼基础底板为平位板，厚 2 000 mm，底板埋深−9.0 m；辅楼基础底板为低位板，板厚 400 mm、梁高 700 mm，同时柱下设有独立基础，基础底板埋深多为−7.40 m，电梯井部位底板最大埋深约−12.50 m，集水坑底板埋深多为−8.60 m。考虑主辅楼高度相差较大，主辅楼基础间设有 800 mm 宽沉降带，同时由于地下室面积较大，基础底板约按 40 m 间距设有止水带。地下室墙板厚为 350 mm、400 mm，主辅楼柱网尺寸为 9.0 m×9.0 m，柱断面形式除个别为圆形外其他均为方形，断面尺寸分别为400 mm× 400 mm、700 mm×700 mm、800 mm×800 mm、900 mm×900 mm、1 000 mm×1 000 mm 等。车库顶板厚分别为 180 mm、200 mm、300 mm，梁断面尺寸最大为 650 mm×3 550 mm，最小为 150 mm×300 mm，多数为 400 mm×800 mm、600 mm×800 mm、600 mm×1 000 mm 等，主楼 17 根柱、辅楼 16 根柱，共 33 根柱其内分别设有 H 型钢或方管。地下室钢筋分别为Ⅰ、Ⅱ、Ⅲ级钢，直径最大的为 32 mm、最小的为6 mm，总钢筋用量约为 300 t。混凝土强度等级分别为：垫层 C15，主楼及人防底板 C40、辅楼 600～1 000 mm 厚底板 C40、纯地下车库 400 mm 厚底板 C30，墙柱主楼 C60、辅楼及人防 C40、纯地下车库 C30，外墙及顶板 C30，后浇带混凝土强度等级高于两侧混凝土强度等级一个标号、为微膨胀混凝土。抗渗等级：底板 P8、外墙 P8、顶板 P8。整个地下室结构按抗震设防烈度 8 度设防，抗震等级为二级。

±0.00 以上主体结构：主体结构形式为框支剪力墙结构，按抗震设防烈度 8 度设防，抗震等级为二级。主辅楼柱网尺寸多为 9.0 m×9.0 m，柱断面形式除个别为圆形外其他均为方形，断面尺寸分别为 700 mm × 700 mm、800 mm × 800 mm、900 mm × 900 mm、1 000 mm×1 000 mm 等，其中主楼 17 根柱、辅楼 16 根柱共 33 根柱其内分别设有 H 型钢或箱型柱，其钢骨断面尺寸分别为：H 型钢 300 mm×400 mm、箱型柱 400 mm×400 mm、500 mm×500 mm。楼面结构形式分别为现浇钢筋混凝土楼面、空心薄壁管现浇楼面、组合楼承板结构，梁混凝土断面尺寸最大为 650 mm×1 200 mm，最小为150 mm×300 mm，多数为 400 mm×800 mm、600 mm×800 mm、600 mm×1 000 mm 等。主辅楼部分梁内分别设有型钢钢骨，钢骨断面尺寸最大为 250 mm×900 mm，材质均为 Q345GJ−C 级钢，板厚分别为：现浇钢筋混凝土楼面 120 mm、140 mm、180 mm、200 mm、空心薄壁管现浇楼面 300 mm、组合楼承板结构 150 mm，其中空心薄壁管现浇楼面于板厚中间位置设有直径 180 mm 空心薄壁管。组合楼承板结构楼面其型钢梁断面尺寸最大的为250 mm×800 mm，材质量均为 Q345GJ−D 级钢，压型钢板选用鞍山东方钢结构的楼承板，板型为 DFLCB−54。钢筋分别为Ⅰ、Ⅱ、Ⅲ级钢，直径最大的为 32 mm、最小的为6 mm，总钢筋用量：基础约 4 500 t、主体结构约 8 000 t。混凝土强度等级分别为基础部分：垫层 C15，主楼及人防底板 C40、辅楼 600～1 000 mm厚底板 C40、纯地下车库400 mm厚底板 C30，墙柱主楼 C60、辅楼及人防 C40、纯地下车库 C30，外墙及顶板 C30，抗渗等级：底板 P8、外墙 P8、顶板 P8；主体结构部分：主楼部分柱墙 1～5 层 C60、6～9 层 C50、10～15 层 C40、16 层以上 C30，梁板 C30，辅楼部分柱墙 1～3 层 C40、4 层 C30，未注明的混凝土构件为 C30，后浇带混凝土强度等级高于两侧混凝土强度等级一个标号、为微膨胀混凝土，如表 9.1 所示。

表 9.1　主体结构混凝土标号统计

序号	构件名称	部位	标号	抗渗等级
1	垫层、基础换填	基础及底板	C15	
2	保护层	底板防水卷材	C20	

续表

序号	构件名称	部位	标号	抗渗等级
3	保护墙空心砖灌孔料	外墙防水卷材	C20	
4	基础及底板	主楼	C40	P8
5		辅房 600～1 000 mm 厚	C40	P8
6		纯地下室 400 mm 厚	C30	P8
7		人防部分	C40	P8
8	剪力墙、柱	主楼：-1～5 层	C60	
9		主楼：6～9 层	C50	
10		主楼：10～15 层	C40	
11		主楼：15～顶层	C30	
12		辅楼：-1～3 层	C40	
13		辅楼：4～层顶	C30	
14	地下室外墙及顶板	主、辅楼	C30	P8(含外墙柱)
15		主、辅楼人防部分	C40	P8
16	楼面梁板	主辅楼部分	C30	
17	楼梯	主、辅楼	C30	
18	主楼出入口台阶板	主楼	C30	P8
19	未注明构件	主、辅楼	C30	

水暖电设计概况：工程采用冰蓄冷、电蓄热、超低温送风、变风量末端空调系统等先进、成熟技术，选用绿色环保的建筑材料、设备、新产品等。总之新材料、新工艺将大量在本工程中应用，大楼的技术和装备水平具有或接近国际先进水平，工程建成后，应成为沈阳市的标志性建筑。

9.1.3 水文地质、地形地貌、气候环境及施工条件

本场区地下稳定水位埋深为 0.9 m(按一次土方开挖坑底表面算)，标高约为 36.60 m，该地下水主要为孔隙水类型，主要贮存在圆砾和砾砂层之中，补给来源为大气降水及地下径流，年水位变化幅度为 1.00～2.00 m 左右，由于临近浑河，洪水期间可能上升更高。但场区地下水对钢筋混凝土无腐蚀性，对钢结构有弱腐蚀性。

根据本工程岩土工程勘察报告，场区内土层自上而下依次为杂填土、粉土、中砂、砾砂、圆砾、淤泥质粉土、粗砂、粉质黏土，本工程副楼持力层为第 4 层砾砂层，其地基承载力特征值为 340 kPa，主楼持力层为第 5 层圆砾层，其地基承载力特征值为 300 kPa。

在地形地貌与交通条件方面，场地地势平坦开阔，地貌单元属于浑河高漫滩。施工场区东侧紧靠规划道路，西侧与北侧紧邻东北街、南堤中路，材料运输只要做好场区内施工道路即可直接接上市政主干道，确保运输畅通。

沈阳市属温带半湿润季风性气候地区，由于受大陆性和海洋性气团控制，其特征是

冬季漫长寒冷，春季多风干燥，夏季炎热多雨，秋季湿润凉爽。据沈阳市中心气象台多年资料统计：气温多年平均为 7.9 ℃，最高为 35.7 ℃，最低为－30.5 ℃。降水量多年平均为 675 mm，集中在 6 至 9 月份。风向，冬季多西北风，夏季多西南风，春秋两季风大，风向不定，最大风速 12～15 m/s，常年主导风向是西北风。

本工程中的基础土方分项工程已由甲方直接发包给中建一局并已按图挖至标高－7.10 m，坐标与高程点规划局都已给定，施工水、电源均已接送至现场，场地已平整，施工现场紧靠市政主干道，只要做好场内施工道路即可保证材料的畅通运输，施工区域与外界已用彩钢板围墙分隔。通过 2010 年下半年的紧张施工，现主楼地下室已全部封闭，顶板混凝土浇筑完毕，辅楼地下室外周柱墙混凝土浇筑完毕，内部柱墙钢筋绑扎完毕，模板安装完成一半左右，越冬期间未封闭的地下室顶板均搭设满堂脚手采用多层板、彩条布、草袋等封闭完毕，纯地下室部分均已全部封闭并完成防水层、保温层、混凝土保护层、土方回填等项目的施工。

9.1.4　工程特点与难点

本工程主楼基础底板埋置深度为－9.00 m，电梯井坑、集水坑等局部位置底板埋深－12.50 m，位于地下水位以下 4.10 m，基础底板的施工必须降水后方可进行，这给施工造成了一定的困难。由于地下室面积较大，基础底板大面积混凝土浇筑，特别是主楼筏板基础大体积混凝土的浇筑与裂缝控制同样给施工增加了难度。地下室大面积防水施工要做到不渗不漏，这迫使在材料购买上必须货比三家，选择质量性能稳定的厂家，同时在施工质量管理上必须再上一个新台阶。本工程部分柱梁采用劲性钢筋混凝土，型钢骨架的制作与安装、柱梁钢筋的绑扎成为本工程的又一难点，由于本工程主楼个别柱采用芯柱，给钢筋绑扎与混凝土浇筑增加了一定难度。主楼局部楼面采用空心薄壁管现浇楼面，增加了空心薄壁管的安装的工序，同时也给楼面钢筋绑扎、混凝土的浇筑增加了难度。主楼部分楼面采用组合楼承板结构，增加了施工难度，延长了施工时间，给工程总工期的控制造成了一定的压力，本工程外露钢构件根据设计采用 Q345GJ－D 级钢且规格较多，这给现场材料采购增加了难度。大跨度转换桁架的制作与吊装增加了施工难度，制约了其他工序的正常施工。根据设计本工程部分钢构件焊缝质量等级为一级，这对现场条件下的施焊作业增加了一定的难度，同时焊缝的现场探伤检测工作量较大，占用了相当的时间。C60 高强度混凝土的应用将是本工程的难点之一。不同强度等级柱、梁、板混凝土的浇筑给现场施工增加了难度，箱形型钢柱内混凝土的浇筑其质量控制也是本工程的一个难点。本工程工期紧、质量要求高，根据合同本工程质量目标为鲁班奖，这给工程施工与管理增加了一定难度。

9.2　施工总体部署

9.2.1　施工范围与任务划分

基础土方标高－7.10 m 以上部分由业主直接发包给中建一局施工，主楼下软土层的地基处理由业主发包给辽宁省建筑设计研究院岩土工程公司施工。除以上业主直接分包的土方工程及地基处理工程外，其他±0.00以下基础工程、主体结构工程、水电预埋安装、设备安装、装潢等工程均由总承包单位施工，业主招标指定分包项目包括：空调设备采购与安装、幕墙施工、装潢设计与施工、电信施工和监控设备施工等。

9.2.2 施工部署总原则

由于本工程工作量大、工期紧、施工质量要求高，所以在对工程施工进行总体部署时，应综合考虑到各方面的影响因素，充分酝酿人员、材料、机械、技术等资源在任务、时间、空间上的总体布局，做到合理组织，科学安排，有条不紊的组织施工。在总体施工顺序上的部署原则，按照先地下后地上，先深后浅；先结构后围护；先主体后装修；先土建后专业安装的总顺序进行部署。在施工平面组织上部署原则：合理组织平行流水，着重关键工序。为保证工程按照总控制进度计划组织施工，要形成结构、机电安装、装饰各专业之间，木工、钢筋工、混凝土工、水工、电工等工种之间的快速穿插以达到工序间的最优配合，确保组织平行流水施工，同时狠抓总网络计划中关键线路，保证主控工序提前插入施工。

在人力资源上的部署原则要求满足工程劳动力需要，尽量安排高素质作业人员，本工程结构、水电安装等施工均采用本公司自有熟练的专业技术工人，挑选曾参建“鲁班奖”工程的有关管理人员；专业分包队选用与我公司长期合作，且拥有一定技术力量、资信好的专业公司。在时间上的部署原则要求考虑季节因素，根据总体施工进度的安排，本工程基础、主体结构施工正值雨季，雨季施工时必须采取相关措施，保证工程质量。

9.2.3 施工组织管理机构

为实现合同目标及投标时对业主的各项承诺，现场将建立以集团公司副总经理为总指挥的项目管理机构，具体负责实施该工程的项目管理工作。该项目管理将实行“项目经理负责制、项目成本核算制”，由项目经理全权代表公司负责实现本公司所承诺的工程价格、质量、进度、安全、文明施工等。为此，公司将组建一整套高水平、高素质管理人员班子，来配合项目经理响应对业主的承诺，并优质、高效实施工程施工，形成以项目经理负责制为核心，以项目合同管理和成本控制为主要内容，以科学系统管理和先进技术为手段的项目管理机制。同时，项目经理部在公司总部领导下充分发挥企业的整体优势，高效地组织和优化社会生产要素。严格按照以GB/T19002－ISO09002组织模式标准建立的质量保证体系来运作，形成以全面质量管理为中心环节，以专业管理和计算机辅助管理相结合的科学化管理体制，以此出色的实现集团公司的质量方针、本工程质量目标以及对业主的承诺，如期向业主交付一个精品工程。为此，总承包项目组织机构按三个层次设置，即总承包管理层、专业承包管理层、施工作业层，根据总承包管理模式和项目特点设置六部一室，即工程部、质量安全部、技术部、商务部、物资动力部和综合办公室进行管理，土建专业承包管理其施工组织管理模式如下图9.1所示：

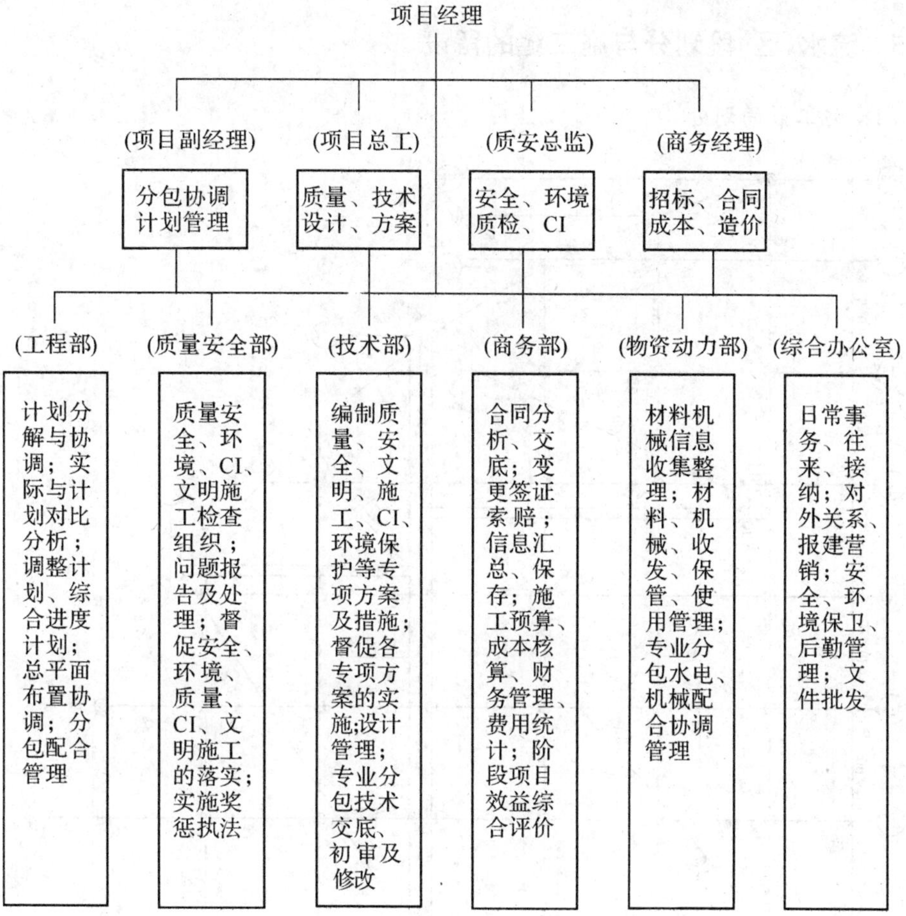

图 9.1　土建专业承包管理施工组织模式

9.2.4　施工总承包管理过程控制流程

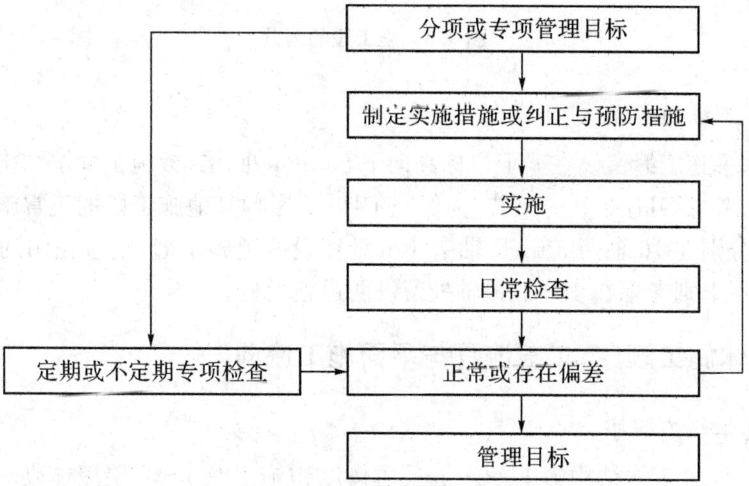

图 9.2　施工总承包管理过程控制流程

9.2.5 流水(区)段划分与施工缝的留设

9.2.5.1 施工段的划分

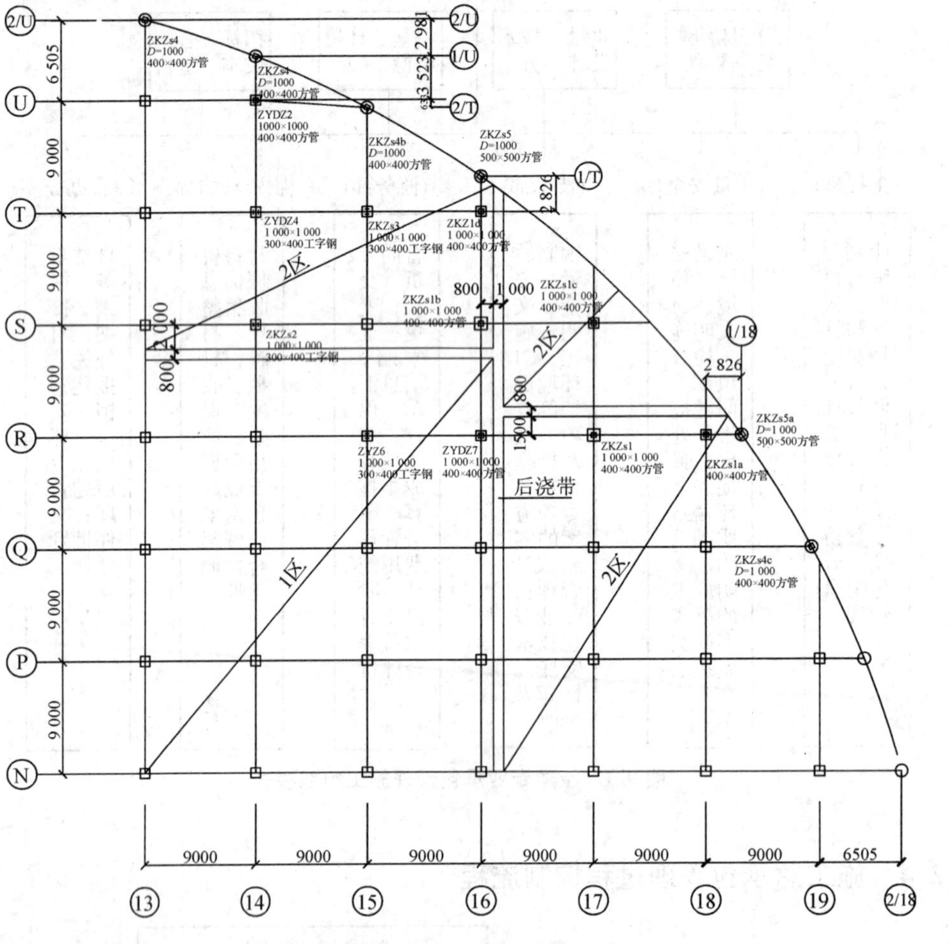

图 9.3 施工段的划分

9.2.5.2 施工缝的留设

柱、墙水平施工缝留设在梁下口标高向下 50 mm 处;梁、板施工缝按结构施工图后浇带位置留设;考虑 GHJ-8、9 的吊装,为保证工期、不影响其他施工段的正常施工,五层、十五层楼 2 区分别在 16 轴西 3 m、R 轴南 3 m 处留设两道施工缝;空中花园的施工如若钢结构安装跟不上则考虑在 14 轴、R 轴处留设两道施工缝。

9.2.6 总体施工顺序、工艺流程与平面施工流向

9.2.6.1 总体施工顺序

主楼:1～3 层主体结构施工→4～5 层主体结构施工及 1～2 层墙体砌筑→6～12 层主体结构施工、3～8 层墙体砌筑、1～6 层抹灰→13～15 层主体结构施工、9～11 层墙体砌筑、7～9 层抹灰、1～8 层幕墙安装→16～18 层主体结构施工、12～14 层墙体砌筑、

10～13 层抹灰、9～16 层幕墙安装→19～20 层主体结构施工、15～20 层墙体砌筑、14～20 层抹灰、17～20 层幕墙安装→屋面工程施工。

辅楼：1 层主体结构施工→2 层主体结构施工→3 层主体结构施工→4 层主体结构施工→屋面工程施工→1 层墙体砌筑→2 层墙体砌筑→3 层墙体砌筑→4 层墙体砌筑→1 层抹灰→2 层抹灰→3 层抹灰→4 层抹灰→幕墙安装。

9.2.6.2　工艺流程

型钢柱、梁安装→柱、墙钢筋绑扎→柱、墙模板支设→柱、墙混凝土浇筑→梁底模支设→梁钢筋绑扎→梁侧模及现浇板底模支设（压型钢板安装、栓钉焊接施工）→板底筋绑扎→水电预埋→空心薄壁管安装→板上部筋绑扎→楼面混凝土浇筑。

9.2.6.3　平面施工流向

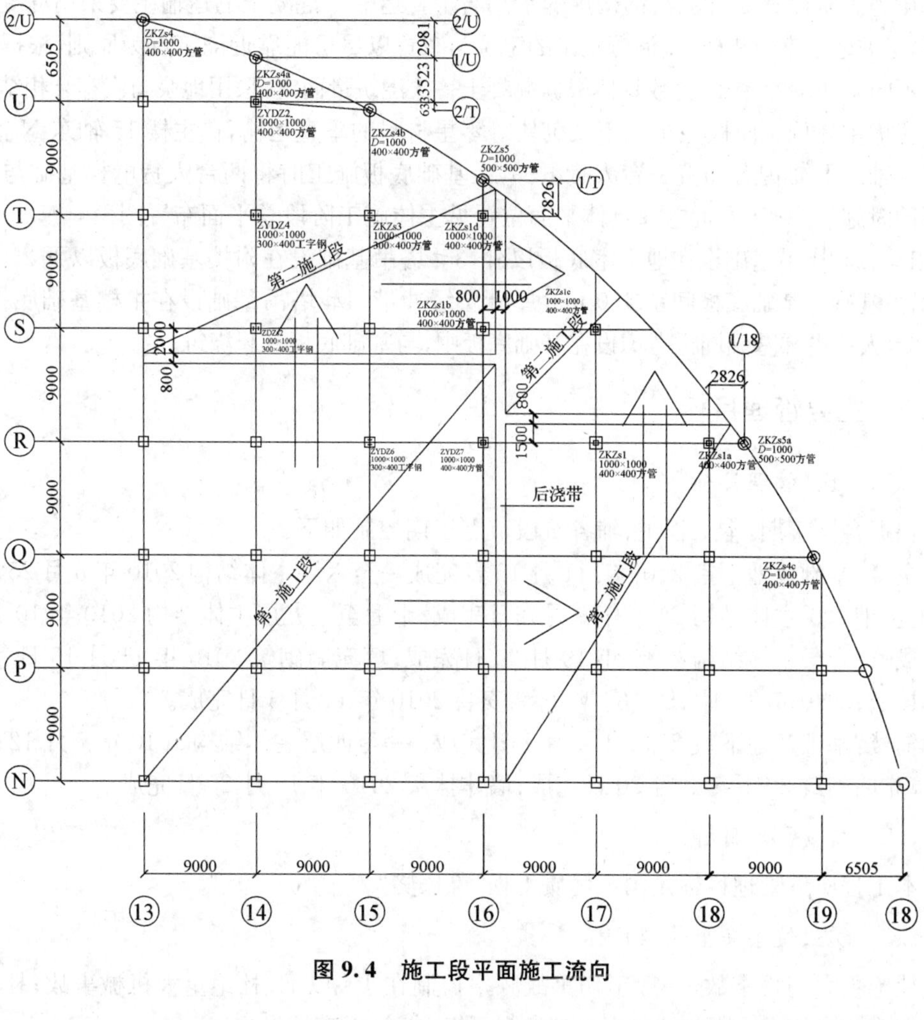

图 9.4　施工段平面施工流向

主楼：按先第一施工段后第二施工段的顺序组织施工，考虑楼面结构类型的不同由第一施工段流向第二施工段时先施工需支设底模的现浇钢筋混凝土楼面，再施工组合楼层板楼面，为保证压型钢板的提前铺设，16 轴及 R 轴梁模应先行支设，以便其他工种提前进入。

辅楼：根据图纸设计后浇带位置，整个楼面分成三个施工段，按由东向西顺序组织流水施工。

9.2.6.4　主楼立体交叉施工流向

主体结构施工至四层即开始一层墙体砌筑，主体结构施工至六层即开始三层墙体砌筑、一层墙体抹灰，主体结构施工至十三层即开始九层墙体砌筑、七层墙体抹灰、一层幕墙安装，主体结构施工至十六层即开始十二层墙体砌筑、十层墙体抹灰、九层幕墙安装，主体结构施工至十九层即开始十五层墙体砌筑、十四层墙体抹灰、十七层幕墙安装。

9.2.6.5　垂直运输机械的选择与方案的确定

根据总体施工进度计划，考虑本工程工期较紧，为满足施工需要，基础施工阶段主楼分别在15轴西N轴南、13轴与14轴间弧梁外布置一台型号为H25/14、K30/30塔吊，辅楼于17轴东Q轴北、16轴西S轴南各设置一台H25/14、QTZ40型塔吊，主要用于主楼基础施工阶段钢筋、模板、钢构件的水平与垂直运输。混凝土的运输主要采用混凝土输送泵，考虑地下室面积较大，混凝土泵的定位与布置以尽可能靠近浇筑点为原则，根据浇筑点的不同流动设置，泵的台数具体根据混凝土一次浇筑量而定，采用地泵与汽车泵相结合。

考虑主体施工阶段人员上下及砌块等零星材料的垂直运输，在主楼15轴东N轴南、辅楼6轴东P轴南各布置一台人货电梯，在基础底板施工时将两台人货电梯基础与基础底板同时施工完毕，人货电梯具体平面位置见主体施工阶段总平面布置图。

1＃、2＃塔吊基础设在地下室底板以外，3＃塔吊基础设在附楼基础底板以下250 mm处，塔吊基础与基础底板间留150 mm厚砂层缓冲带，4＃塔吊基础设在主楼基础底板上，1＃、2＃人货电梯基础同样考虑设在基础底板中，与基础底板一起浇筑。

9.2.7　主要管理目标

9.2.7.1　进度管理目标

根据合同工期，本工程主、辅各阶段节点工期控制如下：

主楼：基础及地下室2009年11月15日完成一至六层主体结构2010年5月25日完成；七至十六层主体结构2010年9月8日完成；十七至十九层主体结构2010年10月10日完成；二十层主体结构2010年10月20日完成；填充墙砌筑2010年11月13日完成；墙体抹灰；2010年11月15日完成；幕墙安装2010年11月5日完成。

辅楼：基础及地下室2010年4月2日完成；一至四层主体结构2010年7月12日完成；填充墙砌筑2010年9月30日完成；墙体抹灰2010年10月20日完成。

9.2.7.2　质量管理目标

本工程质量管理目标是国家优质工程“鲁班奖”。

9.2.7.3　职业健康安全管理目标

杜绝重大伤亡事故，一般工伤事故频率控制在1‰以下；杜绝重大机械事故；杜绝重大火灾伤亡事故；杜绝急性中毒事故，确保施工期间无疫情发生。

9.2.7.4　环境管理目标

项目部将根据公司环境管理体系ISO14001及职业健康安全管理体系GB/T28001程序要求，结合辽宁省文明样板工地标准，将对本工程实施标准化管理，创造绿色生态环境，建设人文施工现场，确保现场文明施工达到“省文明样板工地”标准。

9.3 施工准备

9.3.1 技术准备

项目技术负责人组织项目部有关人员熟悉图纸，及时进行项目内部图纸会审，并把所发现的问题汇总，参加由业主组织，监理、设计、施工单位四方参加的设计交底与会审，解决图纸上的问题，并及时办理图纸会审记录，为正式施工作好准备。根据设计施工图，备齐施工所用相关规程、规范、标准、图集、法律法规等，并组织管理人员学习相关内容。深化编制施工组织设计，工程开工前由项目部根据有关本工程的各类技术文件及经济文件，深化编制切实可行的施工组织设计，经公司相关部门会审后由公司总工程师审批下发项目经理部组织实施，作为整个工程施工的纲领性文件。加强管理人员及操作工人培训，根据本工程特点，工程开工后项目部组织各工种工长、质检员、放线员、计量员、安全员、试验员、资料员等相关人员进行业务培训，提高自身的业务水平。组织学习施工验收规范、操作规程等有关沈阳市地方标准和规定。组织管理人员学习听取创优知识讲座，组织全体管理人员参加ISO9001新版和ISO14001培训，提高项目部人员整体管理水平，编制施工技术工作计划，确定施工技术工作计划，供施工管理过程中按期执行，见表9.2。

表9.2 主要施工方案编制计划

序号	方案名称	编制人或单位	完成时间
1	工程确保“鲁班奖”措施	工程技术部	随施工进度编制
2	创建文明工地实施方案	工程技术部	随施工进度编制
3	基坑支护方案	工程技术部	随施工进度编制
4	临电方案	工程技术部	随施工进度编制
5	防水工程施工方案	工程技术部	随施工进度编制
6	大体积混凝土施工方案	工程技术部	随施工进度编制
7	钢筋工程施工方案	工程技术部	随施工进度编制
8	钢结构施工方案	专业工程师	随施工进度编制
9	模板工程施工方案	工程技术部	随施工进度编制
10	水电暖通分项施工方案	工程技术部	随施工进度编制
11	砌体工程施工方案	工程技术部	随施工进度编制
12	室内装修施工方案	工程部技术	随施工进度编制
13	雨季施工方案	工程技术部	随施工进度编制
14	大型机械安装、拆除方案	工程技术部	随施工进度编制

考虑本工程工作量较大，钢筋、混凝土、钢构件、砌块、防水材料等原材料或半成品用量较大，项目部设立专职试验员负责施工过程中各种材料、半成品的检验试验工作，结合本工程具体情况和规范要求，本工程基础、主体结构部分检验试验计划如表9.3、表9.4、表9.5：

表 9.3　过程检验试验计划

序号	试验名称	责任人	取样标准	备注
1	水泥	王林	同状况散装水泥每≤500 t、袋装水泥每≤200 t 取一组	有见证取样
2	砂	王林	同状况每≤400 m^3 或≤600 t 取一组	有见证取样
3	石	王林	同状况每≤400 m^3 或≤600 t 取一组	有见证取样
4	混凝土小型空心砌块	王林	每一万块取一组(5 块)	有见证取样
5	钢筋原材	王林	同规格、炉号每≤60t 取一组试件	有见证取样
6	钢筋连接接头	王林	同一验收批取一组	有见证取样
7	钢结构施工	王林	—	有见证取样
8	防水材料	王林	同一验收批取一组	有见证取样
9	普通混凝土	王林	每≤100 m^3、每台班取一组另加同条件养护试块	有见证取样
10	抗渗混凝土	王林	连续浇筑混凝土每≤500 m^3 取 1 组	有见证取样
11	砌筑砂浆	王林	同配合比、同种原材料每一楼层或≤250 m^2 砌体取一组	有见证取样
12	设备安装及试运转纪录	专业试验员	系统测试	—

表 9.4　隐蔽工程验收计划

序号	隐蔽工程验收项目	责任人	主要验收部位	备注
1	地基验槽	陈某	基槽	分段验收
2	防水层	陈某	基础底板、外墙板、顶板及屋面	分段验收
3	钢筋	陈某	地下室底板、柱、墙板、梁板	分段验收
4	框架柱梁内型钢骨架	陈某	柱、梁	分段验收
5	地下室混凝土结构	陈某	基础、柱、墙板、梁板	分段验收
6	砌筑拉结筋	陈某	二次结构砌体	分段验收
7	保温层	陈某	地下室顶板及屋面	分段验收
8	电气、给排水、消防、弱电、管路预埋	陆某	柱墙梁板内	分段验收

表 9.5　预检计划

序号	预检项目	责任人	验收部位	备注
1	模板	陈某	模板加工场	
2	成型钢筋、马凳、垫块	陈某	钢筋加工场	
3	混凝土结构施工缝、后浇带	陈某	现场各施工缝、后浇带处	
4	钢构件	陈某	型钢加工场	
5	材料材质、洞口预留、管路敷设安装	陈某	进场验收、工作面内	

表 9.6　新技术应用计划

序号	新技术名称	应用部位	备注
1	深基坑支护技术		
1.1	基坑土钉墙支护技术	土方基坑边坡	
1.2	基坑工程信息化施工技术	±0.00 以下基础施工	
2	高强高性能混凝土技术		4 800 m^3
2.1	预拌混凝土的应用技术、泵送混凝土应用技术	基础及主体结构柱、墙、梁、板	
2.2	C60 高强混凝土应用技术	混凝土柱、墙	
2.3	微膨胀高性能混凝土应用技术	基础筏板及后浇带	
2.3	粉煤灰超活性掺和料应用技术	基础及主体结构柱、墙、梁、板	
3	高效钢筋及预应力混凝土技术		
3.1	新Ⅲ级钢筋应用技术	柱箍筋	
3.2	低松弛高强度钢绞线应用技术	主辅楼连接天桥	
4	粗直径钢筋连接技术		
4.1	电渣压力焊技术	柱钢筋	
4.2	钢筋直螺纹连接技术	柱钢筋	
5	新型模板和脚手架应用技术		
5.1	清水混凝土模板技术	主辅楼柱、墙、梁、板	
5.2	钢及胶合板可拆卸式大模板应用技术	剪力墙和框架柱	
6	建筑节能和新型墙体应用技术		
6.1	混凝土小型空心砌块应用技术	所有填充墙	
6.2	聚苯板外墙外保温技术	外墙面	
6.3	GRC 板轻质隔墙	部分内隔墙	
6.4	节能保温门窗和门窗的密封技术	主辅楼	
6.5	冰蓄冷、电蓄热、超低温送风、变风量末端空调系统	主辅楼	
7	新型建筑防水和塑料管应用技术		
7.1	OEE、MEE 新型防水材料应用技术	地下室及屋面	
7.2	倒置式屋面施工技术	地下室屋面	
7.3	硬塑料水管应用技术	排水系统	
8	钢结构技术		
8.1	劲钢混凝土高层钢结构技术	主辅楼部分框架柱	
8.2	轧制大断面薄壁 H 型钢轻钢结构技术	部分楼面及屋面	
8.3	钢—混凝土组合结构技术	主辅楼部分框架柱、梁	
8.4	高强度螺栓连接与焊接技术	转换桁架及屋面桁架	
8.5	钢结构防护技术	转换桁架及屋面桁架	
9	大型构件和设备整体安装技术		全过程
9.1	大跨度转换桁架整体吊装技术	主楼 6 层、15 层	
10	企业的计算机应用与管理技术		全过程
10.1	工程投标报价、网络计划、财务管理、技术资料等单项软件应用技术	预决算、施工管理、财务管理、技术管理	
10.2	竣工图纸绘制、设计图纸现场 CAD 放样技术	施工过程中	

9.3.2 资源准备

表 9.7 劳动力组织计划

序号	工种	人数		备注
		基础施工阶段	主体施工阶段	
1	木工	150	170	分批进场
2	混凝土工	50	80	分批进场
3	瓦工	30	50	分批进场
4	钢筋工	120	100	分批进场
5	直螺纹套丝工	/	15	分批进场
6	薄壁管安装工	/	10	分批进场
7	起重工	/	10	分批进场
8	力工	60	40	分批进场
9	水工	6	/	分批进场
10	电工	8	/	分批进场
11	通风工	/	/	分批进场
12	焊工	6	10	分批进场
13	防水工	15	8	分批进场
14	架子工	6	35	分批进场
15	塔吊司机与指挥	12	14	分批进场
16	铲车翻斗车司机	6	6	分批进场
17	值班电工	2	2	分批进场
18	机修工	6	12	分批进场
19	后勤	10	18	分批进场
20	合计	487	580	分批进场

9.3.3 主要周转材料及工程材料需用计划

9.3.3.1 主要周转材料需用计划

表 9.8 主要周转材料需用计划

序号	材料名称	型号与规格	单位	数量	备注
1	多层板	15 mm 厚、双面覆膜	m^2	63 700	整个工程
2	钢管	⌀48×3.2	T	2 100	整个工程
3	扣件	直角、回转、接头	只	350 000	整个工程
4	可调油托	50	个	150	整个工程

续表

序号	材料名称	型号与规格	单位	数量	备注
5	木方	50 mm×100 mm	m^3	1 360	整个工程
6	木脚手板	50 mm 厚	块	600	
7	密目安全网	1.8 m×6 m	口	500	
8	平网	3 m×6 m	m^2	200	

9.3.3.2　主要工程材料需用计划

表 9.9　主要工程材料需用计划

序号	材料名称	型号与规格	单位	数量	进场时间
1	钢筋		t	11 000	随施工进度进场
2	型钢		t	1 400	随施工进度进场
3	混凝土	各种标号	m^3	55 000	随施工进度进场
4	防水卷材		m^2	65 000	随施工进度进场
5	苯板		m^2	2 600	随施工进度进场

9.3.4　主要机械设备及检测仪器具配置计划

9.3.4.1　主要施工机械配置计划

主要施工机械进场时间计划：根据上述机械配置情况及现场机械使用时间的先后顺序，除临时设施施工机械外，钢筋加工机械、木工加工机械首先组织进场，塔吊基础开始施工即安排塔吊进场，人货电梯安排在主体结构完成四层之后即进场安装使用，混凝土输送泵在基坑土方开挖之后随即到场，其他施工机械视现场具体情况随时组织进场使用。所有机械进场前应做好保养检修工作，确保性能良好，运转正常；春节停工复工前应对所有机械进行全面检查与保养，确保正常使用。

表 9.10　主要施工机械配备

序号	机械设备名称	型号规格	单机功率（kW）	台数	总功率（kW）	备注
1	塔吊	H25/14	75	2	150	
2	塔吊	K30/30	75	1	150	
3	塔吊	QTZ40	40	1	40	
4	施工人货电梯	SCD200/200	15	2	30	
5	混凝土输送泵	HBT60	96	4	384	3 台柴油泵
6	装载车	30L	—	2		
7	搅拌机	JS350	2	3.5	7	
8	平板振动器	ZB—100—50	2.2	6	13.2	

续表

序号	机械设备名称	型号规格	单机功率(kW)	台数	总功率(kW)	备注
9	插入式振动器	HZ—50	2.2	15	33	
10	潜水泵	6WD—15—22	7.5	8	60	
11	蛙式打夯机	HW20	4	6	24	
12	钢筋切断机	JG40	4	4	16	
13	钢筋弯曲机	GWJ40	4	4	16	
14	钢筋对焊机	40	150	1	150	
15	直螺纹套丝机		4	6	24	
16	钢筋调直机	2T	7	1	7	
17	圆盘锯	MY560	4	4	16	
18	平刨机	MB504	3	3	9	
19	压刨机		3	3	9	
20	台　钻	120—130 mm	2.2	2	4.4	
21	台式砂轮机	JG400	1.5	2	3	
22	套丝机		1.1	3	3.3	
23	砂轮切割机		3	3	9	
24	交流电焊机	BX—500F	15	2	30	
25	空压机	W—0.90/8	7.5	1	7.5	
26	磨光机		0.7	5	3.5	
27	手电钻		0.5	20	10	
28	手拉葫芦	1—3T		4		
29	降水水泵等设备			1套	190	基础施工
30	交流电焊机	BX3—300	15 kVA	6	90	
31	直流电焊机	ZX3—400	2 kVA	4	8	
32	电焊条烘箱	ZYH30	4	1	4	
33	电动试压泵		1.5	2	3	
34	手动试压泵			1		
35	角向磨光机	STMJ125	0.5	5	2.5	
36	管子切断套丝机	QRB—B	1.5	2	3	
37	液压电动弯管机	QTZ80	1.5	2	3	
38	空气压缩机	SA15—37A	11	1	11	
39	氧气乙炔设备			2套		
40	千斤顶	3—16T		4只		

续表

序号	机械设备名称	型号规格	单机功率(kW)	台数	总功率(kW)	备注
41	镝灯		3.5	8	28	
42	碘钨灯		1	20	20	
43	生活照明				15	
44	蒸饭车		24	2	48	
45	合计				1 634.4	
46					1 144.08	按 0.7 系数计

9.3.4.2　主要检测仪器具配置计划

配备工程测量、计量、检测、试验所需用的各种常用仪器设备，所有仪器均按国家计量检定标准进行检定，确保各器具准确无误且均在有效期内使用。

表 9.11　主要检测仪器具配置计划

序号	器具名称	规格型号	单位	数量	备注
1	全站仪	GTS602	台	1	
2	棱镜		个	1	
3	电子经纬仪	J2	台	2	
4	激光垂准经纬仪		台	1	
5	水准仪	DS3－1	台	3	
6	塔　尺	5 m	把	3	
7	钢卷尺	50 m	把	3	
8	钢卷尺	5 m	把	6	
9	靠　尺	2 m	把	3	
10	塞　尺		把	8	
11	台　秤	500 kg	台	1	
12	坍落桶		个	2	
13	混凝土抗渗试模		组	4	基础施工
14	混凝土试模	150 mm×150 mm×150 mm	组	8	
15	砂浆试模	7.07 mm×7.07 mm×7.07 mm	组	4	
16	游标卡尺		把	2	
17	万用表	MF47	只	2	

9.3.5　施工现场准备

9.3.5.1　水准点、坐标点的交验与引测

检验规划局提供的水准点与坐标点，检查各点位的完好性，在确认确实准确无损后

将各坐标点与水准点加设钢管保护三脚架，根据总平面图测设出建筑物的控制轴线，建立建筑物的轴线平面控制网与高程控制点。

9.3.5.2 施工现场水、电源的接送

根据施工总平面布置图将水、电源接送至现场各用水、用电点，电缆的布设采用埋地方式，埋地深度控制在0.5 m左右，电缆应尽量沿围墙等不易挖到的位置布设，过路电缆应加设钢套管。现场供电采用三级系统供电方式，设立一、二、三级配电箱，一级箱内装上电表以便计量电量，生活区采用36 V安全电压供电照明。水管的接送采用埋地方式，埋置深度控制在自然地面以下1.2 m左右，水管选用直径50 mm的PPR水管，现场水管的布设采用环状方式布置，并在适当位置加设阀门，以防止施工中水管万一碰坏，可进行维修并保持现场连续供水。水电线管埋设位置应设立明显标志，防止施工时挖坏。

9.3.5.3 临时设施的准备

根据批准的施工组织设计及施工总平面布置图，结合沈阳市文明工地标准在现场搭设生活临时设施，注意将生活区、办公区、施工区分开，并设立明显标志。生活区的布置应考虑设置职工活动室，增强职工业余文化生活。

表9.12 临时设施搭设计划

序号	名称	面积(m^2)	备注
1	职工宿舍	2 000	5栋楼(共100间)
2	干部宿舍	240	10间
3	食堂、餐厅	300	
4	厕所、浴室	200	
5	办公室	240	
6	(会议)活动室	80	
7	仓库	100	
8	保卫房	35	2间
9	工具房	100	
10	木工棚	100	
11	机修棚	80	
12	钢筋棚	100	

9.3.5.4 施工区域地下管线埋设情况的调查

根据业主提供的情况，在施工现场南侧围墙处有一根接送至新华社的通信电缆，该电缆埋深约1.2 m，其他区域无任何管线。

9.3.5.5 施工临时道路的布设与现场排水

根据施工总平面布置图，结合辽宁省文明工地标准并考虑施工的具体情况，在基坑南侧、西侧两面做一条厚200 mm、宽6.5 m混凝土施工主干道，北侧受条件限制做一条3 m宽混凝土路，同时在钢筋加工区西侧、模板加工区南侧、西侧均各设一条宽4.5 m混凝土路，以上各条道路在施工区域组成一循环回路，只要接上市政主干道，即能保证材料的畅通运输。

施工区其施工主干道与基坑间设花池与挡水墙，防止雨水流入坑内，沿主干道于其外侧设整个现场的地下排水管网系统，排水管采用直径 200 mm 的 PVC 塑料管，并每隔 30 m 左右设一雨水井，场区内雨水井至市政雨水井排水管线采用直径 400 mm 水泥管，确保排水通畅。生活区雨水的排放采用宿舍前设明排水沟，汇集后通过直径 400 mm 埋地水泥管排送至市政雨水系统，生活污水通过化粪池排入市政管网。基础工程施工结束，对地下室部分进行全面回填。考虑主体结构施工，在主楼南侧 15～16 轴间做一条10 m宽混凝土路与 S 轴南侧一条厚 200 mm、宽 6.5 m 混凝土施工主干道连上确保材料的运输。

9.3.5.6　*基坑围护与护坡设置*

考虑基坑土方已开挖且深度较大，为保证安全，坑周设立钢管护栏，同时坑侧做土钉墙护坡，防止雨水冲刷造成塌方，土钉墙坡脚与底板砖胎模上口交界处设砖砌排水沟与集水井，以便将边坡雨水汇集后抽排出坑外。基坑土钉墙详见土钉墙施工方案。

9.4　施工技术

9.4.1　基础底板施工技术

考虑基础土方已挖至标高－7.10 m，对剩下约 300 m^3 的土方采用人工挖土。对主楼部位土方采用挖土机挖除，在机械挖运的同时安排人工配合清理基槽，对底板标高下的独立基础，其土方在大面积挖除余土时一并挖出，避免机械再上已清理到位的原土持力层而扰动地基，所有土方均由自卸汽车运出场外。因基础土方开挖时按开挖图施工，基础周边缺少工作面，现采取在基础周边砌筑挡砂墙。本工程地基土质为砂土，对于底板标高有高差的部位为防止砂流淌，引起基础四周不密实，在该部位砌筑砖挡砂墙，砖挡砂墙的具体施工方法详见模板工程。

对±0.00 以下基础工程，其墙板、电梯井筒模板采用木制多层板与木枋配成的定型大模板，穿墙螺栓均采用⌀ 12 mm 钢筋，外墙穿墙螺栓加焊止水片，内墙对拉螺栓套以塑料管；柱模板采用多层板与木枋配制而成的定型模板，截面尺寸小于 700 mm 的柱，其柱箍采用钢管，截面尺寸大于 700 mm 的柱，其柱箍采用 12＃槽钢；现浇板其梁板面模采用多层板、背肋采用 50 mm×100 mm 木枋，所有多层板厚度均为 15 mm；底板后浇带侧模采用双层钢丝网，钢丝网后设⌀ 18 mm 钢筋网片，网片水平及竖向间距均为 100 mm；墙板与顶板后浇带模板采用按钢筋间距和保护层厚度加工成锯齿形的多层板及钢丝网支设。为保证地下室防水施工质量，结构施工考虑外墙板与楼面梁板一起浇筑，减少施工缝的留设，从结构上把好第一道关。支撑系统采用钢管排架支撑体系(适当采用油托)。对±0.00以上主体结构工程其柱、墙、核心筒模板采用定型钢大模，现浇梁板模板其面模采用多层板、背肋采用 50 mm×100 mm 木枋，多层板厚度为 15 mm，支撑系统采用钢管排架支撑体系(适当采用油托)。

采用泰丰商品混凝土公司提供的商品混凝土，地下室抗渗混凝土其外加剂选用 HEA－Ⅰ型抗渗膨胀防水剂，混凝土运输采用混凝土罐车，混凝土的输送采用混凝土输送泵，振捣采用插入式振捣器机械振捣。

采用机械加工成形、现场绑扎的方法，柱主筋接头采用直螺纹接头，墙竖筋接头当钢筋直径 $d \geqslant 20$ 时采用直螺纹接头；当钢筋直径 $d \leqslant 18$ 时采用绑扎搭接接头。考虑本工程层高较高，柱墙竖筋每层均留设一个接头，梁主筋接头均采用直螺纹接头，现浇板钢筋当钢筋直径 $d \leqslant 18$ 时采用绑扎搭接街头；当钢筋直径 $d \geqslant 20$ 时采用直螺纹接头。考虑楼梯间墙板采用钢大模，楼梯梁及平台板钢筋无法事先预埋，该部分钢筋待钢大模拆除后另行植筋施工。

钢结构加工安排在鞍山东方钢结构有限公司进行，现场钢结构的吊装采用塔吊与汽车吊相结合，GHJ-1、2、9、10 采用整体吊装方法，其他桁架分成散件或单元段进行吊装，空中组拼就位。

对材料的垂直运输，钢筋、模板的水平与垂直运输采用施工现场所布设的塔吊，混凝土采用混凝土泵，钢结构吊装分别采用塔吊（2＃和 3＃塔吊 H25/14、4＃塔吊 K30/30）与汽车吊，砌体的垂直运输采用塔吊与人货电梯。

脚手架根据工程设计特点结合考虑外装修施工，其外脚手架 1～7 层采用落地式双排钢管脚手架，8 层以上采用悬挑钢管脚手架，每六层悬挑一次，悬挑梁采用 20＃工字钢。

9.4.2 施工组织

基础工程中本工程地下室面积约 21 666 m^2，考虑混凝土的收缩及地下室上部荷载的差异，地下室底板共设有十个后浇带，整个地下室基础底板共分成 22 个区，考虑A～M 轴为纯地下车库且基础底标高在地下水位之上，不牵涉降水，该部分作为第一施工区先行施工，(13～23 轴)×(M～X 轴)作为第二施工区次后施工，剩下(1～13 轴)×(M～X 轴)作为第三施工区安排在最后施工；第一施工区分六个施工段，第二施工区分七个施工段，第三施工区分九个施工段，每区的各施工段之间按由东向西方向组织流水施工。根据图纸设计，地下室共设有 14 个楼梯，按结构设计的不同，对楼梯休息平台与现浇墙板脱开的楼梯，楼梯施工安排在墙板混凝土施工结束后进行，楼梯梁在墙板留设插筋；对楼梯休息平台与现浇墙板连在一体的楼梯，楼梯施工同样安排在墙板混凝土施工结束后进行，楼梯梁及平台板钢筋均在墙板中留设插筋；对楼梯四周无混凝土墙板的楼梯，楼梯随主体结构柱、楼面同步施工。考虑防水，地下室外墙决定与地下室顶板一起浇筑，减少一道施工缝，有利于保证工程质量。

主体结构工程。主楼主体结构分两个施工段由南向北组织流水施工，考虑工期较紧，立体交叉施工组织如下：主楼主体结构施工至四层即开始一层墙体砌筑，然后逐层向上推进；主体结构施工至六层即开始一层墙体抹灰，主体结构施工至十三层即开始一层幕墙安装，主体结构施工至十九层墙体应砌至十五层、抹灰应施工至十四层、幕墙应安装至十七层，视天气情况屋面安排在十一月中旬或下一年四月份施工。辅楼主体结构分三个施工段（1～6 轴、6～10 轴、10～13 轴）由东向西组织流水施工，考虑工期较紧立体交叉施工组织如下：主体施工至三层即开始一层墙体砌筑，主体施工至四层即开始一层墙体抹灰，屋面安排在七月下旬施工。

考虑本工程工期较紧，施工人员安排分成两班 24 小时轮流作业。工作安排上钢筋、模板的吊运、平台钢筋的绑扎及混凝土的浇筑尽量安排在夜间进行，柱梁钢筋绑扎、木板支设与拆除尽量安排在白天进行。

柱、墙竖向结构模板主、辅楼各配一半周转使用(另外核心筒配置一套模板)，楼面梁、板模板主楼配置四层、辅楼配置一层半周转使用。考虑楼梯间墙板采用钢大模，楼梯间墙板组织先行施工，楼梯平台与斜跑板待楼梯墙板拆除后再行施工。

9.4.3　测量工程技术

9.4.3.1　轴线平面控制网的建立与测设

基础施工阶段，轴线的测设采用外控法；±0.00 以上主体结构的施工，轴线的测设决定采用内控法。根据图纸设计建筑物特征，考虑现场施工的具体情况，基础施工阶段建筑物平面轴线控制网由四横一纵五根主轴线组成作为建筑物的平面控制网，详见图 9.5 所示：

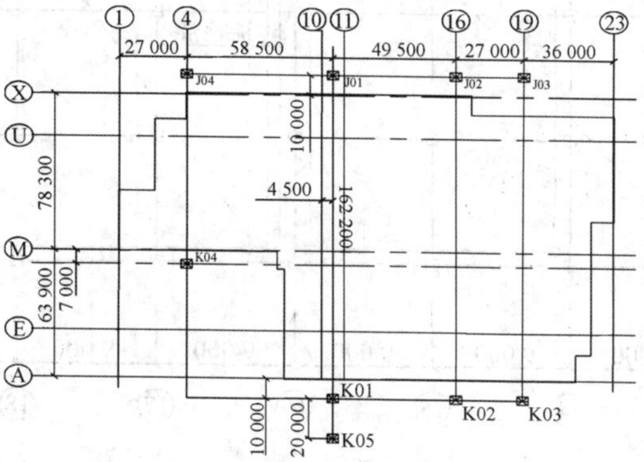

图 9.5　轴线平面控制网

基础施工结束，根据规划局提供的 1、2、3＃坐标、水准点，首先利用全站仪及水准仪对其进行复核，确认无误后以其为基准点对基础施工阶段建立的现场轴线平面控制网进行复测，确认无误后将控制轴线投测到地下室顶板楼面埋件上，将标高由地下室柱或外墙引测至首层外柱及核心筒墙体上，建立内部轴线、高程控制系统，然后再进行内部细部构造各轴线、高程的测设，如图 9.6 所示：

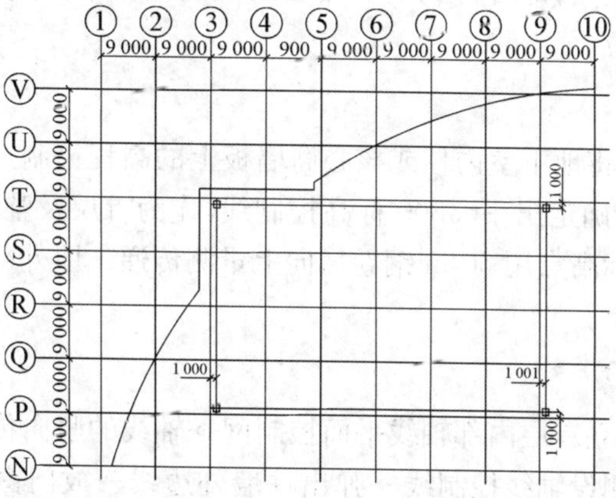

图 9.6　辅线轴线平面控制网示意图

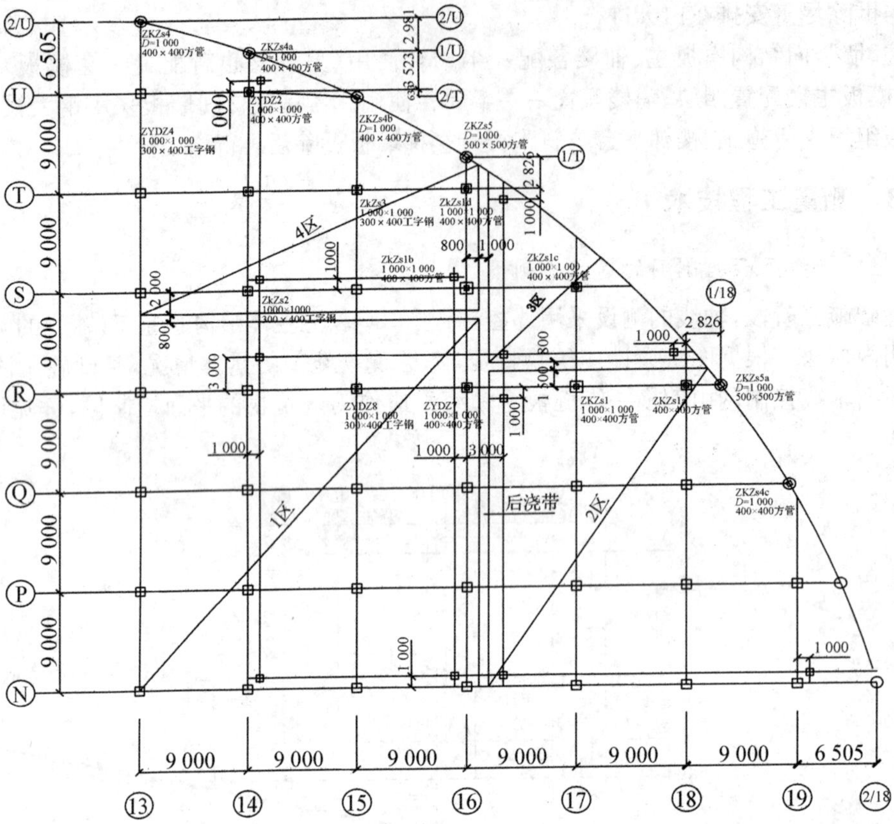

图 9.7　主楼轴线平面控制网示意图

内部轴线、高程控制系统完成后，将由一层向上进行整个结构的内控。内控轴线的平面测设采用电子经纬仪按常规方法测设，注意轴线的测设应先整体后局部、先主轴线后分轴线、高精度控制低精度；轴线的竖向传递采用激光垂准经纬仪，方法为在主楼及辅楼±0.00 层轴线交汇点垂直向上的各楼层板均层层留设 200 mm×200 mm 的测量孔(各楼层留孔图见上图)，利用激光垂准经纬仪通过交汇点向上垂直至上层空洞处，确定上一层楼控制轴线交汇点，即可得到上层楼层的控制轴线平面，利用该平面控制体系进行上层楼层的施工定位。

9.4.3.2　高程的测设

地下室施工结束，将地下室内柱或核心筒墙板上的高程控制点引测至首层结构外柱及电梯井四周部位，精确定出＋0.500 标高控制线，作为首层及整栋楼的标高控制线，各施工层的标高均由此标高点用 50 m 钢卷尺向上量测传递。原外部高程控制点转作为建筑物沉降观测的控制点。

9.4.3.3　楼层放线程序

轴线测设程序：建立首层内部轴线平面控制网→轴线的竖向传递→建立上层新的内部轴线平面控制网→测设轴线控制线→弹出柱墙外边线→放门窗洞口线→自检→报检复核。

层高传递顺序：首层柱墙 50 cm 水平线→上一个楼层标高的传递→上一个楼层新的 50 cm 水平控制线→梁、板底模控制线→梁板面控制。（每层均用 50 m 钢卷尺从首层外柱及内电梯口四周定出的+0.50 标高线向上进行传递）。

楼层水平线的引测：每层 50 cm 水平线引测时，应将水准仪安置在测点范围内的中心位置，抄平前进行一次精密定平然后方可开始正式引测。

9.4.3.4 内部装修局部平面位置的确定

内部装修局部平面位置从已经在结构施工中确定的结构控制轴线中引出，高程同样从结构施工高程中用水准仪转移至各需要处。在转移时尽量遵循仪器使用过程中保持等距离测量的原则，以确保测量精度。外墙垂直轴线与高程均由内控轴线和高程点引出，转移到外墙立面上，弹出竖向及水平控制线，以便外墙装修。在轴线点引出后，内控法是逐层实施的，而外墙是从上至下进行整体控制。因此，此时需用经纬仪在外控点的辅助下，从上至下进行一次检测修正逐层测量引起的间接微小误差，使垂直线贯穿于建筑物的整个外墙面，从而达到准确的外墙控制效果。

9.4.4 钢筋工程技术

9.4.4.1 原材料及钢筋加工

工艺流程如下：图纸阅读与会审→钢筋翻样→料单审核→钢筋原材复试→钢筋切断→钢筋直螺纹套丝→直螺纹丝头检查与连接→钢筋弯曲成型→钢筋制作检查验收。

本工程所用钢材进场必须有质保书或出厂合格证，且应按品种、规格分类架空堆放整齐，标牌明示(规格、产地、数量、状态等)。对进场钢材必须及时进行报验，在监理、业主见证取样送试合格后方可使用。钢筋加工应严格按图进行，先翻样，待技术负责人审核后方可加工，不得随意变更；加工中如发现异常应随即进行分析、处理、解决，确保不合格钢材坚决不用到工程中去。本工程所用钢材均在现场采用机械加工成型，切断、套丝、对焊、弯曲等操作均应严格按规范要求执行，钢筋焊接必须持证上岗，先试焊，合格后方可大量焊接，且同时应做好焊件抽样复试工作，以保证钢筋接头质量，施焊处应搭设操作棚以免雨天焊接时接头淋雨骤冷等。各构件加工好的钢筋应捆堆于一起，挂牌标明，以免绑扎时拿错。钢筋绑扎其接头位置、搭接长度及同一截面接头面积百分率应满足规范及设计要求。

9.4.4.2 柱钢筋绑扎

工艺流程：放柱位置线并验收→柱筋校正→搭简易钢管脚手架→型钢柱安装与接头焊接、探伤检查→柱主筋直螺纹连接→柱筋接头检查验收→绑扎柱箍筋→型钢梁安装与焊接→穿型钢梁翼缘柱主接头连接与绑扎→柱钢筋验收。

考虑本工程层高较高，柱主筋每层均留设一个接头；柱主筋接头采用直螺纹连接接头并分两次间隔连接，接头位置及接头间距应满足图纸、图集及规范要求。每层柱墙钢筋绑扎前应先放出楼层柱墙位置线并及时通知监理验收，验收合格后根据图纸设计，对柱墙钢筋位置及间距等进行复查，若有偏位应按图集要求进行处理，合格后方可开始柱筋的接长与安装。柱筋绑扎前在柱子四周搭上井字形钢管脚手架，该脚手架作为型钢柱梁安装、柱筋接长与绑扎安装之用，脚手架的搭设步距控制在 1 800 mm 左右，高度不得超过型钢梁底标高，为保证稳定该井字形脚手架四面必须设置剪刀撑，考虑柱钢筋的绑扎每步脚手架四面均至少铺设一块宽度不小于200 mm的脚手板并用铁丝扎牢。柱筋绑扎首先进行柱主筋接头的直螺纹连接或电渣压力焊连接，接头的质量必须达到规范或标准要求，并按规定进行取样复试，待取样复试合格后方可绑扎柱子箍筋，对穿型钢梁翼缘的柱主筋应在型钢梁吊装完毕后方可进行柱主筋的连接。绑扎柱箍筋时，先用粉笔在柱主筋上划出箍筋间距，接着跟线套扎箍筋，每个交叉点必须全部绑扎以防钢筋移位，扎丝收头应统一朝向柱内，箍筋面应水平并保持与主筋垂直，箍筋弯钩重叠处应沿柱四角相间布置，箍筋弯钩平直长度、弯钩角度及间距均应符合图集和设计要求并均匀一致。主筋绑扎应到位，间距符合图纸要求，特别是型钢柱钢筋，根据图纸设计其主筋呈不均匀布置，绑扎时应使用钢筋定位卡子将柱主筋固定好以防偏位，定位卡子沿柱高每间隔1.5 m设一道，绑扎在柱主筋外侧四周，确保钢筋位置准确，钢筋定位卡如图9.8所示。对H型钢柱由于其钢牛腿上已焊好梁主筋，柱筋绑扎时应注意避免将柱主筋偏插入梁主筋间，待柱主筋扎好后而无法移动。

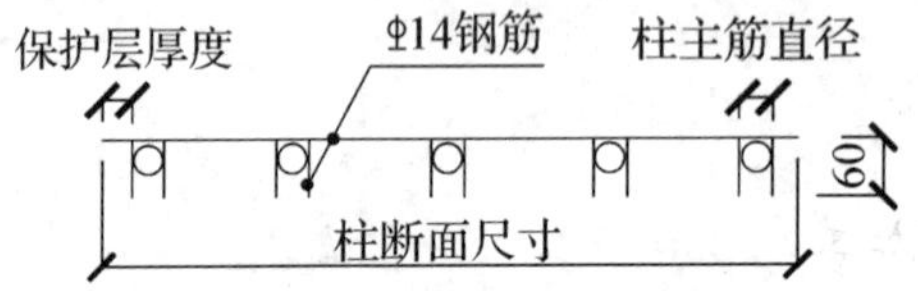

图9.8 柱筋定位卡具详图

9.4.4.3 墙板钢筋绑扎

工艺流程：放墙身位置线→搭设简易脚手架→剪力墙约束构件钢筋绑扎→绑扎墙板竖向钢筋→绑扎墙板水平钢筋→绑扎拉钩→绑扎钢筋保护层→钢筋验收。

墙筋绑扎：先在底板混凝土上弹出墙身位置线，校正墙板预埋插筋，接着按每隔2 m左右间距绑扎3～4根竖筋，并划好水平分档标志，然后于下部及齐胸处绑扎两根横筋定位，并在横筋上划好分档标志，然后绑扎其余竖筋，最后绑扎其余横筋。钢筋接头位置及接头面积百分率应符合规范及图集要求，墙筋所有钢筋交点应逐点绑扎，扎丝收头应统一朝向墙内，双层筋之间应按设计要求的间距绑扎拉钩，门窗洞口位置应在钢筋上划出标高线，并按设计要求绑扎过梁或进行角部与侧面加筋处理，最后绑扎带有铁丝的砂浆垫块。钢筋绑扎脚手架采用钢管脚手架或组合拼装脚手架，脚手架的搭设必须按规范要求进行；核心筒钢筋绑扎，其内侧脚手架借用钢大模安装的定型脚手架，外周搭设钢管脚手架或组合拼装脚手架，脚手架的搭设同样必须按规范要求进行。

9.4.4.4 梁板钢筋绑扎

考虑梁断面较大，梁钢筋绑扎安排在梁底模就位、校正后进行，避免梁侧模支好后而无法绑扎或梁外绑扎就位时易发生移位现象。对型钢梁柱则必须直接在梁底模上进行绑扎。

(1) 工艺流程

无钢骨柱梁钢筋绑扎工艺流程：套梁柱节点柱箍筋并临时固定→穿主梁钢筋→套主梁箍筋并绑扎→穿次梁钢筋→套次梁箍筋并绑扎→吊筋绑扎→模板上弹钢筋位置线→绑扎现浇板下层钢筋→水电预埋→绑扎现浇板上层钢筋→验收。

钢骨柱梁其型钢梁钢筋绑扎工艺流程：按由下向上顺序穿设穿钢骨柱纵横两向梁下部主筋并连接（如图 9.9）→套梁柱节点区柱箍筋→按由下向上顺序穿设穿钢骨柱纵横两向梁上部主筋并连接（如图 9.9）→套梁箍筋并绑扎→对 H 型钢柱穿梁柱节点外套箍筋（每道箍筋均分成四根单支箍）→箍筋绑扎并焊接→吊筋绑扎→模板上弹钢筋位置线→绑扎现浇板下层钢筋→水电预埋→排放空心薄壁管钢筋支架→薄壁空心管安装→绑扎现浇板上层钢筋→验收。

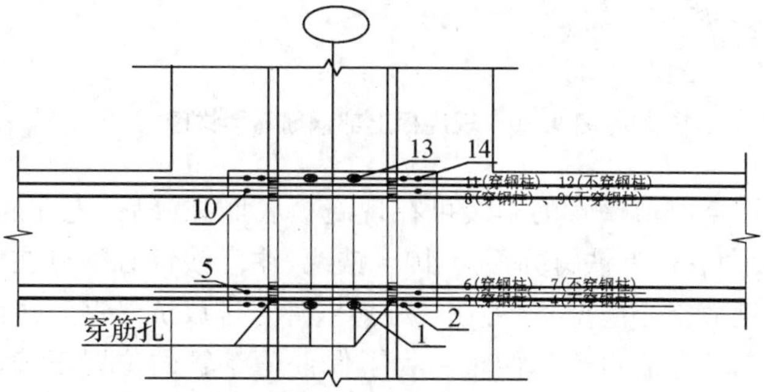

按数字顺序号先后穿设钢筋并绑扎

图 9.9　穿钢骨柱梁筋穿设绑扎顺序示意图

（2）钢筋绑扎

对型钢梁根据图纸设计梁配筋情况考虑型钢柱上穿筋孔的位置，按由下至上的顺序穿放梁下部纵横两向梁主筋并连接，接着套放梁柱节点柱箍筋并临时固定，再按由下至上的顺序穿放梁上部纵横两向梁主筋并连接；对非型钢梁可根据梁断面大小先穿高度较大的主梁的上、下部纵向受力筋，再穿高度较小的主梁的上、下部纵向受力筋并进行连接，梁下部筋接头应留设在支座或跨度 1/3 位置处，梁上部筋接头应留设在跨中 1/3 位置处，主筋穿毕接着在梁主筋上划出箍筋位置线，第一道箍筋离柱边 50 mm，划位置线时应注意加密区与非加密区的间距，套扎箍筋时其箍口应沿梁错开，箍筋弯钩为 135°，平直长度为 $10d$，箍筋应垂直梁主筋设置，梁端箍筋加密其间距及加密区长度要符合图集要求。梁上下部主筋与箍筋绑扎完毕即穿放梁腰筋并进行绑扎，最后绑扎梁拉钩。

主梁钢筋绑扎完毕即进行次梁钢筋的穿设与绑扎，最后绑扎主次梁交点处主梁吊筋，梁上部或下部钢筋若超过一排，为保证上下排钢筋间距，其各排钢筋间垫以⌀25 钢筋，长度同梁宽，间距控制在 1 m 左右，主次梁全部绑扎结束统一垫放保护层。

先在模板上弹出主筋、分布筋位置线，接着摆放受力主筋、分布筋进行绑扎，下层钢筋绑扎完毕即进行水、电管线预埋，然后安装空心薄壁管，最后绑扎上层钢筋。绑扎一般用顺扣或八字扣，除外围两根筋的相交点全部绑扎外，其余各点可交错绑扎（双向板相交点须全部绑扎），铁丝收头统一向里，上下层钢筋之间需加钢筋马凳，马凳间距控制在 1 000 mm 左右以确保上部钢筋的位置，马凳详图如图 9.10 所示：

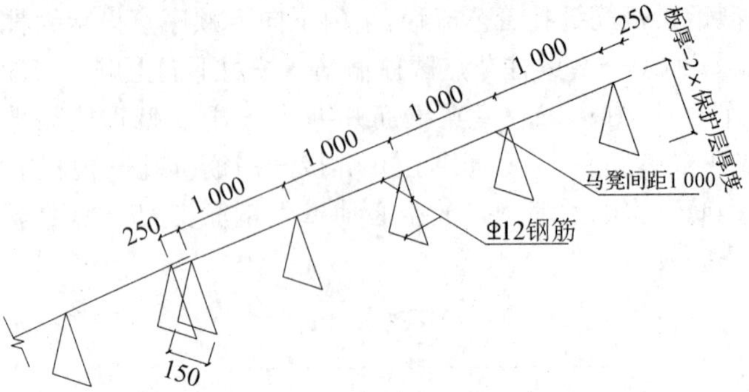

图 9.10 现浇板上部钢筋马凳详图

根据图纸设计，空心薄壁管的安装可在现浇板底筋扎好后，先在底模上沿支管筋的方向每隔 800 mm 左右订上铁钉并系上 10＃铁线，注意铁钉必须钉在底模龙骨上，接着摆放支管筋，然后铺放空心薄壁管，再在空心薄壁管上排放抗浮钢筋并将 8＃铁线与抗浮钢筋扣紧，支管筋与抗浮筋每管均两根。为了保证薄壁管的位置正确，在支管筋上点焊直径＝6 mm、L＝100 mm 的短钢筋来固定薄壁管。

9.4.4.5 楼梯钢筋绑扎

（1）工艺流程

绑楼梯梁钢筋→画平台板及楼梯梯段板钢筋位置线→绑扎平台板及楼梯梯段板下部钢筋→绑扎上部负筋。

（2）钢筋绑扎

清净模板上的垃圾，绑扎楼梯梁钢筋，接着在楼梯底模上画出底板筋的位置线，根据图纸设计主筋的大小排筋，先绑扎底板下部筋，再绑扎上部筋。板式楼梯应特别注意上下部钢筋位置关系及锚固长度，钢筋每个交点均应绑扎，绑线收头统一朝向内侧。

9.4.4.6 二次结构钢筋设置

本工程二次结构的构造柱、圈过梁较多，为了保证结构钢筋位置的正确，钢筋设置均采用后植筋方法。

9.4.4.7 钢筋绑扎允许偏差

表 9.13 钢筋绑扎允许偏差

项目		允许偏差(mm)	检验方法
绑扎钢筋网	长、宽	±10	钢尺检查
	网眼尺寸	±20	钢尺量连续三档，取最大值
绑扎钢筋骨架	长	±10	钢尺检查
	宽、高	±5	钢尺检查

续表

项　目			允许偏差(mm)	检验方法
受力主筋	间距		±10	钢尺量两端、中间各一点，取最大值
	排距		±5	
	保护层厚度	基础	±10	钢尺检查
		柱、梁	±5	钢尺检查
		板、墙、壳	±3	钢尺检查
绑扎钢筋、横向钢筋间距			±20	钢尺量连续三档，取最大值
钢筋弯起点位置			20	钢尺检查
受力钢筋保护层	中心线位置		5	钢尺检查
	水平高差		±3,0	钢尺和塞尺检查

9.4.5　混凝土施工技术

9.4.5.1　单元层混凝土浇筑总体施工顺序

柱、墙混凝土浇筑→高标号柱头混凝土浇筑→高标号墙头混凝土浇筑→低标号梁混凝土浇筑→低标号板混凝土浇筑→箱型型钢柱内混凝土浇筑→转下一层混凝土浇筑。

9.4.5.2　混凝土浇筑平面施工流向

主楼根据图纸设计后浇带位置分成四个独立施工段，每施工段楼面混凝土均一次性浇筑不留施工缝，(13～16)×(N～S)轴区域及(16～2/18)×(N～S)轴区域混凝土浇筑均由北向南进行，(13～16)×(S～2/U)轴区域及(16～1/18)×(S～2/U)轴区域混凝土浇筑均由南(西)向北(东)进行，混凝土浇筑过程中只存在拆管、不存在接管。

辅楼根据图纸设计后浇带位置及楼面标高的不同分成三个独立施工段，10～13 轴施工段楼面混凝土一次性浇筑，浇筑方向由南向北进行，6～10 轴及 3～6 轴两个施工段楼面混凝土均分两次浇筑，南段由北向南进行、北段由南向北进行，南段与北段间留设施工缝，位置设在梁跨的 1/3 处，同样混凝土在浇筑过程中只存在拆管而不存在接管。

9.4.5.3　混凝土浇筑工艺流程

混凝土浇筑控制标高线的测设→模板与钢筋的检查验收→混凝土浇筑平台或浇筑马道的搭设→浇筑面及施工缝处喷水湿润处理→施工缝处砂浆的下料与铺设→高标号混凝土下料→高标号混凝土的摊平→高标号混凝土的振捣→低标号混凝土下料→低标号混凝土的摊平→低标号混凝土的振捣→混凝土表面的二次找平与振捣→混凝土表面收平→模板、钢筋污染灰的清理及落地灰的处理→混凝土养护。

9.4.5.4　混凝土泵的选择与布置

为保证工期，混凝土的浇筑一般安排在夜间进行，但浇筑时间最好一次不要超过 12 小时，为此混凝土泵的选择其最大理论排量不得小于 60 m^3/h，一次浇筑泵台数的选定视浇筑面大小而定。主楼 1～4 层混凝土的浇筑尽量采用汽车泵，5 层以上混凝土的浇筑采用固定泵；辅楼混凝土的浇筑尽量采用汽车泵，只要在够不到的地方才采用固定泵。主楼汽车泵的定位以最大限度覆盖浇筑面为原则流动设置，固定泵的布置位置见图 9.11

所示：

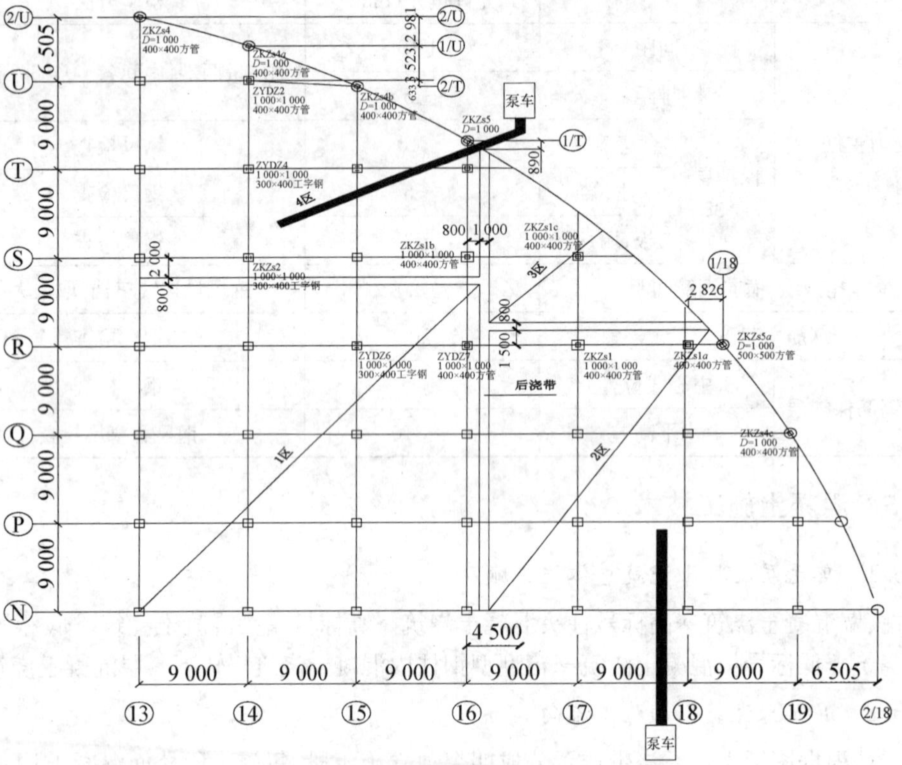

图 9.11　主楼地泵布置图

同样辅楼汽车泵的定位以最大限度覆盖浇筑面为原则流动设置，10～13 轴施工段混凝土浇筑采用汽车泵，其位置支设在 2/U 轴北侧；3～10 轴两个施工段混凝土浇筑采用汽车泵与地泵相结合，其位置支设在各自浇筑面南北两侧，汽车泵主要负责浇筑外侧位置混凝土，内侧够不到的位置其混凝土主要由地泵负责浇筑，混凝土在浇筑过程中只存在拆管、不存在接管。

考虑楼面混凝土浇筑过程中有两种不同强度等级的混凝土一起浇筑，为保证工程质量加快施工进度，对量少的高标号混凝土可考虑采用塔吊配合浇筑。

9.4.5.5　*商品混凝土材料及拌和物性能指标要求*

本工程主体结构混凝土的搅拌其水泥采用普通硅酸盐水泥，粉煤灰采用Ⅰ级粉煤灰，粉煤灰掺量不得超过胶结材料总量的 20%左右，水泥和粉煤灰其最小胶结材料用量不得小于 320 kg/m³，同时胶结材料总量不得高于 450 kg/m³；细骨料选用含泥量不超过 1%的级配良好的中砂，砂率宜控制在为 38%～45%；粗骨料选用含泥量小于 0.70%连续级配的碎石，且针片状颗粒含量不宜大于 10%，为保证混凝土可泵性，泵送混凝土所用粗骨料的最大粒径与输送管径之比，对碎石不宜大于 1∶4；水胶比宜控制在 0.4 左右；混凝土的含碱量应小于 3 kg/m³，混凝土各组分中氯离子含量小于胶结材料重量的 0.06%；混凝土强度等性能必须满足设计要求，工作性应满足施工工艺要求，如混凝土坍落度一般可控制在 140～180 mm。

9.4.5.6　混凝土的运输

混凝土的场外运输采用混凝土罐车，运输应以最少转载次数和最短时间，从搅拌地点运至浇筑地点为宜，混凝土从搅拌机中卸出至浇筑完毕的延续时间最长不得大于 60 分钟。混凝土运抵现场后，要求性能良好，无分层、离析、组成成分发生变化等现象，同时应保证施工所必需的稠度、坍落度等，当有离析现象时，必须在浇筑前进行二次搅拌。混凝土运输罐车到达率必须保证每台泵车至少有一台罐车等待浇筑，混凝土浇筑时现场与搅拌站应保持密切联系，随时根据浇筑进度及道路情况调整车辆数量及行走路线，保证均匀连续供应，并设专人协调管理，要求从搅拌站出料到运输至施工现场时间不超过 30 分钟。

9.4.5.7　混凝土的进场坍落度检测

坍落度试验：混凝土运抵施工现场后，对其坍落度应进行抽测，取样从罐车的混凝土中分别取 1/4 和 3/4 处试样做坍落度试验；每班次检测不少于 4 次，如混凝土浇筑过程中发现其性能不稳定则应增加检测次数。混凝土测试坍落度前，要先将试验桶用水湿润，放在不吸水的钢性平板上，分层装入混凝土，每层用标准棒插捣数次，刮平顶层混凝土，按规定方法提桶、测量、记录，要求两个试样的坍落度值之差不得超过 30 mm。若实测坍落度值与设计要求偏差超标，应及时与搅拌站联系解决。

9.4.5.8　混凝土的输送

根据浇筑地点的不同，现场混凝土泵的支设位置流动设置，采用汽车泵与地泵相结合的方式。混凝土泵支设处应场地平整坚实、道路畅通、方便，距离浇筑点近，便于布管，接近排水设施和供水、供电方便处；布管应尽量缩短管线长度，少用弯管与软管，输送管的铺设应保证安全顺畅，并便于清洗管道、排除故障和装拆维修。水平泵管的接送不得直接支承在楼面钢筋、楼板、预埋件上，应每隔一定距离用钢筋支架或木方垫起，避免泵管直接搁放在楼面钢筋上；竖向泵管的布设位置应尽量选择在楼面预留孔洞处且该孔洞位于各楼层同一位置以便于泵管的接送与混凝土的输送，竖向泵管底座应以木方垫实同时用钢管夹牢，穿楼面泵管应用钢管夹牢架放在楼面上，泵管与楼面预留孔洞洞壁间用木块楔紧，同时泵管的接送应与支撑排架脱开，防止混凝土浇筑过程中泵管的振动影响模板支撑的强度与稳定性，管道接头卡箍处不得有漏浆，泵管出口接 6m 长软管或布料机，便于调整浇筑位置。根据混凝土的浇筑流向，从远至近，依次后退，混凝土浇筑过程中泵管只拆除，不安装，加快了施工进度。泵管接送应注意接头是否严密，防止漏入空气，产生堵塞。

在泵送混凝土前，先用适量的水湿润泵车的料斗、泵室及管道等与混凝土接触部位，经检查管路无异常后，再用与混凝土同成分的水泥砂浆进行润滑压送，最后正式泵送混凝土。

混凝土泵送应连续进行，如必须中断，其中断时间不得大于 60 分钟。泵送过程中，应注意保持料斗内混凝土不能低于料斗上口 200 mm，如遇吸入空气，应立即使泵反向运转，将混凝土吸入料斗排除空气后，再进行压送。当泵送过程中发生压力升高、不稳定、泵送管有明显振动等现象而泵送困难时，不得强行泵送，一般可先用木槌敲击输送管弯头、大小头等部位，并进行慢速泵送或反泵，防止堵塞。当发生堵塞时，可反复进行反泵和正泵，逐步吸出混凝土至料斗中，重新搅拌后再进行泵送，也可在管外用木槌敲击查明堵塞部位后用木槌于管外击松堵塞混凝土后，重复进行反泵和正泵，排除堵塞；如确实无法排除堵塞，在混凝土卸压后，拆除堵塞部位的输送管，排出混凝土堵塞物后，再接通管道，重新泵送前，应排除管内空气，拧紧接头。为了防止泵管堵塞，喂料斗处必须设专人将大的石块及杂物及时检出。如混凝土浇筑过程中必须临时中断，应每隔4～5分钟泵送一次，正转和反转两个冲程，同时开动料斗搅拌器，防止混凝土离析。底板混凝土从一头向另一头浇筑，输送管随时浇筑随时拆除，拆接管要迅速，以防堵管。在浇筑竖向结构混凝土时，出料口离模板内侧面不应小于50 mm，且不得向模板内侧面直冲布料，也不得直冲钢筋骨架；浇水平结构混凝土时，不得在同一处连续布料，应在2～3 m范围内水平移动布料，且垂直模板布料。

9.4.5.9　混凝土的浇筑

(1) 柱、墙混凝土浇筑与振捣

柱混凝土浇筑前应搭好操作平台，平台四周扣上防护栏杆，并将混凝土泵管接送至浇筑点，泵管的接送严禁借用模板支撑架，泵管支撑架应与模板支撑架脱开，防止混凝土输送过程中，由于泵管的振动而影响模板的支设质量。浇混凝土前先浇水润湿柱模与施工缝，接着下一层成分与混凝土相同的水泥砂浆，厚度控制在50 mm左右，然后开始正式浇筑混凝土。为防止混凝土下料时发生离析现象，混凝土自由倾落高度一般不宜超过2 m，在竖向结构中浇筑混凝土的自由倾落高度不得超过3 m，否则应采用串筒、溜管下料，溜管最下节应与混凝土浇筑面垂直，以防发生离析现象。混凝土的浇筑采用分层下料分层振捣法进行，每次下料厚度不得超过50 mm，同时应随时下料随时振捣，严禁上次下料尚未振实又再次下料的现象。柱子施工缝留于梁底标高向下50 mm处。混凝土的振捣采用插入式振动器，振捣时振动棒应快插慢拔，在振捣过程中，宜将振动棒上下略为抽动，以使混凝土均匀振实。振点布置要均匀，间距基本控制在400 mm左右，同时不要大于振动棒作用半径的1.5倍，可呈梅花形或行列式形布置。振动器振捣时，振动棒距模板不应大于振动器作用半径的0.5倍，既不能紧靠模板，又不要硬振钢筋、预埋件等，每点振捣时间不得少于20 s，以混凝土表面呈水平，不再显著沉降、不再出现气泡、表面泛出灰浆为准，既不要过振，也不要欠振，过振混凝土中的石子均沉积于底部，上面全为砂浆，引起混凝土产生离析现象，破坏了混凝土的均匀性，欠振混凝土不能密实。混凝土分层浇筑分层捣实，振捣上层混凝土应插入下层混凝土中50 mm，以消除两层间的接缝，同时在振捣上层混凝土时，要在下层混凝土初凝前进行。

核心筒等墙板混凝土浇筑时，应沿墙板四周均匀下料，每次下料厚度同样控制在50 mm左右，当遇有墙板上预留洞口时，应于洞口两侧同时下料，高差不能过大；同样振捣时应在洞口两侧同时对称均匀振捣，防止洞口移位，振捣棒离洞边保持在30 cm以上。整个核心筒墙板混凝土浇筑时应对称进行，防止从一侧下料浇筑引起模板变形。振捣墙板倾斜混凝土表面时，应由低处逐渐向高处移动，以保证振动密实。

考虑型钢柱最大安装高度为12.10 m，同样箱型柱内混凝土浇筑最大自由倾落高度也为12.10 m，为保证混凝土浇筑质量，混凝土下料决定采用帆布串筒由柱顶喇叭形料斗进入，每次下料厚度同样控制在50 mm左右，下一层料振捣一次，交替下料交替振捣直至浇满混凝土。考虑柱混凝土浇筑密实度无法检测，因此每罐车混凝土共多少立方，折合可浇筑400 mm×400 mm断面柱混凝土计多少延长米应做到心中有数，以便从量上粗略控制混凝土浇筑的密实程度。

柱墙混凝土浇捣时，应派专人看护模板，检查有无胀模现象，发现问题及时解决；同时派人检查浇筑的混凝土是否振捣密实，具体做法是：手执小榔头，敲击混凝土浇筑处的模板，如发现空鼓声，则表明该处混凝土未密实，需要补振。操作中振捣手一定要认真负责，仔细振捣，防止过振或漏振。混凝土振捣特别是交接班时一定要交代清楚，什么部位已振捣，什么部位未振捣，防止交接交代不清而发生漏振的现象。为防止混凝土浇捣过程中出现爆模现象，对特别高的柱不允许一次浇捣到顶，应采用分段浇捣方法，但上、下段混凝土的浇捣时间间隔不得超过混凝土初凝时间。

(2) 楼面梁、板混凝土浇筑与振捣

楼面混凝土浇筑，考虑柱梁混凝土标号不一，先浇梁柱节点高标号混凝土，再浇筑低标号混凝土，由于 C30 低标号混凝土量较大且采用混凝土泵浇筑，为保证工程质量防止不同标号混凝土混淆，对量少的高标号混凝土采用塔吊配合浇筑，两种混凝土浇筑时间间隔不得过长以免形成施工缝。

根据图纸设计，本工程部分楼面为现浇空心薄壁管结构，为保证混凝土浇筑过程中不碰坏空心薄壁管，楼面混凝土浇筑时应搭设浇筑跑道，严禁混凝土浇筑过程中踩踏钢筋与空心薄壁管，以保证钢筋及空心薄壁管位置准确，同时避免踩坏空心薄壁管。考虑楼面模板采用多层板支设，楼面混凝土浇筑前可适当喷水润湿模板。混凝土下料厚度应根据柱主筋上的标高点拉线量测而定，以保证混凝土厚度及表面平整，混凝土虚铺厚度应略高于设计标高 20 mm 左右。对现浇空心薄壁管楼面，考虑薄壁管间净距只有 70 mm，混凝土下料时至少应保证薄壁空心管上混凝土有 120～130 mm 的虚铺厚度，这样混凝土振实后基本可达到楼面设计标高，同时可避免平板振动器因混凝土一次下料厚度不够而直接在空心薄壁管上振捣而损坏薄壁管的现象。楼面板混凝土振捣应以平板振动器纵横各拖两遍为准，其移动间距应保证振动器的平板能覆盖已振实部分边缘，成排依次振捣前进，振迹至少重叠 100 mm 以上，不得有漏振现象。平板振动器在一点的连续振动时间同样以混凝土表面不再明显下沉、表面出现浆液为准。混凝土的振捣工应站在混凝土面上操作，严禁站在未下料的板钢筋上乱走踩踏。现浇空心薄壁管楼面板严禁采用插入式振捣器振捣，以防碰坏空心薄壁管。混凝土振毕随即以 2 m 刮尺刮平，对个别不平处或未达标高处可局部加料再次振实，振捣后再人工用刮尺刮平，用滚筒滚压 2～3 遍，最后用木楔收平，用塑料条把扫出细纹。特别注意在墙柱侧面 200 mm 范围内，应严格按标高将板面找平，以便支设墙板大模板时模板下口与楼面混凝土接触接缝严密。楼面混凝土浇筑时应注意卫生间部位较他处略低。梁柱节点处钢筋较密而且又有钢骨架，考虑局部采用细石混凝土浇筑，振捣采用 30 mm 直径细振动棒，楼面混凝土浇筑同样按施工段由一端向另一端推进，混凝土浇筑中应随时做好试块，以检测混凝土强度是否符合设计要求及供拆模之用，混凝土浇筑完毕应及时养护。

根据施工段的划分，每个施工段其楼面梁、板混凝土均一次性浇筑，不留施工缝，浇筑方法由一端向另一端推进，根据梁高对深梁先将梁混凝土浇至板底标高，再行进行梁剩余高度与现浇板混凝土的大面积浇筑，其间时间间隔不得超过混凝土初凝时间。考虑本工程梁板混凝土与柱混凝土强度等级不一，楼面混凝土浇筑时安排塔吊专门配合浇筑梁柱节点处高强度混凝土，混凝土标号不同处采用钢丝网封隔。

(3) 楼梯混凝土浇筑

楼梯混凝土的浇筑应由低处向高处推进，先浇筑低处休息平台，再浇筑楼梯斜跑，最后浇筑高处休息平台，如若需留设施工缝，该施工缝可留设在楼梯斜跑跨度的 1/3 处，施工缝垂直留设。楼梯斜跑段混凝土的浇筑应先浇筑底部钢筋混凝土斜板并振实，其混凝土面应略超过踏步侧模下口，待初凝后再行浇筑踏步素混凝土，以避免斜板混凝土尚未凝固接着浇踏步混凝土因振捣而又从侧模下口穿出的现象发生，梯段踏面混凝土收平时，混凝土面一定不得超过踏步侧模下口，严禁将踏步侧模浇嵌在混凝土内。

(4) 施工缝的处理与后浇带混凝土的浇筑

施工缝的处理：在施工缝处续浇混凝土时，应先对施工缝进行凿毛处理，同时清去施工缝处的灰尘、杂物与松动石子等，再用水冲洗干净并充分湿润，然后在施工缝处先浇50 mm厚一层与混凝土成分相同的水泥砂浆，接着续浇混凝土。

后浇带的处理：根据设计要求，后浇带采用强度等级高一级的微膨胀混凝土浇筑，该混凝土膨胀率不小于0.000 4，干缩率不大于0.000 3；后浇带混凝土浇筑时间安排：温度后浇带混凝土待其两侧混凝土浇筑两个月后浇筑，沉降后浇带混凝土待主楼封顶后浇筑，后浇带混凝土浇筑完毕应特别注意加强养护，以避免产生裂缝。

9.4.5.10　混凝土浇筑过程中对模板、钢筋的保护和混凝土的清理

混凝土浇筑过程中不可避免的有部分混凝土溅到柱模板与钢筋上，为此混凝土浇筑完毕应立即对被污染的模板、钢筋及落地灰进行处理。模板、钢筋的清理：模板、钢筋上的灰浆要求一打完混凝土就用湿布抹净，不要事后用钢丝刷清理。落地灰清理：浇筑柱墙混凝土时撒落在地上的混凝土，应在混凝土打完后，用铁铲及时清理干净。

浮浆层清理：柱墙体混凝土上部浮浆层应剔除，凿毛至露出石子面为止，并在下层施工前用水冲洗干净，不得留有明水。

9.4.5.11　混凝土养护

成立混凝土养护小组，安排专人对已浇筑完毕的混凝土进行养护，养护方法如下：柱混凝土采用包裹塑料薄膜的方法进行养护；墙混凝土采用浇水方法进行养护；楼面混凝土采用覆盖塑料薄膜的方法进行养护。

养护时间的确定：混凝土养护应在混凝土浇筑完毕后的12小时以内进行；不掺外加剂的混凝土养护不得少于7天，对掺外加剂的混凝土养护不得少于14天，同时对有抗渗要求的混凝土其养护时间同样不得少于14天。处于冬季施工阶段的结构混凝土养护方法按“冬季施工措施”实施。

9.4.5.12　混凝土的试验管理

(1) 坍落度试验：混凝土运抵施工现场后，对其坍落度应进行抽测，取样从罐车的混凝土中分别取1/4和3/4处试样做坍落度试验。测试坍落度前，要先将试验桶用水湿润，放在不吸水的钢性平板上，分层装入混凝土，每层用标准棒插捣数次，刮平顶层混凝土，按规定方法提桶、测量、记录，要求两个试样的坍落度值之差不得超过30 mm。若实测坍落度值与设计要求偏差超标，应及时与搅拌站联系解决。

(2) 混凝土试块制作：试块制作在浇筑地点进行。本工程采用商品混凝土，结构施工过程中，对同一配合比的混凝土，当一次连续浇筑量不超过1 000 m^3 时，按每100 m^3 做一组抗压试块，当一次连续浇筑量超过1 000 m^3 时，按每200 m^3 做一组抗压试块；对同一强度等级、抗渗等级、同一配合比混凝土，抗渗试块按每500 m^3 留设一组，留置抗渗试件的同时需留置抗压试件，并应取自同一盘混凝土拌和物中。试块制作完毕应及时在试块表面写明部位、制作日期、强度等级等标识，并及时填写试块试验表格。

(3) 试块养护：标养试块在拆模后 3 天内及时送往试验室进行标养(温度 20±3 ℃，湿度在 95%上)，同条件试块拆模后，注明标识，放置在与其代表结构部位的同样条件处，存放时放置在钢筋焊接的笼子里，加锁保护，防止碰撞或丢失。采用与结构同条件养护并防止暴晒、风吹脱水、冬季要防冻。

(4) 同条件养护试件在达到等效养护龄期时送试验室进行强度试验。等效养护龄期按日平均温度逐日累计达到 600 ℃・天所对应的龄期。

9.4.6　砌体工程

±0.000 以上框架填充墙均采用 200 mm 厚 MU10 小型混凝土空心砌块、M5.0 混合砂浆砌筑。墙体砌筑所用砌块、水泥、砂等其原材料质量必须符合规范及设计要求，墙体砌筑前应先清净基面，弹出墙体位置线，抄好标高，然后方可开始砌筑。砌筑砂浆应随拌随用，砌体灰缝应横平竖直，框架柱、构造柱与填充墙间沿墙高每隔 400 mm 用 2 根⌀ 6 钢筋与墙通长拉结，混凝土墙与后砌围护墙按⌀ 6@600 mm×600 mm 呈梅花形设置拉接钢筋。当墙高大于 4 m 时，应在墙高中间位置设置高度不小于 100 mm 的钢筋混凝土系梁；当墙长大于5 000 mm时应按图采取锚拉措施，另外墙窗台标高处设置钢筋混凝土窗台梁，一层与顶层窗台梁应通长设置，悬臂墙、外墙长度大于 5 m、墙长超过墙高的 2 倍，墙转角处均需设置构造柱。填充墙顶部与梁或板应顶紧砌筑，其最上面约 20 cm 高墙体应与下面墙体间隙一周用斜砖砌筑，墙体砌筑平整度、垂直度、门窗洞口尺寸等其偏差均应在规范允许范围内，砂浆试块应随时按要求留设，以用来检测砂浆强度等。

9.5　工期管理措施

9.5.1　工程进度目标计划管理方式

为科学合理地安排施工先后顺序，抓住关键线路积极组织施工，根据公司多年施工实践总结出一套具有实际操作性的四级计划管理体系，具体如下：

(1) 一级总体控制计划

表述各专业工程的各阶段进度计划目标，提供给业主、监理和相关承包商，采用计算机进行计划管理，实现对各专业工程计划实施监控及动态管理。

(2) 二级进度控制计划

以专业工程的阶段目标为指导，分解成各专业工程的具体实施步骤，以达到满足一级总体控制计划的要求，便于对该专业工程进度进行组织、安排和落实，有效控制工程进度。

(3) 三级进度控制计划

是以二级进度计划为依据，进一步的分解二级进度控制计划进行流水施工和交叉施工的计划安排，一般是以月度的形式编制，具体控制每一个分项工程在各个流水段的工序工期。三级计划将根据实际进展情况提前一周提供该计划、上月计划情况分析和下月计划安排。

(4) 周、日计划

以文本格式和横道图的形式表述作业计划，包括劳动力、机械设备使用和投入计划、设备材料进场和施工条件落实等关键配套计划。

9.5.2　工程进度控制方法

规划：根据本工程的合同工期要求，确定项目总进度控制目标和分进度控制目标，并编制总进度计划和分进度计划。

控制：在本工程施工的全过程中，跟踪检查实际进度，并与计划进度比较，发现偏差及时采取措施，加以调整和纠正。

协调：协调总包与分包间、总包内部各职能部门和作业班组间的进度关系，使之符合按进度计划实行的施工程序的要求。要求各专业承(分)包商根据合同工期，按照工程总体进度计划编制专业施工总进度计划、月、周进度计划。项目部每周召开两次生产例会，及时解决工程施工中出现的问题，同时为下步生产工作提前作好准备。

9.5.3　确保进度计划的组织措施

项目部针对本工程的特点、难点，分别从施工组织、技术管理、物资的控制与管理、施工管理等几个方面，对本工程的施工进度控制进行多角度、全方位的立体交叉式的管理，在质量达到我公司承诺的前提下，确保工程按时竣工，移交业主使用。

(1) 人员、材料的安排

根据进度计划安排组织充足的劳动力，确保各流水作业面正常施工，适应平行流水施工的要求。

做好材料的购置与二次加工调配工作，根据进度计划安排好各施工段所需的材料，及时组织进场，确保工程持续不间断施工，特别是型钢混凝土骨架的加工与制作将是影响工期的一个关键因素。

(2) 机械设备、周转材料投入

充分发挥集团公司机械装备率高的优势，提高机械化施工程度，本工程计划投入一台K30/30、两台 H25/14 新塔吊，解决钢结构吊装，模板、钢筋垂直运输的需求，加快施工进度。

(3) 科学制定进度计划、实行平行流水施工

根据切实可行的施工计划，做到平时有周计划，中间有月计划，做到有的放矢、心中有数。拟通过分区段组织平行流水施工，合理分配各区域的工程量和劳动力、机械配备，加快施工进度。一旦产生新的工作面，立即投入施工。

(4) 信息化的现场管理

采用局域网对施工全过程实施全面的网络计划控制，通过对关键线路控制点的跟踪控制，达到对工程进度动态管理的目的，同时确保阶段工程目标的落实，最终保证总工程进度的实现。

(5) 先进合理的技术方案

在各技术方案编制时充分考虑施工进度的方便快捷，切实可行，尽量采用新技术、新工艺、新材料，从技术上保障工期的实现。

(6) 推行经济承包责任制

将工作量、质量要求及施工工期按任务单的形式分解落实到班组直至个人，严格检查验收，并以此作为对施工人员的主要考核内容。

(7) 确保连续作业

充分发挥员工“吃苦耐劳、善打硬仗”的作风，节假日不休息。由于施工人员是本公司的基本职工，不存在两个农忙季节放假问题，能确保工程正常连续地施工。

(8) 加强协调配合及分包管理

施工期间，专门成立协调小组，负责和业主联络，协调各施工工种、各专业分公司之间的工作，了解业主和设计意图，力争为工程施工创造条件。

建立每周的例会制度，定期与业主、监理、设计单位召开联席会议。认真检查与分包单位所签订的有关施工合同是否按施工进度计划要求履行，不允许资源供应及技术服务等与施工需要脱节。

9.6　质量保证体系及措施

9.6.1　质量管理目标

本工程质量目标为鲁班奖，为保证总体质量目标的实现，对总体质量目标必须进行分解，确定各子单位、分部、分项工程质量目标。本工程主体结构分部工程其质量等级必须达到优良，其各分项工程一次交验合格率应达到100%，各检验批一次交验合格率不得低于90%。

施工中工程严格按照质量体系运行，实施“过程精品”管理，以先进的技术，程序化、规范化、标准化的管理，严谨的工作作风，精心组织、精心施工，以ISO9000质量标准体系为管理依托，确保工程质量目标“鲁班奖”的实现。

9.6.2　质量保证体系

9.6.2.1　质量管理组织

建立由项目经理领导，项目总工程师、项目副经理、专业工程师、质量负责人中间控制，专职质量员基层检查的三级质量管理体系，形成由项目经理到各施工、各专业公司的质量管理网络。制定科学的组织保证体系，并明确各岗位职责，组织保证体系详见图9.12所示：

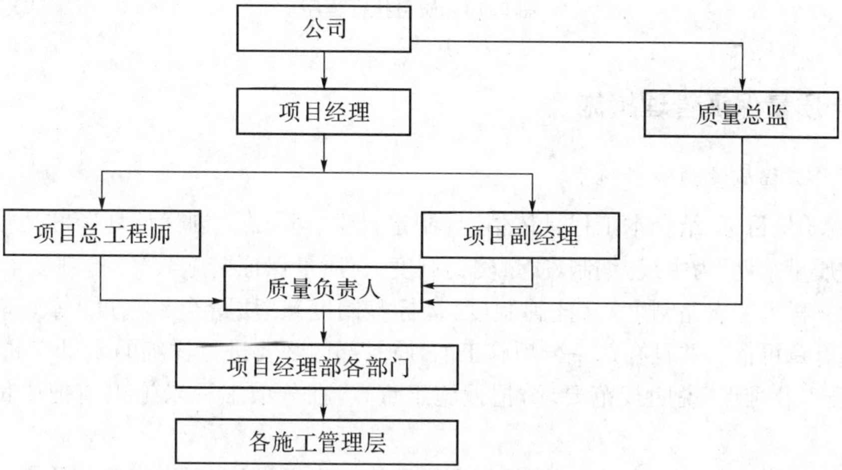

图9.12　组织保证体系

9.6.2.2 质量管理程序

(1) 质量保证程序

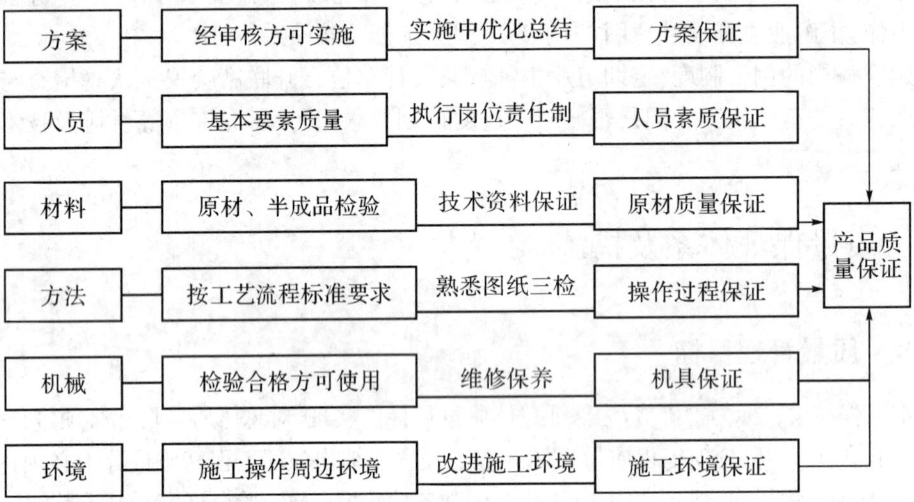

图 9.13 质量保证程序

(2) 质量控制执行程序

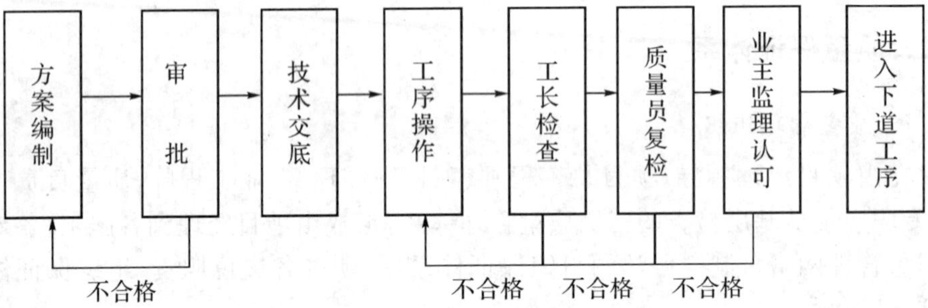

图 9.14 质量执行程序

9.6.3 质量保证管理措施

9.6.3.1 工程质量预控措施

根据质量目标,结合本工程具体情况,制定科学、可行的“创优计划”和“质量策划”,然后以“质量策划”为主线,编制《质量奖罚制度》、《质量保证措施》、《三检制度》、《成品保护制度》、《样板层引路制度》、《挂牌制度》、《标签制度》、《质量会诊制度》等质量管理制度,做到有章可依。并且在每一分项施工前,质量部门都要进行详细的质量交底,指出质量控制要点及难点,说明规范要求,把握施工重点,在分项工程未施工前把质量隐患消除掉。

预控质量管理要点:在施工前,根据图纸及施工组织设计,列出本工程质量管理的关键点,以便在施工过程中进行重点管理,加强控制,使重点部位的质量得以保证,同时把重点部位重点管理的严谨作风贯穿到整个施工过程中，以此来带动整体工程质量达优。

9.6.3.2　主要分项工程预控流程

表 9.14　模板工程预控管理流程

(1) 模板方案设计	技术部拿出具体施工方案
(2) 模板进场	物资部按技术方案中模板进场计划组织模板及时进场，质检部、技术部、班组共同对模板进行验收
(3) 模板现场堆码	物资部按工程部制定的现场平面图进行模板的卸车、堆放、要求分类堆放、堆码整齐
(4) 模板制作	工程部组织按技术方案进行模板制作
(5) 模板拼装吊运	由专业班组按照工程部排定的施工进度计划制定模板拼装及吊装计划
(6) 模板现场组装	按技术部施工方案进行，质检部负责监督质量
(7) 模板质量评定	按国家验收规范要求，工程部会同甲方及监理共同进行检查验收，并填写验收单及质量评定表
(8) 模板拆除	侧模拆除在保证不因拆除而损坏棱角的情况下即可进行，底模拆除待同条件混凝土试块抗压强度达到规范要求方可进行，拆除时注意保护模板
(9) 模板倒运	按日作业计划将拆除下来的模板倒运至所需部位

9.6.3.3　钢筋工程预控管理流程

表 9.15　钢筋工程预控管理流程

(1) 计算钢筋用量	工程技术部各备一份，用于确定总订购计划，提供分批进场计划
(2) 钢筋定购	物资部按预算部计算量选择合格分供方定购
(3) 钢筋进场	物资部按工程部钢筋进场计划组织钢筋进场，工程技术部会同甲方、监理进行钢筋抽样复试
(4) 钢筋现场堆放	物资部按工程部制定的现场平面图进行钢筋的卸车、堆放，要求分类堆放、堆码整齐，满足业主要求
(5) 钢筋加工成型	工程部排定施工进度计划，由班组按照进度计划制定钢筋加工计划并组织加工
(6) 钢筋现场绑扎	按照图纸及国家施工规范要求进行，质检部负责质量监督
(7) 接头现场取样	按照规范要求进行，质检部会同甲方、监理共同取样，技术部负责送试
(8) 钢筋隐蔽检查	按国家验收规范要求进行，工程部会同甲方及监理检查验收，并填报验收单及隐蔽资料

9.6.3.4　防水工程预控管理流程

表 9.16　防水工程预控管理流程

(1) 计算防水材料总量	工程、技术部各备一份，用于确定总订购计划，提供分批进场计划
(2) 防水材料定购	物资部按预算部计算量选择合格分供方定购
(3) 防水材料进场	物资部按工程部防水材料进场计划组织防水材料进场，技术部会同业主、监理进行防水材料抽样复试

续表

(4) 防水材料堆放	物资部按工程部制定的现场平面图进行防水材料的卸车、堆放,要求分类堆放,堆码整齐
(5) 防水施工方案设计	由技术部牵头,专业分公司负责编制,可用于现场施工组织
(6) 防水工程施工	按照图纸及国家施工规范要求进行,质检部负责质量监督
(7) 防水隐蔽检查	按国家验收规范要求进行,工程部会同甲方及监理检查验收,并填报验收单及隐蔽资料
(8) 防水保护层施工	按照图纸及国家施工规范要求进行,工程部负责质量监督

9.6.3.5 工程质量过程控制

(1) 质量过程控制体系

严格按照工程质量管理制度进行质量管理,尤其严格执行《三检制度》,目前已经形成了一套成熟完整的质量过程管理体系,详见图 9.15 所示:

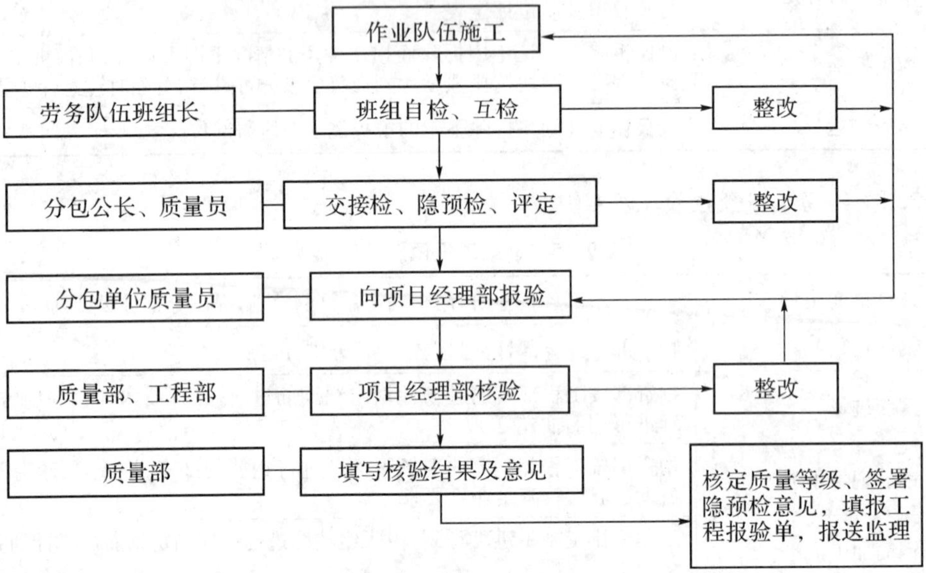

图 9.15 质量过程管理体系

(2) 质量过程控制措施

①加强培训学习

项目应定期组织技术人员、现场施工管理人员以及分包的主要有关人员进行图纸和规范的学习,做到熟悉图纸和规范要求,严格按图纸和规范施工;结合工程特点,不定期地请一些有丰富管理和施工经验的专家到施工现场做一些讲座。公司劳资部门负责对专业岗位人员进行岗位培训,保证项目部每位管理人员都持证上岗。

②严格按方案施工

对每个方案的实施都要通过方案提出→讨论→编制→审核→修改→定稿→交底→实施几个步骤进行。施工中有了完备的施工组织设计和可行的工程方案,以及可操作性强的措施交底,就能保证全部工程整体部署有条不紊,施工现场整洁规矩,机械配备合理,人员编制有序,施工流水不乱,分部工程方案科学合理,施工操作人员严格执行规范、标准的要求，将极有力地保证工程的质量和进度。

③确保采购物资质量

结构施工阶段，模板、钢筋原材、商品混凝土等的采购均将采用全方位、多角度的选择方式，采购物资时，须在确定合格的分供商或有信誉的商店中采购，以产品质量优良、材料价格合理、施工成品质量优良为材料选型、定位的标准，所采购的材料或设备必须有出厂合格证、材质证明和使用说明书。材料、半成品及成品进场要按规范、图纸和施工要求严格检验，不合格的立即退货。

加强计量检测，项目部将设专职计量员一名。采购的物资（包括分供方采购的物资）、构配件，应根据规范、合同要求进行抽样检验和试验，并做好标记。当对其质量有怀疑时，加倍抽样或全数检验，材料、构配件质量控制流程详见图 9.16 所示：

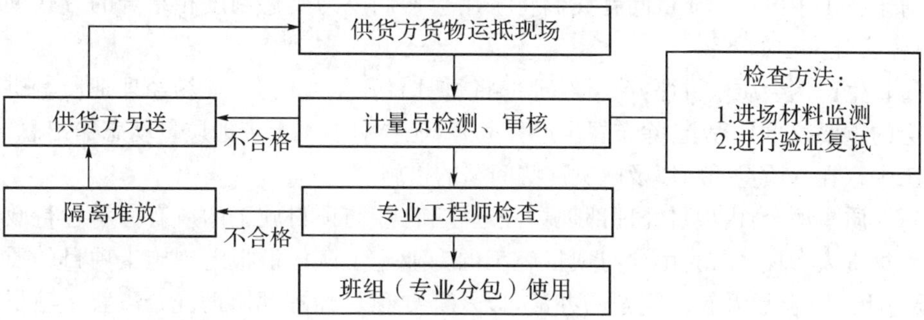

图 9.16　质量控制流程图

④坚持样板引路

分项工程开工前，由项目部的责任工程师，根据专项方案、措施交底及现行的国家规范、标准，组织分包单位进行样板分项（工序样板、分项工程样板、样板墙、样板间、样板段等）施工，样板工程验收合格后才能进行专项工程的施工。同时分包在样板施工中也接受了技术标准、质量标准的培训，做到统一操作程序，统一施工做法，统一质量验收标准。

⑤实行“三检制”和检查验收制度，执行过程质量控制程序

在施工过程中坚持检查上道工序、保障本道工序、服务下道工序，做好自检、互检、交接检；遵循分包自检、总包复检、监理验收的三级检査制度；严格工序管理，认真做好隐蔽工程的检测和记录。

⑥实行挂牌制度

以项目质量保证体系规定和划分每个管理人员的岗位质量职责。对现场操作人员，将采取挂牌施工，具体如下：

技术交底挂牌：在工序开始前针对施工中的重点和难点现场挂牌，将施工操作的具体要求，如：钢筋规格、设计要求、规范要求等写在牌子上，既有利于管理人员对工人进行现场交底，又便于工人自觉阅读技术交底，达到理论与实践的统一。

施工部位挂牌：执行施工部位挂牌制度，在现场施工部位挂“施工部位牌”，牌中注明施工部位、工序名称、施工要求、检查标准、检查责任人、操作责任人、处罚条例等，保证出现问题可以追查到底，并且执行奖罚条例，从而提高相关责任人的责任心和业务水平，达到练队伍、造人才的目的。

操作管理制度挂牌:注明操作流程、工序要求及标准、责任人,管理制度标明相关的要求和注意事项等。如:同条件混凝土试块的养护制度就必须注明其养护条件必须同代表部位混凝土的养护条件一致。

半成品、成品挂牌制度:对施工现场使用的钢筋原材、半成品、水泥、砂石料等进行挂牌标识,标识须注明使用部位、规格、产地、进场时间等,必要时必须注明存放要求。

⑦标签制度

每施工完一段,项目质量员立即检测,并将检测结果如实地填写在质量标识签内,标识签粘贴在受检部位,方便工人及时地了解每段施工质量的好坏,对增强工人的质量意识起到了警示作用。

⑧实行质量例会制度、质量会诊制度,加强对质量通病的控制

对于施工中出现的质量问题我们将采用会诊制度与奖惩制度相结合的方式彻底解决,具体实施方法如下:

每日生产例会质量讲评:项目经理部将每日召开生产例会,现场经理把质量讲评放在例会的重要议事日程上,除布置生产任务外,还要对上一天工地质量动态作出总结,指出施工中存在的质量问题以及解决这些问题的措施。

每周质量例会:由项目经理部现场经理主持,参与项目施工的所有分承包行政领导及技术负责人参加。首先由参与项目施工的专业施工队伍汇报上周施工项目的质量情况,质量上存在问题及解决问题的办法,以及需要项目经理部协助配合事宜。项目现场经理要认真地听取他们的汇报,分析上周质量活动中存在的不足或问题。与会者共同商讨解决质量问题所应采取的措施,会后予以贯彻执行。每次会议都要作好例会纪要,分发与会者,作为下周例会检查执行情况的依据。对工程质量表现差的专业施工队伍单位,进行经济处罚,屡教不改的,项目可考虑解除合同并勒令其退场。

每月质量检查讲评:定期由现场经理主持,由项目经理部及分包方的施工现场管理人员和技术人员参加,总结前期项目施工的质量情况,共同商讨解决质量问题应采取的措施,特别是质量通病的解决方法和预控措施,最后由现场经理以《月度质量管理情况简报》的形式发至项目经理部有关领导、各部门和各分包方,简报中对质量好的分包方要给予表扬,需整改的部位注明限期整改日期。

⑨加强对成品的保护和管理

由于各工种交叉频繁,对于成品和半成品,容易出现二次污染、损坏和丢失,影响工程进展,增加额外费用。我们将要制定成品(半成品)保护的主要措施,并设专人负责成品保护工作。

在施工过程中对易受污染、破坏的成品和半成品要进行标识和防护,由专门负责人经常巡视检查,发现现有保护措施损坏的,要及时恢复。

工序交接检要采用书面形式由双方签字认可,由下道工序作业人员和成品保护负责人同时签字确认,并保存工序交接书面材料。下道工序作业人员对防止成品的污染、损坏或丢失负直接责任,成品保护专人对成品保护负监督、检查责任。

⑩奖罚制度

在工程施工中将实行奖惩公开制,制定详细、切合实际的奖罚制度和细则,贯穿工程施工的全过程。项目经理部设立质量奖励基金,通过奖优罚劣,促使施工人员在施工过

程中进一步加强责任感，把工作做得更细、更认真，避免不必要的错误发生或杜绝今后再发生类似的错误。

⑪合同保证

全面履行工程承包合同，加大合同执行力度，严格监督配属队伍、专业公司的施工规程，严把质量关。

9.6.3.6 工程质量事后会诊措施

每一施工段或一工序施工后，由项目经理或项目总工程师带领，组织项目经理部和分包相关人员进行质量会诊，发现施工出现的问题，安排专人及时处理并作出总结，形成文字材料，并及时下发给总承包和分承包相关人员，避免以后分项施工中再出现相同或类似问题。现施工单位已形成了完整、科学的质量会诊制度。

9.7 质量保证组织措施

9.7.1 主要分项工程质量保证技术组织措施

9.7.1.1 防水工程质量保证措施

选择资质等级高、实力强的防水分包队伍进行招投标，择优录用。施工中严格按防水操作规程施工。材料进场后要取样复试，要求全部指标达到标准规定。对防水节点部位如阴阳角、管根等需进行重点监控。基层应清理干净并平整，经干燥后方可铺贴防水卷材，卷材与基层粘贴紧密，表面防水层应平整、洁净，阴阳角等呈圆弧角或钝角，禁止空鼓。

9.7.1.2 钢筋工程质量保证措施

钢筋工程是结构工程质量的关键，要求进场材料必须由供应方提供合格证，并经过具有相应资质的试验室试验合格后方可使用。加工箍筋弯钩为135°，平直部分长度为≥$10d$，且两弯钩要平行。

在浇筑墙体混凝土前安放固定钢筋卡具，确保浇筑混凝土后钢筋不偏位。通过垫块保证钢筋保护层厚度；钢筋卡具控制钢筋排距和纵、横间距。为有效控制钢筋的绑扎间距，在绑板、墙筋时均要求操作工人先划线后绑扎。

坚持六不绑原则：混凝土接茬未清到露石子不绑；钢筋污染未清净不绑；未弹线不绑；未调整偏位筋不绑；未检查接头错开长度不绑；未检查钢筋接头质量合格前不绑。绑扎时一定要保证钢筋贴箍到位。本工程梁、柱、墙节点较多，钢筋密集，因此，在梁与柱、梁与梁或三者交叉部位，要预先放样，根据实际尺寸预先加一批尺寸略小的箍筋，以保证主筋与箍筋绑扎到位，且主筋应按1∶6调直。箍筋弯钩叠合处与主筋应交替错开绑扎。

钢筋绑扎后，只有在土建和安装质量检查员均确定合格后，再经监理检验合格后方可进行下道工序的施工。

9.7.1.3 模板工程质量保证措施及通病防治

(1) 模板工程质量保证措施

模板体系的选择在很大程度上决定着混凝土最终观感质量。在结构施工中选用新购置的 15 mm 厚的光面多层板，作为结构施工时的模板，在保证混凝土内实外美的同时提高了施工速度。

光面多层板具有易拼装、易拆卸、接缝严密、浇筑后混凝土表面光滑等优点。所有木模板体系在预制拼装时，将模板刨边，使边线平直，四角归方，接缝平整，模板拼缝处作成企口，并粘贴密封条以防漏浆。楼板模板在板与板之间采用硬拼，不留缝隙。模板拼缝处加塞密封条以防止混凝土浇筑时漏浆，为确保墙、柱根部不烂根，在安装模板时，所有墙柱根部均加垫 10 mm 厚海棉条。

(2) 模板工程质量通病防治

模板工程轴线偏位防治措施：根据混凝土结构特点，对模板进行专门设计，以保证模板及其支架具有足够强度、刚度和稳定性。模板轴线放线后，要有专人进行技术复核，无误后才能支模。墙、柱模板根部和顶部必须设限位措施，以保证底部和顶部位置准确。支模时要拉水平、竖向通线，并设竖向总垂直度控制线，以保证模板水平、竖向位置准确。混凝土浇捣前，对模板轴线、支架、顶撑、螺栓进行认真检查、复核，发现问题及时进行处理；混凝土浇捣时，要均匀、对称下料，浇灌高度要控制在施工规范允许范围内。

模板变形防治措施：模板及支撑系统设计时，应考虑其本身自重、施工荷载及混凝土浇捣时侧向压力和振捣时产生的荷载，以保证模板及支架有足够承载能力和刚度。当梁、板跨度大于或等于 4 m 时，模板中间应起拱，起拱高度宜为全跨度 3/1 000。梁底支撑间距应能保证在混凝土重量和施工荷载作用下不产生变形，支撑底部若为地基，应先认真夯实，设排水措施，并铺放通长垫木或型钢，以确保支撑不沉陷。梁、墙模板上部必须有临时撑头，以保证混凝土浇捣时，梁、墙上口宽度。浇捣混凝土时，要均匀对称下料，控制浇灌高度，特别是门窗洞口模板两侧，既要保证混凝土捣实，又要防止过分振捣引起模板变形。

(3) 混凝土工程质量保证措施及通病防治

①混凝土工程质量保证措施

与搅拌站签订供应合同，对原材、外加剂、混凝土坍落度、初凝时间、混凝土罐车在路上运输等作出严格要求。现场收料人员要认真填写商品混凝土小票，详细记录每车混凝土进场时间、开始卸料时间、浇完时间，以便分析混凝土在供应过程中质量是否能得到有效保障。混凝土浇筑前采用混凝土各专业会签单，作为混凝土浇筑前各项质量验收和向混凝土搅拌站传递混凝土浇筑技术指标的凭证。对到场的混凝土实行抽测坍落度，试验员负责对当天施工的混凝土坍落度实行抽测，并做好坍落度测试记录。如遇不符合要求的，必须退回搅拌站，严禁使用。

商品混凝土厂家所用水泥、砂石、外加剂、掺和料等材料，必须有二次复试报告，而且应合格。混凝土同条件试块在现场制作，在浇筑地点养护，用特制钢筋笼存放试块，并编号管理。浇筑混凝土时为保证混凝土分层厚度，制作有刻度的尺杆。当晚间施工时还应配备足够照明，以便给操作者全面的质量控制工具。混凝土浇筑后做出明显的标识，以避免混凝土强度上升期间的损坏。施工缝处待已浇筑混凝土的抗压强度超过 1.2 MPa 后，才允许继续浇筑，在继续浇筑混凝土前，施工缝混凝土表面要剔毛，剔除浮动石子，并用水冲洗干净但不得积水，先浇一层与混凝土配比成分相同的水泥砂浆，然后继续浇筑混凝土并振捣密实，使新旧混凝土结合紧密。重点控制底板混凝土、施工缝、防水混凝土、楼梯混凝土处的浇筑过程质量。加强混凝土养护工作。在水平混凝土浇筑完毕后，常温下水平结构要在12小时内加以覆盖和浇水，浇水次数要能保持混凝土有足够的湿润状态，养护期不少于7昼夜。竖向构件拆模后喷水进行养护(冬季涂刷养护剂)。

②混凝土工程通病防治

混凝土麻面现象防治措施：模板面要清理干净；脱模剂要涂刷均匀，不得漏刷。若模板拼缝不严可在缝隙处加贴胶带、海棉条或打玻璃胶予以处理，模板与混凝土间缝隙用海棉条或水泥砂浆等堵严，防止漏浆；混凝土必须按操作规程分层浇筑、分层振捣密实。

混凝土蜂窝现象防治措施：严格控制混凝土配合比，经常检查，保证材料计量准确。混凝土自由倾落高度不得超过2 m；如超过，要采用串筒、溜槽等措施下料。混凝土的振捣应分层捣固，振捣等要按有关规定进行。

混凝土施工缝渗漏水防治措施：认真做好施工缝的处理，凿掉表面上的浮粒和杂物，用钢丝刷或剁斧将老混凝土面打毛，并用水冲刷干净，使上、下两层混凝土之间黏结密实，以阻隔地下水的渗漏。在施工缝处先浇一层与混凝土灰砂比相同的水泥砂浆，再浇灌上层混凝土。加强施工缝处的混凝土振捣，保证捣固密实。

(4) 砌体工程质量保证措施

“三一”砌筑法砌筑，砂浆饱满，但冬季施工时要做好保温防冻措施。拉线砌筑，并随时检查砌体的平整度和垂直度；立皮数杆，底部平砌实心砖，顶部斜砌实心砖，砖缝填满砂浆。做好砂浆的配比、计量及试验控制工作，砂浆随拌随用。砌体与主体结构之间按照图纸要求及规范规定做好拉接。控制每天砌筑高度，墙体转角处及交接处要同时砌筑，不得留槎。

(5) 钢结构质量保证措施

严格按照质量管理和质量保证系列标准建立质量保证体系，并通过第三方认证。本工程质量控制和质量管理将严格执行质量保证要求。在工程管理中力求实现科学化、系统化和规范化，具体而言就是建立科学化的组织机构来保证项目部的整体实力；实施系统化的分工协作来保证项目部的各项工作处于受控状态；强调规范化的工作标准来保证各项工作的质量。确立“决策要评价，执行有计划，实施讲受控，事后速总结”的项目管理模式，以一流的管理水平来保证一流的工作质量，实施集约化的项目管理。

在项目管理中，通过全员培训，树立起全员的质量意识，使项目的质量方针成为项目部各项工作的指南。并根据ISO9002标准的要求，明确和细化了项目成员的质量职责，逐步建立和完善各项工作的文件化管理，如图9.17所示：

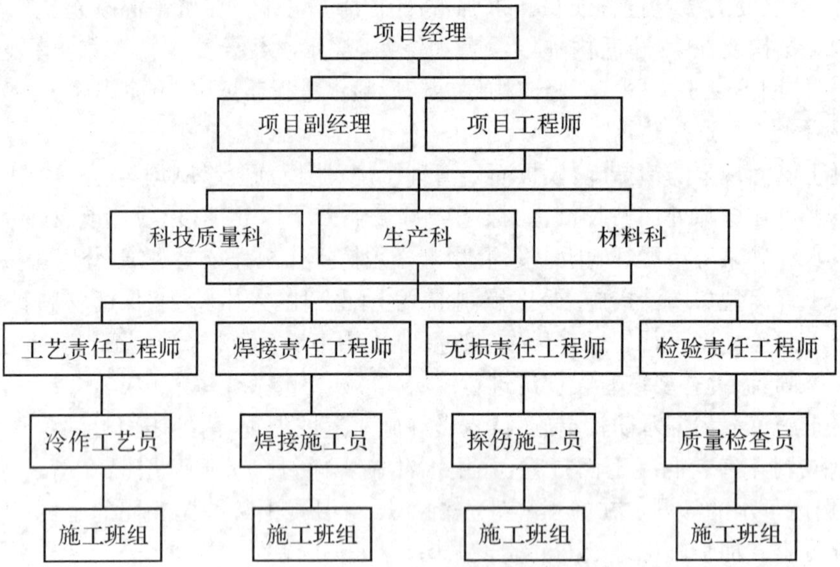

图 9.17　质量管理及各项保证措施示意图

9.7.2　质量保证措施

（1）优化施工方案合理安排施工工序，认真进行图纸审查，做好技术交底和技术培训。

（2）严格把好材料进货关，杜绝不合格产品用于本工程。实行严格材料管理制度。原材料标识由材料科负责，在交付使用中负责对标识的保护和移植，对每批原材料做出唯一性标识并记录，作为产品追溯性的依据。

（3）合理配备施工机械，搞好维修保养使机械处于良好的工作状态。采用质量预控法，把质量管理的事后检查转变为事前控制工序及因素从而达到“预控为主”的目标。

（4）凡在质量形成的过程中，出现的不合格事项，应按质量信息反馈的要求及时上报处理。

（5）凡是本工程使用材料的检验和试验状态的标识，均在材料上加标签或标记移植，来区分为经检验“合格”、“不合格”。

（6）应严格执行形成文件的程序规定，对检验和试验状态不明确的过程不能进行下一过程的生产作业。质量状态不明的或不合格的材料不能使用，以防止错误放行、使用。以钢结构工程质量控制为例，如图 9.18 所示：

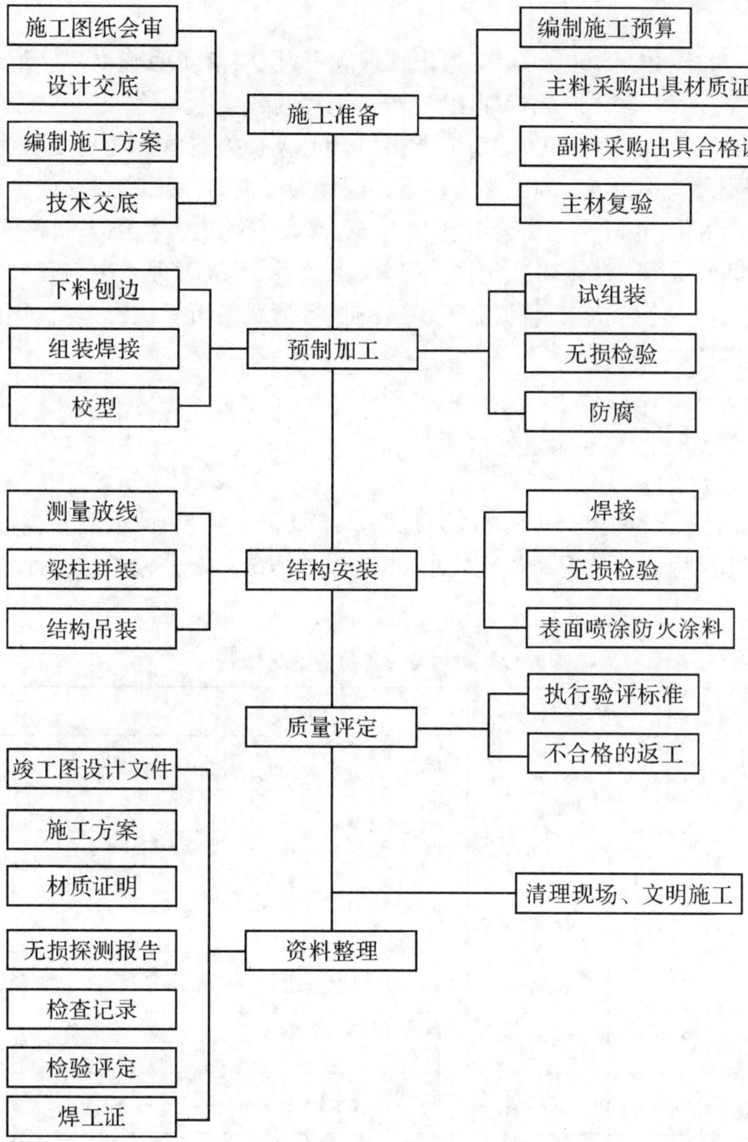

图 9.18　钢结构工程质量控制示意图

9.7.3　质量控制组织措施

成立以项目经理为首的质量保证体系，定期召开质量统计分析会议，掌握工程动态，全面控制工程质量，工程上按专业配置质检员实施全过程控制。

树立全员质量意识，贯彻“谁管生产，谁管质量”的原则，实行岗位责任制，并以经济手段辅助质量岗位责任制的落实。

建立健全质量管理制度

技术审核制度：严格执行审图程序，认真执行规程规范，坚持以技术进步来保证施工质量的原则。技术部门制定有针对性的施工组织设计，审查施工方案。

工序检查制度：钢构件进场必须严格检查，执行三检制度，施行自检、互检、交接检，并有文字记录。

目标管理:对质量目标进行分解,强化管理职责,层层落实明确责任。组织有经验、有责任心的工程技术人员并形成管理网络,对本工程的各项专业施工进行技术指导和技术控制。严格执行各项技术规程、规范。严格执行上级有关技术管理制度以及工程经理部所制定的《技术管理制度》。施工中发现重大问题要及时以书面形式反馈给建设单位、监理单位和设计单位,并以洽商等形式予以补充、修改或解决。精心编制各项施工方案与技术交底并贯彻执行。严肃工艺纪律,对违反工艺者,各级管理人员均有权制止,施工员要带头执行工艺并经常检查、督促施工小组的执行情况。组织执行工艺规范和施工方案的检查,奖优罚劣。

9.8 材料及过程检验试验计划

考虑本工程混凝土量较大,现场设立专职试验员负责施工过程中各种材料、半成品的检验试验工作,结合本工程具体情况和规范要求,本工程主体结构部分检验试验计划如表 9.17 所示:

表 9.17 材料及过程检验试验计划

序号	试验名称	责任人	取样标准	备注
1	水泥	试验员	同状况散装水泥每≤500 t、袋装水泥每≤200 t取一组	有见证取样
2	砂	试验员	同状况每≤400 m^3 或≤600 t 取一组	有见证取样
3	石	试验员	同状况每≤400 m^3 或≤600 t 取一组	有见证取样
4	混凝土小型砌块	试验员	每一万块取一组(5 块)	有见证取样
5	钢筋原材	试验员	同规格、炉号的每≤60 t 取一组试件	有见证取样
6	钢筋连接接头	试验员	同一验收批取一组	30%以上有见证
7	钢结构施工	试验员	—	有见证取样
8	防水材料	试验员	同一验收批取一组	有见证取样
9	普通混凝土	试验员	每≤100 m^3、每台班、每流水段取一组另加同条件养护试块	有见证取样
10	抗渗混凝土	试验员	连续浇筑混凝土每 500 m^3 取 1 组	有见证取样
11	砌筑砂浆	试验员	同配合比、同种原材料每一楼层或≤250 m^3 砌体取一组	有见证取样
12	设备安装及试运转纪录	专业试验员	系统测试	—

9.9　安全保证措施

9.9.1　安全管理目标

安全总体目标：杜绝重大伤亡及火灾、机械事故，轻伤事故频率控制在1%以下。

文明施工管理目标：辽宁省安全文明样板工地。

认真分析本工程安全生产工作重点、难点和重大安全危害因素，根据现场实际情况编制安全技术方案，搞好安全预控。强化安全生产管理，责任落实到人，定期检查，认真整改，消除现场安全隐患。

9.9.2　安全保证体系

9.9.2.1　安全生产管理体系

建立以项目经理为组长，安全总监、项目总工程师、项目副经理为副组长，各专业专(兼)职安全员为组员的项目安全、文明施工及消防管理网络。项目经理部配设专职安全员2名，超过50人的专业分包队伍必须配备专职安全员，50人以下的专业分包队伍必须有兼职安全员，专门负责各分包队伍的安全管理。上述体系为动态的开放式安全保证体系，适时链接各分包单位自身的安全保证体系，构成整个工程的施工安全控制网络。

9.9.2.2　安全生产管理岗位职责

项目经理部安全生产岗位职责：项目经理是项目安全生产的第一责任人，对整个工程项目的安全生产负责。项目总工程师负责主持整个项目的安全技术措施、大型机械设备的安装及拆卸、脚手架的搭设及拆除季节性安全施工措施的编制、审核工作。项目副经理具体负责安全生产的计划和组织落实。专职安全员负责对分管的施工现场，对所属各专业分包队伍的安全生产负监督检查，督促整改的责任。项目各专业工长是其工作区域安全生产的直接责任人，对其工作区域的安全生产负直接责任。

9.9.2.3　安全管理程序

安全管理工作遵循“预防为主”的方针来开展，主要分以下三个方面来进行。

(1) 安全巡视

项目安全组织机构内各责任人，在项目安全主管的领导下开展日常安全巡视工作。各责任人对各自区域内可能产生安全隐患的工作点要严加检查，对施工人员作好安全提示，对出现的安全违犯行为随时查处、上报。

(2) 安全报告

安全管理机构内责任人，按规定填写每天的安全报告报项目安全总监，对当天的安全隐患巡视结果提出统计报表，对当天的生产活动提出分析因素，并提出防范措施。在现场无重大安全事故的前提下，专职安全员编写每月安全报告经项目经理审核后报安全总监和上级安全部门。如果现场发生重大安全事故，严格按国家规定的申报程序向上级主管部门申报。

(3) 安全分析会

会同业主方或其指定的代表召开每月的安全分析会,或在双方约定的时间内以约定的形式召开安全分析会,对当月的安全工作进行分析,对安全隐患提出整改完工时间,对以后的安全工作提出预防措施,对安全事故进行分析,对事故责任单位和个人提出处罚意见,对其他分包单位的安全工作提出配合要求,对下月的安全工作提出新的指导意见。

9.9.2.4 安全检查

表 9.18 安全检查内容及方式

检查内容	形式	参加人员	考核	备注
外脚手架	定期	安全员会同责任工程师、架子班	周考核	
四口五临边防护	定期	安全员会同班组	周考核	
施工用电	定期	安全员会同班组	周考核	分包单位自检
塔吊	定期	安全员会同班组	周考核	机管员日检
作业人员行为	日检	责任工程师会同班组	日检	现场指令,限期整改
施工机具	日检	机电组自检	日检	责任工程师检查分包自检记录
分包安全管理	定期	安全员	月考核	检查分包单位自查

9.9.2.5 安全管理制度

(1) 安全教育制度:所有进场施工人员必须经过安全培训,经公司、项目部、班组三级教育,考核合格后方可上岗。

(2) 安全学习制度:项目经理部针对现场安全管理特点,分阶段组织管理人员进行安全学习。各分包队伍在专职安全员的组织下坚持每周一次安全学习,施工班组针对当天工作内容进行班前教育,通过安全学习提高全员的安全意识,树立"安全第一,预防为主"的思想。

(3) 安全技术交底制:根据安全措施要求和现场实际情况,项目经理部必须分阶段对管理人员进行安全书面交底,各施工工长及专职安全员必须定期对各分包队伍进行安全书面交底。

(4) 安全检查制:项目经理部每半月由项目经理组织一次安全大检查;各专业工人和专职安全员每天对所管辖区域的安全防护进行检查,督促各分包队伍对安全防护进行完善,消除安全隐患。对检查出的安全隐患落实责任人,定期进行整改,并组织复查。

(5) 大中型机械设备安装安全验收制:大中型机械设备安装完成后,必须经沈阳市安全劳动部门进行验收后才能使用。不经验收的一律不得投入使用。

(6) 持证上岗制:特殊工种持有上岗操作证,严禁无证上岗。

(7) 安全隐患停工制:专职安全员发现违章作业、违章指挥,有权进行制止;发现安全隐患,有权下令立即停工整改,并及时采取措施消除安全隐患。

(8) 安全生产奖罚制度:项目经理部设立安全奖励基金,根据半月一次的安全检查结果进行评比,对遵章守纪、安全工作好的班组进行表扬和奖励,违章作业、安全工作差的班组进行批评教育和处罚。

(9) 安全例会和安全把关制：在整个工程施工期间，安全总监和专职安全员长驻现场，并每周组织一次所有现场工作人员和其他工作人员参加的安全生产例会。每天需要对现场安全生产现状进行全面检查并作好记录，负责安全技术交底和技术方案的安全把关，负责制定或审核安全隐患的整改措施并监督落实，负责安全资料的整理和管理，确保所有安全设施处于良好的运转状态。

另外，进场后积极与业主、监理共同协商制定工地其他安全规章制度。

9.9.3　安全生产组织管理措施

9.9.3.1　各类临时支撑体系安全措施

支模应按规定的作业程序进行，模板未固定不得进行下一道工序。严禁在连接件和支撑件上攀登上下，并严禁在上下同一垂直面上装、拆模板。结构复杂的模板，装、拆应严格按施工组织设计进行。支设高度在 3 m 以上的柱模板，四周应设斜撑，并应设立操作平台。低于 3 m 的可使用马凳操作。支设悬挑形式的模板时，应有稳固的立足点。支设临空构筑物的模板时，应搭设支架或脚手架。模板上有预留洞时，应在安装后将洞口盖住。操作人员登高必须走人行梯道，严禁利用模板支撑体系攀登上下，不得在墙顶、独立梁及其他高处狭窄而无防护的模板面上行走。模板的立柱顶撑必须设牢固的拉杆，不得与门窗等不牢靠和临时物件相连接。模板拆除必须满足拆模时所需混凝土强度，经项目总工签字报监理工程师审批同意，才能拆除。拆模的顺序和方法按照先支后拆、后支先拆的顺序：先拆承重的模板及支撑；拆模作业时，必须设置警戒区，严禁下方有人进入。

9.9.3.2　大型施工机械的安装、使用和拆除安全技术措施

塔吊的安装安全措施：塔吊的操作人员必须经过训练，了解机械的构造和使用，熟知安全操作规程和按时保养，非安装、维修人员未经许可不得攀登塔机；塔吊在工地安装后，必须进行空载、静载、动载试验后，方能进行吊装作业，其静载试验吊装采用额定荷载的 125%，动载试验吊装采用额定荷载的 110%；必须调试等荷载限位器和多功能报警器才能使用；塔吊必须有良好的接地措施，防止雷击，遇有雷雨时，严禁在塔架附近走动；塔吊应定机、定人，专机专人负责制，非机组人员不得进入司机室擅自操作，在处理电气事故时必须有专业人员二人以上；司机室内禁止存放润滑油、油棉丝，及其他易燃、易爆物品；冬期用电炉取暖时更要注意防火。

顶升作业注意事项：顶升作业应在白天进行，若遇特殊情况，需在夜间作业，必须具备充分的照明设备。在进行曲顶升作业过程中，必须有专人指挥，专人照管电源，专人操作液压系统和专人紧固螺栓，非有关操作人员不得登上爬升套架的操作平台，更不得启动泵阀开关或其他电气设备。在顶升过程中，把回转紧紧刹住，严禁旋转塔架及其他作业；如发生故障，必须立即停车检查，非经查明真相或故障排除，不得继续进行爬升动作。每次顶升前后，必须认真作好准备工作和收尾检查工作，特别是在顶升以后，务必检查连接螺栓是否按规定的预紧力矩扭紧固，有否松动，爬升套架滚轮与塔身标准节间的间隙是否调整好，操作杆是否已回到中间位置，液压系统的电源是否切断等；顶升前也认真作好检查工作。只允许在四级风以下进行顶升作业，如在作业过程中，突然遇到风力加大，必须立即停止作业，并紧固连接螺栓，使上下塔身连成一体。

起重机操作注意事项：司机必须在得到指挥信号后，方可进行操作，操作前必须鸣

笛，操作时要精神集中；司机必须按起重性能表中规定进行工作，不允许超载使用；起重机不得斜拉或斜吊物品，并禁止用于拔桩及类似作业；工作台中塔机上严禁有人，并不得在工作台中调整或维修机械等作业；工作时严禁闲人走近臂架活动范围内；液压系统安全阀数值，电气系统保护装置的调整数值及其他机构，结构部件的调整值均不允许随意更动；塔机在工作时，避免塔机的臂架、平衡臂与建筑物碰撞；起重机在工作时，严禁负载变档；起重机作业完毕，吊钩升起，小车停在距塔身中心 5 m 处。

塔吊拆除安全措施：塔吊拆除人员必须熟知被拆塔吊的结构、性能和工艺规定。必须懂得起重知识，对所拆部件应选择合适的吊点和吊挂部位，严禁由于吊挂不当造成零部件损坏或造成钢丝绳的断裂；操作前必须对所使用的钢丝绳、卡环、吊钩、板钩等各种吊具进行检查，凡不合格者不得使用；起重同一个重物时，不得将钢丝绳和链条等混合同时使用用于捆扎或吊重物；拆除过程中的任何一部分发生故障及时报告，必须由专业人员进行检修，严禁自行动手修理；拆除高处作业时必须穿防滑鞋、系好安全带。

9.9.3.3　电动机具、设备的安全措施

施工组织设计应有施工机械使用过程中的定期检测方案。施工现场应有施工机械安装、使用权、检测、自检记录。使用电动工具(手电钻、手电锯、圆盘锯)前检查安全装置是否完好，运转是否正常，有无漏电保护，严格按操作规程作业。

电焊机上应设防雨盖，下设防潮垫。一、二次电源接头处要有防护装置，二次线使用接线柱，且长度不超过 30 m。一次电源采用橡胶套电缆或穿塑料软管，长管不大于 3 m，焊把线必须采用铜芯橡皮绝缘导线。乙炔发生器必须使用金属防爆膜，严禁用胶皮薄膜代替。回火防止器应保持有一定水量。氧气瓶不得暴晒、倒置、平使、禁止沾油。氧气瓶和乙炔瓶(罐)工作间距不得小于 5 m，两瓶与焊炬间的距离不得小于 10 m。施工现场内严禁使用浮桶式乙炔发生器。

蛙式打夯机必须两人操作，操作人员必须戴绝缘手套穿绝缘鞋。操作手柄应采取绝缘措施。打夯机用后应切断电源，严禁在打夯机运转时清除积土。圆盘锯的锯盘及传动部位应安装防护罩，并应设置保险档、分撩器。凡长度小于 50 cm，厚度大于锯盘半径的木料，严禁使用圆盘锯。破料锯与横截锯不得混用。平面刨(手压刨)安全防护装置必须齐全有效。砂轮机应使用单向开关。砂轮必须装设不小于 180°的防护罩和牢固的工件托架。严禁使用不圆、有裂纹和磨损剩余部分不足 25 mm 的砂轮。

吊索具必须使用经检验合格的产品。钢丝绳应根据用途保证足够的安全系数，凡表面磨损、腐蚀、断丝超过标准的，打死弯、断股、油芯外露的不得使用。吊钩除正确使用外，应有防止脱钩的装置。卡环在使用时，应使销轴和环底受力。吊运大模板、大灰斗、混凝土斗和钢板等大件时，必须用卡环。

9.9.3.4　临时用电系统的安全措施

临时用电必须按部颁规范要求作施工组织设计(方案)，建立必要的内业管理资料。项目建立健全用电规章制度，明确用电责任。必须建立对现场的线路、设施的定期检查制度，并将检验记录存档备查。

配电系统必须实行分级配电。各类配电箱、开关箱的安装和内部设置必须符合有关规定，箱内电器必须可靠完好，其选型、定值要符合规定，开头电器应标明用途。各类配电箱、开关箱外观完整、牢固、防雨、防尘，箱体应外涂安全色标，统一编号，箱内无杂物。

停止使用的配电箱就应切断电源，箱门上锁。

独立的配电系统必须按部颁标准采用三相五线制的接零保护系统，非独立系统可根据现场实际情况采取相应的接零或接地保护方式。各种电器设备和电力施工机械的金属外壳、金属支架和底座必须按规定采取可靠接零或接地保护装置，实行分级保护，形成完整的保护系统。漏电保护装置的选择必须符合规定。

临时配电线路必须按规范架设整齐，架空线必须采用绝缘导线，不得采用塑胶软线，不得成束架空敷设，也不得沿地面明敷设。施工机具、车辆及人员，应与内、外电线路保持安全距离。达不到规范规定的最小距离时，必须采用可靠的防护措施。

各种高大设置必须按规定装设避雷装置。

手持电动工具的使用，应符合国家标准的有关规定。工具的电源线、插头和插座应完好。电源线不得任意接长和调换，工具的外结缘应完好无损，维修和保管应由专人负责。

凡在一般场地所采用 220 V 照明灯必须按规定布线和装设灯具，并在电源一侧加装漏电保护器。特殊场所必须按国家标准规定使用安全电压照明器。使用行灯照明，其电源电压应不超过 36 V，灯体与手柄应坚固、绝缘良好，电源线应使用橡套电缆线，不得使用塑胶线，行灯变压器应有防潮防雨水设施。

电焊机应单独设开关。电焊机外壳做接零或接地保护。一次线长度应小于 5 m，二次线长度应小于 30 m，两侧接线应压接牢固，并安装可靠防护套。焊把线应双线到位，不得借用金属管道，金属脚手架、轨道及结构钢筋做回路地线。焊把线无破损，绝缘良好。电焊机设置地点应防漏、防雨、防砸。

9.9.3.5 “四口五临边”的安全防护

(1) 临边防护

建筑物楼层临边四周，无围护结构时，必须设三道防护栏杆，或立杆安全网加一道防护栏杆。临边防护栏杆件的规格及连接要求，应符合下列规范：钢筋横杆上杆直径不得小于 16 mm，下杆直径不得小于 14 mm，栏杆柱直径不得小于 18 mm，采用电焊或镀锌钢丝绑扎固定。钢管横杆及栏杆均采用ø 48 mm 的管材，以扣件连接。

(2) 楼梯踏步及休息平台处，必须设三道牢固防护栏杆或用立挂安全网作防护。

(3) 洞口的安全防护

对于边长大于 250 mm 的洞口，必须用坚实的木板防护，在洞口上加 12＃螺纹钢筋网片，钢筋间距 200 mm，在钢筋上覆盖 15 mm 木模板，用铁丝和钢筋绑扎牢固，铁丝的连接扣向下设置，防止绊人，模板和钢筋应超出洞口 300 mm。在木板边用水泥砂浆做成斜坡 1.5 m×1.5 m 以上的孔洞，四周必须设两道护身栏杆，中间支挂水平安全网。墙面等处的竖向洞口，凡落地的洞口应加装开关式、工具式或固定式的防护门，门栅网格的间距不应大于 15cm，也可采用防护栏杆，下设挡脚板。下边沿至楼板或底面低于 80 cm 的窗台等竖向洞口，如侧边落差大于 2 m 时，应加设 1.2 m 高的临时护栏。电梯井口必须设高度不低于 1.2 m 的金属防护门。电梯井内每隔两层并最多隔 10 m 设一道水平安全网，安全网应封闭严密。电梯井内不得作垂直运输通道和垃圾通道。

9.9.3.6 高处作业防护措施

在建筑南北两侧各设一条安全通道。安全通道出建筑 6 m，高 4 m，宽于出入通道两侧各1 m设置防护棚。安全通道上设置双层脚手板。其中防护棚立杆横距3 000 mm,立杆纵距1 200 mm,非出入口和通道两侧必须封严。临近施工区域,对人或物构成威胁的地方,必须支搭防护棚,确保人、物的安全。高处作业使用的铁凳和木凳应牢固,两凳间需搭设脚手板的,间距不得大于2 m。

9.9.3.7 防高空坠落和坠物打击的防护措施

防止物体的高处坠落和坠物打击是本工程整个施工过程的防护的重点,主要采取如下措施确保施工安全:规范塔司的操作行为,并设专人指挥起吊工作;每次塔吊工作之前均要对钢丝绳及钓钩进行检查,并对绑扎牢固与否进行检查。建筑物外架张挂密目安全网进行全封闭防护。在各种材料加工场搭设防护棚。在塔吊覆盖范围内的临建,均搭设防砸棚,其上覆盖双层木模板。规定塔吊作业时间,严禁在工人收工、上工时间段,吊运材料。现场周边的人员通道搭设防护棚。

9.9.3.8 防触电措施

施工现场严格执行"一机一闸一漏"的规定,并采用"TN－S"供电系统,严格地将工作零线(N)和保护地线(PE)分开,并定期对总接地电阻进行测试,保证在4 Ω以下。整定各级漏电保护器的动作电流,使其合理配合,不越级跳闸,实现分级保护,每十天必须对所有漏电保护器进行全数检查,保证动作可靠性。施工现场采用36V的安全电压进行照明。对所有的配电箱等供电设备进行防护,防止雨水打湿引起漏电和人员触电。

9.9.3.9 季节性施工的安全措施

冬季施工时,对施工作业面、垂直运输设备、外脚手架及施工现场主要道路采取防滑措施。雪后必须将架子上的积雪清扫干净,并检查其牢固性,如有松动下沉现象,及时进行处理。上人跑道必须设防滑条,雨后必须对上人跑道及操作平台等进行检查。

做好电器设备的防雨工作,各种露天电器设备务必有防雨罩,并由电工专门管理,防止漏电触电。电源开关,控制箱等设施要加锁,并设专人定期检查漏电保护器是否灵敏有效。塔吊及电梯必须设有防雷接地装置,防止雷击。做到整个施工现场的排水畅通,雨后及时清除积水,保持整个施工现场的整洁。

9.9.3.10 地上及地下各类管线的保护

总包单位入场后要积极和业主、前期施工单位联系,对现场已有的市政设施在总平面图纸上进行准确标注,并且标注清楚各种管线的标高。位于场内南侧高压线采用木防护架,具体方案另行编制,经相关部门审核批准后实施。按照业主提供的市政管网图纸进行现场踏勘落实、检查,并对管线的实际运行情况进行考核,对问题管线,应及时通知业主,报请有关单位进行维修。在现场市政管线位置用小红旗进行清楚标示,防止施工时无意破坏。对于现有建筑物施工时,及时了解周边建筑基础,制定基础加固等措施。不得对周边建筑物内人员正常办公造成干扰。

9.9.3.11 分部分项工程专项安全措施

(1) 土方工程专项安全措施

土方开挖机械操作人员必须经过安全技术培训,持证上岗,操作人员必须经体检、凡患有高血压、心脏病、癫痫病和有碍安全操作的疾病和生理缺陷的人均不得从事此项操作。严禁酒后作业。作业前应按照安全技术措施交底检查施工现场,查明地上、地下管线情况。不得在距现场电力、通讯和其他管道周围2 m以内作业。机械设备在基坑边行驶时应低速，配合机械清底、平地、修坡等人员，必须在机械停止回转并制动好后方可开始。机上、机下人员应随时取得密切联系。机械在场外公路上行驶时必须遵守交通管理部门的有关规定。派专人在车辆出入口指挥，道口设警示灯。机械运转时，不得进行任何紧固、保养、润滑、检查等作业。机械作业时，人员不得上下机械。挖掘机取土、卸土不得有障碍物，装车作业时，应待运输车辆停稳后进行，严禁铲斗从汽车驾驶室顶上越过，卸土时铲斗尽量放低，但不得撞击汽车任何部位。

(2) 钢筋工程专项安全措施

作业前必须检查机械设备、作业环境、照明设施等，并试运行符合安全要求。作业人员必须经安全培训考试合格，上岗就业。操作人员必须熟悉钢筋机械的构造性能和用途。应按照清理、调整、紧固、防腐、润滑的要求，维修保养机械。机械运行中停电时，应立即切断电源。收工时应按顺序停机、拉闸、锁好闸箱门、清理作业场所。电路故障必须由专业电工排除，严禁非电工接、拆、修电气设备。机械明齿轮、皮带轮等高速运转部分，必须安装防护罩或防护板。操作人员作业时必须扎紧袖口，理好衣角，扣好衣扣，严禁戴手套。女工应戴工作帽，将发挽入帽内不得外漏。在高处、深基坑绑扎钢筋和安装钢筋骨架，必须搭设脚手架或操作平台，临边应搭设防护栏杆。脚手架上不得集中码放钢筋，应随使用随运送。绑扎钢筋和安装钢筋骨架时，必须搭设脚手架和马道；绑扎圈梁、挑梁、挑檐、外墙和边柱等钢筋时，应搭设操作平台架和张挂安全网。层高较高处梁钢筋的绑扎，必须在满铺脚手板的支架或操作平台上进行。绑扎立柱和墙体钢筋时，不得站在钢筋骨架上或攀登骨架上下。3 m以内的柱钢筋，可在地面或楼面上绑扎。整体竖向绑扎3 m以上的柱钢筋，必须搭设操作平台。

(3) 模板工程专项安全措施

①模板安装专项安全措施

模板堆放场地必须平整夯实，同时排除现场的不安全因素。作业前应认真检查模板、支撑等构件是否符合要求，木模板及支撑材质是否合格。模板工程作业高度在2 m和2 m以上时，必须设置安全防护措施。操作人员登高必须走人行梯道，严禁利用模板支撑攀登上下，不得在墙顶、独立梁及其他高处狭窄而无防护的模板面上行走。模板的立柱顶撑必须设牢固的拉杆，不得与门窗等不牢靠物件和临时物件相连接。模板安装过程中，不得间歇，柱头、搭头、立杆顶撑、拉杆等必须安装牢固成整体后，作业人员才允许离开。基础及地下工程模板安装，必须检查基坑支护结构体系的稳定状况，基坑上口边沿1 m以内不得堆放模板及材料。向槽内运送模板构件时，严禁抛掷。使用起重机械运送，下方操作人员必须离开危险区域。组装立柱模板时，四周必须设牢固支撑，如柱模在6 m以上，应将几个柱模连成整体。支设独立梁模应搭设临时操作平台，不得站在柱模上操作和在梁底模上行走立侧模。用塔吊吊运模板时，必须由起重工指挥，严格遵守相关安全操作规程。

②模板拆除专项安全措施

拆除模板的顺序和方法：拆模顺序与支模顺序相反(应自上而下拆除)，后支的先拆，先支的后拆；先拆非承重部分，后拆承重部分。在拆柱、墙模前不准将脚手架拆除，用塔吊拆时应有起重工配合。拆除顶板前必须划定安全区域和安全通道，将非安全通道应用钢管、安全网封闭，并挂“禁止通行”安全标志，操作人员必须在铺好跳板的操作架上操作。已拆模板起吊前认真检查螺栓是否拆完、是否有勾挂地方，并清理模板上杂物，仔细检查吊钩是否有开焊，脱扣现象。拆除电梯井及大型孔洞模板时，下层必须支搭安全网等可靠防坠落措施。拆除的模板支撑等材料，必须边拆、边清、边运、边码，楼层高处拆下的材料，严禁向下抛掷。

(4) 混凝土工程专项安全措施

施工前，工长必须对工人有安全交底。大风、大雨天气停止施工。夜间施工，施工现场及道路上必须有足够的照明，现场必须配置专职电工 24 小时值班。现场照明电线路必须架空，严禁在钢筋上拖拉电线。混凝土振捣工必须穿雨鞋，戴绝缘手套。泵车运行时，机手不得离岗，并经常观察压力表、油温等是否正常。当油温升到 85 ℃时，应立即停止泵送，进行冷却，使油温降低后方可继续泵送。还应经常注意水箱中的水温，当温度过高，水温≥35 ℃时，应及时换水。泵管连接，由专人操作，其他人不得随意搭接。混凝土泵送过程中定时、定人检查连接件及卡具有无松动现象。混凝土泵管出口前方严禁站人，以防混凝土喷出伤人。布料杆操作者经过培训，熟悉操作方法。混凝土作业时布料杆下严禁有人通行或停留。

(5) 防水工程专项安全措施

材料存放于专人负责的库房，严禁烟火并挂有醒目的警告标志和防火措施。患有皮肤病、眼疾、刺激过敏者，不得参加防水作业。施工过程中发生恶心、头晕、过敏者，应立即停止作业。施工现场和配料场地应通风良好，操作人员应穿软底鞋、工作服、扎紧袖口，并应佩戴手套及鞋盖。涂刷处理剂和胶粘剂时必须戴防毒口罩和防护眼镜。外露皮肤应涂擦防护膏。操作时严禁用手直接揉擦皮肤。高处作业层面周围边洞和预留洞口，必须按“洞口、临边”防护规定进行安全防护。下班清洗工具。未用完的溶剂，必须装入容器，并将其盖严。

(6) 砌筑工程专项安全措施

在操作之前必须检查操作环境是否符合安全要求，道路是否畅通，机具是否完好牢固，安全设施和防护用品是否齐全，经检查符合要求后才可施工。装卸砌块时要先取高处、后取低处，防止砖垛倾倒伤人。人工垂直向上或向下传递砌块时搭设架子，架子上的站人宽度应不小于 600 mm。用于垂直运输的电梯不得超负荷运输，并经常检查，发现问题及时修理。墙身砌体高度超过地坪 1.2 m 以上时搭设脚手架。在一层以上施工，采用里脚手架必须搭设安全网；采用外脚手架设防护栏杆和挡脚板后方可砌筑。脚手架上堆料量不超过规定荷载，同一块脚手板上的操作人员不超过两人。不准站在墙顶上做划线、刮缝及清扫墙面或检查大角垂直等工作。不准用不稳固的工具或物体在脚手板面垫高操作，更不准在未经过加固的情况下在一层脚手板上再叠加一层。砍砖时面向架内打砍，防止碎砖飞出伤人。在同一垂直面内上下交叉作业时，设置安全隔板，下方操作人员必须戴好安全帽。对稳定性较差的窗间墙加临时稳定支撑，以保证其稳定性。如遇暴风雨天气，要采取防雨措施，避免恶劣天气吹倒新砌筑的墙体，同时及时浇筑拉梁混凝土，增加墙体稳定性。大风、大雨、冰冻等异常气候之后，应检查砌体是否有垂直度的变化，是否产生裂缝。

9.9.4 消防保卫保证措施

9.9.4.1 消防安全保证措施

(1) 消防组织保证

成立消防领导小组，由项目经理对施工现场的消防安全负第一领导责任，领导和组织成员制定消防计划。部门经理和专职安全员直接负责施工现场的消防安全管理，负责对施工人员进行消防预防的教育和培训，落实消防安全措施。成立施工现场义务消防队，义务消防队员定期组织教育培训。

(2) 消防器材日常管理措施

各种消防器材根据施工现场具体情况布置在合理位置，数量充足，并交由专人负责，平时任何人不得挪作他用，保持完整完好，特别是灭火器应在有效期内，确保紧急情况可正常使用。

(3) 消防技术保证措施

严格遵守沈阳市有关消防方面的法令、法规，配备专职消防安全员。施工现场运输道路兼作临时消防车道。布置消防设施，配足灭火器材。消防设施及器材应经常检查、维护、保养，保证灭火器材灵敏有效。在仓库、木工加工区、办公区、生活区均布置消防器材，并由专人负责，定期检查，保证完整。氧气、乙炔气要放在安全处，并按规定正确使用，操作处设置足够数量灭火器材。电焊、气割时，先观察周围环境有无易燃物后再进行工作，并用火花接取器接取火花，严防火灾发生。施工现场内建立严禁吸烟的制度，发现违章吸烟者从严处罚。为确保禁烟，在现场指定场所设置吸烟室，室内安放存放烟头、烟灰的水桶和必要的消防器材。坚持现场用火审批制度，现场内未经允许不得生明火，电气焊作业必须由培训合格的专业技术人员操作，并申请动火证，工作时要随身携带灭火器材，加强防火检查，禁止违章。对明火作业每天巡查，一查是否有“焊工操作证”与“动火证”；二查“动火证”与用火地点、时间、看火人、作业对象是否相符；三查有无灭火用具；四查电气焊操作是否符合规范要求。对易燃易爆物品指定专人负责，并按其性质设置专用库房分类存放。新工人进场要进行防火教育，重点区域设消防人员，值勤人员昼夜值班，搞好“四防”工作。积累各项消防资料，健全施工现场防火档案。

(4) 防火措施

①材料仓库防火

易燃仓库和堆料场应分组设置堆垛，堆垛之间应有 3 m 宽的消防通道，每个堆垛的面积不得大于 300 m^2；易起火的仓库应按 500 m^2 分区并设置防火墙。库存物品应分类堆放贮存并编号，对危险物品应加强入库检验，易燃材料堆垛应保持通风良好，应经常检查其温度，防止自燃起火。应使用不发火的工具设备搬运和装卸。库房内防火设备需齐全，应分组布置种类适合的灭火器，每组不少于 4 个，组间距不大于 30 m，重点防火区应每 25 m^2 布置 1 个灭火器。库房内不得兼做加工、办公等其他用途。严禁使用碘钨灯，电器线路和照明应符合安全规定。露天油桶堆放应有醒目的禁火标志和防火防焊措施。各种气瓶均应单独设库存放。

②木工房防火

作业棚应采用阻燃材料搭设，配备足量的灭火器材。严禁在作业场所吸烟、生火、烧饭或点明火取暖。处于刨花、锯屑较多部位的电动机应装设防尘罩，电气设备应密封或采用防爆型，电箱下不得堆放物料。防止电线短路、用电设备过载运行、设备漏油和缺油等情况发生。

③电、气焊作业点防火

严格执行“十不烧”规定，作业前应进行书面的防火交底，作业时备有灭火器材，作业后清理热物和切断电源、气源。焊、割作业点与氧气瓶、乙炔瓶的距离不小于 10 m，与易燃易爆物品的距离不得小于 30 m。乙炔瓶与氧气瓶之间的距离，在存放时不得小于 5 m，在使用时不得小于 10 m，氧气瓶、乙炔瓶等焊割设备上的安全附件完整有效。

④涂(喷)漆作业防火

作业场所应通风良好，防止空气形成爆炸浓度，采用防爆型电器设备，严禁火源带入。禁止与焊割作业同部位上下交叉进行。浸有涂料、稀释剂的破布、棉纱、手套和工作服等应及时清除，防止堆放生热自燃。

⑤工地食堂防火

食堂内的煤气、液化气炉灶等有火种的设备要有专人负责，经常检查，防止漏气，气瓶与炉灶应保持 1 m 以上距离。油炸食品时，油温不得过高或跑油，看管人员不得远离岗位。食堂内所使用的电器设备要保持清洁，应做防湿处理，必须保持良好绝缘，开关闸、刀保险应装在安全地点。工作人员要熟悉消防器材放置地点和使用方法。炊事员应在下班前负责安全检查，确无问题时，方可下班。

⑥办公室、宿舍防火

严禁使用电炉取暖、做饭、浇水、严禁使用碘钨灯照明，宿舍、休息室内严禁在床上吸烟。严禁乱拉电线，冬季严禁使用火炉取暖。施工现场禁止搭易燃临建和防晒棚，严禁冬季用易燃材料保温。不得阻塞消防道路，严禁随意动用或操作各种消防器材，严禁损坏各种消防设施、标志牌等。

9.9.4.2 治安安全保证措施

施工现场在大门处设立门卫房，共有 1 名保卫干事和 3 名保安员组成治安保卫小组，负责现场的治安保卫工作。建立门卫制度，项目部人员出入要带统一发放的胸卡，凭证出入，严格执行外来人员出入制度和车辆出入检查制度。建立夜间值班制度，对施工现场的巡视管理，确保现场 24 小时有保安的保卫服务。外地人员必须有身份证、暂住证。保卫组建立施工队伍人员档案，加强对分包单位人员的管理，保证工程的顺利进行。保卫组对施工内容提供保卫工作，防止由于他人有计划的偷盗或破坏或无意间引起的损失。保安保卫工作除了加强对现场出入口的控制和全现场的保安巡视外，还应进行无规律的现场周边巡逻。现场大门附近设置门卫房，未经业主和监理工程师的同意，参观人员不得进入现场，在门卫室准备足够数量的安全帽并带上明显的标识，同时准备一个参观人员记录表用于记录所有参观人员的姓名、参观目的和参观时间等内容，确保每一个参观人员了解和遵守现场的安全管理制度，佩戴安全帽，确保所有业主和监理工程师批准的参观人员的人身安全。

9.10　文明施工与环保措施

9.10.1　文明施工组织管理机构

为了确保文明施工中的各项工作能够顺利地落实，项目经理部成立文明施工管理组织机构，设专职文明施工管理员2名，负责施工现场及各专业分包队伍的文明施工管理。各施工作业队伍需配置专兼职文明施工管理人员，形成文明施工管理的纵横网络。

9.10.2　实施责任

现场经理是文明施工管理的第一责任者，项目工程管理部制订出文明施工计划。

区域责任工程师直接负责责任区域的文明施工。

设专职文明施工管理人员，专门负责现场文明施工。

9.10.3　文明施工管理目标

严格按照辽宁省文明安全工地的标准和要求，从工程一开工即高标准地布置施工现场，美化施工现场并严格进行管理，坚持以人为本，营造文明舒适的生活区环境，确保本工程文明施工管理目标评为辽宁省"安全文明样板工地"。

9.10.4　文明施工保证措施

根据现场平面布置图，对施工场区内道路进行硬化处理，浇筑场区内环形水泥路面，并设置路灯。修建施工场区内排水系统，施工道路两侧设立排水沟，保证道路通畅，排水通畅、路面无积水。根据规划，对裸露泥地面进行绿化，施工主干道两侧砌设花池，栽种花草，美化施工环境。在大门入口处设立五牌一图，门楼上方标示企业标志与企业名称，左右两侧设立标语。在大门入口处设立洗车槽和沉淀池，进出载重车辆均需用高压水枪冲洗，做到不带泥沙及其他污物出场，对运出的散料要进行覆盖，做到沿途不遗洒。现场搅拌机、混凝土泵支设处设立沉淀池，施工污水经沉淀后方可排入市政污水管线。现场材料按施工总平面布置图分区堆放整齐、稳固，做到一头齐，一条线，标明状态。建立文明施工包干区，责任到人，实行材料堆放定置化管理，正确设置现场安全标识牌与导向牌，为安全文明施工创造一个和谐温馨的氛围。厕所污水必须经化粪池化粪后方可排入市政污水系统，生活污水同样需沉淀后方可排出。现场设置封闭式垃圾房，所有建筑垃圾均临时存放于垃圾房中，不得随地堆放，垃圾房定期进行清理。在办公区每隔20 m设置一个不锈钢垃圾桶，所有生活垃圾必须装入垃圾桶，每天专人清理，保证施工现场环境整洁、优美、减少污染。按消防要求在施工区、生活区、办公区等重点防火部位设放消防器材，以防发生火灾时急用，同时建立安全保卫制度，做好现场安全保卫工作，防止发生盗窃事件。现场安排专人清扫大门内外及场区内道路，喷水降尘，同时场区内行车，车速不得超过20公里/小时，以防撞人或车速太快扬起尘土。尽量选用低噪音机械，对强噪音机械可搭设隔音棚，防止噪音向外传散，或控制强噪音机械的作业时间，早上6点前、晚上10后不得开机作业。现场施工人员统一着装，佩戴工作卡，正确佩戴统一编号的安全帽。现场施工必须做到工完料尽场地清，材料堆放整齐、合理、标识状态明确。楼层垃圾清运时应用封闭容器向下吊运，严禁向下抛撒，以免引起扬尘污染空气。合理安排混凝土浇筑时间，尽量避开众人休息时间浇筑混凝土，以免影响众人休息。

9.10.5 文明生活区的管理

9.10.5.1 生活区环境的塑造

生活区总体布置合理，道路畅通，各类设施搭建符合要求，安全可靠。生活区内整洁、卫生、秩序良好、根据生活区的实际进行绿化、美化。生活区内的消防措施完备，安全保卫工作落到实处。生活区居住的人举止文明，讲究卫生，人际关系和谐。生活区内具有良好的工作、生活、学习风气，形成讲科学、树正气、爱岗敬业的良好氛围。在生活区设立阅报栏、阅览室、活动室，具备收看电视或影像节目的条件。单位定期对生活区住宿人员进行安全、治安、消防、卫生、防疫、环境保护、交通等法律法规教育。

9.10.5.2 食堂的管理

食堂必须取得沈阳市卫生许可证，食堂炊事人员必须持有健康证且保持良好的个人卫生。食堂内应干净、整洁，地面、墙壁、门窗等无污垢，具有良好的通风、排烟设施，使用清洁燃料。食堂必须设置纱门纱窗，当班炊事员每天对食堂进行打扫、冲洗，食堂内设大型冰箱一台，生熟食分开存放，并设有专门的防蚊蝇设施。食品采购、制作、储藏、食用等环节必须遵守食品卫生管理规定，食品加工操作严格按《食品卫生法》进行，防止食物中毒及传染病的流行。炊具干净，摆放有序，能够定期消毒，灶具设施性能完好。用电设备安全，专人操作食品加工机械，防火措施完备。食堂设有隔油池和封闭式泔油桶，制作间的底下管线与污管线连接，保证排水通畅。

9.10.5.3 宿舍管理

员工分别按工种、班组安排住宿，实行标准化管理，每间宿舍选出一名负责人，负责本宿舍的治安、卫生。项目文明施工管理员每天对宿舍卫生进行检查，要求床铺被子整洁、地面干净、物品堆放整齐，杜绝赌博、酗酒事件的发生。人员来源清楚，手续齐全，住宿人员均办理暂住证。用电、取暖设施符合规范要求，安全可靠。宿舍按照人均不小于 2 m^2 安排工人住宿，每间八人。每间宿舍设置生活用品专柜，生活用品摆放整齐，宿舍设有开启式窗户，保持室内通风。

9.10.5.4 厕所和浴室

厕所设置纱门纱窗，地面铺砖，墙面、顶篷用涂料刷白，厕所内蹲位用砖墙公开，瓷砖贴面，设置自动冲水设备；浴室内安装莲蓬头和水龙头，室内地面铺地砖。所有污水必须经化粪池三级沉淀才能排放污水管道，每天设有专人定时打扫及消毒，确保厕所、浴室卫生达标。

9.10.6 文明施工保证措施

9.10.6.1 文明施工责任区制度

建立现场文明施工责任区制度，根据文明施工管理员、材料负责人、各施工工长具体的工作将整个现场划分为若干个责任区，实行挂牌制，使各自分管的责任区达到文明施工的各项要求，项目定期进行检查，发现问题，立即整改，使施工现场保持整洁。

9.10.6.2　工完场清制度

认真执行工完场清制度，每一道工序完成以后，必须按要求对施工中造成的污染进行认真的清理，前后工序必须办理文明施工交接手续。由项目经理、文明施工管理员、保卫干事定期对员工进行文明施工教育、法律知识教育及遵章守纪教育，提高职工的文明施工意识和法制观念。要求现场做到“五有、四整齐、三无”以及“四清、四净、四不见”。每月对文明施工进行检查，对各责任人进行评比、奖罚，并张榜公布。“四净”：操作地点周围整齐干净；各种材料堆底要清理干净；门窗、管道、卫生器具上清理干净；现场临建室内、室外干净。“三无”：现场道路畅通无阻；排水系统畅通无积水；施工现场场地无施工垃圾、生活区无生活垃圾。“四清”：工完场地清；混凝土、灰浆搅拌机、泵、管洗刷清；当日作业当日清；活完脚下清。“四不见”：不见零星黄沙、水泥、模板、木方、钢管、扎丝、配件、钢筋；不见杂物乱堆放；不见剩余灰冻、刨药、废铁丝、短管、钢筋头；不见电线、焊把线随地走。“四整齐”：脚手架料、工具堆码一头齐；多种材料、钢木门窗、预制构件、模板分类、堆放整齐；临建工程、清防设施搭设安置整齐；井架及操作平台搭设牢固、整齐。

9.10.6.3　文明生活区管理

建立管理体系和管理制度，丰富职工的业余生活，及时制止不正当活动，消除非正常伤亡隐患，形成运转灵活的工作体系。经常开展检查评比活动，使生活区的各项制度能够得到落实。

9.10.6.4　文明施工检查

项目文明施工管理组每周作一次全面的文明施工检查，公司每月对项目进行一次大检查，检查内容为施工现场的文明施工执行情况，检查依据《建设部建筑施工安全检查评分标准》、《建设工程施工安全条例》、《沈阳市施工现场检查评分记录表》、公司“文明施工管理细则”等。检查采用评分的方法，实行百分制记分。每次检查均认真作好记录，指出其不足之处，并限期整改。对每次检查中做得好的进行奖励，做得差的进行处罚，并敦促改进。

9.11　季节性施工措施

9.11.1　雨季施工措施

9.11.1.1　雨季施工前的准备工作

雨季施工前认真组织有关人员分析雨季施工生产计划，针对雨季施工的主要工序编制雨季施工方案，组织有关人员学习，做好对工人的技术交底。所需材料要在雨季施工前准备好。沿整个施工现场设计排水沟，并配备水泵，排除施工用水及雨水，雨后及时清理积水，保持整个施工现场的整洁。夜间设专职的值班人员，保证昼夜有人值班并做好值班记录，同时设置天气预报员，在雨季施工期间加强同气象部分的联系，做好天气预报工作。做好施工人员的雨季培训工作，组织相关人员进行随机全面检查，尤其在大雨过后，此项工作必须进行。包括对临时设施、临电、机械设备防护等进行检查。检查施工现场及生产生活基地的排水设施，疏通各种排水渠道，清理雨水排水口，保证雨天排水通畅。同时要重点防范地下室入口、预留洞口及车道出入口处,防止雨水流入地下室,后浇带处及板上各预留洞用旧模板覆盖,后浇带两侧采用砌起两皮砖,车道出入口处采用灰砂砖砌好挡水坎,防止雨水灌入。雨季来临时通知搅拌站注意砂石等材料含水率的变化,及时调整混凝土配合比。雨季所需材料,设备和其他用品,如水泵、抽水软管、塑料布等由材料部门提前准备,水泵等设备应提前检修。

9.11.1.2 分项工程雨季施工措施

(1) 混凝土工程雨季施工措施

混凝土在雨季施工中坍落度偏大,以及雨后模板及钢筋淤泥较多,影响混凝土质量。本工程混凝土为商品混凝土,因此要在雨期施工前同混凝土搅拌站签订的商品混凝土技术协议中对雨季施工做出要求,同时混凝土浇筑尽量避开雨天,并应采取如下措施:进行大面积混凝土浇筑前,要准确掌握天气预报,避免浇筑时遇大雨;现场防雨材料准备充分,以备浇筑时突然遇雨进行覆盖;墙、柱混凝土浇筑中遇到大雨时,应立即停止浇筑混凝土,将已浇筑的混凝土振捣密实(留好接槎)后用塑料布覆盖,并将塑料布绑扎牢固,防止被风吹走;梁、板混凝土浇筑遇大雨时,及时留置施工缝,边浇筑边振捣密实(用抹子抹平),同时用塑料布覆盖,严禁混凝土内的水泥浆流失,浇筑到位后立即停止浇筑。雨期施工时,应加强对到场混凝土的坍落度的测定,根据实际情况及时通知搅拌站调整用水量。为把好预拌混凝土的质量关,定期派人去搅拌站检查其砂、石堆料场,水泥仓库,检查砂、石的含泥量,水泥的防雨情况。严禁将含泥量超标的砂、石和失效的水泥用于本工程中。要求混凝土搅拌站加强对砂、石的含水率的检测,根据实际情况调整混凝土的用水量。如遇小雨及时振捣抹压和覆盖,保证水泥浆不流失。雨后应将模板及钢筋上淤泥、积水清除掉。混凝土继续施工前,应检查板、墙模板内是否有积水,若有积水,应清理后再浇筑混凝土。

(2) 钢筋工程雨季施工措施

钢筋装卸、运输时,应注意保护钢筋清洁。钢筋装卸时下面加垫木方,尽量避免钢筋被泥浆污染。遇雨时,用彩条布临时加以遮盖。现场严格贯彻文明施工要求,所有人员进入钢筋绑扎区域,必须将鞋底污物清理干净。现场焊接操作尽量避开大风大雨天气,不得让雨水淋溅,降低焊接质量,露天场所电焊机必须搭设防雨棚。

(3) 模板工程雨季施工措施

模板脱模剂涂刷后遇雨应覆盖塑料布,以防隔离层被雨水冲掉。大模板堆放场地做成混凝土地面,以防土状地面雨后下沉,模板失稳倾斜。钢管架料支撑在基层原土上,雨后及时检查有无下沉。如有异常要及时进行加固,确定无安全隐患后方可继续使用。制作模板的多层板和木方要堆放整齐,而且须用塑料布覆盖防雨。支立好的顶板模和墙模,如遇大雨未浇筑混凝土,应用塑料布进行遮盖,防止因雨淋而造成脱模剂的失效。雨后要认真检查其平整度、垂直度和脱模剂附着情况,及时清理干净淤泥,需补刷脱模剂的及时补刷。合格后方可浇筑混凝土。

9.11.2 冬期施工措施

9.11.2.1 冬期施工准备工作

成立冬季施工领导小组,落实具体责任人,明确责任。从技术、质量、安全、材料、机械设备、文明施工等方面为冬季施工的顺利进行提供有力的保障。入冬前针对所设计到的分部分项工程编制好冬季施工方案，制定行之有效的冬季施工管理措施，确保冬季施工期间的工程质量。进入冬季施工前，组织技术业务培训，学习有关规定，明确职责。方案及措施确定后组织有关人员学习，并向各施工班组进行交底。做好现场测温记录，及时接受天气预报，以便提前做好大风、大雪及寒流等恶劣天气袭击的预防工作。根据工程需求提前组织冬季施工所用材料及机械备件的进场，为冬季施工的顺利展开提供物质上的保障。施工现场所有外露水管均先加保温套管，然后用玻璃丝布包裹保温，防止水管冻裂。

9.11.2.2　分项工程冬季施工措施

（1）钢筋工程冬季施工措施

所用钢筋除具备出厂质量证明及试验报告外，进场后还得进行复试。同时钢筋在运输、加工过程中注意防止撞击、刻痕等缺陷。尽量在室内进行冬季负温下的钢筋焊接。如必须在室外焊接，其环境温度不宜低于－20 ℃。风力超过三级时设置挡风措施。钢材焊接前，根据施工条件进行试焊，试焊合格后方可进行施焊，焊后未冷却的接头，不得接触冰雪。钢筋冷拉温度不宜低于－20 ℃；温度低于－20 ℃时严禁进行冷弯操作，避免钢筋脆断。当环境气温低于－20 ℃不得进行焊接接头加工操作。

（2）混凝土工程冬季施工措施

做好冬季施工所用混凝土的试配工作，选用普通硅酸盐水泥，水泥强度等级不宜低于C32.5级，并加入早强剂及高效减水剂等外加剂。冬季混凝土施工采用综合蓄热法进行养护，主要作好以下工作：设专人负责监督混凝土搅拌站严格执行冬季施工混凝土搅拌的有关规定；混凝土运输中注意防止混凝土热量损失，罐车做好保温措施；混凝土浇筑前检查模板支撑系统的稳定性，清除模板及钢筋上面冰雪和污垢；办理好浇筑前隐蔽记录及签证手续；浇筑时，作好混凝土入模温度的记录，严格按操作规程进行施工；混凝土浇筑完毕后由专职测温员定期测温，为混凝土的养护及拆模提供依据；混凝土养护采用一层塑料膜覆盖，再加一层阻燃草帘的方式，根据气温情况进行增减，进行蓄热养护，以保证混凝土质量，尤其注意在模板接槎处、墙柱上口等处的保温。

（3）混凝土配合比的确定及外加剂使用

为了保证工程质量并满足泵送要求，对坍落度要有严格的规定，坍落度由项目经理部确定，混凝土运输到工地之后要对坍落度进行检验，不符合要求的一律退回并将检验情况反映给搅拌站。

（4）混凝土的搅拌、运输及浇灌

混凝土搅拌站人员密切注意混凝土搅拌及运输过程中混凝土的温度，不满足要求时，及时采取措施。现场施工人员在浇筑过程中密切观测罐车混凝土的温度，保证混凝土的入模温度不低于10 ℃。混凝土浇筑前，浇筑部位如有积雪和冰屑应清除干净，并做好充分的施工准备，采用快铺料快振捣及时覆盖的快速施工方法，混凝土浇筑时间应适当调整到中午气温较高时，进行混凝土浇筑施工。掌握气温动态，浇筑混凝土时应避免最低气温。当气温低于－20 ℃停止混凝土浇筑施工。

（5）混凝土的覆盖及保温

保温措施。泵管：泵管周围用阻燃草帘包裹保温；墙柱：混凝土浇筑完毕，墙顶部位立即覆盖再生塑料布和阻燃草帘进行保温；梁板：梁板混凝土浇筑完毕，立即覆盖再生塑料布和阻燃草帘进行保温。

保温覆盖要求：混凝土的覆盖保温是冬季蓄热法施工的关键，要求保温材料对混凝土的覆盖要均匀，边角接槎部位要严密并压实。保温完毕，值班工长要认真检查，遇有大风天气，支钢管架，挂彩条布挡风。要设专职值班人员检查保温覆盖情况，并负责修复被风吹坏的覆盖层。

(6) 测温

冬季测温范围为大气温度；测量早 7:30 时、最高、最低及平均温度四项。测温频率为从浇灌完毕起 12 小时内，每隔 2 小时一次，12 小时后每隔 6 小时一次。每天四次对混凝土进行测温，测温度必须认真负责，填写项目齐全，不得弄虚作假。若发现混凝土过低，及时采取措施。

测温方法：现浇混凝土在测温时按测温编号顺序进行，温度计插入测温孔后，堵塞住孔口，留置在测温孔内 3～5 分钟后进行读数。

(7) 混凝土试块的留置

除了按照常温施工要求留置试块以外，还需增设两组试块与结构同条件养护，分别用于检验受冻前的混凝土强度和转入常温养护 28 天后的强度。用同条件养护的试块所达到的实际强度来确定拆模时间。

(8) 模板和保温层的撤除

须同时达到要求强度并冷却到 5 ℃以后拆除，拆除后仍需用阻燃草帘包裹、覆盖保温。

9.12 成品保护措施

9.12.1 成品保护措施

成品保护的好坏将对整个工程的工程质量产生极其重要的影响，只有重视并妥善地进行好成品保护工作，才能保证工程优质、高速的进行施工，避免为工程带来许多不必要的返工和浪费。同时，成品保护必须贯穿于施工全过程，从原材料、半成品、直到成品各个环节都必须进行切实有效地保护，最终使建筑产品成为完美无缺的艺术品。

9.12.2 成品保护管理组的建立

成立以项目经理为领导的成品保护管理小组，现场经理牵头组织并对成品保护工作负全面责任，预算部负责制定成品保护资金计划的落实，工程管理部负责实施，各班组与专业分包商主要领导负责自身施工范围内的作业面上的成品保护。配备充足的人员、材料和设备，并制定针对性的成品保护制度，协调各专业、各工种的施工，有纪律、有序的进行穿插作业。

9.12.3 成品保护管理的运行方式

定期检查：组织专职检查人员跟班工作，定期检查，并根据具体的成品保护措施的落实情况，制定对有关责任人的奖罚建议。

召开协调会：检查影响成品保护工作的因素，以一周为周期召开协调会，集中解决发现的问题，指导、督促各工种开展成品保护工作。

工作面移交管理：工作面移交全部采用书面形式由双方签字认可，由下道工序作业人员和成品保护负责人同时签字确认，并保存工序交接书面材料，下道工序作业人员对成品的污染、损坏或丢失负直接责任，成品保护专人对成品保护负监督、检查责任。

9.12.4　成品保护要求

原材料、半成品堆放场地应平整、干净、牢固、干燥、排水通风良好、无污染。堆放时应分类、分规格堆放整齐平直，水平位置上下一致，防止变形损坏、防止倾覆或倾斜。分阶段分专业制定专项成品保护措施，并严格实施。制定正确的施工顺序：制定重要房间（或部位）的施工工序流程，要求土建、水、电、消防等各专业工序均按此流程进行施工，严禁违反施工程序的作法。作好工序标识工作：在施工过程中对易受污染、破坏的成品、半成品标识“正在施工，注意保护”的标牌。采取“护、包、盖、封”防护：采取“护、包、盖、封”的保护措施，对成品和半成品进行防护，损坏的防护要及时恢复。专项负责人要经常巡视检查。施工作业前应熟悉图纸，制定多工种交叉施工作业计划，既要保证工程进度，又要保证交叉施工不产生相互干扰，防止盲目赶工期，造成互相损坏，反复污染等不良现象的产生。提高成品保护意识，以合同、协议等形式，明确各工种对上道工序质量的保护责任，提高施工人员对产品保护的责任心。

9.12.5　分部分项工程成品保护措施

（1）测量定位控制点保护措施

定位桩采取桩周围浇筑混凝土固定，搭设保护架，悬挂明显标志以提示；水准引测点尽量引测到周围老建筑物上或围墙上，标识明显，不准堆放材料遮挡。

（2）防水施工成品保护措施

重点对防水层的保护。施工时不得穿有钉子的鞋进入防水层，防水层做完后可使用彩条布或者挡板临时遮挡，并及时施工保护层。同时不得在强度未达到要求的保护层上堆放重物。

（3）结构施工成品保护措施

①钢筋工程保护措施

成型钢筋按总平面布置图指定地点摆放，用垫木垫放整齐，防止钢筋变形、锈蚀、油污。绑扎墙柱筋时在侧面搭临时架子，上铺脚手板。绑扎钢筋人员不准蹬踩钢筋。承台、楼板上下层钢筋绑扎时，支撑马凳绑牢固，防止操作时蹬踩变形。楼板钢筋绑扎完后搭设人行马道。混凝土浇筑之前，采用 600 mm 宽彩条布对墙柱竖向钢筋进行保护，防止钢筋被混凝土污染。

②模板工程保护措施

预组装的模板要有存放场地，场地必须硬化处理。立放时，要搭设分类模板架，模板触地处要垫木方，以此保证模板不扭曲不变形。起吊模板时，信号工必须到场指挥。过道应搭设跳板，不得直接在梁和楼梯踏步模板吊绑上行走或踩蹬，保证模板的严密性。

拆除模板时按程序进行，禁止用大锤敲击，防止混凝土墙面及门窗洞口等处出现裂纹。

③混凝土工程保护措施

满堂架立杆下端垫木方。利用结构做支撑支点时，支撑与结构间加垫木方。楼板混凝土强度达到1.2 MPa以后，才允许操作人员在上行走，进行一些轻便工作，但不得有冲击性操作。混凝土拆模必须执行拆模申请制度，严禁强行拆模。楼梯踏步、柱、门窗洞口等处各阳角均用多层板条包订起来或利用墙体模板支设时留出的穿墙孔用铅丝绑扎固定，防止被碰坏。

9.13 与业主、监理工程师的协调、配合

监理与设计方作为业主在本项目中的工程管理与技术服务的委托单位，总包方需以加强与监理、设计的配合为前提从而达到与业主的全面配合。总包方在工程开工前、施工过程中、工程竣工后都积极做好有关方面的配合工作，积极遵守国家的各项政策法律制度、相关规范标准中的各项具体规定，从严律己，切实加大各方面的管理控制力度，精心组织、精心施工，积极按照“鲁班奖”和省“标化工地”标准组织实施，使业主满意、监理与设计放心。

9.13.1 与业主的协调配合措施

定期参与业主例会，讨论解决施工过程中出现的各种矛盾及问题，理顺每一阶段的关系，使整个施工过程井然有序。根据总体进度计划安排，对分包商的考察时间、进退场时间作出部署，制定分包商的招投标计划、进场计划。业主需要时，协助业主编制招标文件、考察队伍，精心选择施工质量好、信誉高的分包商，以确保满足施工需要。利用丰富施工经验和全面配套的专业综合能力，指导和协助弱电、室外配套工程等分包，做好专业图纸深化设计，审核弱电分包的深化设计及施工方案，把好技术关、质量关。对业主提供的材料设备提前编制进场计划，必要时协助业主进行考察、订货，确保工程需要。利用完善的供应网络，选择诚信度高、质量好的供应商推荐给业主，供业主决策参考。同时，在材料、设备的技术指标和功能参数等方面为业主提供技术支持。根据施工进度需要，编制图纸需求计划，提前与业主、监理工程师、设计人员进行沟通，提前确定设计图纸。认真熟悉图纸、洽商管理，减少变更，从而达到降低造价、控制投资的目的。对于专业分包商和供应商，在施工的各阶段将按照业主的要求进行科学管理以及给予必要的支持。建立业主有权访问的信息共享平台，方便业主及时掌握工程进度、质量等施工动态。积极协助业主处理一些力所能及的工作，如处理和协调好与周围居民及相关部门的关系等。对于业主指定分包以及本次招标范围不包括的内容，将积极与业主沟通，提前移交工作面，为后续施工创造条件，使本工程竣工后即可达到使用条件。

9.13.2 与监理单位的协调配合措施

监理方的指示是行动的指南，应积极努力执行，优质、高效、快捷地完成任务，满足监理要求。具体如下：技术部、质量部、安全部、机电管理部安排专人对口监理单位，与监理单位紧密合作，在施工全过程中，严格按照经业主、监理批准的《施工组织设计》进行全面

管理，以严格的施工管理程序，达到工程所要求的各项技术、质量、经济指标。施工过程中所有的施工方案均要在施工前规定的时间内报送监理等相关单位。编制月计划、季度及年度进度计划，同时编写主要工程材料、设备的采购及进场时间等计划安排，便于监理有总体的控制。向监理阐明项目建立的质量管理体系、技术管理体系和质量保证体系，以便很好的控制工程质量。按时参加监理工程师组织与主持的监理例会。监理例会是履约各方沟通情况、交流信息、协调处理、研究解决合同履行中存在的各方面问题的主要方式。建立监理工程师有权访问的信息共享平台，方便监理工程师及时掌握工程进度、质量等施工动态。按照监理等相关单位的合理意见进行修改和完善后，方可用来指导现场施工。现场所有人员的资料，用于施工的各种材料设备进出均要在规定时间内报送监理等相关单位，以便于管理，若有改动应及时报批，报批后才能进行。施工过程中在班组“自检”和项目经理部“专检”的基础上，虚心接受和服从监理的检查和验收，服从监理的“三控”(质量控制、工期控制和造价控制)、“两管”(合同管理和资料管理)、监督和协调，并按照监理工程提出的要求，予以改正，以便监理工作顺利进行。监理对任何部位的复抽检，应积极配合，以使这项工作能顺利进行。

9.13.3　与设计院的协调配合措施

针对每一次图纸审查及设计交底会议，都要进行充分的准备，将图纸上的问题在施工前解决。在施工过程中保证设计院能够随时掌握现场的实际情况，每个分部分项工程施工前向设计方提交相关的施工方案，听取设计方的意见，尤其是进入装修阶段主要材料的样品必须经过设计院等各方的认可后方可采购及使用。通过与设计院等各方的密切配合保证施工过程中以最佳的施工方案来充分表现本工程的设计风格。主动与设计方联系沟通，以实现对施工图的充分理解与掌握。对设计方提出关于工程的改进要求及意见，项目部将认真分析采纳，并随时反馈实施情况和效果。对施工过程中的洽商，经监理批准后及时上报给设计人员，待各方协商好措施后，方可进行该部位的施工。

9.13.4　协调政府部门的关系

本工程的顺利施工，与政府有关部门的支持与配合是密切相关的。为此项目部应做到：严肃认真地执行地方政府有关规定，对各有关部门下达的各项指令、通知、要求，必须及时贯彻落实，并将落实情况汇报给有关部门。处理好与政府部门的关系，首先必须了解和掌握政府的各项相关规定的内容、要求，尊重和执行政府的要求，对有争议的事项，应耐心做解释工作，力求从政策上达到对方的认同，从情理上求得对方理解。在处理与政府官员的关系上，必须以遵纪守法为原则。

参考文献

[1] 建设部标准定额研究所. GB/T 50326—2006 建设工程项目管理规范[S]. 北京:中国建筑工业出版社,2006.

[2]《建筑施工手册》编写组. 建筑施工手册[M]. 4版. 北京:中国建筑工业出版社,2003.

[3]《建设工程项目管理规范》编写委员会. 建设工程项目管理规范实施手册[M]. 2版. 北京:中国建筑工业出版社,2006.

[4] 杜晓玲. 建设工程项目管理[M]. 北京:机械工业出版社,2006.

[5] 郭汉丁. 业主建设工程项目管理指南[M]. 北京:机械工业出版社,2005.

[6] 赵顺福. 项目法施工管理实用手册[M]. 北京:中国建筑工业出版社,2001.

[7] 吴涛. 施工项目经理工作手册[M]. 北京:地震出版社,1998.

[8] 从培经. 实用工程项目管理手册[M]. 北京:中国建筑工业出版社,1999.

[9] 田振郁. 工程项目管理实用手册[M]. 2版. 北京:中国建筑工业出版社,1997.

[10] 成虎. 工程项目管理[M]. 2版. 北京:中国建筑工业出版社,2001.

[11] 冯小川,张颖. 项目经理安全生产管理手册[M]. 北京:中国建筑工业出版社,2004.

[12] 张检身. 建设项目管理指南[M]. 北京:中国计划出版社,2002.

[13] 宫立鸣,孙正茂. 工程项目管理[M]. 北京:化学工业出版社,2005.

[14] 张晓宁,吴旭,盛建忠,等. 绿色施工综合技术及应用[M]. 南京:东南大学出版社,2014.

[15] 潘全祥. 建筑工程施工组织设计编制手册[M]. 北京:中国建筑工业出版社,1996.

[16] 刘瑾瑜,吴洁. 建筑工程项目施工组织及进度控制[M]. 武汉:武汉理工大学出版社,2005.

[17] 住房和城乡建设部. GB 50204—2002 混凝土结构工程施工质量验收规范[S]. 北京:中国建筑工业出版社,2002.

[18] 南通四建集团有限公司. 中国医药城会展中心施工创新实践[M]. 北京:中国建筑工业出版社,2012.